2014

陆川县地方志编纂委员会 编

陆川年鉴

LUCHUAN NIANJIAN

国家图书馆出版社

图书在版编目(CIP)数据

陆川年鉴 .2014/ 陆川县地方志编纂委员会编 . --
北京 : 国家图书馆出版社，2018.7
ISBN 978-7-5013-6395-7

Ⅰ . ①陆… Ⅱ . ①陆… Ⅲ . ①陆川县 — 2014 —年鉴
Ⅳ . ① Z526.74

中国版本图书馆 CIP 数据核字(2018)第 061297 号

国家图书馆出版社官方微信

书　　名	陆川年鉴(2014)	
著　　者	陆川县地方志编纂委员会　编	
责任编辑	于春媚	
助理编辑	潘肖蔷	
特邀编审	夏红兵	
设　　计	南宁市佳彩广告设计有限公司	
出　　版	国家图书馆出版社(100034　北京市西城区文津街 7 号) (原书目文献出版社　北京图书馆出版社)	
发　　行	010-66114536　66126153　66151313　66175620 66121706（传真）　66126156（门市部）	
E - mail	nlcpress@nlc.cn（邮购）	
Website	www.nlcpress.com →投稿中心	
经　　销	新华书店	
印　　刷	深圳市精一瑞兰印刷有限公司	
版　　次	2018 年 7 月第 1 版　2018 年 7 月第 1 次印刷	
开　　本	889×1194（毫米）　1/16	
印　　张	24	
字　　数	700 千字	
书　　号	ISBN 978-7-5013-6395-7	
定　　价	260.00 元	

陆 川 县 地 图

图　例

- 县级行政中心
- 乡镇政府驻地
- 行政村
- 社区(街)居委会
- 自然村
- 农林场
- 省界
- 县级界
- 乡镇级界
- S21 高速公路及编码
- 铁路及车站
- S205 省道及编码
- 县道
- 乡道
- 村道
- 河流
- 中型水库
- 小型水库
- 景点
- 793▲谢仙嶂 山峰及高程

比例尺1：318 000

广西壮族自治区地图院编制　　　　审图号：桂S（2014）84号　　　　2014年11月

陆 川 城 区 图

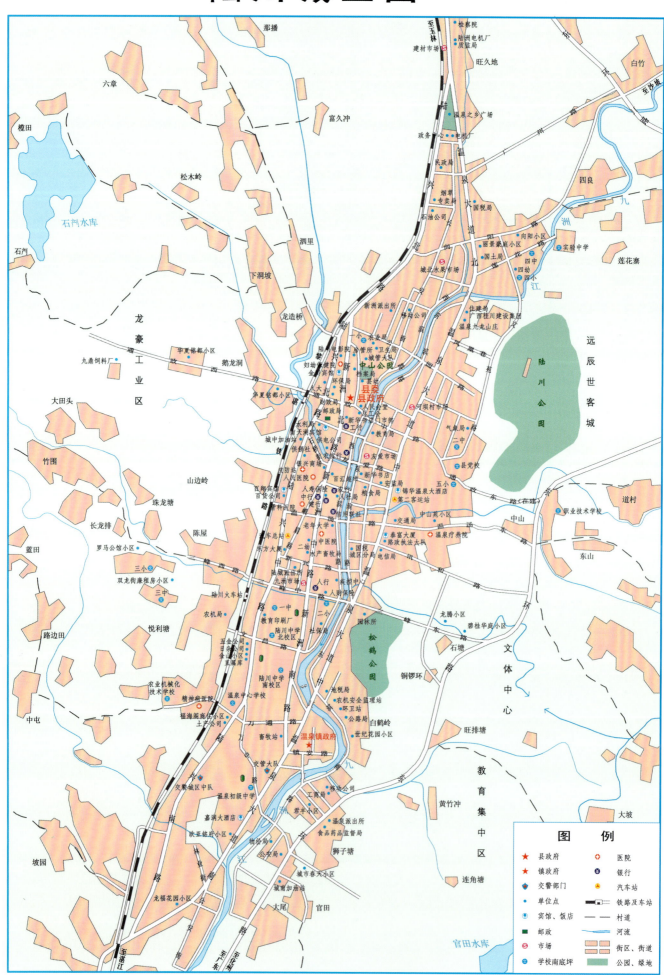

图 例

★	县政府	✛	医院
★	镇政府	Ⓑ	银行
🛡	交警部门	⚑	汽车站
•	单位点	🚉	铁路及车站
🏠	宾馆、饭店	---	村道
■	邮政	—	河流
Ⓢ	市场		街区、街道
Ⓢ	学校南底坪		公园、绿地

广西壮族自治区地图院编制　　　　审图号：桂S（2014）84号　　　　2014年11月

荣誉陆川
RONGYU LUCHUAN
2013

- 全国生猪调出大县
- 全国群众体育先进单位
- 全国防震减灾工作先进单位
- 中国县域网络形象百强县
- 谢鲁山庄入选第七批全国重点文物保护单位
- 国家级病死畜禽无害化处理试点县
- 第五批中央财政小型农田水利建设重点县
- 首批广西"森林县城"
- 广西招商引资工作先进县

数字陆川

SHUZI LUCHUAN

2013

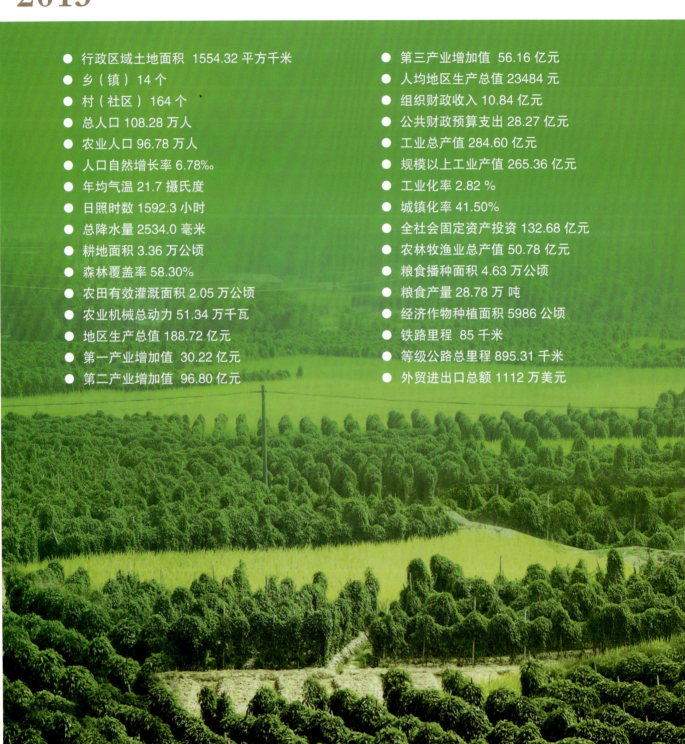

- 行政区域土地面积 1554.32 平方千米
- 乡（镇）14 个
- 村（社区）164 个
- 总人口 108.28 万人
- 农业人口 96.78 万人
- 人口自然增长率 6.78‰
- 年均气温 21.7 摄氏度
- 日照时数 1592.3 小时
- 总降水量 2534.0 毫米
- 耕地面积 3.36 万公顷
- 森林覆盖率 58.30%
- 农田有效灌溉面积 2.05 万公顷
- 农业机械总动力 51.34 万千瓦
- 地区生产总值 188.72 亿元
- 第一产业增加值 30.22 亿元
- 第二产业增加值 96.80 亿元

- 第三产业增加值 56.16 亿元
- 人均地区生产总值 23484 元
- 组织财政收入 10.84 亿元
- 公共财政预算支出 28.27 亿元
- 工业总产值 284.60 亿元
- 规模以上工业产值 265.36 亿元
- 工业化率 2.82 %
- 城镇化率 41.50%
- 全社会固定资产投资 132.68 亿元
- 农林牧渔业总产值 50.78 亿元
- 粮食播种面积 4.63 万公顷
- 粮食产量 28.78 万 吨
- 经济作物种植面积 5986 公顷
- 铁路里程 85 千米
- 等级公路总里程 895.31 千米
- 外贸进出口总额 1112 万美元

- 实际利用外资 1617 万美元
- 接待游客 170.97 万人次
- 社会消费品零售总额 43.24 亿元
- 城镇居民人均可支配收入 21891 元
- 农民人均纯收入 8180 元
- 城镇居民人均消费性支出 13632 元
- 农村居民人均生活费支出 5027 元
- 城乡居民年末储蓄存款余额 98.11 亿元
- 金融机构各项存款余额 112.50 亿元
- 金融机构各项贷款余额 62 亿元
- 全社会用电量 9.57 亿千瓦时
- 固定电话用户 6.77 万户
- 移动电话用户 42.52 万户。
- 广播人口覆盖率 98 %
- 电视人口覆盖率 98 %

- 汽车拥有量 8473 辆
- 客运周转量 10.71 亿人千米
- 货运周转量 102.30 亿吨千米
- 小学生 8.69 万人
- 初中生 4.14 万人
- 高中生 1.42 万人
- 医疗卫生机构 28 家
- 卫生技术人员 2210 人
- 医院床位 1661 张
- 企业职工基本养老保险参保 3.58 万人
- 城镇居民基本医疗保险参保 7.55 万人
- 城镇职工基本医疗保险参保 3.42 万人
- 新型农村合作医疗农民参保 92.62 万人
- 城镇登记失业率 3.87%

特色农业：雅山种植基地。县农业局 提供

❶ ❸
❷ ❹

❶ 2013年9月12日，自治区党委常委，自治区副主席黄道伟（前排右三）到陆川调研粤桂跨省九洲江流域水源生态建设情况　　　罗　钊　摄
❷ 2013年8月6日，自治区党委常委、组织部部长周新建（前排左三）到陆川调研　　　叶礼林　摄
❸ 2013年3月4日，自治区人大常委会副主任覃瑞祥（前排右四）到陆川畜牧业企业调研　　　叶礼林　摄
❹ 2013年11月17日，自治区检察院检察长崔智友（前排右三）到陆川调研　　　罗　钊　摄

陆川县"一走三问六提高""六个创建"
党的群众路线教育实践活动

　　2013年，陆川县深入开展"一走三问六提高""六个创建"党的群众路线教育实践活动，全县建立回乡工作组14个、回乡工作队164个，组织机关干部1.31万人回乡开展活动，与3.07万户农户结对，创建平安村屯示范点41个，建设示范村17个；为民办实事5.69万件，投入民生改善资金7.58亿元；接访群众3.99万人次，排查化解矛盾纠纷884件。

1 2013 年 3 月 25 日，陆川县召开"一走三问六提高""六个创建"党的群众路线教育实践活动工作汇报会　　　　　　　　　　　　　　　　　　　　　　　县"136"办　提供

2 2013 年，陆川县深入开展"一走三问六提高""六个创建"活动、2 月 2 日举行动员大会。图为大会表彰仪式　　　　　　　　　　　　　　　　　　　　　　　　叶礼林　摄

3 2013 年 5 月 11 日－13 日，中央电视台《理论热点面对面》栏目组到陆川采访"一走三问六提高"党建专题活动。图为在农户中采访　　　　　　　　　　　　　　　叶礼林　摄

4 2013 年 7 月 17 日，人民日报广西分社到陆川县调研"六个创建"活动情况　　　叶礼林　摄

① 2013 年 9 月 17 日，陆川县农业局农技人员深入田间向农民传授水稻高产栽培技术　　县"136"办 提供

② 2013 年 6 月 27 日，陆川县庆祝建党 92 周年暨"136"干部回乡清洁家乡文艺晚会在县松鹤公园举行
　　　　　　　　　叶礼林 摄

③ 2013 年 9 月 30 日，陆川县温泉镇回乡工作组、温泉镇党委、政府开展"六个创建"，实施农民倍增计划，赠送鹅苗、橘红活动　　罗钊 摄

④ 2013 年 5 月 13 日，陆川县干部回乡工作队到马坡镇界垌村举行民情恳谈会
　　　　　　　　　叶礼林 摄

⑤ 2013 年 2 月 15 日，陆川县心连心文艺下乡慰问演出在沙坡镇茶子山庄举行
　　　　　　　　　县文化馆 提供

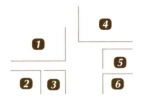

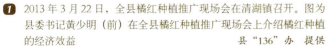

1 2013年3月22日，全县橘红种植推广现场会在清湖镇召开。图为县委书记黄少明（前）在全县橘红种植推广现场会上介绍橘红种植的经济效益　　　　　　　　　　　　　　　县"136"办 提供

2 2013年1月25日，陆川县代表团到广东省东莞市参加首届国际优质农副产品展销会暨山菜田展销配送中心开业典礼。图为陆川猪展位　　　　　　　　　　　　　　　　　　　　　　　罗　钊　摄

3 大桥镇三善村火龙果基地　　　大桥镇政府提供　2013年12月摄

4 马坡镇雄英村辣椒种植基地　　马坡镇政府提供　2013年9月摄

5 陆川县农业机械化收割　　　　县农业局提供　2013年7月摄

6 陆川橘红树　　　　　　　　　　罗　钊　2013年8月摄

工业发展
GONGYE FAZHAN

1 玉林市双胞胎饲料有限公司生产车间一角　　县工业园区提供　2013 年 1 月摄
2 广西永耀玻璃有限公司生产车间一角　　　　县工业园区提供　2013 年 1 月摄
3 华润水泥（陆川）有限公司厂区一角　　　　县工业园区提供　2013 年 1 月摄
4 广西开元机器制造有限公司产品　　　　　　县工业园区提供　2013 年 1 月摄
5 广西开元机器制造有限公司生产车间一角　　县工业园区提供　2013 年 1 月摄
6 玉林双胞胎饲料有限公司的饲料产品　　　　　叶礼林　　　　2013 年 3 月摄
7 广西开元机器制造有限公司产品　　　　　　县工业园区提供　2013 年 1 月摄
8 广西永耀玻璃有限公司产品　　　　　　　　县工业园区提供　2013 年 1 月摄

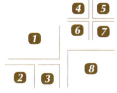

① 2013年5月16日，全国重点文物保护单位"谢鲁山庄"挂牌揭幕　叶礼林　摄

② 2013年5月11日－13日，中央电视台《理论热点面对面》栏目组到陆川采访"一走三问六提高"党建专题活动。图为到马坡镇界垌村拍摄宣传片　叶礼林　摄

③ 2013年2月22日，陆川县2013年"春风行动"暨企业用工大型招聘会在温泉小广场举行。图为招聘会现场　叶礼林　摄

④ 2013年5月17日，中国旅游日"休闲惠民　美丽陆川"主题活动启动仪式在县城举行　叶礼林　摄

⑤ 2013年1月5日，庆祝陆川县中学建校100周年暨纪念陆川县第一个党支部成立85周年大会在陆川县中学举行。图为参加大会人员　罗钊摄

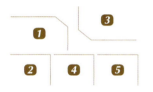

① 2013 年 1 月 5 日，庆祝陆川县中学建校 100 周年暨纪念陆川县第一个党支部成立 85 年活动招待宴会
在陆川县中学举行 　　　　　　　　　　　　　　　　　　　　　　　　　　罗 钊 摄

② 2013 年 10 月 31 日，"美丽广西·文明出行"在陆川松鹤公园演出 　　　　县文化馆 提供

③ 2013 年 5 月 20 日，县第一小学开展"美丽陆川·青年争先暨人人争做环保小卫士"主题教育活动
　　　　　　　　　　　　　　　　　　　　　　　　　　　　　　　　　　叶礼林 摄

④ 2013 年 5 月 28 日，陆川县第一小学开展庆六一"我的中国梦"校园艺术操比赛 　　县教育局 提供

⑤ 2013 年 5 月 17 日，中国旅游日宣传活动暨旅游特色产品博览会宣传一条街现场 　　叶礼林 摄

1 2013年1月7日，陆川世客城开工暨远辰集团成立15周年大型文艺晚会在松鹤公园举行　县文化馆　提供

2 2013年2月，陆川县在松鹤公园举行首届客家文化书画摄影展。图为2月4日举行开展仪式　叶礼林　摄

3 2013年8月8日，第五届广西体育节·陆川县全民健身系列活动启动仪式在松鹤公园举行　县文体局　提供

4 2013年6月25日，陆川县举行客家商会党支部暨工会联合会成立揭牌仪式
　　　　　　　　罗钊　摄

5 2013年4月23日，陆川县"世界读书日"报告会在县人民会堂举行　叶礼林　摄

1. 2013年6月–8月，陆川县开展"美丽陆川·清洁乡村"专题文艺下乡巡回演出活动，图为县城表演现场　　　　县文体局　提供

2. 2013年8月8日，广西第五届体育节·陆川县全民健身日启动仪式在县松鹤公园举行。图为参加启动仪式后单位干部职工进行登山健身运动　　　　叶礼林　摄

3. 2013年5月4日，陆川县保护非物质文化遗产文艺晚会在横山乡中心小学举行。图为卖豆腐花节目情景　　　　刘利曼　摄

4. 2013年2月4日，陆川县义写春联活动现场　　　　县文联　提供

5. 2013年2月25日，陆川县第二届广场舞大赛在松鹤公园举行　　　　县文化馆　提供

6. 2013年9月6日，陆川县幸福花园杯·客家民俗艺术比赛活动在县城举行　　县文化馆　提供

中国名猪（陆川猪）美食节活动

　　2013 年 9 月，陆川举行 2013 中国名猪（陆川猪）美食节活动，主要开展陆川猪烹饪大赛、中外名家话美食访谈活动、陆川猪"猪王争霸赛"等活动，进一步扩大陆川猪宣传，推进陆川猪产业的发展。

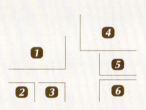

1. 2013年9月6日，陆川县举行名猪节系列活动——客家民俗文化项目比赛活动。图为猪王争霸赛准备开赛现场

2. 2013年9月2日，中国名猪（陆川猪）烹饪大赛初赛在县城举行

3. 2013年9月7日，中国名猪（陆川猪）烹饪大赛决赛在县城举行

4. 2013年9月6日，中外名家话美食活动在九龙山庄举行

5. 2013年9月6日，陆川县举行名猪节系列活动——客家民俗文化项目比赛活动。图为舞狮比赛现场

6. 2013年9月2日，中国名猪（陆川猪）烹饪大赛初赛中评委为比赛菜品打分

罗钊摄

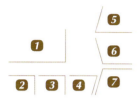

陆川县首届客家民俗文化艺术节

　　2013年9月，陆川县首届客家民俗文化艺术节在县松鹤公园举办。文化节以"弘扬客家文化 建设清丽陆川"为主题，举办舞台艺术、体育竞技类等比赛活动。

❶ 2013年9月6日，陆川县举行客家民俗文化项目比赛活动。图为舞狮比赛现场
　　　　　　　　　　　　　　　　　　　　　　　　　　　　　　　罗 钊 摄

❷ 2013年9月8日，陆川县举行客家民俗文体获奖项目表演赛。图为县文化馆的节目
　　　　　　　　　　　　　　　　　　　　　　　　　　　县文化馆 提供

❸ 2013年9月6日，陆川县客家民俗艺术书画展在松鹤公园举行　县文化馆 提供

编　辑　说　明

一、《陆川年鉴》是陆川县人民政府组织编纂的年度资料性文献,由各乡镇、县直(市直、区直、中直)单位、驻陆部队撰稿,陆川县地方志编纂委员会承编。2008年出版第1卷,每年1卷,本卷年鉴为第7卷,国内外公开出版发行。

二、《陆川年鉴》以马克思列宁主义、毛泽东思想、邓小平理论、"三个代表"重要思想、科学发展观、习近平新时代中国特色社会主义思想为指导,力求全面、系统、翔实地记述陆川自然、政治、经济、文化和社会的基本概貌和发展情况,为各级党委和政府科学决策提供参考资料,为社会各界和广大读者认识陆川、了解陆川、研究陆川以及陆川发展提供地情资料。

三、2014卷年鉴着重记述陆川县2013年的基本情况及大事要闻,刊载重要信息资料和统计数据。年鉴基础框架保持相对稳定。基本内容分为卷首及综合情况、动态信息、辅助资料三大部分。综合情况设特载、大事记、概况3个部类;正文动态信息部分设中国共产党陆川县委员会、陆川县人民代表大会、陆川县人民政府、中国人民政治协商会议陆川县委员会、人民团体、法治·国防建设、财税·金融、经济管理与监督、农林水牧渔业、工业、商贸·旅游、国土资源·城建·环保、交通运输、邮政·通信、科学技术、教育、文化·体育、医疗卫生、社会生活、镇、人物等;辅助资料设统计资料、附录、索引。

四、本卷年鉴采取分类编辑法,设类目、分目、条目3个层次,以条目为信息主体,条目标题用黑体加【】表示,一般先设介绍行业、事业的概况条目,后按一项或一事一目的原则设置条目。类目和条目之间设分目层次,部分类目的分目下面还设次分目层次。

五、本卷年鉴中只使用行政区划通名,未冠以行政区划专名的"自治区""全区"是指"广西壮族自治区","市""全市"是指玉林市,"县""全县"是指陆川县;相关单位名称在首次出现时用全称,括注简称以后用简称。

六、本卷年鉴涉及的历史纪年,清及清以前使用朝代帝王纪年,用汉字数字表示,括注公元纪年;民国纪年使用阿拉伯数字,括注公元纪年。数字、计量、面积用法按国家法定规定书写;数据一般保留小数点后两位。大事记部类内的"△"表示该内容日期与上条目为同一日期。

七、本卷年鉴配备双重检索系统,卷首设详细中文目录及英文目录,卷末备有索引,索引款目按汉语拼音字母顺序排列,范围详及条目、图片、表格等。全书采用彩色印刷,配备电子版光盘。

八、本卷年鉴的文稿资料由各单位编写组提供,并经各单位主要负责人审核。因统计口径不同,各部门统计数据可能与统计部门公布的数据不一致。特载中数据为初步统计的数据。某些对应指标数据在上年卷刊出后做了调整的,一般不予说明,以本卷年鉴刊出为准。年鉴照片由县委宣传部及有关单位编写组提供。封面图为马坡镇丽江一景。

陆川县地方志编纂委员会

（2014 年 7 月）

主　　任　蒙启鹏　县委副书记、县长

副 主 任　严海波　县委副书记

　　　　　陈基林　县委常委、组织部部长

　　　　　莫亚坤　县委常委、宣传部部长、副县长

　　　　　黎福章　县委常委、办公室主任

　　　　　温文彪　县人大常委会副主任

　　　　　吴祖强　县政府副县长

　　　　　徐娜庆　县政协副主席

　　　　　王　羽　县政府办主任

　　　　　丘　玲　县委办副主任

　　　　　周锦芬　县政府办副主任

　　　　　姚紫燕　县地方志编纂委员会办公室主任

成　　员　覃良川　县法制办主任

　　　　　何鼎奎　县委统一战线工作部副部长、宗教事务局局长、
　　　　　　　　　民族事务委员会主任

　　　　　林　忠　县机构编制委员会办公室主任

　　　　　江家一　县委党史资料征集办公室主任

　　　　　罗国生　县财政局局长

　　　　　吕辉云　县发展和改革局局长

　　　　　黄平越　县经济贸易局局长

　　　　　吕冰心　县科学技术局局长

　　　　　黎　颜　县教育局局长

　　　　　宁　浩　县民政局局长

　　　　　黎小明　县人力资源和社会保障局局长

　　　　　陈建军　县住房和城乡建设局局长

　　　　　陈锦泉　县交通运输局局长

　　　　　李海燕　县农业局局长

　　　　　俞伟汉　县文化和体育局局长

　　　　　何深龙　县人口和计划生育局局长

　　　　　万学成　县卫生局局长

　　　　　刘　通　县统计局局长

李健武　县外事侨务办公室主任
廖　杏　县旅游局局长
姚　坚　县档案局局长
宁培生　县人民武装部副部长
王　锋　县地方志编纂委员会办公室副主任
朱万勇　温泉镇镇长
龚杰华　米场镇镇长
吕　戈　沙湖镇镇长
罗运锋　马坡镇镇长
何达勇　平乐镇镇长
黄　波　珊罗镇镇长
江妙东　沙坡镇镇长
李家胜　大桥镇镇长
黄有雄　横山镇镇长
罗建锋　乌石镇镇长
黄礼志　滩面镇镇长
黄益勇　良田镇镇长
丘纪生　清湖镇镇长
陈永林　古城镇镇长

《陆川年鉴（2014）》编辑部

总　　编　蒙启鹏
副 总 编　莫亚坤　吴祖强
主　　编　姚紫燕
副 主 编　王　锋
编　　辑　黄　敏　吕洪波　陈祖芬
总　　纂　姚紫燕
图片策划　姚紫燕
图片收集　黄　敏
装帧设计　姚紫燕

《陆川年鉴·2014》编写组

中国共产党陆川县委员会

中共陆川县委员会办公室　黄超彬　谭顺华

中共陆川县委组织部　陈祖芬

中共陆川县委宣传部　钟明珊

中共陆川县纪委、监察局　李伟荣　杨　枫

中共陆川县委统一战线工作部　覃科权　林云莎

中共陆川县直机关工作委员会　黎良成

非公有制经济组织和新社会组织工作委员会　黄友清

陆川县机构编制委员会办公室　谢伍一

陆川县信访局　谭腾辉

中共陆川县委老干部局　江焕海

中共陆川县委党校　廖卫东

中共陆川县委党史资料征集办公室　李应泽

陆川县绩效考评小组办公室　丘茂东

中共陆川县委员会统筹城乡工作部　姚金成
　　姚子虎

陆川县精神文明建设委员会办公室　凌春雷

陆川县人民代表大会

陆川县人民代表大会常务委员会办公室　林培全

陆川县人民政府

陆川县人民政府办公室　丘宇云

陆川县法制办公室　江城

陆川县政务服务中心管理办公室　李远山

陆川县人力资源和社会保障局　党光梅

陆川县人口和计划生育局　杨辉

陆川县民政局　范永锋

陆川县外事侨务办公室　李健武

陆川县接待办公室　黄新梅

陆川县机关事务管理局　罗书运　谢武光　刘小玲

陆川县纠纷调处办　黎振荣

中国人民政治协商会议陆川县委员会

中国人民政治协商会议陆川县委员会办公室　丘骏勇

人民团体

陆川县总工会　黄聪

共青团陆川县委员会　蒋素琴　李成海

陆川县妇女联合委员会　李琛

陆川县科学技术协会　吕汉军

陆川县归国华侨联合会　余金梅

陆川县工商业联合会　林勇

陆川县文学艺术界联合会　林波

陆川县残疾人联合会　陈桂彩

法治·国防建设

中共陆川县委政法委员会　王福鼎

陆川县人民法院　李贞娟

陆川县人民检察院　陈海松

陆川县公安局　万芬

陆川县交通管理大队　吴甲锋

陆川县司法局　刘富

陆川县人民武装部　李锋　李胜华

武警陆川县中队　严春燕

武警陆川县消防大队　刘水厅

陆川县人民防空办公室　陈永杰

财税·金融

陆川县财政局　陈海球

陆川县国家税务局　罗晓露

陆川县地方税务局　丘立为

中国人民银行陆川县支行　伍达勇

玉林银监分局陆川办事处　罗贤昆

中国工商银行股份有限公司陆川县支行　林　葵

中国建设银行股份有限公司陆川支行　黄艳娟

中国农业银行陆川县支行　文信鸿

中国银行股份有限公司陆川支行　阮东全

中国农业发展银行陆川县支行　梁建聪

陆川县农村信用合作社联合社　阮　斌　谢　浩

中国邮政储蓄银行股份有限公司陆川县支行
　　　陈　扬

广西陆川柳银村镇银行　宁小平

中国人民财产保险股份有限公司陆川支公司　廖　雄

中国人寿保险股份有限公司陆川支公司　李　沛

经济管理与监督

陆川县发展和改革局　李国栋　刘丽然

陆川县经济贸易局　覃炳达　罗成志　黎明强

陆川县招商促进局　庞家胜

陆川县物价局　蓝丽梅

陆川县工商行政管理局　黄飞声　陈　芬

陆川县审计局　吕秋露

陆川县统计局　廖鸿穆

陆川县质量技术监督局　叶曼蓉

陆川县食品药品监督管理局　周　柳　杨小杰

陆川县安全生产监督管理局　李国运

陆川县社会保险事业管理局　杨霜霜

农林水牧渔业

陆川县农业局　孟智强

广西农垦国有五星总场　谢苏华

陆川县农业机械化管理局　丘　超

陆川县林业局　覃崇敏

陆川县水利局　李羽恒

陆川县水库移民工作管理局　王瑞莽

陆川县扶贫办公室　林汉华　钟文新

陆川县水产畜牧兽医局　莫常信　杨　丹

工　业

陆川供电公司　庞红梅

陆川县水利电业有限公司　苏贞帅

陆川发电分公司　罗子金

陆川县二轻工业联社　刘育辉

陆川县工业园区管理委员会　徐建春

陆川县龙豪创业园区管理委员会　覃常绿

商贸·旅游

陆川县市场服务中心　陈宗活

陆川县供销合作社联合社　吕伯仁　黎敏鲜　陈　照

陆川县粮食局　吕海平

陆川县烟草公司　吕海荣

中国石化公司玉林分公司陆川片区管理中心　谢志斌

陆川县物资总公司　李良生　余强冠

陆川县旅游局　陈伟泽

国土资源·城建·环保

陆川县国土资源管理局　陈　丹

陆川县住房和城乡建设局　吕文成

陆川县城市建设投资有限公司　吕玉霞

陆川县工业投资有限公司　钟　强

陆川县小城镇建设有限公司　黄　颖

玉林市住房公积金管理中心陆川县管理部　简恒美

陆川县市政市容管理局　丘茂东　丘莉婷

陆川县征地办公室　卢天富

陆川县水利供水（污水处理）有限公司　王秀娴

陆川县环境保护局　禤卫清　陶建秀

交通运输

陆川县火车站　佘勇君

陆川县交通运输管理局　周里涛

陆川公路管理局　黄红梅

陆川县汽车站　何伦

邮政·通信

陆川县邮政局　张小霞

中国电信股份有限公司陆川分公司　李俊蔓

中国移动通信集团广西有限公司陆川分公司　何海芬

中国联合网络通信有限公司陆川分公司　李佳

中国铁通陆川分公司　陈小静

科学技术

陆川县科学技术局　李瑜

陆川县气象局　杨志华

陆川县地震局　龚二勇

教育

陆川县教育局　陈浪

文化·体育

陆川县文化和体育局　陈洪

陆川县新华书店　姚曼

陆川县广播电视局　蒙勤英　赖子仁

陆川县档案局　黄美媛

陆川县地方志编纂委员会办公室　姚紫燕

卫生

陆川县卫生局　唐笑　陈明晖

广西总工会陆川温泉疗养院　刘玉枢

乡镇概况

温泉镇　周全辉

米场镇　杨添静

沙湖镇　黄宗文

马坡镇　吕广成

平乐镇　刘夏青

珊罗镇　李依莉　黎振武

沙坡镇　龙适才

大桥镇　庞云丽

横山镇　吴胤达

乌石镇　陈麒谨

滩面镇　尤勇文

良田镇　谢文才

清湖镇　梁家

古城镇　黄秋萍

目　　录

中国共产党陆川县委员会

法治·国防建设

财税·金融

经济管理与监督

农林水牧渔业

工　业

商贸·旅游

国土资源·城建·环保

交通运输

邮政·通信

科学技术

教　育

文化·体育

医疗卫生

社会生活

镇

人　物

统计资料

附　录

索　引

Contents

Lu Chuan County Committee of CPPCC

Mass Organization

Rule of Law & National Defense Construction

Finance, Tax & Banking

Economic Management & Supervision

Agriculture, Forestry, Water, Animal Husbandry & Fishery

Industry

Commerce, Trade & Tourism

Land Resources, Urban Construction & Environmental Protection

Transportation

Postal & Communications

Science & Technology

Education

Culture & Sports

特　　载

TEZAI

2013年3月22日，陆川县开展美丽乡村建设暨百里绿色长廊建设推进会。图为与会人员到清湖镇参观

叶礼林　摄

深入学习贯彻党的十八届三中全会精神　加快推动工业强县与旅游活县科学发展

——陈杰书记在中国共产党陆川县第十三届代表大会
第二次会议上的报告

（2014年2月25日）

各位代表：

中国共产党陆川县第十三届代表大会第二次会议今天开幕了！现在，我代表中共陆川县第十三届委员会向大会作报告，请予审议，并请列席的同志提出意见。

中国共产党陆川县第十三届代表大会第二次会议是在深入贯彻落实党的十八届三中全会精神、全面深化改革的开局之年召开的一次十分重要的会议，肩负着继往开来的重大历史使命。这次大会的主要议题是：总结2013年县委的工作，部署2014年县委重点工作，动员全县各级党组织、广大共产党员和全县人民，深入贯彻落实党的十八大、十八届三中全会精神，按照自治区党委"两个建成""双核驱动"发展战略和玉林市委"三年打基础，五年大变化"的决策部署，以深入开展党的群众路线教育实践活动为动力，凝聚改革共识，催生发展能量，加快推动工业强县与旅游活县科学发展，加快打造具有岭南特色的民俗文化旅游目的地，为实现西部经济强县而努力奋斗！

一、2013年工作回顾

（一）抓理论武装，改革发展的共识有了新提升。认真学习贯彻党的十八大、十八届三中全会、习近平总书记系列重要讲话以及自治区党委十届四次全会、玉林市委四届四次全会精神，引导全县党员干部增强政治意识、大局意识、忧患意识、责任意识和党性观念，更加坚定自觉地在思想上、政治上、行动上与党中央保持高度一致。通过增强理论武装，进一步统一了全县上下的思想认识，凝聚团结正能量，为全面推进改革发展奠定共同的思想基础。

（二）抓经济增长，发展指标的排位有了新提升。县委牢牢把握科学发展的方向，合理调整经济结构，狠抓经济指标增速，经济综合实力跃上新台阶，科学发展进入全市第一方阵。2013年，全县完成地区生产总值183.2亿元，同比增长9.5%；工业总产值完成284.6亿元，同比增长19%；农业总产值50.8亿元，同比增长3.7%；全社会固定资产投资132.7亿元，同比增长30.7%；财政收入10.8亿元，同比增长17.7%；城镇居民人均可支配收入21891元，农民人均纯收入8180元，同比分别增长9.8%和13.5%。财政收入、全社会固定资产投资、工业增加值、更新改造投资4项指标增速排全市前三位，其中财政收入增速连续4个季度全市第1位，有力推动了全县经济社会跨越发展。荣获了全国群众体育先进单位、全国防震减灾工作先进单位、中国县域网络形象百强县等荣誉。

（三）抓重点突破，"三大会战"的效果有了新提升。一是深入开展工业园区基础设施建设大会战，加快"三园五业"建设。突出抓好九洲江上游流域中小企业产业转移园、玉柴重工配套产业园建设，园区累计投入园区基础设施建设资金达2.3亿元。全力促进园区项目落地，大力扶持规模以上工业企业，发展壮大小微企业，机械制造、有色金属、新型建材、健康食品、农林产加工等五大支柱产业加快发展，祥泰矿业等一批工业重点项目顺利竣工投产。二是开展城镇基础设施建设大会战，加快城镇化建设进程。加快推进城镇化十大项目建设。世客城、教育集中区、文体中心、锦源物流城、温泉大道改造等城镇项目加快推进，城区建设发展框架全面拉开，城市面貌全面改观，全县城镇固定资产投资达127.3亿元，城镇化率41.5%。三是开展美丽乡村建设大会战，加快美丽陆川建设。深入开展"美丽陆川·清洁乡村"活动，率先探索建立了桂粤联手共建美丽乡村长效机制。举全县之力开展九洲江流域生态环境综合整治工作，大力开展"绿满八桂"工程，森林覆盖率达58.3%。抓好粮食高产创建示范，大力发展"农家乐"观光农业，扎实推进广西绿色生态农业示范县和中国橘红之乡建设。

2013年7月6日，"桂粤携手　美丽乡村"活动（陆川·廉江·化州）座谈会暨合作框架签约仪式在陆川举行　　　叶礼林　摄

（四）抓实事实办，民生改善的水平
有了新提升。切实把保障和改善民生作
为一切工作的出发点和落脚点，着力办
实事、建项目、惠民生、促发展，民生福祉
大幅提升。全县财政民生领域投入大幅
增加，全面完成政府承诺十项实事工程，
加快推进社保、教育、卫生、医疗事业建
设，重点抓好村屯道路、农田水利、人畜
饮水、新农村示范点、边远学校等民生项
目。圆满完成横山、滩面、沙湖撤乡改镇。

（五）抓基层基础，公众安全感满意
度有了新提升。积极创新社会治理，着
力抓好基层平安建设，大力提升公众安
全感满意度，全力促进社会和谐安定。
深入开展"平安陆川""和谐建设在基
层"活动，组建了广西第一个县级政法信
息网络指挥中心、广西第一个县级网上
信访大厅。抓好重大敏感期维稳工作，
全县公众安全感满意度两次名列全市第

2013 年 11 月 13 日，自治区第二批党的群众教育实践活动指导组到陆川
调研　　　　　　　　　　　　　　　　　　　　　　　　　罗　钊摄

一，古城、大桥、滩面、沙湖、横山等 5 个镇进入全市前十名
并获市委表彰。

（六）抓民主团结，政治和谐的水平有了新提升。坚持党
的领导、人民当家作主、依法治国有机统一，扎实推进社会主
义民主政治建设。一是切实加强人大工作，支持县人大及其
常委会依法履行职权，讨论决定重大事项，强化人大监督职
能，开展代表联系人民群众活动。二是切实加强政协工作，
健全民主协商制度，推动协商民主广泛多层制度化发展。大
力支持实施"委员行动工程"、政协委员"双千双助"活动、"委
员之声直通车"等工作。三是切实加强统战工作，着力抓好
民族、宗教、对台和侨务等工作，巩固和发展最广泛的爱国统
一战线。四是切实加强群团工作，发挥工青妇等群团组织作
用。大力加强基层民主建设，健全民主监督机制。加强党管
武装工作，提升国防动员和后备力量建设水平，深入开展"双
拥"和军民共建工作，巩固和发展军政军民团结。

（七）抓党建创新，党建品牌的影响力有了新提升。紧
紧抓住党的执政能力建设、先进性和纯洁性建设这条主线，
以党建载体创新为着力点，全面提高党建工作水平。一是
创新"一走三问六提高"活动，打造"六个创建"升级版。
2013 年，我县创造性开展"六个创建"党建专题活动，进一
步建立完善"干部回乡服务制"，取得了显著效果，玉林市两
次在我县召开现场会。"一走三问六提高"党建专题活动被
评为玉林市县委书记"基层党建创新项目"一等奖、组织工
作创新成果一等奖和最佳应用价值奖，陆川县荣获全市组
织工作绩效第一名。二是创新思想文化建设，提升政治思
想水平。加强思想文化建设，加大媒体宣传力度，强化网络
舆论引导，弘扬社会主旋律，传播团结正能量，积极开展中
国特色社会主义教育、"中国梦"、党的十八大精神、"专家论

坛""农家讲坛"等活动，大力宣传党的理论创新成果，不断
增强全县党员干部对中国特色社会主义道路自信、理论自
信、制度自信。三是创新反腐倡廉工作，提升廉洁执政形象。
严格贯彻落实党风廉政建设责任制，深入贯彻落实中央八
项规定，旗帜鲜明反对"四风"，扎实推进全县惩治和预防腐
败体系建设，继续深化反腐倡廉建设"九大阳光工程"和廉
政风险防控工作，率先在全市建成"阳光用药"电子监察系
统。始终保持惩治腐败的高压态势，2013 年查处党员干部
违法违纪案件 39 件，处分 38 人。

同志们，以上是一年多来我们的主要工作。这些工作
的开展和各项成绩的取得，是中央、自治区、玉林市委科学
决策、正确领导的结果，是大家齐心协力、艰苦奋斗的结果。
在此，我代表中共陆川县委员会，向大家表示衷心的感谢！
并致以崇高的敬意！

同时，我们也清醒地认识到，我们在发展的道路上还存
在不少困难和问题。主要是：保持经济平稳较快发展面临
困难较多、压力比较大，统筹城乡综合配套改革推进力度还
不大，影响社会和谐稳定的因素还不少，干部作风还不够扎
实，党风廉政建设还需进一步加强，一些地方的基层基础工
作还比较薄弱，等等。对上述困难和问题，我们一定要高度
重视，认真加以解决。

二、2014 年工作部署

坚持以科学发展观为指导，深入学习贯彻党的十八大、
十八届三中全会、中央经济工作、城镇化工作会议和习近平
总书记系列讲话精神，按照自治区党委、玉林市委的决策部
署，以深入开展党的群众路线教育实践活动为动力，坚持把
改革创新、扩大开放贯穿全县经济社会发展的各个领域各
个环节，坚持"一廊一城三园五业"发展战略部署，按照"围

绕一个目标，推进'三大会战'，实施'七大创建'，再上十大新台阶"的工作思路，逐步推动我县从单靠工业强县向工业强县与旅游活县科学发展转变，加快打造具有岭南特色的民俗文化旅游目的地，努力实现西部经济强县。全县经济社会发展的预期目标是：地区生产总值增长10%；财政收入增长12%；规模以上工业增加值增长18%；固定资产投资增长20%；社会消费品零售总额增长13%；外贸进出口总额增长7%；城镇居民人均可支配收入增长11%；农民人均纯收入增长13%；城镇化率43.5%；节能减排和人口自然增长率控制在上级下达指标以内。

工业是富民之本，旅游是活县之源。县委经过认真研究，提出推动陆川从单靠工业强县向工业强县与旅游活县科学发展转变，努力把陆川打造成为具有岭南特色的民俗文化旅游目的地以及西部经济强县的目标。这是从当前陆川科学发展大局出发，加快实施"一廊一城三园五业"发展战略，打造新的经济增长点，保持经济快速健康可持续发展势头，而作出的必然选择。这是适应九洲江环境治理倒逼机制，加快推进经济转型升级，建设美丽九洲江和生态新陆川的必然选择。这是超前对接广西进入高铁时代和玉林市全域享受北部湾开放开发优惠政策新机遇，加快融入北部湾经济区、粤港澳经济区、西江经济带发展新浪潮，主动对接北部湾城市群一体化、同城化、现代化发展新趋势和玉林市建成"两城市一中心"目标的必然选择。我们要在继续坚定不移加快推进工业强县，壮大工业经济的同时，充分发掘利用陆川旅游资源、历史文化、客家文化等优势，通过实施旅游活县战略，推动陆川交通建设、城镇化建设、美丽乡村建设、文化建设、景区景点建设、生态文明建设、商贸服务建设全面上新水平。

主要抓好十方面工作：

（一）关于工业强县、旅游活县和城镇化工作。

工业需要城镇化作保障，城镇化需要工业打基础，工业化、城镇化需要旅游添活力。这三大经济要素的协同发展是推进陆川从单靠工业强县向工业强县与旅游活县科学发展转变的有力支撑。

第一，实施工业"西迁北上南出海"发展战略，推进陆川县现代工业与文化产业融合发展，加快实现工业由初期阶段向中后期阶段转变。这是从推动陆川城市与工业发展双赢、生态建设与经济发展互促的大局出发而作出的抉择。一是加快推进工业"西迁北上南出海"。推进城区工业企业"西迁"，将县城区铁路以东的工业企业全部迁入铁路以西的龙豪创业产业园，有利于加快城镇化建设，优化产业布局，为城区旅游业、文化产业、服务业发展腾出空间。推进工业园区规划建设"北上"，利用玉铁高速交通优势，在马坡镇规划建设北部工业园区B区，实现北部工业园区A区（珊罗）、B区（马坡）两区一体化发展，形成"一区多园"产业集聚效应，有利于加快工业产业向玉林优势产业靠拢，保护九洲江生态环境。推进工业发展"南出海"，规划建设"粤

桂合作产业园区"，有利于充分利用广东优势资源、广西北部湾优惠政策以及九洲江跨省流域生态治理政策，推进产业转型升级。二是加快推进陆川县工业与文化产业融合发展。着眼于推进工业园区与文化产业共同发展，以服务玉林市"两城市一中心"建设为着力点，明确我县服务玉林城区发展的功能定位，以龙珠湖、世客城、谢仙嶂为核心区，规划建设城市文化服务产业。着眼于提升工业园区文化内涵，以开展工业园区基础设施建设大会战为抓手，加强园区综合性文化服务配套建设，谋划建设一批园区文化工程项目，建设园林式工业园区，打造现代文明工业园区。着眼于培育工业品牌文化，推动陆川传统品牌焕发新生机，重树陆川铁锅、茶花山矿泉水、乌石酱料等老字号企业品牌，扶持打造一批"陆川制造"新品牌，加快打造一批在区内外有影响力的企业品牌或产业品牌。着眼于形成生态文化导向，突出抓好"既要绿水青山，又要金山银山"的生态文化导向宣传，加大环境保护法律宣传教育，整治一批污染企业。重点要持之以恒，加大力度推进九洲江环境综合整治，建立健全生态保护长效机制，加快推进工业和农业产业转型升级。

第二，坚持城镇规划发展旅游化，旅游规划发展城镇化的理念，以加快推进陆川城镇建设与旅游产业融合发展，推动农业产业转型升级为着力点，加快实现经济由农业型向城市型转变。城市建设促进旅游发展，旅游发展带活城市建设。陆川有区位优势、资源优势、文化优势。我们提出实施城镇化与旅游产业融合发展，有利于推进产城融合，催生新型城镇化发展新动力，培育新的经济增长点，促进就业创业，增加城乡居民收入。要以开展城镇基础设施建设大会战和美丽乡村建设大会战为动力，全力打造岭南民俗文化旅游目的地。一是以旅游规划为重点，构建新型城镇化与旅游产业融合发展的现代旅游城市新蓝图。按照打造岭南民俗文化旅游目的地的定位，从交通、民俗、文化、服务等各个方面规划旅游城市新蓝图。积极开展创建全区卫生县城、全国长寿之乡、全国绿化模范县等创建活动，促进新型城镇化的发展与旅游业的发展有机地结合起来。二是以重大旅游项目建设为重点，构建新型城镇化与旅游产业融合发展的战略支点。再好的经济发展战略都必须项目化，没有项目就没有发展，就没有后劲，必须把项目建设作为实施旅游活县战略的重中之重抓好。加大城建和旅游项目招商引资力度，谋划建设一批重大项目，重点是加快推进世客城项目，在世客城的旅游开发过程中配套城镇化的发展，全面推进城东新区的教育、汽车站、文体中心、商务小区等配套项目建设；加快推进谢仙嶂民俗文化旅游项目，以旅游项目开发推进小城镇发展的转型升级；加快推进龙珠湖、谢鲁山庄景区的提级改造，使陆川全面融入玉林—北流同城化建设的发展新格局中。三是以民俗文化建设为重点，构建新型城镇化与旅游产业融合发展的新动力。千年易往，文化长存。良好的文化底蕴是旅游兴旺、城镇繁荣、经济发达、道德规范、社会和谐的源动力、生命力和生产力。要注重在

城镇化和旅游建设中植入文化的基因，在陆川大地上培育文化的土壤，避免出现城市文化盲点和农村文化荒漠。以精神文化的拔节生长，促进思想文明和谐进步、社会人心昂扬进取、经济建设活力迸发。大力挖掘陆川历史文化、岭南客家文化、温泉文化、陆川猪文化、伏波文化、中华优秀传统文化（如仁义礼智信孝廉文化），抓好相关民俗产业、文化产业、健康产业、信息产业、物流产业、商贸产业、房地产业的发展，推动陆川经济结构越来越优，实现经济发展的转型升级。四是以美丽乡村建设为重点，构建新型城镇化与旅游产业融合发展的新节点。美丽的乡村是新型城镇化的必然要求，是缓解"城市病"、避免农村"空心化"、实现城乡一体化的最佳"二传手"和缓冲区，是发展旅游产业用之不竭的资源和潜力巨大的市场。要深入开展"美丽陆川·清洁乡村"活动，按照硬化、绿化、美化、亮化、净化"五化"目标，加快推进美丽乡村建设，积极引导农民加快村容村貌改造，选择一批基础好的村落进行重点建设，从基础设施上形成"青砖灰瓦白墙"的客家风格，从生态环境上形成青山绿水、鲜花盛开、粮满仓果满园的乡村美景。

第三，以加快交通基础设施建设为着力点，主动对接北部湾发展优惠政策，加快实现城市由内陆型向临海型转变。一是以交通基础设施建设为重点，构建陆川县由内陆型向临海型推进的大动脉。没有交通的高速就没有发展的高速，要把交通基础设施建设作为陆川发展的头等大事来抓，大力争取自治区将玉林（陆川马坡）至盘龙高等级公路纳入自治区规划，年内开工建设玉林至陆川一级公路，大力争取北流（宝圩）至南宁（苏圩）高速公路陆川段尽快实施建设，大力争取尽快建设岑溪南渡至陆川、清湖至浦北（石埇）二级公路陆川段工程等重大项目，构筑陆川与周边高速公路互联互通的快捷交通网络。二是主动对接北部湾优惠政策，调整完善产业和基础设施规划，全面迎接北部湾城市群一体化、同城化、现代化发展的新趋势。机遇总是垂青有准备的人。加快经济的发展必须准确把握时代的脉搏。要抢抓北部湾经济区被中央确定为西南和中南地区新的发展战略支点，自治区对区域发展优惠政策的全面协调统一，以及广西高铁时代的来临，北部湾经济区各城市之间加快一体化、同城化、现代化发展，形成新的北部湾沿海城市群的新机遇。突出抓好新型工业化、新型城镇化和现代文化产业、现代化旅游业发展规划，推进陆川由内陆型向沿海型转变。

（二）关于农业农村工作。农村是稳县之基，农村的发展始终是县域发展最迫切、最艰巨的问题，要与时俱进地围绕农地、农业、农民和农民工这四个重点做好工作。一要加快推进农村产权制度改革。要坚持集体所有、农地农用和不损害农民基本权益的原则，在保持农村的土地承包关系长久不变的基础上，深化农村土地经营权改革，推进农村产权"六权"确权登记颁证，促进农村产权有序规范流转，切实解决当前农村土地经营管理"分有余而统不足"的矛盾。二要建立完善农业经营体系。加快农民专业合作组织建设，

大力推进家庭经营、集体经营、合作经营、企业经营等共同发展的农业经营方式创新，构建新型农业经营体系，发展壮大集体经济。三要创建三大特色农业品牌。以创建特色农业品牌为目标，规划建设九洲江流域中药材种植专属区、核心区。这是全面抓好九洲江生态环境保护，调整优化农业产业结构，推动九洲江两岸养殖业向特色种植业转变，实现种植业和养殖业转型升级，确保环境保护与农民增收两不误、双促进的需要。要逐步建立完善中药材产业链，把陆川打造成为玉林中药材专业市场原产地和深加工基地，打造陆川特色中药材品牌。以创建有机农业品牌为目标，大力发展有机农业、绿色农业，推广有机肥生态种植。以创建观光农业品牌为目标，加快发展绿色观光农业，把马盘二级公路建设成马盘绿色生态观光农业旅游长廊。四要加快社会主义新农村建设。以新农村示范点建设为引领，加强村庄规划建设管理，实施农村土地增减挂钩，加快农村土地复垦复耕工作。积极探索农村土地流转和农村"撂荒田"处置办法，提高农村耕地利用率。利用财政"一事一议"政策抓好村屯道路、新农村建设示范点建设。加大农村水利水塘设施恢复和维护力度，改善农村生产生活用水矛盾。

（三）关于民生工作。民生是执政之本，没有民生的改善，一切发展都是空话。要采取多种措施，加强社会民生保障体系的建设和管理，千方百计保障和改善民生。一要继续抓好发展性民生。加强革命老区、库区移民、贫困村的扶贫开发攻坚工作；推进科技成果的转化，提高科技对经济发展和民生建设的贡献率；深入抓好"为民办实事十项工程"，推进惠及群众的民生项目建设；健全就业服务体系，大力增加就业机会，做好就业创业服务工作，营造良好创业政策环境，增加城乡居民收入。二要继续加强保障性民生。以教育、医疗、卫生、计生、食品药品安全、住房、养老等事业为重点，推进相关公共服务项目建设，不断提高社会保障水平。三要严格抓好底线性民生。以城乡弱势群体为重点，加快构建新型养老体系、新型社会救助体系建设，推进完善残疾人社会保障和服务体系，多渠道提高低收入人群的生活质量，为保障弱势群体的基本生活构筑一道坚实的防线。

（四）关于社会稳定工作。稳定是和谐之要。要以创建社会和谐稳定模范县为目标，深入推进"平安陆川""法治陆川"建设。一要提前做好不稳定因素的事前预防。坚持和发展陆川版的"枫桥经验"，深化"带案下访"工作，加大矛盾纠纷排查摸底，切实维护好社会公平正义，保障人民群众切身利益。继续推动"天网工程"向农村延伸，依法防范和惩治违法犯罪活动，完善立体化社会治安防控体系，把不稳定因素化解在萌芽状态。二要及时做好突发性事件和矛盾纠纷的事中处置。进一步建立完善政府应急体系建设，及时妥善处置各种突发性事件，全力保障人民群众生命财产安全和大局稳定。三要高度重视历史遗留问题。以化解一批信访积案为重点，以信访事项案发地为责任主体，综合运用政策、法律、经济、行政等手段，采取教育、疏导、协商、

调解、帮扶、救助等方法,下大力气解决一批群众反映的热点难点问题,通过维护广大人民群众的权益促进社会和谐稳定,力争全县公众安全感和满意度进入全区前列。

(五)关于民主政治工作。民主是政治进步之力。要加快推进党内民主建设,严格执行和完善民主集中制,深入推进党务公开,建立完善县、镇党代会年会制,积极营造党内民主讨论、民主监督环境。推动人民代表大会制度与时俱进,充分发挥人大代表作用,健全人大讨论、决定重大事项制度,完善人大工作机制。推进协商民主广泛多层制度化发展,建立完善重要事项决策前协商制度。巩固和发展最广泛的爱国统一战线,充分发挥统一战线在协商民主中的重要作用。大力支持工会、共青团、妇联等人民团体工作,进一步发挥群团组织建设作用。进一步加强新形势下党管武装工作,全面提升国防动员和后备力量建设水平,加强"双拥"和军民共建工作,加快统筹经济建设和国防建设,深入开展国防教育,积极推动军民融合发展。

(六)关于宣传思想工作。宣传思想文化是经济社会发展之魂,是新形势下的精神民生。人生需要信仰驱动,社会需要共识引领,发展需要价值导航。在全面深化陆川改革发展的进程中,必须增强宣传思想工作的主动性和创新性。一是通过创新理论工作弘扬正能量。紧紧围绕"富强、民主、文明、和谐,自由、平等、公正、法治,爱国、敬业、诚信、友善"24字社会主义核心价值观,围绕中华民族伟大复兴"中国梦",围绕党的群众路线教育实践活动和基层党建工作做文章、下功夫、出成果。二是通过创新舆论工作弘扬正能量。从家庭文化建设着手推进精神文明建设,加强社会公德、职业道德、家庭美德、个人品德教育,弘扬良好的家风,从知与行的角度,发掘每个人心底蕴藏的善良道德意愿、道德情感,让抵制负能量、弘扬正能量,成为广大群众的自觉意识和自觉行为,形成人人做好事、人人存好心的良好社会风气。三是通过创新宣传平台弘扬正能量。整合全县宣传资源,依托政府网站以及客家商会、养猪协会等社团组织建立健全宣传平台,组建好网络宣传队伍、摄影队伍,建立健全宣传思想工作激励机制,加强网络宣传管理,唱响网上正能量,组织协调好各方力量形成大宣传格局,正面宣传和推介陆川。四是通过创新本土精品文化、大众文化弘扬正能量。坚持面向基层、服务群众,以创建国家公共文化服务示范区为契机,加快推进重点文化惠民工程,加大对农村文化建设的帮扶力度,继续推动公共文化服务设施向社会免费开放。开展全民阅读活动,弘扬中华优秀传统文化。搭建更多的群众文化舞台、文化茶座、文化沙龙,开展群众性文化活动。广泛开展全民健身运动,促进体育发展。让全县人民文化富足、精神富足、心灵富足。

(七)关于群众路线工作。群众路线是群众工作之法。要深入开展群众路线教育实践活动,坚持"镜头不换、主题不变、内容创新"的原则,根据当前发展目标任务,进一步丰富和完善"走""问""提高"的内容,建立完善干部回乡工作机制,开展"一走三问六提升"活动。一是转变"走"的方式,丰富"走"的内涵。方式上从集中走、被动走向常态走、主动走转变。内涵上从单走联系点向边、远、山和穷、难、乱的地方扩展。二是转变"问"的方式,扩大"问"的范围。方式上从单靠面对面问向网络问、手机问、电台问、电视问、信函问、请上来问等多种方式交替问转变,范围上从问政、问计、问需向问效深化。三是转变"提高"的方式,创新"提升"的内容。即是以"提升项目落地速度、提升化解社会矛盾水平、提升解决群众期盼能力、提升实干廉洁形象、提升乡村环境质量、提升基层组织凝聚力""六个提升"为主要任务来推进作风转变,推动基层党建与解决社会"四风"问题深度融合,与做好新形势下的群众工作深度融合,实现陆川作风转变永远在路上的目标。

(八)关于基层组织建设工作。基层组织是固本强基之根,必须始终不渝加强基层组织建设。一是认真建立和完善服务型党组织建设制度。以村"两委"换届为契机,全面提高村干部队伍服务能力,推动服务型党组织建设,树立服务型党员先锋模范,打造一批服务群众、服务发展、服务大局的基层党组织。整合项目资源,推进党建品牌化、示范化建设。二是认真建立和完善基层组织科学考评机制。全面推行基层党建工作质量标准化管理,推广 ISO 9001 党建质量管理体系。坚持双考双评回乡工作组制度,建立健全农村党员激励机制、教育培训机制、考核管理机制,全面激发基层干部活力。改进流动党员管理办法,开展处置不合格党员试点,建立处置不合格党员制度,保持党员队伍的纯洁性。三是认真建立和完善基层组织保障机制。逐年加大基层组织设施建设投入,不断提高村(社区)干部待遇。四是创新非公党建载体。开展非公党建"强示范堡垒,创活力企业"领航活动,发展一批企业,落地一批项目,锻炼一批干部,培育一批人才,创建一批支部,发展一批党员。

(九)关于干部和人才工作。政以才治,业以才兴。人才是强县之智。方针政策制定之后干部和人才就是决定性因素。要以提高执行力和落实力为目标,加强干部和人才队伍的建设和管理。一要以用人导向驱动执行力和落实力。深入贯彻新修订的《党政领导干部选拔任用工作条例》,树立"干部要科学管理、成长要重在培养、用人要重看人品、工作要重看创新"的理念,推动干部管理从粗放型向精细化、标准化管理转变,制定科学的干部培养机制。树立"为民务实清廉"的用人标准,让苦干、实干、加班干、干成事的干部有出路、有前途,做到工作亮点出在哪里干部就出在哪里。二要以激励机制驱动执行力和落实力。要加快基层公务员队伍梯队建设,加大县直部门中层干部交流力度,不断改善机关、基层公务员年龄、文化结构。要突出干部实践与探索的能力,建立健全激励制度,为他们创造良好的干事舞台,让基层岗位人员干得有信心有激情,让中层干部干得有压力有动力,让人才坐上"主席台",形成人才辈出、创先争优的良好环境。三要以绩效问责驱动执行力和落实力。要围绕年度工作重点加强机关绩效管理,科学运用绩效考核结果,着力解决"太平官"问题,让"不作为"的干部承担责任、受到问责。

(十)关于反腐倡廉工作。反腐倡廉事关事业成败。要认真落实各级党委(党组)主体责任和各级纪检组织监督责任,建立健全惩治和预防腐败体系,加快形成不想腐、不能腐、不敢腐的机制。严格执行中央八项规定,坚决反对"四风",立足"早检查、早发现、早整改"建立健全提醒预防、动态监督、解决问题融于一体的监察机制;立足"大文化、大宣传、大教育"强化廉政教育,筑牢拒腐防变思想道德防线。坚持以零容忍态度惩治腐败,对发生重大腐败案件和不正之风滋长蔓延的地方、部门和单位,实行"一案双查"。立足"业务最过硬、政治最可靠、对党最忠诚"的目标,不断加强纪检监察干部队伍自身建设,加强全面向党政机关派驻纪检机构的工作。整体推进作风建设、惩治和预防腐败各项工作,努力在全县形成为民务实清廉的价值追求。

同志们,今天的陆川正站在新的发展起点上,机遇和挑战并存。让我们以党的十八大精神为引领,焕发精气神、汇聚正能量,万众一心,继往开来,跨越奋进,为加快推动工业强县与旅游活县科学发展,全面完成今年的各项目标任务而努力奋斗!

名词解释

"围绕一个目标":是指打造西部经济强县。

推进"三大会战":是指继续推进工业园区基础设施建设大会战、城镇基础设施建设大会战、美丽乡村建设大会战。

实施"七大创建":是指实施"创建全区卫生县城,创建全国长寿之乡,创建大农业五大基地,创建全国小型农田水利建设示范县,争创全国绿化模范县,争创全区双拥模范县、全区社会和谐稳定模范县"等"七大创建"。

再上"十大新台阶":是指经济发展、统筹城乡综合配套改革、开放合作、行政体制改革、文化发展、社会事业发展、社会治理、基层民主自治体制机制改革、生态文明建设、党的建设等十个方面再上新台阶。

"两城市一中心":玉林市委提出:①推进玉林—北流同城化,把龙港新城(龙潭产业园)建设成为滨海新城,把玉林建设成为区域性大城市;②加快非公经济发展,把玉林建设成为国家非公经济发展示范城市;③大力繁荣商贸,全面融入北部湾,把玉林建设成为北部湾城市群商贸中心。

"两个建成":自治区党委提出:①广西与全国同步全面建成小康社会;②把广西建成我国西南中南地区开放发展新的战略支点。

"双核驱动":自治区党委提出,深入实施北部湾经济区和西江经济带双核驱动战略。

"一案双查":指既要追究当事人责任,又要追究相关领导责任。

政府工作报告

——2014年2月27日在陆川县第十五届
人民代表大会第四次会议上

代县长　蒙启鹏

各位代表:

现在,我代表县人民政府,向大会作政府工作报告,请予审议,并请县政协委员和列席会议的同志提出意见。

一、2013年工作回顾

2013年,在上级党委、政府和县委的坚强领导下,在县人大及其常委会、县政协的监督支持下,我们紧紧依靠全县人民,全面贯彻党的十八大和十八届三中全会精神,深入实施"一廊一城三园五业"发展战略,团结拼搏,务实进取,圆满完成了县十五届人大三次会议确定的目标任务,全县经济社会实现了平稳较快发展。

初步统计,全县实现地区生产总值183.2亿元,增长9.5%;规上工业总产值265.4亿元,增长20.1%;财政收入10.8亿元,增长17.7%;城镇居民人均可支配收入21891元,增长9.8%;农民人均纯收入8180元,增长13.5%。财政收入、全社会固定资产投资、工业增加值、更新改造投资四项指标增速排全市前三位,其中财政收入增速连续四个季度排全市第1位。

一年来,我们主要做好了以下工作:

(一)着力提质量增效益,三次产业协调发展

工业经济优化升级。全县实现工业总产值284.6亿元,增长19%;工业增加值85.4亿元,增长13.3%。工业企业利润10.9亿元。工业投资、技改投资、制造业投资三项增幅均排全市前列。新增高新技术企业2家,新增亿元以上企业15家、规上工业企业8家。新扶持发展小微企业450家。全县工业化率达2.82。工业经济占全县经济总量的比重达52.8%。

特色农业凸显成效。全县实现农业总产值50.8亿元,增长3.7%。建设25个万亩水稻高产示范片,平均亩产502.4千克。新增土地流转面积3.3万亩。发展橘红种植2万亩、油菜种植3万亩、林下经济18万亩。新增市级农业龙头企业5家、农民合作社31家。我县被列为国家级病死畜禽无害化处理试点县、第五批中央财政小型农田水利建设重点县,连续七年获得全国生猪调出大县奖。政策性农业保险工作在全区会议上作经验介绍。

第三产业迸发活力。加快发展特色旅游,"世客城"成为玉林市唯一列入全区旅游发展的重大项目,龙珠湖和谢

仙嶂开发项目成功签约。成功举办多次促进消费活动。第三产业增加值56.2亿元，增长6.3%。社会消费品零售总额达43.2亿元，增长14.1%。广西金融投资集团正式入驻。金融机构存款余额112.5亿元，增长11.8%。贷款余额62亿元，增长14%。其中，新增贷款7.6亿元，增长13.9%。

（二）着力夯基础强后劲，"三大会战"成效显著

园区基础设施建设大会战初显成效。北部工业集中区"两纵三横"路网初具雏形，玉柴重工配套产业园土地平整、路网建设、企业项目建设、供水供电及排污排水等工程有效推进。龙豪创业产业园跨输油管道通道二期工程、跨路涵洞和排水沟建设基本完成。全县完成园区基础设施建设投资2.3亿元。新增入园企业项目18个，在建项目55个、竣工28个。

城镇基础设施建设大会战全面开展。温泉大道改造、教育集中区、文体中心、锦源物流城等一大批城建项目加快推进，九洲江带状公园二期工程、公安小花园等10多个市政项目竣工使用，九洲路、南北景观大道、锦源大道等城区道路全面启动。珊罗、马坡、良田、清湖等重点镇市场项目进展顺利。全县城镇固定资产投资127.3亿元，城镇化率达41.5%。

美丽乡村建设大会战掀起高潮。深入开展"美丽陆川·清洁乡村"活动，筹措资金2.1亿元，新建镇村垃圾池2215个，落实镇村保洁员1064人。全面推进九洲江流域生态环境综合治理，整治涉水污染企业19家，取缔关闭塑料厂、炼油厂、非法采砂场共59家；拆除沿岸200米内养殖场（户）43家、建筑面积6500平方米。大力推进"绿满八桂"工程，新植树7.9万亩，种植花卉17.9万株，森林覆盖率达58.3%。

（三）着力破瓶颈增投资，项目建设再创新高

2013年5月6日，陆川县举行"美丽陆川·清洁乡村"办公室揭牌暨垃圾清运车发放仪式。图为待发放垃圾清运车
叶礼林 摄

瓶颈制约有效缓解。成立县征地拆迁办公室，完善县四家班子领导联系重大项目责任制，出台重大项目绩效考核奖惩办法和征地拆迁补偿安置资金管理规定，严格依法依规推进征地拆迁工作。全县新增建设用地指标1283亩，城乡建设用地增减挂钩申报2779亩。征收土地1128亩，出让土地897亩。

项目建设成果丰硕。着力推进国家投资项目和重大工程建设，全县争取到中央和自治区项目资金3.9亿元，1000万元以上项目新开工110个，续建327个。"世客城"、玉柴重工配套产业园、农机配件交易中心等3个自治区统筹推进项目进展顺利。祥泰矿业、鑫生机械等一批工业重点项目竣工投产。完成全社会固定资产投资132.7亿元，增长30.7%。

农村设施日臻完善。交通建设投入1亿元，建设农村三级公路12.5千米，桥梁4座，硬化村屯道路300千米，玉铁高速公路（陆川段）建成通车。水利建设投入1.5亿元，新建续建水利重点项目116个。珠砂、新山、文官等6个新农村示范点建设稳步推进。移民和扶贫基础建设完成投资4547万元。

（四）着力增活力添动力，改革开放全面深化

各项改革有效推进。横山、滩面、沙湖完成撤乡改镇。率先在全区成立县级农村土地经营权流转服务中心。以温泉镇洞心村为试点的农村产权制度改革扎实推进。扩权强县460项行政审批权限进驻县政务中心办理。财政预算管理、国库集中支付和政府采购改革继续深化。食品药品监督管理体制改革全面推进。农村医疗卫生改革力度加大。

开放合作全面加强。主动融入泛北、泛珠和西江经济带，积极参与玉林市"东靠南下"和粤桂产业合作。借助南博会、玉博会平台，成功举办陆川猪烹饪大赛，进一步打响陆川猪品牌。依托区位优势，扩大机械、矿产、铁锅、陆川猪等特色商品的外销贸易，实现多领域合作的新突破。

招商引资成绩喜人。全县共引进500万元以上项目（含续建项目）93个，实现到位资金80.4亿元，实际利用外资（全口径）2300万美元。南博会、玉博会以及陆川投资推介会招商引资总额达到81.1亿元。谢仙嶂民俗文化生态旅游开发项目计划总投资16.28亿元。再获广西招商引资工作先进县。

（五）着力惠民生增福祉，社会和谐开创新局

民本民生全面改善。全县财政民生领域支出达21.1亿元，占财政总支出的78%。全面完成政府承诺的十项民生实事工程。新增城镇就业5030人，新增农村劳动力转移8350人。全县养老、医疗、

失业、工伤、生育等五项保险参保41.7万人，基本社会保险覆盖率95%。新建13个联合五保村，发放城乡低保金1.2亿元。保障性安居住房竣工650套，完成农村危房改造1600户，移民旧房改造2072户，解决农村5.6万人口饮水困难问题。

社会事业全面进步。教育基础设施不断完善，中高考成绩稳居全市前列，2人考上清华大学。陆川中学通过自治区示范性普通高中复查评估，县幼儿园通过自治区示范幼儿园评估验收。医疗卫生服务水平不断提高，新农合参合率达99.6%。创建全国计划生育优质服务先进单位通过自治区检查验收，人口计生工作健康发展。科技创新持续加强，顺利通过全国科技进步考核。城乡公共文体设施不断完善，全民健身运动深入开展，荣获全国群众体育先进单位，是玉林市唯一获此殊荣的县（市、区）。地质灾害防治工作扎实推进，再次荣获全国防震减灾工作先进单位。

社会治理全面加强。全面推进"矛盾纠纷调解年"活动，率先在全区建立县级政法信息网络指挥中心和县级网上信访服务中心。"天网工程"成效突出，2013年玉林市"平安建设"现场会在我县召开。网络管理和舆情处置工作力度加大，入围2013年度"中国县域网络形象排行榜"县（市）百强榜单。应急管理体系建设加快完善，食品药品监管得到加强，安全生产形势稳定向好。公众安全感和满意度在玉林市两次民调中均排全市第1位。中央维稳办《维稳工作简报》和《法制日报》刊登了陆川经验。

（六）着力抓廉政提效能，政府建设切实加强

坚持群众路线，自觉转变作风，主动深入基层一线解难题促发展。加快政府职能转变，加大政务公开，增加政府决策的透明度。坚决贯彻执行县委的决策部署，自觉接受人大、政协和社会监督，人大议案、政协提案办结率100%。认真落实党风廉政建设责任制，建成高规格的县惩治和预防腐败警示教育中心，率先在全市建成"阳光用药"电子监察系统。全面落实中央八项规定，着力整治"四风"问题，压缩"三公"经费，全县"三公"经费同比下降8%。行政监察和审计监督明显加强。依法行政水平稳步提升。政务公开和信息公开不断深化。

此外，国防教育和国防后备力量建设不断加强，审计、统计、物价、人防、农机、供销、轻工、粮食储备、市场服务、机关事务、接待、广电、地方志、档案、机构编制、民族宗教、外事侨务、台办等工作取得新成绩。工会、共青团、文联、妇联、残联、工商联、科协、老科协、老促会、老体协、客家商会等群团社团组织在经济社会发展中发挥重要作用。中直、区直、

2013年9月6日，第十届中小企业商机博览（中国·玉林）陆川投资推介会在县城举行　　　　　　　　　　　　　罗　钊摄

市直驻陆各单位，驻陆川部队在支持地方建设上作出了积极贡献。

各位代表，成绩来之不易，这是上级党委、政府和县委正确领导的结果，是县人大及其常委会、县政协监督支持的结果，是全县100多万人民艰苦奋斗、共同努力的结果。在此，我谨代表县人民政府，向所有为陆川发展作出贡献的同志们、朋友们，表示衷心的感谢和崇高的敬意！

在肯定成绩的同时，我们也清醒地看到，我县经济社会发展仍面临着不少困难和问题。主要是：经济结构不够优化，转型升级任务艰巨；征地拆迁是项目推进第一瓶颈，投资较快增长难度加大；城镇化比较滞后，城乡一体化发展的动力较弱；保障和改善民生任务繁重，政府公共服务能力有待提高。对此，我们一定高度重视，采取更加有力措施，认真加以解决。

二、2014年工作安排

2014年是贯彻落实党的十八届三中全会精神、全面深化改革的第一年，也是完成"十二五"规划目标任务的攻坚之年。做好今年的政府工作，任务繁重，责任重大，意义深远。

今年政府工作的总体要求是：全面贯彻落实党的十八大、十八届三中全会和全区、全市经济暨城镇化工作会议精神，按照"围绕一个目标，推进三大会战，实施七大创建，再上十大新台阶"的工作思路，坚持稳中求进工作总基调，把改革创新贯穿于经济社会发展各领域各环节，全力推进新型工业化、新型城镇化和旅游业跨越发展，切实加强生态建设和环境保护，促进经济持续健康发展和社会和谐稳定，为加快建设西部经济强县奠定坚实基础。

今年经济社会发展的主要预期目标是：地区生产总值

增长10%;财政收入增长12%;规模以上工业增加值增长18%;固定资产投资增长20%;社会消费品零售总额增长13%;外贸进出口总额增长7%;城镇居民人均可支配收入增长11%;农民人均纯收入增长13%;城镇化率43.5%;节能减排和人口自然增长率控制在上级下达指标以内。

各位代表,实现上述目标,有机遇和条件,但也有挑战和压力,我们必须凝心聚力,克难攻坚,争取更好更快的发展。

(一)更加注重调结构兴产业,提升经济发展的质量和效益

坚定不移实施工业强县和旅游活县战略,把经济增长方式由以工业主导调整优化为新型工业与旅游业齐头并进、双核驱动发展。

加快工业转型升级。实施"西迁北上南出海"战略,形成"一区多园"发展新格局。"西迁",就是将县城区铁路以东的工业企业全部迁往龙豪创业产业园,重点发展服装、电子和旅游工艺品等劳动密集型产业。加快九洲江上游流域中小企业产业转移园的规划建设,逐步搬迁城区塑料企业。"北上"就是在北部工业集中区二期规划范围内建设5000亩新兴产业园,重点发展节能环保、商贸物流和饲料生产等产业。"南出海"就是加快建设南部产业园,重点培育发展矿产品加工业和农产品加工业两项支柱产业。全年争取工业重大项目2~3个,新增规上工业企业8家,新增亿元以上企业10家。

加快发展现代农业。全面整合资源,加大政策、项目和资金扶持力度,规划建设九洲江流域中草药材种植专属区,努力创建五大农业基地(8万亩橘红基地、万亩油菜基地、万亩蔬菜基地、万亩特色水果基地、万亩油茶基地)。积极构建新型农业经营体系,全年力争新增土地流转面积2万亩,扶持培育家庭农场、发展种植大户20户,新建农民合作社20家,新增市级以上农业龙头企业5家以上。

加快发展旅游业。围绕"打造岭南客家民俗文化旅游目的地"的目标,加快"世客城"、谢仙嶂民俗文化旅游、龙珠湖升级改造等旅游大项目建设,推进马坡丽江、龚家山庄、南麓山庄等一批农家乐项目。加强旅游配套设施建设,推进阳光财富、天祐大酒店两家四星级宾馆项目,进一步完善旅游交通基础设施建设。加强旅游策划、宣传和营销,不断繁荣旅游市场。力争全年旅游业总收入增长20%以上。

(二)更加注重三会战一治理,加快统筹城乡发展步伐

坚定不移加强城乡基础设施建设,深入推进九洲江流域生态环境综合治理,努力实现产城互动和生态文明建设新突破。

着力推进园区基础设施建设大会战。重点是实施园区建设"8331"工程。北部工业集中区:计划投资3000万元,重点推进玉柴重工配套产业园、平岭大道二期工程等8项基础设施建设项目,促进新投产企业10家。力争新增征地1500亩,落地开工项目15家,招商签约项目10个。龙豪创业产业园:计划投资3000万元,重点是完成通政西路延长线、西环路与通政西路交汇点南北各100米和7号路建设工程,推进1100亩九洲江上游流域中小企业产业转移园的规划建设。力争新增征地1000亩,新增入园企业30家、新投产企业5家以上。南部产业园:计划投资2000万元,重点推进路、水、电等基础设施建设,力争新增征地300亩,新增入园企业10家,新投产企业5家。

大力实施城镇基础设施建设大会战。围绕创建全区卫生县城的目标,全面推进城镇基础设施建设。加快县城开发建设:重点抓好城中新区、城南新区、城北新区建设,加快推进世客城、教育集中区、文体中心、锦源物流及2个四星级宾馆等城区重点项目建设。开通锦源大道、远辰大道、广州路、九洲路、讯和路等5条县城主干道。推进温泉供销社、嘉益商贸城等6个旧城改造项目。加强教育卫生基础设施建设。建设600多亩的九龙公园。实施九洲江江滨绿道等8个绿化项目,打造城区出入道路及主要街道、九洲江两岸为主的园林景观风景带。推进小城镇建设:加强城乡规划管理,推进镇村规划集中行动,将马盘二级公路沿线镇规划建设成一条新型城镇体系。推进珊罗、马坡、乌石、良田、清湖等重点镇建设,抓好马坡、良田、乌石等13个镇的农贸市场项目。提升城市管理水平。加强社区建设,完善社区功能。加强市容环境综合整治,加大市政管理执法力度,从严整治"五乱"现象。规范入室经营,落实"门前三包",实行定时定点投放垃圾,引导居民养成讲文明、讲卫生、讲形象的良好习惯。

深入开展美丽乡村建设大会战。深入开展"美丽陆川·清洁乡村"活动,推动清洁乡村活动常态化、长效化。重点是建立镇级管理执法中队和村级清洁乡村理事会,健全完善清洁乡村日常管理制度和美丽示范镇村(社区)、美丽家园示范户等文明创建评比制度,着力打造一批"最美镇、最美村庄、最美庭院"。继续抓好社会主义新农村建设。计划推进10个新农村示范点建设,加强规划组织和指导帮助,不断完善农村基础设施和公共服务建设,建设农民幸福美好家园。围绕创建全国小型农田水利建设示范县,实施中央财政小型农田重点县项目建设,年内重点推进温泉、古城、乌石、横山4个镇(片区)小农水项目。建设东成水库水源林及古城、清湖、马兰径农村饮水集中供水项目,新建、续建病险水库除险加固工程45座。围绕创建全国绿化模范县,继续深入开展植树造林和"种万户鲜花"活动,加快规划建设5000亩森林公园,实施10个村屯绿化项目,种植鲜花3000亩,建设秀美乡村。

推进九洲江流域环境综合治理。重点加快推进流域内8个镇污水处理厂(包括县城污水处理厂二期工程扩建)、6个垃圾中转站和南部(良田)垃圾填埋场。加快建设3个有机肥厂、3个病死畜禽无害化处理厂(点)。加快搬迁城区中心县食品公司屠宰场,改造城中垃圾转运站。实施流域内8个镇农村环境连片综合治理和4项河道综合整治工

程。对九洲江流域限养区内的所有养猪场进行升级改造，对禁养区内的所有养猪场进行搬迁拆除。实行分段包干负责，定期打捞九洲江污染物，构建清洁卫生长效机制。鼓励农民种植橘红，大力发展庭院经济，推动农业由养殖向种植转型发展。

（三）更加注重扩内需强财税，促进投资和消费较快增长

坚定不移地推进扩大内需，全力以赴促进消费增长，进一步做大财政蛋糕，全面增强经济发展的拉动力。

大力推进项目建设。加大招商引资力度，完善"大招商、大服务、大兑现"工作机制，力争完成500万元以上新上项目（含续建项目）60个，到位资金74亿元，利用外资（全口径）2000万美元。重点推进教育集中区、现代农业贸易物流中心、运美城东汽车总站等一批重大项目落地建设，力争3000万元以上重大项目新建续建突破200个，完成全社会固定资产投资160亿元以上。

提升财政保障能力。千方百计培植新生税源，强化招商引税工作。积极走访服务企业，促进企业多产快销，壮大现有财税支撑点。努力为近年来新竣工项目提供优质服务，帮助企业开拓市场，培植新的财税增长点。大力扶持重点项目和企业，加快形成骨干财源，力争营业税等主体税种稳步增长。加强税收征管，提升可用财力。不断优化财政支出结构，严格控制一般性支出，加大民生领域投入，让人民群众更多地享受改革开放的成果。

进一步扩大消费需求。充分发挥陆川"汽车运输王国"优势，扶持做大锦源物流等物流商贸产业。加强城乡市场流通体系建设，提升改造农贸市场。扩大商品销售、餐饮娱乐、教育培训、旅游休闲、信息通信、体育健身等消费。强化市场监管和服务，坚决打击商业欺诈、制假售假行为。大力发展原料采购、产品推销、商品流通等生产性服务业，发展银行、证券、保险等金融服务业。

（四）更加注重促改革扩开放，增添经济社会发展新活力

坚定不移推进全面深化改革，以更大的勇气和决心创新机制体制，增强发展内生动力，营造更加宽松、更具活力的发展环境。

深入推进各项改革。按照十八届三中全会总体部署，积极稳妥推进重点领域和关键环节改革。深化农村综合改革。重点推进温泉、米场、马坡、珊罗、乌石、清湖等6个试点镇共78个村，9个社区的农村产权制度改革，做好农村"六权"的确权登记工作。深化行政审批制度改革。做好行政审批事项"接、放、管"工作。推进工商登记制度改革。实施民事登记制度改革。深化政府机构改革。打造法治化营商环境。深化经济体制改革。改革完善现代市场体系，实现商品和要素自由流通。积极发展金融服务业，组建农村商业银行。完善信用担保体系，努力解决中小企业融资难题。深化社会事业改革。加快推进教育、医药卫生、食品

药品安全、科技、文化、就业创业、收入分配、社会保障、计划生育等社会事业改革。

扩大开放合作。依托区位优势，倾力打造玉林市"东靠南下、通江达海"和粤桂合作试验区的重要前沿阵地和桥头堡。加快玉林（陆川马坡）至县城南入口一级公路的规划建设，努力打通"西迁北上南出海"交通动脉。继续抓好龙豪创业产业园和九洲江上游流域中小企业产业转移园的规划建设，精心打造承接东部产业转移的重要平台。进一步加强与周边地区的经贸、农业、旅游和生态建设等方面的合作，不断提升开放合作水平。

强化科技创新。鼓励企业自主创新，不断研发生产新产品，促进铁锅、酱油、矿泉水等传统产业的转型升级。实施质量兴陆战略，加大工业技改引导扶持力度，开展百企技改行动，力争技改投资增长20%以上。深化与高校院所合作，加快科技成果转化，提升县域经济科技竞争力。着力培育创新载体，建设科技创新企业孵化器，促进高新技术产业发展壮大。

（五）更加注重保民生保稳定，推进社会建设上新水平

坚定不移增进民生福祉，统筹发展社会事业，把公共资源更多地投向民生领域，建设群众最得实惠的和谐社会。

抓实民生工程。计划筹措资金10亿元以上，实施社保、健康、教育、强基、安居、土地整治、农补、生态、文化、交通等10项为民办实事工程。大力促进城乡居民收入持续增长。适当提高村（社区）基层干部工资待遇。实施更加积极的创业就业政策。加强保障性住房建设和管理，解决困难群众的居住问题。完善社会保障体系，进一步扩大社会保险覆盖面。建立健全农村"三留守人员"、空巢老人、孤寡老人、农民工等特殊人群的关爱服务体系，切实加强社会救助、城乡低保、五保供养、社会福利、养老、救灾等工作。推进扶贫机制和政策创新，抓好39个贫困村的扶贫开发，让贫困群众逐步脱贫致富。

抓好社会事业。牢固树立"不建楼堂建学堂"的理念，围绕优化学校布局和学校标准化建设，新建、改建、扩建一批学校，解决"大班额"和县城区"入学难"问题，办好人民满意的教育。广泛开展全民健身运动，促进群众体育和竞技体育全面发展。深化医药卫生体制改革，加强基层医疗卫生服务体系建设。巩固完善新农合制度，推进基本卫生服务项目，有效防控艾滋病等重大疾病。建立健全各级食品药品监管机构。严格落实国家人口计生政策，坚持和完善人口和计生目标管理责任制，深入推进诚信计生活动，稳定低生育水平。大力创建"中国长寿之乡"，倡导科学、健康、文明的生活方式，不断提高全民生活质量和健康水平。积极创建国家公共文化服务体系示范区，加强公共文化基础设施建设。深入开展"扫黄打非"活动，净化社会文化环境。

抓牢社会治理。围绕创建全区社会和谐稳定模范县的目标，改进社会治理方式，加强社区管理服务创新，激活社会组织活力，创新有效预防和化解社会矛盾机制，健全公共

安全体系。全面推进平安陆川建设,推进天网工程进农村、进社区、进企业,建立健全高效联动的立体化防控体系。启动新一轮禁毒人民战争。认真开展矛盾纠纷排查调处,着力化解信访积案。畅通群众信访渠道,健全就地解决群众合理诉求机制。加强互联网管理,维护网络安全。高度重视安全生产工作,深入开展安全生产隐患排查整治。强化食品药品监管,以最严厉的措施保障食品药品安全。加强价格监管,打击价格违法行为。尽最大努力,不断提升社会公众安全感和群众满意度。

加强国防力量和后备力量建设。开展创建全区双拥模范县活动,营造全民拥军优属、驻军拥政爱民的良好氛围。配合做好村(居)"两委"换届工作。依法保障公民特别是妇女、未成年人和残疾人的合法权益。充分发挥工会、共青团、文联、妇联、残联、侨联、工商联、社科联、科协、老科协、老促会、老体协、客家商会等群团社团组织的作用。继续做好统战、民族宗教、外事侨务、台办、统计、供销、轻工、粮食储备、市场服务、农机、广电、方志、档案、机构编制、机关事务、老龄、防震、消防、气象、烟草、保险、工商等工作。

(六)更加注重转作风强服务,建设人民满意的政府

全面完成今年的各项目标任务,必须强化问题导向和责任意识,坚持政府工作项目化、项目工作责任化,进一步改进和创新政府工作,不断提升行政效能和服务水平。扎实开展党的群众路线教育实践活动,深入基层倾听意见,主动接受群众监督,着力解决与群众利益密切相关的热点、难点问题。大力弘扬真抓实干之风,发扬"钉钉子"的精神,敢于担当、勇于负责,切实把工作落到实处。精简会议文件,改进文风会风。严格政府绩效管理,加强机关效能建设,深入开展政风行风评议活动,强化效能督查,通过干部作风转变促进政府职能转变。落实重大行政决策程序规定,完善行政决策风险评估机制,着力提高政府决策科学化、民主化、法制化水平。更加自觉地接受人大法律监督、工作监督和政协民主监督,认真办理人大代表议案、建议和政协委员提案,高度重视社会公众、新闻媒体和网络舆论监督。深入推进政务和办事公开制度,及时主动公开涉及群众利益的信息。严格执行中央八项规定,聚焦"四风",刹风整纪。严格历行节约反对浪费,"三公"经费只减不增。全面落实党风廉政建设责任制,深入推进廉政风险防控,强化行政监察和审计监督,坚持用制度管人、管钱、管土地、管项目。坚决纠正损害群众利益的不正之风,严肃查办违纪违法案件,切实做到干部清正、政府清廉、政治清明。

各位代表!形势催人奋进,实干造就辉煌。让我们在上级党委、政府和县委的坚强领导下,进一步提振精气神,唱响主旋律,凝聚正能量,扎实做好今年各项工作,为加快建设西部经济强县,与全国、全区、全市同步全面建成小康陆川而努力奋斗!

名词解释

1. "一廊一城三园五业"发展战略:"一廊"是指打造马盘百里绿色生态农业经济示范长廊。"一城"是指打造具有岭南特色的客家温泉文化名城。"三园"是指北部工业园、龙豪创业产业园、南部产业园等三大产业园。"五业"是指机械制造、新型建材、有色金属、健康食品、农林产加工等五大支柱产业。

2. "围绕一个目标,推进三大会战,实施七大创建,再上十大新台阶":"一个目标"就是打造西部经济强县目标。"三大会战"就是工业园区基础设施建设大会战、城镇基础设施建设大会战、美丽乡村建设大会战。"七大创建"就是创建全区卫生县城、中国长寿之乡、农业五大基地、全国小型农田水利建设示范县、全国绿化模范县、全区社会和谐稳定模范县、全区双拥模范县。"十大新台阶"就是经济发展、统筹城乡综合配套改革、开放合作、行政体制改革、文化发展、社会事业发展、社会治理、基层民主自治体制机制改革、生态文明建设、党的建设等十个方面再上新台阶。

3. 园区建设"8331工程":工业园区基础设施建设投入8000万元,新增征地3000亩,到2015年工业总产值达300亿元,签约、落地、投产企业(项目)100家。

4. 6个旧城改造项目:是指温泉供销社、嘉益商贸城、县直属库、土产公司、食品公司、消防大队。8个绿化项目:是指文昌公园、九洲江江滨绿道、九龙公园、松鹤公园二期、广州路小花园、城南小花园、城东小花园、温汤小花园。

5. 流域内8个镇污水处理厂:是指温泉、沙坡、大桥、横山、乌石、滩面、良田、古城等8个镇生活污水处理厂。6个垃圾中转站:是指沙坡、大桥、横山、滩面、良田、古城等6个镇生活垃圾中转站。3个有机肥厂、3个病死畜禽无害化处理厂(点):是指银农公司、穗宝公司、英平公司各建设一个有机肥、一个病死畜禽无害化处理厂(点)。8个镇农村环境连片综合治理:是指沙坡、温泉、大桥、横山、乌石、滩面、良田、古城等8个镇农村环境连片综合治理项目。4项河道综合整治工程:是指九洲江滩面圩、大桥圩、车田河段、温泉东山、泗良河段河道综合整治工程

6. "中国县域网络形象排行榜":是指2014年1月在北京发布的"中国县域网络形象排行榜(2013)暨县(区、市)级政府网络履职绩效排行榜",该排行榜由新华网、中国社科院城市环境与发展研究所、武汉大学互联网科学研究中心、中国统计信息服务中心联合推出,主要参考县域网络政务管理、县域舆情处置两个方面的指标衡量,包括政府信息公开、门户网站、微博热度、微信热度以及舆情处置的响应时间、效果等几个方面。广西壮族自治区只有临桂县、陆川县和凭祥市等3个县市上榜。

大 事 记

DASHIJI

2013 年 12 月 17 日，中共陆川县委员会第十三届四次全体会议。图为会议现场

罗 钊 摄

1月

5日 庆祝陆川县中学建校100周年暨纪念陆川县第一个党支部成立85周年大会在陆川县中学举行。

7日 陆川县世界客家文化名城开工建设。

8日 中组部组织一局巡视员、副局长李小新率中央党的群众路线教育实践活动调研组到陆川调研。

17日 陆川县召开乡镇人大工作会议。

△ 华润水泥广西壮族自治区总经理纪友红到陆川调研水泥项目建设情况。

18日 陆川县乡镇纪委书记述职述廉会议在县城召开。

△ 南宁梦之岛百货有限公司（新梦）到马坡镇清秀村开展送温暖活动，赠送慰问金、慰问品总价值18万元，慰问人数500多人。

19日 自治区防治艾滋病攻坚工程考评组到陆川对2012年防艾攻坚工程进行考核评估。

21日 玉林市党建研究会会长黄家才到马坡、米场、沙湖、温泉等乡镇调研"党建品牌化建设"工作。

△ 陆川县聚银气排球俱乐部成立。

△ 2013年陆川县道路运输春运工作会议暨道路运输行业第一季度安全工作会议在县城召开。

22日 玉林市机关绩效考评工作组到陆川开展2012年度机关绩效考评察访核验工作。

△ 玉林市人大常委会副主任杨家庆到陆川调研贯彻落实《玉林市

2013年1月7日，世界客家文化名城（简称"世客城"）开工建设。图为世客城建设规划沙盘　　　　　　　　　　叶礼林　摄

人大常委会关于加强我市农产品质量安全监督管理的决议》工作情况。

24日 自治区公安厅检查组到陆川检查"除火患、保平安"冬春专项行动工作。

△ 自治区地震局副局长李伟琦到陆川调研防震减灾工作。

△ 玉林市招商引资项目大兑现督查组到陆川督查2012年招商引资大兑现工作，分3个工作组对20个项目实施情况进行实地察看。

△ 玉林市市场建设项目目标责任考评工作组到陆川考评。

25日 玉林市浙江商会组团到陆川开展捐善款献爱心活动，捐赠爱心助学善款1.13万元。

△ 陆川县代表团到广东省东莞市参加首届国际优质农副产品展销会暨山菜田展销配送中心开业典礼。

26日 陆川县组织公安、交管、交通、农机、安监等相关部门人员在县城区新洲路开展2013年春运交通安全集中宣传日活动。

28日 陆川县召开重大项目研讨推进会议。

29日 陆川县在马坡镇举办绿色优质"陆川猪"健康技术培训班。

30日 自治区侨办巡视员林容蓉到陆川走访慰问困难群众及退伍老军人。

△ 陆川县开展春节前社会治安综合整治行动。

△ 陆川县"让温暖一起回家"迎春文艺晚会在县市政广场举行。

31日 玉林市副市长邓长球到古城镇慰问困难库区移民。

△ 玉林市联合督查组到陆川督查城区中小学校建设大会战情况。

△ 陆川县"敬老助老爱心传递"结对帮扶活动启动仪式在沙湖乡敬老院举行。

1月 陆川县提高城乡居民基础养老金标准，每人每月增加20元，全县城乡居民基础养老金达到每人每月75元。

2月

4日 陆川县举行2013年新春

茶话会。

△ 陆川县春节联欢晚会在县城举行。

△ 陆川县首届客家文化书画摄影展在松鹤公园举行。

6日 玉林市委常委、政法委书记周彬到古城派出所就公众安全感和群众满意度情况进行调研。

11日 玉林市副市长丘德奎到温泉镇长河村走访慰问"大陆新娘"吕玉惠的母亲李永春。

17日 陆川县第十三届纪律检查委员会第四次全体会议在县城召开。

18日 自治区公安厅法制总队总队长朱中卫率领工作组到陆川慰问吕谋。

22日 陆川县以"监视天气,保护生命和财产"为主题的科普宣传活动在县城区百汇广场举办。

26—27日 中国人民政治协商会议陆川县第八届委员会第三次会议在县城召开。

26—28日 陆川县第十五届人民代表大会第三次会议在县城召开。

28日 陆川县政府服务中心建设项目开工仪式在县城举行。

△ 陆川县龙豪创业园区管理委员会揭牌仪式在县城举行。

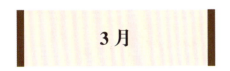

3月

1日 以"普及安全知识,确保生命安全"为主题的玉林市学校安全工作会议暨安全教育活动月启动仪式在乌石镇中心学校举行。

△ 陆川县阳光助残基地无偿发放仪式在大桥镇雅松村委会举行,共为100多户残疾人发放种猪苗100头,饲料5000千克,并举办残疾人种猪饲养技术培训班。

4日 自治区人大常委会副主任覃瑞祥到陆川番石榴基地调研。

5日 谢鲁山庄被核定为第七批全国重点文物保护单位。

△ 陆川县学雷锋青年志愿者一条街服务活动在县城区新洲路举行。

6日 陆川县组织参加玉林市庆"三八""舞动玉林"广场民族舞展示大赛获特等奖。

△ 陆川县水产畜牧兽医局启动开展"百名兽医走村屯""百名干部下基层""百名技术人员送科技"大行动。

7日 陆川县落实党风廉政建设责任制、推进惩防腐败体系建设工作暨领导干部集体廉政谈话会议在县城召开。

15日 陆川县城镇化建设现场推进会在清湖镇召开。

18日 陆川县农机购置补贴工作会议在县城召开。

26日 陆川县反腐倡廉宣传骨干座谈会在县城召开。

28日 自治区人口计生委副主任陈文儒、玉林市人口计生委有关领导到陆川调研人口计划生育情况和服务设备运作情况。

△ 玉林市2013年关心下一代工作会议在陆川县召开,玉林市委常委、组织部部长、市关工委主任李常官出席会议。

△ 陆川县第十五届人民政府第23次常务会议召开。

4月

1日 陆川县成立县政法信息网络指挥中心、县政务服务中心服务站、县纪检监察电教信息网络舆情中心、县社会保险事业管理局、县农村土地承包经营权流转服务中心、县抗震救灾指挥部(应急管理)办公室、县社会科学届联合会。

2日 陆川县直机关党建工作会议在县城召开。

△ 陆川县党、政、军和社会各界代表到县革命烈士纪念碑举行清明节纪念革命先烈活动。

3日 玉林市粮食高产创建暨"三品一标"工作会议在陆川召开,玉林市人民政府副市长邓长球出席会议。

7日 广东省茂名市人大常委会副主任、化州市委书记邓永明率化州市党政考察团到陆川考察,洽谈粤桂产业合作试验区建设工作。

△ 陆川县召开加强校园安全工作专题会议。

9日 共青团陆川县第十七届委员会第二次全会在县城召开。

10日 陆川县十五届人民政府第24次常务会议在县城召开。

△ 陆川县食品药品监督管理局对全县幼儿园食堂开展食品安全专项检查。

11日 陆川县2013年政法工作会议暨矛盾纠纷化解年活动动员大会在县城召开。

△ 陆川县2013年人口和计划生育工作会议在县城召开。

12日 玉林市政协副主席吕汉江率市政协调研组到陆川调研"双千

双助"活动推进情况。

13日　陆川县幼儿园教师师德演讲比赛在县第四中学举行。

15日　陆川县、博白县联合召开整治九洲江流域污染工作会。

19日　玉林市委组织部、玉林市革命老区促进会老区工作会议在清湖镇塘寨村召开。

23日　陆川县举行2013年"世界读书日"报告会，特邀玉林师院党委副书记王志明教授做报告。

△　陆川县第十五届人大常委会第十八次会议在县城召开。

26日　陆川县召开选调生暨年轻干部座谈会。

27日　陆川县第十五届人民政府第二次廉政工作会议在县城召开。

△　陆川县2013年第一季度经济运行分析会在县城召开。

4月　陆川县文联主办的《九洲江》报改为杂志刊号。

5月

6日　陆川县举行"美丽陆川·清洁乡村"办公室揭牌暨垃圾清运车发放仪式，发放垃圾清运车总价值60多万元。

7日　陆川县发展油菜种植产业座谈会在米场镇召开。

△　玉林市"千企联村　清洁乡村"活动启动仪式(陆川县)在县城举行。

8日　自治区县域办、自治区发改委考察组到陆川考评2012年开展培育发展经济强县工作情况。

9日　自治区侨办党组书记、主任冯祖华到陆川调研。

10日　陆川县第一小学、第二幼儿园被列为全县防震减灾科普宣传教育基地。

11—13日　中央电视台《理论热点面对面》栏目组到陆川采访"一走三问六提高"党建专题活动。

13日　玉林市委书记、市人大常委会主任金湘军到马坡镇界垌村参加民情恳谈会。

△　陆川县启动农户科学储粮工程，并在良田镇龙口村举行科学储粮装具发放仪式。

14日　玉林市归国华侨联合会调研组到陆川调研。

16日　陆川县举行第七批全国重点文物保护单位"谢鲁山庄"挂牌揭幕仪式。

17日　2013年中国旅游日"休闲惠民　美丽陆川"主题活动启动仪式在县城举行。

20日　陆川县2013年招生考试工作会议在县政府第一会议室召开。

21日　自治区纪委办公厅副主任卢新华、黄红洋一行到陆川检查指导贯彻落实中央、自治区纪委全会精神等有关工作。

27日　陆川县健康惠民"鼻咽癌肝癌联合早诊早治"项目正式启动。

28日　玉林市委书记、市人大常委会主任金湘军到乌石镇王沙村调研。

△　平乐镇平乐村李振水获取个人独资企业家庭农场营业执照，为陆川县首个取得家庭农场营业执照的农场主。

29日　陆川县举行招商引资项目集中签约仪式。集中签约项目5个，签约投资总额18.10亿元。

30日　陆川县召开"清洁养殖"专项行动动员会。

31日　陆川县举办首届政务公开日活动。

△　玉林市政协在马坡镇界垌村举行"清洁乡村·委员给力"活动保洁车辆赠送仪式。

2013年，玉林市政协开展"清洁乡村·委员给力"活动。图为5月31日，在马坡镇界垌村举行保洁车辆赠送仪式　　　　　叶礼林　摄

6 月

5日　自治区政府督查室副主任戴倩、区农业厅副处长苏小斌、玉林市政府督查室主任官志旺等领导到陆川督查调研农民收入倍增计划情况。

△　全县纪检监察系统会员卡专项清退活动布置会在县城召开。

5—6日　自治区侨联副主席林振龙到陆川调研。

6日　陆川县2012年新农村建设指导员工作总结表彰暨2013年动员会在县第一会议室召开。

7日　自治区地震局副局长劳王枢到陆川调研防震减灾工作。

△　陆川县人民政府与广西金融投资集团战略合作签约仪式在县城举行。

9日　陆川县ISO 9001党建质量管理体系工作动员会在陆川中学举行，并举办管理平台应用培训班。

10—12日　2013年端午·龙珠湖第六届龙舟大赛(中国·玉林)暨玉林电视台端午欢乐节在珊罗镇龙珠湖举行。

14日　陆川县"作风建设年"活动工作推进会在县城召开。

△　陆川县纠风工作暨民主评议政风行风工作会议在县城召开。

18日　陆川县召开信访维稳、"矛盾纠纷化解年"活动暨社会公众安全感推进会议。

20日　陆川县山洪灾害防御演练在古城镇北豆村举行，参加演练100多人，现场观摩250人。

25日　中共陆川县客家商会党

2013年6月25日，中共陆川县客家商会党支部暨工会联合会揭牌仪式在县城举行　　　　　　　　　　　罗　钊　摄

支部暨工会联合会揭牌仪式在县城举行。

△　陆川县陆川猪养殖协会党支部揭牌仪式在县城举行。

27日　玉林市市长王凯到大桥镇平山村慰问带头致富党员和困难党员。

△　陆川县庆祝建党92周年暨"136"干部回乡清洁家乡文艺晚会在县松鹤公园举行。

6—9日　陆川县食品药品监督管理局开展为期4个月的餐饮服务食品、保健食品、药品、医疗器械和化妆品生产经营企业安全生产大检查。

7 月

1日　陆川县"美丽陆川·清洁乡村"演出创作工作会议在县城召开。

6日　国家统计局玉林调查队、玉林市农委专家等一行到米场镇乐宁村、温泉镇四良村，对陆川水稻万亩高产创建示范片、整建制粮食高产创建示范片进行早稻现场测产验收。

△　"桂粤携手　美丽乡村"活动(陆川·廉江·化州)座谈会暨合作框架签约仪式在陆川县城区举行。

8日　陆川县召开依法行政工作会议，会上对第一批依法行政示范单位进行授牌。

9日　玉林市委常委、宣传部长、副市长满昌学到陆川调研人口计生工作。

△　玉林市教育局局长梁伟雄率市政府教育考核组到陆川督导考核县党政主要领导干部2012年度履行教育工作情况。

△　陆川县2013年储备粮直补订单收购工作会议在县城召开，分解落实储备粮订单收购任务。

△　陆川县征兵工作会议在县城召开。

10日　玉林市副市长郑杰忠率市政府副秘书长唐胜、市环保局局长蔡明等领导到陆川进行环境风险和隐患问题检查。

△　陆川县强化环境安全工作会议在县城召开。

11日　陆川县旅游系统举办"农

家乐"旅游经营者培训班,邀请旅游有关专家进行专题培训。

15日 陆川县在县城区开展为期1个月的"脏、乱、差"市容环境综合整治行动,重点整治城区环境卫生、交通秩序、跨门槛经营行为、广告乱挂、工地乱象等突出问题。

△ 陆川县召开村"两委"干部"正风气、守清廉、树形象"活动工作培训会和村(社区)党组织书记到县直部门挂职培训动员会,并举办挂职培训班。

17日 人民日报社广西分社到陆川县调研"六个创建"活动情况。

19日 陆川县城区设立临时市场9个。

25日 陆川县教育艺术培训中心成立。

25—26日 自治区地震局副局长苗崇刚到陆川调研基层防震减灾工作。

26日 陆川县粮食局、监察局等部门主办的"政风行风"热线、"粮安工程"专题活动在米场镇举行。

7月 陆川县举行"食品安全道德大讲堂"进学校、进社区主题日活动。

8 月

2日 玉林市深化平安玉林建设工作会议在陆川召开,市委常委、政法委书记周彬,副市长、市公安局局长李庄浩,市政协副主席江贵成,市中级人民法院院长梁文华出席会议。

5日 陆川县公安局"打盗抢保民安"专项行动追缴被盗机动车返还大会在县城举行。

6日 自治区党委常委、组织部部长周新建到陆川检查指导工作。

8日 陆川县总工会第十四届委员会第十次全体委员会议在县城召开。

△ 广西第五届体育节·陆川县全民健身日启动仪式在县松鹤公园举行。

16日 陆川县加强防范和应对第11号强台风次生灾害紧急会议在县城召开。

17日 国家森林城市验收组到陆川对森林县城创建工作进行检查验收。

△ 陆川县2013年综合人才招聘会在县城召开。

19日 玉林市委书记、市人大常委会主任金湘军到陆川就九洲江水源地保护工作进行专题调研。

21日 陆川县中小学(幼儿园)领导干部暑期培训班在陆川县中学举行。

△ 陆川县法制宣传教育课在县人民会堂举行,科级以上领导干部600多人参加法制宣传教育。

22日 陆川县委统战部在革命老区清湖镇塘寨村举行助学金发放仪式,非公经济人士为15名学生发放助学金1.99万元。

△ 陆川县捐资助学表彰大会在乌石镇召开,广西远辰集团公司、广西南兴房地产开发有限公司等9个企业、单位共捐赠助学资金33.8万元。

△ 广西陆川县首届畜牧渔产业博览会暨陆川猪养殖协会年会在县城举行。

23日 陆川县打击非法炼油行为专项行动会议在县城召开。

26日 陆川县总工会启动"金秋助学"活动,筹资13万元,资助120多名贫困学生解决"上学难"问题。

27日 玉林市委副书记李常官到陆川检查库区移民情况。

28日 陆川县环保局、县安监局联合开展全县尾矿库和化工行业企业安全环保专项集中检查,开展环境安全年3号行动。

8月 陆川县被评为2009—2012年度全国群众体育先进单位。

8月 陆川县法院联合综治办、检察院、公安局、司法局、民政局、教育局、人社局、共青团、妇联等10个部门制定《陆川县未成年人犯罪记录封存工作实施意见》,率先尝试封存未成年人犯罪记录,最大限度地降低刑罚对未成年人成长的不利影响。

8月 陆川县开展暑假大学生志愿服务百村远程教育行动,全县150多名大学生志愿者参与活动。

8月 广西聚银牧业有限公司被认定为第十批广西水产畜牧行业重点龙头企业,陆川县诚信养猪专业合作社被评为广西农民专业合作社示范社。

9 月

1日 以"防止滥用成瘾性药物"为主题的2013年陆川县"安全用药月"宣传活动在县市政广场启动。

2日 中国名猪(陆川猪)烹饪大赛在县城举行。

3日 "美丽陆川·清洁乡村"资金设备发放暨五支队伍进村入户启动仪式在县城举行。

4日 陆川县"聚银·岭南客家"

牌陆川猪扣肉获"十大玉林特色旅游食品奖",铁人牌不锈钢铁锅获"十大玉林特色旅游工艺品奖",陆川猪肉丁、陆川猪扣肉获"玉林市特色旅游商品十大网络人气奖"。

6日 陆川县举行客家民俗文化项目比赛活动。

△ 陆川县在第十届中小企业商机博览会(中国·玉林)陆川投资推介会上,共签订投资项目10个,签约投资总额45.28亿元。

6—9日 陆川县对县住建局、卫生局、水产畜牧局、农业局等8个责任单位以及14个乡镇开展"清洁水源"督查活动。

7日 陆川县举行2013中国名猪(陆川猪)烹饪大赛。

11日 玉林市学校安全工作(陆川)汇报会在县城召开。

12日 自治区党委常委、自治区常务副主席黄道伟率自治区考察组到陆川考察调研粤桂跨省区九洲江流域水源生态建设情况。

△ 马坡镇雄英村建成辣椒种植基地,为县内最大辣椒种植基地。

14日 水利部水文局副局长林祚顶率水利部安全生产工作督查组到陆川督查安全生产工作。

15日 陆川县学校安全工作会议在县城举行。

20日 陆川县惩治和预防腐败警示教育中心在县委党校建成。

22日 县四家班子(扩大)会议在县城召开。

25日 自治区物价局副局长麦贵富、玉林市物价局局长杨海华到陆川调研价格认证工作。

26日 陆川县组织县环保局、国土局、公安局、武警中队、供电公司等部门组成联合执法组,对全县废塑料加工企业开展专项整治行动。

28日 玉林市委副书记李常官到陆川调研革命老区村建设情况。

29日 陆川县开展迎国庆干部回乡集中为民服务大行动。

30日 玉林市委副书记李常官到陆川调研新农村建设情况。

9月 《陆川县城总体规划(2010—2030)》获自治区人民政府批复。

9月 陆川县被确定为国家知识产权强县工程试点县(区)。

9月 预备役某部应急分队授旗仪式暨分队训练动员大会在县城举行。

10月

9日 陆川县委政法委和县教育局、法院、检察院、公安局、司法局等部门联合开展为期3个月的综治宣传工作。

11日 全县旅游发展大会在县城举行。

△ 全县工业发展大会在县城举行。

15日 陆川县举行"学习习总书记系列重要讲话精神,全面提高党建科学化水平"专题讲座,邀请清华大学马克思主义学院副院长、教授、博士生导师韩冬雪进行授课。

15—16日 自治区医改督查组到陆川督查医改工作情况。

△ 沙湖、滩面、横山3个乡举行撤乡改镇挂牌仪式。

16日 陆川县十五届人民政府第31次常务会议在县城召开。

18日 陆川县党外代表人士实践锻炼基地揭牌成立。

△ 玉林市为民办实事工程督查组到陆川督查2103年为民办实事工程情况。

19日 陆川县举办政府办公室系统业务知识培训班。

23日 玉林市千支干部回乡工作队工作推进会在陆川县召开。

24—25日 陆川县人大组织县水利、住建、环保、水产畜牧等部门的24名人大代表开展代表活动日活动,对九洲江水源及沿江生态保护建设情况进行实地调研。

25日 2013年陆川县保密工作形势、国家安全教育、绩效管理培训会议在县人民会堂召开。

29日 陆川县水上应急反应救援演练活动在温水浪渡口举行。

30日 陆川县第三次全国经济普查培训会在县城召开。

31日 由广西交警总队和广西电视台联合主办2013年"美丽广西·文明出行"交通安全专题宣传文艺演出在县松鹤公园广场举行。

10月 陆川县被自治区供销合作联社确定为第二批"项目建设 富民强社"示范县。

11月

5日 陆川县市政市容管理局(县城市管理行政执法局)挂牌成立。

△ 陆川县水利局、国土局、公

安局等部门联合开展严厉打击九洲江古城镇河段非法采砂、洗砂行为的行动。

△ 陆川县窗口单位"转作风、强服务、当先锋"活动动员大会在县城召开。

6日 玉林市政府副市长邓长球到陆川检查九洲江生态整治工作。

8日 陆川县总工会第十四届委员会第十次全体委员会议在县城召开。

13日 自治区第二批党的群众路线教育实践活动调研组到陆川调研。

△ 玉林市"美丽玉林·清洁乡村"活动推进情况督查(陆川)汇报会在县城召开。

△ 陆川县开展党政机关清退会员卡专项活动。

17日 自治区检察院检察长、党组书记崔智友到陆川调研。

18日 陆川县召开学习贯彻中共十八届三中全会精神大会,各镇各单位有关领导约300人参加会议。

20日 自治区供销社党组书记、理事会主任胡德才到陆川县供销社调研。

△ 陆川县教育系统"美丽陆川·清洁乡村·清洁校园"中小学生课本剧大赛在县人民会堂举行。

△ 陆川县开展严禁公款购买印制寄送贺年卡等物品专项活动。

22—24日 陆川县举办第十五届中学生田径运动会。

10月 陆川县举办全县纪检监察干部培训班。

12月

3日 自治区政法委副书记、政治部主任张宣东率调研组到陆川调研政法队伍建设情况。

△ 陆川县启动开展严禁元旦春节期间公款购买赠送烟花爆竹等年货节礼专项活动。

4日 陆川县举行乡镇纪检组织办公设备发放仪式。

5日 陆川县举行廉租住房抽签配租仪式,670多户保障对象参与抽签。

6日 中央电视台农业频道《致富经》栏目摄制组到广西聚银牧业有限公司采访录制养猪致富的专题节目。

9日 玉林市2013—2014年冬春水利建设现场会在温泉镇召开。市委副书记李常官、副市长邓长球出席现场会。

12日 中国社会科学院学者到陆川就发展经济社会与维护社会稳定相互促进进行调研。

17日 中国共产党陆川县第十三届委员会第四次全体会议在县城召开。

19日 玉林市科技局组织专家组对陆川县科技局承担的"农业创新示范基地建设——陆川猪品种繁育示范基地建设"等项目进行验收。

20日 玉林市委常委、纪委书记秦邦元到陆川调研党风廉政建设工作。

24日 县食品药品监督所更名为县食品药品执法大队,设立各镇食品药品监督管理所,增挂食品药品执法总队牌子,为县食品药品执法大队的派驻镇机构。

△ 陆川县老科协"美丽陆川清洁乡村"建言献策座谈会在县城召开。

25日 陆川县民主评议政风行风特邀评议员工作会议在县城召开。

26日 陆川县反腐败协调工作会议在县城召开。

2013年12月12日,中国社会科学院学者到陆川就发展经济与维护社会稳定相互促进进行调研
                    叶礼林 摄

概　　况

GAIKUANG

2013 年 12 月 12 日，中国社会科学院学者到陆川调研。图为召开发展经济社会与维护社会稳定相互促进调研座谈会
　　　　　　　　　　　　　　　　　　　罗　钊　摄

地理环境概貌

【历史沿革】 今陆川县地，在唐虞时期，属南交之地。所谓"荆州之南垂，为虞南极"。夏为荆扬南境，属扬越地。商周皆为南越蛮夷国所谓百越地。

秦始皇三十三年（前214），于岭南置桂林、南海、象郡后，今陆川县地属象郡地，郡治临尘县（今崇左市境）。秦末汉初属赵佗南越国。

汉元鼎六年（前111）属合浦郡合浦县地，郡治初在徐闻县（今雷州市地），东汉建武十九年（43），迁合浦县，县址在今浦北县泉水镇古城头，隶交趾刺史部合浦郡。东汉建安八年（203），属交州合浦郡合浦县地。

三国属吴，直至晋均为交州合浦郡合浦县地。

南北朝宋泰始七年（471），合浦郡合浦县地属越州，改隶越州合浦郡合浦县；南北朝齐时（479—502）析合浦县地置陆川郡；郡治良国（今北流市地）；梁陈（548—581）间废陆川郡设陆川县，县治在郡治所，陆川正式建县。建县之初的区域包括今陆川沙坡、月垌、温泉、米场、平乐、珊罗及北流市的平政、石窝、六靖、六麻一带。

隋初因旧制，属合浦郡。大业元年（605）省入北流，仍属合浦郡。

唐，县地分合最为复杂。先后共置陆川、罗卜、龙豪、温水、南河、龙化等六县。唐武德四年（621）复置陆川县，县地在北流县罗卜和陆川县一部分。初属东峨州，后属容州。武德四年析合浦县地置龙豪县，境域包括今大桥镇、横山乡一带，治在今大桥镇古城垌。武德四年（621）又析南昌县（南朝梁置，治在今博白三滩圩）地置温水县，县境包括现温泉镇、陆城街、沙湖乡及大桥镇、横山乡、米场镇一部分，治在今陆川县城。武德五年

（622）析石龙县地置南河县、龙化县。南河县境域包括今清湖镇、古城镇全部，良田镇大部、滩面乡小部分，治在今古城街。龙化县辖地包括今乌石镇大部分、滩面乡部分、温泉镇部分，治在今乌石镇龙化村石子岭。陆川、罗卜、龙豪、温水、南河、龙化等六县分属禺州、白州、辩州、罗州等，且州名常改反复。大历八年（773），容管经略使王翃奏析禺州、罗州、辩州、白州地立顺州、顺义郡，州治、郡治均在龙化县治地，辖龙化、温水、龙豪、南河四县，罗卜县（即旧陆川县）为禺州辖。顺州、禺州均属容州都督府所辖。

五代十国，陆川先属楚，后属南汉，龙化、温水、龙豪、南河四县仍属顺州，罗卜县仍属禺州，均为南汉容州都督府所统。

宋，开宝五年（972），废顺州、禺州，罗卜县更名陆川县，省龙化、温水、龙豪、南河四县入陆川县，县治在原罗卜县县治下二、下三里（今北流市六靖镇长江村一带）；开宝九年（976）移治公平（今北流市平政镇）；淳化五年（994），县治迁温水县治（今陆川县城），陆川隶属广南西路容州都督府。

元，至元十六年（1279）改容州都督府为容州路总管府，陆川属容州路总管府，隶广西行中书省。

明，洪武元年（1368），撤容州路立梧州府，陆川属梧州府。

清，初沿旧制，属梧州府。雍正三年（1725），广西巡抚李绂奏升郁林为直隶州，陆川改属郁林直隶州辖。

中华民国，民国元年（1912）1月郁林直隶州改府，属郁林府。民国2年（1913）7月废府设道，属郁江道。民国3年（1914）6月改隶属苍梧道，民国16年（1927）直隶广西省政府，民国19年（1930）隶属郁林民团区，民国21年（1932）改隶梧州民团区，民国23年（1934）隶属梧州行政监督区。民国25年（1936）7月改隶属浔州行政监督区，10月改属郁林行政监督区。民国29年（1940）4月隶属第六区行政督察专员兼保安司令公署。民国31年（1942）3

月隶属第三区行政督察专员兼保安司令公署。民国33年（1944）4月改隶属第九区行政督察专员兼保安司令公署。

中华人民共和国成立后，1949年11月30日陆川解放，初属郁林专区。1951年7月，郁林、梧州专区合并为容县专区，属容县专区。1956年郁林改称玉林；1958年7月撤容县专区分设玉林专区、梧州专区，陆川属玉林专区；1971年专区改地区，陆川隶属玉林地区。1997年玉林撤地改市，陆川属玉林市管辖。（县地方志办公室）

【地理位置】

位置面积 陆川县位于广西壮族自治区东南端，地处北纬21°53′—22°38′，东经110°04′—110°25′，东北连北流市，东南与广东省化州、廉江接壤，西与博白县毗邻，北靠玉林市。县境最东至沙坡镇水表尾，与北流市六麻镇、石窝镇接壤。在东边沿上的村有大山、长旺、平乐、桥头、三安、清秀、平塘、旺同、六高、白马、北安、沙坡、仙山、龙湾、陆选、陆龙等村。最西抵沙湖乡新街村葛麻山与蒋万屯，与博白县三育、三滩等乡镇及玉林新桥毗邻。在西边沿上的村，西南有北豆、陆因、旺垌、车田、竹山、冯杏、新村、佳塘、上旺、谢鲁、良塘、陆洪、高冲、石塘、旺坡、四和、陆透、中屯、长沙等村；西北有新街、永安、永旺、界垌、雄英等村。最南至古城镇盘龙村，与广东省廉江市、化州市交界，边沿有黎洪、陆河、坡子、旺岭、塘寨、三水、陆坡、清湖、新官、官冲、长径、古城、清耳、盘龙、陆落等村街。最北至珊罗镇田龙村龙塘屯，与玉州区及北流市塘岸镇接壤，边沿有靖西、硃砂、六燕、田龙、四乐等村。全县东西宽32千米，南北长78千米，行政区域土地面积1554.32平方千米，占玉林总面积12.50%。县人民政府驻温泉镇，距自治区首府南宁市260千米，距广东省湛江市129千米。黎湛复线铁路、玉陆二级公路纵贯南北，玉林至铁山港铁路和高速公路及九洲江过境，是自治区通往湛江、海

南省的门户之一。（县地方志办公室）

行政区域界线

省界线　已勘定与广东省廉江市、化州市边界,埋桩5条。

陆川—廉江段22.54千米,埋设界桩2条。其中,4445025号桩位于廉江市石角镇四头管理区田头村与陆川县古城镇清耳村茶根队两省交界处的山坡上;4445026号桩位于廉江市石角镇石角管理区石角村与陆川县古城镇盘龙村两省区交界处鹤地水库边上。

陆川—化州段85.834千米,涉及地图11幅,埋设界桩3条。其中,4445022号桩位于化州市文楼镇新德管理区与乌石镇低阳村两省区交界处的水沟侧边;4445023号桩位于化州市平定镇平定管理区沙坡村与清湖镇陆坡村交界处的山顶上;4445024号桩位于化州市平定镇平定管理区与古城镇长径村甘村队两省区交界处的山坡上。

县级行政区域界线　从1998年至2001年年底,勘定与毗邻玉州区、博白县、北流市、福绵管理区等行政区域界线,埋设界桩4条。

陆川—福绵段34.15千米,埋设界桩2条。其中,0902092201-1为木质桩,位于马坡镇雄英村与福绵区石和镇塘茂村交会处;090209220923S为木质桩,位于福绵区沙田镇云龙村与陆川县沙湖镇新佳村和博白县径口镇旺垌村之间。

陆川—博白段94.44千米,埋设界桩2条。其中,0922092301号桩位于博白县径口镇旺垌村与陆川县沙湖镇长沙村之间的山顶上;0922092302号桩位于博白县黄凌镇社角村与陆川县横山镇良塘村交界的小山腰上。

陆川—北流段94.42千米,埋设界桩2条。其中,0922098101号桩位于陆川县珊罗镇大山村洛塘组与北流市塘岸镇凉亭村13、15组交界处（即平乐圩图幅、天鹅岭西北面山坡上,名为洛塘坡）;0922098102号桩位于北流市石窝镇石禄村石梯组与陆

川县沙坡镇仙山村径口组交界处（即河浪图幅北面305.9岭顶上南侧）。

陆川—玉州段25.04千米,埋设界桩2条。其中,090109220981S号桩为三面桩,位于云岭三交点上。东为北流市塘岸村,西为陆川县珊罗镇田龙村,西北为玉州南江云良村;0901092201号桩位于分界墟图幅东南93.1岭顶上,东南为陆川县珊罗镇六燕村,西北为玉州区南江分界村。

乡级行政区域界线　2002年起至2003年年底,勘定乡级行政区域界线27条319.7千米,尚未埋设界桩。

珊罗—平乐线16千米

马坡—珊罗线9千米

平乐—马坡线17千米

马坡—米场线16千米

沙湖—马坡线11.2千米

沙湖—米场线9千米

温泉—米场线6.5千米

米场—沙坡线18千米

沙坡—温泉线14千米

温泉—沙湖线9千米

大桥—温泉线14千米

陆城—温泉线7千米

沙坡—月垌线8千米

温泉—乌石线4千米

乌石—大桥线13千米

温泉—月垌线5千米

月垌—乌石线17千米

横山—大桥线18千米

横山—乌石线12千米

横山—滩面线0.3千米

乌石—滩面线15千米

良田—滩面线18千米

良田—乌石线4.5千米

清湖—乌石线14.5千米

良田—清湖线20.7千米

清湖—古城线11.5千米

良田—古城线11.5千米

（县民政局）

【地形地貌】

地形　云开大山余脉从东北面入境,经沙坡镇至县中部,分东西两支,呈南北走向。东侧有东山嶂、天子印、十二岭岗、谢仙嶂、丹竹坑顶等,

西侧有马鞍岭、沙湖嶂、籘篱嶂、交椅肚、谢鲁嶂等。东西之间峡谷平原面积3.77万公顷。构成东西两侧高、中间低的峡谷走廊地形。东系山脉主峰谢仙嶂,西系山脉主峰籘篱嶂,均坐落在县中部,是县境屋脊。县北毗邻玉林盆地,地势开阔平坦;县南部与广东廉江交界,地势低,盘龙街最低点海拔仅30米,形成中部高、南北低的拱背地形。从高空鸟瞰,陆川形似广西南门一叶要破陆下水的扁舟,故有"八桂南门一扁舟"的雅称。

地貌　县内地貌类型多样,有山地、丘陵、台地、平原等,东北部龙岩有千姿百态的岩溶地貌。县境低山面积11平方千米,占全县总面积0.71%,主要分布在县东系山脉和西系山脉。陆川属华南桂东南丘陵区,丘陵广泛分布于温泉、沙坡、平乐、马坡、米场、沙湖、大桥、横山、乌石、滩面、良田、清湖、古城等13个乡镇100个村。总面积869.53平方千米,占总面积55.94%。其中高丘陵181.53平方千米,中丘陵514.40平方千米,低丘陵173.60平方千米。台地,全县台地有十大坡,即珊罗镇鹤山坡,温泉镇风淳与大桥镇三善、乌石镇双垌交界处的十字坡,大桥镇三善罗伞坡,大桥镇大塘坡,横山乡四和坡,同心东山庙坡,乌石镇旺岭坡,乌石镇龙化坡,良田镇车田木棉坡,古城镇清耳坡。台地总面积1172平方千米,占全县总面积75.40%。平原,县境有峡谷平原、河谷平原。峡谷平原主要分布在县内丘陵峡谷平地,河谷平原主要分布在九洲江流域、米马河流域。平原面积376.60平方千米,占总面积24.23%。

【山脉水系】

山脉　县内山脉分东、西两系。海拔400米以上的山峰有33座。

东系山脉,经沙坡、温泉、乌石、滩面、良田、清湖、古城、米场、马坡、平乐、珊罗等11个乡镇。主要山峰105座,其中海拔400米以上山峰有东山嶂、大王嶂、金坑嶂、天子印、老鼠顶、勾头嶂、鹅公头、先锋顶、大岭

顶、十二岭岗、谢仙嶂、岗头顶、八字岭、黄狗嶂、丹竹坑顶、中庸岭、云岭寨、帽岭、凤凰岭、黑石顶、马鞍嶂、那囊嶂等22座,沙坡镇谢仙嶂为全县最高峰,海拔792.7米。

西系山脉,经温泉、沙湖、马坡、米场、大桥、横山、乌石、滩面、良田9个乡镇。主要山峰48座,其中海拔400米以上山峰有靠椅嶂、马鞍岭、琅伞岭、沙湖嶂、大篱篱嶂、猫拱峰、麻地岭、交椅肚、羊米峡、应午嶂、沙帽嶂等11座,横山乡石塘村西北的沙帽嶂为西系山脉最高峰,海拔596米。
（县地方志办公室）

水系　陆川县境内河流水系分为珠江流域西江水系、桂南沿海诸小河水系和粤西沿海诸小河水系等3个水系。

西江水系,河流有沙坡的榕江河和大水河,县内流域面积75.3平方千米。

桂南沿海诸小河水系,河流有米马河、沙湖河、石夹水、陆豹水等,均为南流江支流。县境内流域面积505.8平方千米。

粤西沿海诸小河水系,河流有九洲江、清湖河、低阳河、三水河、新官河、龙湾河、黎冲水、地贡水等,县境内流域面积969.9平方千米。低阳河、清湖河属鉴江水系。其中,九洲江入鹤地水库,经廉江安铺出北部湾,其他小河先汇入平定水,再汇入罗江到鉴江,在广东省吴川出南海。　（县水利局）

【气候】　2013年,陆川属于偏差的气候年景,年平均气温为21.7℃,比气候标准值(21.8℃)偏低0.1℃,年极端最高气温为35.4℃,出现在6月21日;年极端最低气温为3.7℃,出现在12月29日;年总降水量为2534.0毫米,比气候标准值(1914.1毫米)偏多619.9毫米,日最大降水量为194.1毫米,出现在8月15日;年总日照时数为1592.3小时,比气候标准值(1692.0小时)偏少99.7小时。　（杨志华）

【水文】　陆川县内河流众多,分布广,水量丰富,落差大,适宜发展小水电。大大小小河流数百条,集雨面积在50平方千米以上的河流有5条,大于10平方千米的有44条。其中,主要河流有6条,即九洲江、米马河、沙湖河、清湖河、榕江、低阳河,主要河流总长179.24千米,集雨面积1449.5平方千米。陆川县年降雨量地理分布与地形关系相当密切,县内地势中部高南北低,东西两面高,中间低,形成一个从县城向南北两头开口的喇叭状通道,由于地形的"狭管效应",县城附近成为多雨中心,县城向南北两边逐渐减少,南面有云开大山余脉抬升,雨量比北面稍多,在古城以南一带的开阔地带,雨量聚减。降雨量季节分配不均,冬季风时期干旱少雨,夏季风时期潮湿多雨。雨季主要集中在汛期4—9月份。　（县水利局）

【地理环境资源】

土地资源　2013年,全县土地面积1554.32平方千米,约占广西土地面积0.66%。全县耕地面积3.36万公顷(其中,水田面积2.72万公顷、旱地6485.96公顷),占全县土地总面积的21.64%;园地面积9638.16公顷(其中,果园7448.06公顷、茶园9.51公顷、其他园地2180.59公顷),占土地总面积的6.20%;林地面积7.59万公顷(其中有林地5.90万公顷、灌木林地1400.06公顷、其他林地1.55万公顷)占土地总面积的48.84%;草地面积1.07万公顷,占土地总面积6.89%;城镇村及工矿用地面积1.52万公顷(其中建制镇2075.39公顷、村庄1.09万公顷、采矿用地740.36公顷、风景名胜及特殊用地1462.86公顷),占土地总面积的9.79%;交通用地面积2058.17公顷(其中铁路用地214.23公顷、公路用地968.01公顷、农村用地875.88公顷、管道运输用地0.05公顷),占土地总面积的1.32%;水域及水利设施用地面积5878.33公顷(其中,河流面积1529.34公顷、水库面积1281.99公顷、坑塘面积1975.92公顷、内陆滩涂141.26公顷、沟渠852.40公顷、水工建筑用地97.42公顷),占土地总面积3.78%;其他土地面积2548.38公顷(其中设施农用地、田坎1983.21公顷、沙地2.54公顷、裸地289.55公顷),占土地总面积的1.63%。　（县国土资源局）

水资源　县境内雨量充沛,河流众多,水资源较丰富。多年平均降雨量1878.72毫米,多年平均年径流系数 α = 0.55,多年平均年径流深1068.5毫米,多年平均年径流总量16.57亿立方米。

由于地质构造原因,地下水资源丰富。从全县地层构成和分布情况来看,95%左右的面积为火成岩、砂岩和变质岩,是含水微弱的贫水地层,在这些地层分布区的断层、裂隙密集带含有较丰富的地下水,以温泉、下降泉、上长泉的形式出露,平乐、珊罗属石灰岩分布地区,地下水资源比较丰富。全县泉水一般正常流量为3.1立方米/秒,可开发为农业灌溉用水及人畜饮水之用。陆川县城至乌石谢鲁村一带的地下热水3处,流量33.12升/秒,县城温泉、乌石镇谢鲁温泉已开发利用。全县已查明马坡农场、马坡火车站、马坡黄花岭李家庄、马坡供销社、乌石镇谢鲁村等矿泉水点5处,

表1　　　　　　　　2013年陆川县各月降雨量、平均气温、日照时数情况

项目＼月份	1	2	3	4	5	6	8	8	9	10	11	12
平均温度（℃）	12.7	16.6	21.0	22.1	25.9	27.3	27.2	27.3	25.6	23.1	19.8	12.2
降雨量（毫米）	20.8	19.8	120.7	242.3	399.3	264.3	266.6	546.0	247.7	5.4	225.4	175.7
日照时数（小时）	47.0	25.0	85.9	58.6	130.0	188.5	189.4	182.2	167.9	199.8	122.7	195.3

马坡农场、马坡黄花岭、乌石谢鲁村的矿泉水点已开发利用。　（县水利局）

【森林资源】　2013年，全县林地面积9.07万公顷，非林地面积5.98万公顷。在林地面积中，有林地7.65万公顷，国家特别规定灌木林面积8869.7公顷，其他林地面积1.05万公顷。非林地面积中，农地乔木、经济林、竹林、四旁树面积5327.1公顷。全县合计森林面积9.07万公顷，森林活立木总蓄积262.55万立方米。森林覆盖率58.3%。（县林业局统计口径与县国土局不同）

动物资源　全县有陆栖脊椎动物350多种，其中爬行动物40多种，鸟类250多种，兽类30多种，属国家保护的动物30多种(其中，一级保护动物有蟒、鹧鸪、白鹤等；二级保护动物有穿山甲、水獭、鹰类、山瑞鳖等)。

植物资源　全县有木本植物680多种，草本植物80多种。木本植物，一是乔木类，主要有尾叶桉、巨叶桉、隆缘桉等桉类为主，以马尾松、杉木、湿地松、红椎、火力楠、樟类、栎类、相思类、八角、荔枝、龙眼、竹子、橡胶、木菠萝等为辅；二是灌木类，主要有桃金娘、黄牛木、野牡丹、三叉苦、岗松、柃木等。草本植物有蕨类、芒类、鹧鸪草等。　（县林业局）

矿产资源　矿产资源丰富，全县已发现矿产资源34种。已探明的金属矿有金、银、铅、锌、铜、锡、铝、钼、锑、铁、钛铁等18种，非金属矿有高岭土、滑石、石灰石、花岗岩、钾长石、云母、石英等20多种。其中，黑色金属矿产有铁、锰、钛，贵金属矿产有银(伴生)，稀有金属矿产有铌、钽，稀土金属矿产有磷矿、独居石、锆英石，化工原料矿产有磷、硫、钾长石、重晶石，冶金辅助原料矿产有脉石英，建材及其他非金属矿产有水泥用灰岩、高岭土、滑石、云母、熔炼水晶、饰面花岗岩、闪长玢岩、砖瓦黏土、建筑石料灰岩、建筑石料花岗岩、建筑用沙(河沙)。已探明铁矿储量400万吨，钼矿储量3万多吨，石灰石储量4200

万吨。　　　（县国土资源管理局）

旅游资源　陆川旅游资源十分丰富，是广西第一批对外开放旅游县。辖区内风景名胜可分为自然景观和人文景观两大类。自然景观有主要有山岳峰丛景区、江河水库景区等，山岳峰丛景区主要有龙珠湖、沙湖嶂、谢仙嶂、东震山等景区，江河水库景区有九洲江、东成水库，温泉景区或景点有温泉九龙山庄、疗养院、飞龙山温矿泉。人文景观主要有谢鲁山庄及十大文物历史古迹，以中山亭、中山公园、英雄纪念碑为代表的革命名人纪念地，以龙岩将军寨、大坑寨等为代表的古寨民宅，以谢仙嶂、东震山修竹庵、东成文武庙、沙湖嶂关圣寺为代表的宗教寺院。陆川风光新八景主要有：仙嶂奇峰、石湖晴雪、东城绿岛、东山飞瀑、伏波险滩、谢鲁幽庄、龙岩抱珠、温泉水暖。陆川温泉、谢鲁山庄和龙珠湖风景区为广西风景名胜。龙珠湖风光有"小桂林"美称，为国家AAA级旅游景区；谢鲁山庄是国内著名的保留最完整的四大私人山庄之一，被海内外游客称为"岭南第一庄"，为国家AAAA级旅游景区，2013年谢鲁山庄入选第七批全国重点文物保护单位。陆川温泉历史久远，蕴藏着丰富的温泉资源，是广西壮族自治区内外旅游观光疗养胜地。（县地方志办公室）

【土特产品】　陆川县属南亚热带季风气候，气候环境非常适宜农作物生长，是广西和全国重要的商品粮基地，杂优水稻品种优良。地方名优果蔬品种有乌石淮山，珊罗韭菜，马坡大白菜，乌石番石榴，良田、清湖的橘红，乌石双垌西瓜，沙坡秦镜西瓜，沙坡百香果、横山马铃薯、大桥果蔗，米场、沙坡、沙湖的砂糖橘等；养殖品种主要有全国地方八大良种猪之一——陆川猪，是国家农产品地理标志保护产品，肉质优等；广西陆川鹅村——古城陆因村狮子鹅，沙坡三黄鸡、大桥平山土鸭等出名。特色饮食有乌石猪脚、米场牛杂、平乐狗肉、沙坡鸡肉、大桥平山鸭肉，食品产品主要有乌石酱油、珊

罗米酒、品华居月饼等，矿泉水有茶花山矿泉水、真龙泉矿泉水、好龙泉矿泉水。铁锅生产历史悠久，陆川是广西铁锅生产基地、中国铁锅之都。为中国最大的小型挖掘机生产出口基地。
　　　　　　　　　　（县地方志办公室）

【人口】　2013年年末，全县总户数31.94万户，总人口108.28万人，其中男性57.10万人，女性51.18万人，女性占总人口47.26%，男女性别比为112：100（女性=100）。城镇人口10.50万人，占9.70%；乡村人口97.78万人，占90.30%。省内迁入4100人，省外迁入1137人，省内迁出4972人，省外迁出3433人。人口自然增长率为6.78‰，人口密度为每平方千米698人。全县18岁以下32.65万人，占30.15%；18~35岁33.53万人，占30.96%；35~60岁29.52万人，占27.26%；60岁以上12.58万人，占11.62%。青少年儿童人口所占比重比上年增加0.37个百分点，60岁以上老年人口所占比重比上年增加0.36个百分点。各镇人口分布：温泉镇5.65万户15.44万人，米场镇1.90万户6.25万人，沙湖镇8767户3.04万人，马坡镇2.88万户10.56万人，平乐镇1.63万户5.71万人，珊罗镇1.72万户6.07万人，沙坡镇2.21万户8.11万人，大桥镇1.79万户5.90万人，横山镇1.48万户5.06万人，乌石镇3.89万户13.52万人，滩面镇1.09万户3.62万人，良田镇2.67万户9.66万人，清湖镇2.04万户7.59万人，古城镇2.12万户7.76万人。　（县统计局）

陆川县是汉族聚居地区，汉族人口约占全县总人口99%，少数民族主要有壮族、白族、布依族、回族、京族、黎族、满族、毛南族、苗族、仫佬族、水族、土家族、瑶族、彝族等，主要因工作或婚嫁入迁陆川，零星分布在全县各个镇。　　　　（县统战部）

陆川主要方言有客家话（当地称为新民话或哎话）、粤语（当地称土白话、土州话）两种。以县城为界，县城以南是客家话区，县城以北为粤语

区,县城区两种方言皆用。客家话和粤语的人口比例约为 2:1。

（县地方志办公室）

【行政区划】 2013 年 10 月,沙湖乡、横山乡、滩面乡撤乡改镇,至此全县行政区划为 14 个镇(温泉镇、米场镇、沙湖镇、马坡镇、平乐镇、珊罗镇、沙坡镇、大桥镇、横山镇、乌石镇、滩面镇、良田镇、清湖镇、古城镇),154 个建制村,10 个社区,3050 个自然村,4523 个村民小组、103 个居民小组。其中,县城区社区有长安社区、新洲社区、文昌社区、九洲社区、温汤社

区、九龙社区 6 个;乡镇社区有马坡街社区、乌石街社区、良田街社区、清湖街社区 4 个。 （县地方志办公室）

陆川县党政群机关企事业单位及领导人（2013 年度）

中国共产党陆川县委员会

书　记　黄少明
副书记　陈　杰　严海波

常　委　黄少明
　　　　陈　杰
　　　　严海波
　　　　詹　博
　　　　林茂生(任至 4 月)
　　　　陈基林(4 月任职)
　　　　董怀宝(任至 4 月)
　　　　刘　博(4 月任职)
　　　　温电波
　　　　王启忠
　　　　莫亚坤
　　　　陈锦华(女)
　　　　黎福章
　　　　莫家耀(挂职)

表 2　　　　　　　　　　　　　　　　2013 年陆川县各镇区域情况

镇	面积（平方千米）	建制村、社区（个）	自然村（个）	建制村(居)民小组（个）	辖村(社区)名称
温泉镇	123.27	20	245	457	温泉村、东山村、白坭村、官田村、洞心村、安宁村、凤淳村、长河村、中屯村、万丈村、泗里村、中兴村、涩塘村、四良村、长安社区、新洲社区、文昌社区、九洲社区、温汤社区、九龙社区
米场镇	90.11	9	168	298	米场村、五柳村、南中村、桥鲁村、旺同村、平塘村、旺荐村、乐宁村、新民村
沙湖镇	71.35	5	131	140	永旺村、永安村、新街村、长沙村、官山村
马坡镇	145.20	14	249	478	马坡村、硃砂村、东西村、清秀村、六平村、良厚村、界垌村、大兴村、雄英村、大良村、新山村、靖东村、靖西村、马坡街社区
平乐镇	70.99	7	102	226	平乐村、六凤村、新兴村、石村、三安村、桥头村、长旺村
珊罗镇	53.49	7	118	228	大山村、田龙村、珊罗村、长纳村、鹤山村、四乐村、六燕村
沙坡镇	154.80	13	307	397	沙坡村、北安村、仙山村、高庆村、大连村、六潘村、秦镜村、和平村、中心村、白马村、横山村、六高村、龙湾村
大桥镇	89.01	11	235	306	大桥村、雅松村、瓜头村、陆透村、唐侯村、大垌村、三善村、平山村、大塘村、美坡村、北桑村
横山镇	91.47	·11	155	286	稳坡村、高冲村、石塘村、旺坡村、四和村、旱塘村、同心村、清平村、潭村、陆洪村、良塘村
乌石镇	228.19	24	419	625	沙井村、沙江村、龙化村、吹塘村、谢鲁村、子良村、紫恩村、塘域村、老圩村、双垌村、那囊村、坡脚村、旺岭村、坡子村、蒙村、王沙村、黎洪村、陆河村、陆龙村、陆选村、安东村、月垌村、水花村、乌石街社区
滩面镇	63.23	6	126	162	滩面村、上旺村、坡头村、新旺村、罩村、佳塘村
良田镇	132.72	14	329	372	良田村、龙口村、鹿垌村、石垌村、旺垌村、车田村、竹山村、文官村、冯杏村、新村、三联村、甘片村、莲塘村、良田街社区
清湖镇	127.19	13	247	348	清湖村、陆坡村、三水村、塘寨村、旺山村、永平村、平安村、水亭村、塘榄村、那若村、官冲村、新官村、清湖街社区
古城镇	113.30	10	219	303	古城村、长径村、良村、八角村、陆因村、北豆村、楼脚村、陆落村、盘龙村、清耳村
合计	1554.32	164	3050	4626	

办公室主任　黎福章
纪律检查委员会书记　詹　博
组织部部长　林茂生(任至4月)
　　　　　陈基林(4月任职)
宣传部部长　莫亚坤
统一战线工作部部长　陈锦华(女)
政法委员会书记　王启忠
督查室主任　廖胜伟
机要(国家密码管理)局局长
　　江焕旺(任至3月)
　　黄　荣(3月任职)
保密委员会办公室(国家保密局)
　　主任(局长)　李红飞
台湾工作办公室(台湾事务办公室)
　　主任　黄南春(任至3月)
　　　　曾祥军(8月任职)
机构编制委员会办公室主任
　　吕辉云(任至3月)
　　林　忠(3月任职)
老干部局局长　余尉先
信访局局长　吕水涛(任至3月)
　　　　　丘　新(3月任职)
党史资料征集办公室主任　江家一
党校校长　苏　毅
直属机关工作委员会书记　何汉文
精神文明办公室主任　赖　进
非公有制经济组织和新社会组织工作
　　委员会书记　丘绍辉
绩效考评领导小组办公室主任
　　罗　亮
工业园区工作委员会书记
　　李海燕(女,任至11月)
　　赖仕冠(11月任职)
龙豪创业园区工作委员会书记
　　丘绍辉
统筹城乡工作部部长　严海波(兼)
社会治安综合治理办公室主任
　　龚　成
维护社会稳定办公室主任　龚　伟
防范和处理邪教领导小组办公室主任
　　范碧莉(女,任至7月)

陆川县人民代表大会常务委员会

主　任　陈前驱
副主任　黄永华
　　　　温文彪

谢卡娜(女)
　　丘妙军
办公室主任　陈世荣
财政经济工作委员会主任　谢里斌
教科文卫工作委员会主任　叶宗海
法制工作委员会主任　李腾将
代表联系工作委员会主任　庞森贵

陆川县人民政府

县　长　陈　杰
副县长　温电波
　　　　莫家耀(挂职)
　　　　莫亚坤
　　　　曾　锋
　　　　梁正高
　　　　陈　锦(女)
　　　　李红伟
办公室主任　王　羽
发展和改革局局长
　　冯柏维(任至4月)
　　吕辉云(4月任职)
经济贸易局局长　黄平越
教育局局长　黎　颜
科学技术局局长　吕冰心(女)
财政局局长　罗国生
民政局局长　陈　博(任至4月)
　　　　　宁　浩(4月任职)
人力资源和社会保障局局长
　　李勇元(任至4月)
　　黎小明(4月任职)
监察局局长　宁　浩(任至4月)
　　　　　杨富源(4月任职)
住房和城乡建设局局长　陈建军
交通运输局局长　陈锦泉
农业局局长　姚远山(任至12月)
　　　　　李海燕(女,12月任职)
林业局局长　王兆强
水利局局长　谢桂越(任至4月)
　　　　　冯柏维(4月任职)
环境保护局局长　杨汉勇
审计局局长　宁长春(任至4月)
　　　　　谢桂越(4月任职)
卫生局局长　万学成
人口和计划生育局局长　何深龙
文化和体育局局长
　　谢华南(任至4月)

俞伟汉(4月任职)
公安局局长　梁正高
公安局政委　江德岸(女)
司法局局长　黎福才
安全生产监督管理局局长　赖永磊
食品药品监督管理局局长　钟耀武
统计局局长　刘　通
物价局局长　陈　振
法制办公室主任　覃良川
行政执法监督局局长
　　覃良川(11月任职)
扶贫办公室主任　刘朝状
粮食局局长　黎小明(任至3月)
　　　　　刘仁光(3月任职)
机关事务管理局(后勤服务中心)
　　局长(主任)　姚培新(任至3月)
　　　　　　　刘玉文(3月任职)
旅游局局长　刘玉文(任至3月)
　　　　　廖　杏(女,3月任职)
接待办公室主任　谭　兵
农业机械化管理局局长　庞　勇
水产畜牧兽医局局长　江永强
水库移民工作管理局局长　黄增元
招商促进局局长　林　忠(任至3月)
　　　　　　　罗文焕(3月任职)
广播电视局局长　丘　琛
外事侨务办公室主任　李健武
民族事务委员会主任　何鼎奎(兼)
宗教事务局局长　何鼎奎(兼)
档案局局长　姚　坚
地方志编纂委员会办公室主任
　　姚紫燕(女)
人民防空办公室主任　刘　钊
政务服务中心管理办公室主任
　　覃家松(任至3月)
　　吕宗清(3月任职)
市场服务中心主任
　　吕宗清(任至3月)
　　丘祖昌(3月任职)
工业园区管理委员会主任
　　曾祥军(任至8月)
　　赖仕冠(8—11月任职)
　　黎云明(11月任职)
龙豪创业园区管理委员会主任
　　吕健清(1月任职)
地震局局长　陈立猛
供销合作社联合社主任　周广才

监事会主任　黄久光

二轻工业联社

　　主任　丘寿南(任至3月)

　　　　　廖　何(3月任职)

社会保险事业管理局

　　局长　姚培新(4月任职)

市政市容管理局(城市管理行政执法

　　局)局长　罗武超(10月任职,兼)

征地办公室主任　李德运(10月任职)

中国人民政治协商会议陆川县委员会

主　席　吕焕坤

副主席　何健华

　　　　李福其

　　　　徐娜庆(女)

　　　　黎　政

秘书长　罗武超(任至12月)

　　　　吕水涛(12月任职)

办公室主任　罗武超(任至12月)

　　　　　　吕水涛(12月任职)

提案法制委员会主任　周永达

经济联谊委员会主任

　　杨志强(任至9月)

　　范碧莉(女,9月任职)

科教文卫委员会主任

　　谢国坤(任至6月)

　　丘跃进(6月任职)

法院　检察院

人民法院院长　詹一林

人民检察院检察长　周雪操

人民团体

总工会主席　温文彪

共青团陆川县委员会书记　黄　彬

妇女联合会主席　徐　莉(女)

科学技术协会主席　江紫艺(女)

归国华侨联合会

　　主席　廖　何(任至3月)

　　　　　万　胜(3月任职)

工商业联合会主席　丘玉梅(女)

文学艺术界联合会主席　黄晓红(女)

残疾人联合会理事长　杨道静

社会科学界联合会主席

　　王　燕(女,10月任职)

县直企业单位

经济发展集团公司总经理　(缺位)

物资总公司总经理　陈小勇

城市建设投资有限公司

　　董事长　陈观远(任至3月)

　　　　　　谢华南(3月任职)

小城镇建设有限公司董事长　蓝维光

工业投资有限公司董事长　徐光文

中直、自治区直、市直单位

国土资源局局长　吕　强

质量技术监督局局长　庞理松

国家税务局局长　莫世能(任至3月)

　　　　　　　　　梁力宇(4月任职)

地方税务局局长　林　琳

烟草专卖局局长　王汉宏

公路管理局局长　周冬明(4月任职)

工商行政管理局局长　丘小波

邮政局局长　覃炳扬(任至1月)

　　　　　　曾庆标(2月任职)

中国人民银行陆川县支行

　　行长　黄旭才

玉林银监分局陆川办事处

　　主任　陈占礼

中国工商银行股份有限公司陆川县

　　支行行长　廖广龙

中国银行股份有限公司陆川支行

　　行长　洪　燕(任至4月)

　　　　　王惠文(5月任职)

中国农业银行股份有限公司陆川县

　　支行行长　施柏锐

中国建设银行股份有限公司陆川

　　支行行长　吴文东

中国农业发展银行陆川县支行

　　行长　李焕先

陆川县农村信用合作社联合社

　　理事长　陆本宏

　　主　任　宁贵明

中国邮政储蓄银行股份有限公司陆川

　　县支行行长　周文明(任至8月)

　　　　　　　　丘律宁(8月任职)

广西陆川柳银村镇银行

　　董事长　董建哲

　　行　长　尹　曲(女)

中国人民财产保险有限公司陆川支

　　公司经理　李　游

中国人寿保险股份有限公司陆川支

　　公司经理　江剑锋

玉林市住房公积金陆川县管理中心

　　经理　简恒美(女)

中国电信股份有限公司陆川分公司

　　总经理　郑学明

中国移动通信集团广西有限公司陆

　　川分公司总经理　蓝金维

中国联合网络通信有限公司陆川分

　　公司总经理　刘伟军

中国铁通陆川分公司经理

　　陈　伟(任至10月)

　　何雄光(10月任职)

广西广播电视信息网络股份有限公

　　司陆川分公司

　　经理　温才勇(任至6月)

　　　　　杨　镇(6月任职)

陆川县气象局局长　洪　展

广西总工会陆川温泉疗养院

　　院长　陆见尉

陆川火车站站长　彭　军(6月离任)

　　　　　　　　　余勇君(6月任职)

陆川县汽车站站长　李　森

陆川县供电公司经理　吴家林

陆川县水利供水有限公司

　　经理　谢米加

陆川县发电公司总经理　黄经文

陆川县新华书店经理　陈浩如

广西农垦国有五星总场场长

　　黄春华

驻　军

陆川县人民武装部政委　欧远胜

陆川县人民武装部部长

　　董怀宝(任至4月)

　　刘　博(4月任职)

武警陆川县消防大队

　　教导员　黄　浩

　　大队长　周人普

武警陆川县中队

　　指导员　黄佐邦

中队长 袁新宇

镇

温泉镇

党委书记 罗 昶
人大主席 罗 昭
镇 长 朱万勇

米场镇

党委书记 邱炎义
人大主席 梁振林
镇 长 龚杰华

沙湖镇

党委书记 丘春荣
人大主席 王孝通
镇 长 吕 戈

马坡镇

党委书记 甘 俭
人大主席 吕松杰(1月任职)
镇 长 罗运锋

平乐镇

党委书记 林华生
人大主席 吕永利
镇 长 何达勇

珊罗镇

党委书记 郭永强
人大主席 陈振东(任至11月)
　　　　 赖 剑(11月任职)
镇 长 黄 波

沙坡镇

党委书记 蒙拉夏(女)
人大主席 丘海军(任至6月)
　　　　 陈 炬(6月任职)
镇 长 江妙东

大桥镇

党委书记 江 舟
人大主席 吕俊林
镇 长 李家胜

横山镇

党委书记 李 林
人大主席 庞雪梅(女)
镇 长 黄有雄

乌石镇

党委书记 陈光前
人大主席 陈祖春
镇 长 罗建锋

滩面镇

党委书记 罗新强
人大主席 朱振锋
镇 长 黄礼志

良田镇

党委书记 苏红波
人大主席 戚贤东
镇 长 黄益勇

清湖镇

党委书记 丘兆欢
人大主席 谢鸿锋(任至11月)
　　　　 温文冕(11月任职)
镇 长 丘纪生

古城镇

党委书记 江家强
人大主席 黄祖强
镇 长 陈永林

经济与社会发展

【综合经济平稳发展】 2013年实现地区生产总值188.72亿元,比上年增长9.5%。其中,第一产业增加值30.11亿元,第二产业增加值92.49亿元(其中工业增加值80.84亿元),第三产业增加值66.13亿元,分别增长3.7%、13.3%、6.3%。人均地区生产总值23484元,增长8.1%。组织财政收入10.84亿元,增长17.73%。其中公共财政预算收入7.73亿元,增

长17.21%;地方公共财政预算支出28.11亿元,增长10.19%。全社会固定资产投资完成额132.68亿元,增长3.07%。社会消费品零售总额43.24亿元,增长14.12%。外贸出口总额1112万美元,下降72.10%。实际利用外资1617万美元,下降29.70%。城镇居民人均可支配收入21891元,增长9.80%;人均消费性支出13632元,增长8%。农村居民人均纯收入8180元,增长13.50%;人均生活费支出5027元,增长7%。城乡居民储蓄存款余额98.11亿元,增长16.16%。财政收入、全社会固定资产投资、工业增加值、更新改造投资四项指标增速排玉林市前三位,其中财政收入增速连续四个季度排全市第1位。

【项目建设成果丰硕】 全县共争取到中央及自治区投资项目251个,年度投资4.66亿元。投资1000万元以上项目新开工110个,续建327个,1000万元以上的一、二、三产业项目投资结构优化为13.3∶65.1∶21.6。投资3000万元以上重大项目新开工83个,续建185个,全社会固定资产投资132.7亿元,增长30.7%。世界客家文化名城、玉柴重工配套产业园、县农机配件交易中心等自治区统筹推进的3个重大项目顺利推进。祥泰矿业、鑫生机械等72重点项目建设竣工。

【工业经济稳步增长】 加快实施工业园区基础设施建设大会战,全县新入园企业项目18个、在建55个、竣工28个,玉柴重工配套产业园、华润水泥(陆川)、泰鑫矿业等十大工业项目加快推进。祥泰矿业、鑫生机械等工业重点项目竣工投产。全县新增亿元以上企业7家,新增规模以上工业企业8家,新扶持发展小微型企业450家。全县实现工业总产值284.60亿元,增长13.88%;工业增加值85.36亿元,增长11.84%。规模以上工业总产值265.36亿元,增长20.56%。规模以上工业增加值77.63

亿元,增长19.28%。全县工业化率2.82。工业经济占全县经济总量的比重52.8%。

【特色农业加快发展】 2013年,全县农林牧渔业总产值50.78亿元,增长3.72%。推进马盘二级公路百里生态农业经济示范长廊建设。实施广西唯一全国整建制整县推进双季稻高产创建示范,建设万亩水稻高产示范片25个,示范种植面积1.72万公顷,平均亩产502.4千克。4月3日,玉林市粮食高产创建暨"三品一标"工作会议在陆川召开,陆川县在会上就粮食高产创建工作做经验介绍。全县粮食总产量28.78万吨,获全区粮食生产先进县。发展橘红种植1000公顷。发展冬种油菜种植面积2000公顷。温泉镇官田村、长河村流转土地10公顷,建成集观光、休闲一体的葡萄试验基地4公顷,年产葡萄120吨。新增土地流转面积2200公顷,累计流转面积1.01万公顷。

2013年3月,陆川获评为自治区现代农业产业(生猪)科技示范县。年内,陆川推进广西现代农业产业生猪科技示范县建设,陆川县被列为国家级病死畜禽无害化处理试点县。新增规模猪场34个、禽场6个,新增大型陆川猪深加工企业3家,产品销售额11.85亿元。全年新建农民专业合作社31家,新增市级农业龙头企业5家。广西聚银牧业有限公司、陆川县陆旺生态养殖公司被评为第十批广西水产畜牧行业重点龙头企业,全县累计广西水产畜牧行业重点龙头企业15家;陆川县诚信养猪专业合作社被评为农民专业合作社示范社。全县年出栏生猪100万头以上。2013年8月22日—23日,陆川县召开首届畜牧渔产业博览会暨陆川猪养殖协会2013年年会,参会、参展的区内外饲料、兽药、畜牧机械等商家80多家、养殖户600多户,加快产销合作,推动养猪产业发展。10月,陆川县被确认为国家生猪调出大县,获得奖励资金650万元,连续7年获全国生猪

调出大县奖励。

【"三大会战"成效显著】 推进园区基础设施建设、城镇基础设施建设、美丽乡村建设三大建设大会战。一是工业园区基础设施建设大会战初显成效。北部工业集中区"两纵三横"路网初具雏形,玉柴重工配套产业园土地平整、路网建设、企业项目建设、供水供电及排污排水等工程有效推进。龙豪创业产业园跨输油管道通道二期工程、跨路涵洞和排水沟建设基本完成。全县园区基础设施建设投资2.30亿元。二是城镇基础设施建设大会战全面开展。世界客家文化名城、温泉大道客家风貌改造、松鹤公园二期工程、教育集中区、文体中心、锦源物流城等城建项目加快推进,九洲江带状公园二期工程、西滨路振兴桥头段硬化改造、东滨路硬化修补工程、公安小花园等10多个市政项目竣工使用,九洲路、南北景观大道、锦源大道等城区道路启动建设。九洲江流域8个镇污水处理厂、1个片区生活垃圾填埋场、3个镇生活垃圾中转站及九洲江流域城镇污水垃圾处理设施建设等项目前期工作加快推进。珊罗镇、马坡镇、良田镇、清湖镇等重点镇市场项目进展顺利。全县城镇固定资产投资132.68

亿元,城镇化率41.5%。三是美丽乡村建设大会战掀起高潮。深入开展"美丽陆川·清洁乡村"活动,筹措资金2.10亿元,新建镇村垃圾池2215个,全面推进九洲江流域生态环境综合治理,整治涉水污染企业19家,取缔关闭塑料厂、炼油厂、非法采砂场59家;拆除沿岸200米内养殖场(户)43家,建设标准生猪示范场23个;实施土地复垦复绿工作,3个土地综合整治项目建设加快推进,建设规模1679.64公顷,总投资6297.84万元。推进"绿满八桂"工程,新植树5266.67公顷,种植花卉17.9万株,森林覆盖率58.3%。

【城乡基础设施明显改善】 加快交通、水利基础设施建设,玉林至铁山巷高速公路陆川段(陆川段长15.6千米)、玉林至铁山巷高速公路玉林南连线一级公路(陆川段珠砂至玉林长4.5千米)、玉铁高速公路(陆川段)建成通车。实现陆川高速公路和一级公路"零"的突破。交通建设投资1亿元,建设农村三级公路12.5千米,桥梁4座,硬化村屯道路300千米。陆川列入第五批中央财政小型农田水利建设重点县,连续3年每年获得中央及自治区补助资金3000万元。水利重点项目新开工87个,续建29个,水利

2013年,陆川加大清洁乡村建设。5月6日,陆川县举行"美丽陆川·清洁乡村"领导小组办公室揭牌暨垃圾清运车发放仪式　　　叶礼林　摄

建设投入 1.5 亿元；累计完成水利项目申报 104 个。

【乡村旅游项目建设有效推进】 2013年，陆川县发挥旅游资源优势、生态优势和产业优势，创新旅游发展模式，推进重点乡村旅游项目建设。成立农民旅游协会、乡村旅游合作社等农村新经济合作组织，鼓励和引导乡镇、村屯参与旅游经营开发，形成农民自主经营、农民与投资商合作经营、农民股份集资、"公司＋农户"等多种模式推进乡村旅游发展。推动农家乐、农业新村、民俗村寨、生态村屯、农业园区以及高科技生态农业观光园、乡村红色旅游地、休闲度假旅游村屯等特色旅游建设项目。年内，重点推进平乐镇石灰窑村生态文化旅游区、马坡砵砂村丽江旅游观光项目、乌石千亩特色水果番石榴观光项目、桂东南红色生态旅游景区、沙湖嶂神农生态旅游项目、陆川南麓森态公园等重点乡村旅游项目建设有序开展，完成投资约 2000 万元。马坡镇雄英村龚家山庄建设百米书法长廊，山庄悬挂作品 30 多幅，书法作品集中广西乃至全国名家的手笔，字体各异，用木板雕刻而成，风格多样，古色古香，富有中华民族文化特色，具有较高的欣赏价值和收藏价值。

【改革开放不断深化】 深化统筹城乡综合配套改革，重点抓好县北部工业园区和龙豪工业园区的规划建设；继续推进扩权强县工作，进驻县政务服务中心办理的行政审批权限项目 460 项。完成横山、滩面、沙湖 3 个乡的撤乡改镇。设立县农村土地经营权流转服务中心、县市政市容管理局。主动融入泛北、泛珠和西江经济带，积极参与玉林市"东靠南下"和粤桂产业合作，扩大机械、矿产、铁锅、陆川猪等特色商品的外销贸易，实现多领域合作的新突破。全县引进 500 万元以上项目 95 个（含续建项目），总投资 138 亿元，实现到位资金 76 亿元，实际利用外资（全口径）3300 万美元。

南博会、玉博会以及陆川投资推介会招商引资总额 81.08 亿元。全县引进民间投资项目 61 项，总投资 81.35 亿。2013 年陆川县获广西招商引资工作先进县。

【社会事业全面进步】 全县共组织举办各种大小型文艺晚会 108 场次，观众 16 万人次；全县财政投入教育补助资金 6261 万元，2.10 万名义务教育阶段贫困寄宿生获得生活费补助，12 万多名义务教育阶段学生免费发放教科书，4400 多名高中生获得助学金资助。陆川县中学通过自治区示范性普通高中复查评估，陆川县幼儿园通过自治区示范幼儿园评估验收。陆川县中学高考成绩继续名前全市、全区同类示范性高中前茅，2 人考上清华大学。全县参加新型农村合作医疗保险农民 92.62 万人，参合率 99.64%，参合率位居全市首位。继续实施防治艾滋病攻坚工程、母婴安全工程和地中海贫血防治等卫生项目建设。2013 年，陆川县被定为全国第四批"国家免费孕前优生健康检查"项目试点县，5 月 6 日玉林市免费孕前优生健康检查现场推进会在陆川召开。年内，创建全国计划生育优质服务先进单位通过自治区检查验收，科技创新工作通过全国科技进步考核。

【民生保障全面加强】 2013 年，全县财政民生领域支出 21.10 亿元，占财政总支出的 78%。全面完成政府承诺的十项民生实事工程。新增城镇就业 5030 人，新增农村劳动力转移 8350 人。全县养老、医疗、失业、工伤、生育等五项保险参保 41.67 万人，基本社会保险覆盖率 95%。发放五保户生活补助 2338 万元，城市最低生活保障金 1946.30 万元，农村最低生活保障金 9115.55 万元。新建 13 个联合五保村。财政投入扶贫资金和革命老区基础设施建设资金 2232.86 万元、扶贫产业资金 417 万元。分配入住廉租住房 550 套，竣工保障性安

居住房 650 套，新开工建设廉租住房 300 套，新增城镇廉租住房租赁补贴 303 户，纳入保障 2329 户，实施农村危房改造 2108 户。新增农村饮水工程项目 71 个，解决农村 5.6 万人口饮水困难问题。　　（县地方志办公室）

政治文明建设

【基层党组织建设】 2013 年，建立和完善服务型党组织建设制度。继续开展"一走三问六提高""六个创建"党建专题活动，进一步建立完善"干部回乡服务制"，推动服务型党组织建设，树立服务型党员先锋模范，打造一批服务群众、服务发展、服务大局的基层党组织。组建回乡工作组 14 个、回村工作队 164 个，回乡干部 1.31 万人，为民办实事 5.69 万件。玉林市在陆川召开现场会 2 次。"一走三问六提高"党建专题活动被评为玉林市县委书记"基层党建创新项目"一等奖、组织工作创新成果一等奖和最佳应用价值奖，陆川县获玉林市组织工作绩效第一名。实施"强基固本党旗红"计划，创建基层党组织团结引领示范堡垒，从县直部门选派干部 14 人到乡镇挂任专职党建副书记，从回乡干部中选派 650 多人担任农家党校、非公企业党组织、产业链党组织党建工作指导员。推进党建品牌化、示范化建设，投资 170 多万元建设示范村 17 个。建立和完善基层组织科学考评机制，建立 ISO 9001 党建质量管理体系，推行基层党建工作质量标准化管理。加强思想文化建设，开展中国特色社会主义教育、"中国梦"、中共十八大精神、"专家论坛""农家讲坛"等活动，加强全县党员干部教育。贯彻落实党风廉政建设责任制、中央八项规定，反对"四风"，推进全县惩治和预防腐败体系建设，继续深化反腐倡廉建设"九大阳光工程"和廉政风

险防控工作。年内查处党员干部违法违纪案件39件,处分38人。

【民主法制建设】 2013年,陆川县召开县人民代表大会会议1次;县人大常委会召开常委会会议9次、主任会议12次,听取和审议"一府两院"专项工作报告11项,作出决议决定11项,组织人大代表开展各种专项调研、视察、执法检查12次,任免国家机关工作人员17人次。推进人大规范化建设,各镇人大主席团逐步建立村级人大代表活动室和服务室。

【政府建设】 2013年,加快政府职能转变,加大政务公开,增加政府决策的透明度。贯彻执行县委的决策部署,自觉接受人大、政协和社会监督,人大议案、政协提案办结率100%。落实党风廉政建设责任制,建成县惩治和预防腐败警示教育中心,率先在玉林市建成"阳光用药"电子监察系统。全面落实中央八项规定,着力整治"四风"问题,压缩"三公"经费,全县"三公"经费比上年下降8%。加强行政监察和审计监督,深化政务公开和信息公开,提升依法行政水平。

【政治协商】 2013年,政协陆川县委员会和社会各界人士履行政治协商、民主监督、参政议政职能。县政协通过全委会议、常委会议、主席会议对事关全县改革发展稳定的重大事项,保障和改善民生的重大决策进行协商讨论,参与全县重点工作、重大项目的领导与管理。开展调研视察活动。就实施农民收入倍增计划、建设美丽乡村、土地流转等课题开展专题调研,提出具有针对性、指导性的意见建议。开展民主监督,政协委员共提出提案62件,经审查立案61件,所有立案提案全部办复。推荐政协委员担任纪检、监察、公安、检察机关及政府职能部门等多个单位的特邀监督员,参加全县的机关作风建设评议活动,选派委员参与取缔城区非法生产企业听证、国有土地转让和廉租

房分配抽签等工作的监督。常委会组成人员听取开展"美丽陆川·清洁乡村"活动情况和县城区市容环境综合整治情况的通报,提出工作意见建议。开展"联千企助发展""行千善助和谐"活动,动员政协委员创新履职、融入发展、服务社会,全县政协委员共联系企业292家。政协机关干部深入基层走访委员,收集社情民意,共收集到社会信息43条,意见建议15条。编印《委员之声直通车》信息刊物7期,《委员之声直通车》被列为县党建工作品牌的典型拍摄成电视专题片在县电视台播放。

精神文明建设

【精神文明建设概况】 2013年,根据上级精神文明建设委员会办公室和县精神文明建设委员会的工作部署,结合县委、县政府的中心工作,陆川县精神文明建设委员会办公室(县精神文明办)广泛开展农村精神文明建设年活动,把社会主义核心价值体系融入精神文明建设全过程,推进全县精神文明建设。

【社会主义核心价值体系建设】 2013年,陆川继续推进社会主义核心价值体系建设,加强公民思想道德教育。深入宣传社会主义核心价值体系、建设和谐文化等系列重大战略思想和基本理念的深刻内涵,广泛开展世界观、人生观、价值观宣传教育,开展社会主义荣辱观、培育文明新风尚宣传教育活动,提高公民的道德素质,引导全社会形成文明、和谐、团结、向上的良好风气。深入开展形势政策宣讲教育。组织人员深入乡镇、单位宣讲中共十八大、十八届三中全会精神,引导广大干部群众充分了解决策的背景,理解中央的方针、政策。开展中国历史、基本国情、理想信念教育,引

导人们正确认识国情、县情,正确理解当前形势,促进社会和谐稳定。深入推进"广西精神"(团结和谐、爱国奉献、开放包容、创新争先)、"玉林精神"(敢为先、善创业、重务实、尚包容)和"学雷锋"感恩教育学习宣传实践活动。年内,全县共组织举办各种大型宣讲教育活动19场次,进一步促进全社会形成知荣辱、讲正气、促和谐的良好风尚。

【未成年人思想道德建设】 2013年,继续深入开展未成年人思想道德建设。开展未成年人思想道德建设主题实践教育活动。围绕青少年"学雷锋——做一个有道德的人"主题实践教育活动,开展青少年网上祭英烈、向国旗敬礼、"做美德少年""未成年人思想道德建设宣传日"、文明礼仪校园行等系列活动,引导青少年参与科普知识宣传、"文明交通劝导一日行""为父母做一件好事""为学校做一件好事""种一棵树植一块绿"等多种体验教育。县实验中学开展文明礼仪教育,乌石镇中心学校加强路队教育,温泉镇中心学校开展铁路护路教育,在培养学生日常行为习惯的养成方面效果明显。组织举办报告会、讲座,邀请专家、"五老"干部(指老干部、老战士、老教师、老专家、老模范)到城乡学校作报告,举办党史知识讲座,开展青少年爱国主义读书教育活动,利用晨会、班会队会、国旗下的讲话、校园广播、宣传栏、宣传墙等宣传载体,对学生进行爱国主义和民族精神教育,增强广大大未成年人爱党爱国的情感。组织开展"洒扫应对"系列活动,以行为重,充分利用"学雷锋活动月"、植树节、儿童节、父亲节、母亲节、中秋节等,开展"洒扫应对"主题绘画比赛、关爱社区空巢老人、参加义务劳动、开展亲子游戏、学唱"洒扫应对"主题歌曲等活动,有效提高"洒扫应对"教育活动的吸引力和实效性。组织开展未成年人"日行一孝"感恩行动、"生日问候"感谢行动,鼓励未成年人在家里做力所能

及的家务活，孝顺父母、报答父母；在自己生日和父母生日当天，向父母说感谢话、打祝福电话、发亲情短信，感谢父母养育之恩，培养未成年人的感恩之情、激发感恩之心。米场镇中心学校开展孝行教育，利用学生宣传、家长会、家校短信平台等形式，引导家长以身作则，尊老爱幼，孝老爱亲，在社会上引起强烈反响。

【推进"三结合"教育网络建设】 2013年，推进学校、家庭、社会"三结合"教育网络建设。开展校园周边环境专项整治活动，组织协调文化、公安、工商行政管理、教育等系统部门联合加强校园周边环境专项整治，对县城区、乡镇中小学校园周边文化娱乐经营场所和各类摊点进行检查、整顿，清理无证流动商贩，拆除违章摊点，进一步净化未成年人成长环境。广泛开展文体娱乐实践活动。组织全县乡村学校少年宫等开设未成年人篮球、乒乓球、武术、美术、科技、舞蹈等兴趣小组，开展形式多样的文体娱乐实践活动，如中华经典诗文诵读、青少年电子琴比赛、课本剧展演、书画大赛、科普展览、乒乓球比赛、文艺联欢会等，建立未成年人陶冶情操、愉悦身心的乐园，有效陶冶广大未成年人思想品质和道德情操，促进未成年人的健康成长。开展留守儿童关爱帮扶活动。探索解决农村"留守儿童"问题的新路子，组织各学校建立健全"留守儿童"档案，建立学校教师、党员干部、"五老"干部、志愿者等帮扶小组，与留守儿童建立关爱帮扶关系，定期了解关爱对象的生活、学习情况，并向留守儿童父母通报，指导关爱对象加强与父母的沟通联系。组织各学校建立心理咨询室，举办心理健康培训班、讲座，让一些有封闭症的青少年学生走出心理阴影，使一些寄住在祖辈、邻居、亲友家中的留守孩子学会求知、学会做事、学会共处、学会做人。

【"我们的节日"主题教育活动】 2013年，开展春节、元宵、清明、端午、中秋、重阳等传统节日主题活动。清明节期间，开展清明节主题实践活动，组织广大干部职工群众到人民英雄纪念碑开展"清明节——缅怀革命先烈，传承优良传统"实践活动；引导中小学生参加由中国文明网等网站组织的"网上祭英烈"活动，发表感言，表达对先烈、先贤、先人的感恩和敬仰。把开展"我们的节日"主题活动与文明创建、志愿服务活动相结合，引导干部职工利用传统节日，开展"送温暖、献爱心"活动，走访慰问离退休老干部、村"两委"干部、孤寡老人、进城务工人员等，与农民朋友"结对子、交朋友"，参与农田春插、兴修水利等，在倡导互助、和谐中感受社会主义大家庭的温暖。

【"学雷锋""感恩教育"主题实践教育活动】 2013年，广泛开展"学雷锋""感恩教育"主题实践教育活动。县委印发《陆川县深入开展学雷锋活动的实施方案》，把学习雷锋活动纳入文明村镇、文明单位创建考评内容，使活动常态化。深入宣传"奉献他人、提升自我"志愿服务理念，培育和提高学习雷锋、做志愿者的文化自觉性。县内自治区级文明单位均建立健全网络文明传播志愿者组织。把学习雷锋与开展"感恩教育""美丽陆川·清洁乡村"、志愿者义务服务活动相结合，以多种形式弘扬志愿服务精神，引导人们自我教育、自我提高。3月3日，在县城举行学雷锋志愿服务日活动启动仪式，以"整治城乡环境，建设美丽陆川"为主题，举办学雷锋主题宣传实践"一条街"活动。推进"感恩教育"活动，以"知恩、感恩、报恩，爱党、爱国、爱民"为主题，以"感恩共产党""感恩祖国""感恩人民""感恩社会""感恩父母""感恩老师""感恩家乡""感恩工作""感恩自然""感恩生命"为主要内容，广泛开展"感恩教育"活动。横山乡稔坡村李凯锋、李永久、李文生在推进新农村建设中给稔坡村屯捐赠太阳能路灯43盏、价值15万元，推进稔坡村新农村建设。县房地产企业为"美丽陆川·清洁乡村"活动捐款90多万元，参与玉林市"好人好报基金会"募捐活动，募捐基金5万多元。

【道德领域突出问题专项教育】 2013年，深入开展道德领域突出问题专项教育和治理活动。县精神文明办制定专项教育和治理活动实施方案，对开展道德领域突出问题专项教育和治理活动作出具体要求和部署。深入开展社会主义核心价值观宣传教育，组织开展"四德"（社会公德、职业道

3月5日，陆川县举行"学雷锋"服务活动。图为县职业技术学校师生上街进行维修家电服务　　　　　　　　　叶礼林　摄

德、家庭美德、个人品德）进社区、进村屯活动，引导干部职工群众自觉履行法定义务、社会责任、家庭责任，形成知荣辱、讲正气、作奉献、促和谐的良好风尚。开展文明礼仪知识和文明行为规范进学校活动，从青少年学生抓起，提升青少年交友能力，引导青少年做文明有礼的陆川人。在窗口行业开展以"讲诚信、树新风"为主题的集中治理活动，建立规范的工作制度、严格的办事程序、严明的纪律要求和有效的管理机制，纠正行业不正之风，着力树立服务人民、奉献社会的良好形象。在食品行业开展"诚信守诺"活动，建立"食品药品安全诚信系统电子平台"等系列措施解决诚信缺失问题，把食品安全纳入城市公共安全的重要组成部分，着力加强源头治理和全程监管，不断完善食品安全监管诚信体系，提升陆川食品安全总体水平。

【"道德讲堂"活动】 2013年，开展道德模范学习宣传，推进"道德讲堂"活动。组织引导全县各级文明村镇、文明单位开展"道德讲堂"活动，传播凡人道德故事，推动先进道德理念入脑入心，营造"讲道德，做好人，树新风"的浓厚氛围。县国税局坚持每月一堂，引导干部职工加强"四德"建设，干部职工精神面貌焕然一新。全县共举办"道德讲堂"活动58次。各镇村、各单位通过召开座谈会、学习会、讨论会等形式，学习宣传各级道德模范的先进事迹，引导广大干部群众以道德模范为榜样，身体力行社会主义道德，全县逐步形成学习道德模范、崇尚和争当道德模范的好风气。年内，梁丽娜、李玉梅、刘付永达、刘付永超获"玉林市首届道德模范"称号。关爱道德建设先进典型，开展道德建设先进典型帮扶活动，解决实际困难，树立"好人有好报"的价值导向。

【"和谐建设在基层"活动】 2013年，开展"和谐建设在基层"活动，重点推进和谐单位、和谐乡镇、和谐村屯、和谐社区、和谐家庭、和谐学校、和谐企业、和谐邻里等"八大和谐建设"工作。组织机关单位开展"以服务促和谐"为主题的和谐建设活动，优化服务质量；推进县、乡镇、村三级政务服务建设，政务服务实现面对群众的"零距离"服务，广大群众切实感受到"和谐新风"带来的便利与实惠。

【农村精神文明建设年活动】 2013年，开展农村精神文明建设年活动，县精神文明办下发活动实施方案，结合"美丽陆川·清洁乡村"城乡环境综合整治工程，推动农村精神文明建设的整体水平和实际成效进一步提升。

开展农村精神文明建设示范创建活动。结合"美丽陆川·清洁乡村"活动，推进农村精神文明建设示范村建设，建立十大创建示范村，温泉镇洞心村、马坡镇界垌村、米场镇南中村、新民村、乌石镇王沙村、陆河村、大桥镇平山村、大塘村、沙湖镇永旺村、滩面镇新旺村等10个村列为县农村精神文明建设示范村。

开展"星级文明户"创建示范活动。马坡、米场、大桥等3个镇确立为"星级文明户"创建活动示范镇，马坡镇珠砂村、界垌村、米场镇南中村、新民村、大桥镇大塘村、平山村等6个村列为"星级文明户"创建活动示范村。

【"讲文明、树新风"宣传】 2013年，自治区精神文明办要求，进一步做好"讲文明、树新风"公益广告宣传工作，县精神文明办广泛开展"讲文明、树新风"公益广告宣传活动，县广播电视台、移动公司、电信公司、联通公司、经贸局、建设局、美丽办等部门对"讲文明、树新风"公益广告进行广泛宣传，制作广播影视类公益广告12条、手机类公益广告35条、平面类公益广告27幅。县广播电台每天交替播放公益广告40次，时长60分钟；县电视台每天播放18次，时长35分钟；县移动公司免费向全县移动用户播发公益短信，每月播发2次，每次播发3.50万条次；印发平面类公益广告宣传招贴画1.20万张，印发《美丽陆川·清洁乡村"五要五不要"（要勤扫，不要乱扔垃圾；要圈养，不要乱放禽畜；要入池，不要乱排粪便；要整洁，不要乱丢杂物；要奉献，不要自私自利）宣传漫画》3500张，分发到全县各村屯，在全县传递文明、引领新风尚。

【文明交通行动计划实施】 2013年，按照中央文明办、公安部关于开展文明交通行动计划的安排部署，陆川县推进"文明交通行动计划"实施。开展"文明交通安全日"活动，举办活动启动仪式，组织义务宣传员深入基层单位面对面宣传交通安全知识，倡导安全出行、文明出行，优化城市交通秩序，提升城市文明程度；组织开展中小学生"文明交通行动"漫画、手抄报、征文比赛活动，参与比赛学生2万多人次，有效激发广大中小学生重视和参与文明交通行动计划的热情，增强交通安全意识，提高学生自我保护能力。

【精神文明创建活动】 以县委开展"一走三问六提升""六个创建"党的

2013年陆川县获玉林市文明村镇、文明单位名单

玉林市文明单位（4个）：
　　陆川县审计局　陆川县林业局　陆川县公安局　陆川县实验中学
玉林市文明镇（2个）：
　　大桥镇　沙坡镇
玉林市文明村、社区（10个）：
　　温泉镇文昌社区　沙湖镇永旺村　马坡镇新山村　沙坡镇北安村
　　珊罗镇四乐村　大桥镇平山村　横山镇稳坡村　乌石镇王沙村
　　滩面镇新旺村　良田镇良田村

群众路线教育实践活动为契机，大力推进精神文明创建活动，树立文明单位"为民、务实、清廉"的良好形象。以农村政策、致富技能、法律法规、思想道德为主要内容的农民素质教育，帮助农民尽快适应社会发展变化，做新时代的农民。充分发挥各级文明单位在全县精神文明建设工作中的示范带头作用，把支持农村精神文明建设纳入文明单位创建内容，健全以城带乡、城乡共创的长效机制，支持和推动农村精神文明建设，推动城乡一体化发展，为构建和谐社会作贡献。组织文明单位干部职工广泛参与文明县城创建、社会志愿服务、送温暖、献爱心等各种形式的社会实践活动，引导干部职工积极践行社会主义核心价值观。年内，获玉林市文明单位4个，文明镇2个，文明村（社区）10个。

（凌春雷）

法治文明建设

【政府法制建设】 2013年，县法制办公室推进依法行政和法治政府建设，坚持依法行政工作汇报制度，向县十五届政府常务会汇报依法行政工作2次，4月分别向玉林市人民政府及县委、县人大常委会报告依法行政工作。继续开展依法行政示范点建设活动，大桥镇人民政府、县公安局和陆川公路管理局等3个单位列为县级第三批依法行政示范点，县人民政府被命名为自治区级第三批依法行政示范点，县国家税务局被命名为玉林市级第三批依法行政示范点。县人民政府获评为2012—2013年度玉林市依法行政先进单位。审查规范性文件、行政行为、社会经济建设领域的法律事务等298件，审查县政府规范性文件2件，并报玉林市法制办备案，备案率100%。深化行政审批制度改革，对行政审批项目、非行政审批项

目逐一进行合法性审查，实行审批条件统一、文本格式统一、操作流程统一，推动行政审批简政放权，提高行政审批效率。加强行政执法监督，开展环境保护、质量技术监督、行政执法案卷评查及行政执法个案监督等监督检查，有效监督行政机关依法履行工作职责，纠正不当执法行为。开展行政复议规范化建设活动，进一步完善审理方式，改变过去重"书面审、材料审"的做法，强调"实地审、事实审"，对所有"三大纠纷"案件均实地勘查现场、调查取证；行政复议决定书格式规范，并注重说理性阐述。年内，收到行政复议申请5件，受理5件，决定撤销2件，维持3件；依法向玉林市人民政府提交行政复议答复书及有关证据材料3件；依法向法院提交作出具体行政行为的有关证据材料和答辩状11件，接受委托出庭应诉11件36人次。

（江　城）

【社会治安综合治理】 2013年，陆川县推进社会管理综合治理各项工作，开展平安陆川、法治陆川建设，严厉打击各类违法犯罪活动，加强社会管理综合治理工作，建设平安和谐社会环境，提升社会公众安全感。在全县开展"社会矛盾纠纷化解年"活动，全县共排查出矛盾纠纷1165件，落实领导及责任人包案1145件，调解1145件，调解率达100%，调结1119件，调结成功率97.73%。在5月和11月玉林市社会众安全感民意调查中，陆川县社会公众安全感和群众满意度连续两次获玉林市第一，其中古城镇连续四次排名全市乡镇类第一。在自治区社会公众安全感民意调查，第三季度陆川县在广西排名56位，是全区上升幅度最大的县市之一。陆川县被自治区连续9年评为平安县。

"天网工程"延伸进农村、进社区、进企业　建成广西首家县级政法信息网络指挥中心、广西第一个县级网上信访大厅。2013年4月1日，县编委批复成立陆川县政法信息网络指挥中心（核定事业编制7个）。5月

3日挂牌运行，依法开展互联网信息监控、调查处置和舆情导控工作，反映社情民意，发现监管涉及陆川的负面网络舆情，及时转相关部门处理，疏导公众情绪，唱响陆川和谐发展主旋律。

信访大厅建成运行　2013年7月25日，建成全区第一个网上信访大厅并投入运行。群众不出户就可以网上反映诉求，信访工作在畅通信访渠道上的创新发展，为信访群众提供更便捷、更迅速、低成本的信访服务，人民群众"不出门、不见面、不到访"就能向信访部门反映表达诉求，不断提高群众的满意度。

社会管理模式创新　大桥镇推行"四头调解"（走进村头、屋头、田头、山头）开展矛盾纠纷的排查化解，镇村干部进村入户为群众化解矛盾纠纷，受到群众欢迎。县公安局网络安全和防暴应急处置，县法院的联动调解，县检察院的廉政文化建设、镇检察室建设及预防职务犯罪约谈机制，县司法局的人民调解等各项社会创新工作取得明显成效，成为玉林市、广西政法工作的新亮点。

生态文明建设

【耕地保护】 2013年，全县拥有耕地面积3.36万公顷，约占全县土地总面积的21.64%。其中，水田面积2.72万公顷，旱地6485.96公顷。2013年，在全县范围内划定14个保护区，162个保护片，每村一个保护片。已完成全县科学划定基本农田实行永久保护工作，并通过自治区级复验。推进大桥镇等2个镇5个村整村推进土地整治工程建设，实施面积657.41公顷。推进温泉镇四良、东山、官田、洞心等4个村土地整治项目，实施面积475.08公顷，已完成工程量的34%。推进马坡镇新山村等3个村整村推

进土地整治重大工程项目,建设规模547.15公顷,完成工程量的44%。

【强化环境安全】 2013年7月10日,陆川县召开强化环境安全工作会议,县环保、国土、工商行政管理等8个县直部门和14个乡镇有关负责人参加会议,对环境安全大排查大整治工作进行部署。7月,县政府组织县环保局、安监局、经贸局、国土局等有关部门领导深入企业就环境安全工作进行检查,深入开展环境风险和隐患问题大排查大整治工作。对排查出存在环境风险隐患问题的企业,限期整改;对存在环境违法、违规行为的企业,坚决查处,确保环境保护工作落到实处。

【"美丽乡村"建设】 2013年,陆川县采取重点整治难点、加强领导保障工作、建制度定责任等措施,建立全县城乡清洁长效机制。一是重点整治难点。通过突出抓好清洁马盘二级公路沿线、综合治理农村污水环境等工作,加大对城乡过境公路、村级道路环境的集中治理,清除卫生死角,搞好辖区内公路的绿化美化、道路维护等工作;加快农村污水收集处理设施建设,逐步扩大农村小型分散式污水处理试点范围,实现防治结合,确保水源清洁。同时,重点抓好大街小巷、住宅小区、市场、河道、城区摊点、旅游景点、公路沿线、林业用地、校园周边等地的"白色污染"整治工作,确保从根本上消除"五乱"现象。二是建立保障工作机制。成立县、乡镇、村三级清洁乡村领导机构,制订细化清洁乡村任务,层层明确任务。发挥回乡工作队作用,组织14个回乡工作组和164个回村(社区)工作队1.40万名回乡干部积极回乡清洁家园、水源、田园。鼓励支持农村利用县财政"一事一议"等资金开展活动,通过部门对口帮扶、政策导向,吸引社会资金投入村镇基础设施建设。推出"花中陆川"工程,按照"一镇一品"的思路,在全县公路两旁、城区主街道、九洲江两岸、单位庭院种上鲜花,营造人人种花、人人爱花的良好氛围;在古城、良田、乌石、滩面4个乡镇29个村实施农村环境连片集中整治项目,形成生活垃圾村收镇运县处理、农村环境连片治理的新格局。三是建制度定责任。建立"户清理、村收集、镇转运、县处理"运行保障机制建设,形成清洁乡村的常态化、长效化。购置电动三轮节能清运车100辆,垃圾清运车、垃圾收集保洁车340辆,增设生活垃圾收集池(斗),完善县城区4座生活垃圾中转站配套设施建设。通过以"一事一议"方式,将保持环境卫生整洁、引导垃圾集中收集清理、划分并明确"门前三包"等内容充实完善到"村规民约"和"卫生公约",建立以农村群众为主体的日常保洁制度。建立清洁乡村工作督查考核制度,加大城乡环境综合治理工作督促检查。

【饮用水源保护】 2013年,陆川县加强饮用水源保护。一是加强养殖企业监管,加强九洲江的饮用水源保护,重点加强养殖企业监督管理。县环保局成立养殖监察中队,对全县养殖企业进行调查摸底,对排查中发现的问题,监管和督促企业立即进行整改。5—8月开展百日攻坚活动,共清运垃圾150吨。二是创建森林县城。以创建国家森林城市为载体,打造生态宜居名城,开展生态文明创建活动,实施"绿满八桂"工程,推进植树造林,建立县四家班子领导植树点、共青林、巾帼林、科普林、工人先锋林、非公经济林等义务植树点,义务植树120万株,山上造林2900公顷;完成村屯绿化6个,城镇绿化1.45万平方米;开展"千万珍贵树种送农家"活动,免费送给农民珍贵树苗278万株;加大九洲江园林绿化景观建设,开展"大种鲜花"活动,在九洲江沿岸种植鲜花;在县城3个水源保护区内建立水源保护区1953.33公顷,全县森林覆盖率57.8%。年内获"广西森林县城"荣誉称号,乌石镇谢鲁村被授予"广西森林村庄"称号。三是清洁水源。开展"美丽陆川·清洁乡村"活动,在九洲江两岸设置禁止排污口,禁止养殖、游泳、垂钓或者其他可能污染饮用水水体的活动;禁止在河道和上游河道采砂;严禁工业废水、废渣排入;禁止农药、化肥残留物流入九洲江河内。加强饮用水源源头整治,开展九洲江流域生态环境治理等专项活动,组织干部群众清除各种垃圾,挖掘清理陈年腐臭淤泥,禁止乱扔垃圾及动物尸体,不定期对饮用水源地周边及主要河流进行排查,对水源质量抽样检测,确保饮水安全;依法关停温泉、沙坡2个镇交界处的涉水塑料厂24家。

【生态养殖模式推广】 2013年,全县已建成年出栏1万头以上规模猪场14家,年出栏1000头以上猪场250多家,出栏500头以上规模猪场675家,规模养殖比重占75%以上。其中,九洲江流域共有猪场260家,年出栏生猪46万头。加强对养殖废水有效治理,推进先进的生态养殖模式,猪场业主做好污染治理规划,2012—2013年全县共投入治污资金6356万元,建成养殖污水处理厂8个、沼气发电站15座,300立方米以上的大型沼气池300多个,生物发酵床3650多平方米,改造传统猪场27个,减少污染排放3000吨,达到零排放的规模猪场163个,为企业增加经济效益5600万元。

【污染物减排】 2013年,全县完成主要污染物减排项目144项,其中完成化学需氧量减排项目66项,核定减排量128.40吨;完成氨氮减排项目66项,核定减排量66.50吨;完成二氧化硫减排项目3项,核定减排量58.70吨;完成氮氧化物减排项目3项,核定减排量5.70吨。

(县地方志办公室　禤卫清　陶建秀)

中国共产党陆川县委员会

ZHONGGUOGONGCHANDANG LUCHUANXIAN WEIYUANHUI

2013年5月15日,陆川召开全县组织工作会议　　　　　　　　　　叶礼林　摄

县委综述

【县委机构概况】 2013年,中共陆川县委员会有常委12人(含挂职常委1人),委员33人,候补委员6人,书记1人,副书记2人。有基层党(工)委21个(其中镇党委14个),县直机关党委2个,农场党委1个,县直机关工委4个。设置县直机关党组49个。县委工作部门8个,直属事业单位2个,管理机构2个,挂牌机构12个,设在机构3个,派出机构1个。

【全县工作重点】 2013年,全县工作重点是:围绕打造广西经济强县"一个目标",加大经济发展;深入开展城镇基础设施建设、工业园区基础设施建设、美丽乡村建设"三大会战",谋划打造千亿元工业强县,加快具有岭南特色的客家温泉文化名城建设、马盘百里绿色生态农业经济示范长廊建设、美丽陆川建设、统筹城乡发展、推进宣传文化建设等7大方面工作,推动实现新型工业化、新型城镇化、特色农业产业化、生态文明建设、改革开放、社会和谐等经济社会发展的"七大突破";深入开展"一走三问六提高""六个创建"(创建农民收入倍增示范户、创建平安示范村组、创建美丽乡村建设示范镇、创建基层党组织团结引领示范堡垒)党的群众路线教育实践活动,密切联系群众,把思想和行动统一到全县各项工作的部署要求上来,推进全县各项目标任务落实。

【全县理论学习要求】 2013年4月19日,县委下发《关于2013年全县加强理论学习的通知》,全县理论学习要求:深入学习马克思主义、邓小平理论、"三个代表"重要思想、科学发展观,学习贯彻中共十八大精神,开展中国特色社会主义宣传教育,推进社会主义核心价值体系建设,加强对经济、文化、科技、法律、历史和业务知识的学习,切实提高推动科学发展、促进社会和谐的能力。在学习中,要求弘扬理论联系实际的学风,完善学习制度,创新学习形式,丰富学习内容,增强学习实效,在全县形成学理论、议大事、谋发展的良好学习氛围,实施"八个一,四促进"["八个一":县、乡(镇)机关党组织充实完善1套学习制度,党委党组中心组每季度至少集中学习1次,领导干部每人每年撰写理论或调研文章1篇,领导干部每人联系1个村10户农户,机关党员干部每人每年为群众解难题办实事1件以上,每个乡镇县直单位配备理论学习辅导员1人,每月组织党员干部集中学习1次以上,每个乡镇创建"农家讲坛"1户。"四促进"是:促进干部作风转变,促进干部学风端正,促进干部文风好转,促进经济社会发展]的工作要求,确保理论学习更好地为加快推进"富民强县"新跨越服务。

2013年中共陆川县委员会工作机构

县委工作部门8个:县委办公室、县委组织部、县委宣传部、县委统战部、县委政法委员会、县直属机关工作委员会、县委纪律检查委员会、县编制委员会办公室

县委直属事业单位2个:县委党校、县委党史资料征集办公室

县委管理机构2个:县信访局(县委办管理机构)、县委老干部局(县组织部管理机构)

县委挂牌机构13个:县委办挂牌机构3个,县委保密委员会办公室(国家保密局)、县机要局(国家密码管理局)、县督查室;县统战部挂牌机构4个,县台湾工作办公室、县民族事务委员会、县宗教事务局、县外事侨务办公室;县政法委挂牌机构3个,社会治安综合治理委员会办公室、县处理邪教问题领导小组办公室、县防范和处理邪教问题办公室;其他单位挂牌3个,县精神文明建设委员会办公室(在县宣传部挂牌)、县绩效考评领导小组办公室(县纪委挂牌)、县统筹城乡工作部(在县发展和改革局挂牌)

县委设在机构3个:县委维护稳定工作领导小组办公室(设在县政法委)、县国家安全领导小组办公室(设在县政法委)、县互联网宣传管理办公室(设在县宣传部)

县委派出机构3个:中共陆川县工业园区工作委员会、中共陆川县龙豪创业园区工作委员会、县非公经济组织和新社会组织工作委员会

县委主要会议

【中共陆川县委员会十三届四次全体会议】 2013年12月17日在县城召开。县委委员32人,候补委员5人出席会议,县纪委委员和不是县委委员的县处级党员领导、镇党委书记镇长、县直(中直、自治区直、市直)各单位主要负责人、县十三届党代表中部分基层代表及专家学者共154人列席会议。会议由县委常委会主持,县委书记黄少明代表县委常委会做工作报告。会议传达学习玉林市委四届四次全会精神,审议通过《中共陆川县委员会关于贯彻落实〈中共中央关于全面深化改革若干重大问题的决定〉的实施意见》,审议通过《中共陆川县第十三届委员会第四次全体会议公报》。

【县委中心组学习会】 2013年,县委中心组共组织学习6次。

学习贯彻中共中央总书记习近平在参观《复兴之路》展览时讲话精神 4月2日,县委中心组召开专题学习会,组织学习中共中央总书记习近平2012年11月29日在参观《复

兴之路》展览时讲话精神，围绕中共中央总书记习近平提出的"实现中华民族伟大复兴，就是中华民族近代以来最伟大的梦想"进行学习讨论，县委书记黄少明做中心发言，学习会要求把"中国梦""广西梦""玉林梦""陆川梦"与"家庭梦""个人梦"结合，克服浮躁情绪，抛弃心中杂念，迎难而上，真抓实干，把各项建设的目标、要求、责任、措施具体化，把每一项工作抓实做细，以优良的党风促政风带民风，形成凝聚党心民心得强大力量，推进"中国梦""陆川梦"实施。

新形势下增强理论自觉和理论自信学习讨论　5月29日，县委中心组召开专题学习讨论会，学习《人民日报》的理论文章《中国奇迹的一大法宝——论新形势下增强理论自觉和理论自信》。县委书记黄少明做中心发言，全体中心组成员对如何才能有高度的理论自觉和理论自信开展讨论，深刻认识中国特色社会主义理论体系是坚持和发展中国特色社会主义的行动指南，深刻理解中国特色社会主义理论体系形成和发展的时代背景、实践基础、科学内涵和精神实质。学习会要求加强学习，始终保持高度的理论自觉和理论自信，坚持用中国特色社会主义理论体系指导实践，学以致用，切实解决好陆川的经济社会发展问题。

《"中国梦"与改革开放》学习讲座　7月5日，县委中心组举办专题学习讲座，邀请中央党校原副校长、中央直属机关侨联主席李君如做题为《"中国梦"与改革开放》讲座。讲座阐述"中国梦"与改革开放的关系，指出"中国梦"的历史背景、历史内涵和历史要求，指出实现"中国梦"，要坚定不移地改革开放，坚持走中国道路、弘扬中国精神、汇聚中国力量；要遵循改革开放的内在逻辑，注意处理和把握好理想与实干的关系，改革与发展的关系，挑战与机遇的关系等3个辩证关系。县委书记黄少明在讲座结束后强调要求，实现"中国梦"要结合陆川实际，加快发展陆川经济，不

断推进改革创新，切实改善民生，维护社会稳定，进一步转变工作作风，不遗余力地做好陆川的发展事业。

学习贯彻中共中央总书记习近平在全国宣传思想工作会议上重要讲话　8月28日，县委中心组召开学习会，学习贯彻中共中央总书记习近平在全国宣传思想工作会议上重要讲话精神。县委书记黄少明主持会议并中心发言，指出全国宣传思想工作会议提出系列新思想、新观点、新论断，明确新形势下宣传思想工作的方向目标、重点任务和基本遵循。学习会要求结合陆川的实际，重点要抓好三方面工作：一是认清新形势，树立紧迫感，增强宣传思想主动性和积极性；二是弘扬主旋律，传递正能量，牢牢把握新时期宣传思想工作特点和原则；三是讲好陆川故事，传播陆川声音，以宣传思想工作推动陆川经济和事业全面发展。

学习领会中共中央总书记习近平一系列重要讲话精神　10月15日，县委中心组召开专题学习会，学习中共中央总书记习近平一系列重要讲话精神。邀请清华大学马克思主义学院副院长、教授、博士生导师韩冬雪作报告，报告根据中共中央总书记习近平系列重要讲话精神，分党的群众路线教育的基本内涵、当前党的建设的几个基本问题、党的时代课题与历史使命、中国特色社会主义政治发展的逻辑路径等4个方面进行阐述，重点提出中国共产党执政兴国在目前面临着4个考验（执政考验、改革开放考验、市场经济考验、外部环境考验）和4种危险（信仰缺失危险、能力不足危险、脱离群众危险、消极腐败危险）。学习会后县委书记黄少明进行听后感发言。

学习贯彻中共十八届三中全会精神　11月18日，县委中心组召开专题学习会，组织学习中共十八届三中全会通过的《中共中央关于全面深化改革若干重大问题的决定》。县委书记黄少明领学，重点学习中共十八届三中全会"十大亮点"精神：一是

"一个主题六条主线"（一个主题是深化改革，六条主线是从经济、政治、文化、社会、生态文明、党建领域）锁定改革大方向；二是发挥经济体系改革"火车头"牵引作用；三是加大"全面深化改革领导小组"＋"改革时间表"的改革力度；四是市场在资源配置中起"基础性作用"改为"决定性作用"；五是清楚界定政府职能和作用；六是突出推进国家治理体系和治理能力现代化的新目标；七是界定中央和地方事权成财税体制改革重点；八是公平对待各种所有制经济；九是首次系统阐释生态文明制度体系；十是深化改革最终要让全体人民受益。

县委重要决策和工作部署

【"一走三问六提高""六个创建"党的群众路线教育实践活动】 2013年，县委决定在全县"一走三问六提高""六个创建"（创建农民收入倍增示范户、创建平安示范村组、创建美丽乡村建设示范镇、创建服务群众示范品牌、创建群众满意回乡示范工作组、创建基层党组织团结引领示范堡垒）党的群众路线教育实践活动。2月6日，县委印发实践活动方案，专题活动时间为一年，分为三个阶段进行。第一阶段2月上旬，为动员部署阶段；第二阶段2月下旬，为调研走访阶段；第三阶段3月至12月，为组织实施阶段。活动以"为民务实、清正廉洁"为主要内容，开展万名干部"一走三问六提高"党建专题活动，努力实现"六个创建"，以工作实体化形式推动基层党的建设，提高基层党员干部队伍执行力和公信力，提高基层党的建设科学化水平，进一步夯实党在基层的执政基础。年内，力争全县有15%农户在现有收入的基础上实现收入倍增，创建平安和谐示范乡镇3个以上，每个乡镇创建平安和谐示范

村3个以上，创建美丽乡村示范镇2个以上，每个乡镇创建美丽村庄2个以上，每个机关部门创建群众满意的服务群众工作示范品牌1个以上。

【贯彻落实中央八项规定】 2013年2月6日，县委印发《贯彻落实中央和自治区党委及玉林市委关于改进工作作风密切联系群众有关规定的实施办法的通知》，通知以贯彻落实中央八项规定为重点，从改进调查研究、精简会议活动和文件简报、规范出访活动、改进新闻报道、加强督查检查五个方面，明确和规范全县改进工作作风，密切联系群众。要求全县各级各部门严格遵守中央八项规定，按照县委的实施办法的要求，逐条逐项落实到位，把改进工作作风，密切联系群众当作为民务实、为政清廉的工作目标抓实抓好。

【打造千亿元工业强县】 2013年，县委围绕打造千亿元工业强县的目标，着眼于提升工业水平，加快推进"三大园区"建设，壮大"五大产业"经济，深入实施工业园区基础设施建设大会战，计划投入园区基础设施建设资金203亿元，园区规模以上工业总产值预计实现126.42亿元，比增27.19%；规模以上工业增加值39.20亿元，比增21.25%；工业投资18.12亿元，比增23.5%。全力推进玉柴重工配套产业园、华润水泥(陆川)、泰鑫矿业、祥泰矿业、鑫生机械等十大工业项目建设投产。计划全县新增亿元以上企业7家，新增规模以上工业企业8家，新增限额以上批发零售住宿餐饮企业3家，新扶持发展小微企业450家。全县预计实现规上工业总产值265亿元，增长20.4%。规上工业增加值76亿元，增长18%。五大支柱产业总产值230亿元，增长18.7%。

【推进客家温泉文化名城建设】 2013年，县委坚持以城乡规划为引领，以城镇项目为抓手，以打造"中华客家圣城、温泉养生天堂"为目标，深入开展城镇基础设施建设大会战，加快推进客家温泉文化名城建设，加快推进五大专业市场、五大星级宾馆、五大公园、四大新区建设，加快推进新型城镇化进程，加快推进世客城、教育集中区、文体中心、锦源物流城、温泉大道客家风貌改造、松鹤公园等项目基础设施建设，完成九洲江带状公园二期工程、西滨路振兴桥头段硬化改造、东滨路硬化修补工程、公安小花园等项目。全县城镇固定资产投资达19.2亿元，城镇化率达41.5%。加快重点镇配套设施建设，突出抓好污垃项目建设，提升完善公用设施服务功能。建成温泉、马坡、乌石等3个乡镇垃圾中转站；启动九洲江流域8个乡镇污水处理厂、6个乡镇生活垃圾中转站和1个生活垃圾填埋场的项目建设工作，改善城乡环境面貌。

【推进马盘百里绿色生态农业经济示范长廊建设】 2013年，县委围绕打造广西绿色生态农业示范县和中国橘红之乡的目标，加快现代畜牧养殖、现代粮食高产、现代农业观光、现代农业企业等"四大示范"农业体系建设，促进农业增产、农村发展、农民增收。加强百里现代粮食高产示范长廊建设，以陆川县是广西唯一全国整县推进双季稻高产创建示范为契机，建设25个万亩水稻高产示范片，平均亩产达502.4千克。推进百里绿色生态观光示范长廊建设，以马盘公路为主线，发展"农家乐"观光农业产业，全县种植橘红1万公顷、油菜2000公顷、油茶753.33公顷。推进百里现代农业企业示范长廊建设，加快广西现代农业产业生猪科技示范县建设，全县新增规模猪场34个、禽畜场6个，新增大型陆川猪深加工企业3家，产品销售额达11.85亿元。全县新建农民专业合作社31家，新增市级农业龙头企业5家。全县农林牧渔业总产值达50亿元，比增6%。

【推进"美丽陆川"建设】 2013年，县委推进生态文明建设，深入开展"美丽陆川"建设大会战，加快生态文明建设。一是深入开展"美丽陆川·清洁乡村"活动，以"最美乡镇、最美村庄、最美庭院"为重点，推进"三个集中"，实施"十百千万"工程，建立"三个机制"工作，加强与广东廉江、化州相邻乡镇联手开展"桂粤携手·美丽乡村"活动。筹措资金投入清洁乡村活动，确保人力物力到位。二是全力抓好九洲江生态治理，主动与广东湛江市对接联系，联手推进跨区域生态治理合作，加强九洲江流域和鹤地水库环境治理。三是加强新农村示范点和村屯道路建设，重点规划建设新农村示范点10个，全县村屯道路计划硬化总里程303千米。四是实施"绿满八桂"造林绿化工程，开展全民植树活动，重点推进城镇绿化、通道绿化、村屯绿化和山上绿化建设，全县森林覆盖率达50%以上。

县委办公室综合事务

【县委办公室机构及概况】 2013年，陆川县委办公室(简称县委办)内设第一秘书股、第二秘书股、第三秘书股、文电股、会务股、信息股、后勤行政股，县委机要局(县国家密码局)、县委督查室、县国家保密局属县委挂牌机构，归属县委办公室编制。行政编制20名，后勤服务事业编制1名。年内，围绕县委中心工作和决策部署，加强协调、服务工作，建立完善学习、值班、会议、工作、内务管理、外事接待、印章管理、机要保密安全、电脑打字管理、经费管理、奖惩、车辆管理等13项管理制度，规定规范来电来件办理、办文、办会、接访4个工作程序，规范干部职工行为，全面提升服务工作质量。

【办文办电办会】 2013年，县委办办文严把"三关"(起草关、审核关、收发关)，办理县委陆发文件15件，陆委文件18件,陆办发文件36件,办发文件28件,审核文稿153件,传阅上级文件123份,均没有出现差错。办电做到不误时、不误传、不漏办、不漏报,坚持24小时领导带班和干部值班制度,件件有登记,件件有着落,确保县委各项工作及时、准确地贯彻落实。精心组织办会,根据不同会议规格和要求,及时做好会场布置、材料准备、会议服务、会议食宿等工作,年内承办县委及全县政治、经济等重要会议29个。

【综合协调】 2013年,县委办做好统筹全局、协调各方面工作,加强各股(室、局)协调,做好县委及全县的调查研究、综合协调,使县委重大决策和各项工作顺利开展。围绕全县经济会发展中的热点问题,开展调研活动21次,撰写调研报告26篇,撰写汇报材料、领导讲话189篇,总计75万字,为县委科学决策做好参谋、协调、服务、落实等工作。做好接待工作,接待自治区、玉林市及其他县(市区)各级领导及客商朋友等1865人次。

【信息报送】 2013年,落实信息工作"三项制度"(信息上报工作制度、信息工作例会制度、信息工作奖惩制度),信息报送及时、无误、不漏报、不瞒报、不误报、不迟报,为县委决策提供及时的信息参考服务。县委办上报自治区党委办公厅、玉林市委办公室信息355条,被采用85条(次),在自治区党委办公厅得分407分,在玉林市委办得分257分,编辑《陆川信息》20期。县委办被玉林市委办公室评为2013年度全市党委系信息上报工作二等奖。

【督查工作】 2013年,县委督查室按照县委重大决策做好督查工作,围绕县委重大决定开展重点督查。年内,开展督查活动48次,督查调研12次,及时编印督查通报,表扬先进、鞭策后进,使县委重大决策得到及时贯彻落实;围绕领导批示件开展专项督查,年内共收转上级领导批示件12件,

收转县委领导指示件238件,全部按时办理,并及时向领导及有关部门反馈督查情况;围绕群众关注的热点、难点问题和社会问题开展主动督查查办13次。

【机要保密】 2013年,县委办加强对全县机要、保密工作的指导、督促和检查,严格机要保密文件的阅办、保管、清退、归档和销毁制度。机要人员坚持24小时值班,严肃处理机要保密件,年内没有出现泄密事件,确保县委与上级机关的工作联系和信息畅通。

(黄超彬 谭顺华)

组织工作

【组织机构概况】 2013年,全县有基层党(工)委21个(其中镇党委14个,县直机关工委1个,机关党委1个,国企党委2个,县派出工委3个),设置机关党组50个。有村级党委7个,党总支部111个,党支部36个。全县党员2.38万人。其中,男性党员1.85万人,女性党员5244人;在岗职工党员6640人,离退休职工党员3861人,农民党员1.23万人,其他党员2530人;高中以上学历党员1.41万人。年内,全县增加党员511人,其中发展党员337人,转入组织关系604人;减少党员430人,其中转出组织关系222人,出党5人,死亡203人。

2013年,中共陆川县委组织部内设秘书股、干部股、干部调配股、调查研究股、组织股、组织员办、干部监督股、干部教育人才股(简称干教股),下辖县党员干部现代远程教育管理办公室(简称远程办)、县基层组织建设协调领导小组办公室(简称基层办)。编制23名,在职人员19人。年内,县委组织部组织开展"一走三问六提高""六个创建"党的群众路线教育实践活动,推进领导班子、党员干部

队伍、人才队伍、党的基层组织建设和组织部门自身建设,不断开创组织工作新局面。党建工作先后得到自治区、玉林市领导作出重要批示12次。陆川县组织工作满意度排名广西第2名,干部选拔任用工作满意度排名玉林市第一;县委组织部获广西组织系统信息工作先进单位和玉林市组织工作先进集体。

【党建专题活动】
"一走三问六提高"党建专题活动 2013年,县委组织部组织实施"一走三问六提高""六个创建"党的群众路线教育实践活动,创建"干部回乡"制度,全县建立回乡工作组14个、回乡工作队164个,组织机关干部1.31万人回乡开展活动。一是实施"倍增收入在农家"计划,创建农民收入倍增示范户。组织1.30人回乡干部与3.07万户农户结对,开展增收帮扶活动。使全县农民人均收入达到6017元,比上年增长12.8%。二是实施"平安建设在村组"计划,创建平安示范村组。全县共创建平安村屯示范点41个,各级干部共深入基层接访群众19855人次,排解矛盾纠纷535件,调处信访积案17件。在5月份,玉林市社会公众安全感排名中,陆川排名第一。三是实施"美丽建设在乡村"计划,创建美丽乡村建设示范点。开展29个美丽乡村示范点建设,努力打造一批最美村庄、最美村委会、最美庭院"三个最美"精品。四是实施"服务品牌创建在部门"计划,创建服务群众示范品牌。全县各部门各乡镇共申报83个服务群众工作示范品牌。在陆川电视台播放21个服务群众示范品牌电视专题片,引起强烈社会反响。五是实施"回乡'三同'在农户"计划,创建群众满意回乡示范工作组。回乡干部带着信访积案深入一线排查,带着资金和项目深入村组,建设民生工程。年底,全县新增民生建设工程490项。六是实施"强基固本党旗红"计划,创建基层党组织团结引领示范堡垒。从县直部门选派14名优秀干

部到乡镇挂任专职党建副书记,从回乡干部中选派650多名政治素质过硬的干部担任农家党校、非公企业党组织、产业链党组织党建工作指导员,全面加强基层党建工作。共筹集资金170多万元加强17个示范村建设,促进全县村级活动场所有序建设。年内,全县各级干部回乡住村33.17万人次,接访群众3.99万人次,为民办实事5.69万件,投入民生改善资金7.58亿元,排查化解矛盾纠纷884件。

"三简三亮三比三评"活动 2013年,按照玉林市委关于在窗口单位开展"转作风、强服务、当先锋"活动部署,以陆川县委开展"一走三问六提高""六个创建"党的群众路线教育实践活动为契机,开展"简化审批项目、简化审批程序、简化审批窗口;亮程序、亮身份、亮承诺;比服务态度、比业务技能、比工作效率;服务对象评、监督员评、组织评"为主要内容的"三简三亮三比三评"活动。活动期间,全县到各镇开展集中服务活动12次,参加服务干部14.40万人次,现场办理服务事项2300多件,为群众办实事好事6.22万件;全县共取消行政审批项目73个,简化审批程序203个,12月26日《广西日报》对陆川"瘦身"审批事目、下延服务网络、开展便捷服务等取得的成效进行报道。

【"五支队伍"管理】 2013年,陆川县率先在玉林市出台"五支队伍"[乡镇主抓党建工作副书记(挂职)、回乡干部、贫困村党组织第一书记、新农村建设指导员、科技特派员]暂行管理办法,陆川县县、镇两级成立管理"五支队伍"办公室,村设立服务站。根据"五支队伍"人员所在单位职能,细化职责,组织回乡干部回到原籍开展服务,变群众上门办事为干部下乡入户办事。至年底,全县14个镇164个村(社区)均建立"一张网"服务网络。

【ISO 9001党建质量管理体系建设】2013年,按照玉林市委ISO 9001党建质量管理体系工作部署,陆川县委强

化措施,加大宣传动员、培训管理、电脑配备,推进ISO 9001党建质量管理体系推广运用,全县462个党组织纳入ISO 9001党建质量管理体系信息化管理平台,涵盖机关事业单位、乡镇、农村社区、国有企业、非公企业等五大基层党建领域。全县共发放培训资料926份,操作手册710本,培训400多人。

【远程教育"六延伸六服务"活动】2013年,陆川县进一步发挥远程教育终端站点、学用示范基地、远程教育网络平台优势,开展"六延伸六服务"(向非公企业延伸,服务县域经济强势增长;向产业基地延伸,服务农业、产业结构调整;向产业协会延伸,服务农村特色产业发展;向贫困村延伸,服务扶贫开发工作;向党员中心户延伸,服务农民增长致富;向自然村屯延伸,服务美丽乡村建设)远程教育活动,提高全县远程教育服务水平。全县建立非公企业站点13个,产业基地站点22个,产业协会站点35个,党员中心户站点42个,自然村屯站点96个。玉林市远程教育工作会议上做经验介绍,并在自治区远程教育工作简报上专题刊载。

【领导班子建设】 2013年,陆川县加强各镇和县直各单位领导班子建设。11月,县委组织部对镇领导班子及领导干部进行届中考察,对县直部门领导班子及领导干部进行任期跟踪考察。共考察科级领导班子成员500多人次,考察谈话人员2700多人次,考察测评人员3600多人次。

【干部人事制度改革】
加强选调生跟踪培养 2013年,全县抽调选调生8人次到县直部门挂职锻炼或跟班学习,推荐选调生6名到广西壮族自治区直等部门跟班学习。

推进干部人事制度改革 2013年,全县继续深入开展竞争性选拔领导干部工作,分3批进行竞争性选拔科级非领导职务20人、副科级领导职务4人。严格干部任用程序,选用优秀女干部担任领导岗位职务,提拔优秀女干部担任正科级非领导职务2人、副科级10人。

公务员招录和登记 坚持公平公正原则,实行"阳光操作",严格把好公务员考录及登记,提高公务员考录工作质量。2013年,录用公务员10人,其中从农村基层干部中考试录用乡镇机关公务员3人。

【干部监督】 2013年,县委组织部组织全县领导干部学习宣传《干部选拔任用和管理监督法规选编》,增强各级领导干部贯彻执行《干部任用条例》的自觉性,做好《干部任用条例》"一

2013年4月26日,陆川县召开选调生暨年轻干部座谈会　　叶礼林　摄

报告两评议""开展执行民主集中制"的检查工作。陆川县在玉林市开展"一报告两评议"民主评议、民主测评检查工作中,排名第2位。转变审计方法,由离任审计向任中审计转变,将经济责任审计工作前移。年内,委托县审计局对2个镇、7个县直部门的11位领导进行经济责任审计。调查落实各种信访案件,全年处理落实各种信访案件18件,其中上级组织部门交办案件5起、县委组织部受理案件13件。加大历史遗留案件复查审理,主动接触"老上访户",帮助群众排忧解难。

【干部教育培训】 2013年,围绕2013—2017年新一轮大规模培训干部工作部署要求,全县深入实施"干部能力素质培训工程",重点抓县处级以上领导干部、科级干部的处科联训。推进干部教育培训改革创新,实施品牌讲师、品牌课堂、品牌基地、品牌案例"四个品牌"战略,抓好打造一批示范班次、举办一批高端讲堂、培养一批教学名师、评选一批优质课程、建立一批特色基地"五个一"精品工程,开展"领导干部上讲坛"活动、"名师送教扶贫行动"工作,提升干部教育培训质量。年内,投入干部教育培训经费130多万元,举办各类培训班58期,培训干部7830人次;举办养殖培训班、知识产权培训班等专题培训15期,培训各类人才2560多人。

【贫困村党组织第一书记选派】 2013年,陆川县继续实施选派优秀干部到贫困村担任村党组织第一书记。全县共选派贫困村党组织第一书记40名,其中自治区选派6名、玉林市选派8名、县选派26名。贫困村党组织第一书记以服务"三农"为主要目标,深入开展"一走三问六提高"党建专题活动,共引进项目65个,引进项目资金1350万元,引导发展优势产业带动农户85户,帮扶贫困户96户,组织修建村屯道路80千米,修建桥梁14座,修建校舍7间,解决6950名群众饮水难问题,开办技术培训班97期,培训农民4160人次,调解群众纠纷93起。

【村支部书记挂职培训】 2013年,陆川县加强村级干部队伍管理,分期分批选派55岁以下村(社区)支部书记到县司法系统和涉农部门挂职培训,提高村支部书记工作能力和引领能力。7月,分4期4批选派村(社区)支部书记共76人到县司法和涉农部门挂任局长(主任、院长)助理,每期15天。

【社会主义新农村建设指导员选派】 2013年,陆川县继续抓好选派社会主义新农村建设指导员工作,全县共选派机关干部310人担任新农村建设指导员。年内,指导员进乡驻村,开展"三农"服务工作,共走访农户1.99万户,召开各种形式的群众会议589次,参与调处各类矛盾纠纷1600起;举办农业科技培训1321场次,组织上党课420节次,推荐入党积极分子566名,办村务公开专栏610期;帮助群众办好事实事3660件,争取建设项目198个,落实资金5248万元,建成新农村示范点29个,硬化村屯公路307.44千米。

【组工干部队伍建设】 2013年,县委组织部继续加强组工干部队伍建设。采取读书交流、笔记展评、业务知识培训等多种形式,加大组工业务知识学习,营造良好的读书学习氛围。强化管理转变作风,推行首问责任制、岗位责任制、限时办结制,增强组工干部大局意识、责任意识和服务意识,要求每个干部做到"五不"(即不让来办事的群众在我这里受到冷遇、不让工作事项因我而延误积压、不让工作差错在我这里发生、不让不良风气在我这里出现、不让组织部形象因我而受到损害)。严格执行考勤制度和奖惩制度,做到用制度管人、管事、管权。加强信息调研工作,县委组织部在各级组工信息上报信息92篇,被自治区组工信息采用12篇,在玉林市排名第一。年内,撰写调研报告12篇,超额完成上级布置的工作任务。做好网络舆情工作,坚持及时发现、超前介入、快速处理三项原则,提高网络舆情处置成效。

【党建调研】 2013年1月8日,中组部组织一局巡视员、副局长李小新率中央党的群众路线教育实践活动调研组到陆川调研。5月28日,玉林市委书记、市人大常委会主任金湘军到陆川调研党建工作。7月17日,人民日报广西分社到陆川调研"六个创

2013年6月6日,陆川县2012年新农村建设指导员工作总结表彰暨2013年动员会在县第一会议室召开

叶礼林 摄

建"活动情况。8月6日,自治区党委常委、组织部部长周新建到陆川调研。9月15日,玉林市委副书记李常官分别到古城镇北豆村、良田镇车田村、乌石镇陆河村调研党建工作。11月13日,自治区党的群众路线教育实践活动调研组到陆川调研。

（陈祖芬）

宣传工作

【宣传工作机构及概况】 2013年,中共陆川县委宣传部内设政秘股、理论股、宣传股、新闻股、党教股、新闻中心、网络股、调研股,干部职工11人。年内,县委宣传部围绕县委、县政府的工作中心,重点抓好学习宣传贯彻中共十八大和十八届三中全会精神,组织开展理论学习的调研和培训,抓好"玉林精神""中国梦"的社会宣传,全力打造"强力宣传陆川"的大宣传格局,创新被中央级媒体刊播新闻稿件最多的纪录,陆川县获玉林市理论学习述学工作先进县称号。

【理论武装】

理论学习 2013年,以中共十八大精神为指导,围绕建设学习型党组织的目标,以"一走三问六提高""六个创建"党的群众路线教育实践活动为载体,创新"围绕一个主题、建立三大制度、创建三大阵地"的"133"（围绕"践行党的群众路线"主题,建立领导引学、每月一学、"走出去"学三大制度,创建党校培训、高端专家论坛、"农家讲坛"三大阵地）学习方法。4月19日,县委印发《关于2013年全县加强理论学习的通知》,明确全年理论学习专题4个,推进全县各级党委（党组）理论学习制度化、规范化、常态化。

理论宣传 2013年,中共十八届三中全会召开后,县委组织县领导干部宣讲队、理论工作者宣讲队、回乡工作组宣讲队等3个宣讲团,深入各镇、村、学校、机关企事业单位开展中共十八届三中全会精神宣讲活动。宣讲活动采取报告式、座谈式、田间地头闲谈式进行,全县共举行宣讲会198场次,受教育人数3.86万人。县电视台开设专题,采用领导访谈、系列报道等形式进行宣传;新闻工作者推出一批有分量有深度的新闻报道,用群众喜闻乐见的形式宣传中共十八大及十八届三中全会精神。

理论研究 年内,全县副处级领导干部深入基层搞调研、察民情、解民困,共撰写理论文章（调研报告）30多篇,在玉林市级以上报刊发表6篇。其中,县委书记黄少明在新华网、人民网、《玉林日报》等媒体发表《坚持三级联动统筹县域党建科学发展——履行县委书记党建责任的实践和思考》等文章。有11位县领导撰写的理论文章（调研报告）被玉林市委宣传部评为"学理论,重调研"活动优秀文章。

理论培训 2月,邀请国务院发展研究中心副主任侯云春、国务院参事任玉玲、国家统计局总经济师姚景源3位专家到陆川举办统筹城乡发展暨温泉养生讲座。10月,邀请清华大学马克思主义学院副院长、教授、博士生导师韩冬雪做"学习习总书记一系列重要讲话精神,全面提高党的建设科学化水平"专题讲座。11月,邀请玉林市宣讲团成员、市农委副主任周国明宣讲中共十八届三中全会精神。组织县处级领导干部开展"时代前沿知识"电视系列讲座。在农村,创办"农家讲坛",培训农村党员群众。"农家讲坛"获玉林市宣传思想文化工作创新项目一等奖。

【社会宣传】 2013年,县委宣传部围绕县委、县政府的工作中心,开展各项社会宣传工作,采取悬挂横幅标语、出版展板、户外电子屏幕宣传等形式宣传,营造良好的社会氛围。加大"玉林精神""中国梦"的社会宣传。一是利用户外大型宣传牌进行宣传,在县城区入口和城中设置户外大型宣传牌6块,每个乡镇在主要路口都设置户外大型喷绘宣传标语牌1块。二是利用广播、电视进行宣传,县电视台每天都在重要时段滚动播出"玉林精神""中国梦"宣传标语。三是利用户外电子显示屏进行宣传,在县城区凡设有电子显示屏的大型超市、宾馆、移动营业厅、党报发行站和广告公司等部门分别滚动播出大力弘扬"玉林精神""中国梦"的宣传标语。四是采取张贴宣传画、宣传专栏和悬挂标语进行宣传。全县各乡镇各单位悬挂横幅3次、900多条。五是在

2013年10月15日,陆川县学习中共中央总书记习近平一系列重要讲话精神全面提高党的建设科学水平专题讲座在县第一会议室召开 罗钊 摄

县政府门户网站和其他单位以及私人的商业网站分别挂"玉林精神""中国梦"宣传条幅。六是在城区公交车、公共汽车、出租车上张贴喷绘的"玉林精神""中国梦"标语,进行流动宣传。七是通过电信营运商进行群发短信宣传,移动、联通、电信3家单位都分别向手机用户群发宣传短信3次、9万多条。八是结合万名干部回乡服务群众"一走三问六提高"专题活动进村入户进行宣传。九是利用每月一次广场专题文艺晚会,组织县文艺工作者编排各种文艺节目下乡巡回演出进行宣传。

【新闻宣传】 2013年,县委宣传部拓展新闻宣传内容领域,创新方法手段,打造全方位、多层次、宽领域的大外宣新格局,强力宣传陆川。年内,在玉林市级以上主流媒体刊播正面新闻稿件1600多篇(条),其中中央级90多篇条、自治区级210多篇条、玉林市级1300多篇条,被《人民日报》刊登有关陆川县干部回乡为民办实事、好事的新闻稿5篇,实现历史新突破,其中8月3日头版头条《玉林十万干部回乡办实事》,大篇幅宣传陆川县干部回乡为民办实事的好做法;5月11日—13日,中央电视台《2013理论热点面对面》栏目组深入到温泉镇洞心村、马坡镇界垌村的村委会、村民家中、田间地头采访,实地感受陆川县开展"一走三问六提高"党建专题活动所带来的乡村新变化,并广泛宣传陆川县开展群众路线教育活动的成功经验;6月18日,中央电视台7频道《每日农经》栏目播放《放养森林,陆川猪身价倍增》;10月23日报道陆川猪烹饪大赛盛况,全面展示陆川县绿色生态养殖和食品产业。

【网络舆情信息工作】 2013年,在玉林市级以上新闻网站登载首发原创稿件112篇,其中广西新闻网采用稿件30篇,人民网采用稿件70篇,玉林新闻、玉林广播网采用稿件12篇,在新华网、网易新闻、凤凰网、中国日报

网等网站转载稿件200多篇。编写《网络宣传管理工作报告》12份,收集舆情信息300多条,汇报舆情信息100多期(条),汇报舆情处置报告4份。完善"地方领导留言板"回复工作机制,推动网络问政工作规范化、常态化,年内共回复留言45条,留言量回复率95%以上。

【舆情信息工作调研】 2013年,县委宣传部围绕宣传思想文化领域的新形势新变化和工作中的重点、难点问题,开展调查研究并取得较好的研究成果。全县上报调研舆情信息34篇,其中《陆川开展美丽乡村建设大会战》《陆川县开展"四宣讲"实现"四平安"》《陆川三举措促进文化发展繁荣》《陆川县"四合四入"宣传十八届三中全会精神》等4篇被自治区党委宣传部采用。

(钟明珊)

统一战线工作

【统一战线工作机构概况】 2013年,中共陆川县委员会统一战线工作部(简称县委统战部)内设秘书股、党外

人士民族宗教股,编制8人,在职干部职工8人;挂牌机构有陆川县委台湾工作办公室(陆川县人民政府台湾事务办公室)、陆川县民族事务委员会和陆川县宗教事务局;全县有镇统战委员14人,其中专职统战委员3人;有党外人士担任副处级领导4人,科局级20人。

【党外代表人士工作】 2013年,加强党外代表人士队伍建设,建立健全党外人才信息库。定期召开座谈会,加强党外人士培养和培训,听取党外人士的意见和建议,引导党外人士在推进科学发展、建设经济强县、构建和谐陆川上建言献策。全县有7个政府部门配有党外领导干部7人,其中提拔为正科领导1人、副科4人。10月,建立健全陆川县党政领导联系党外优秀人才的联谊交友制度,在县住建局、大桥镇建立党外干部实践基地,为党外优秀人才迅速成长搭建平台。至年底,党外人才信息库共收集党外人士优秀人才63人,并实行动态管理。召开党外人士座谈会2次,举办培训班1期,培训党外人士60多人。

【非公经济工作】 2013年,开展非公经济的调研和服务活动。年内,县委

2013年10月18日,陆川首批党外代表人士实践锻炼基地在住建局、大桥镇政府成立。图为县住建局实践基地揭牌仪式　县统战部　提供

统战部深入企业调研300多家次,召开座谈会5次。加强非公有制经济人士的思想政治引导,推动非公有制经济和非公有制经济人士健康成长。指导非公有制企业成立党组织,发挥党建在非公有制企业争先创优作用,全县成立有党建的非公有制企业332家,基层商会成立党组织的有3家。党建平台助推非公有制经济发展,加强与金融机构的沟通联系,搭建银、政、企互动平台,全年为非公有制企业解决融资8000多万元。指导工商联争创"五好五有"工作。县工商联获自治区"五好工商联"先进单位称号,马坡镇商会获自治区先进乡镇商会称号。配合做好玉林市首届玉商大会成立工作,推选非公有制经济人士12人参加大会,其中6人当选为玉林商会副会长。

【民族事务管理】 2013年,陆川县贯彻民族政策,开展民族团结进步模范区创建活动,在县城区和14个镇开展民族政策宣传月活动,在县城文昌社区设立少数民族服务窗口,为少数民族群众提供服务。加强民族特需商品企业服务,帮助广西开元机器制造有限责任公司申报并获批准为国家"十二五"规划民族特需商品定点生产企业,年内获国家贴息贷款1.2亿元;做好少数民族发展资金项目申报,年内共争取到上级少数民族发展资金项目3个、资金42万元,在滩面、大桥、沙坡3个镇建设乡村道路3条,解决部分群众行路难的问题。筹资1.2万元资助4名品学兼优的少数民族大学新生解决入学难问题。

【宗教事务管理】 2013年,全县正式登记的宗教活动点3个,其中县城基督教礼拜堂位于县城祥和路122号,珊罗镇天主教堂位于珊罗镇珊罗村南门队,佛教活动点居士林位于米场镇乐宁村根山峒。年内,根据《宗教事务条例》,县宗教事务局依法加强对全县宗教活动场所的管理,对各活动场所不定期进行安全检查,促进各宗教活动场所不断完善自我管理,建立健全各项规章制度。组织开展以"教风"为主题的和谐寺观教堂创建活动,提高宗教人员素质。年内全县宗教社会稳定。

【联谊交友活动】 2013年,县委统战部开展海外联谊,加深联络,增进友谊,拓展海外统战工作。主动联系和邀请国内外知名侨商到陆川考察投资。年内,先后接待回乡探亲的海外侨胞3批、16人次。争取自治区侨联资金4.5万元支持马坡镇东西村建成村级文化活动室。联系澳门广西玉林联谊会的13名爱心人士到陆川开展助学敬老。联系澳门昭日旅游集团董事长刘乐南资助陆川贫困(优秀)学生7名。在重大节日,组织统战部人员到温泉镇长河村"大陆新娘"吕玉惠的母亲李永春等台属家中进行慰问。

【"同心"实践活动】 2013年,以县委开展"一走三问六提高"活动为契机,县委统战部开展同心助学、同心助困、同心美化家园实践活动。4月,非公经济人士姚绍洪资助沙坡镇中学品学兼优的贫困学生71人,每位学生支持助学金500元、合计3.55万

2013年12月11日,县委统战部组织党外代表人士到大桥镇大塘村开展慰问活动   县统战部 提供

元。非公经济人士蔡宗霖、蔡加瑜、蔡日琼募集资金25.3万元、资助家乡贫困学子97名。10月,开展重阳感恩行动。组织非公经济代表人士到温泉镇四良五保联合新村,为村老人发放慰问金、大米、花生油、水果等慰问品。12月,县委统战部组织人员到大桥镇大塘村、平山村等村屯,慰问农村低保户、因病因灾致贫户,为困难群众发放慰问金、大米、花生油等慰问品,帮助困难群众平安过冬。12月,组织党外代表人士40多人到大桥镇大塘村开展统一战线"同心·美化家园"活动,为该村种植非洲茉莉花、绣球等各种名贵花草树木200多株。

(覃科权 林云莎)

县直机关党建

【县直机关党建概况】 2013年,中共陆川县直属机关工作委员会(简称县直机关工委)内设办公室、县直机关人民武装部、党政机关工会,编制11名,在职人员8人。县直机关工委下辖党总支部15个,党支部222个。中

共党员 4822 人，比上年净增 25 人。年内新增党员 128 人，其中发展党员 33 人，转入组织关系 95 人；减少党员 103 人，其中转出组织关系 73 人，出党 3 人，死亡 27 人。党员人数中，男党员 3708 人，女党员 1114 人；在岗职工党员 2526 人，离退休职工党员 1752 人，其他党员 543 人。高中以上学历党员 3894 人。收缴党费 18.5 万元。

【县直机关党建工作会议】 4月2日，陆川县召开县直机关党建工作大会，会议总结 2012 年县直机关党建工作情况，部署 2013 年党建工作，表彰 2012 年度先进党（总）支部 48 个，优秀党务工作者 106 名，优秀共产党员 184 名；年终考核验收党（总）支部 82 个，其中进一档的党（总）支部 80 个，二档的党支部 2 个。

【党组织建设】 2013 年，县直机关单位 50 个党（总）支部进行换届工作，即县委党校、县残联、县档案局、县政协机关、县政务服务中心、县检察院（含第一、第二、第三、第四支部）、广电局、县国税局（含机关、稽查局、陆城分局、良田分局、乌石分局、马坡分局支部）、县机关事务管理局、县地税局（含机关、办公室、稽查局、重点税源管理分局、温泉分局、联合一支部、联合二支部、联合三支部）、县邮政局、县审计局、县住建局、县林业局、县疫病预防控制中心、县文体局、县交通局（含机关、公路管理所、交通行政执法大队、运输管理所支部）、县方志办、县信访局、县招生办、县经贸局、县市场服务中心、县良种猪场、县编委办、县发改局、县二轻工业联社、县移民局、县环保局等 50 个党（总）支部进行换届，选举产生党支部书记 50 人，副书记 4 人，支委 223 人；新建县客家商会、县地税局征收服务股等 2 个单位党支部，补选支部书记 4 人，补选支委 4 人。

【党员队伍建设】 2013 年，发展党员

32 人，办理预备党员转正手续 28 人。开展党员"争先创优"活动，年度党员民主评议共评选优秀共产党员 258 人，合格党员 4564 人。

5月17日—23日，县直机关工委举办县直机关单位入党积极分子和新党员培训班，参加培训新党员 49 人，入党积极分子 82 人。培训主要内容有《中国共产党章程》、党的基础知识及有关法律、法规知识等。经培训考试，全部合格。

【党员服务活动】 2013 年，以县委开展"一走三问六提高"活动为契机，县直机关单位党（总）支部组织党员深入基层为民办实事活动，组建公益类、维稳类、维权类、宣教类、就业类、环保类、医疗类、帮扶类等 8 大类志愿者队伍 168 个，党员干部到基层为民办实事 3800 多人次，化解矛盾纠纷，落实发展项目，解决帮扶资金，服务群众 2.38 万人次，做好事 2618 件，发放宣传资料 2.30 万册（张）。如县直机关党员志愿者到温泉镇四良村开展清洁乡村、慰问困难农户活动，县人民医院党员志愿者开展义诊活动等。

【机关武装工作】 2013 年，县直机关武装部工作重点抓好民兵整组，加强民兵应急分队建设和征兵工作，协助维护全县社会稳定。加强民兵整组，健全县直民兵基层组织，调整充实民兵应急分队人员。按要求完成年度新兵计划任务。

【中国共产党建党 92 周年纪念活动】 2013 年，陆川县开展纪念中国共产党成立 92 周年活动，县直机关工委组织开展慰问特困党员及庆"七一"县直属机关共产党员"公仆杯"运动会活动，县直机关各党（总）支部结合各自单位工作的实际开展慰问特困党员、职工活动；县直机关工委组织人员慰问生活特别困难党员 30 人，每人发放慰问金 200 元，并赠送慰问物品。

（黎良成）

机构编制

【机构编制工作部门及概况】 2013 年，陆川县机构编制委员会办公室（简称县编委办）内设秘书股、行政机构编制股、事业机构编制股，在编在职人员 9 人。下属陆川县事业单位登记管理局，在编在职人员 5 人。年内，按照自治区、玉林市编办机构编制管理工作的总体部署和要求，开展全县中小学、公办幼儿园和特殊教育学校核编工作；严控机构编制，完善机构编制实名制，强化机构编制管理，推进机构改革，规范和完善事业单位设立登记和年检，抓好全县中文域名注册，组织撰写《陆川县机构编制志》，全面完成年度机构编制工作任务，为全县经济、社会发展提供组织机构保障。

【教育核编】 2013 年 4 月—5 月，根据自治区、玉林市统一部署，县编委办、县教育局、县财政局等部门联合对全县中小学、公办幼儿园和特殊教育学校进行核编。按照时有师生实际人数和相关政策，重新核定全县中小学教职工 8447 名（其中高中教职工编制 1053 名，后勤服务人员控制数 200 名；初中教职工编制 2473 名，后勤服务人员控制数 622 名；小学教职工编制 4921 名，后勤服务人员控制数 415 名）；独立幼儿园教职工编制 357 名，后勤服务人员控制数 243 名；全县小学附属幼儿园教职工编制 1197 名，后勤服务人员控制数 536 名；特殊教育学校教职工编制 4 名。并将核编方案报自治区编办审批。

【机构编制管理】

严控机构编制　2013 年，贯彻实施《地方各级人民政府机构设置和编制管理条例》，开展机构编制核查，加

强对党政机关、事业单位机构编制的管理,完善管理制度,严格审批程序。年内,县编委办提交县编委会新成立行政机构1个,事业机构10个,更名事业机构2个,更名内设机构3个,调整内设机构1个,增设内设机构2个,上报玉林市编委审批级别机构10个;调整县红十字会、县政府投资审计办公室、县就业服务中心、县非税收入征收管理局、县建筑安装工程劳动保险费管理站等单位的编制;年内,全县用编909名,其中行政编制58名,事业编制844名,机关后勤服务人员控制数7名。

机构编制实名制实施 2013年,县编委办严格按照核定的编制数额、性质和结构要求确定在编人员,对全县行政事业单位干部职工全面实行编制实名制管理。以《编制使用通知单》为载体,县委组织部、县编委办、县人社局、县财政局等部门协调配合,在规定的编制内实行"一编一人一账",把机构编制、人员录用、调动、工资审批、经费发放、社会保障等多个管理环节有机串联,进一步完善机构编制实名制管理,确保具体机构设置与按规定审批的机构相一致,实有人员与批准的编制和领导职数一一对应,做到按编定员,人编结合,对机构编制实现全程管理。解决机关、事业单位人员超编、混编、混岗、底数不清和吃"空饷"等问题。

【推进机构改革】

事业单位分类改革 2013年,县编委办在全县事业单位清理规范工作的基础上,进行事业单位分类改革调研和事业单位分类,根据单位承担职能、从事公益服务、从事生产经营活动的性质,将全县所属事业单位进行分类。8月,完成事业单位分类目录上报,为事业单位分类改革稳步有效实施奠定基础。

基层医药卫生体制综合改革 2013年,加强基层医疗卫生机构体制改革后的编制和人员管理,从控制人员编制、规范岗位设置、人员聘用、领导管理、绩效考核、执业注册登记等方面规范基层医疗卫生机构的编制和人员管理。至年底,县直医疗卫生单位不存在超编现象。年内,县编委办与人社局、卫生局等部门协作,通过竞聘上岗和公开招考,解决基层医疗机构人员编制不足及专业技术人员不足等问题。县机构编制委员会批准全县医疗卫生单位招聘专业医护人员用编71名,其中县直卫生事业单位用编29名、乡镇卫生院用编42名。

食品药品监督管理体制改革 2013年,按照自治区、玉林市关于改革完善食品药品监督管理体制的部署,县编委办加强对食品生产、流通、消费环节的食品安全和药品的安全性、有效性实施统一监督管理,制订完善县食品药品监督管理体制改革实施方案,9月对食品药品监督管理体制问题进行调研,年内已完成改革工作,解决食品监管职责交叉和监管空白等问题。

理顺部分单位职能 2013年,县编委办对县审计局、县食品药品监督管理局、县经济信息中心、县征地办公室等单位重新进行"三定"或"四定"(定职能、定机构、定人员编制、定经费来源),理顺和明确单位的职能和性质。

【事业单位登记】 2013年,依法对全县事业单位的设立、变更和注销进行登记或备案,监督全县事业单位贯彻落实《条例》和《办法》情况。为规范和完善事业单位登记和年检工作,严把材料审核关、年检质量关"二关",确保材料的完整性、准确性以及各种证件的合法性和有效性,严格事业单位法人承担民事责任的能力及资金总额审查,确保事业单位变更事项的真实性、合法性。年内,应检单位531个,已检531个,年检率100%,合格率100%。

【单位中文域名注册管理】 2013年,县编委办抓好机关事业单位中文域名注册管理。年内,全县中文域名成功注册552家,在玉林市域名注册工作中名列前茅。通过域名注册,有效提高陆川县党政群机关和事业单位的合法权益,促进党政群机关和事业单位依法行政。

【《陆川县机构编制志》撰写】 2013年,按照《〈广西通志·机构编制志〉(1950—2010)篇目》中的篇、章、节、目、子目及内容要求,完成广西机构编制志陆川篇撰稿4万多字。组织编写《陆川县机构编制志》,年内已收集和整理材料20多万字,并进入初稿纂写工作。 (谢伍一)

信访工作

【信访工作机构概况】 2013年,陆川县信访局内设政秘股、接访股、督查股,行政编制5名,在职人员5人。下辖县信访接待中心县网上信访服务中心事业单位,编制6名,实有人员6人。全县综治信访维稳中心、村(社区)综治信访维稳工作站有专(兼)职信访工作人员220人。年内,县信访局贯彻落实各级关于信访工作的要求,开展"矛盾纠纷化解年"活动,探索信访工作思想,创新社会管理,解决信访突出问题,化解社会矛盾纠纷,维护群众合法权益,促进全县社会和谐稳定。

【信访工作机制】 2013年,县信访局结合陆川实际,建立健全信访工作机制。一是配合县联席办完善信访工作联席会议机制,推动有关部门强强联合解决信访问题。二是建立和完善重大建设和项目实施信访稳定风险评估制度、信访困难人员救助制度、解决特殊疑难信访问题专项资金制度。三是完善信访联合接访机制,整合有关信访资源,对矛盾纠纷实行联合接访、统一受理、集中梳理、联合调处的工作机制。四是信访工作纳入全县的绩效管理。五是健全和完善领导干部定期接待群众来访和下访制度、矛盾纠纷排查化解制度、来陆到玉赴邕进京上访人员劝返接回制度、重信重访结案回访制度、督察督办制度、责任追究制度等各项工作制度，推动信访工作的规范化、科学化和制度化。六是实行领导干部包案解决疑难复杂信访问题制度。按照"五个一"（一名包案领导、一个工作班子、一套化解方案、一份会办纪要、一套稳控措施）和"五包"（包掌握情况、包解决困难、包教育转化、包稳控管理、包依法处理）工作机制，落实领导干部包案责任制，继续开展县委书记大接访活动，每月15号为县委政府领导定期接访日，坚持每天安排一名处级领导维稳值班，负责当天的信访维稳值班工作，确保疑难复杂信访问题得到有效解决。年内，共排查信访突出问题30件，化解29件。

【"三简三亮三比三评"活动】 2013年，信访工作开展"三简三亮三比三评"（"三简"：简化审批项目、简化审批程序、简化审批窗口。"三亮"：亮程序、亮身份、亮承诺。"三比"：比服务态度、比业务技能、比工作效率。"三评"：服务对象评、监督员评、组织评）活动，围绕"转作风、强服务、当具体"为主题，学习"枫桥经验"每人撰写心得体会，公开个人服务承诺。年内，全县的信访形势明显好转，进京、赴邕、到玉上访人员明显减少，中央交办的涉法涉诉信访积案5件，化解5件。

【信访信息上报】 2013年，县信访局完善信访信息汇集、分析研判和上报制度。坚持每月把群众来信来访情况汇集研判，综合分析，形成《信访通报》，上报县委政府县领导阅示，为领导决策提供依据。年内，共编辑《信访通报》12期。

【广西首个县级网上信访大厅建立】 2013年，根据诉求渠道从传统的来信来访延伸到网络的变化。7月，陆川县建立广西首个县级网上信访大厅，以"践行党的群众路线，畅通网上信访渠道"为主题，以"便民（方便网民反映问题）、降本（降低群众上访成本）、提效（提高解决问题的效果）"为宗旨，构建县委、县政府与群众和社会沟通平台，把"面对面"交流与"键对键"沟通有机结合，积极回应网民诉求。网上信访大厅集网上信访、QQ在线咨询、视频信访三位一体，网上信访平台主要包含网上信访、视频信访、回音壁、人民建议征集、政策法规宣传、案例选登等模块。网上信访大厅可实现全县14个镇、80多个县直单位在网上办理群众投诉信访件。要求各职能部门在受理群众咨询、投诉后，简单的咨询投诉事项须在5个工作日内办结回复；一般的投诉事项原则上限时在10个工作日内办结回复。网上信访大厅开通后，很好地解决了群众诉求问题，快速化解矛盾纠纷，促进县委、县政府民主决策。陆川县网上信访大厅网接"访砖"的做法获得广大网民的赞许，并入围2013年度"中国县域网络形象排行榜"县(市)百强榜单位。

（谭腾辉）

老干部工作

【老干部概况】 2013年，全县有离休干部80人（不含中直、区直和市直驻陆等单位的离休干部），其中行政机关单位48人、全额拨款事业单位10人、差额拨款事业单位1人、自收自支事业单位1人、国有企业20人；享受厅级1人、正处级9人、副处级30人、科级40人；原县四家班子领导离休10人；抗战前期2人、抗战后期1人、解放战争时期77人；80周岁以上的78人，70~79岁的2人；在县城安置59人，在乡镇安置3人，在农村安置9人，易地安置2人，跟随子女长期在南宁、玉林居住的7人。离休干部生活完全不能自理的31人。

【老干部政治待遇落实】 2013年，继续为每位离休干部订阅《老年知音》《中国老年》各1份，为老干部阅览室订阅党报、党刊和杂志20多种。县委、县政府凡传达重要文件、召开重要会议、举办重大活动等都邀请老干部或老干部代表参加，定期听取老干部的意见、建议。县老年大学采取举办老干部学习班、召开老干部会议、举行老干部座谈会等形式，及时传达学习党和国家的大政方针，通报县委政府对重大事项的决定及重要会议精神，坚持每周上政治课1次。年内，组织老干部参加县委、县政府召开的相关会议和活动5次，参加通报会3次。组织老干部学习全国、区、市、县人大、县政协"两会"精神、中共十八大精神各1次，邀请县委宣传部领导和县委党校教师为老干部学习中共十八届三中全会精神作专题辅导1次，参加学习老干部300多人次。

【老干部生活待遇落实】 2013年，县老干局坚持日常走访、生日祝寿、节假日慰问、住院探视、去世送葬等制度，加强老干部日常管理服务工作。春节、中秋节期间，分别召开老干部代表迎春茶话会和中秋茶话会，开展老干部慰问活动，县四家班子领导慰问原县四家班子老领导、抗战时期的老干部及部分离退休老干部代表，对居住在南宁、玉林、乡镇、城区及因病住院的老干部，采取登门看望或到医院探望的方式进行慰问，县委主要领导还多次登门探望老干部代表。9月28日—29日，组织离休干部及原县四家班子退休干部130多人到县人民医院公费进行健康检查，并建立老干部健康档案。年内，开展"星级服务"创建活动，走访老干部226人次，为老干部生日祝寿80人，探望生病住院老干部83人次，接待来访的老干部55人次，来信11件，为8名离休干部、离休干部遗孀报销因病住院治疗的自费药费9.25万元,为5名老干部送最后一程。

从2013年1月起,离休干部护理费由原来每人每月200元提高到400元,生活长期不能自理的离休干部护理费由原来每人每月400元提高到600元。继续对抗战前期、抗战后期、解放战争时期参加革命工作的老干部分别增发两个半月、两个月、一个月的基本离休费作为生活补贴。全县离休干部(含企业、自收自支事业单位的离休干部)年终增发1个月基本工资作为生活补助。

【老干部参观考察活动】 2013年4月18日,组织县老年大学全体师生100多人,参观考察九洲江带状公园二期建设、县城区松鹤公园等。10月,组织原县四家班子离退休老领导20多人到湖北实地考察清洁乡村工作。

【老干部文体活动】 2013年,县老年大学开设时事政治、保健、书画、诗词、音乐、舞蹈等10专业,在校学员400人。坚持做到天天开放,天天有活动,在春节、"三八""五一""七一"、中秋、国庆、元旦等重大节日举办老干部文艺晚会,举办中老年人民族健身舞、民族健身操和第10套健身球操培训班3期,培训人员85人。组织开展门球、乒乓球、气排球、地掷球、太极拳拳剑、麻将、象棋等比赛活动5次,选拔和组织52名运动员参加玉林市举办的老年人气排球、乒乓球、健身球操、门球、太极拳剑、地掷球比赛,其中乒乓球女子团体获优胜奖,乒乓球男子团体和门球队获优秀奖;组织县老年大学艺术团与玉州区老年大学艺术团交流学习演出1场次,深入乡镇和城区宣传中共十八大精神、"一走三问六提高"和"美丽陆川·清洁乡村"演出8场次。9月,选送节目《再唱山歌给党听》参加玉林市首届"多彩金秋"文化活动周"同心共筑中国梦"老干部文艺汇演并获三等奖。

【老干部活动设施建设】 2013年,抓好老干部"两个阵地"建设,改善老干部活动环境。年初,立德食品有限公司捐款5万元,县老年大学自筹资金10多万元,对县老年大学西楼五楼舞蹈室安装空调、地板喷上防滑PU地板漆、添置液晶彩电和安装舞蹈仪容镜,更换西楼二、四、五楼的窗帘,维修球场、清理球场下水道、改装球场电线和在东楼楼面搭铁棚等。

【关心下一代工作】 2013年,县关工委组织开展革命传统教育、"我的中国梦""争做三好青少年"主题教育活动,组织40个老干部代表组成15个报告团,深入全县156所中小学校作报告,受教育学生约8万人次;"六一"儿童节期间,县关工委深入乌石镇六河村小学与135名留守儿童一起欢度节日,赠送笔记簿、作业簿和圆珠笔等学习用品;为乡镇及学校关工组织制作《关心下一代工作各项制度专栏》22个;继续组织开展扶贫助学活动,筹集扶贫助学金2.3万元,扶持贫困学生37人;发动乡镇、学校征订《中国火炬》刊物250份。3月,玉林市关心下一代工作会议在陆川召开,县关工委做关心下一代工作情况介绍。

(江焕海)

党校教育

【县委党校机构概况】 2013年,中共陆川县委党校内设办公室、教务培训科、教研室、科研科、总务室和后勤科,编制19名,在职在编干部职工16人,其中教师7人(高级讲师2人,讲师2人,助讲3人)。年内,举办各种培训班19期,培训人员2904人次。

【干部教育与培训】 2013年,县委党校认真贯彻落实《干部教育培训工作条例》,按照县委以及上级党校有关干部教育培训的要求,切实抓好干部的教育培训工作。年内,先后协助县委组织部、县委统战部、县水利局、县农业局、县安监局、县财政局、县水产畜牧局、县直机关工委等部门举办各类领导干部培训班19期,共培训2904人次。

村支书挂职培训 2013年,县委党校探索新时期干部教育培训新模式,率先在玉林市开展村(社区)党组织书记挂职培训。7月16日—9月15日,对全县154个村55周岁以下村支书76人,分4期(每期15天)到21个县直部门

2013年12月10日,陆川县党外代表人士暨统战干部培训班在县委党校举行

县委党校 提供

担任部门领导助理进行挂职培训,培训人员吃住在党校,党校全程参与管理。通过挂职培训,使受培训的村支书普遍了解各部门的政策导向、工作流程和作风,收到显著的培训效果和社会效果。

【教学改革与创新】 2013 年,县委党校开展"党校工作质量提升年"活动,推动教学质量不断提高。采取集体备课等方式,组织教师编写教材、教案。每位教师新增教学专题课的教学任务 2 个,全校完成新增教学专题 11 个。鼓励教师学习和使用多媒体教学方式,做到教学内容和教学手段与时俱进。推进教学改革和教学创新,组织教师探索开展讲授式、案例式、情景模拟式、研讨式等培训方式,多次组织教师聆听县委领导和玉林市委党校教授主讲的专题课,提高教师的理论水平和教学能力。年内,县委党校 3 位教师撰写的精品课教案分别获玉林市委党校颁发的玉林市党校系统精品课教案评比二等奖、三等奖。

【科研成果】 2013 年,县委党校抓好科研工作制度建设,围绕"一走三问六提高"及服务型党组织建设等党建专题,组织教师开展科研活动,撰写科研论文。年内,全校教师撰写科研论文 11 篇,完成县情调研报告 2 篇,其中获县级奖 3 篇、市级奖 2 篇,自治区党校(行政院校)系统"党的群众路线教育实践活动"理论研讨会优秀论文 3 篇,在有关刊物发表 5 篇。《关于陆川县建设具有岭南特色的客家温泉文化名城的思考》论文在《玉林日报》(10 月 28 日)发表,并被《玉林论丛》(2013 年第 2 期)转载。县委党校被自治区党委党校和广西行政学院评为广西党校系统首届先进科研工作单位。

【外援宣教活动】 2013 年,县委党校充分发挥教学优势,鼓励和支持教师外出施教。1 月,选派 3 位教师到全县 9 个乡镇、6 个县直单位进行中共十八大精神宣讲。12 月,选派 2 位教师参加县委组织的中共十八届三中全会精神宣讲活动。应有关部门邀请

派出教师 10 多人次到县直部门、企事业单位以及乡镇村屯上专题辅导课,参与听课人员 1.20 万多人次。

【基础设施建设】 2013 年,县委党校积极筹集资金,改善和提高办学水平和办学能力。上半年,完成新学员宿舍楼的空调安装和电视配备,完成学员停车设施建设。9 月,配备多媒体教室 LED 电子显示屏,更新投影机,修缮讲台地板;对校园进行美化、绿化、净化的改造。 (廖卫东)

党史编研

【党史编研机构及概况】 2013 年,中共陆川县委党史资料征集办公室(简称党史办)内设政工秘书股和征编股,在职 6 人。年内,继续加强党史资料征编,完善革命遗址遗迹保护工作。

【党史资料编辑】 2013 年,开展党史正本的编纂,编纂《中国共产党陆川历史》第一卷初稿 16 万字。征集《中国共产党陆川历史》第二卷书稿资料文字 60 多万字。撰写《陆川县革命遗址遗迹》一书,定稿 10 万字。

【革命遗址遗迹保护】 2013 年 6 月,完成沙坡镇白马村革命先驱宁培瑛故居修缮工程。11 月,完成乌石镇旺岭村温翊俊革命烈士陵墓修缮工程。12 月,完成陆川县党史陈列馆的选址和前期工作。 (李应泽)

绩效管理

【绩效管理机构及工作概况】 2013 年,陆川县绩效考评领导小组办公室

(简称县绩效办),有编制 5 名,其中行政编制 4 名,机关后勤服务编制 1 名,在职人员 3 人。年内,开展绩效作风建设年和绩效管理系列主题年活动,注重发挥绩效管理导向和激励作用,提高绩效管理科学化水平,促进全县行政效能和干部作风明显转变和提升。

【绩效考评目标制订】 2013 年 9 月 5 日,县委、县政府印发《陆川县 2013 年度机关绩效考评工作方案》,10 月 15 日,县绩效考评领导小组印发《陆川县 2013 年度机关绩效考评指标体系和评分细则》,各乡镇、县直各单位结合本单位的职能工作实际设置年度绩效工作目标,明确责任,分解任务,细化绩效目标。各乡镇各部门绩效目标确定后,由县绩效办统一编印成《陆川县党群部门绩效目标责任分解书(2013 年)》和《陆川县政府部门绩效目标责任分解书(2013 年)》。全县 14 个乡镇和 77 个县直部门纳入年度绩效考评,其中乡镇考核一级目标 10 个,二级目标 31 个,三级目标 78 个;县直单位考核一级目标 4 个,二级目标 24 个,三级目标 38 个。

【绩效考评】 2013 年,县绩效考评领导小组组成 7 个考评组分别对全县 14 个乡镇和 77 个县直部门 2012 年度绩效工作进行核验。核验采取听取汇报、查看资料、实地调查、专项检查、抽样检查等方式进行,重点考核各单位重点工作指标、职能工作指标、为民办实事项目等绩效指标完成情况。有 5 个镇和 33 个县直单位获得优秀等次,9 个镇和 43 个县直单位获得良好等次,1 个县直单位获得一般等次。全县的绩效工作通过自治区、玉林市验收。

【公众评议】 2013 年,由县政府门户网站管理部门在政府门户网站的自主界面开设"万名群众评机关'三年一整治活动'网上评议"栏目,发布活动公告,评议人员根据评议表上的内容,在接受评议的 14 个镇和县直 77 个部

2013 年 10 月 25 日，陆川县保密工作形势、国家安全教育、绩效管理培训会议在县人民会堂举行　　　　县绩效办　提供

门单位的综合评价"满意""基本满意""不满意""不了解"等 4 个选项进行点击评议。点击率超过 6 万人次。

【绩效专题讲座】 2013 年 10 月 25 日，陆川县举办绩效考评专题讲座，邀请自治区绩效办处长韦新忠做专题讲座，以"规范绩效管理，提高政府执行力"为主题，主要讲授机关绩效考评工作的 3 个基本方法，全县副科级以上领导干部 400 多人参加专题讲座。
　　　　　　　　　（丘茂东）

非公党建工作

【非公党建工作概况】 2013 年，陆川县共有非公有制企业（简称非公企业）654 家，社会组织 124 家，其中建有党组织 154 个（其中单独建立党组织 119 个，联合建立党组织 32 个，村企联建党组织 3 个）；有党员 926 人，党组织组建率 23.5%，覆盖企业 330 家，企业主担任党支部书记的 73 人。年底实有人员 4 人。

【非公党组织建设】 2013 年，加强

在非公企业建立党组织，县非公党工委加大抓好非公党组织建设的宣传，在县广播电视台、县先锋网上发布非公企业党组织集中组建活动的目的意义、方法步骤和工作动态，推动非公有制企业党组织集中组建活动的深入开展。按照"五清"（做到组织数量清、职工人数清、党员数量清、组织设置清、隶属关系清）的要求，加强调查摸底，确保底数清、情况明、数据准。县非公党工委加强对非公企业党组织的组建工作的指导，采取单独组建、区域联建、派员组建、挂靠组建、行业统建等措施，扩大党的组织和工作覆盖。对有正式党员 3 人以上的非公有制企业单独建立党组织。积极创造组建条件，通过区域联建、派员组建、挂靠组建等方式，争取在正式党员不足 3 人的新社会组织中建立党组织。对没有党员的非公有制企业，通过下派党建指导员，加强培养入党积极分子和发展党员工作，为组建党组织创造条件。在条件较好的非公有制企业中，将党组织的组建与工会、共青团、妇联等群众组织的组建工作同步开展。对没有党员的新社会组织，先建立工会、共青团、妇联组织，为建立党组织创造条件。年内，组建非公企业党组织 18 个，其中单独组建 13 个，联合组建 5 个。
　　　　　　　　　（黄友清）

纪检监察

【纪委监察机构及概况】 2013 年，陆川县纪律检查委员会（简称县纪委）县监察局合署办公，编制 37 名，在编人员 23 人，委局机关内设办公室、党风政风监督室、调研教育室、执法效能监督室、案件审理室、信访室、第一纪检监察室、第二纪检监察室、第三纪检监察室、第四纪检监察室、监察综合室。4 月 1 日，成立陆川县纪检监察电教信息网络舆情中心，隶属监察局管理，核定事业编制 5 名。7 月 24 日，各乡镇纪委增设 1 名副书记兼监察室主任。12 月 30 日，县纪委、县监察局内设机构作调整，撤销党风廉政建设室、纠正部门和行业不正之风室（陆川县人民政府纠正部门和行业不正之风办公室），设立党风政风监督室（陆川县人民政府纠正部门和行业不正之风办公室）；撤销执法监察室、行政效能监察室，设立执法效能监督室；增设第三纪检监察室，第四纪检监察室；纪检监察一室、纪检监察二室分别更名为第一纪检监察室、第二纪检监察室。县纪委设书记 1 人、副书记 2 人，常委 7 人；县监察局设局长 1 人，副局长 3 人。14 个乡镇纪委各设书记 1 人，兼职委员 5 人。县直机关单位设纪检组（纪委、纪工委）42 个，县纪委派驻任纪检组长（纪委书记、纪工委书记）的单位 34 个。县纪委监察局获"自治区反腐倡廉信息教育工作优秀组织单位"。

【中共陆川县第十三届纪律检查委员会第四次全体会议】 2 月 17 日在县城举行。出席会议的县纪委委员 24 人，列席 262 人，县委常委和县人大、县政府、县政协班子的党员领导及有关单位负责人参加会议。县纪委常委会主持会议。会议学习贯彻中共十八大精神,贯彻落实中共十八届纪委二次全会、自治区十届纪委四次全会、玉林市四届纪委四次全会精神,总结2012年全县党风廉政建设和反腐败工作,研究部署2013年工作任务。全会审议通过詹博代表县纪委常委会所做的题为《深入贯彻落实党的十八大精神,全面推进党风廉政建设和反腐败工作,为加快实现富民强县新跨越提供坚强保证》的工作报告。县委书记黄少明出席全会并讲话。

【执法监察】 2013年,县纪委监察局加强执法监督,着力构建党员干部"不敢腐"的监督防线。一是加强对中央、自治区、玉林市和县委县政府重大决策部署贯彻执行情况的监督检查。年内,会同各职能部门加强对中央、自治区、玉林市层面重大项目建设情况和县委、县政府实施"三大会战""一廊一城三园五业"发展战略的监督检查113次,检查项目168个,纠正问题12个,协助建章立制3项,提出并被采纳监察建议3件,有效推进县域经济。二是加强对"美丽陆川·清洁乡村"活动的监督检查。定期不定期派出人员,组织媒体采取随机抽查、重点抽查、明察暗访等方式,通过听取汇报、实地察看、走访群众等多种形式进行督查48次,通报或电视曝光37次,发出书面整改通知书103份。三是加强对贯彻落实自治区党委、自治区政府关于推进粤桂跨省区九洲江流域(鹤地水库)生态建设工作部署的督查。着重对九洲江流域8个镇重点污染源规模养殖场和排污企业整治工作进行督查6次,整治非法和不合政策企业47家,打击非法采砂场24个。四是加强对中央八项规定和自治区党委、玉林市委实施意见及纠正"四风"要求的贯彻落实、干部作风情况的督查。建立联动督查机制,对各镇、县直各部门领导干部密切联系群众、厉行勤俭节约、上班到岗、工作纪律、服务态度、办事效率等情况督查31次,纠正存在问题16个,下发通报9次,书面检讨5人,调离岗位1人,全县会议比上年

减少52个,减少文件158个,节约"三公"经费348万元,公车管理专项督查7次,诫勉谈话10人,节假日封存公车1930辆(次)。五是开展会员卡和办公用房清理工作。全县14个镇、79个县直部门共1.55万人向组织进行会员卡"零持有、零报告"承诺;纠正党政机关办公用房问题42个,全县没有违纪新建项目。

【纠风治乱】 2013年,县纪委、监察局拓展"科技+制度+阳光"监管模式,在广西率先建成"阳光用药"电子监察系统,有效解决"医生"开"大处方"问题,提高患者用药透明度。引起《人民网》《广西日报》《广西参考》《玉林日报》等媒体的跟踪报道,得到自治区、玉林市有关领导的肯定。推进县级民生资金电子监管系统建设,对55项涉农资金实行在线监管。年内,纠正家电补贴资金违规金额189.60万元,查处虚报套取病害死猪无害化处理补贴76.67万元,立案处理16人,查处制售假劣农资坑农害农案件11件,涉案金额4.20万元,查处套取移民扶助补助金案件2件,追回补助金6万多元,避免损失20多万元,纠正不符合新农合补偿政策参合患者16起,金额13.20万元,约谈和教育涉嫌有偿补课、推销教辅资料教师6人,纠正教育乱收费问题6个,金额24.74万元。

【执纪办案】 2013年,县纪委、监察局注重惩治腐败,加大违纪违法案件查办,加强信访举报、线索排查以及执法监察、纠风治乱、专项治理等,做到有案必查、有腐必惩、有贪必肃。年内,县纪委、监察局共受理信访举报262件,立案39件,结案35件;给予党纪政纪处分38人,其中党纪处分27人(警告3人,严重警告16人,撤销党内职务1人,留党察看2人,开除党籍5人),政纪处分17人(警告1人,记过4人,记大过1人,降级1人,撤职1人,行政开除9人),挽回经济损失199.3万元。

【作风效能建设】 2013年,县纪委、监察局围绕破"四风"的焦点,结合全县开展的"一走三问六提高""六个创建"党的群众路线教育活动,开展"作风建设年"活动,推进党员干部作风大转变。年内,全县群众申请行(非)政审批事项11.06万件,受理11.03万件,办结11.06万件,办结率99.97%,满意率99.99%,办理提速95.56%。全县呈现"四少四多"("浮"在机关的少了,"沉"入基层的多了;"闭门"开会的少了,"开门"办公的多了;"等等再办"的少了,"马上办"的多了;"群众上访"的少了,"干部下访"的多了)的良好景象。中央电视台干部作风转变摄制组专程到陆川实地采访,自治区纪委《党风廉政教材》(第6辑)、玉林市纪委《反腐倡廉简报》(第6期)、《玉林日报》(7月17日)分别推介开展"作风建设年"的情况。

【党风廉政教育】 2013年,县纪委监察局加强党风廉政宣传教育,着力筑牢党员干部"不想腐"的思想防线。一是抓好主题教育,开展"为民务实清廉""作风建设年"及"一走三问六提高""六个创建""转作风强服务当先锋"等主题教育活动,以党章为镜,对照党的纪律、群众期盼、先进典型,对照改进作风要求,在宗旨意识、工作作风、廉洁自律上摆问题、找差距、明方向,修身正己。二是抓好警示教育,邀请自治区、玉林市纪委领导给全县科级以上领导干部作预防职务犯罪专题讲座,县委、县政府主要领导和县纪委监察局班子成员到各镇各单位上廉政党课,举办基层党风廉政建设培训班;组织全县领导干部分期分批赴市、县预防腐败警示教育基地(中心)参观,对各级领导干部进行以案释法,举案说法,严明党的纪律特别是政治纪律,正视问题,端正行为。全年共计举办主题教育党课160场次,教育党员干部1.1万多人次;组织4000多人次到各级警示教育基地接受教育。三是抓好廉政文化建设。建设廉政文化示范点、教育基地12

2013年11月6日，陆川县纪检监察干部培训班在县委党校召开

县委党校　提供

个，其中县第一小学被自治区纪委评为第一批广西廉政文化建设示范点。举办以贯彻落实中央八项规定、破除"四风"为主题的文艺晚会23场。四是抓好反腐倡廉宣传报道。年内，共被中央、自治区、玉林市各类报刊、简报采用纪检监察新闻稿件48篇，其中中纪委采用1篇，区级采用26篇、市级采用21篇。

【纪检监察队伍建设】 2013年，落实中央纪委关于转职能转方式转作风的要求，加强对纪检监察干部的精细化管理，修改完善《陆川县纪检监察干部纪律管理制度》《陆川县纪检监察干部保密制度》等制度，以制度管人管事。加强乡镇纪检组织建设，完善14镇纪委办公办案设备，建立健全镇政府监察室；配备配强纪委副书记、监察室主任，充实纪检监察队伍。注重提高纪检监察干部业务能力和综合素质，全县选派16名纪检监察干部参加上级业务培训，其中参加中纪委培训4人，参加区纪委培训7人，参加市纪委培训5人；举办纪检监察干部培训班1期。

【陆川县纪检监察电教信息网络舆情中心成立】 4月1日，陆川县纪检监察电教信息网络舆情中心在县纪委监察局正式挂牌成立，中心隶属县监察局管理的财政全额拨款事业单位，核定事业编制5名，其中主任1名，副主任1名。主要负责全县反腐倡廉建设电化教育工作；编辑制作全县反腐倡廉专题教育教材；建立、管理纪检监察机关内部网站、互联网站，开展反腐倡廉网络宣传工作；负责纪检监察网上举报信息收集，反腐倡廉网络舆情信息监控、收集、研判和处置工作；编辑、出版县纪委监察局主办的工作指导类内刊；负责全县反腐倡廉网络舆情信息处置人员队伍和反腐倡廉网络评论员队伍建设、业务培训和管理等。

【陆川县建成惩治和预防腐败警示教育中心】 2013年，县纪委投资20多万元在县委党校建立陆川县惩治和预防腐败警示教育中心，中心占地面积100多平方米，分展厅2个，设置决策篇、勤廉篇、法纪篇、惩治篇、成果篇、忏悔篇等6个板块，用图片、文字资料多方面多层次展示陆川县党风廉政建设和反腐败斗争的成果、经验和探索。其中，惩治篇、忏悔篇展出近年玉林市、陆川县查处的部分典型案件。惩治和预防腐败警示教育中心9月20日正式向全社会开放，为陆川县深入开展反腐倡廉教育提供新的平台。

【陆川县"政风行风热线"乡镇行户外活动】 7月26日，县纪委、监察局、县政府纠风办、县粮食局联合在米场镇举办"陆川县'政风行风热线'察民情'粮安工程'阳光惠民心"户外活动。活动采取有奖问答，接受群众咨询、解答群众问题和展出宣传板块、发放宣传资料等形式，宣传储备粮直补订单收购、放心粮油店建设、科学储粮装具的推广使用等政策，现场接受社会群众对粮食管理机关政风行风的评议，活动当天展出宣传板块15块，发放宣传资料2500份，解答群众疑问150人次。

（李伟荣　杨枫）

2013年7月26日，"政风行风"热线察民情"粮安工程"阳光惠民心活动在米场镇举行

罗钊摄

陆川县人民代表大会

LUCHUANXIAN RENMIN DAIBIAO DAHUI

2013 年 3 月 26 日—28 日县第十五届第三次会议在县城召开。图为与会人员聆听工作报告

叶礼林　摄

人大综述

【**人大机构及工作概况**】 2013年，陆川县有县、镇两级人民代表大会15个。其中，县级人民代表大会1个，镇级人民代表大会14个。自治区级人大代表7人，市级人大代表71人，县级人大代表311人，镇级人大代表1158人。县第十五届人大常委会组成人员22人，其中主任1人、副主任4人、委员17人；下设办公室、财政经济工作委员会、法制工作委员会、教科文卫工作委员会、代表联络工作委员会；编制22名，实有人员27人。年内，召开县人民代表大会会议1次；县人大常委会会议9次、主任会议12次，听取和审议"一府两院"专项工作报告11项，作出决议决定11项，组织人大代表开展各种专项调研、视察、执法检查12次，任免国家机关工作人员17人次；补选玉林市四届人大代表2人，增选陆川县十五届人大代表1人、补选代表4人。

【**乡镇人大工作会议**】 1月17日在县人大常委会会议室召开。各乡镇人大主席、副主席参加会议，县人大常委会主任、副主任出席会议。会议总结2012年乡镇人大规范化建设、代表工作以及乡镇人大工作情况，并部署2013年乡镇人大工作。会议表彰2012年度全县人大规范化建设工作、代表工作先进单位和乡镇人大工作先进个人。

【**人大规范化建设**】 2013年，县人大常委会继续推进人大规范化建设，重点加强代表服务室、活动室建设，指导各镇人大主席团逐步建立村级人大代表活动室和服务室，组织代表开展活动。3月28日，县人大常委会在温泉镇召开县乡镇、村人大规范化建设经验交流会，县人大常委会正、副主任，各乡镇人大主席、副主席、人大秘书，县人大常委会机关副局级以上领导干部参加会议。县人大常委会主任陈前驱发表讲话，米场镇南中村、大桥镇、温泉镇在会上做人大规范化建设工作经验交流发言。与会人员现场参观大桥镇、温泉镇人大规范化建设工作情况及米场镇南中村代表服务室活动室建设情况。

【**人大代表联系群众工作**】 2013年，县人大常委会进一步完善代表联系群众制度，以县委开展"一走三问六提高"专题活动为契机，加强人大代表联系人民群众的工作，开展人大代表联系人民群众"五个一"（即每位人大代表联系一个建制村点，开展宣讲一次市人代会精神、提一件代表建议意见、为群众办一件实事、想一个致富点子、化解一件矛盾纠纷）活动，组织县、镇两级人大代表深入基层，联系群众，了解民情，倾听民声，为群众办实事好事。结合县开展的"美丽陆川·清洁乡村"活动，在县、镇人大代表中开展"清洁城乡、美丽陆川"主题活动，制定主题活动方案，号召县、镇人大代表积极参与清洁乡村活动。12月11日，县人大常委会召开人大代表民声反映会，县人大常委会正副主任、"一府两院"分管领导、各镇人大主席、基层县人大代表等60人参加会议。人大代表围绕农田水利设施、乡村道路建设与维护、农村建房规划、土地流转、农村文化设施、清洁乡村、农村用电、九洲江水源保护、县城区项目征地拆迁回建地留置地安排等群众普遍关心的社会热点、难点问题以及村干部待遇问题进行发言，积极反映基层群众的民声、民情、民意。年内，县、镇两级人大代表通过"五个一"活动和"美丽陆川·清洁乡村"活动，为群众办实事好事3530件，进一步密切人大代表与人民群众的联系。

【**人大代表培训**】 2013年，县人大常委会以会代训的形式加强县、镇人大代表学习培训，组织部分县、镇人大代表进行集中学习培训，主要学习《人民代表大会制度》《人大代表的权利和义务》《中华人民共和国全国人民代表大会和地方各级人民代表大会代表法》等知识，共培训人大代表1200多人次。

【**人大代表先进事迹宣传**】 2013年，县人大常委会注重人大代表先进事业宣传，开展人大代表风采宣传展示活动，在陆川电视台和宣传墙报开设"人大代表风采"专栏，重点宣传报道全国人大代表梁丽娜、自治区人大代表刘桂森、李英平及玉林市人大代表简恒辉等15名人大代表在投身创业、带领创业、慷慨解囊捐助公益事业、开展"美丽陆川·清洁乡村"活动的先进事迹，树立人大代表的良好形象，进一步调动人大代表带领群众发展农村经济、开展清洁乡村活动的积极性，努力为陆川经济社会发展服务。

【**人大信访工作**】 2013年，县人大机关共受理人民群众来信137件，接待群众来访96批、331人次，受理上级人大转办信访件24件，协调和督促有关单位解决信访群众反映的一些问题。

【**自治区人大常委会副主任覃瑞祥到陆川调研**】 3月4日，自治区人大常委会副主任覃瑞祥到陆川调研推进农业科技创新工作，深入到双胞胎饲料公司、英平牧业有限公司、乌石镇塘域村番石榴基地、城松鹤公园、世客城展示中心等进行实地调研，对陆川农业科技创新工作取得的成效予以肯定，要求以农业科技引领结构调整，大力培育现代农业发展增长点；积极研发推广先进技术，带动和支撑现代农业发展；完善农技推广服务机制，促进农业科技成果广泛应用；持续加大农业科技投入，大力改善现代农业发展条件；加强农业技术指导和培训，培育新型农业农村人才队伍，解决农技推广"最后一千米"问题。

重要会议

【第十五届人民代表大会第三次会议】 2月26日至28日在县城举行。出席会议的代表309人,列席代表163人。会议听取、审议县人民政府工作报告、县人大常委会工作报告、县人民法院工作报告、县人民检察院工作报告;书面审查县2012年国民经济和社会发展计划执行情况与2013年国民经济和社会发展计划(草案)的报告、县2012年财政预算执行情况和2013年财政预算(草案)的报告;会议通过并作出以上报告的决议及《关于开展城乡环境综合整治、建设美丽乡村活动的决议》。会议收到代表议案、建议、批评、意见48件。

表3 陆川县第十五届人大代表大会第三次会议代表议案情况

序号	议案、建议、批评和意见	领衔代表	代表所属代表团
1	关于开展城乡环境综合整治、建设美丽乡村活动的议案	县人大常委会	
2	关于设点建设垃圾池的提议	姚培霖	沙坡镇代表团
3	垃圾"村收镇运"工作经费压力大、镇村负担太重	刘海和	平乐镇代表团
4	关于请求县政府配套滩面乡新旺村金茂新村项目建设的议案	罗新强	滩面镇代表团
5	请求上级有关部门对清湖镇的城镇化基础设施建设给予资金支持	余明增	清湖镇代表团
6	对惠农的投入要及时的建议	丘金才	米场镇代表团
7	关于要求提高村级办公经费的议案	李兰才	古城镇代表团
8	提高村干部待遇议案	陈立金	马坡镇代表团
9	关于提高村级干部待遇的议案	王雪燕	良田镇代表团
10	关于提高村(社区)干部工资待遇的议案	刘益芬	温泉镇代表团
11	请求提高村干部工资的议案	温建亮	清湖镇代表团
12	要求提高村干部的工资的议案	吕均琪	米场镇代表团
13	关于村干部待遇的问题	江家强	古城镇代表团
14	村干部的工资待遇太低,不如一个村兽医	李文庚	横山镇代表团
15	关于建设陆川机电产业园议案	朱祖锋	温泉镇代表团
16	关于硬化乌石街环北路的议案	刘景福	乌石镇代表团
17	关于建议乌石街人民西路延长路的硬化议案	李忠枢	乌石镇代表团
18	关于加强乡村中小学文体设施建设的议案	丘春荣	沙湖镇代表团
19	请求解决无法接收陆川电视台电视节目的问题	周　海	平乐镇代表团
20	建议有关部门在米场根山路口安装红绿灯	杨永梅	米场镇代表团
21	关于妥善处理无出生证婴儿入户难的问题	谢文辉	大桥镇代表团
22	平乐村常住人口多,难管理,建议成立居委会	刘海和	平乐镇代表团
23	关于尽快落实大桥供销社临街商铺等危房改造问题的请求	谢文辉	大桥镇代表团
24	保护原有杂木、生态林、新态林的建议	田汉禄	沙坡镇代表团
25	关于重建马兰径主渠道的议案	庞国瑞	良田镇代表团
26	关于请求县政府在滩面圩修建人饮工程的议案	罗新强	滩面镇代表团
27	关于整治九洲江母亲河源头的议案	刘益芬	温泉镇代表团
28	建议为村干部买养老金和提高补贴待遇	姚培霖	沙坡镇代表团
29	村干部的养老问题请政府解决	李文庚	横山镇代表团
30	关于请求上级调整村干部退休待遇的议案	陈柯仑	大桥镇代表团
31	关于请求县公路局拨款修整大桥至陆川老公路的议案	谢文辉	大桥镇代表团
32	完善浦宝二级公路沙坡镇坎头北安入路口的建议	田汉禄	沙坡镇代表团
33	关于要求完善浦宝二极公路建设的议案	丘春荣	沙湖镇代表团
34	请求按时发给计生绩效工资建议	苏绍保	乌石镇代表团
35	农村用电户安装电表的问题	梁新全	平乐镇代表团
36	关于要求维修我乡长河村四级公路的议案	丘春荣	沙湖镇代表团
37	关于请求县政府协调有关部门修建滩面乡新塘火车路天桥议案	罗新强	滩面镇代表团
38	关于请求拨款抢修清湖马旺塘公路桥的议案	余明增	清湖镇代表团
39	关于重新硬化县老瓷厂涵洞口至大桥街段公路的议案	刘益芬	温泉镇代表团

续表

序号	议案、建议、批评和意见	领衔代表	代表所属代表团
40	关于维修马坡良厚危桥的议案	吕立文	马坡镇代表团
41	关于修建马盘二级路至靖东道口道路的议案	吕雪萍	马坡镇代表团
42	关于请求上级拨款重建大垌村周冲坝大桥的议案	谢文辉	大桥镇代表团
43	维修三安至平乐镇的道路的议案	周 海	平乐镇代表团
44	关于请求县交通局拨款修整硬化大桥街过境公路的议案	谢文辉	大桥镇代表团
45	关于请求修建绕道大桥街道的路和桥的议案	吴 振	大桥镇代表团
46	关于清湖至盘龙的公路硬化的遗留问题	江家强	古城镇代表团
47	关于请求拨款修建良田龙口至清湖二级公路的议案	余明增	清湖镇代表团
48	横山至大桥公路应加宽加大的建议	蓝志才	横山镇代表团

【县人大常委会会议】 2013年，县人大常委会召开常委会会议9次，即第十六次至二十四次会议。

第十六次会议 2月18日在县人大常委会会议室召开。县人大常委会委员19人出席会议。会议审议通过县人大常委会关于举行陆川县第十五届人民代表大会第三次会议的决定草案、县人大常委会2013年工作要点。

第十七次会议 2月25日在县人大常委会会议室召开。县人大常委会委员22人出席会议。会议审议通过县人民政府关于《陆川县2012年国民经济和社会发展计划执行情况与2013年国民经济和社会发展计划（草案）的报告》《陆川县2012年财政预算执行情况和2013年预算（草案）的报告》，并同意提交县十五届人大三次会议审议；表决通过县人大常委会《关于开展城乡环境综合整治，建设美丽乡村活动的议案》（草案），并同意提交县十五届人大三次会议大会议案审查委员会审议。

第十八次会议 4月23日在县人大常委会会议室召开。县人大常委会委员22人出席会议，县政府、县法院、检察院有关领导列席会议。会议学习第十二届全国人民代表大会第一次会议精神；采取电子表决的方式人事任免12人次。

第十九次会议 6月18日在县人大常委会会议室召开。县人大常委会委员21人出席会议。会议听取审议县岭南客家温泉文化城项目补充协议书情况，作出《关于同意陆川县岭南客家温泉文化城项目补充协议书(二)的决议》。

第二十次会议 9月17日在县人大常委会会议室召开。县人大常委会委员21人出席会议。会议作出《关于批准陆川县2012年财政决算的决议》；会议听取和审议《关于陆川县2013年1月—8月份国民经济和社会发展计划执行情况的报告》《关于陆川县2013年1月—8月份财政预算执行情况的报告》，听取县人民政府《关于"美丽陆川·清洁乡村"城乡环境综合整治活动情况的报告》、县国土局关于《陆川县地质灾害防治工作情况的报告》。

第二十一次会议 10月12日在县人大常委会会议室召开。县人大常委会委员22人出席会议。会议听取县发展和改革局关于《陆川县"十二五"规划纲要实施中期评估报告》、县人大常委会财经工委《关于对陆川县"十二五"规划实施中期评估情况的审查报告》、县人大常委会执法检查组《关于我县贯彻实施〈中华人民共和国义务教育法〉执法检查情况的报告》。会议采取电子表决的方式，依法补选覃天卫为玉林市第四届人大代表。

第二十二次会议 10月29日在县人大常委会会议室召开。县人大常委会委员22人出席会议。会议听取县人大常委会执法检查组《关于我县贯彻实施〈中华人民共和国环境保护法〉执法检查情况的报告》，作出《关于批准县人民政府2013年财政收支预算调整方案的决议》。

第二十三次会议 11月28日在县人大常委会会议室召开。县人大常委会委员21人出席会议。会议审议并采用电子表决的方式，依法补选李振ाम为玉林市第四届人大代表，人事免职机关工作人员1人。

第二十四次会议 12月31日在县人大常委会会议室召开。县人大常委会委员22人出席会议。会议听取县人大常委会执法检查组《关于我县贯彻实施〈中华人民共和国森林法〉执法检查情况的报告》；听取、审议《陆川县人民代表大会常务委员会工作规则》（草案），并采用举手表决的方式表决通过该工作规则；采用无记名投票表决的方式依法进行人事任免。

【镇人大代表大会】 2013年3月，全县14个乡镇召开人大代表会议。依法补选镇政府和镇人大领导；10月，横山、滩面、沙湖等3个乡撤乡改镇，10月15日至16日依法召开第一届人民代表大会第一次会议，县人大常委会加强各乡镇召开人大例会指导，及时召开会议，举办培训班，依法开展会议各项工作，按要求完成撤乡改镇任务。

主要工作

【"一府两院"工作监督】 2013年，县人大常委会围绕县委的中心工作开展监督工作。听取和审议"一府两院"专项工作报告、计划和预算执行情况及专项工作报告13项。重点听取和审议关于2012年度地方财政决算情况、2012年度县级财政预算执行和其他财政收支情况的审计工作报告,审查批准2012年度财政决算;听取和审议关于2013年1月—8月份国民经济和社会发展计划执行情况,2013年1月—8月份地方财政收支预算执行情况,2013年财政调整预算等报告;县人大常委会第20次会议听取和审议县国土资源局关于县地质灾害防治工作情况的报告、县文化和体育局关于县村级公共服务体系建设情况的报告。对政府承诺为民办10件实事项目情况进行检查,有效促进为民办实事项目开展。

【创建"六个示范县"工作监督】
2013年,县人大常委会继续加强对陆川创建"六个示范县"(非公经济示范县、广西绿色生态农业示范县、东部产业转移示范县、岭南特色客家温泉文化示范县、生态文明示范县、社会管理创新示范县)的工作监督,重点加强创建非公经济示范县和创建东部产业转移示范县的工作监督。年初,县人民政府25个组成部门向社会公开承诺2013年创建"六个示范县"工作项目,并在县电视台和各有关部门上墙对外公布承诺事项,县人大常委会及时跟进,各部门创建"六个示范县"工作顺利推进。

【生态文明建设监督】 2013年,根据县十五届人大三次会议作出《关于开展城乡环境综合整治、建设美丽乡村活动的决议》,结合县开展"美丽陆川·清洁乡村"活动,县人大常委会加强美丽陆川·清洁乡村工作监督。9月,召开县人大常委会会议听取和审议县人民政府关于全县城乡环境综合整治工作情况的报告;组织开展城乡环境综合整治工作情况开展专题调研2次,参与调研的市、县人大代表78人次,及时向县政府及有关部门反馈情况,促进全县城乡环境综合整治工作深入开展。

【法律监督】 2013年,县人大常委会重点加强国家教育法、环境保护法、森林法等法律法规执行情况的监督。组织对《中华人民共和国义务教育法》(简称《义务教育法》)《中华人民共和国环境保护法》(简称《环境保护法》)《中华人民共和国森林法》(简称《森林法》)进行执法检查。配合玉林市人大常委会对陆川贯彻实施《中华人民共和国森林法》《中华人民共和国气象法》的情况进行执法检查。

9月26日—27日,县人大常委会组织执法检查组对贯彻实施《义务教育法》的情况进行执法检查。深入县教育局、古城镇、清湖镇等单位,采取听汇报、召开座谈会、个别走访和查阅有关资料等方式进行检查。经检查,陆川实施义务教育法,在不断提高义务教育巩固率、创新学校常规管理教学模式、优化整合教育资源、加强师资队伍建设等方面取得成绩,但仍存在教育执法力度有待加强、均衡教育矛盾突出、师资队伍不足等问题,县人大常委会向县政府及其职能部门提出建议和要求:加大义务教育法宣传教育,做到依法治学、依法治校;不断优化师资队伍,完善教育资源配置;加大对教育的投入,逐步解决好全县均衡教育以及县城区"入学难"等问题。

10月22日—23日,县人大常委会组织检查组对陆川县贯彻实施《环境保护法》的情况进行执法检查,实地检查县城石铲水库、泗里河九洲江入口,杨屋沟九洲江入口,大桥镇雅松猪场、良田镇三林矿业有限公司、温泉镇和沙坡镇交界处的塑料厂、沙坡镇文龙径文龙股份猪场等;并查阅县环保局的执法检查档案资料,听取县环保局的环境保护工作情况汇报。检查组对县环保局不断强化环保理念和法制意识、加强环保宣传工作、狠抓环境污染综合整治、积极完成主要污染物减排目标任务等工作予以肯定。对环保工作中存在的环境保护法制意识有待提高、环境污染的防治有待加强、环保设施建设有待完善等问题提出相应建议意见3条。

11月27日,县人大常委会组成检查组,对陆川贯彻实施《森林法》情况进行执法检查。检查组分别到县林业局、乌石镇检查贯彻实施《森林法》的情况,听取县林业局的情况汇报。通过检查,县委、县政府贯彻实施《森林法》,建立健全林业行政管理制度体系,推进林业产权制度改革,开展封山育林、绿化造林、义务植树等工作,加强森林资源开发、利用和保护,加强森林防火基础设施建设和队伍建设,依法打击破坏森林资源违法犯罪行为,林业生态建设得到发展,逐步实现森林面积、森林蓄积、森林覆盖率同步增长,生态环境逐步改善,2013年全县森林覆盖率为58.22%,陆川县获"广西森林县城"荣誉称号。存在问题主要有:森林法执法氛围还不够浓;森林生态建设还存在薄弱环节,森林结构不合理,总体质量不高,农民群众种植速生林积极性高,改种其他树种难度大,海防林和湿地资源毁损较大,湿地面积逐步减少;林业产业化水平较低,竞争力不强;林业自身建设待加强。提出加大《森林法》宣传、加强林业生态建设、加快发展林产加工业、加强林业队伍建设等建议意见4条。

【人大调研视察活动】 2013年,县人大常委会组织开展代表活动日活动2次,开展人大代表专项调研、视察活动9次。组织驻县内的部分市人大代表及县人大代表,对城乡环境综合整治、地质灾害防治、村级公共服务体系建设、财税收入、"十二五"规划纲要实施中期评估、县新农村建设、九洲江水源及沿岸生态保护、招商引资项目落地等情况进行专题调研,组织开展调研活动,并召开视察情况讨论会和反馈会,提出建议和意见,形成调研报告9份报县人民政府及其职能部门。

5月23日,县人大常委会组织部

分市、县人大代表开展代表活动日活动，组织市、县人大代表开展代表对温泉镇洞心村新农村建设风貌示范点、良田镇车田移民新村、古城镇盘龙开发区宏旭制丝有限公司、九洲江水源及沿岸生态保护等进行视察调研；11月20日，组织部分驻县的全国、自治区、市人大代表和县人大代表对全县招商引资项目落地工作进行视察调研，将代表提出的建议、意见及时向"一府两院"反馈。

地质灾害防治工作调研　8月28日，县人大常委会副主任黄永华带领调研组深入到乌石镇旺岭村三滩坑队等对县内地质灾害防治工作情况进行专项调研，采取听取工作汇报、查阅资料、现场察看隐患点等形式，调查了解全县地质灾害的现状、防治工作情况等，针对防治工作存在的主要问题，对加强地质灾害防治工作提出5方面建议：依法防治地质灾害、提高综合防治能力、提高应急处置能力、加大资金投入、加强地质灾害危险性评估，避让灾情发生。并形成专题调研报告。

城乡环境综合整治情况调研　3月7日，县委、县政府召开全县城乡环境综合整治工程活动动员会。4月下旬，县人大常委会组织4个调研组对全县城乡环境综合整治情况进行专项调研。调研组分别深入到14个乡镇和县城区，采取实地考察、听取汇报等形式，重点对卫生设施、环境污染情况、环境整治工作等进行调研，指出存在问题3个方面，提出加强城乡环境综合整治建议意见5条。并形成专题调研报告。

村级公共服务体系建设情况调研　11月27日，县人大常委会组织常委会组成人员、人大代表组成的专题调研组，对陆川县2011—2013年村级公共服务体系建设专项工作进行调研。调研组深入到县文体局及米场、温泉2个镇的3个站（村）进行实地考察，采取召开座谈会、听取汇报、查阅档案资料、走访相关人员等形式进行调研，重点调研村级公共文化体育基础设施建设、文化设施和文化队伍建设情况等，指出存在部分村级公共服务体系项目建设科学选点和布局不够合理、文化专业人才匮乏、基层公共服务体系运转经费投入不足等方面的问题，提出加强村级公共服务体系建设建议意见3条。并形成专题调研报告。

【国家机关工作人员人事任免】　2013年，县人大常委会依法任免国家机关工作人员17人次，其中任职10人次，免职7人次；县人大常委会工作机构人员2人次，县政府工作机构人员13人次，县人民法院2人次。

【代表议案和建议意见办理】　2013年，县十五届人大三次会议共收到代表议案48件，其中涉及财政经济方面14件、农林水方面5件、交通管理方面18件、城乡建设方面5件、其他方面6件；收到代表提出建议、批评、意见5件。5月17日，县政府召开人大议案和政协提案交办会议，进行现场交办，落实办理任务，明确办理要求。县政府办严格办理程序，对建议办理在时间、程序上作出专门要求，规范议案、建议接收、登记、送审、交办、承办、协调、催办、审稿、签发、答复、联系等操作程序。县财政、住建、水利、教育、经贸、农业、林业、供销、民政、广电、供电、公路和交通运输等部门落实"三定"办理制度（即承办工作的领导、机构、人员），从人力、物力、时间上予以保证。各承办单位结合工作实际，对有条件能够尽快解决的，集中力量尽快解决；对因条件所限暂时难以解决的，创造条件逐步解决；对确实解决不了的，实事求是地向代表作出解释；承办单位在答复后能主动进行复查、督促抓好落实。年内，承办单位解决或基本解决的11件，占总件数的22.9%；正在解决或已列入计划逐步解决的18件，占总件数的37.5%；因当前条件限制或其他原因需待后解决的19件，占总件数的39.6%。

重大事项决定

【《关于开展城乡环境综合整治、建设美丽乡村活动的决议》审议通过】　2013年2月28日，第十五届人民代表大会第三次会议审议通过《关于开展城乡环境综合整治、建设美丽乡村活动的决议》。决议指出，当前陆川城乡环境仍然存在的突出问题、城乡环境综合整治的长效机制尚未正常运行等情况。明确推进城乡环境综合整治工作目标：2013年，打好城乡环境综合整治"攻坚战"，城乡环境明显改善；到2015年，打好城乡环境综合整治"整体战"，全面遏制农村"五乱"现象（即垃圾乱倒、污水乱泼、道路乱堵、秸秆乱堆、车辆乱停），生活垃圾"村收镇运县处理"体系基本建成；到2020年，打好城乡环境综合整治"保卫战"，全面消除"五乱"和农村垃圾"围村堵河"现象，实现"天更蓝、水更清、山更秀、地更净、城更美"。决议要求，加强开展城乡环境综合整治、建设美丽乡村活动宣传，加强领导，加大经费投入，各有关部门密切配合，精心组织实施，加强监督检查，促进工作落实。进一步完善城乡环境管理长效机制，促进城乡环境综合整治、建设美丽乡村工作的规范化、制度化、科学化。

【《陆川县人民代表大会常务委员会工作规则》出台】　12月31日，县人大常委会第二十四次会议讨论通过《陆川县人民代表大会常务委员会工作规则》（草案）。该规则共设8章33条，规则对县人大常务委员会会议、常务委员会主任会议、常务委员会办公室、常务委员会的各工作委员会及代表资格审查委员会、联系县人民代表大会代表和镇人民代表大会、受理人民群众的申诉和意见等方面进行规范，规则前后各设总则、附则。　　（林培全）

陆川县人民政府

LUCHUANXIAN RENMIN ZHENGFU

2013 年 6 月 19 日，自治区政务办公厅专家组到陆川县开展政务工作"十二五"规划调研

县政务中心　提供

政府综述

【县政府机构人员概况】 2013年，陆川县有乡以上政府机构15个，其中县人民政府1个，乡镇人民政府14个。县人民政府工作部门25个，直属事业单位10个，挂牌机构9个，设在机构2个，派出机构1个。政府机关公务员1115人，其中县政府机关公务员835人、乡（镇）人民政府机关公务员280人。陆川县第十五届人民政府县长陈杰，副县长温电波、莫家耀、莫亚坤、曾锋、梁正高、陈锦（女）、李红伟。年内，县政府召开政府全体会议1次，政府常务会议16次。

【全县总体工作要求】 2013年，陆川县加快转变经济发展方式，统筹城乡发展，全面实施"一廊一城三园五业"发展战略，围绕打造广西经济强县工作目标，开展"三大会战"（工业园区基础设施建设大会战、城镇基础设施建设大会战和美丽乡村建设大会战），

努力实现新型工业化、新型城镇化、特色农业产业化、生态文明建设、改革开放、县域文化发展、社会和谐发展等"七大突破"的工作思路：一是加快谋划打造千亿工业强县，推动新型工业化新突破；二是加快具有岭南特色的客家温泉文化名城建设，推动新型城镇化新突破；三是加快马盘百里绿色生态农业经济示范长廊建设，推动特色农业产业化新突破；四是加快美丽陆川建设，推动生态文明建设新突破；五是加快统筹城乡发展，推动改革开放新突破；六是加快推进宣传文化建设，推动县域文化发展新突破；七是加快民生事业建设，推动社会和谐新突破。深入开展"实体经济年""全民创业年""绩效与作风建设年"活动，全力保增长、促转型、推改革、惠民生，为加快推进富民强县新跨越，与全市、全区、全国同步全面建成小康社会打下良好基础。

【全县经济社会发展主要目标】 2013年，全县经济社会发展的主要预期目标：地区生产总值增长12%；财政收入增长14%；规模以上工业增加值增长18%；全社会固定资产投资增长20%；社会消费品零售总额增长18%；

外贸进出口总额增长20%；城镇居民人均可支配收入增长14.5%；农民人均纯收入增长14%，城镇化率41.5%；城镇登记失业率控制在4%以内，节能减排和人口自然增长率控制在上级下达指标以内。

【全县经济工作重点】 2013年，陆川县经济工作重点抓产业结构调整、发展现代农业、抓特色养殖示范、发展现代服务业、统筹城乡发展、扩大内需、改善民生等6个方面。

进行产业结构调整 一是壮大工业规模。推进新型工业化，发展百亿园区和百亿产业。二是推进工业化和信息化融合。创建华润水泥、永耀玻璃等2家信息化应用企业。三是促进传统优势产业转型升级。加快推进塑料制品、矿产品加工、机电、铁锅、食品加工等传统优势产业转型升级，年内工业技改投资80亿元以上。四是抓大壮小扶微工程。加强企业扶持、技术改造、项目建设，年内力争全县新增10亿元以上企业3家、亿元以上企业8家、规模以上工业企业10家，新扶持发展微型企业350户。

发展现代农业 一是推进粮食高产示范。推进1.67万公顷（25万亩）水稻高产示范基地建设、整县推进水稻高产示范、农业综合开发等。二是拓展观光农业示范。推进珊罗韭菜、马坡大白菜、乌石淮山、珍珠番石榴等一批千亩观光农业示范园建设。在古城、清湖、良田、滩面等南部乡镇种植橘红（1万亩），5年内全县种植橘红5333.33公顷（8万亩）以上，打造"中国橘红之乡"。

抓好特色养殖示范 一是发展农业龙头企业。引导一批农业企业向园区聚集，扶持有条件的龙头企业上市融资。新增市级农业龙头企业4家以上。二是加快土地流转。抓好横山特色农业土地流转示范基地和农家乐旅游等项目，新建扩建农业基地一批，年内力争新增农村土地流转面积1333.33公顷（2万亩）以上。三是发展林下经济。重点发展林下种植业、

2013年陆川县人民政府工作机构

县人民政府工作部门24个（监察局不算机构个数）：县人民政府办公室、县发展和改革局、县教育局、县科学技术局、县经济贸易局、县公安局、县监察局（与县纪委合署办公）、县民政局、县司法局、县财政局、县人力资源和社会保障局、县国土资源局、县环境保护局、县住房和城乡建设局、县交通运输局、县农业局、县林业局、县水利局、县文化和体育局、县卫生局、县计划生育局、县安全生产监督管理局、县统计局、县审计局、县药品食品监督管理局。

直属事业单位10个：县机关事务局、县农业机械化管理局、县旅游局、县广播电视局、县水库移民工作管理局、县接待办公室、县档案局、县地方志编纂委员会办公室、县地震局、县招商促进局。

挂牌机构9个：县法制办公室（在县政府办公室挂牌）、县物价局（在县发展和改革局挂牌）、县粮食局（在县发展和改革局挂牌）、县水产畜牧兽医局（在县农业局挂牌）、县扶贫开发办公室（在县农业局挂牌）、县人民防空办公室（在县住房和城乡建设局挂牌）、县市政市容管理局（在县住房和城乡建设局挂牌）、县食品安全委员会办公室（在县药品食品监督管理局挂牌）、县知识产权局（在科学技术局挂牌）。

政府设在机构2个：县政府应急管理办公室、县政务服务管理办公室。

派出机构1个：县工业园区管理委员会。

林下养殖业,力争林下经济面积 1.20 万公顷,林业总产值 26 亿元以上。

加快发展现代服务业 一是发展文化产业和旅游业。依托"世客城"项目,重点推进群众性文体中心、现代化影视文化中心、客家山歌剧院、客家历史博物馆等文化项目。加快推进谢仙嶂、沙湖嶂民俗文化旅游景区的规划建设,促进龙珠湖、谢鲁山庄等景区升级发展。创建自治区级文化旅游示范县,将珊罗镇、乌石镇创建为自治区级文化旅游示范镇。二是发展商贸物流业。规划建设龙豪工业信息商贸物流园,推进一批商贸物流项目建设。推进政银企合作,发展金融、房地产、商务会展、信息、康体、中介、法律服务等新兴服务业。

实施"三大会战",加快统筹城乡发展 实施园区基础设施建设大会战。按照"一区三园"的工业布局和功能定位,完善北部工业园区、龙豪创业产业园、南部临海产业园等配套基础设施建设。继续推进移民工贸创业园、微型企业产业园和塑料制品加工产业园的规划建设。二是实施城镇基础设施建设大会战。围绕打造岭南客家温泉文化名城的目标,以县城区(含温泉、米场、大桥)为核心、其他乡镇为节点,全面开展城镇基础设施建设大会战,促进城乡发展一体化。三是实施美丽乡村建设大会战。以建设革命老区县为契机加强农村基础设施和新农村建设,加强环境保护,提高生态建设水平。

扩大内需,促进投资和消费增长 一是推进重大项目建设。推进泰鑫钛铁矿精选加工、华润水泥等十大工业项目,"世客城"、温泉大道客家风貌改造、教育集中区等十大城镇项目,良田橘红中药材种植加工基地、古城桑蚕种养加工基地、新农村建设示范点等十大农业项目建设,提升投资总量。二是激活民间资本。放宽投资准入,落实鼓励和引导民间投资的政策措施,鼓励民间资本进入市政、金融、能源、教育、医疗等领域,力争完成民间投资 100 亿元以上。三是加强财税工作。落实积极财政政策,推进预算绩效管理,深化国库集中收入制度改革。强化增收节支管理,完善财政投资评审制度,加大民生和重点领域的财政保障。四是扩大消费需求。加快发展乡镇、中心村商贸流通网点,完善城乡市场流通体系。落实鼓励消费的各项政策,举办美食节、家装节、汽车展、商品展等促消费活动。发展旅游、文化、健身、网络、信息等新型消费。

改善民生,提升群众生活水平 一是推进新一轮扶贫攻坚战。完善扶贫开发长效机制,实施"雨露计划"扶贫培训,抓好定点扶贫和对口支援工作,推进 39 个贫困村的扶贫开发。重点加快王沙、塘寨、陆透 3 个产业扶贫示范村建设,新建续建基础设施建设项目一批,改变贫困村落后面貌。二是加强科技创新工作。实施知识产权战略,推进全民发明创造活动。加大科技创新力度,增强企业自主创新能力,培育创新型企业。利用现代科技手段,构建网络交易平台,发展网络经济。继续抓好科技特派员工作,实施科普惠民兴村计划。推进质量兴陆战略,实施县长质量奖。加强以科技人才为重点的人才小高地建设。三是优先发展教育事业。继续抓好教育发展自治区级试点工作,完善中小学校基础设施建设。筹资 3.7 亿元建设教育集中区。新建改建 75 所幼儿园和 14 所乡镇公办标准幼儿园。抓好县实验中学创建"自治区示范性普通高中"、县幼儿园创建"自治区示范性幼儿园"。发展特殊教育。实施新一轮职业教育攻坚。建立教师安心农村教育的激励机制。抓好学校及周边安全整治。四是加强文化建设。弘扬"敢为先、善创业、重务实、尚包容"的玉林精神,提高公民道德素质。建设县田径场、体育馆和乡镇、村农民体育健身场,组建农民篮球队、文艺队、文艺户,扶持发展客家山歌艺术团。推进客家文化精品创作工程。抓好"扫黄打非"工作。继续推进广播电视村村通、文化信息资源共享、农家书屋等工程。全面实施《全民健身条例》和《全民健身计划》,组织开展第三届全民健身活动。五是推进社会保障建设。加强物价监测调控。强化保障性住房建设和管理。扩大社会保障覆盖面。做好养老保险转移接续工作。推进五项社会保险"一卡通"。完善社会救助和养老服务,积极解决农村"三留守"问题。深化医药卫生体制改革,完善公共卫生服务体系建

2013 年,陆川县开展美丽乡村建设。9 月 3 日,"美丽陆川·清洁乡村"资金设备发放暨五支队伍进村入户启动仪式在县城举行。图为待发放的垃圾清运车
叶礼林 摄

设,推进防治艾滋病攻坚工程和基本公共卫生服务项目。完善诚信计生长效机制,深入创建全国计生优质服务先进单位。

【陆川经济社会发展主要成效】 2013年,全县实现地区生产总值183.2亿元,增长9.5%;规模以上工业总产值265.4亿元,增长20.1%;财政收入10.8亿元,增长17.7%;城镇居民人均可支配收入21891元,增长9.8%;农民人均纯收入8180元,增长13.5%。财政收入、全社会固定资产投资、工业增加值、更新改造投资四项指标增速排全市前三位,其中财政收入增速连续四个季度排全市第1位。获国家级病死畜禽无害化处理试点县、第五批中央财政小型农田水利建设重点县、全国群众体育先进单位、全国防震减灾工作先进单位、连续7年获得全国生猪调出大县奖、广西招商引资工作先进县;通过全国科技进步考核,政策性农业保险工作在全区会议上作经验介绍。网络管理和舆情处置工作入围2013年度"中国县域网络形象排行榜"县(市)百强榜单。

重要会议

【陆川县十五届人民政府第二次全体(扩大)会议】 2月18日在县第一会议室召开。县政府县长、副县长、党组成员和政府组成部门行政一把手出席会议。县政府办副主任、纪检组长、党组成员,各乡镇政府乡镇长,县直机关各部委办局、各人民团体、各企事业单位和中直、区直、市直驻陆各单位负责人以及离退休老干部代表列席会议。会议总结上年县政府工作,部署2013年工作。县委常委、常务副县长做《政府工作报告(草案)》起草情况的说明。县长并对2013年一季度的经济工作做部署,

会议要求围绕"一个目标""三大会战""七大突破"的工作思路,开展工业园区基础设施建设、城镇基础设施建设和"美丽乡村"建设大会战,推进项目投资和招商,加强对工业生产协调服务,抓好农业和农村经济、财税工作,加强民生保障和社会稳定工作,夯实工业化、城镇化和生态建设的基础,全力提高经济发展的速度和水平。

【政府常务会】 2013年,陆川县第十五届人民政府共召开常务会15次,即第20~34次常务会议。

第20次常务会议 1月11日在县政府常务会议室召开。会议讨论并原则通过《向社会公布实施陆川县城镇国有土地定级与基准地价更新成果》《建设饲料生产项目框架协议书(初稿)》《建设加油站综合服务区项目框架协议书(初稿)》《建设预拌砂浆生产项目框架协议书(初稿)》《建设三级商品混凝土搅拌站项目框架协议书(初稿)》《建设食用花生油深加工项目框架协议书(初稿)》《建设发电机生产项目框架协议书(初稿)》《建设服装加工项目框架协议书(初稿)》《陆川县2011年度绩效考评奖励实施方案》《适当调整提高公务员岗位津贴》《提高事业单位人员绩效工资标准》等议题。会议组织学习《广西壮族自治区委员会贯彻落实中央关于改进工作作风、密切联系群众有关规定的实施意见》(桂发〔2013〕2号)。讨论通过给予赖某某、周某某2人行政开除处分的决定。

第21次常务会议 2月17日在县政府常务会议室召开。会议讨论并原则通过《政府工作报告(讨论稿)》《陆川县人民政府贯彻落实中央、自治区和玉林市关于改进工作作风、密切联系群众有关规定的实施办法(草案)》《陆川县突发事件应急体系建设"十二五"规划》《陆川县妇女发展规划(2011—2020年)》《陆川县儿童发展规划(2011—2020年)》《陆川县消除麻风病危害规划(2012—2020)》《陆

川县林地保护利用规划(2012—2020年)》《陆川县专利申请资助及奖励暂行办法》《陆川桂冠风电项目测风工程协议书》《提高我县地下有功人员生活补助标准》等议题。会议组织学习《习近平、王岐山同志在第十八届中央纪律检查委员会第二次全体会议上的讲话》(中办通报〔2013〕第7期)、《广西壮族自治区人民政府办公厅关于进一步贯彻落实厉行勤俭节约反对铺张浪费要求的通知》(桂政办发〔2013〕9号)。

第22次常务会议 2月12日在县政府常务会议室召开。会议讨论并原则通过《陆川县2012年国民经济和社会发展计划执行情况和2013年国民经济和社会发展计划(草案)》《陆川县2012年预算执行情况和2013年预算(草案)》等2个议题。

第23次常务会议 3月28日在县政府常务会议室召开。会议听取县地震局关于全县防震减灾应急应对工作情况汇报,讨论并原则通过《陆川县安全生产"十二五"规划(草案)》《陆川县创新计划(2011—2015年)》《陆川县石铲水库环境综合整治方案(草案)》《陆川县人民政府关于加强石铲水库饮用水水源保护区管理的通告》《陆川县人民政府办公室关于加强征地补偿安置资金管理的通知(讨论稿)》《陆川县人民政府办公室关于加强乡镇基础设施建设项目管理的通知(讨论稿)》《陆川县乡镇建设综合开发项目框架协议书》《陆川县北部工业集中区供气项目合作框架协议书》、县政务服务中心建设项目工程款支付方式、提高县环卫站日工、县代课人员的工资待遇、公开招聘教师、调整全县自来水价格、公务员年度考核连续3年优秀进行奖励、县工投公司聘用人员等议题。会议组织学习《习近平在中央党校建校80周年庆祝大会暨2013年春季学期开学典礼上的讲话》。

第24次常务会议 4月10日在县政府常务会议室召开。会议讨论并原则通过《陆川县交通运输局关于优

化县城区公交线路有关问题的请示》《陆川县开展病死猪病害猪肉等病死病害动物专项整治工作方案（草案）》《陆川县病死猪无害化处理工作方案（草案）》等议题。会议听取全县春季重大动物防疫及全县学校安全、危房改造和困难学生资助、财政专项资金使用管理、人口和计生、新型农村合作医疗保险、城乡低保、农村危房改造、打击整治违法占地、九洲江流域污染防治等工作情况汇报。会议还组织学习《"双核"驱动：广西区域协调发展新引擎》。

第25次常务会议 5月3日在县政府常务会议室召开。会议讨论并原则通过《建设不锈钢生产线项目框架协议书（初稿）》《建设玉柴发电机包装生产项目框架协议书（初稿）》《建设服装加工项目框架协议书（初稿）》《建设罗非鱼加工项目框架协议书（初稿）》《建设陆川书城影视城等项目框架协议书（初稿）》《建设专用汽车和配件生产及汽车商贸城项目框架协议书（初稿）》《建设龙珠湖旅游度假区综合开发项目招商文件（初稿）》《全县公众安全感工作情况汇报》《乡镇综合开发项目补充协议书》《陆川县大桥镇城东商贸新区（一期）项目框架协议书》《沙坡镇农贸市场及配套工程建设项目建设框架协议书》《米场镇城北区旧城扩建（一期）项目建设框架协议书》《良田镇城北区扩建（一期）项目建设框架协议书》《陆川县贯彻国务院、自治区、玉林市加强食品安全工作决定的行动计划（2012—2015）（讨论稿）》等议题。会议组织学习《自治区人民政府党组会议纪要十二届第2期》。

第26次常务会议 6月5日在县政府常务会议室召开。会议讨论并原则通过《全县依法行政工作报告》《陆川县发展油菜产业的实施方案（讨论稿）》《建立陆川县耕地保护共同责任机制严格土地管理》《陆川县耕地保护领导干部问责制》《陆川县耕地和基本农田保护领导干部离任审计办法》《关于规范政府性投资项目申报管理有关事项的通知（讨论稿）》《关于进一步加强政府性投资项目资金管理的通知（讨论稿）》《陆川县义务教育学校布局专项规划（2013—2020年）》建设城市综合体商贸城项目框架协议书（初稿）》《建设桂东南工业品综合批发市场项目框架协议书（初稿）》《建设扬翔饲料生产项目框架协议书（初稿）》、县三峰东路附属工程列入三峰路道路工程进行结算、调整陆川县食品企业生猪定点屠宰服务费等议题。会议还组织学习《中共陆川县委办公室陆川县人民政府办公室关于切实加强重大紧急信息报送工作的通知》（办发〔2008〕41号）。

第27次常务会议 6月14日在县政府常务会议室召开。会议讨论并原则通过《广西陆川县岭南客家温泉文化城项目（简称为世客城项目）补充协议书（二）》《建设专用汽车和配件生产及汽车商贸城项目的补充协议》、调整陆川县城乡居民最低生活保障标准、《陆川县申报2013年农村小学全科教师定向培养计划》等议题。

第28次常务会议 7月24日在县政府常务会议室召开。会议讨论并原则通过《陆川县农民人均纯收入倍增计划（讨论稿）》《陆川县世行贷款新农村建设生态家园项目实施办法（讨论稿）》《陆川县加快培育发展中心镇实施意见（讨论稿）》、建设农机配件交易中心项目框架协议书（初稿）》《建设商品混凝土生产项目框架协议书（初稿）》《建设中草药系列养生保健饮品生产项目框架协议书（初稿）》《建设陆川县现代农业贸易物流中心项目框架协议书（初稿）》、依法收回县城投公司位于城东新区的2.01万平方米国有建设用地使用权、县审计局、城投公司办公楼等国有资产处置、《2012年度绩效考评奖励方案》、购置消防应急救援车等议题。

第29次常务会议 9月16日在县政府常务会议室召开。会议讨论并原则通过《陆川县人民政府工作规则（讨论稿）》《陆川县2013年规范性文件清理结果》《横山、滩面、沙湖三个乡撤乡改镇筹备工作方案》、新都国际花园项目开发、《锦源家居建材市场项目房屋土地征收补偿安置方案》《县机关事务局处置下属企业资产用于解决下岗人员养老保险费及解除劳动合同经济补偿金的实施方案》、招聘政府合同制消防员等议题，讨论通过给予1人行政开除处分的决定。会议还组织学习《关于2013年中秋国庆期间改进工作作风加强廉洁自律工作的通知》《李克强总理在广西考察工作时的重要讲话（节选）》《关于玉林市村镇违法建设监督管理暂行办法》。

第30次常务会议 9月27日在县政府常务会议室召开。会议讨论并原则通过《中共陆川县委员会 陆川县人民政府关于加快旅游业跨越发展的实施意见（讨论稿）》《陆川县扶持发展旅游产业优惠政策（讨论稿）》《陆川县重点推进旅游项目（讨论稿）》《中共陆川县委员会 陆川县人民政府关于加快新型工业化跨越发展的实施办法（讨论稿）》《陆川县人民政府关于开展加快新型工业化实现跨越发展评选奖励工作的通知（讨论稿）》等议题。

第31次常务会议 10月16日在县政府常务会议室召开。会议讨论并原则通过《关于陆川县重大项目绩效考核奖惩办法（讨论稿）》《关于建设五金标准件生产线项目框架协议书（初稿）》、关于诚聚产业园项目享受招商引资优惠政策、建设县城区应急避难场所（二期）工程、县食品公司整体搬迁重建、《陆川县城乡居民最低生活保障审核审批办法（讨论稿）》《陆川县2013年财政收支预算调整方案（讨论稿）》《陆川县财政对外借款清理处置方案（讨论稿）》等议题。

第32次常务会议 10月28日在县政府常务会议室召开。会议讨论并原则通过关于沙湖微型企业产业园更名为九洲江上游流域产业转移园、《陆川县谢仙嶂民俗文化生态旅游开发项目合作框架协议书》《陆川县城乡医疗救助实施办法（讨论稿）》、关于良田粮所车田粮站、陆川县直属粮库国有资产处置等议题。

第33次常务会议 10月28日在县政府常务会议室召开。会议讨论并原则通过《陆川县2013年政务服务"一服务两公开"及示范点建设工作情况汇报》《2013年陆川县行政执法案卷评查报告》《陆川县价格调节基金管理实施细则(草案)》《建设电子加工项目框架协议书》,关于"世客城"项目增补商住用地、《陆川县锦源家居建材市场项目国有土地及房屋征收决定书(讨论稿)》,关于县城北物流征地项目拨款、关于收回县农科所和药监局位于温泉镇官田村狮子塘国有土地、《陆川县推进供销合作社项目建设富民强社示范县实施方案(讨论稿)》,关于重点优抚对象门诊医疗救助办法、关于陆川县消防大队国有房地产处置等议题,讨论通过给予吴某某、张某某行政开除处分的决定。会议还组织学习《党政机关厉行节约反对浪费条例》《广西领导干部违反改进作风有关规定实行问责的暂行办法》。

第34次常务会议 12月18日在县政府常务会议室召开。会议讨论并原则通过《建设广西泰源农副产品交易城项目框架协议书(讨论稿)》《建设建筑、装饰、家具钢化玻璃生产项目框架协议书(讨论稿)》《建设建筑装饰材料生产项目框架协议书(讨论稿)》《建设物流仓储项目框架协议书(讨论稿)》《建设数控自动化发电机组生产线项目框架协议书(讨论稿)》《建设净水设备生产线项目框架协议书(讨论稿)》《建设陆川爱因斯坦幼儿园项目框架协议书(讨论稿)》《建设陆川县商品混凝土生产项目框架协议书(讨论稿)》《建设原木家具、工艺品生产项目框架协议书(讨论稿)》,关于县三峰东路道路建设工程款结算、关于大桥镇供销社位于大塘村陆盘公路边的土地房产解除抵押、《关于鼓励中小企业改制并进入全国中小企业股份转让系统挂牌的暂行办法(讨论稿)》,关于县工业供销公司

企业改制和职工安置工作、《关于进一步规范征地拆迁补偿安置资金管理的暂行规定(讨论稿)》《2014年陆川县行政事业单位部门预算编制的原则、口径及标准(讨论稿)》等议题。会议还组织学习《李克强总理在地方政府职能转变和机构改革工作电视电话会议上的讲话》《关于10起破坏生态环境责任追究典型案例的通报》(监通〔2013〕1号)。

【全县工作会议】

陆川县"三大会战"建设动员视频会议 2月17日,陆川县召开县美丽乡村建设大会战、城镇基础设施建设大会战、工业园区基础设施建设大会战动员视频会议。主会场设在县第一会议室,在各乡镇设分会场。县四家班子领导及全县各乡镇、各单位部门主要负责人在主会场参加会议;各乡镇政府全体干部职工、各乡镇辖区的部门单位负责人、村(社区)党委(总支)书记在分会场参加会议。会议贯彻落实中共十八大精神和自治区十二届人大一次会议精神,围绕打造广西经济强县的目标,按照陆川县"一廊一城三园五业"发展战略和开展"一走三问六提高""六个创建"党的群众路线教育实践活动的要求,启动开展县工业园区基础设施建设大会战、城镇基础设施建设大会战、美丽乡村建设大会战"三大会战",加快统筹城乡发展一体化进程。开展工业园区基础设施建设大会战,推动新型工业化建设。按照"一区三园"的工业布局和功能定位,完善北部工业园、龙豪创业产业园、南部临海产业园、沙湖微型企业产业园和塑料制品加工产业园基础设施建设规划,抓好园区土地储备、平整、路网、给排水、电网、污水处理等基础设施建设和园区标准厂房、物流、环保、供能等公共配套设施建设,实施园区绿化、美化、亮化工程,强化园区风貌改造,加强园区重点路段、重点区域、重点景观节点的绿化建设。开展城镇基础设施建设大会战,推动新型城镇化建设。

以县城区(含温泉、米场、大桥)为核心、其他乡镇为节点,工程项目为载体,筹资50多亿元实施93个城镇化建设项目(县城区51个,乡镇类42个),抓好"一带三中心"(一带指马盘公路,三中心指珊罗镇、城区、清湖镇)的城镇化建设,开展城镇基础设施建设大会战,推动城乡发展一体化。力争到2013年年底,全县城镇化率达41.5%以上。开展美丽乡村建设大会战,推进美丽陆川建设,建成美丽的马盘二级公路百里山水美化长廊、美丽的九洲江、美丽的田园风光,建成美丽乡镇示范镇2个,建成美丽新农村示范点10个,建设"五化工程"一批。

马盘百里绿色生态农业经济示范长廊建设动员大会 2月15日在县会议室召开。县四家班子领导以及各乡镇、各部委办局负责人参加会议。会议要求各乡镇、各部门按照县第十三次党代会关于"一廊一城三园五业"战略部署,迅速开展马盘百里绿色生态农业经济示范长廊建设大会战;根据县农村特点,将传统农业和发展现代农业结合,加快生态农业、生态旅游业、生态企业的发展,把马盘百里长廊建设成为绿色生态农业生产基地、观光基地、示范基地;以科学发展观统领马盘百里绿色生态农业经济示范长廊建设,遵循统筹城乡发展的原则和"生产发展、生活宽裕、乡风文明、村容整洁、管理民主"的总要求,以农民为本,切实维护农民利益,调动农民积极性,让农民参与建设过程,共享建设成果。

经济运行分析会 4月27日,在县第一会议室召开。县四家班子领导以及各乡镇、各部门有关领导参加会议。会议主要任务是总结第一季度全县经济发展情况:即第一季度实现"两个快速增长"(财税金融、项目投资实现较快增长)和"五个稳中有升"(GDP增长稳中有升、工业经济稳中有升、农业生产稳中有升、城乡居民收入和消费需求稳中有升、社会保障稳中有升),明确第二季度全县经济工作的重点,要求"扭住项目建设和招商引资

工作两项重点,抓好工业园区基础设施建设、城镇基础设施建设、美丽乡村建设"三大会战",强化财税征管、民生工程、发展环境、社会稳定"四个保障"。

年中工作会议 7月30日在县第一会议室召开,县四家班子领导以及各乡镇、各部门有关领导参加会议。会议贯彻落实玉林市年中工作会议精神,总结陆川县上半年工作,研究部署下半年工作。会议并对陆川县获2013年度玉林市科学发展十佳乡镇、进步乡镇进行表彰。

2013年1月7日,陆川县举行世界客家文化名城开工仪式　罗　钊　摄

重大决策与工作部署

【推进园区基础设施建设大会战】

2013年,按照"一区三园"的工业布局和功能定位,完善园区配套基础设施,北部工业园区要重点推进10大基础设施建设项目,完善园区内路、水、电基础设施;发展玉柴配套产业园,创建机械产业示范园,在园区二区内规划建设机械物流园。将龙豪创业产业园创建为广西A类产业园区,并规划延伸到米场镇、大桥镇,面积扩大到30平方千米。在园区内规划建设53.33公顷东部产业转移承接园和13.33公顷机电产业园;推进6条道路路网和给排水工程建设,加快通政西路延长线周边地带的基础设施建设,力争达到"三通一平"标准。南部临海产业园规划往南、往北拓展,力争园区面积扩大一倍。

【实施城镇基础设施建设大会战】

2013年,围绕打造岭南客家温泉文化名城的目标,以县城区(含温泉、米场、大桥)为核心、其他乡镇为节点,全面开展城镇基础设施建设大会战。年内要推进温泉大道改造、教育集中区、文体中心、锦源物流城等一大批城建项目建设及九洲江带状公园二期工程、公安小花园等10多个市政项目建设,全面启动九洲路、南北景观大道、锦源大道等城区道路建设和珊罗、马坡、良田、清湖等重点镇市场项目建设。

【开展"美丽乡村"建设大会战】

2013年,加强农村基础设施和新农村建设。完善交通路网,修建玉林至陆川一级公路,实施良田至宁潭、珊罗至平乐、九洲江良田大桥、马坡新山桥等15个农村公路建设项目;计划投资4000多万元,抓好180千米村屯道路硬化建设。加强民生水利建设,计划投资9500万元,实施水库除险加固、河流整治、人饮工程等48个重点水利建设项目。推进电力基础设施建设,完善农网技术升级改造。继续加快新农村建设,计划投入1000万元以上,以"六个一"为重点,推进10个以上的新农村示范点建设。加强环境保护,实施最严格的耕地保护和水资源管理制度,强化耕地和基本农田保护。抓好塑料行业、畜牧养殖和九洲江污染的全面治理,推进生活垃圾"村收镇运县处理"项目建设。投

2013年,陆川县开展"美丽乡村"建设大会战。图为5月6日县政府举行垃圾清运车发放仪式时待发放的垃圾清运车　叶礼林　摄

资3600多万元,实施古城、良田、乌石、滩面4个乡镇29个建制村的"农村环境连片集中整治项目"。推进生态文明创建活动和"绿满八桂"工程,加强东山、西山水源林的规划建设,开展"大种花卉"活动,在全县公路两旁、城区主街道、九洲江两岸、单位庭院种上鲜花等。

【推进统筹城乡配套改革】 开展土地管理制度改革,示范建设温泉镇东山村和珊罗镇珊罗村土地综合整治。加快农村土地经营权流转,成立县级农村土地经营权流转服务中心,土地流转率和规模经营率分别达38%和30%以上。开展户籍管理制度改革。年内新增城镇居民2万人以上。开展行政区域体制改革。将北部工业园区、龙豪创业产业园区作为全县统筹城乡综合配套改革先行先试功能区。推进温泉镇撤镇改街、城郊村撤村改居和新型农村社区建设。推进横山、滩面、沙湖撤乡改镇工作。开展农村产权制度改革。力争年内30%以上的建制村开展农村产权制度改革。

【推进现代农业发展】 2013年,围绕打造广西绿色生态农业示范县的目标,继续加快"马盘长廊"建设,年内全县实现农业总产值50.8亿元,增长3.7%。建设25个万亩水稻高产示范片,平均亩产502.4千克。新增土地流转面积2200公顷。发展橘红种植1333.33公顷、油菜种植2000公顷、林下经济1.20万公顷。新增市级农业龙头企业5家、农民合作社31家。年内争取被列为国家级病死畜禽无害化处理试点县、第五批中央财政小型农田水利建设重点县和全国生猪调出大县奖。

【实施安全生产"一岗双责"制】 2013年9月20日,县政府出台《陆川县安全生产一岗双责制实施办法》,各镇人民政府及县直各部门、直属机构和各类企事业单位及生产经营单位有关负责人及具体岗位人员在履行所在

岗位职责,并履行分管或所从事工作范围内的安全生产工作职责,承担相应的安全生产责任,对安全生产工作实行"一岗双责"制度;有关负责人和具体岗位人员按照"谁主管,谁负责;谁分管,谁负责;谁审批,谁发证,谁负责"的原则,负责分管范围内的安全生产工作职责。

【加强食品安全】 2013年,县政府先后印发《2013年陆川县食品安全重点工作安排》《陆川县进一步加强食品安全联合执法工作的通知》《陆川县关于加强食品安全工作决定的行动计划(2012—2015年)》《陆川县食品安全信息化建设工程实施方案》《陆川县食品安全基层管理工作网络建设工程实施方案》《陆川县食品安全检验检测能力提升工程实施方案》等系列加强食品安全工作的文件,落实食品安全重点工作任务及监管责任,开展惩处食品安全违法犯罪行为,规范食品生产经营秩序,提高食品安全监管水平,确保全县食品安全。

【加快旅游业跨越发展】 2013年10月,县政府出台《关于加快陆川县旅游业跨越发展的实施意见》,召开全县旅游发展大会,明确全县加快旅游业的发展目标:到2017年,实现全年接待游客总人数突破354.16万人次,年均增长20%;实现全年全县旅游业总收入达到34.65亿元,年均增长21%,入境过夜游客人数超过1.81万人次,年均增长23%。新创建5A级旅游景区1个(世客城),创建4A级旅游景区1个(龙珠湖景区);新增星级宾馆饭店4家,其中五星级酒店1家(陆川县远辰大酒店)、四星级酒店3家(阳光财富大酒店、天祐大酒店、温泉九龙山庄);新增四星级以上乡村旅游区(点)4个(陆川谢仙嶂民俗文化生态旅游风景区、陆川县龙颈瀑布景区、马坡丽江旅游观光度假山庄、龚家山庄);新增四星级以上广西星级农家乐2家(陆川县龚家山庄、陆川县龙颈瀑布景区)。把陆川县打造成为

岭南民俗文化旅游胜地和具有岭南特色的客家温泉文化名城。

【加快新型工业化跨越发展】 2013年10月,县政府出台《关于加快新型工业化跨越发展的实施办法》,召开全县新型工业化跨越发展动员大会,提出加快新型工业化发展总体目标:到2015年("十二五"期末),工业总产值突破500亿元,工业增加值占全县地区生产总值比重达到46%;到2017年,工业总产值突破800亿元,工业增加值占全县地区生产总值比重达到48%;到2020年,工业总产值突破1000亿元,工业增加值占全县地区生产总值比重超过48%以上。工业对经济增长贡献率达到60%以上,新增就业岗位2.5万个。超300亿元的园区1个,超200亿元的产业1个,超50亿元的企业2家,超10亿元的企业8家以上。工业投资突破200亿元,战略性新兴产业投资占工业投资20%以上;大中型工业企业平均研发投入占主营业务收入比例力争达到1.5%,科研技术、企业技术中心和创新示范企业大幅增加;制造业企业进入全市行业排位前十名的数量明显增加。先进制造业和新兴产业比重大幅提高。力争先进制造业产值占全县工业总产值比重达到60%,战略性新兴产业增加值占全县工业增加值比重超过20%;工业布局更趋优化,形成"西迁北上南出海"的发展格局。将县城区铁路以东的企业全部迁入龙豪创业产业园,优化产业布局,重点发展服装电子和旅游工艺品等劳动密集型产业,做强做大工业物流、机电制造、汽车配件、金属制品、电子电器、制药健康食品等产业。重点建设北部工业园区,以发展工程机械、农业机械、汽车零部件制造、新型建材、饲料等为主体,重点发展机械制造和新型建材产业。加快规划建设县北部工业园区B区(马坡镇),规划定位为新兴产业园,重点发展节能环保、商贸物流和饲料生产等产业,形成多产业齐头并进的新格局。加快建

设南部临海产业园,重点培育发展矿产品加工业和农产品加工业两项支柱产业,加快规划建设粤桂产业合作示范区玉林(陆川)核心区,打造粤桂区域合作——"飞地经济"发展示范区。

【开展粮食稳定增产行动】 2013年4月3日,玉林市粮食高产创建暨"三品一标"工作会议在陆川召开。8月8日,县政府出台《陆川县2013年粮食稳定增产行动实施方案》,重点任务是稳定粮食播种面积。稳定双季稻面积,推广农作物间套种技术,发展秋冬种,扩大旱粮面积,确保年内全县粮食播种面积4.60万公顷以上。提高粮食单产,确保全县粮食平均亩产410千克以上,力争达到413千克,亩产比上年增加4.50千克以上。增加粮食总产量,确保全县粮食总产量稳定在28.3万吨以上,力争达到28.50万吨。

【开展农村环境连片整治示范工作】 2013年1月12日,县政府出台陆川县农村环境连片整治示范工作实施方案,通过连片整治示范,在农村环保体制建设、政策机制创新、农村环保实用技术推广等方面形成典型示范经验,实现农村环境综合整治与九洲江流域水环境综合整治等工作的有机结合,改善农村环境质量。2013年,以九洲江沿岸乡镇为重点,其中把沙湖、乌石、滩面、良田、古城5个示范乡镇33个村列为首批连片整治示范点。要求达到预期目标:示范片区开展生活污水治理的村庄生活污水处理率达到60%以上;开展生活垃圾收运体系建设的村庄垃圾定点存放清运率达到100%,生活垃圾无害化处理率达到70%以上。

【改进工作作风】 2013年2月18日,县人民政府制定《贯彻落实中央和自治区、玉林市关于改进工作作风、密切联系群众有关规定的实施办法》,从改进调查研究(包括注重实际效果、改进调研方法、减少陪同人员、简化接待工作)、精简会议活动(包括严格会议审批、减少会议数量、改进会风、控制会议活动规模和时间、提高会议活动效率、规范活动安排、严格控制会议活动经费)、精简文件简报(包括严格控制发文规格、减少文件数量、提高文件质量、优化办文流程、提高文件运转时效、严格精简各种简报)、规范出访活动、改进新闻报道(包括简化县人民政府领导出席会议新闻报道、精简全县性会议活动新闻报道、规范县人民政府领导调研活动新闻报道、简化会见活动、陪同检查工作活动、出席电视电话会议报道、规范重大专项工作新闻报道、规范其他新闻报道)、严格文稿发表等方面进行明确详细规定,要求县人民政府领导要带头改进工作作风、带头深入基层调查研究、带头密切联系群众、带头解决实际问题。各乡镇各部门要结合实际情况,制定更具体、更便于操作的贯彻落实办法,确保取得实效。

【村级公益事业建设"一事一议"财政奖补试点】 2013年,陆川县实施村级公益事业建设一事一议财政奖补工作。4月25日,县政府出台陆川县村级公益事业建设一事一议财政奖补工作实施方案。"一事一议"财政奖补项目执行中央和自治区相关政策规定,以村民民主决策、自愿出资、直接受益为前提,政府给予奖补,使政府投入和农民筹资筹劳相结合,促进农村公益事业发展。并考虑村级集体经济组织、农民和地方财政的承受能力,重点支持农民需求最迫切、反映最强烈、利益最直接的村级公益事业建设项目,提高项目实用性,使农民直接受益。以建制村为单位优先选择工作基础比较好、村干部工作主动、群众一事一议筹资筹劳积极性高的自然村屯给予重点倾斜,发挥示范作用,以带动其他自然村屯分期分批组织实施。村民议事表决过程程序规范化、机制制度科学化、资金申请真实化、建设项目实态化、资金管理精细化,做到公开、透明、公平、公正,发挥村民监督作用。

【《陆川县人民政府工作规则》修订】 2013年9月18日,县政府对原2006年12月21日印发的《陆川县人民政府工作规则》进行重新制订。修订的"新规则"以《玉林市人民政府工作规则》(玉政发〔2013〕27号)为主要修订依据。分总则、正文、附则3大部分,共12章66条。主要设政府组成人员职责、政府职能、依法行政、民主决策、政务公开、监督制度、会议制度、公文审批、工作纪律、廉政和作风建设等方面内容。9月16日,经的县十五届人民政府第29次常务会议讨论通过后印发执行。

2013年11月8日,乌石镇"一事一议"财政奖补项目——村屯道路建设现场
乌石镇政府 提供

【推进食品药品监督管理体制改革】
2013年12月23日，县政府出台《陆川县改革完善食品药品监督管理体制实施方案》，按照权责一致的要求，整合食品药品监管职能、机构、队伍和技术资源，将原县食品安全委员会办公室、食品药品监管部门、工商行政管理部门、质监部门的食品安全监管和药品监管职能进行整合，组建新的县食品药品监督管理局，为县人民政府的工作部门，增挂"陆川县食品安全委员会办公室"牌子，负责对全县食品药品实行监督管理，承担县食品安全委员会的具体工作，建设系统完备、科学规范、运行高效的食品药品监管体系。合理布局食品药品安全监管资源，重点加强镇、村监管能力建设，按"一镇一所"原则，设立镇食品药品监督管理所；每个建制村和城镇社区配备1名以上食品药品安全协管员，可以由行政村（城镇社区）干部兼职；构建上下贯通、相互衔接的食品药品安全监管体系，提高基层监管工作水平。统筹协调和综合利用工商行政管理、卫生、农业、水产畜牧兽医、质监等部门及社会第三方机构的检验检测资源，加强食品药品安全检验检测体系建设。设立县食品药品安全信息与监控中心，负责建立食品药品安全信息平台、食品提高食品药品安全信息分析研判能力。

【县政府为民办10件实事】 2013年，县政府承诺的十类为民办实事工程项目共投入资金7.65亿元。其中，城乡居民社会养老保险参保总人数24.04万人；新型农村社会养老保险实际缴费人数14.48万人，城镇居民社会养老保险实际缴费人数0.14万人，分别发放待遇9.30万人、0.12万人，发放率100%。全县城乡最低生活保障对象全部足额获得补助，累计发放城市最低生活保障金2144.38万元，月人均补助205元；累计发放农村最低生活保障金9613.80万元，月人均补助84元。投资546万元，新建五保村30个。全县21.20万户

农村居民参加农村住房政策性保险，参保率100%。筹资15万元，为全县150名残疾人提供日间照料及居家托养老服务补助，按规定拨付补助资金。筹资8.28万元，为2761户独生子女户、双女户办理农村计划生育家庭爱心保险。

2013年，全县参加新型农村合作医疗保险92.62万人，参合率99.64%，率先在玉林市完成96%以上的参合率目标。全县范围内免费开展基本公共卫生服务，建立城乡居民规范化电子健康档62.62万份，规范化电子管理率为82.13%，超额完成自治区下达的63%建档指标任务。在全县开展地中海贫血防治、免费婚前医学检查、农村孕妇产前筛查及新生儿疾病筛查工作。在全县范围内免费开展鼻咽癌肝癌防治项目，全县采血860份，并全部录入系统。艾滋病健康教育覆盖率达100%；印发各种宣传资料19万份、制作更新宣传专栏156版，通过农村电影公益放映活动插播防艾短片154场次。新建珊罗、马坡、米场、大桥、乌石、良田、古城7个镇卫生院中医科，为154个村发放中医诊疗服务包。建设完成19个村级"幸福家园"项目。扶持143户农村计划生育家庭发展生产。免费对6506对夫妇进行孕前优生健康检查，完成年度计划任务100%。

2013年，陆川县投资83万元，开展就业技能培训、创业培训、在岗培训和劳动预备制培训921人。筹资2181万元，推进农村学前教育项目建设，开工建设项目21个。投资1480万元，完成10个校舍安全工程项目，建筑面积9969平方米。投资700万元，完成10个校安工程项目。对4.04万名义务教育阶段贫困寄宿生生活费补助2527.96万元；免除1076人次就读普通高中库区移民子女的学费92.31万元；对普通高中在校生8816人家庭经济困难学生资助661.15万元；减免279人次中等职业学校在校学生学费20.80万元。

2013年，陆川县投资1548万元，修建村屯道路112条、长53.82千米。完成农村安全饮水解困工程46处，解决饮水不安全人口5.06万人。完成新建水库移民新村10个，续建水库移新村8个，修建村屯道路4.12千米。投入资金1890万元，完成清淤河道2.52千米，新建护岸5.20千米。投入资金437万元，完成乌石镇双垌水库和温泉镇大坑水库除险加固任务。投资2960万元，农村危房改造1600户。开工建设廉租住房300套；新增受理廉租住房补贴家庭303户。

2013年，陆川县完成国家农业综合开发土地治理项目（平乐镇平乐、长旺、新兴、六凤等4个村，建设面积620公顷）的设计、施工、监理单位招投标工作等前期工作。完成乌石镇陆河村等3个村和良田镇龙口村等3个村的土地整治项目立项批复、测量、招标代理和规划设计预算评审等前期工作。

2013年，陆川县完成农资综合补贴面积2万公顷，发放补贴资金5071.38万元。全县完成农机购置补贴国补资金使用709.11万元，补贴各类农机具4598台，受益农户3665户。完成早、晚稻良种补贴面积各2万公顷，分别发放补贴资金450.60万元。补偿公益林面积1720公顷，兑现补助金38.11万元。完成山上造林2533.33公顷；绿化自然村屯6个、总面积2.77公顷；松鹤公园、文体公园、中山苑小区等地绿化面积14.50万平方米。33个农村环境连片整治项目按时动工建设。新建户用沼气池1500座。

2013年，陆川县投资595万元，新建村级公共服务中心17个，建成综合楼、篮球场、舞台、篮球队和文艺队各17个。按要求免费开放公共图书馆，文化馆、文化站等文化设施场所。完成良田镇健身场、滩面镇灯光篮球场健身工程，珊罗鹤山村等4个健身路径工程。投资91万元，硬化福禄至古城公路1.80千米；投资268万元，硬化竹头背至方垌角道路5千米。

县政府办公室综合事务

【县政府办机构概况】 2013年，县政府办公室内设第一至第八秘书股及综合股、人事政工股、信息化股和县信息化中心、县政府督查室、县经济发展研究中心、县应急办、县调处办，编制30名，在职在编人员27人。

【参谋服务】 2013年，县政府办公室围绕全县中心工作以及经济社会发展的重点、难点问题，以县"一走三问六提高""六个创建"党建专题活动为载体，开展专题调研活动。年内，全办共撰写专题报告或调研论文10多篇，为政府决策提供建设性的意见和建议。

【综合协调】 2013年，县政府办公室围绕政府重点工作、政府为民办实事工作和重点项目建设中相关事项等开展综合协调工作，妥善处理以土地征用、房屋拆迁、企业改制职工等为重点的群众上访等事件，年内共召开各种协调会议450多次，化解民众纠纷810起(件)。接待群众460多人次，处理群众来信370多件次。

【督查督办】 2013年，县政府办加强督查督办，推动县政府的决策工作和县领导重要批示的贯彻落实，重点跟踪督促落实政府全会、常务会议、专题会议、县长办公会议的决定事项，《政府工作报告》确定的目标任务和重点项目建设、城乡一体化以及维护社会稳定的政策措施，跟踪督办事项的落实。年内共组织开展财税收入、招商引资、社会稳定、安全生产、城乡环境保护、防汛、重大项目建设、为民办实事等督查活动20多项，下发《督查通知》21份，撰写《督查报告》21份，印发《督查通报》8期1100多份。

督办县政府常务会议决定事项14期102项议题，督办县长办公会议决定事项15期78项议题，办结反馈率均达100%。督办县人大议案48件、县政协提案61件。承办政府领导批示件(含信访件)118件；配合做好上级督查部门的专项查办，年内共接收上级督查部门《督查专报》31期，对专报涉及的须整改问题按要求落实相关单位和人员及时整改落实，按时办结率达100%。

【政务信息公开】 2013年，做好政务信息的采编、报送工作，定期抓"陆川政府门户网站"内容的更新。围绕全县中心工作，加强政务信息的搜集、研判、整理、报送工作，全面提高信息工作质量。年内，共上报政务信息160多条，获自治区采用信息36条。

【办事办会办文】 2013年，县政府办公室抓好行政事务管理，优化办公环境，消除火灾隐患；抓好车辆管理，完善车辆管理规定；做好领导维稳带班和工作人员值班值宿安排，确保政令畅通；督查督办各乡镇、各部门贯彻县政府为民办实事和增加全社会固定资产投资、促进经济增长等一系列政策措施的落实；组织有关单位参与南博会、玉博会的有关参展和招商活动，开展信息保密和安全管理工作，建立健全信息保密和安全管理工作制度，完善陆川政府门户网站和电子办公系统、电子政务网络，维护全国、自治区、玉林市"两会"南博会、玉博会等信息安全；应用先进的电子政务系统(即OA办公系统)进行办文、发文。制发各种公文2700余件，平均办文时间缩短2~3天；审办土地使用证、房屋所有权证4300余件(户)，平均办证时间缩短3~4天；控制会议数量和规模，精简各种会议，尽可能通过视频会议系统召开会议，压缩会议时间，节省会议费用。年内承办或协办的各种会议230余次；撰写总结材料、会议材料、县领导讲话稿等各种综合材料640篇。办理各种报告、请

示、传真电报及其他文件5430件，打印文件、资料2900件。

【电子政务网络建设】 2013年，加强政府门户网站建设，做好门户网站绩效评估改版工作，丰富门户网站内容，年内县政府门户网站编发信息900多条。推进"一服务两公开"(政务服务，政务公开、政府信息公开)工作，加大政务网站群共建，新建网上信访大厅、县环保网、县食品药品监督网等子网站5个。编印《信息快递》33期，上报政务信息1760条，被上级采用信息43条。县政府办公室连续2年获玉林市政务信息报送先进单位荣誉称号。推进信息公开，加强全县79个单位信息公开工作的日常监督、指导。县政府信息公开统一平台共发布信息2783条，县政府办OA系统发布公文474份，接收公文2349份。年内网站建设绩效考评获广西同级县(市、区)排名第33名。 （丘宇云）

【"三大纠纷"案件调处】 2013年，全县共排查"三大纠纷"案件555起，其中县级86起、镇级173起、村级296起；调解结案549起，其中协议解决428起，调结率为98.9%；因历史原因造成积案59起，已经调解结案53起，调结率89.8%；调解工作为集体挽回经济损失500多万元。全县共有集体与集体之间的"三大纠纷"案件86件，调处85件，其中协议结案79件，下处理决定6件，调结率98.8%。县政府下文作出处理决定的6件案，除1件被人民法院撤销外，其余5件均得到维持。将23起群体性事件化解在萌芽状态。 （黎振荣）

政府法制

【政府法制概况】 2013年，陆川县法制办公室(简称县法制办)内设政秘

股、业务股;行政编制4名,后勤服务事业编制1名,在职人员5人。年内,建立健全县政府常务会议学法制度、行政执法监督制度,完善规范性文件监督管理,依法办理行政复议案件、代理行政诉讼案件,加强行政审批制度改革,加大行政执法监督,发挥政府法制参谋助手作用。

【依法行政】 2013年,陆川县推进依法行政,开展依法行政示范点创建活动,主要开展县级第二批依法行政示范点创建,县人民政府印发创建活动实施意见、实施方案。年内,良田镇人民政府、县发改局、县水利局、县工商局、县地税局、县国税局、县食品药品监督管理局等被命名为县级第二批依法行政示范点。加大依法行政考核,县全面推进依法行政工作领导小组办公室印发陆川县依法行政考核指标和评分标准,考核工作并纳入全县绩效考评体系。12月,组织2个考核组,对14个乡镇人民政府、县工业园区及51个县直(中直、区直、市直)部门进行依法行政考核,评出优秀单位53个、良好单位13个。实行依法行政工作汇报制度,年内县法制办在县十五届人民政府第26次、第33次常务会议汇报依法行政工作。落实依法行政年度报告制度,县政府分别向玉林市政府及陆川县委、县人大常委会书面报告年度依法行政工作情况。注重依法行政考核迎检工作,11月制订陆川县2013年依法行政考核迎检工作方案、迎检责任分工明细表,落实依法行政考核迎检工作责任,明确具体工作,并规范地做好材料整理归档工作。陆川县依法行政工作通过2013年度玉林市依法行政考核验收,达到优秀等级。

【规范性文件审查】 2013年,县法制办审查规范性文件草案3件次。审查工作坚持程序性、合法性、合理性、可行性并重的原则,对3件规范性文件提出要完善听取意见、听证程序的意见。对县政府出台的3件规范性文件上报玉林市政府、陆川县人大备案。开展规范性文件清理,对照所执行的法律、法规和规章,对县内实施的规范性文件进行清理,经清理决定保留县政府、县政府办的规范性文件92件,废止县政府、县政府办的规范性文件10件,修改县政府、县政府办的规范性文件4件;经县第十五届人民政府第29次常务会议讨论通过,并予以公布和报送给玉林市法制办备案。

【行政复议应诉】 2013年,开展行政复议规范化建设活动,县法制办共收到行政复议申请6件,受理6件,准许撤回申请1件,决定撤销2件,决定维持3件。代理县政府行政复议答复案件18件,代理行政应诉案件20件。

【法制参谋】 2013年,县法制办履行法制审查职责,为政府重大行政决策提供法律意见和合理性建议,派员参加县政府常务会议11次、涉法事务会议100多次,审查重大投资建设项目行政合同、企业改制、收回或转让国有土地、土地纠纷确权案件等经济社会管理政策性文件、行政决策、具体行政行为等法律事务160多件,并做好合法性的审查把关。

【行政执法监督】 2013年,加强县行政执法监督,县法制办公室增挂陆川县行政执法监督局牌子,并规范县行政执法监督局工作,进一步完善行政执法监督机制,加大行政执法监督力度。年内,配合自治区、玉林市、县有关部门做好行政效能情况监察、农民减负、食品安全和价格行政执法监督等方面的执法检查,及时纠正违法、不当的行政行为;对县环保局、县食品药品监督管理局、县交通运输局等22个重点执法单位的行政处罚、行政许可案件150卷进行评查,并通报评查结果,提高行政执法案卷的质量,规范行政执法行为;建立健全行政裁量权基准制度,开展规范行政处罚裁量权工作,县法制办牵头组织开展建立健全行政裁量权基准制度工作,全县90%以上的行政执法部门建立健全行政裁量权基准制度,建立完善行政执法人员资格准入制度,组织全县212名行政执法人员报名参加自治区行政执法统一考试,其中168人经考试合格取得《广西壮族自治区行政执法证》。

【法制培训教育】 2013年,继续实施县人民政府常务会议学法制,县第十五届人民政府第21次、第26次、第33次常务会议上分别举办全面推进依法治国专题学习讲座,邀请有关专家、学者、教授开设专题法制讲座。县法制办举办全县行政执法人员实

2013年8月21日,陆川县法制宣传教育课在县人民会堂举行

县政法委 提供

务知识培训班及行政执法人员资格、续职考前培训班2期，派出人员到有关部门开展依法行政法律知识授课，全年法制培训人员500多人次。

【法制信息】 2013年，县法制办积极参与各类法制宣传教育咨询活动，派员参加国际禁毒宣传日、公共机构节能宣传周等宣传活动，发放依法行政、行政复议知识宣传资料1000多份，为群众义务提供法律咨询服务。年内上报依法行政信息13条，被广西政府法制网采用11条，被中国政府法制信息网采用2条，信息采用率排在玉林市前列。　　　　（江城）

政务服务管理

【政务服务工作机构及概况】 2013年，陆川县政务服务中心进驻部门单位36个，窗口工作人员93人，行政审批服务项目534项；全县有镇政务服务中心14个，村（社区）政务服务中心164个，中心户代办点328个；有镇"四员合一"代办员28人，村"四员合一"代办员154人，中心户"四员合一"代办员328人。年内，县政务服务中心共接到各类审批事项申请13.49万件，受理13.47万件，办结13.44万件，平均日结率88.54%，当月办结率99.24%，满意率100%，办理提速95%；全县14个镇政务服务中心（含村政务服务站、中心户代办点）办件申请3876件，直接办理3876件，办结率100%。

【政务公开】 2013年，推进政府及其部门的政务公开，抓好陆川县人民政府政务公开栏和部门政务公开栏的更新，每季度更新政务公开栏1次。将干部录用、工程建设、政府采购、涉农补贴等涉及人、财、物等群众最为关注的问题作为政务公开的重点。对

各窗口《办事服务指南》中发生变动的内容进行及时调整。补充更新完善服务大厅电子查询机资料，满足群众对中心各窗口服务事项的了解。

【政府信息公开】 2013年，加大政府信息公开，县人民政府办公室印发陆川县政务服务政务公开政府信息公开"十二五"规划信息化建设工作计划的通知，加大全县政务服务政务公开政府信息公开培训，完善自治区政务服务政务公开政府信息公开基层信息化应用平台建设，进一步加强"一中心两馆"（即政务服务中心、图书馆、档案馆）的政府信息公开服务窗口建设，完善政府信息公开的受理、答复机制。及时更新政府信息公开目录和指南，充实信息公开内容，发挥政府信息公开查阅场所的便民服务功能。加大政府信息依申请公开的处理，做好依法办理政府信息依申请公开工作。年内，全县政府行政机关累计主动公开政府信息3949条，依申请公开政府信息3件，不予公开1条；召开新闻发布会3次。抓政府信息公开平台建设，提高政府信息公开透明度，在镇、村设立政府信息公开查阅处和政务公开处。抓好全县政府网站绩效评估工作，强化网站绩效评估结果运用。推动自治区政府信

息公开统一平台向公共服务企事业单位和乡镇延伸应用，逐步在镇、村政务服务中心部署应用"一服务两公开"基层信息化平台。

【政务服务管理】 2013年，加强政务服务工作，推行"五个好"（执行政策好、服务态度好、办事质量好、遵纪守法好、群众评价好）承诺服务，以"服务零距离，工作零差错，纪律零违反，群众零投诉"为承诺，着眼于让服务对象和人民群众满意，积极推行"五个服务"（阳光服务、微笑服务、规范服务、高效服务、廉洁服务），提升服务质量和水平，进一步优化办事流程、拓展服务领域，进一步优化发展的软环境。推行行业自律"五不要"（百问不烦、百难不倒、百私不藏、百责不诿、百事不欺）。广泛开展"爱岗敬业、诚实守信、办事公道、服务群众、奉献社会"为主要内容的职业道德教育，强化服务能力，推动行业自律。推行问责管理"五制度"（即首问负责制、限时办结制、责任追究制、绩效奖惩制、群众评议制），通过使用服务评价器、填写评价表等形式，让群众能及时对服务质量进行评价。推行优质服务，在各窗口开展"三简三亮三比"三评活动，树立服务中心的良好对外形象。每月开展"优质服务窗口""党员先锋示范岗"

2013年5月31日，陆川县首届政务公开日活动在县城举行。图为活动现场
罗　钊摄

优质服务竞赛评选活动。进一步增强中心窗口工作人员的服务意识，改进工作作风，提高服务水平和工作效率。加快基层政务服务体系建设，整合乡镇基层站所政务服务资源，逐步把行政服务、社会服务、社区服务、法律服务等群众普遍需要办理的事项统一纳入乡镇政务服务中心窗口集中办理。完善村（社区）政务服务中心的服务功能，建立健全帮办、代办、领办服务机制，方便群众、企业就近就地办事。推进县政务服务中心建设，2月28日，县政务服务中心建设项目开工建设。

【授权服务】 2013年，按照"审批、管理、监督"三分离原则，进一步加快内部审批职能调整，各具有行政审批职能的行政机关（包括有行政审批项目的中央、自治区、市垂直管理的驻陆部门）将部门审批权相对集中到一个内设机构，增挂行政审批办公室（科），进驻政务服务中心。全县共有43个单位（包括3个分中心）在县政务服务中心设立窗口，各行政审批职能的行政机关明确审批权限，大多数充分授权部门服务窗口，其中受理权、审核权、协调处置权、办理结果送达权、应诉代理权授权率100%，制证权、审批权授权率80%以上，公开透明办理行政审批事项，提高行政审批效率。推进行政审批相对集中制度改革，严格执行部门审批职能、审批事项、审批人员向政务服务中心集中的要求，进一步明确各部门行政审批办公室的审批、协调、督办和指导本系统政务服务工作的职责。扩大部门向服务窗口的行政审批授权，建立以部门服务窗口为主导的集中审批机制，严格规范行政审批自由裁量权的行使程序，压缩自由裁量权空间，健全行政审批权力科学化、公开化、规范化的运行机制，为办事群众和企业提供便捷、高效的政务服务。

【监督检查】 2013年，加大专项效能监察，确保集中办理行政审批事项落实到位。采取跟踪督查、挂牌督查、暗

2013年2月28日，陆川县举行政务服务中心建设项目开工仪式
叶礼林　摄

访等方式，切实加强监督检查，促使该项工作真正落到实处。围绕"优化发展环境、提高行政效能"，重点督查县、乡镇政务服务中心窗口工作人员服务态度、工作纪律、思想作风、办事效率等方面的情况，加大对大厅现场管理的督查，大厅管理人员实行工作排班轮流督查制度，不定时对各窗口的纪律作风态度情况进行现场督查。创新行政效能监察方式方法，进一步提升政务服务水平。

【自身建设】 2013年，围绕"建设学习型机关"和"提素质、精业务、抓规范"创先争优活动主题，开展多种形式的学习教育活动，进一步加强中心全体工作人员政治理论学习和业务知识更新，提高广大干部职工的政治思想和业务素质。加强对乡镇、村、中心户代办员的代办业务培训，组织干部职工和各窗口工作人员学习中办、国办《关于深化政务公开加强政务服务的意见》和《广西壮族自治区政务服务管理办法》等，采取研读、讨论的形式，联系实际，不断深化、理解文件精神的实质和内涵。通过定期与不定期组织工作人员和各窗口业务骨干深入乡镇政务服务中心，开展经常性业务指导、监督和检查，对窗口工作

人员和基层政务服务站工作人员进行业务技能、组织纪律等方面的培训教育，努力打造一支政治素质过硬、业务技能精湛、精神风貌良好的政务服务干部队伍。　　　　（李远山）

人事工作

【人力资源和社会保障局机构概况】 2013年，陆川县人力资源和社会保障局（简称人社局）内设秘书股、行政审批办公室、工资福利与退休股、公务员和事业单位人员管理股、劳动监察仲裁与政策法规股、社会保险和基金监督股、规划财务股、就业促进与职业能力建设股、专业技术人员管理股（陆川县职称改革工作领导小组办公室）、纪检监察信访股，下辖县就业服务中心、县社会保险事业管理局、县人才交流服务中心、县劳动保障监察大队、县劳动仲裁院，在职干部职工83人。

【人事考录与考核】 2013年，考试录用政府公务员37人，事业单位人员237人，公开招聘特岗教师283人。

考核政府公务员（含参公人员）1266 人，事业单位 461 家全体人员。加强公务员培训和考核，全县有 84 个单位 933 人参加网络学习培训并通过考试；做好军转干部安置，共安置军转干部 3 人，安置随调家属 1 人，发放困难企业军转干部补助 103.35 万元。

【工资福利与离退休人员管理】 2013 年，完成全县 600 多个机关事业单位的工资统计，调整公务员（含参公人员）3140 多人次的津贴（生活补贴）和事业单位 1.87 万人次的绩效工资，核准 440 多个事业单位 1.10 万人次的晋升薪级工资，为 350 多个机关事业单位离退休人员遗属提高生活困难补助，发出到龄退休通知函 100 多份，核准退休 267 人。

【专业技术人员队伍建设】 2013 年，加大专业技术人员培训，做好职称评审和证书注册登记，提升人才队伍综合素质。年内，通过继续教育低碳经济网络培训考试的专业技术人员 1.13 万。办理职称资格证 922 本，审核注册登记初级证书 2049 本，审核上送注册职称证书 2377 本。

【事业单位岗位设置】 2013 年，基本完成事业单位首次岗位设置，全县 461 个事业单位 1.36 万名在职人员已全部实行按岗聘用、以岗定薪、合同管理。审核认定 1052 名退休专业技术人员的岗位等级。　　（党光梅）

人口和计划生育

【人口和计划生育工作机构及概况】 2013 年，陆川县人口和计划生育局（简称县人口和计生局）下设政工秘书股、规划统计股、政策法规股、宣传教育股、科学技术股、流动人口管理股；下属单位有县计划生育服务站、县流动人口计划生育管理办公室。14 个镇均设人口和计划生育工作办公室、人口和计划生育服务站，164 个村（社区）设计划生育服务室。全县计划生育部门系统有工作人员 275 人，其中：县级计生工作人员 67 人，镇级计生工作人员 208 人；具有医学技术人员职称 67 人，164 个村（社区）配备计生专干 286 人，人口管理员 4542 人。全县有计划生育服务车 27 辆，B 超机 24 台，电动吸引机 2 台、波姆机治疗仪 1 台、乳腺诊断仪 2 台、微波治疗仪 1 台、尿液分析仪 5 台、半自动生化仪 1 台、血液分析仪 5 台、酶标仪 5 台。人口计生服务项目有计生手术，乳腺疾病、妇科疾病诊治，不孕不育症诊治、优生优育、避孕节育、生殖健康咨询服务，等等。

2013 年，陆川县创建全国计划生育优质服务先进单位为目标，执行人口和计划生育目标管理责任制，不断创新工作机制，扎实推进各项工作，按要求完成上级下达的年度计划指标任务。从 2012 年 10 月—2013 年 9 月 30 日，全县共出生 1.29 万人，人口出生率为 12.8‰，比上年同期下降 0.6 个千分点；人口自然增长率为 6.78‰，下降 0.54 个千分点；符合政策生育率 92.31%，下降 1.08 个百分点；已婚育龄妇女当年长效避孕节育率为 88.9%，提高 0.1 个百分点；出生人口性别比为 110.6，比责任指标低 1.21；全员人口信息数据库信息准确率 91.81%，信息及时变更率 96.1%。获自治区人口计划生育工作创新奖、自治区基本实现诚信计生县、自治区阳光计生达标县、玉林市人口计生工作创新奖、玉林市人口计生工作进步奖等荣誉称号。

【人口计生工作列为全县重点工作】 2013 年，县委、县政府把人口计生工作列为全县重点工作，县委常委会、县政府常务会及政府全会上多次听取人口计生工作汇报，并做专题研究部署。县委、县政府主要领导及分管领导经常深入到各乡镇进村入户调研指导计生工作，协调帮助乡镇破解工作难题。对人口计生工作中的人、财、物等重大问题县委、县政府及时研究，予以解决。县委、县政府研究解决县乡服务站配套设施建设资金、免费孕前优生检查经费、县计生服务站公招检验人员和医生、实验室改造、购买检验医疗设备等工作难题。为免费孕前优生健康检查解决工作经费 100 多万元，推动免费孕前优生健康检查的深入开展提供财力保障。

【全国计划生育优质服务先进单位创建】 2013 年，陆川县开展创建全国计划生育优质服务先进单位（简称"国优"），全面提升人口计生服务整体水平，以满足群众生育健康需求，全面推进综合优质服务，在组织领导、政策导向、依法管理、强化服务等方面取得明显成效，全县人口和计划生育工作整体水平稳步提升。一是群众的生育观念明显转变。全县出生的一孩生育率持续上升、多孩率下降，计划生育率保持在 94% 左右，人们生育健康意识显著增强。二是计生服务水平明显提高。县、镇、村三级计生服务网络进一步打牢，服务设施和队伍建设步入规范化，基本达到计生服务标准要求，群众满意率达 98.5%。三是社会效益明显提升。建立"依法管理、村（居）民自治、优质服务、政策推动、综合治理"工作机制，形成和谐计生、稳定低生育水平的新局面，为全县经济发展和各项事业健康发展创造良好人口环境。

【全县人口与计划生育工作会议】 2013 年 4 月 11 日在县城召开。县四家班子分管领导、各乡镇党委书记，分管计生工作的领导，计生服务站站长，全县县直（中直、自治区直、市直驻陆）各单位主要负责人信县人口计生局中层以上领导、二层机构主要负责人参加会议。会议传达自治区、玉林市人口计生工作会议精神，总结 2012 年全县人口计生工作，研究部署 2013 年人口计生工作。会议表彰人口计生工作先进单位及个人。

【人口计生经费】 2013年,陆川县计划生育工作经费全部纳入县财政预算,建立以公共财政为主导的人口计生经费保障机制,县财政投入人口和计划生育事业经费3032万元,比上年增长5.7%;人均财政投入30.2元,人口计生事业财政投入增长幅度高于县财政经常性收入增长幅度(5.38%),计划生育免费技术服务、奖励扶助、孕前优生健康检查、基础设施建设、宣传教育、流动人口服务管理、诚信计生、幸福家园等项目经费的落实到位,确保全县人口计生工作的正常、深入开展。

【计划生育宣传】 2013年,陆川县加强计生宣传。一是加强阵地宣传。重点抓好计生宣传路牌、生育文化宣传长廊、生育文化园和农村商店等宣传阵地建设,在路牌宣传上形成以马盘二级路为主线,乡、村公路为支线的生育文明路牌宣传走廊;全县有45个村建成长60米以上喷塑墙的婚育新风文化宣传长廊,县人口计生局办公楼后面有用不锈钢材料建造长40米的生育文化长廊。每个乡镇、村(居)委会均建设有人口学校,设立有阳光计生宣传栏,全面公开人口计生政策法规和有关工作情况。开通阳光计生便民服务热线电话(7223399)。二是强化媒体宣传。在县广播电台、电视台设立"人口家园"栏目,宣传人口计生政策法规和计生新闻信息等。并通过中国移动、中国电信部门以手机信息形式开展宣传,其中通过中国移动向37万用户发送免费孕前检查、免费育龄妇女生殖健康检查等信息。向各级报纸杂志、网站投稿,在自治区人口计生委网站、玉林日报、县广播电台等媒体发表人口计生信息50多篇。三是强化社会宣传。开展"7.11"世界人口日宣传活动,印发"诚信计生"、奖励扶助、孕前优生健康检查、"关爱女性生殖健康"、婚育新风、流动人口服务管理等宣传资料30万份。2013年春节期间,结合县委开展"一走三问六提高""六个创建"党的群众教育实践活动,县委、县政府拨付每个乡镇2万元、每个村3000元经费,县人口计生局支持10万元,做为春节期间开展免费孕前优生健康检查和人口计生政策法规宣传经费;组织回乡干部2000多人组成孕前检查宣传服务队伍,进村入户与群众面对面宣传计生政策法规和孕前检查、预防出生缺陷等知识,进一步加深广大群众对人口计生政策、法律、法规的认识。共组织开展大型宣传活动14次,开展文艺巡回演出16场次,直接受教育群众20多万人次。全县人口计生宣传品进村率100%,入户率98.7%,群众享有基本权利知晓率和对人口计生政策、避孕方法基本知识知晓率分别达到98.5%、98.6%。

【诚信计生】 2013年,推进诚信计生工作,完善健全诚信计生新机制,推进计生村民自治。整合各部门惠民政策对实行计划生育的群众和家庭给予优先优惠。开展"双诚信一承诺""三免三助"活动,全县164个村(社区)全部开展诚信计生,共成立诚信计生小组5206个,签订诚信计生协议书8.25万人,签订率95.04%,兑现诚信计生奖励(补助)金39.5万元。以阳光计生为切入点,及时全面公开人口政策法规、规范性文件及落实情况。群众对人口计生工作的满意率达98.7%,没有发生过因执法行为不当或违法行政引发的群体性事件和恶性事件。

【计划生育优质服务】 2013年,全面实施生殖健康关爱工程,广泛开展"关爱女性生殖健康"免费普查、"万名妇女康检服务大行动"、计生"三下乡"、流动人口"三关爱""亲情计生、情系健康"等优质服务活动,建立妇女生殖健康检查档案。4月,组织开展"女性健康知识巡回讲座"活动,全县乡镇、村计生专干、计生服务人员、育龄群众等6200多人现场听取女性健康知识巡回讲座,不断提高群众对人口计生工作满意程度。引导男性参与生殖健康服务活动,在县乡计生服务站所设立咨询(悄悄话室)、男性诊室、男性检查室、男性治疗室,为男性提供免费咨询和检查服务,男性参与率达25%。年内,共发放宣传资料20多万份(本),接受群众咨询3.5万多人次,妇检康检8万多人次,发放避孕药具1.10多万份,查出妇科疾病、乳腺疾病等1.5万例,利用波姆光治疗仪、蓝氧治疗仪免费治愈宫颈炎疾病3246人,为群众节省检查费、医疗

2013年7月11日,陆川县开展第24个世界人口日主题宣传活动。图为活动现场一角

县人口和计生局　提供

费等 1000 多万元。

【国家免费孕前优生健康检查】 2013年,陆川县被定为全国第四批"国家免费孕前优生健康检查"项目试点县。县政府把此项工作列入深化民生工程,提升优质服务水平,统筹解决人口问题,推进人口计生工作健康发展。实施"六个到位"(注重组织领导到位、宣传倡导到位、质量控制到位、部门配合到位、经费投入到位、跟踪随访到位)工作,突出抓好"四项服务"(突出便民化服务、温馨化服务、规范化服务、个性化服务),狠抓"六个一落实"(组织计划怀孕夫妇听一次优生知识讲座、组织计划怀孕夫妇看一场优生宣教电视片、组织计划怀孕夫妇读一本优生科普读本、进行一次优生风险评估、接受一次优生面对面咨询、建立一份孕前优生健康检查档案),并取得成效。建立营养餐服务保障制度,在县计生服务站设立营养食堂,对到县计生服务站参加免费孕前优生健康检查、落实节育措施、妇检康检的服务对象,均可以在营养食堂享用免费的营养餐。年内,共为5800 多育龄群众提供免费营养餐,为 6789 对夫妇进行免费孕前优生健康检查,超额完成自治区下达陆川县的孕前检查计划任务。5月6日,玉林市免费孕前优生健康检查现场推进会在陆川召开。全县基本形成"政府主导、计生牵头、部门配合、科技支撑、群众参与"的良好工作格局。

【计划生育家庭奖励扶助】 2013年,陆川县不断创新机制,积极构建奖励、优先、优惠、救助、保障"五位一体"的多元化利益导向体系,确保实行计划生育的家庭社会上有地位、经济上得实惠、生活上有保障。一是全面落实上级奖励政策。年内,核实确认国家级老年奖扶对象 2402 人,国家级特别扶助对象 25 人,自治区级奖励对象 244 人,奖扶金已按政策兑现落实。发放《独生子女父母光荣证》274本,其中农业人口 125 人,农村独生

2013 年 9 月 27 日,陆川县人口和计划生育局开展"亲情计生 情系健康"活动
县人口和计生局 提供

子女保健费全部纳入财政预算,兑现独生子女保健费 1.66 万元,兑现率达100%;有 9 名独生子女和双女户子女获得中考、高考加分;有 182 位实行计划生育的职工享受增加 5% 的退休金。二是创新和完善奖励扶助政策。加大对落实长效节育措施的农村家庭奖励。年内,县计生协会投入 8.28万元为 2761 户群众购买计划生育爱心保险;为 147 户计划生育家庭办理小额贴息贷款,贷款总额 238.5 万元。

【幸福家园建设活动】 2013 年,村级"幸福家园"项目建设列入年度重点实施的为民办实事项目,把"幸福家园"功能拓展为集生殖健康、文化、娱乐、健身、学习于一体的计划生育服务平台。年内,投入 120 万元,建成村级"幸福家园"19 个、村级公共服务中心 17 个,完成自治区下达村级"幸福家园"、玉林市下达的村级公共服务中心建设的计划任务数。全县累计完成 135 个村级"幸福家园"项目建设、48 个村级公共服务中心建设,村级"幸福家园"占全县村(居)数的82.32%。其中,良田甘片村、乌石沙井村、温泉洞心村、米场南中村、沙湖长沙村等 13 个村"幸福家园"建设基本达到示范村的要求。

【人口计生综合治理】 2013 年,全县各乡镇、各部门紧密配合,齐抓共管,全县计生综合治理水平有新的提高。县政府出台《关于进一步强化人口和计划生育工作的实施办法》,明确各部门的职责,落实对人口计生综合服务的职能;建立领导和部门联系挂点制度、部门联席会议制度、信息通报制度、部门帮扶制度、部门配合制度等,各部门每月 5 日前要向所在地人口计生部门报送新婚、离婚、出生人口、收养、死亡和已婚育龄夫妇孕情、生育、节育等情况,并根据自身实际在人、财、物方面对联系乡镇、村(居)给予帮扶,提高乡镇、村(居)人口计生服务管理能力和水平。年内,县直部门共支持乡镇、村(居)人口计生工作经费 43 万元。二是各部门从本地实际出发,在各自职能范围内,出台各种惠农政策,均向计划生育家庭,特别是女孩家庭、独生子女伤残、死亡家庭倾斜,扶贫部门为 2558 户计划生育户免费发放鸡苗;县信用联社对 109户计划生育困难户提供贷款 163.5 万元;县林业部门在沼气池上给予优先,并且对计划生育户每户多补助200 元;县人口计生部门投入 2.65 万元为 49 户、共 191 人农村纯女户解决新型农村合作医疗参保费用。三是加

强打击"两非"(非医学需要的胎儿性别鉴定、非医学需要的人工终止妊娠)工作,建立打击"两非"联席会议制度。年内,投入专项经费80多万元,在全县范围医疗机构,安装音频视频监控系统,监控中心24小时对全县医疗机构的B超室、人流引产室进行音频视频监控;每年组织计生、卫生、公安、药监等部门开展打击"两非"的专项行动2次以上,对医疗机构、民营医院、个人门诊、药店等进行认真检查。

【流动人口管理】 2013年,加强流动人口计划生育服务管理,完善各项服务管理制度。利用全国流动人口管理信息平台,及时提交和反馈流动人口相关信息,全县个案信息采集人数9.72万人,已录入数据库9.72万人,入库率为99.96%;户籍地共反馈信息2381条,反馈率为99.87%。开展流动人口计划生育"三关爱、三服务"活动,为流动人口育龄妇女免费查环查孕查病1416人次,为流入陆川县流动人口1416名已婚育龄妇女建立信息档案,实现与常住人口同管理、同服务,服务率100%。加强区域协作,陆川县已与合山市及广东省的化州市、高州市和福建省仙游县等地建立流动人口计划生育双向协作机制,加强对流动人口的有效服务管理,有力地推进流动人口计划生育"一盘棋"工作格局。

【人口信息化建设】 2013年,全员人口信息采集录入工作列为县重点工作之一,纳入县委、县政府重大工作督查范围和绩效考评内容,采取有效措施推进人口信息化建设。一是加大全员人口信息数据库建设,投入80万元为14个乡镇配备80台电脑、打印机、电脑桌椅等配备,确保各乡镇开展信息录入工作。开展"信息化建设推进年"活动,全面协调教育、公安、民政、财政、人社、住建、卫生、工商行政管理、统计、扶贫等系统部门,建立健全县人口计生目标责任考核数据共享直报制度,做好全员人口信息

比对核实、录入上报、考核评估工作。县、乡人口与计划生育领导小组成员单位,每月定期向同级人口计生部门通报本单位、本系统上月有关人口信息,为人口计生部门全面、准确收集人口相关信息和建立育龄妇女计划生育信息档案提供信息平台。组织全体乡镇、村(居)干部和村民小组组长逐家逐户收集、核对人口信息,确保村不漏户、户不漏人,人不漏项;组织人员分别到有关部门收集出生、防疫、新农合、库区移民、低保等工作中登记人员的相关信息,及时补录漏报信息,确保信息的完整性。年内,全县全员人口信息数据库信息准确率达97.65%,信息及时变更率达99.46%,位居玉林市前列。

【计划生育工作队伍建设】 2013年,加大人口计生队伍建设。调整沙湖、滩面等2个乡镇人口计生服务站站长、副站长。面向社会公开招聘县计划生育服务站计生技术人员7人,解决县计生服务站所技术人员不足的问题。年内,全县共有计生工作人员256人,其中技术人员60人(县服务站27人,乡镇服务站33人),每个乡镇均有具有执业(助理)医师资格以上的技术人员2人以上。全县共配备村(居)委会计生专干286人,人口管理员4628人。加强计生干部队伍的教育培训,在全县人口计生系统举办计划生育依法行政知识、创建"国优"、免费孕前优生健康检查、流动人口计划生育服务管理、避孕药具管理、全员人口信息数据库等各类培训班共8期,特别是在举办计划生育依法行政知识培训班中,邀请县人大、县检察院和县法制办领导上专题辅导课,进一步提高领导干部和计生干部的整体素质。全县逐步形成"以县站为龙头,以乡镇服务站为依托,以村服务室为基础,以流动服务车为纽带"的技术服务网络,技术服务覆盖所有的育龄群众,具备社会管理与公共服务体系为一体的网络组织构架。

(杨 辉)

民 政

【民政机构概况】 2013年,陆川县级民政局内设政秘股、财统股、救灾救济股、优抚安置股、社会福利、社会事务和民间组织管理股、基层政权和区域地名股、婚姻登记处、城市居民最低生活保障股、老龄办等,编制15名,在职干部职工14人;下辖二层机构有低收入居民家庭经济状况核对中心、农村居民最低生活保障工作办公室、军队离退休干部服务站、拥军优属拥政爱民工作办公室、救助管理站、社会福利院、殡葬管理所、光荣院、镇民政办14个。局机关和下属单位干部职工60人。

【社会事务管理】 2013年,陆川县婚姻登记管理工作实现与全广西联网,年内办理结婚登记8560对,离婚登记1162对,补发结婚登记证1068对,补领离婚登记证33对。登记合格率100%,建档率100%,当事人满意率为100%。依法依规受理收养登记4例。

【民间组织管理】 2013年,全县申报社会团体组织10人,批准登记成立10人;申报民办非企业单位4个,批准登记成立4个。全县累计有社团69人,民办非企业单位9人。

【福利彩票销售】 2013年,陆川县有福利彩票销售点37个,主要是通过电脑福利彩票销售,共销售即开型福利彩票1048.4万元,筹集福利资金366.94万元。

【社会福利】 2013年,县民政局做好困难群众患儿免费手术康复工作,全县有疝气儿童患者147人、先天性心脏病患者36人、白血病患者5人。做好孤儿的审批和生活费发放工作,均

实行社会化发放,保障孤儿的基本生活。年内新增孤儿111人,至年末全县有孤儿1040人,机构抚养每位孤儿每月补助生活费1000元,亲属抚养每位每月600元,全年发放孤儿生活补助费742.74万元。

【地名管理】 2013年,陆川县开展城区路街巷地名标志牌的安装工作。根据《地名管理条例》和地名标志牌设置的有关规定,经过实地布点,反复讨论,提出设置方案,由县政府县长办公会议讨论通过。至5月,安装完成县城区已命名的141条路街巷地名标志牌295个。

【《地名词典》编纂】 2013年,根据自治区民政厅的部署,县民政局组织开展《地名词典》编纂工作,落实专人负责,广泛收集地名材料,至年底,完成《地名词典》编纂工作,共收集地名材料195条,组稿8.1万字。主要记述陆川县、14个乡镇及154个村、10个社区的基本情况。

【《中华人民共和国政区大典·广西分卷(陆川篇)》编纂】 2013年,根据自治区人民政府的部署和自治区民政厅《关于编纂〈中华人民共和国政区大典·广西分卷〉的通知》要求,陆川县组织开展《政区大典·陆川篇》的编纂工作。5月,县政府办公室印发编纂工作方案,县成立《政区大典·陆川篇》编纂工作领导小组,编纂工作领导小组下设办公室,办公室设在县民政局,负责县级词条、乡镇词条的编写协调工作等。年内,按时完成《政区大典·陆川篇》编纂工作,共设置陆川县、乡镇政区条目15个,内容包括政治、经济、文化、社会、历史、环境、城市建设和自然条件等方面,收集整理材料6.3万字,内容下限时间为2011年12月31日。

【撤乡改镇】 2013年6月20日,经自治区人民政府批准,同意陆川县横山、滩面、沙湖3个乡撤乡改镇。年内,县民政局牵头组织开展对3个乡开展撤乡改镇工作。10月16日,完成横山、滩面、沙湖3个乡撤乡改镇的镇村挂牌和印章更换等工作。至此,全县14个乡镇均为镇建制。

【救灾救济】 2013年,陆川县加强救灾、救济工作。一是做好春荒灾民生活救助。2013年年初春荒,县民政局开展广泛的社会调查,研究制定春荒灾民生活救助工作方案,积极筹集资金,及时开展救助。全县需春荒救助的困难群众7.21万人,发放灾民紧急转移安置及临时生活救助资金10万元,下拨大米270吨、棉被1600床、棉衣6000件、保暖内衣6000套、毛巾被5600床、蚊帐5000床。二是做好汛期抗灾救灾求助。重点加强各种自然灾害的收集、统计,及时报送灾情。在汛期应急救助期间下拨大米150吨,蚊帐2800床、毛巾被2800床、拉舍尔毛毯1500床、春秋服5000套,救济灾民3.21万人。

【五保供养】 2013年,加强五保户动态管理,全县新增五保供养对象430人。1月起,农村五保户分散供养标准由原来的每人每月150元提高到230元,集中供养标准保持原标准每人每月250元不变。年内,全县五保供养7511人,发放五保生活补助2338万元。五保户每月生活费均通过信用联社存折直接发放。全县建成五保村51家,均安排五保供养对象入住,按照服务对象与管理人员10∶1的比率落实专职管理人员90人,落实水电、燃油等日常生活保障经费133万元,确保五保供养服务机构的入住率及日常运转。

【五保村建设】 2013年,自治区下达陆川县五保村建设计划任务30个,每个五保村建设资金18.2万元(其中自治区下拨15万元,县财政配套3.2万元),总投资546万元。县民政局结合陆川实际,制订五保村建设实施方案,五保村建设实行以联合建设为主、单独建设为辅,落实五保村的建设用地、设计方案、设计图纸、工程预算、工程质量监理。5月,全县13所联建五保村(30个五保村)全部动工兴建,其中4个五保村联建的1所,3个五保村联建的5所,2个五保村联建的4所,单个五保村建设的3所。至年底,13所联合五保村完成主体工程。

【因灾倒损房重建】 2013年,自治区下达陆川因灾倒损房恢复重建任务140户,下拨倒损房恢复重建补助资金140万元。县民政局切实做好因灾倒损房恢复重建相关工作,印发《关于做好陆川县2013年因灾倒损房恢复重建工作的紧急通知》,加强因灾倒损房情况调查核实,全县倒损房恢复重建补助标准为五保户1.10万元,低保户、优抚对象1万元,其他困难户7000元。至12月,全县140户倒损房重建户全部按要求完成倒房恢复重建。

【优待抚恤】 2013年,按标准发放义务兵家属优待金。全县有义务兵224人,发放义务兵家属优待金322.41万元。

【退伍士兵安置】 2013年,全县退役士兵和转业士官230人,其中接收安置工作的转业士官5人,其余人员给予政府一次性自主就业补助金,共发放一次性自主就业补助资金283.35万元。在上年冬接收退伍军人中,农村籍的军地两用人才160多人,已开发使用130人,占81%,主要录用在公安、法院、厂矿、学校、民营企业、宾馆等行业,提高退伍军人的就业率。

【拥军优属活动】 2013年,春节和"八一"期间,陆川县均开展拥军优属慰问活动,县成立拥军优属慰问团,重点走访慰问驻陆各部队官兵和优抚对象代表。慰问单位23个(次),慰问对象7500多人次,赠送慰问金171.6万元,慰问物品一大批。

【城乡居民最低生活保障】 2013年

1月1日起,全县城市最低生活保障标准由200元提高到300元,月人均补助水平由165元提高到185元;农村最低生活保障标准由700元提高到1200元,月人均补助水平由50元提高到74元。加强城乡最低生活保障规范管理,实行动态管理,确保应保尽保。年内,全县城市最低生活保障4443户7916人,发放最低生活保障金1946.3万元;农村最低生活保障3.73万户8.30万人,发放最低生活保障金9115.55万元,低保金实行社会化发放,全部足额及时发放。

【城乡医疗救助】 2013年,城乡医疗救助坚持救急救难、简便易行的原则,救助资金实行专账管理、专款专用、社会化发放。建立城乡医疗救助即时结算平台,实现与县内23家定点医疗机构联网,城乡居民最低生活保障户、五保户住院治疗出院时可通过系统实行即时结算,简化困难群众住院治疗后申请救助的手续,方便困难群众住院治疗。年内,全县城市医疗救助143人,发放救助金61.5万元;农村医疗救助1170人,发放救助金350.7万元。 （范永锋）

外事·侨务·中国港澳台地区事务

【外事侨务工作机构及概况】 2013年,陆川县外事侨务办公室(简称县侨办)内设秘书股、外事侨务股,在职人员6人。年内,县侨办坚持以侨为本、为侨服务的宗旨,贯彻落实全国全区外事、侨务工作会议精神,加强外事管理,推进对外交流与合作,为推动陆川经济发展、和谐社会建设做好服务。

【华侨与港澳台同胞】 陆川县是玉林市的重点侨乡之一。华侨、华人主要分布在马来西亚、新加坡、印度尼西亚、越南、泰国、美国、加拿大、老挝、缅甸、澳大利亚、新西兰、英国、西班牙、日本等20多个国家。2013年,全县有华侨、华人、港澳台同胞3.50万多人,归侨侨眷2.50万多人。

【外事管理】 2013年,陆川县加强临时因公出国(境)管理,县侨办及时做好县内因公出国管理工作。年内,全县处、科级领导干部共9人次参与自治区侨办因公出国(境)计划。

【国内外交流合作】 2013年春节、清明节期间,县侨办向海外侨亲、社团、海外重点人士、中国港澳地区重点人士等寄、发送新年贺卡250多份,向海外侨亲传达新春的问候和良好祝愿。筹措资金5000多元,慰问补助贫困归侨侨眷10多户次。澳大利亚华侨魏基成夫妇为陆川县困难侨属捐赠的防寒夹克500件,2013年新春之际,县侨办利用县"136党建活动"工作平台,全部公平、公正地将防寒夹克发放给500位贫困侨众。

【为侨服务】 2013年新春期间,县侨办组织县妇联、侨联以及当地政府、镇妇联、公安局派出所等相关部门开展走访活动,组织调解归侨家庭矛盾。推进侨务扶贫工作,重点加强自治区侨办、县侨办两级侨办的扶贫挂点村温泉镇长河村的帮扶工作,积极协助长河村村级农民文体活动中心项目规划、项目申报工作,年内已完成活动中心设计、开工前期工作,项目已经获得批准,已筹集项目到位资金105万元。

自治区外事办公室在温泉镇长河村开展"美丽广西·清洁乡村"活动。5月初,自治区外事办主任冯祖华一行到温泉镇长河村进行实地调研,了解长河村村情、村务建设、扶贫工作、集体经济及开展"清洁乡村"活动推进情况,并召开座谈会,就如何开展"美丽广西·清洁乡村"活动进行探讨和交流。年内,自治区外事办公室选派处级干部3人、广西机电学校选派干部职工5人深入长河村蹲点指导,筹措美丽乡村建设资金、物品共计30多万元。

6月21日,自治区侨办巡视员、广西侨商会常务副会长林容蓉率广西侨商会部分会员单位负责人一行5人到温泉镇长河扶贫联系村实地考察扶贫项目,并捐赠扶贫项目经费10万元。6月27日,自治区侨办纪检组长班美月率队到温泉镇长河、洞心2村开展庆"七一"、促清洁、做表率特殊党日活动,与联系村党员干部座谈互动。并代表自治区侨办机关党委向长河、洞心2村党总支分别赠送"七一"慰问金2000元,慰问困难党员10名。"七一"前夕,广西华侨宾馆、

2013年6月27日,自治区侨办在陆川县召开"美丽广西 清洁乡村"活动调研座谈会

县侨办 提供

2013 年 8 月 23 日,玉林市侨法宣传暨送爱心医疗专家义诊活动在陆川举行。图为活动现场为当地归侨侨属群众发放慰问品　　　县侨办　提供

广西中国旅行社 2 家企业分别向洞心村各捐款 3000 元,帮助洞心村实施清洁家园工程。

【侨爱工程——广西侨界医疗专家义诊暨侨法宣传活动】 2013 年 8 月 23 日,玉林市外事侨务办副主任岑秋平率玉林市第一人民医院的医疗专家和法律专家一行 20 多人到陆川县市政广场开展侨爱工程·侨法宣传暨爱心医疗专家义诊活动,活动主要开展义诊、健康咨询、侨法宣传、法律服务和赠送医疗包等。活动当天参加活动群众 1200 多人,为归侨、侨属和群众免费发放药品价值 1 万多元,发放侨法宣传资料 1200 多份,免费就诊 500 多人次。　　　　　（李健武）

接待工作

【接待工作机构及概况】 2013 年,陆川县接待办公室内设综合股,编制 4 名,在职人员 4 人。年内,全县接待工作执行中央八项规定和党政机关国内公务接待管理实施细则,规范全县接待程序及标准。

【接待保险】 2013 年,县接待办加强接待服务、后勤保障工作,按照中央八项规定要求,实行务实节俭,执行县支出预算,压减接待费支出。餐饮接待严格执行标准,按八项规定要求安排陪餐人员,严格把好菜品质量关,按照标准以地方特色菜为主,兼顾来宾不同口味下菜谱,提高菜品品质;住宿接待,以提供安静、安全、舒心的安住环境,提高服务水平。年内,共接待宾客 1259 批次、8363 人。其中省级领导 1 批次、1 人(自治区副主席黄道伟),国家级调研、考察组 12 批次、118 人次(中国农业报记者,中央联合调研组,中央党校教授,国家发改委领导,中央编译局领导,新华社、中央电视台记者,中科院院士,国家森林城市考察团,水利部安全生产检查组,中国社科院专题调研组,人民网北京总网),厅级以下 703 批次、4838 人次,国内投资商 144 批次、695 人次,国外投资商 2 批次、10 人(美国投资商,新加坡利维集团),地市级会议 6 批次,县级及有关部门会议 26 批次。县接待办被第九届中小企业商机博览会(中国·玉林)组委会授予工作先进单位。　　　（黄新梅）

机关事务管理

【机关事务管理机构概况】 2013 年,陆川县机关事务管理局(简称县机关事务局)内设政秘股、财会股、保卫股、房产股、车管股、会务股、公共机构节能股,编制 46 名,实有人员 46 人;招聘公益性岗位人员 5 人,招聘日工 30 人;全局共有在岗人员 81 人。

【财会管理】 2013 年,县机关事务管理局代管县委、县政府等 24 个单位的财务工作,年内资金流量 4500 万元。按照财会制度,严格控制经费开支,坚持一支笔签字。加强对代管单位管好、用好经费的指导,资金运转良好,基本杜绝错支,误报等现象。加强乡镇机构节能改造工程资金监管,加大调查研究,确保专款专用,投入改造资金 13 万元。12 月底,同下属十大企业 50 多下岗职工签订解决劳动合同,缴交养老金、补偿金等 118 万元。

【后勤管理】 2013 年,机关后勤管理服务加强房屋管理、水电管理、绿化环保、宾馆餐饮和医疗卫生等工作。

房屋管理 2013 年,县机关事务管理局所属房产有政府大院内的县委办公大楼、县政府办公大楼及政府办前楼、西楼、县政府的 3 个宿舍区,占地面积 4.5 万平方米,建筑面积约 5 万平方米。因使用时间长,县政府办公楼、县政府大院东、西楼有不同程度的损坏和渗漏情况,投资 15 万元对政府大院各办公楼天面漏水进行修补,有效改善办公环境,投资 4.5 万元,聘请自治区工程质量检测中心,并对县人民会堂进行全面安全性能检测,确保人民会堂的安全使用,对政府宿舍区"黄楼"管理,重新进行核实登记注册,清理外来居住人员,杜绝"旅馆式"的轮住现象和任意转租情况。

水电管理 2013年,投资26万元,对政府东、西楼公共卫生间进行改造,重新设置大、小便瓷盆和新装节能水管及节能水龙头,有效地改善卫生间脏、臭、漏水等情况。投资5万元,对县政府机关大院各单位电表的用电线路进行改造,改造后将各单位用电管理权已移交给供电部门管理,既改善用电环境减少线路耗损,确保用电高峰时安全作用。

绿化亮化环保 2013年,根据现代机关办公要求,县机关事务管理局加大县政府大院内的绿化亮化环境建设,保洁员增至4人,坚持一天两扫清洁和白天全天上班保洁制度,并落实专职花草护理工1人。投资2万元,对大院内原有的绿化带、花圃进行较大调整设置和补种补栽,铺设法国草皮1000多平方米,购买木本绣球、西洋牡丹、迎春花等景观树木,对原有树木进行修剪、造型、设计,增添固定垃圾桶一批,大院逐步形成以树木栽种为主体、鲜花草地为衬托的环境。

投资2万多元,铺设政府东楼一楼阶梯及走廊地板砖,投资15万元,对县政协、办公道路改造硬化,对县政法委斜坡挡土墙进行加固。

结合县开展"美丽陆川·清洁乡村"活动,组织干部职工多次对第一、二、三宿舍区进行环境清理,搬走泥石,疏通水沟,铲除杂草,拆除乱搭乱盖、杂物等。投资2万多元对县政府第二宿舍区原有空地进行新栽种木、花草,改善宿舍区居住环境。

宾馆餐饮服务 2013年,县机关事务管理局下属县招待所担负着陆川县人民政府对上接待和为本级政府各种会议住宿用餐服务任务。年内,共投资100多万元,对金川宾馆环境进行重新装修,增加和完善部分设备。共接待各种会议住宿和婚宴用餐1000多次;完成销售总额850多万元,上缴税金100万元,实现利润80多万元。

医疗服务 县政府卫生室担负着县委、县政府离退休人员及在职干部职工的预防、治疗等健康保障服务,并对外开展就诊业务。2013年,有医师1人、护士2人、药师3人。年内,共接诊病人2万人次,协助县卫生局接种预防400人次。营业性收入12.5万元。

2013年6月10日,陆川县公共机构节能宣传周活动启动仪式现场
县机关事务局 提供

【安全保卫】 2013年,县机关事业管理局加强安全保卫工作,实行分管领导包干、岗位责任人负重责、出了问题坚决问责的工作管理机制。分解量化安全责任指标任务,时间和安全系数到岗到人。年内,共接待来访登记人员1800人次,协助县信访部门处置群众集体上访16批600人次,与公安机关联合夜巡3次。加强对保卫人员消防安全教育,树立生命至高无上,安全责任重于泰山的责任意识。投资2多万元,为县政府大院购置灭火器、应急灯50多台套,大大提升火警扑救能力。投资12多万元安装高清视频监控系统,提升大院安全监控力度。对进入机关大院车辆实行凭证出入,确保机关大院车辆停放有序,通道畅通。

【会议服务】 2013年,中共中央十八届三中全会召开。中共中央领导集体和国务院领导机构,有新的创新思维和改革开放的新举措。在落实执行中央八项规定同时。作为为县委、县政府做会务服务保障工作的县机关事务管理局,在会务人员没有增加的情况下,不时加班加点,超前做好各种会议的准备工作。严格落实音响灯光、主席台设置、横标吊挂、茶水供应、会场打扫等各个工序的岗位责任制。年内,共承办自治区级会议3次,玉林市级会议6次,县本级各种会议825次。实现全程跟踪监控、服务保障的良好效果。

【公共机构节能】 2013年,加强公共机构节能。实施"绿色照明"节能改造工程,全县共投入150多万元,先后在县政府机关大院、良田镇卫生院、乌石镇人民政府、检察院、实验中学、社保局、财政局等单位开展"绿色照明"节能改造,用电量较原来下降40%以上。开展"绿色供热水"节能改造,重点抓住医院、学校等2个群体性供热节能单位,推广太阳能、空气能等高效低耗的供热水系统,县实验中学由桑乐太阳能陆川县分公司企业投资安装太阳能、空气能供热水系统。实施节能改造后,方便病员和学生对热水供应的需求,大大减少污染能源,提高环保指数。

（罗书运 谢武光 刘小玲）

中国人民政治协商会议 陆川县委员会

ZHONGGUO RENMIN ZHENGZHI XIESHANG HUIYI
LUCHUANXIAN WEIYUANHUI

2013 年 3 月 14 日，县政协委员"双千双助"活动推进会在县城召开　　县政协办　提供

政协综述

【政协机构及工作情况】 2013年,中国人民政治协商会议陆川县第八届委员会(简称县政协)有委员240人,15个届别。常委会组成人员33人,其中主席1人,副主席4人,秘书长1人,常务委员27人。主席为吕焕坤,副主席有何健华、李福其、徐娜庆、黎政。县政协下设办公室、提案法制委员会、经济联谊委员会、科教文卫委员会。年内召开全体委员会议1次,常委会会议5次,主席会议21次,开展专题调研3次,视察活动1次,走访委员活动1次。办理提案61件,开展"联千企助发展、行千善助和谐"活动、"清洁乡村·委员给力"活动,服务企业发展,支持清洁乡村活动,为构建和谐陆川服务。

【提案办理】 2013年2月,县政协第八届委员会第三次全体会议期间共收到提案62件,经审查立案61件,占总数98.3%。立案提案中,工交城建方面提案32件,占52.4%;财贸金融方面提案4件,占6.5%;农林方面提案8件,占13.1%;科技文教方面提案9件,占14.7%;劳动人事方面提案5件,占8.1%;政治法律方面提案3件,占4.8%。县政协把提案办理工作列入重要议事日程,通过领导督办、协商督办、跟踪督办等多种形式,提高提案办理的实效。年内,61件提案全部按时办复。《关于整治东滨路夜宵摊污染环境的建议》《县城长安西街十字路口光纤电缆线路下垂危及过路车辆、行人安全,需及时处理》和《关于尽快修复文昌街路段的建议》等提案取得良好的成效。

3月26日,县政协第八届委员会第三次会议期间,共表彰县政协八届

一、二次会议期间的优秀提案10个,2012年提案承办先进单位10个、先进工作者10人。

【社情民意收集】 10月,县政协开展社情民意调查了解及收集活动,组织政协机关干部组成4个工作小组,深入基层走访委员、走访企业、走访群众,广泛收集社情民意,及时了解群众关注的热点、难点问题,共收集到社会信息43条,意见建议15条,梳理归纳后编制《社情民意专报》报送县委、县政府,社会信息主要有清洁卫生、教育、城建、民生等方面,意见建议主要有清洁卫生、教育、城建、公路、民生等方面。年内,县政协编印《委员之声直通车》信息刊物7期,把收集到的社会各界人士关注的热点问题通过信息刊物报送县委、县政府主要领导,有效解决一些突出问题。8月,《委员之声直通车》被县委定为党建工作品牌的典型拍摄成电视专题片在县电视台播放。

【委员培训】 2013年5月,县政协组织委员代表50人进行学习培训,重点学习中共十八大会议精神及人民政协和统战理论,增强委员政治意识、大局意识、履职意识和委员意识。

2013年陆川县政协提案办理表彰情况

一、政协八届一、二次会议期间优秀提案

1. 加快对马盘公路县北路段维修建设的建议 (提案人:谢机)
2. 尽快硬化通政东路(县党校路段)打通东环路出口 (提案人:廖梅)
3. 关于修复万丈森工站花园小区路段的建议 (提案人:黄伟红)
4. 关于解决陆川县货运车辆停车难的建议 (提案人:罗武超)
5. 加强谢鲁山庄的保护和管理 (提案人:刘玉文)
6. 落实医改政策,尽快解决县直医疗卫生单位专业人员编制问题,稳定县直医疗单位人才队伍 (提案人:何世聪)
7. 关于学校实行小班制教学的建议 (提案人:李影)
8. 加强对温泉镇东山障官田村石场的生态环境治理的问题 (提案人:陈文兵)
9. 加强陆川县法律服务市场管理的建议 (提案人:李锋)
10. 解决边远山区群众收看收听广播电视难问题 (提案人:刘日杰)

二、2012年提案承办先进单位

陆川县人民政府办公室　陆川县教育局　陆川县住房和城乡建设局
陆川县交通运输局　陆川县经济贸易局　陆川县国土资源局
陆川县公安局　陆川县文化和体育局　陆川县水利局
陆川县市场服务中心

三、2012年提案办理先进工作者

罗文焕	陆川县人民政府办公室副主任	
庞明志	陆川县教育局秘书股副股长	
罗咏梅	陆川县住房和城乡建设局办公室主任	
陈小虎	陆川县交通运输局干部	
罗成志	陆川县经济贸易局政秘股股长	
陈云忠	陆川县国土资源局利用股股长	
温永珍	陆川县公安局政工室主任	
李　勇	陆川县文化和体育局干部	
李丽青	陆川县水利局纪检组组长	
陈宗活	陆川县市场服务中心办公室副主任	

重要会议

【县政协第八届委员会第三次全体会议】2月26日—27日在县城召开，出席会议的委员231人，列席会议人员174人，县委、县人大常委会、县人民政府的领导和玉林市政协驻陆川委员及县直、市直、自治区直单位的主要领导应邀出席会议。县政协主席吕焕坤主持开幕大会，县委书记黄少明在开幕大会上做讲话。副主席何健华、李福其分别代表县政协常委会做政协工作报告和提案工作情况报告。听取3名委员分别做《关于加强城区饮用水资源保护的建议》《关于加强我县城区道路交通管理的建议》《建设生态文明 绘就美丽陆川》的发言。会议审议并通过县政协八届三次会议的政治决议、县政协常委会工作报告的决议。会议共收到委员提案53件。会议期间，与会委员列席县第十五届人民代表大会第三次会议，听取并讨论县政府工作报告及其他重要报告。县政协第八届三次会议召开前并举行政协提案及政协委员"联千企助发展"活动表彰暨2013年政协委员"双千双助"活动动员会。

表4　　　　　　　　　　　政协陆川县第八届委员会第三次会议提案立案情况

序号	提案名称	提案人
1	陆川县城长安西街十字路口光纤电缆电路线下垂阻挡交通,危害路过的车辆、人员安全	吕冰心
2	关于新新洲中路补齐补足绿化树木的提案	何胜明
3	关于尽快维修文昌街路段的建议	黄燕
4	关于拓宽县人民医院大门口行人道和车道的提案	黎寄言
5	关于九洲江县城区段悬浮垃圾应及时清理的建议	政协办
6	关于整治九洲江母亲河源头的提案	何健华　黎政　冯基章　周永达
7	加强对城乡绿化花、树管理的建议	严祖华
8	增加城区街道公益广告	苏琳
9	关于江滨路夜宵摊污染环境的问题	李琳娜
10	陆川县城长安一街春节期间垃圾成山	陈国燕
11	在城区九洲江两边的垃圾箱应设置一块提示牌	陈国燕
12	人民会堂、人民公园东侧公路常封路作商业展销用地,给附近居民、县一小师生出行带来极大的不便	李见
13	关于整治城区环境卫生的提案	徐英杰
14	关于县城区配备洒水车的建议	刘益军　刘锟
15	加快廉租房建设,让人民群众享受国家惠民政策	庞春梅
16	建议成立村级垃圾中转站	李莹
17	改善大桥城镇风貌街道整治意见	李蔓
18	关于美化亮化陆兴路的建议	徐群
19	解决农村生活垃圾	姚绍洪
20	解决农村生活垃圾	梁春坤
21	关于狠抓乡村环境卫生整治的建议	韦华清
22	关于重视农村生活垃圾污染治理,建设生态文明新农村的建议	陈文兵
23	尽快硬化立石垌开发区温泉中路、莲花路等街道,为居民、群众、学生提供交通便利	何鼎奎
24	关于落实校车转送学生的建议	李影
25	呼吁尽快减轻我县部分小学生的课业负担	丘玉梅
26	如何加快乌石二中新教学楼的使用问题	李世雄
27	加强对城区小学教师的管理,切实减轻学生负担,全面实施素质教育,保障学生的身心健康成长	黎纪宏
28	一私人养猪场严重污染清湖信威制衣有限公司	黄海仁
29	建议环保部门加强对各种工业化污染整治	谢海燕

续表

序号	提案名称	提案人
30	对城区网吧进行整治	刘伟梅
31	要求加大对村级村屯文化活动场所建议的建议	谢廉光　刘春达
32	应在全县各个乡镇村屯设置指路标志、标牌	李桂珍
33	关于尽快打通乌石镇陆选村到沙坡六王村道路的建议	刘　锟　刘益军
34	尽快完善对乌石镇陆选村至沙潘村道路建设的建议	张建新　蓝国华
35	关于往沙湖、大桥公交车延长上班时间的建议	韦华清
36	如何加快扩大月垌至乌石公路堵车问题	陈小霞
37	采砂造成水田、河堤损坏纠纷	徐锦光
38	关于纠正县供电公司缴费网点排队过久的建议	刘益军　刘锡文
39	建议建设一幢县妇幼保健院门诊住院综合大楼	陈玉新
40	医院临床治疗收费超重，超过省区医院收费	陈　强
41	关于要求县政府及时处理好官田垌开发区土地纠纷遗留问题	何达伟
42	国家项目"陆川县中医院业务综合大楼建设"用地落实问题	何世聪
43	关于尽快改造二运站侧旁妙垌河两边河岸的建议	刘　锟　刘益军
44	建设美丽陆川，美丽九洲江少不了	雷高华
45	保护母亲河源头，建设美丽九洲江	刘玉文
46	把陆川"品牌猪"当作关等大事来抓	饶欣桂
47	关于解决陆川城区道路拥堵的建议	黎纪宏　何思慎
48	关于尽快在县通政路两个路口拉设红绿灯装置的建议	刘益军　刘　锟
49	关于帮助微型企业发展的优惠政策问题	赵东华
50	坚决取缔县城猪屠宰场	李成新　许嗣森
51	关于加快陆川县城东新区建设的提案	温　威
52	九洲市场要重点清扫保洁	陈俊杰
53	对待下岗的现退休职工要同等对待	朱路生
54	关于改善农村基层干部生活福利待遇问题	黄俊荣
55	关于提高在职村干部补贴的建议	李绍荣
56	建议县委政府多关心基层农村干部退休福利待遇问题	林孝坚
57	关于在城区公园与九洲江两岸活动休闲场所增设露天体育活动健身器材的提案	王权华
58	应加强对车站、医院、宾馆、学校等人员密集场所防雷装置的定期检查与管理	吕锡焕
59	要求解决良田社区办公大楼建设	丘伟清
60	关于建设友爱桥泗里河段的建议	黄伟红
61	关于保护东山环境清洁的建议	黄伟红

【政协常委会会议】 2013年，县政协第八届委员会召开常委会会议5次，即第七次至第十一次会议。

第七次常委会议　2月17日在县政协常委会议室召开，出席会议委员30人。会议协商通过关于召开八届三次全会的决定及有关文件；通过有关人事任免事项，增补县八届政协委员8人，任李飞莹为县政协提案法制委副主任。

第八次常委会议　2月27日在县党政会议室召开，参加会议的县政协常委会成员26人。会议听取县政协八届三次全会各讨论小组召集人关于讨论县政府工作报告、政协常委会工作报告及提案工作报告的情况汇报，审议通过八届三次全会的各项决议(草案)。

第九次常委会议　6月18日在县政协常委会议室召开，出席会议委员26人。会议听取县美丽办关于开展"美丽陆川·清洁乡村"活动情况的通报、县政协经济联谊委提出"联千企助发展"活动的企业所反映的部分问题的报告，县住建局、国土局、供水公司等单位的负责人对解决有关问题做表态发言；会议人事任免县政协各工作委员会主任、副主任6人次。

第十次常委会议　9月23日在县政协常委会议室召开，应出席会议委员33人，实到会委员27人。会议听取县住建局关于县城区环境综合整治情况的通报；会议人事任免县政协各工作委员会主任、副主任4人次。

第十一次常委会议 12月6日在县政协常委会议室召开，应出席会议委员33人，实到会委员23人。会议组织学习中共十八届三中全会精神；人事任免县八届政协秘书长、县政协办公室及各工作委员会主任、副主任5人次，增补县八届政协委员7人。

重要活动

【政协专题调研】 2013年，县政协组织开展专题调研活动3次，组织部分委员和政协机关干部组成调研组深入乡村、社区、企业，重点对实施农民收入倍增计划、建设美丽乡村、土地流转等课题开展专题调研，县委常委会听取专题调研情况的汇报。

农民收入倍增计划专题调研 2—3月，县政协组织委员对县实现农民收入倍增计划情况进行调研，由政协科教文卫委员会牵头，会同县农业局、县人社局、县畜牧局、县林业局等相关单位组成调研组，采取召开座谈会、实地走访等形式开展调研活动，深入到各镇村、社区和有关单位、种养大户、农村经纪人、创业户、转移的农村劳动力等进行调研，调研组指出县农民收入现状和特点、农民增收的困难和问题，提出实施农民收入倍增计划的意见、建议4条，形成《关于我县实施农民收入倍增计划的调研报告》报送县委、县政府参考。

美丽乡村建设专题调研 2—3月，县政协组织开展美丽乡村建设专题调研，县政协经济联谊委与有关单位人员组成调研组，深入到滩面、大桥、清湖、马坡、珊罗等乡镇进行调研，召开镇、村干部座谈会，听取美丽乡村建设专项活动情况汇报，实地考

察滩面乡新旺村、马坡镇大桥头村、界垌村等，走访村民代表，了解、收集整治农村"脏、乱、差"环境的意见和建议等，形成《抓好农村环境卫生整治 建设美丽乡村》的调研报告。

土地流转专题调研 2—3月，由县政协提案法制委组成调研组深入基层调研，并召开农业、国土、发改、水产畜牧等部门和镇村干部代表、农业专业合作社代表座谈会，广泛征集对全县农村土地流转问题、意见、建议。全县17.1万农户承包耕地2.44万公顷，至2012年年底通过农业专业合作社承包、转让、出租、代耕等方式，土地流转7866.67公顷，吸引部分农业专业户、经济能人和社会资金投入农业，减少丢荒田，加强土地集约化经营，提高农业效益。调研发现，目前全县土地流转尚存在土地流转不规范、流转档次不高、机构机制不健全、颁证确权工作没有得到落实、农民流转意识不强等问题。

【委员视察】 9月25日，县政协组织玉林市政协驻陆川委员33人、县政协委员代表30人组成视察团，对县内开展"美丽陆川·清洁乡村"活动的情况进行视察。委员实地参观温泉镇洞心村、大桥镇平山村等开展清洁乡村活动现场，听取县美丽办关于开展

"美丽陆川·清洁乡村"活动的情况通报，详细了解全县开展清洁乡村活动的情况，并召开协商讨论会，指出开展清洁乡村活动存在的主要困难、问题5个，提出建议、意见5条，形成《关于我县开展"美丽陆川·清洁乡村"活动情况的视察报告》报送县委、县政府及有关部门参阅。

【政协委员"双千双助"活动】 2013年，县政协深化拓展"联千企助发展、行千善助和谐"的"双千双助"活动，组织政协委员服务企业、服务社会，推进县政协创新履职、融入发展、服务社会等工作开展。3月26日，县政协召开政协委员"双千双助"活动动员大会，对"联千企助发展、行千善助和谐"活动进行具体部署。年内，全县270名委员（含玉林市政协驻陆川委员）共联系企业272家，协助企业制定、完善发展规划404个，建立健全管理制度398套，提出有价值的建议意见538条，撰写调研报告61篇，培训员工352次1.58万人次，协助有关部门为企业解决问题和困难123个。县政协并组织委员参加"清洁乡村·委员给力"活动，号召委员为美丽乡村建设献计出力。委员们踊跃参与行善积德活动，帮扶困难群众448人次，照顾孤寡老幼166人次，关心病

2013年9月25日，政协委员到温泉镇参观"清洁乡村"活动现场。图为温泉镇党委书记朱万勇（前左一）介绍温泉镇清洁乡村工作情况　　罗　钊　摄

残弱小 39 人次,帮扶困难学生 67 人次,捐助帮扶资金 124 万元;参与支持学校建设的委员 242 人次,参与公益事业的委员 271 人次,捐赠支持学校建设、公益事业发展资金 194 万元。县政协机关干部先后两次到机关联系点良田镇甘片村开展清洁乡村活动,并向甘片村赠送清洁专用车 4 辆、工作经费 2000 元。

3 月 26 日,县政协第八届委员会第三次会议期间,共表彰 2012 年度"联千企助发展"活动先进单位 30 个、先进企业 40 个、先进个人 40 人;获玉林市政协委员"联千企助发展"活动"百佳企业" 18 家,"百佳委员" 18 人。

【"清洁乡村·委员给力"活动】 2013 年,以县开展"美丽陆川·清洁乡村"活动为契机,县政协开展"清洁乡村·委员给力"活动,采取多种形式引导政协委员投身"美丽陆川·清洁乡村"活动。为清洁乡村活动建言献策,组织委员参与清洁乡村专项视察,听取清洁乡村情况汇报,开展协商讨论,对清洁乡村工作提出意见、建议等。开展委员示范带动,委员从自己做起、从本单位做起,以实际行动引领身边群众参与清洁乡村活动。政协委员为清洁乡村活动捐款捐物价值 33 万元。5 月 31 日,玉林市政协在马坡镇界垌村举行"清洁乡村·委员给力"活动保洁车辆赠送仪式。

(丘骏勇)

2012 年度政协委员"联千企助发展"活动先进单位:

县委办	县政府办	县财政局	县国税局	县地税局	县国土局	县交通运输局
县住建局	县广电局	县经贸局	县工商局	县人社局	县信用联社	县工业园区管委会
县公安局交通管理大队	县金泓供水公司					
温泉镇政府	米场镇政府	沙坡镇政府	沙湖乡政府	马坡镇政府	平乐镇政府	珊罗镇政府
横山乡政府	大桥镇政府	乌石镇政府	滩面乡政府	良田镇政府	清湖镇政府	古城镇政府

2012 年度政协委员"联千企助发展"活动先进企业:

玉林市国银投资有限公司	陆川县天一机械厂	陆川县兴宝金属制品有限公司
陆川县华西铸造厂	陆川县永大汽车配件有限公司	米场镇威达机械有限公司
陆川县志诚电子有限公司沙坡分厂	陆川县长隆电子有限公司	广西玉柴重工有限公司
陆川县万兴铁锅厂	陆川县万丈铁合金厂	广西神龙王集团
陆川县陆宝食品有限公司	陆川县供销社第一农业生产资料有限公司	陆川县南发厨具有限公司
陆川县川盛养殖示范场	广西桂安牧业发展有限公司	横山乡稔坡村手袋厂
陆川县"1+1"电器贸易有限公司	陆川县兴旺农牧有限公司	玉林市振奋物资贸易有限公司
珊罗鹤山蒙村红砖厂	平乐镇玻璃厂	平乐镇金安炮竹厂
陆川县永发机械有限公司	陆川县红豆广告传媒有限公司	红六月新洲图书城
陆川县明志铁锅有限公司	陆川文达机械有限公司	陆川鑫生机械配件厂
陆川县全球电子有限公司	陆川县中浩房地产开发有限公司	陆川县高发电机有限公司
陆川县温氏畜禽有限公司	陆川县中兴饮具有限公司	乌石乌坭坡珍珠番石榴专业合作社
陆川华宇物流集团有限公司	广西德联制药有限公司	陆川县人民政府招待所
乌石万意酱料厂		

2012 年度政协委员"联千企助发展"活动先进个人:

梁春坤 蓝维光 何思慎 甘琼斌 张志武 李桂珍 杨坚 莫易富 韦华清 李绍荣 刘仁光
罗钊 刘朝状 谢鸿林 王兆强 徐莉 许嗣森 丘升华 李华强 黄琳琳 谢海燕 陈珊华
黎纪宏 黄伟红 蓝丽燕 丘小波 刘伟梅 姚盛钧 吕志远 谢雨 傅剑锋 卢展 韦美色
蓝国华 刘益军 万理光 蔡宗霖 江绍琪 黎文超 谭兵

玉林市政协委员"联千企助发展"活动"百佳企业":

广西永耀玻璃有限公司	广西沙湖蓄电池有限责任公司	广西开元机器制造有限责任公司
广西金创汽车零配件制造有限公司	陆川县坚威建材有限公司	玉林双胞胎饲料有限公司
陆川县九鼎牧业有限公司	陆川县三力木业有限公司	广西桂川建设集团有限公司
广西桂能铁塔有限公司	陆川县兴兴铁锅有限公司	广西宏达铸造物料有限公司
陆川县志强电机厂	陆川县英平畜牧业有限责任公司	陆川县马坡镇恒发猪场
广西国鼎牧业有限公司	陆川县大勇电器有限公司	广西陆洲机械制造有限公司

玉林市政协委员"联千企助发展"活动"百佳委员":

吕焕坤 龚昌权 庞坚 袁超廉 罗忠发 杨志强 庞勇 万学成 钟耀武 江紫艺 何雄文
徐群 黎曼海 沈玉强 李莹 陈国燕 李见 黄燕

人民团体

RENMIN TUANTI

2013年,陆川县总工会开展"金秋助学"活动。图为总工会为学生捐款　县总工会　提供

陆川县总工会

【工会组织及工作概况】 2013年,全县基层工会702家,工会会员5.43万人。陆川县总工会内设办公室(挂财务部、女职工部牌子)、组织基层宣教文体部、法律保障生产保护部。编制9名,在职干部职工12人。对外挂有职工维权中心、法律援助中心、困难职工帮扶中心、职工医疗互助保障办公室等牌子,下属机构有工人文化宫、职工业余学校,驻工会机构有县教育工会。年内,县总工会以县委开展"一走三问六提升""六个创建"党的群众路线教育实践活动为契机,注重构建和谐劳动关系,维护和发展职工合法权益,加强新形势下职工群众工作,推进工会自身建设,发挥广大职工在加快富民强县新跨越建设中主力军的作用。

【县总工会第十四届委员会第十次全体委员会议】 11月8日在县城召开。参加会议委员17人,会议选举苏雄为县总工会第十四届委员会副主席。

【工会组织建设】 2013年,继续加强工会组织建设,新组建工会26家,发展会员654人;非公企业法人单位数据库入会率99%,非公企业法人单位数据库建会率99%。加强乡镇工会工作委员会规范化建设,开展"玉林市达标乡镇(街道)工会"创建活动,沙湖、横山、良田、滩面等4个乡镇工会工作委员会获玉林市达标乡镇工会。加强企业工会规范化建设,开展"职工之家"建设、"双爱双评"(企业爱员工、员工爱企业,评选爱企业的优秀员工、爱员工的优秀经理)活动,增强基层工会的吸引力和凝聚力。在非公企业工会中继续开展"三亮"(工会组织亮牌子、工会主席亮身份、职工之家亮品牌)活动,338家基层工会开展活动,覆盖面为85%。

继续开展"创建学习型组织、争做知识型职工"活动,加强职工思想政治工作和职业道德建设,全县有633家基层工会建立"创建学习型组织、争做知识型职工"组织,占基层工会的90.17%。以职工书屋建设和"创建学习型组织,争做知识型职工"活动为载体,鼓励和引导广大职工积极参与读书活动。深入开展"双爱双评"活动,9月21日召开"双爱双评"经验交流会,广泛推广陆川宏达物料铸造有限公司工会的成功经验。

【职工就业再就业服务】 2013年,县总工会实施就业优先战略和更加积极的就业政策,组织人员参加县"春风行动"企业用工招聘会,在招聘现场设立咨询点,现场开展工会和职工合法权益维护、就业政策宣传等咨询服务。利用工会农民工培训基地、职工就业培训示范基地,加强对城镇下岗失业人员、在岗职工及农民工的就业培训,创业培训109人,技能培训411人。

【职工维权】 坚持职工代表大会制度,推进基层民主管理,全县已建工会组织的公有制企业、事业单位均建立职代表大会(职工大会)制度,非公有制企业建立职工代表大会(职工大会)制度建制率96%。5家区域(行业)工会联合会建立职代会制度,建制率71%。

2013年,继续推进企业工资集体协商,加强集体合同、劳动合同和工资集体协商工作,提高集体协商水平和集体合同质量。年内签订工资集体协商936份,工作集体协商建制率85%;签订集体合同936份,集体合同建制率85%。签订女职工权益保护专项集体合同936份,覆盖率达到已签订集体合同的单位数的100%。加强劳动关系协调工作,全县有420家基层工会建立劳动争议调解委员会,建制率100%。坚持工会主席接待日制度和信访报告制度,开展县总工会领导公开大接访和组织干部下访活动,接待职工群众来访8人次,工会参与职工维权案件3件。

【劳模工作】 2013年,全县有自治区级劳动模范33人。年内,开展劳动模范情况调查,建立健全劳动模范管理档案,完成自治区困难劳模的困难补助金发放工作。开展"营造劳模先锋林,为绿满八桂作贡献"竞赛活动,县总工会组织劳动模范、工会先进工作者和优秀积极分子、各行各业先进工作者和优秀积极分子180多人到沙坡镇开展植树造林活动,造林90公顷。

【劳动竞赛活动】 继续开展以创建"工人先锋号"为载体的班组竞赛活动,深入开展"当好主力军、建功'十二五'"主题竞赛活动,575家建立工会的企事业单位和职工参加竞赛活动,参与率82%,46家已建工会组织的规模以上非公企业及职工参与竞赛活动,参与率100%。深入实施职工经济技术创新工程,组织开展职工职业技能大赛。开展"我为节能减排作贡献"活动,组织全县53家已建工会企业参加"安康杯"竞赛。继续组织开展争创"五一巾帼标兵岗"、争当"五一巾帼标兵"活动及"女职工素质提升及建功立业"活动。

【"合格职工之家"创建活动】 2013年,全县633家基层工会参与开展创建合格职工之家活动,均成为合格职工之家,合格职工之家占基层工会的90%。542家基层工会开展"会员评家"活动,覆盖面85%。

【工会帮扶救助】 2013年元旦、春节期间慰问困难企业7家,慰问困难职工503人(其中农民工185人),发放款物24.59万元;慰问有子女参加高考的困难职工家庭18户,发放慰问金0.9万元。开展盛夏送清凉慰问活动,走访企业3个、生产车间3个、建筑工地1个,共慰问在高温作业的职工、农民工 350 多人，发放慰问金 1.2 万元。开展"金秋助学"活动，帮助困难职工和农民工子女 103 人圆大学梦、读书梦，发放助学款 9.75 万元。对特困职工 45 人进行日常生活救助。组织一线骨干职工 13 人参加疗养、休养活动。帮助自治区级困难劳模 1 人改善居住条件，组织自治区级劳动模范 22 人进行健康体检。开展女职工"关爱行动"，对 100 名困难企业女职工、女农民工进行"两癌"普查。

【职工医疗互助保障】 2013 年，根据玉林市工会职工医疗互助会议要求，进一步加强工会职工医疗互助宣传，扩大职工医疗互助保障范围，深入开展"三零服务"（零距离、零差错、零投诉）活动，做好参保职工和给付慰问工作，提高服务水平。年内，共发动职工参与医疗互助保障 11975 份；获医疗互助保障给付 19 人，支付保障金 21.8 万元；慰问患病职工 2 人，发放慰问金 0.2 万元。

【职工文体活动】 2013 年，开展《咱们的工会主席》电影放映工作，共放映 4 场次。春节期间，举办职工娱乐活动，娱乐活动项目有太公钓鱼、飞镖夺果、喜送银球、金圈套饮料、喜点花炮等，广大职工群众踊跃参加。4 月

25 日—26 日，在县市政广场举行庆"五一"职工拔河比赛，参加比赛的基层工会男子代表队 22 个、女子代表队 15 个，县公安局工会代表队获得男子组冠军，县人民医院工会代表队、县水利供水公司工会代表队分别获得男子组第二、三名；县人民医院工会代表队获女子组冠军，县水利供水公司工会代表队、百汇超市工会代表队分别获女子组第二、三名。4 月 27 日，举办以"工人伟大、劳动光荣"为主题的庆"五一"职工广场文艺晚会。5 月，组织下乡为基层、农民工放电影 24 场。

【厂务公开】 2013 年，继续加强县公有制企业、事业单位、非公有制企业的厂务公开工作。县厂务公开工作领导小组制订完善厂务公开工作方案，国有企业厂务公开、经贸系统厂务公开、非公有制企业厂务公开、校务公开、院务公开 5 个具体工作组职责明确，各负其责。坚持职工代表大会制度及厂务公开规章制度，规范厂务公开内容，拓宽公开领域，推进厂务公开民主管理。11 月 12 日，县总工会召开厂务公开年度工作会议，县厂务公开领导小组成员单位领导参加会议，会议推广县第二小学、温泉食品公司、县人民医院、广西开元机器制造有限公司厂务公开民主管理示范

点经验。年内，全县已建工会的公有制企业、事业单位均实行厂务公开，非公有制企业建立厂务公开制度建制率 96%。

【工会干部培训】 2013 年，组织工会干部参加自治区总工会、玉林市总工会举办的各种培训班、轮训班、工会领导培训班 24 人次，县总工会举办培训班 2 期，培训工会干部 135 人次。

（黄　聪）

共青团陆川县委员会

【共青团组织及工作概况】 2013 年，陆川县有共青团员 9.15 万人，占全县 14~28 岁青年 15.43 万人的 59.30%。全县有县级团委 1 个、基层团委 50 个（其中乡镇团委 14 个、学校团委 34 个、机关事业单位团委 1 个、公有制企业团委 1 个）、团总支部 34 个（其中学校团总支部 25 个）、团支部 1387 个（其中非公团支部 330 个、"两新组织"团支部 8 个，县直机关团支部 47 个，乡镇、村、学校团支部 997 个）。各级团干部 167 人（其中专职 75 人，兼职 92 人），团干部平均年龄 29.2 岁，本科以上学历占 67%，研究生以上学历占 0.72%。

共青团陆川县委员会（简称团县委）内设办公室、组织部、宣传部、团务部、共青团陆川县直属机关委员会。年内，全县团组织围绕团中央及陆川县委、县人民政府的工作部署，广泛开展"中国梦和我的梦""红领巾心向党"等主题教育活动，加强青少年思想政治教育；深入开展志愿服务主题活动、希望工程关爱行动、"美丽陆川·清洁乡村"活动等。青年、团员参与活动 312 次 12.46 万人次。

【共青团陆川县十七届二次全委（扩大）会议】 4 月 9 日在县第一会议

2013 年 5 月 1 日，陆川县总工会举行拔河比赛。图为拔河现场

县总工会　提供

2013年4月9日，共青团陆川县第十七届二次全委（扩大）会议在县第一会议室召开　团县委　提供

室召开，共青团陆川县委员会十七届委员、候补委员和各基层共青团干部100多人参加会议，县委副书记严海波出席会议。会议学习贯彻中共十八大会议精神和全国人大、政协"两会"精神，总结回顾陆川县共青团2012年工作，并围绕县委提出的"一个目标""三大会战""七大突破""六个创建"的总体工作部署，部署2013年全县共青团工作。

【团组织建设】 2013年，坚持党建带团建工作，推进团组织建设，扩大团组织对青年的有效覆盖率，注重农村团组织建设，加强各类产业团支部和专业团小组发展，加快"两新组织"（新经济组织、新社会组织）团支部建设。年内非公企业建团30家，"两新"组织建团1家。新发展团员17676人，推优入党87人。

【青少年思想政治教育】 2013年，陆川县青少年思想政治教育注重加强"中国梦"教育、革命历史教育、感恩教育等。加强革命历史教育，3月30日，组织少先队员参加县委、县政府在县革命烈士纪念碑开展的清明节纪念活动，活动以"清明节——缅怀革命先烈"为主题，参与

活动的少先队员550多人。加强少先队"中国梦"教育，6月1日组织全县各城乡小学大队部开展"中国梦和我的梦""红领巾相约中国梦"主题队日活动，开展入队仪式、广播操比赛、书画比赛等形式多样的活动，全县参与活动的少先队员2万多人。加强先进人物事迹教育，8月18日县委副书记严海波和青年志愿者们一同到温泉镇风淳村老屋组看望身残志坚的"阳光弟"沈科琦，学习宣传沈科琦的先进典型事迹。11月14日，团县委召开共青团系统学习中共十八大三中全会精神座谈会，全县各共青团系统干部等20人参加座谈会，与会代表交流畅谈学习中共十八大三中全会精神的认识和体会。

【陆川县青年创业服务站成立】 2013年10月成立，青年创业服务站设在团县委办公室，主要是为青年就业创业提供技术支持、就业创业信息、职业设计、人生规划等方面服务，结合青年自身特点帮助广大青年拟订人生规划，协助青年成长成才。年内，青年创业服务站协助5名大学村官申请并获得YBC瀛公益创业支持基金25万元。

【青年就业创业见习基地建设】 2013年，团县委利用各种社会资源新成立红豆红传媒有限广告公司、开元机械制造有限公司、金创机械制造有限公司等青年就业创业见习基地3个，为青年提供见习岗位30多个，全县累计有青年就业创业见习基地5个。年内，到青年就业创业见习基地见习青年180人。

【"美丽陆川·清洁乡村"卫生监督活动】 10月10日，团县委、县老干局、县住建局联合在城区开展"美丽陆川·清洁乡村"青年志愿者卫生监督员活动。由退休老干部、住建局干部、企业职工、县职业学校青年志愿者组成卫生监督员队伍50人，分成5个流动小组，分别对城区各个街道进行监督管理，遏制公共场所乱丢垃圾、污水横流、车辆乱摆放、广告乱张贴等不文明现象。

【团广西区委到陆川调研】 8月19日，团广西壮族自治区委第十三调研组到温泉镇洞心村开展以"基层团组织

建设和基层工作"为主题的调研活动。调研组与温泉镇大学生村官举行座谈会,了解全县团委工作情况及团县委工作开展具体情况,向与会人员征求对开展团组织工作的建议。

(蒋素琴 李成海)

陆川县妇女联合会

【妇女组织及工作概况】 2013年,陆川县有妇女51.18万人,少年儿童(0~17岁)32.65万人。县妇女联合会1个,乡镇妇联组织14个,妇女之家164个(其中玉林市级妇女之家6个,县级"妇女之家"158个),儿童家园80个(其中自治区级儿童家园1个,玉林市级儿童家园2个,县级儿童家园77个),妇女活动中心2个,妇女儿童维权服务站15个,村街妇代会164个,女企业家联谊会1个。乡镇妇联干部13人,村街妇代会主任164人。县妇女联合会(简称县妇联)内设办公室、权益部、综合部,编制6名,在职人员4人。县妇女儿童工作委员会挂牌在县妇联,属县政府部门,没有独立编制和工作人员。年内,县妇联以建设"坚强阵地""温暖之家"为目标,统筹城乡妇女发展,推进妇女儿童实事项目建设,优化妇女儿童发展环境,加强妇女儿童维权服务等。县妇联获广西平安建设"双维双促"工作三等奖、玉林市妇联工作创新成果展示优秀奖。

【"清洁乡村·巾帼行动"活动】 2013年,县妇联组织开展"巾帼植树年"活动。3月8日,在县政府门口举行"巾帼植树年"启动仪式,全县副科级以上女领导、各乡镇妇联主席、巾帼文明岗代表、女企业家代表、优秀女性专业技术人才代表等150多人参加启动仪式。启动仪式后开展义务植树造林活动,全体与会人员到龙颈瀑布风景区栽植桃树600多株。6月25

日在县委党校举行"清洁乡村·巾帼行动"培训班,乡镇妇联主席、村(社区)妇女主任代表、县直妇委会主任代表、女企业家联谊会会员等100多人参加培训。开展"清洁乡村·巾帼行动"活动宣传活动,县、镇妇联系统领导干部利用每周五、每月10日集中行动日时间,到街上、乡村、责任区开展义务清洁大扫除活动;发动志愿者参与"美丽家园"创建活动,整合女企业家、城乡创业女能人及热心公益事业的妇女资源,发挥出巾帼志愿者队伍作用。向全县广大妇女发出"家庭清洁,妇女做主"倡议,深入乡村农户、企业公司进行宣传;结合县委开展"一走三问六提升"党建专题活动,县妇联领导干部回到挂点乡村开展培训,给村民宣传垃圾分类知识和卫生小常识,组织村民打扫村屯道路垃圾,清洁河道水源。共发出倡议书3000多份,发放环保袋1500多个。

【"妇女之家""儿童家园"建设】 2013年,各村"妇女之家""儿童家园"开辟活动场所,添置活动设施,健全管理制度,开展宣传教育、就业创业、维权服务、家庭教育、志愿帮扶和文化娱乐等活动。利用"妇女之家"平台,开展妇女实用技术和职业技能培训4期,参加培训200人次,重点开展新知识、新技术、新技能培训,有效提升创业就业能力。利用"儿童家园",开展关注留守、特困儿童活动,关注、关爱留守、特困儿童350人,及时掌握县内留守、特困儿童情况,及时了解儿童心理变化、身心发展、思想品德、学习兴趣、学习成绩等情况,并做好跟踪教育工作。

【妇女儿童合法权益维护】 2013年,县妇联开展"双教育、双规范"(即:教育干部依法行政,规范干部工作行为;教育群众遵纪守法,规范群众信访行为)活动,教育妇女群众遵纪守法,规范群众日常行为和信访行为,受教育干部、群众160人次。加强妇女信访工作,利用妇女儿童维权岗、法律援助中心、妇女维权热线等平台,为广大妇

女提供维权服务。年内,共处理信访案件165件,结案率98%。县工商局加大对妇女儿童食品安全监管,维护妇女儿童食品市场安全,深入开展扫黄打非工作,规范文化市场秩序,保护未成年人身心健康;县法院成立"妇女儿童维权岗"8个,为妇女提供法律援助数百人次,为妇女儿童案件当事人缓、减、免诉讼费12万余元;县残联为残疾儿童免费发放爱心轮椅20辆,为重度残疾妇女发放轮椅34辆。

【组队参加"舞动玉林"广场民族舞展示大赛获特等奖】 2013年3月6日,玉林市庆"三八"妇女节第二届"交通安全杯""舞动玉林"广场民族舞展示大赛在玉林市龟山公园举行,陆川县组织31人代表队参加比赛,参赛节目为广场民族舞,并获比赛特等奖。

【女企业家联谊会年会】 6月25日在县委党校召开,县内60多名女企业家代表参加会议。会议听取、审议并通过女企业家联谊会会长吕志英代表理事会所做2012年工作报告、理事陈伟秀做的2012年度财务报告;会议表彰女企业家"双百帮扶"活动先进个人10人、优秀会员10人,吸纳新会员22人,累计会员65人。会议期间组织女企业家代表到北部工业园区参观考察。

【女企业家学习交流活动】 2013年12月5日,县女企业家联谊会组织县内女企业家代表40多人到北流、博白、玉州、福绵等县(市、区)的巾帼现代农业示范基地考察、培训、学习,重点开展农业种植学习。

【防艾禁毒宣传教育活动】 2013年,县妇联配合县公安局开展防治艾滋病知识、预防毒品知识等宣传教育活动,举办专题讲座6场次,开展专题宣传教育活动8次,制作宣传版块14版,发放各种宣传资料8000多份,接受面对面宣传教育妇女群众5500多人次。

(李 琛)

陆川县科学技术协会

【科协组织及工作概况】 2013年,陆川有县科学技术协会1个、乡镇科协14个、农村专业技术协会19个、企业协会2个,会员1万多人,科普志愿队伍390人,农村科普示范基地5个,农业技术协会19个。陆川县科学技术协会(简称县科协)内设综合部,在职干部5人。年内,实施《全民科学素质行动计划纲要(2011—2015年)》《科普惠农兴村计划》项目、"五个一"农村适用技术培训工程,开展科普大篷车下乡村、进校园、入社区科普宣传活动、十月科普大行动,加强科技创新、科普服务,科普工作取得成效。

【未成年人科学素质行动实施】 2013年,县科协继续推进全民科学素质行动,重点加强未成年人、农民、社区居民人群的科学素质教育。开展未成年人科学素质行动,组织学校优秀科技辅导员40人到南宁市观摩广西青少年科技创新赛;7月,陆川县中学高二14班学生冯彩参加由中国科协、教育部在中山大学、华南理工大学举行的广东科学营活动。

【"五个一"农村适用技术培训工程实施】 2013年,继续实施"五个一"农村适用技术培训工程,利用农村科普示范基地,加强农民科学素质教育,指导科普示范基地和获奖、申报单位结合生产、经营实际需要为会员及周边农民提供技术培训、技术指导服务。米场镇五柳村种养协会等18个农业技术协会、科普示范基地分期分批举办农业技术培训班78期,培训农技协会员、农村党员、农民6260人次。其中培训农村党员2050人次,印发各种技术手册、技术资料2万多份。

"五个一"农村适用技术培训工程,是由广西科协最先提出、组织实施,并纳入自治区党委组织部"百万农村党员大培训"工作计划。主要内容是:每年培训10个农村科普带头人,100个农村专业技术协会会长(理事长),1000个农村专业技术协会副会长(副理事长)、理事、村支书,10000名次农村专业技术协会技术(业务)骨干、村干部,100000名次农村专业技术协会会员、农村党员、周边农户、业务联系户。实施"五个一"工程,农村党员由科学技术的接受者转变为科学技术的传播者,提高农村党员带领群众致富能力,并带领广大农民群众信科学、学技术。

【"科普惠农兴村计划"项目实施】 2013年,继续推荐协会、基地、个人参加全国及广西"基层科普行动计划"先进单位、个人评选活动。年内,陆川县科技养蜂协会获全国"科普惠农兴村计划"先进协会,清湖镇塘寨村种养协会获广西"科普惠农兴村计划"先进协会,广西聚银牧业有限公司经理黄祖东获广西"科普惠农兴村计划"农村科普带头人。

【科普讲座】 2013年,县科协继续开展大型科普讲座活动。5月10日,县科协、县教育局、县老科协邀请自治区、玉林市科普专家到陆川中小学校、社区老年大学等开展大型科普讲座,讲座针对不同人群,讲解不同知识。先后在县实验中学、县初级中学、县第四中学、县第一小学为青少年讲解创新思维的方法和故事、奇妙的纳米技术、大气奥秘、航空、航天技术,在社区老年大学对居民讲解健康、养生知识。共举办科普讲座5场,听众13000多人。

【青少年科技创新大赛活动】 2013年10月,陆川县组织举行青少年科技创新大赛活动,全县青少年、科技辅导员均可参赛,参赛科技创新成果项目有论文、创新发明、科技实践活动、科幻画、科技辅导员科教作品等共240篇(件)。邀请5个专家做评委,共评出获奖作品113篇(件)。其中,青少年科技创新成果项目论文一等奖4篇,二等奖11篇,三等奖17篇;创新发明一等奖2件;科技实践活动一等奖2篇,二等奖2篇,三等奖3篇;科幻画一等奖13幅,二等奖12幅,三等奖18幅;科技辅导员科教作品一等奖6篇,二等奖9篇,三等奖14篇。评选出先进集体10个,优秀科技辅导员122名。大赛推荐青少年科技创新成果项目论文10篇、创新发明2件、科技实践活动4篇、科幻画13幅、科技辅导员科教作品8篇参加玉林市青少年科技创新大赛,其中有7篇科技辅导员科教作品、1篇青少年科技创新成果项目论文、1幅科幻画被玉林市推荐参加2014年广西青少年科技创新大赛,陆川县中学被推荐参加广西青少年科技创新大赛优秀组织奖评比。

【十月科普大行动活动】 2013年10月,陆川举行十月科普大行动及科普宣传广场活动,活动由县委组织部、宣传部、县文明办、科技局、科协等单位联合主办。10月29日在县城市政广场举行十月科普大行动启动仪式,玉林市科协党组书记蒋祖全、副主席覃煜坤,县四家班子有关领导以及县十月科普大行动成员单位领导、各镇分管科技领导、科技工作者、科普志愿者代表300多人参加启动仪式,启动仪式为14个乡镇赠送《美丽广西·清洁乡村》科普口袋书、科普读本等一批科普图书、挂图等资料等。全县参加科普广场活动有"十月科普大行"成员单位及相关部门33个,科技工作者、科普志愿者150人。科普广场活动开展科普大篷车展示、科普知识有奖问答,"美丽陆川·清洁乡村"生态环境保护、创新产品,农药、化肥安全使用、自然灾害预防、卫生保健、节能减排、安全生产、交通、消防、食品、药品、用电安全宣传,农民工维权法律、法规、计生政策、妇女儿童权益维护等知识宣传、咨询。科普广场活动展出科普宣传展板 50 多板，免费发放科普宣传资料 8000 多份，参加科普知识有奖问答 2000 多人，接受咨询群众 3000 多人，参加活动群众 1 万多人次。

【科普大篷车校园行活动】 2013 年，继续开展科普大篷车进校园活动。10 月 29 日，玉林市科协、陆川县科协到陆川县第一小学开展科普大篷车进校园活动，主要展出有海洋生物、宇宙星座、古生物和环境与健康等科学知识三维科普展板图片、科学体验展具，让青少年学生参观和动手操作、体验，参观青少年学生 5000 多人。活动向学校赠送《美丽广西·清洁乡村》科普口袋书、科普读本 200 多册、科普挂图 20 多幅。

【中国流动科技馆广西巡展陆川站活动】 2013 年，中国流动科技馆广西巡展到陆川展出。12 月 12 日，巡展活动启动仪式在县委党校举行，广西科技馆副馆长杨海霞、玉林科协主席徐建伟及陆川县"十月科普大行动"领导小组成员单位分管领导和学校师生 350 多人参加启动仪式。

巡展活动从 2013 年 12 月 12 日至 2014 年 2 月 15 日。巡展设置声光体验、电磁探秘、运动旋律、健康生活、安全生活、科普影视、生命奥秘等主题展区 7 个，互动展品 50 件，参观青少年和干部群众 8 万多人次。

【食品安全宣传周科普广场宣传活动】 6 月 17 日在县城举行，利用科普大篷车广泛开展宣传活动，悬挂食品安全科普挂图 20 幅，发放食品安全科普宣传资料 1500 份，参观群众 1000 多人次。

【科技创新服务活动】 2013 年，县科协组织专家为企业开展科技创新服务活动。9 月 29 日邀请玉柴科协专家组一行 6 人到县铁锅企业开展科技创新服务活动，为铁锅企业在生产工艺、

生产流程创新提供服务。专家组先后到县兴兴铁锅有限公司、县南发厨具有限公司和铁锅生产车间实地考察铁锅生产流程及工艺，专家组成员分别就铁锅生产的铸造、抛光、工艺、流程创新问题提出系列解决办法。

【"科普大篷车"电视栏目播放】 2013 年，县科协、县广电局和中国科学技术馆联合，继续在县广播电视台播放"科普大篷车"电视栏目，主要播放贴近生活、贴近实际、贴近群众科普栏目，每周两期，分为 A、B 两版，每期 15 分钟，周一、周四、周日播出，年内共播出 100 期。

【老科技工作】 2013 年，县老科技工作者围绕县"一廊一城三园五业"发展战略，加强对县旅游资源调研。4—5 月，县科协组织老科技工作者调研组到珊罗龙珠湖、谢鲁山庄等旅游景区开展调研活动，进行实地考察，听取景区领导汇报，收集相关数据材料并进行分析研究，撰写《关于县旅游资源的调研报告》，针对县旅游资源的内涵和潜力，提出县建设旅游强县的建议意见 6 条呈送县委、县政府。6 月 25 日，玉林市老科协现场交流会在陆川召开，玉林市、各县（市、区）老科协会长、秘书长，陆川县政府分管领导，县委办、组织部和县科协等有关人员 30 多人参加会议。 （吕汉军）

陆川县归国华侨联合会

【侨联组织机构及概况】 2013 年，陆川县有海外侨胞约 2.39 万人，县内侨属、侨眷约 1.64 万人。陆川县归国华侨联合会（简称县侨联）定编 4 名，在职人员 5 人。年内，县侨联加强为侨服务工作，广泛开展侨界联谊活动。

【侨界人士参政议政】 2013 年，组

织推荐广西第九次侨代会代表人选 3 人；推荐华商企业人士 4 人加入广西华商会，其中温威当选广西华商会副会长。

【为侨服务】 2013 年，县侨联组织开展侨情调查，建立全县侨情数据库，建立 30 人侨界代表人士动态信息库。开展侨联干部结对子联系服务侨企活动，建立侨联干部联系侨企制度，每位侨联干部联系涉侨企业 2 家，协助企业解决生产经营的实际问题，跟踪服务侨商项目 10 个。以县委开展"一走三问六提升"活动为契机，在全县侨联系统和侨界群众中开展"美化侨乡·侨界在行动"活动，组织侨界群众参与清洁乡村行动。春节前，县侨联开展"送温暖，献爱心"慰问困难归侨侨眷活动，走访慰问困难归侨侨眷 20 户，发放慰问金及慰问品 5000 元。自治区侨联划拨资金 3 万元支持马坡镇东西村文化活动室建设。

【侨界联谊活动】 2013 年，县侨联组织学生 150 人参加玉林市第十五届世界华人学生作文大赛，获优秀组织奖。接访回乡探亲海外侨胞 3 批 16 人次。在中国新闻网、中国侨联网、广西侨联网等各类媒体发表侨联信息 10 篇（次）。12 月 12 日，县侨联举行侨界人士学习贯彻中共十八大精神报告会、十八届三中全会精神座谈会，全县有经济界、科技界等 43 人参加座谈会，县委常委、统战部部长陈锦华出席会议并讲话，县侨联主席万胜传达贯彻自治区、玉林市侨联的有关会议精神。

【自治区侨联副主席林振龙到陆川调研】 6 月 5 日—6 日，自治区侨联副主席林振龙等一行到陆川县中浩房地产有限公司、县九鼎牧业有限公司、县中兴厨具有限公司等 3 家侨属企业和驻点扶贫村马坡镇东西村进行专题调研，实地考察侨属企业生产一线，了解企业生产发展情况，对陆川在服务侨企发展工作予以肯定，要求市、县级侨

联围绕中心工作,服务发展,为归侨、侨属生产生活多办实事,努力营造良好侨商投资和生活环境。

【玉林市侨法宣传暨送爱心医疗专家义诊活动】 8月23日在陆川县市政广场举行。玉林市外侨办副主任岑秋平、陆川县委常委、统战部部长陈锦华、县委常委、县政府副县长莫家耀出席活动启动仪式,玉林市第一人民医院、陆川县人民医院等医疗机构医疗专家、医务工作者35人参加义诊活动,重点开展量血压、皮肤病、风湿病、内科等义诊,义诊群众3000多人次,发放价值2万多元常用药品,活动现场发放侨法宣传资料1万多份。

(余金梅)

陆川县工商业联合会

【工商联合会概况】 2013年,陆川县有县级工商业联合会(总商会)1个,乡镇商会10个(马坡、平乐、珊罗、米场、沙湖、沙坡、乌石、良田、清湖、古城等),共有会员1373名。县工商业联合会按照"领导班子好、会员发展好、商会建设好、作用发挥好、工作保障好"五好工商联的工作要求,全力推进商会服务工作开展,县工商联获全区县级"五好工商联"先进单位称号,马坡镇商会获全区"先进乡镇商会"称号。

【工商联九届二次执委(扩大)会】 2013年1月15日,陆川县工商业联合会九届二次执委(扩大)会暨迎春座谈会在县城召开。九届全体执行委员会委员和企业家代表等100多人参加会议。县委书记黄少明、副县长曾锋出席会议并讲话。会议学习中共十八大精神,传达自治区工商联十一届二次执委(扩大)会会议精神,总结2012年工作,部署2013年工作。

【商会组织建设】 2013年,继续探索以商养会的途径,促进商会发展。全县乡镇商会成立投资公司1个,新发展个人会员85名。马坡镇商会会员黄宗祥自筹资金600多万元在马坡镇砾砂村建设村水上乐园。逐步完善东莞市陆川商会建设和发展,获东莞市政法委书记邓志广、玉林市委副书记李常官等领导的肯定。

【服务会员企业行动】 2013年,以县委开展"一走三问六提升""六个创建"活动为契机,县工商联开展"服务会员企业行动"工作品牌活动,深入企业调研走访,加强服务企业工作,为会员企业办好事实事。协助塑料行业做好整体搬迁升级转型工作;加强非公有制经济人士对外交流合作,11月组织县内外12名非公有制经济代表人士参加玉商大会,为非公有制经济发展牵线搭桥。年内,共走访会员企业300多家次,办好事实事38件,协调解决各种纠纷11件。

加强银企合作,搭建融资平台。县工商联加强与县农村信用联社、柳银村镇银行、邮政储蓄银行等金融部门沟通联系,多次召开银企座谈会,与银行有关人员深入会员企业了解情况30多次,加强银企交流沟通,为会员企业融资8000多万元,促进会员企业发展;组织非公有制企业参加玉林商机博览会,陆洲机械制造有限公司、南发厨具有限公司、广西高发电机有限公司在玉博会上展示铁锅、机电、饮水器等产品,产品签约金额1000多万元;组织百家企业参加第四届陆川"名猪"文化节,产品展销包括饮食服务、机电、塑料、铁锅、水产畜牧、农林等多个行业数十种产品,有效促进行业经贸交流。

【"美丽陆川·清洁乡村"活动】 2013年,县工商联印发《给会员企业一封信》5000余份,在会员企业开展"美丽陆川·清洁乡村"活动宣传,引导全县非公企业积极参与"美丽陆川·清洁乡村"活动。全县10个乡镇商会、38家执委企业联系帮扶48个村屯开展清洁乡村活动,捐资300多万元支持美丽乡村建设。

(林 勇)

陆川县文学艺术界联合会

【文联组织及工作概况】 2013年,陆川县文学艺术界联合会(简称县文联)在职人员4人。下设作家协会、戏剧协会、美术协会、音乐协会、舞蹈协会、书法协会、摄影协会和诗词学会,协会会员203人。年内,县文联坚持"二为"(为人民服务、为社会主义服务)方向和"双百"(百花齐放、百家争鸣)方针,加强联络、协调、指导、服务工作。广泛开展形式多样的文学艺术活动。组织开展文化惠民义写春联活动2次;组织文艺工作者深入基层或外出开展文艺采风活动3次;举办各类文艺创作座谈会、笔会3期;开展赠书活动1次,捐赠图书500多册;县文联、县教育局、县文化馆、县青少年活动中心等部门单位联合举办各种文艺汇演活动2场次;县文联及各协会开展采风、座谈、笔会、研讨、展览、汇演等文艺活动18次,参与活动协会会员460多人次。县文联获玉林市文联工作"先进集体"荣誉称号。

【文艺创作】 2013年,县文联组织各协会参与创作各类文艺作品820多件。其中,县作家协会文学创作骨干创作文学作品160多篇(首),摄影协会会员创作摄影作品300多幅。在省、地市级报刊发表文艺作品170多件,其中省级30多件,地市级140余件;获奖作品50多件,其中获省级奖励16件,地市级奖励37件;其他参展文艺作品300多件。年内,作家协会会员小小说、故事多篇在各级报刊发表、入选各类刊物或获各类奖励;摄影协会会员的多幅摄影作品在第七届中国东盟青年艺术作品创作大赛、广西女摄影家协会首届摄影作品展、玉林市"云龙杯"美丽库区摄影大赛等活动中获各级报刊、网站发表或获奖。

4月，县美术家协会选送3名会员的书法作品参加第四届"羲之杯"全国诗书画家邀请赛，分获书法类一等奖、二等奖、二等奖。5月，组织参加长沙国韵书画院、国礼珍品中国红瓷组委会举办的东方红纪念伟大领袖毛主席诞辰120周年国礼珍品书画红瓷艺术大赛，县美术家协会3名

会员的书法作品获金奖，书法作品获批准进入烧制国礼珍品中国书法红瓷行列，并赠送韶山毛泽东纪念馆等博物馆收藏。7月，组织参加玉林市举行纪念延安双拥运动70周年、玉林市双拥文化作品征稿活动，陆川选送作品获书法类一等奖、摄影类二等奖、文章类二等奖各1幅(篇)，获摄影类优秀奖、文章类优秀奖各3篇。9月，自治区团委举办第七届中国－东盟青年艺术作品创作大赛，选送作品《陆游多景楼》获书法类优秀奖。9月

底，自治区党委宣传部、区妇联、区文联联合举办"放飞艺韵 巾帼风华"第四届广西女性书画摄影手工艺作品展，选送作品《南乡子(小篆)》《清气(国画)》获优秀奖，《春晓》《行草书》获书法类入选奖，《荷塘鸳鸯图(国画)》《荷梦(国画)》《今古对话(水彩画)》获美术类入选奖，《太极新绿》获摄影类入选奖。2013年，广西举行艺术作品展，选送篆刻作品《政聪印迹》获优秀奖，篆刻作品《玉洁印存》《贺铸词一首(小篆)》入展。

表5   2013年陆川县文艺作品在省级以上报刊、网站发表名录

作品名称	作品体裁	作　者	发表刊物
《晒谷子》	小小说	何　燕	《中国文学》2013年1期
《晒谷子》	小小说	何　燕	《广西文学》2013年2期
《洗礼》	故事	何　燕	《故事会》2013年4月
《心灵的洗礼》	故事	何　燕	《麒麟》2013年2期
《风也香来水也甜》	歌曲	江家一　赖俊才	《歌海》2013年第1期

表6   2013年陆川县文艺作品获地厅级以上奖励名录

作品名称	作品体裁	作者	奖　项	授奖单位
《陆游多景楼》	书法	林　柳	第七届中国－东盟青年艺术作品创作大赛优秀奖	共青团广西壮族自治区委
《南乡子》	书法	林　柳	"放飞艺韵 巾帼风华"第四届广西女性书画摄影手工艺作品展优秀奖	自治区党委宣传部 自治区文联 自治区妇联
《清气》	国画	林　柳	"放飞艺韵 巾帼风华"第四届广西女性书画摄影手工艺作品展优秀奖	自治区党委宣传部 自治区文联 自治区妇联
《春晓》	书法	杜达强	第四届"羲之杯"全国诗书画家邀请赛一等奖	中国硬笔书法协会 羲之书画·诗书画家 北京华夏博学国际文化交流中心
《毛泽东诗词一首》	书法	庞日生	第四届"羲之杯"全国诗书画家邀请赛二等奖	中国硬笔书法协会、 羲之书画·诗书画家 北京华夏博学国际文化交流中心
《行书》	书法	陆泽锋	第四届"羲之杯"全国诗书画家邀请赛三等奖	中国硬笔书法协会、 羲之书画·诗书画家 北京华夏博学国际文化交流中心
《小篆》	书法	卢家富	第七届全国书法新人新作展入展	中国书法家协会
《洗礼》	故事	何　燕	"青春励志故事"征文大赛一等奖	共青团中央宣传部
《故事再美》	故事	何　燕	"美丽福建 美丽梦想"征文一等奖	福建省委宣传部、 东南网
《恩怨猪缘》	戏剧	江家一（编剧）县文化馆（编排）	广西第二届基层群众文艺汇演二等奖	自治区党委宣传部 自治区文化厅 自治区广电局 自治区文联 自治区文明办

【摄影创作】 2013年，县摄影协会在全县各类文艺节庆活动、群众体育健身活动中广泛开展摄影创作活动。1月5日，著名摄影家、中国摄影函授学院教授朱丁甲、广西女摄协副主席张秀清等到陆川良田猪场、沙湖小学开展摄影采风，县摄影协会会员8人参与摄影创作活动；2月，摄影协会会员参加米场镇南中村民俗"出灯"活动、清湖镇庆元宵节活动，并进行摄影创作；3月8日，参与县开展庆"三八"妇女节种桃树、捉鱼活动摄影创作；6月10日—12日，陆川县"中浩·宝炬杯"第六届龙舟大赛暨2013年玉林电视台端午欢乐行活动在龙珠湖举行，县摄影协会组织县内摄影家进行全程跟踪摄影。10—11月，广西聚银业有限公司举办聚银杯"美丽陆川，客家风情"摄影大赛。共有50多人投稿356幅作品，经专家评选，一等奖2名，二等奖5名，三等奖10名，优秀奖20名。获奖作品编印成《美丽陆川·客家摄影》大型画册。

加强与其他县、市、区摄影协会学习交流，拓展摄影采风创作活动。2月，玉林市群艺馆举行"庆新春"美术摄影作品展，县文联组织摄影协会、美术协会会员30人到玉林参观交流，开阔协会会员的视野，拓宽他们的创作思路；4月2日—3日，组织摄影协会会员5人赴钦州参加由中国摄影协会名家王文澜等5人授课的摄影讲座；4月20日—22日，组织摄影协会会员11人赴南宁参加"雪花纯生·中国古建筑"摄影大赛讲座；5月17日—19日，恭城县举行杨溪村瑶族古民居第三届民俗文化节暨首届祭牛王大典活动，县摄影协会会员赴恭城县庆典活动采风摄影。

【书画摄影展】 2月4日—19日陆川县首届客家文化书画摄影展在松鹤公园举行，书画摄影展由县委、县政府主办，县政协和广西川海龙福投资公司承办，县文联协办。2月4日举行客家文化书画摄影展开幕式，县四家班子领导和机关干部300多人参加开幕式并观看书画摄影展览。书画摄影展共展出客家文化书画摄影展作品250余幅，其中部分作品为市直、各县市区的特邀作品。开展期间，参观展览的机关干部群众及社会各界人士7万多人次。9月上旬，县美术家协会与县文化馆联合举办客家民俗书法美术作品展，共展出客家民俗书画作品150多幅，参观展览的群众3000多人次；10月1日—2日，县文联、书法协会主办庆祝国庆"美丽陆川"书画摄影作品邀请展，共展出书画摄影作品300多幅，参观展览群众4000多人次。

【青少年科幻画与课本剧比赛】 2013年，县文联、县教育局联合举办"美丽陆川·清洁乡村"青少年科幻画及青少年课本剧比赛。9月30日，在县青少年活动中心举行"美丽陆川·清洁乡村"科幻画比赛，全县各中小学和幼儿园有近100名选手参赛，经评选，分别评出一等奖18人，二等奖30人，三等奖30人。11月20日，"美丽陆川·清洁乡村·清洁校园"中小学生课本剧大赛在县人民会堂举行，参赛节目16个，县第五小学的《美丽陆川从我做起》、县第一小学的《一个村庄的故事》获大赛一等奖；县第二小学的《美丽的小路》等3个节目获大赛二等奖；县第三小学的《一个村庄的故事》等4个节目获大赛三等奖；米场中心学校的《清洁环保小当家》等7个节目获优秀奖。

【文艺人才培养】 2013年，县文联继续加强文艺人才培养，举办各类文艺创作培训班、座谈会4次，组织文艺采风3次，培养多门类艺术爱好者，开阔文艺作者视野，提高文艺作者创作水平，壮大文艺队伍。发展骨干作者积极加入自治区、玉林市级各门类文艺协会。2月，县文联主席黄晓红加入广西女摄影家协会，美术家协会杜达强、庞日生、陆泽锋3人加入中国硬笔书法协会。

文学创作培训 6月29日，县文联在县政府第二会议室举办文学创作培训班，县内文学爱好者50多人参加培训，县人大常委会副主任温文彪出席培训会。邀请广西作家协会、玉林市作家协会、《玉林日报》等作家、编辑4人开展创作技法培训，并就小小说、小说、散文的创作进行学习交流。

摄影技艺培训班 8月24日在县国税局会议室举办。县内摄影骨干、爱好者40多人参加培训。培训班邀请广西艺术学院专职摄影师授课。

文学创作座谈会 9月24日县文联在县第二会议室举行文学创作

2013年8月24日，陆川县文联举办摄影知识培训班，邀请广西艺术学院专职摄影师授课
县文联 提供

座谈会。县内文学骨干、爱好者30多人参加座谈会,重点开展文学创作探讨及心得体会交流。

【"庆新春"文艺服务活动】 1月6日,组织书协会员2人到沙湖乡开展"庆新春"服务活动,慰问敬老院老人,书写春联50多幅赠予老人及周边群众;2月4日,组织县内书法家8人到松鹤公园开展义写春联活动,共书写春联200多幅,免费赠送群众200多人。2月10日,配合文化部门举办2013年庆春节猜谜语活动。

【伏波文化考究】 2013年,陆川县开展伏波文化考究。12月,由县文联牵头,县方志办、县电视台、县文化馆、陆川中浩房地产开发有限公司联合组成伏波文化考察工作组对陆川伏波文化发展情况进行全面考察。考察工作组先后到伏波将军(马援)当年南征时曾到过的广西桂林市、柳江县、横县、南宁市、龙州县、凭祥市、东兴市、防城港市、钦州市、合浦县、博白县、玉州区、北流市及县内横山镇、滩面镇、珊罗镇和广东的徐闻县、遂溪县、雷州市、湛江市、廉江市等有关地域进行走访考察,重点收集伏波将军所经之地的史载情况、民间传说、伏波民俗、伏波旅游景点建设、传承伏波精神的做法等方面的文字、图片、影视资料,共收集伏波文化资料600多份、图片资料2000多张。考察组结合陆川伏波文化进行梳理、提出建议,并形成考察调研报告报送县委、县政府,为进一步推进伏波文化建设等提供第一手材料。

【南宁"绿城玫瑰"作家群到陆川采风交流】 5月6日—7日,广西著名女作家、南宁市《红豆》杂志社社长、主编,"绿城玫瑰"女子作家群负责人丘晓兰等一行8人到陆川开展采风交流活动。先后到广西聚银集团聚银牧业有限公司的供港澳活猪销售基地、"高架网床"节能减排新技术养殖基地、仿野生养殖甲鱼基地、义武岭南客家

2013年5月6日,南宁"绿城玫瑰"女子作家群到陆川采风。图为采风活动座谈会　　　　　　　　　　　　　县文联　提供

书社、陆川县中学、谢鲁山庄等进行实地采风。采风活动后举行采风交流座谈会,县内作家、陆中文学社成员等参加座谈会,就作家的使命感、创作经验、文学如何为地方经济发展服务等方面进行交流。其间,《红豆》杂志社向广西聚银集团公司、岭南客家书社、陆川县中学分别捐赠书籍一批。

【《九洲江》报改刊】 2013年,《九洲江》文艺报改为期刊出版,为季刊。开设走南闯北陆川人、小说世界、散文随笔、诗歌长廊、古韵新声、小荷初露、客家戏剧、客家歌台等栏目,多角度反映陆川历史沿革、风土人情以及各战线所取得文化成果,是外界了解陆川的一个宣传窗口。年内,出版《九洲江》期刊4期,发表小说、散文、诗歌、客家戏剧、歌曲、书法美术摄影作品等文艺作品402篇(首、幅),30多万字。　　　　　　　　　　(林 波)

陆川县残疾人联合会

【残疾人组织及工作概况】 2013年,

陆川县残疾人联合会(简称县残联)下设秘书股、康复就业股、综合股,编制6名,实有干部职工9人,下属机构有县残疾人劳动服务站、县残疾人康复中心。乡镇残疾人联合会14个,村(居)委会残疾人协调组织164个;镇残联理事长14人,村(居)委会残疾人专职委员164人。年内,县残联注重改善残疾人生活,加强残疾人"两个体系"(残疾人社会保障体系和服务体系建设)建设,推动残疾人事业发展,全县残疾人生存状况良好,残疾人事业平稳发展。

【残疾人组织建设】 2013年,县残联加强基层残疾人组织建设,每个镇划拨经费约5000元,改善镇残联的办公条件和环境。全县各村民小组建立残疾人志愿者服务小组,共建立村民小组残疾人志愿者服务小组164个,志愿服务者1600人。

【残疾人康复服务】 2013年,对全县有康复需求的残疾人进行调查,为残疾人提供白内障复明手术、低视力康复、聋儿语训、肢体康复训练、假肢装配、用品用具供应等各项康复工作,完成白内障手术552例,低视力康复训练15人,盲人定向行走训练60人,

聋儿听力语言康复训练6人,肢体康复训练154名,智力残疾儿童康复训练50人。

【残疾人托养服务】 2013年,县残联继续推进残疾人家园服务工作。在县残疾人劳动服务站进行日间照料残疾人16人,实行全日托养照料、医疗康复、生活技能培训等各种康复服务。继续为134户残疾人开展残疾人家居托养服务,为居家托养残疾人134人每人补贴托养资金1000元。

【残疾人劳动技能培训】 2013年,加强残疾人种养技术培训,共举办为期五天的残疾人种养技术培训班13期,培训人员740人,对参加培训的人员每人送化肥或送饲料及小猪苗,送化肥36吨、饲料45.6吨、小猪苗380头。

【残疾人证发放】 2013年,按照二代残疾人证办理条件,加强残疾人证办理工作,县残联组织工作组进村入户开展残疾人证办理,共办理残疾人证2204本。

【阳光助残扶贫基地建设】 2013年,陆川县继续推进阳光助残扶贫基地无偿发放工作。3月1日,在大桥镇雅松村举行阳光助残基地无偿发放猪苗仪式。县残联干部职工、残疾人扶贫对象参加发放仪式,县人民政府副县长曾锋出席发放仪式并讲话。发放仪式上为100多户残疾人发放种猪苗100头,饲料5000千克。发放仪式结束后并举办残疾人种猪饲养技术培训班;8月,举行阳光助残扶贫基地的第二期发放及培训工作,发放种猪苗100头,饲料1.50万千克。年内,县残联按照合同和相关制度做好跟踪防疫等工作,第一期发放的种猪70%生产小猪。

【农村贫困残疾人无障碍改造项目建设】 2013年,争取到自治区贫困残疾人无障碍改造项目资金24万元,重点为60户农村贫困残疾人改造无障碍设施。

【残疾人康复工疗基地建立】 2013年,陆川建立残疾人康复工疗基地,工疗基地位于县残疾人综合服务中心(长安北街259号)一楼,配置机器20台。3月20日,县残联与县长隆电

2013年8月,陆川县在大桥镇进行阳光助残基地第二期猪苗无偿发放仪式
县残联 提供

子公司签订生产合同,安排在工疗基地工作残疾工人20人。

【残疾人危房改造】 2013年,继续推进残疾人危房改造工作,县残联配合县住建局开展残疾人危房改造工作,在住建局补贴资金基础上,每户残疾人危房改造户由县残联补助资金1000元。年内,完成残疾人危房改造192户,并为25户残疾人做好卫生间或厨房等无障碍设施改造。

【"党员扶残 温暖同行"工程活动】 2013年,广西实施"党员扶残 温暖同行"工程,陆川县制订扶残实施方案,落实扶贫经费,开展扶残调查摸底,全县列入扶残农户160户,支持扶残资金16万元,扶残农户重点实施种植业和养殖业等,160户帮扶对象扶残效果良好。

【残疾人服务宣传】 2013年,陆川县组织开展第四届残疾人文化周宣传活动,召开残疾人座谈会,并开展吹气球、夹乒乓球、诗词朗诵等活动。县残联配合县卫生局、县政务中心开展一条街宣传活动2次,发放宣传资料5000多份。在各类新闻媒体发表有关残疾人工作信息11条。开展对特奥运动员的调查与组织,落实特奥运动员15人。

【残疾人服务人员培训】 2013年,加强镇、村残联新上任残联理事长、专职委员业务培训,举行业务培训3次,培训人员74人次,重点培训残疾人康复、办证、就业、残疾人维权等方面业务知识培训,着重提高残疾人工作者政策理论水平和服务残疾人能力。加强村残疾人专职委员电脑业务培训,培训班在县华胜职业技术学校举行,培训为期2个月,村残疾人专职委员或农家书屋管理员参加培训,培训人员140人。

(陈桂彩)

法治·国防建设

FAZHI GUOFANG JIANSHE

2013年，陆川县加强政法队伍建设。图为12月3日县委召开政法队伍建设座谈会

叶礼林 摄

政法综治维稳工作

【政法机构及工作概况】 2013年,陆川县政法系统机构有县委政法委、县人民法院、县人民检察院、县公安局、县司法局,乡镇综治信访维稳中心14个,调解室14个,村(社区)综治信访维稳工作站164个,行业矛盾纠纷调处机构5个、村(社区)治保委员会164个。县委政法委内设秘书股、人事股、执法监督股,县社会治安综合治理办公室、县维护稳定工作领导小组办公室设在县政法委。

年内,县政法工作围绕"社会矛盾化解,社会管理创新,公正廉洁执法"三项重点工作,多措并举开展社会管理综合治理各项工作,推进"平安陆川""法治陆川"建设,加强和创新社会管理,社会公众安全感和满意度明显提升。陆川县连续9年被自治区评为平安县。

【社会公众安全感提升】 2013年,陆川县深入推进"平安陆川""法治陆川"建设,严厉打击各类违法犯罪活动,加强社会管理综合治理工作,建设平

安和谐社会环境。在5月和11月玉林市社会公众安全感的2次民调中,陆川县社会公众安全感和群众满意度连续2次获玉林市排名第一,取得自开展社会公众安全感民调以来最好成绩。其中,古城镇连续四次排玉林市乡镇类第一名。在自治区社会公众安全感民调排名中,第三季度陆川县在自治区排名上升到56位,是自治区上升幅度最大的县市之一。

【社会稳定维护】

2013年,陆川县加强维护社会稳定工作。加强维护稳定工作领导,多次召开县委常委会和全县信访维稳会议,听取信访维稳工作汇报和部署信访维稳工作,将"三敏感"(敏感人员、敏感群体、敏感案事件)案(事)件落实到各镇和各相关部门单位,县委、县政府与各乡镇及各相关单位签订维稳工作责任状,明确各乡镇和相关部门单位的维稳工作责任。加强"三敏感"案(事)件排查,执行敏感时期"每日一排查,每日一分析,每日一报告"制度,加强全县不稳定因素排查,重点关注群众反映强烈的突出问题,对重点地区、重点域、重点人群、重点问题等敏感人员、敏感群体和敏感案事件摸排清楚。

注重矛盾纠纷化解、信访维稳工作,维护全国自治区重大节假日和重

要会议期间社会和谐稳定。年内,受理群众来信来访1350件次,其中,受理群众来信,接待群众来访批次和人次分别下降13%和4%,到北京、南宁、玉林上访大幅下降;全国人大、政协"两会"和中共十八届三中全会期间,实现零上访目标,取得陆川历次重大敏感期维稳工作最好成绩。全年没有发生因矛盾纠纷问题调处不及时而引发影响社会稳定的重大信访事件。

2013年,陆川县在玉林市第一期(5月)和第二期(11月份)社会公众安全感调查中综合得分连续两次排名全市第1位,获"两连冠",其中古城镇、沙湖镇分别居全市第一、第二位,古城镇连续4次排名玉林市乡镇类第1位。在广西第三季度民调中,陆川县社会公众安全感排名广西壮族自治区第56位、玉林市第二位,比上年上升51位。

2013年全国"两会"期间,全县实现"四零"("零失控、零上访、零进京、零非访")的目标,中共十八届三中全会期间,实现"零非访",先后完成各重大节假日和敏感时段安保维稳工作任务,得到上级领导肯定。陆川县公安局被评为广西壮族自治区公安机关全国"两会"安保维稳工作先进集体。

【矛盾纠纷化解】 2013年,陆川县坚持和发展"枫桥经验",开展"社会矛盾纠纷化解年"活动,各镇、各部门制订实施方案,细化分解任务,落实有效措施、方法步骤、责任人,推进社会矛盾纠纷大排查大调解。以"一走三问六提升"活动为载体,设立矛盾纠纷专项工作小组16个,推行干部回乡包案制,在全县范围开展矛盾纠纷排查化解。对排查出的矛盾纠纷进行分类,落实矛盾纠纷排查调处要求、领导责任制,针对矛盾纠纷性质、严重程度及个案实际情况,因案施策,及时有效化解。全县共排查出矛盾纠纷1165件,落实领导及责任人包案1145件。其中,调解1145件,调解率100%;调结1119件,调结成功率97.73%。

【打防整治】 2013年,县政法机关持

2013年1月,陆川县政法委办公楼　　　　县政法委　提供

续深入开展严打整治专项行动,严厉打击各类违法犯罪活动。年内,公安机关立刑事案件1785起,破879起,破案率49.2%,抓获犯罪嫌疑人627人,刑拘583人,逮捕635人;发现受理治安案件5285起,查处5285起,查处违法人员6940人,查处率100%。审判机关共受理各类刑事案件580件,审结528件。检察机关共批捕各类刑事犯罪431件562人,立案监督39件46人,监督撤案16件16人。起诉373件534人,纠正漏犯41人,纠正遗漏起诉罪行56起,提出抗诉3件,3件改判。破获毒品刑事案件116起,缴获毒品4883.23克,抓获犯罪嫌疑人121人,收戒吸毒人员672人。

【社会治理创新】

推进"天网工程"建设 推行"天网工程"建设,延伸进农村、进社区、进企业。全县建成高清视频监控点52个,县人民医院安装高清视频探头169个,建成全方位视频监控网络,有效提高社会管理水平。

网络中心建成运行 2013年4月,经县编委批准成立陆川县政法信息网络指挥中心核定事业编制7个,5月3日挂牌运行,为广西首家县级政法信息网络指挥中心。主要开展互联网信息监控、调查处置和舆情导控。

网上信访大厅建成运行 2013年7月25日,陆川县网上信访大厅建成并投入运行,是广西第一个县级网上信访大厅。畅通信访渠道,创新信访工作发展,人民群众"不出门、不见面、不到访"就能向信访部门反映表达诉求。

社会管理模式创新 大桥镇推行"四头调解"(走进村头、屋头、田头、山头)开展矛盾纠纷的排查化解,镇村干部进村入户为群众化解矛盾纠纷。"一村一警"警务机制落实到位。创新实施以驻村民警为主、挂点民警为辅的"平衡工作法",保证每个村都有驻村民警,确保新警务机制日常工作平衡推进。年内,县看守所先后创新推行"未决犯在羁押期间表现纳入量刑情节"和"所院协作"等经验模式,在玉林市经验介绍,并在玉林市推广。县公安局网络安全和防暴应急处置,县法院联动调解,推进县检察院廉政文化建设、镇检察室建设及建设预防职务犯罪约谈机制,县司法局人民调解等各项社会创新工作并取得成效,成为玉林市、广西政法工作新亮点。

【铁路护路联防】 围绕"保安全、保畅通、保稳定"目标,加强铁路护路联防工作,开展排查整治涉铁矛盾纠纷、治安问题和打击各类违法犯罪行为。深入村屯、学校开展爱路护路宣传教育等,消除铁路安全隐患。

【陆川入围"中国县域网络形象排行榜"县(市)百强榜单】 2013年,陆川县建立广西首个县级政法信息网络指挥中心,5月3日挂牌运行,规范网络虚拟社会组织管理,依法对互联网有害信息进行监控,加强调查处置和舆情导控工作,利用网络做好典型宣传,抓好焦点热点引导,关切民众呼声,实现维护社会稳定与经济社会发展良性互动,不断提高社会公众安全感和满意度。5月和11月在玉林市社会公众安全感民意调查中,陆川县综合得分连续两次排名全市第1位,第三季度在全区社会公众安全感民意调查排名上升到全区56位,与2011年全区107位相比,上升51位,是全区上升幅度最大的县市之一。玉林社会公众安全感工作前10名先进乡镇中,县内的古城镇、大桥镇、滩面镇、沙湖镇等4个镇分别排名1至4位,横山镇第10位,其中古城镇、大桥镇连续2次民意调查进入全市前十位。古城镇连续4次排名玉林市乡镇类第一位,"古城经验"在玉林、广西推广。至12月31日,共发现涉及陆川的负面网络舆情108篇,批转相关部门处理106篇。进一步拓展县级信访工作的渠道,7月25日建立广西首个县级网上信访大厅,为信访群众提供更便捷、更迅速、低成本的信访服务,实现人民群众"不出门、不见面、不到访"即可向信访部门反映表达诉求,以网上信访疏导化解民众的诉求和问题,年内群众网上信访事项1023件,全部办结,办结率100%。8月2日,玉林市"平安建设"现场会在陆川召开,陆川县介绍"天网工程"建设经验。陆川县被评为2013年度"中国县域网络形象排行榜"县(市)百强县。广西只有临桂县、陆川县和凭祥市等3个县市上榜。

【玉林市深化平安建设现场会在陆川召开】 2013年8月2日召开,玉林

2013年8月2日,深化平安玉林建设工作会议在陆川召开

县政法委 提供

市直政法部门、各县(市、区)政法部门主要领导、各乡镇党委书记等 250 人参加会议。会上,县委常委、政法委王启忠对平安陆川建设做经验介绍。对获 2012 年度玉林市社会管理综合治理工作一等奖的 5 个县(市、区)单位给予颁奖。与会人员现场参观学习县公安局"天网工程"、政法信息网络指挥中心、网上信访大厅、人民医院内保视频工程、大桥镇"四头"调解和社区矫正等的经验和做法。

【法治建设宣传】 2013 年,陆川县开展"平安陆川""法治陆川"多种专题宣传活动,提高群众对平安创建知晓率、参与率和法制意识。7 月 30 日晚,政法系统和驻陆部队在县政府广场成功举办"践行群众路线、共建平安陆川"为主题的陆川县军警民庆"八一"联欢晚会,晚会邀请退伍老兵参与。全县副科级以上领导干部参加的全县法制宣传教育课,县委常委、政法委书记王启忠作专题讲课;举办全县副科级以上领导干部参加的国家安全教育培训会;举办由全县副科级以上领导干部参加的"2013 年广西'百名法学家百场报告会'玉林市专场"报告会。举办法制宣传进校园巡回展,10—12 月,县政法部门、教育系统等单位在全县各中学和各圩镇开展"传递正能量,共建平安校园、构建和谐社会"为主题的法制巡回宣传活动,举办巡回宣传展出 48 场次,提高广大师生和群众对平安创建活动的知晓率、参与率和法制意识。

【政法队伍建设】 县政法系统深入开展政法干警社会主义核心价值观宣传教育,加强政法干警学习培训和社会主义法治理念教育。组织全体干警认真查找存在问题,解决在理想信念、宗旨意识、执法司法等方面存在的突出问题;结合"一走三问六提升"党建活动组织政法干警深入基层、走访群众、了解民情、为民解忧,收集群众意见和建议,把队伍建设与县委政府中心工作、化解矛盾纠纷、社会管

理创新、为民办实事相结合,促进各项工作任务的深入开展,提高为民服务水平,提高人民群众满意度。

(王福鼎)

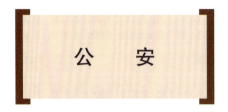

公 安

【公安工作机构及概况】 2013 年,陆川县公安局内设纪委办公室、政工室、办公室、纪检监督室(与监察室、审计室合署)、法制室、警务保障室、宣传室、机要保密室等综合管理机构 8 个,下辖指挥中心、国内安全保卫大队、刑事侦查大队、交通管理大队、治安管理大队、巡逻防控大队、出入境管理大队、禁毒大队、经济犯罪侦查大队、信息通信大队、警务督查大队、网络安全保卫大队、户政管理大队、预审监管大队、便衣警察大队等执法勤务机构 15 个,有看守所、拘留所、戒毒所等其他机构 3 个。局派出机构有城区、镇派出所 18 个,消防大队、森林公安分局管理机构 2 个。

2013 年,县公安机关围绕县委"保增长、保民生、保稳定,保持发展良好势头"的要求,以提高群众安全感和满意度为工作导向,以命案侦破、打黑除恶、打击"两抢一盗"、禁毒禁赌为重点,加强公安队伍建设,构建警民和谐关系,开展社会治安综合治理,打击各项违法犯罪活动,维护全县社会治安稳定。全县立刑事案件 1785 起,破 879 起,破案率 49.2%,居玉林市第二,破案率上升 1.4%;抓获犯罪嫌疑人 627 人,刑拘 583 人,逮捕 635 人。

【刑事犯罪打击】 2013 年,陆川县公安局打击刑事犯罪工作取得成效。一是破案率提高。年内,破案率 49.2%,玉林市第二。实现"命案必破"目标。立命案 7 起破 7 起,破案率 100%。打团伙成绩显著。侦破刑事案件,打掉犯罪团伙 83 个 253 人,其中打掉恶势力团伙 4 个 17 人。加大"追逃"。共抓获网上逃犯 98 人,其中外省完成率 106.9%。开展"三个专项"行动。其中,"扫毒害"专项完成任务 287.5%,居全市第一位;"打盗抢"专项完成全年任务 114.8%,其中百名民警破案数、逮捕数均居全市第二位。"两抢一盗"案件下降。立"两抢一盗"案件 1242 起,立案数与上年同比下降 6.8%。

【社会治安管理】

行业场所管理 2013 年加大行

2013 年 8 月 5 日,陆川县公安局举行"打盗抢保平安"专项行动追缴被盗机动车返还大会 县公安局 提供

业清理整顿，开展对全县行业场所进行清理整顿33次，清查各类行业场所623家，处置非法业主4人，罚款4人；发出整改通知书5份，停业整顿娱乐场所1家。

涉枪涉爆物品管理　年内，组织安全大检查12次，检查涉爆单位230家次，发出限期整改通知书15份，督促整改隐患15处；召开爆竹厂厂长和矿业业主会议6次，举办培训班6期173人次；收缴子弹26发、枪支46支、管制刀具355把、火雷管18枚、硝酸铵化肥100多千克；审批炸药192吨、雷管6万发。

交通安全管理　年内，发生死亡交通事故17起，死亡22人，受伤14人，直接经济损失2.99万元；分别比上年发生死亡交通事故14起，上升21.4%；死亡18人，上升22.2%；伤11人，上升27.3%；直接经济损失2.19万元，上升36.5%。

出入境管理　2013年，进一步规范推出延时服务、预约服务、特快专递服务等。年内共受理公民因私申请出境2.34万人，比上年增长42.8%。没有发生因证件办理问题引起群众投诉现象。

户政管理　推行"网上办理"业务，开展户口清理整顿核查工作。年内，受理第二代居民身份证5.44万张、居住证4269张，接待群众咨询6.23万人，办理审批业务6252件，办理户口1.63万人次、第二代临时身份证1.38万张，录入政府信息网办件2.23万件。开展人口清理整顿工作，完成自治区厅下达核查任务2.79万人，完成率99.9%。其中，无照片清理2.01万人，核实2.01万人，完成率99.9%；出生证编号重复清理4050人，核实4049人，完成率99.98%；一代身份证清理3665人，漏报补录79人，核实率100%。

消防安全管理　实施消防安全网格化管理，推动"户籍化"管理工作，推进社会消防安全"防火墙"工程建设，部署开展"清剿火患"工作，加强消防安全监督。年内，发生火灾事故10起，死亡1人，受伤1人，直接经济损失17.18万元。火灾事故比上年上升42.9%。

监管场所安全管理　年内，看守所新收押犯罪嫌疑人1394人，处理出所990人。拘留所新收押被拘留人员1273人；强制隔离戒毒所新收治戒毒人员253名，转司法戒毒所92人，转捕102人，转刑事拘留7人。全县监管场所安全无事故。县看守所实现13年安全无事故，被评为二级看守所，立集体二等功。

【社会防控】　2013年，县公安局完善快速反应指挥系统。加强应急处突队伍建设，巡防大队成立应急处突特警队，抽调巡防队员50人。7～8月对全体队员进行为期2个月集中训练，按照特警要求配备相关装备，实行集中住宿，提高应急处突效率。健全完善指挥调度体系，畅通警令政令，严格110报警服务要求，规范接处警工作。年内，全县110接警7.19万起，其中有效报警1.05万起，占总接警量14.60%；回访110报警群众1.05万人，其中接受回访8950人、不愿接受回访1547人，满意率95%。

加强重点区域治安防范。进一步加强城区社会面巡逻防控工作，年初制定下发防控工作方案，巡防大队、派出所每天24小时对重点部位值勤和守候，加强对易发案时段、路段和部位巡逻伏击，打击现行；责任区民警结合"一村一警"警务机制和"大走访"每天深入到辖区走访，宣传安全防范知识，强化辖区巡防；加强治保组织、治安积极分子巡逻和防范，有效遏制可防性案件发生。年内，全县"两抢一盗"案件比上年下降6.8%。

全面开展校园周边治安整治。按照玉林市公安机关部署要求，开展中小学校和幼儿园安全隐患排查治理，强化"校园见警"活动，提高上放学时段见警率；开展全县中小学幼儿园"护校安园"行动，共清理检查学校周边网吧352家次、电子室316家次，抓获违法犯罪嫌疑人153人，扣押游戏机580台；组织干部到学校上法制课191次，受教育师生25万人次；加强学校幼儿园安保措施落实，增加技防、物防设施，加强校车安全检查。年内没有发生重大涉校治安案（事）件。

【队伍建设】　坚持政治育警、制度建警、从严治警和从优待警，陆川县公安局执法质量获玉林市第一，在自治区执法规范化建设推进会上作经验介绍。年内，县公安局立个人一等功民警4人，立集体二等功单位2个，立个人二等功民警9人，立集体三等功单位9人，立个人三等功民警29人。

（万　芬）

【道路交通管理】　2013年，陆川县公安局交通管理大队（简称县交管大队）外加挂陆川县公安局公路巡逻管理大队牌子，下设综合工作中队、秩序管理中队、事故处理中队、车管所、打击车匪路霸中队、宣传中队、客运中队、信息通信中队、拯救中队及马坡中队、乌石中队、良田中队、清湖中队、城区中队。年内，县交管大队加强队伍建设，做好各项道路交通安全管理工作。

道路交通安全隐患排查治理　2013年，县交管大队、公路、交通、安监等部门先后8次对省道212线等主要县乡道路平交路口和事故易发路段的交通安全隐患问题进行排查和治理。年内共排查隐患点段7处，整改7处，完善各类交通标志、标线2处。开展"守护平安团圆路"专项行动，督促各汽车客运站在270辆营运客车后部粘贴"文明驾驶，安全行车"等警示标语。

道路交通秩序专项整治　2013年，县交管大队针对辖区交通违法行为特点，配合各时期交通管理工作，重点开展"守护平安团圆路"、无证驾驶、酒后驾驶、涉牌涉证、"三超一疲劳""美丽陆川·清洁乡村"城区交通秩序、"大排查、大教育、大整治"货车违法等专项整治行动，共查处各类交通违法行为3.9万多起，暂扣违法车辆8000多辆,查处酒后驾驶人29人,刑拘醉酒驾驶人1人,行政拘留无证驾驶违法人员177人。

道路交通事故处理 2013年,县交管大队依法、及时、公正、公开处理各类交通事故。事故处理中队和各路面中队严格执行落实出警值班制度,出警迅速,每起交通事故能在规定时间内赶赴事故现场开展处理;出警民警严格执行现场勘查程序和规定,做好各种原始证据固定工作;依法公正处理,并提示当事人各种权利和义务。年内,全县共发生交通事故1149起,死亡17人,受伤838人。交通事故结案率100%。依法刑拘交通肇事犯罪嫌疑人16人,逮捕9人。侦破交通肇事逃逸案件1起,侦破率100%。加强交通事故民事损害赔偿调解处理,实行行政调解、人民调解、司法调解"三调联动"模式,各成员单位密切配合,年内成功调解各类道路交通事故损害赔偿纠纷案件990件。

【车管服务与管理】 2013年,县交管大队在车管业务大厅门前安装电子显示屏,每天滚动播出相关车管业务办理流程、注意事项、国家最新车管法律法规及解释等;继续坚持周一至周五组织车管小分队巡回到各乡镇就近为群众办理摩托车入户、年检、考证等业务。年内,共办理驾驶员各项业务3万件,其中本地初领5761件,外地初领255件,增驾申领744件,转入190件,换证1.49万本,补证953本,满分学习40人,注销登记驾驶证109本,档案更正1人,年度体检522人,驾驶证转出373本,其他驾驶员业务6137件;共办理机动车各项业务4.85万件,其中注册登记1.07万辆,转移登记539辆,变更登记411辆,抵押登记51辆,转入业务737辆,车辆年检3.47万辆,其他业务1427辆。

【交通安全宣传】 2013年,县交管大队继续加大道路交通安全宣传,共开展各类大型交通安全宣传活动20场次,悬挂跨街横标536条,群发交通安全宣传手机短信8次200多万人次,出版宣传板报32版,发放《山歌唱响交通安全》《坚决抵制超速、超员、超载和疲劳驾驶等严重交通违法行为》等宣传资料50多万份,制作电台、电视台专题节目35条,联合广西电视台睛彩交通频道举办自治区首场"美丽广西·文明出行"大型交通安全宣传公益活动。加强学校交通安全教育,县交管大队、县教育局、县公安局法制大队等联合到18所中小学进行交通安全宣传和法制教育,受教育学生2.50万人。 (吴甲锋)

检 察

【检察机构概况】 2013年,陆川县人民检察院内设办公室、侦查监督科、公诉科、反贪污贿赂局、反渎职侵权局、民事行政检察科、控告申诉检察科、监所检察科、检察技术科、政工科、人民监督工作办公室、职务犯罪预防局、监察科、案件管理中心、派驻机构有乌石检察室、马坡检察室、司法警察大队。在职干警68人。检察委员会委员10人(包括正副检察长),检察员37人,助理检察员15人,法警5人,其他5人,工人6人。

【查处职务犯罪】 2013年,县检察院严肃查办贪污贿赂犯罪。坚决惩治征地拆迁、水库移民、危房改造等领域贪污贿赂犯罪。共立查10件20人。其中,大案6件16人,大案人数比例为80%,侦结10件20人,生效判决22人(其中2012年8人,2013年判决生效14人)。1件案件获评广西优质案件。摸查渎职侵权案件线索7件,立案6件6人,侦结6件6人,起诉6件6人。依法查处涉嫌玩忽职守、致使国家错误支付病害猪无害化处理财政补贴资金共76.66万元的渎职案件2件2人。

【预防职务犯罪】 2013年,陆川县委出台玉林市首个《职务犯罪预防约谈暂行规定》,年内,共约谈干部30人次,发出检察建议23份,帮助建章立制10项,转立案2件2人。针对形式主义、官僚主义可能存在的渎职行为开展预防约谈,获玉林市检察院肯定,经验做法被玉林市检察院转发全市各检察院推广。继续开展"百项涉农惠民资金预防调查大跟踪"活动,同步跟踪监督涉农单位20多个,涉农

2013年5月14日,自治区反渎职侵权南片区会议在陆川召开

县检察院 提供

资金项目 50 多项，帮助有关部门查找和化解廉政风险 25 处，建章立制 20 项。1 篇案例分析获评为广西"十佳案例分析"。5 月 14 日，自治区反渎职侵权南片区会议在陆川县召开。

【批捕起诉】 2013 年，批捕刑事犯罪 481 件 636 人，起诉 389 件 560 人，判决 362 件 512 人，有罪判决率 100%。其中，起诉严重暴力犯罪案 12 件 23 人，多发性侵财案 167 件 233 人，毒品犯罪案 65 件 68 人。批捕性侵害未成年人案 8 件 10 人，起诉 11 件 16 人。加大对危害民生民利刑事犯罪打击。批捕涉嫌收购、销售、运输病（死）猪等犯罪嫌疑人 9 件 23 人，提起公诉 6 件 13 人；批捕涉嫌销售假药、非法买卖《医师执业证》等证件犯罪嫌疑人 9 人，提起公诉 10 人。对 11 件轻微刑事案件开展刑事和解，不批捕 8 人，不起诉 13 人，促成和解 11 件 12 人，1 件案件被评为广西化解社会矛盾精品刑事案件。对 92 件轻微刑事案件启动快速办理机制。年内无撤回起诉、绝对不诉、存疑不诉、无罪判决案件。

【诉讼监督】 2013 年，诉讼监督共立案监督 39 件 46 人；监督撤案 16 件 16 人；纠正漏犯 41 人；纠正遗漏起诉罪行 56 件；提出抗诉 3 件，改判 3 件。深入开展以涉农惠农、环境资源、劳动保障、社会管理等为重点的危害民生刑事犯罪专项立案监督活动，监督立案 7 件 13 人。实行对命案等重大案件同步介入侦查制度，对认为确有错误的刑事裁判提出抗诉，对审判程序中的违法情形提出纠正意见。1 件案件获评广西精品刑事抗诉案件。

【民事行政检察】 2013 年，审查处理案件 347 件，提请抗诉 1 件，提出再审检察建议 4 件，执行监督 67 件，审判活动违法行为调查 47 件。重点监督严重损害国家利益、社会公共利益和当事人合法权益的民事行政裁判。坚持抗诉与息诉并重，加强释法说理，做好申诉人的服判息诉工作。坚持民事监督与民事亮点工作相结合，加强道路交通事故调处中心工作，化解各种道路交通事故纠纷；开展创设县国土资源纠纷调处中心工作站，对土地纠纷调解进行全方位监督，把矛盾纠纷化解在农村，防止矛盾扩大化。

【监所检察】 2013 年，深入开展罪犯交付执行与留所服刑专项检查活动和职务犯罪罪犯减刑假释保外就医等专项检查活动。对监外执行进行检察，纠正违法监管，不当减刑、假释、暂予监外执行等行为。共核查监外执行罪犯 279 人，对刑罚执行和监管活动中的违法情形提出纠正意见 12 件次。加强驻所检察室规范化建设，推进与监管场所执法信息联网和监控联网。实现连续 13 年安全无事故和超期羁押现象。

【检察服务】 2013 年，玉林市法院、市检察院和县检察院、县法院在乌石镇陆河小学成立全市首个留守儿童帮扶基地，开展系列帮扶帮教活动。强化窗口建设。年内，检务接待室被评为自治区级"文明接待室"，1 人被评为自治区检察机关"优秀接待员"。办理群众信访案件 135 件。深入开展刑事被害人救助工作，救助 31 人，支付救助金额 6.20 万元。针对民生民利方面发出 2 份建议书被评为广西精品（优秀）检察建议书。对农村党组织、贫困户、贫困学生等进行"一对一"结对、帮扶。结合"美丽陆川·清洁乡村"活动，深入开展以生猪养殖、塑料、砖厂污染等为重点的调研专题活动，敦促有关部门及时整治环境。持续开展党员先锋和巾帼助困等系列帮扶活动，干警走访基层、企业、学校、单位等 420 人次。

【综治维稳】 2013 年，积极探索对未成年人羁押必要性审查工作，开展社会调查，法律援助、合适成年人到场、亲情会见以及分案起诉、附条件不起诉等人性化办案举措。县检察院、县法院等 10 个部门出台《未成年人犯罪记录封存工作实施意见》。对犯罪未成年人 18 人实施帮教回访。成立检察官工作队 14 支，化解发生在基层的矛盾纠纷，共受理信访维稳纠纷案件 6 件，成功息诉、息访 6 件。乌石检察室深入农村、学校、企业、单位开展法制宣传 10 次，受理来信来访 210 多人次，成功调解矛盾纠纷 27 件。探索完善特殊人群帮扶管理教育制度。联合有关部门在看守所设立法律援助中心工作站，为困难在押人员提供法律援助服务 5 件次。深化专门检察工作站的监督调解职能。派驻医疗事故纠纷调处中心检察工作站提出"保险理赔"建议并得到相关部门采纳，最大限度把矛盾化解在最初环节，减少矛盾积累和信访上行。

【检察基础设施建设】 2013 年，快速推进"两房"（办案用房和专业技术用房）建设，中央、自治区、市、县投资资金 494 万元。年内，乌石检察室主体工程竣工，马坡检察室上报自治区院统筹资金建设。加强科技强检建设。推进检察机关统一业务应用软件系统，侦查指挥系统投入正常使用，职务犯罪侦查工作实现全程同步录音录像。

【接受监督】 2013 年，县检察院认真执行人大及其常委会决议决定，对人大及其常委会交办事项和案件均在规定期限内全部办结。年内，首次实行全体检察官联系人大代表工作制度，分组分片走访、联络人大代表、政协委员和人民监督员 300 多名，征集建议意见共 20 多条。邀请政协委员参加座谈、视察和专题调研，主动通报检察工作情况。推行"阳光检务"，建立完善新闻发布、公开审查、公开听证等制度。邀请党代表、人大代表、政协委员参加"检察开放日"活动，增进代表、委员对检察工作的了解。

【检察队伍建设】 2013 年，县检察院实行每月"计划—总结—通报""PDCA"

工作法工作机制,推进各项检察工作开展。年内,共有 500 多项工作如期完成或按计划推进,60 多项工作经督促后于次月完成或推进。建立健全办案责任制、错案责任追究制、执法办案风险评估预警机制、办案流程监控预警和涉案财物统一管理等系列制度。深化业绩激励机制。建立干部业绩档案、干部基本情况信息管理档案,推进全员正规化专业化岗位教育培训,2 人取得司法会计和文件检验资格。组织开展庭审观摩等实务演练活动,提升业务技能水平。加强检察文化建设,组织开展各类文化活动。年内共发表宣传文章 113 篇,信息 45 篇,其中 11 篇论文获自治区、玉林市奖励。成立摄影、书画、气排球、篮球等 5 个兴趣小组,丰富干警业余生活。青年干警 15 人在参加广西区、市、县各类竞赛评比活动中获得奖励 40 多项。　　(陈海松)

审 判

【审判机构及工作概况】 2013 年,陆川县法院内设办公室、政工科、纪检组、监察室、研究室、审判管理办公室、刑事审判庭、民事审判第一庭、民事审判第二庭、行政审判庭、执行庭、立案庭、审判监督庭、司法警察大队等机构。有马坡人民法庭、乌石人民法庭和清湖人民法庭 3 个乡镇基层人民法庭。行政编制数 113 名,实有人数 98 人;后勤服务事业编制数 11 名,实有人数 12 人。县法院加强审判工作,推进法院管理机制创新。年内,受理各类案件 4068 件,审(执)结 3700 件。年内,县法院被自治区高级法院评为广西法院先进集体。

【刑事审判】 2013 年,县法院推进刑事审判工作,加强重点打击杀人、抢劫、强奸等暴力犯罪,侵犯人民群众合法财产及危害食品安全犯罪刑事审判。年内,共受理各类刑事案件 580 件,审结 528 件,从重判处 10 年以上有期徒刑的 49 人,判处 3 年以上不满 10 年的 106 人,判处 3 年以下刑期的 528 人。加大对贪污、受贿、挪用公款、挪用资金、渎职等职务犯罪审判,依法惩治商业贿赂犯罪,共判处经济犯罪 10 件 22 人。强化未成年人权益司法保护。审理未成年人犯罪案件 30 件 42 人,判处非监禁刑未成年人 21 人,保护青少年合法权益。县法院、县政法委、检察院、公安局、司法局等 10 个部门联合制定《陆川县未成年人犯罪记录封存工作实施意见》,建立首个"儿童帮扶基地",县法院、县妇联联合创建"妇女维权岗""妇女维权联络点",维护妇女儿童合法权益。

【民商事审判】 2013 年,加强民事审判工作,着力化解社会矛盾。年内,共受理民事案件 3116 件,审结 2822 件。积极探索人民调解、行政调解、司法调解"三调联动"机制,注重司法确认和委托调解,借助各乡镇综治办、司法所,加大对民商事案件联调,把社会矛盾化解在基层,调解结案 1374 件,调解率为 63.1%;调解当事人主动撤诉结案 640 件,撤诉率为 22.9%。

研究探索交通巡回法庭、医疗纠纷巡回法庭和劳动争议巡回法庭工作方法,为群众提供一站式法律服务。交通巡回法庭共受理案件 175 件,结案 138 件,占民商事案件总数 4.89%,调撤案件 41 件,涉及案件标的额 1703.99 万元。健全县法院与县工商局解决消费者权益纠纷的衔接机制,切实维护消费者权益。

【行政审判】 2013 年,加强行政审判工作,合力协调行政争议。履行司法审查职能工作,坚持"保护行政相对人合法权益与监督支持行政机关依法行政并重"原则,保护行政相对人合法权益,保障行政部门依法行政。年内,共受理各类行政案件 33 件,审结 28 件,经法院协调原告主动撤诉 1 件。其中,涉及土地、山岭、水利"三大"纠纷案件 14 件,探索行政案件协调处理机制,在县国土局对土地调处案件进行行政调解,妥善化解行政争议。

【案件执行】 2013 年,加大案件执行工作,进一步强化执行工作,共受理执行案件 328 件,执结 321 件,执结标的总金额 4588.1 万元。促使当事人自动履行、和解执行案件 208 件,强制执行案件 105 件。集中开展清理涉党政机关积案活动,清理出涉党政机关积案 83 件,总标的额 4050.87 万元。在玉林市基层法院中第一个成立以县政府常务副县长为组长,县委政法委书记、县法院院长为副组长的清案领导小组。集中召开欠债单位负责人大会及债权人与债务人协商调解大会,欠债单位实际使用偿债资金 337 万元,全部化解历史欠债 4210.87 万元。

【信访和申诉】 2013 年,加强涉法涉诉信访工作,开展领导接访、法官带案下访等活动,加强释法息访,维护社会稳定,提高群众安全感、满意度。完善立案窗口服务"九大功能"配套建设,方便群众诉讼;加强司法救助,对经济确有困难的当事人减、缓、免交诉讼费 65.89 万元;开展"送法进校园""送法下乡""政法宣传周"等法制宣传活动,开展活动 18 次,发放宣传资料 1 万多份;开设法院或法庭"公众开放日" 6 次,邀请 400 多人参加,增强人民法院工作透明度和公开度。

【审判队伍建设】 2013 年,开展自治区法院"争创五个一百"和"优秀示范庭审"活动,清湖法庭被评为全区法院先进集体,1 人被评为广西壮族自治区法院先进个人,裁判文书 2 篇获广西区优秀裁判文书评比三等奖。加强法院广场文化和办公场所文化建设。创建广西壮族自治区基层法院首个"国旗班",每周一上午 8 时及重大节日全院干警集中举行升国旗仪式。

利用广西电台、《玉林日报》《玉林晚报》、新闻网络等媒体宣传平台,加大审判工作宣传,年内,共在各级媒体发表文章 649 篇,在新华网、人民网、中国法院网等国家级媒体发表文章 108 篇。建立网评员队伍,落实专人加强舆情监控工作,回应网民关注。

【基础设施建设】 2013 年,县法院推进信息化建设,完善办公设备,实现一线审判人员人手 1 台电脑的配备标准。逐步完善法院立案窗口、科技法庭、综合档案室等信息化建设,加强案件管理和监督,启用锐新软件系统,创办广西法院系统内网"四级联网"(广西壮族自治区高级人民法院、玉林市中级人民法院、陆川县人民法院、人民法庭),筹划开设"CA项目"(数字认证项目,是应用数字技术对信息系统使用人员进行有身份识别,实现网上电子签名,赋予网上文书、文件与手写签名同等法律效力的技术),全面实现"网上办案、网上办公",提高工作效率。完善安保装备。加大法院司法警察装备投入,配备单警八大件(手铐、对讲机、急救包、强光电筒、防割手套、催泪瓦斯、伸缩警棍、单警外腰带)、安检机、密码门、速访通、防爆桶等警用装备,做好装备管理和使用。配备司法警察和协警 37 人,确保法院各项工作安全运行。协调清偿法院历史欠债 426.6 万元。投入资金建成法院职工廉政食堂。推进马坡法庭扩建,法院枪库建设、大门值班室扩建等建设工程,安装并投入使用法院办公楼电梯,改善法院办公条件。

(李贞娴)

2013 年 7 月 23 日,县人大代表到陆川县检察院进行年中检察工作调研。图为县检察院检察长周雪操汇报工作

县检察院 提供

司法行政

【司法组织及工作概况】 2013 年,陆川县司法局内设政工秘书股、法制宣传股、公证律师管理股、基层工作股、法律援助工作股、社区矫正与安置帮教工作股,有乡镇司法所 14 个,县法律援助中心 1 个。监管指导单位有县公证处、华锦律师事务所、泰盛律师事务所、九洲事务所,全县司法行政系统有编制 52 人(行政 48 人,工勤 2 人,事业 2 人),在编干部职工 43 人,其中局机关 18 人,司法所 23 人。年内,全面推进社会矛盾化解、社会管理创新、公正廉洁执法等 3 项重点工作。

【普法依法治理】 2013 年,继续开展"六五"普法宣传,推进普法依法治理工作。采取送法下乡、进村讲法、送法进校园、送法进企业、学生带法回家、法制宣传中心户组织学法、法制文艺演出等多种不同形式开展全县普法教育。深入古城、良田、珊罗等镇开展制止和打击私挖滥采矿产资源法制宣传,深入北部工业区、城东新区开展征地拆迁法制宣传。把法制宣传教育与化解社会矛盾纠纷结合,在调处解决社会矛盾纠纷中宣传法律,讲解法理,普及法律,从源头做好矛盾纠纷的预防控制工作。县司法局、综治维稳办、工商行政管理局、妇联等联合组织深入乡镇集市加强对"三八"妇女维权、"3·15"维权和专业法、部门法的宣传普及。组织全县普法考试。年内,参加普法考试 1.40 万人。累计发放普法宣传资料 12 万多份,书籍 3 万册,为群众解答法律咨询 1500 多人次,展出法制宣传板报 14 期,悬挂法制宣传横幅 60 条,受教育人数 25 万人次。

【法律服务】 2013 年,县司法局拓展服务领域,提升法律服务水平。为县委、县政府重大项目建设、招商引资、园区建设等提供法律建设意见。先后参与世客城项目招标、玉铁铁路建设配套输变电项目等重大项目协调会。成立法律宣传队;配合县委县政府中心工作。参与县城东新区和县北部工业园区开展打击非法抢种抢建专项治理活动、城区 22 家涉水塑料厂取缔专项行动、打击九洲江非法无证开采河沙活动等。参与维护玉铁高速路、玉铁铁路、华润水泥、广州输变电工区建设、220 千伏输变电线塔施工、城东新区征地拆迁、九洲江河道整治、世客城、乌石无害化垃圾转运站、国泰矿业、城东小学建设、县麻纺厂工地等项目施工。做好突发性事件、群体性上访和群体性事件化解调处工作。年内,共提出合理化建议意见 53 条、参与调处各类重大纠纷 78 件、出警协助维护施工 390 多人次。全县执业律师共办理法律服务案件 140 件,其中,法律顾问单位12家,办理刑事诉讼辩护及代理业务37件,民事案件诉讼代理业务82件,法律援助案件9件。办理公证案件682件,其中经济类98件,民事类522件,涉台公证62件。全县法律服务工作者担任村、乡镇政府等机构单位的法律顾问181家,代理诉讼278件,避免和挽回经济损失500多万元。

【法律援助】 2013年,加大法律援助工作宣传,利用墙报和宣传栏等形式公开法律援助条件、范围和程序,便于群众查阅、使用,保障人民群众的知情权、参与权和监督权。加强法律援助队伍建设和培训。进一步规范法律援助工作。继续完善"12348"法律援助热线电话,安排专门人员做好接听和记录工作,在县司法局一楼临街铺面开设法律援助对外窗口,正常安排专职律师值班。对县法律援助中心案件及时受理、及时指派、确保办案质量,对办结案件及时归档。继续完善使用司法部法律援助信息管理系统,提升法律援助管理水平和工作效率。通过在网上统一对咨询、案件、人员和经费等动态信息进行更新、统一管理和统计分析,记录各项工作进程,运行率100%。落实中央专项彩票公益金法律援助项目,用于资助开展针对农民工、残疾人、老年人、妇女权益保障和未成年人的法律援助。全年全县共受理残疾人、老年人、未成年人等弱势群体申请的法律援助案件229件,其中县法律援助中心125件,乡镇104件,受援人306人。受理各级人民法院、检察院指定辩护刑事案件28件,民事案件201件,案件内容涉及交通事故人身损害索赔、医疗事故人身损害赔偿、工伤索赔等。为群众解答法律咨询,年内共接待咨询950人次,其中来电249人次,来访662人次,其他39人次。

【人民调解】 2013年,全面推行人民调解员持证上岗制度,向全县各乡镇、村调解员配发自治区司法厅统一监制的《人民调解员证》1000多本。加强调解员培训,年内共培训镇、村调解员1800多人次。拓展调解领域,推进专业、行业调解组织建设,完善道路交通事故、医疗纠纷、劳动人事争议等调解委员会,组建国土资源纠纷调解委员会。构建人民调解、行政调解、司法调解相衔接的"大调解"工作体系,县司法局与县人民检察院联合出台《关于建立刑事和解与人民调解对接机制的实施办法》,对符合条件的刑事案件,经征得双方当事人同意,即可将民事赔偿部分转入人民调解委员会进行调解。将法院立案的民事案件委托人民调解委员会进行调解,年内共接受法院委托调解43件。开展村级人民调解"以案定补"工作,全县14个乡镇村级调解委员会开展"以案定补"案件4769件,发放定补金额26.50万元。

【安置帮教与社区矫正】 2013年,县司法局加强社会管理创新,开展社区矫正和安置帮教工作。率先在玉林市建立社区矫正工作辅助人员队伍,招聘社区矫正辅助人员14人、公益性岗位3人。推进乌石、大桥司法所的矫正工作示范点建设。实行资料登记规范化、矫正学习专题化、思想汇报常规化、公益劳动制度化、帮困解难经常化、考核公开化和宣告正规化等"七化"社区矫正工作法,规范社区矫正工作得到自治区、玉林市领导肯定。开展加强社区矫正人员学习教育,年内举办社区服刑人员集中教育活动56次,组织社区服刑人员开展"美丽陆川·清洁乡村"活动35次。组织开展社区矫正工作质量年专项活动,完成全国社区矫正信息管理系统录入工作。协助平南监狱等有关部门开展看望犯人家属和监外执行犯人复查工作。走访病困帮教对象等。全县共接收社区服刑人员154人,在册人员228人,接受安置帮教对象450人,所接受社区服刑人员重新犯罪率控制在3%以内。

(刘　富)

陆川县人民武装部

【人民武装概况】 2013年,陆川县人民武装部(简称县人武部)下设军事科、政工科、后勤科。年内,县人武部围绕争创"全面建设先进单位"的目标,加强部队管理、国防动员教育、民兵预备役建设和征兵工作,积极开展拥政爱民活动。县人武部被评为"四无"先进单位和"三写"工作先进单位,被玉林市评为"双拥"宣传工作先进单位。

【政治教育】 2013年,县人武部按照广州军区、广西军区和玉林军分区的部署安排,加强干部职工思想政治教育,确保干部职工思想纯洁稳定。2—6月份,按照军委总部及广州、广西两级军区要求,把"坚定信念、铸牢军魂"主题教育和"三学"活动纳入"学习贯彻党章、弘扬优良作风"教育活动之中,坚持学习教育与专项整治相结合。组织干部职工认真学习中共十八大报告和新修订的《党章》,学习中央军委主席习近平系列指示精神和中央军委、广州、广西两级军区党委扩大会议精神,学习中共中央、中央军委和两级军区党委关于改进作风的规定措施,学习广州军区统一编印的主题教育活动学习辅导材料。对照党中央、中央军委和两级军区党委关于改进作风的规定以及中央军委主席习近平关于厉行勤俭节约、反对铺张浪费的重要批示,对单位和个人的党风廉政建设情况进行自查自纠、分析形势、查找差距、搞好整改。开展"学党史、感党恩、跟党走"读书学习活动和"铸牢军魂、净化灵魂"是非观大讨论。6月底,武装部党委班子成员主要围绕听党指挥、能打胜仗、艰苦奋斗、作风优良等4个方面内容进行对照检查,会前广泛征求干部职工和各乡镇武装部意见建议，相互之间开展谈心交心，认真准备发言提纲，会上认真开展批评和自我批评，会后针对存在问题研究制定具体管用的整改措施，确保质量。

【民兵整组】 2月，召开全县民兵整组工作会议，部署开展民兵整组工作，对年满18岁的男性适龄青年进行兵役登记，落实预征对象。科学开展民兵调整改革，抓好民兵整组，进一步调整分队，逐步实现由数量规模型向质量效益型转变。

【军事训练】 2013年，按照中共军委主席习近平"能打仗、打胜仗"要求，扎实抓好战备工作，推进军事斗争准备由应急向常态化转变。2—3月，组织人员完善修订各类作战和应急方案预案，提高"实案化"水平。5月，组织民兵应急分队开展军事训练，做好参加广西军区民兵基础课目比武准备。7月组织基干民兵进行为期10天的军事训练和演练，强化措施，确保人员、时间、内容、效果"四落实"。10月，利用8天时间组织民兵应急分队开展复训，高标准迎接玉林军分区考核。投资8.60万元对全县民兵综合网进行扩容升级改造，通信信道由原来的2兆扩容为100兆，提升通信

保障能力。狠抓领导机关基础课目训练，干部半年军事训练考核成绩在玉林军分区排名第二。组织抗洪抢险演练、森林灭火民兵骨干培训，有效提高民兵分队遂行任务能力。

【征兵工作】 2013年，围绕征兵制度调整改革和征集大学生兵源的重点工作要求，注重征兵工作宣传发动。按照自治区和玉林市的统一部署，加强征兵工作的组织领导，扎实开展宣传发动工作。6月下旬，县人武部领导带队深入县城高中进行调研，积极动员高中毕业生报名应征。7月19日，组织开展"征兵宣传一条街"活动，县四班子主要领导到现场参加征兵宣传活动，并为群众解答征兵政策法规。7月20日，县召开征兵宣传协调会，明确相关单位宣传任务。利用现代传媒开展征兵宣传，移动、联通、电信3家公司群发征兵信息70多万条。在县政府网发布征兵工作有关政策法规，在电视台和市政广场大屏幕反复播放县长征兵动员讲话和县征兵办主任就征兵工作答记者问，在报刊中夹带发放征兵宣传资料，利用邮政系统覆盖村屯的优势，张贴征兵海报，使征兵工作深入人心、人人皆知。8月7日，召开全县征兵工作形势分析会，各乡镇长和征兵工作领导小组

成员单位领导参加会议。征兵办人员严格组织体检政审工作，顺利完成年度新兵征集任务。

【拥政爱民活动】 2013年，县人武部组织人武干部、专武干部、职工和民兵预备役队伍积极参加县"美丽陆川·清洁乡村"活动，组织即将入伍新兵在乡镇、车站等公共场所开展"感恩家乡·清洁乡村"公益活动。利用民兵骨干集训、专武干部集训、学生军训、征兵、地方党政领导过军事日等时机进行国防教育宣传，组织地方领导1000多人次过军事日活动，协助陆川中学、县第三中学、县实验中学等学校进行新生军训。县人武部与大桥镇瓜头村扶贫结对，协助推进扶贫帮困工作，协调县水利局投资50多万元修建灌溉水渠1200米，县人武部干部职工捐款1.5万元帮助瓜头村硬化球场，赠送水泥10吨；帮助8户贫困户脱贫致富，资助5名贫困学童上学。

（李　锋　李胜华）

武警陆川县中队

【武警概况】 武警陆川县中队驻陆川郊区，隶属武警玉林市支队和陆川县委、县政府及县公安局军地双重领导，主要承担陆川县看守所外围武装警戒及城区武装巡逻、参与处置突发事件和抢险救灾等任务。2013年，按照武警广西总队关于"坚持战斗力标准，加快推进现代化建设，全面提升部队能打仗打胜仗能力"的要求，切实加强中队建设，连续30年执勤无事故，连续8年被武警广西总队评为"正规化执勤一级中队"，连续10年被武警广西总队评为"基层建设先进中队"。

【思想政治建设】 2013年，县武警中队围绕新形势下"听党指挥、能打

2013年7月19日，陆川县开展征兵宣传一条街活动。图为适龄青年踊跃报名应征　　　　　　　　　　　　　　　　　　　　　罗　钊摄

胜仗、作风优良"的根本要求,加强官兵理论武装和理论创新学习,开展学习光荣队史、重温入党誓词、观看红色电影、学唱强军战歌、组织演讲讨论等活动,组织官兵观看优秀革命影片,开展网络信息渠道相互交流,弘扬中国军队的光荣传统和优良作风,开展学习中共十八大精神知识竞赛"读新书,育新人"活动等,加强对现代化武警知识的学习,提高官兵基本政治理论素质。推进先进军事文化建设,修建休闲凉亭,丰富图书阅览室,为官兵提供更好的学习娱乐平台。开展学习成才活动,鼓励官兵读好书、练技能、强素质。

【军事训练】 2013年,按照"执勤确保安全、处突确有把握、反恐确保制胜、维稳确保平安、救援确保有效"要求,县武警中队加强官兵的素质能力提升,提高干部的参训率,钻研军事技术,定期分析训练形势,探讨训练方法,促进部队的正规化训练。加强擒敌术、应急棍、哨兵防袭击、班(组)勤务等军事训练,保证官兵各课目训练到位,提高训练水平。加强反恐应急训练,强化紧急出动、驱散、抓捕训练,重点抓好哨兵反袭击、情况处置等训练,强化实战演练,全面提高反恐应急班的快速处置能力。5月,组队参加武警玉林支队勤训轮换比赛获总分第三名,2名战士被评为"训练标兵"。

【安全保卫】 2013年,县武警中队加强安全保卫。加强安全教育。开展"条令学习月"、安全大检查和"百日安全"竞赛等大项活动,采取案例剖析、警示教育、安全训练、体会交流等多种形式,强化官兵的安全意识和防范能力。4月组队参加武警玉林支队"条令学习月"活动获总评第一名。加强部队精细化管理。注重从细节抓起,加强警容风纪、日常养成、礼节礼貌、内务卫生质量等方面管理,进一步规范人员管控、枪弹管理、信息保密、用电安全等工作,确保部队秩序正规和安全稳定。深化安全隐患治理。投资兴建监墙巡逻通道,改造中队勤务值班室,有效提升执勤安全系数。开展安全大检查和执勤隐患大排查,整治上哨路线、巡逻通道、看守所围墙、照明设施等安全隐患11处。加强反恐应急班建设,完善反恐装备配备,制定各种预案,县武警中队与驻地公安、安全部门建立情报互通、共享机制,与目标单位开展"五个一"活动(每日犯情一通报,每周议勤一会议,每月演练一检验,每节监舍一清查,每季问题一互评),形成资源互动、安全互保的良好局面。严密组织临时勤务,完成敏感期及重大节日城市武装巡逻,武装押解勤务15起,押解犯人251人。

【拥政爱民活动】 2013年节假日期间,县武警中队组织官兵到目标单位和周边街道打扫卫生、清理库室,为陆川县敬老院清洁环境,为老人整理内务,为县实验中学、县第二中学开展国防教育和军事训练。7月底,举办庆"八一"建军节警民联欢文艺晚会,邀请地方人员到中队观看文艺演出节目,参与警民共建,有效推进警民共建活动。　　　　　　　(刘水厅)

武警陆川县消防大队

【消防概况】 2013年,武警陆川县消防大队(简称县消防大队)下辖1个消防中队,配备消防车4辆。全体官兵按照既定年度工作计划逐项开展工作,较好地完成了以防火、灭火和抢险救援为中心的各项工作任务,年内,分别获玉林支队2012年度基层建设先进中队、2012年度社会管理综合治理(平安建设)工作先进单位、2013年玉林支队条令条例比赛团体第一、2012—2013年广西消防部队先进基层党组织。

【思想政治教育】 2013年,推进武警陆川县消防大队级党委班子规范化建设试点,认真落实武警广西消防总队关于《支队(大队)党委议事决策规则》,形成基层党组织规范化建设的基本模式。年内,组织开展中共十八大专题学习等系列活动,并在武警玉林市消防支队十八大主题演讲比赛中获三等奖。县消防大队主官组织中共十八大专题学习并撰写心得体会和调研论文。

进一步加强廉政防线、警营文化建设,完成大队荣誉室和廉政文化墙、廉政宣传栏等廉政文化景观建设,开辟廉政教育果园、菜园,并通过召开廉政分析会、撰写心得体会、开展群众满意度调查、签订廉政责任状

2013年武警陆川县中队官兵在火车站武装巡逻　　武警陆川县中队　提供

和助廉倡议书等形式，广泛开展廉政文化进警营、进家庭、进官兵思想、进工作岗位"四进"活动，利用地方教育资源和警民共建单位，积极开展文艺节目创作排练，进一步丰富了官兵文化生活。年内，县消防大队开展思想政治教育课110课时，经常性思想教育125人次，学习参观社会单位18家，群众性主题实践活动6次。

【部队管理】 2013年，县消防大队严格实施部队正规化管理。通过"条令条例学习月"、车辆运行整治秩序、作风纪律教育整顿暨防违反"五条禁令"事件学习月和安全"五无"创建活动(即无亡人责任事故、无刑事案件、无自杀事件、无违反"五条禁令"、无严重违纪)将条令条例和部队管理制度具体化。从抓好一日生活制度落实入手管理队伍，加大安全管理力度，严格人员、车辆出入和执勤备战制度，着力解决严下不严上、管教脱节、教养不一致、失控漏管、"四个秩序"不规范、管理松懈、作风松散、纪律松弛、有令不行、有禁不止等突出问题，对照条令条例和规章制度，紧密联系实际，认真查摆单位、个人在落实条令条例、规章制度中存在的主要问题，对存在的问题制定整改措施，将责任落实到人，并限期进行整改，跟踪落实情况，有效地解决部队管理中必须解决的问题，确保部队安全稳定。

【执勤岗位练兵】 2013年，深入开展"大练兵"活动，围绕年度执勤岗位练兵及各项比武竞赛活动要求，加大练兵工作，围绕"练为战"的目标要求，开展练兵活动，苦练基本功。制定练兵奖惩实施方案，激发官兵的训练热情，定期组织兵与兵、班与班开展业务竞赛，有效提高官兵的技战术水平。在武警玉林消防支队第一季度和上半年两次考核中取得大队第三名、中队第四名的成绩；在武警玉林消防支队支队条令条例竞赛中获团体第一名，干部组和士官组均获第二名；在

武警玉林消防支队支队车辆器材装备"五知一能"和辖区"六熟悉"比武竞赛中，获得原地佩戴空气呼吸器操作第三名。

【消防监督】 2013年，开展冬季防火百日大攻坚暨"除火患、保平安"冬春专项行动。县政府、县消防安全委员会成立行动领导小组。将各项消防工作目标任务进行分解部署。进一步推动消防基础设施建设，建制镇消防规划编制率达到79%；消防安全重点单位"户籍化"管理60%达标，"四个能力"建设100%达标。县消防大队共检查单位159家，出动监督检查人员318人次，发现火灾隐患205处，督促整改隐患201处，下发责令整改通知书151份，临时查封单位2家，"三停"单位1家，处罚单位5家，处罚个人2人，开展消防安全培训5次，组织社会单位开展灭火疏散演练7余次，培训社会单位员工和师生2000余人次。

开展"治火患、抓长效"专项行动，进一步增强辖区消防安全。根据自治区消防安全委员会《关于印发全区"治火患、抓长效"消防安全专项行动实施方案》文件要求，围绕专项行动期间重点时期的火患特点，4月20日制定消防安全专项行动方案，周密部署开展专项整治工作。5月13日至17日，县消防大队在辖区内开展

为期一周的商场、市场整治行动，对1名烟民无视消防安全在禁烟商场内吸烟的行为依法实施行政拘留。县消防大队、县公安局、文体局、工商局、安监局等职能部门出动联合检查组2个，对人员密集场所、建设工程施工工地违章搭建的彩钢板以及人员密集场所在门窗上设置影响逃生和灭火救援的铁栅栏、广告牌等障碍物的依法强制拆除。

推进"6111消防示范工程"建设，大队成立领导机构，并制定详细的工作方案和工作推进表，将"6111示范工程"建设责任落实到个人，明确完成时限。行动期间，大队召开"6111消防示范工程"建设动员推进会，示范单位负责人参加会议。县消防大队监督员主动上门为"6111消防示范单位"、重点单位、社区、派出所等单位进行指导消防建设工作。

开展"大排查大整治"活动，2013年，县消防大队联合县公安局、工商局、质监局等部门对辖区开展拉网式的消防安全大检查，逐步形成"安全自查、隐患自改、责任自负"的社会消防安全管理机制，以减少和避免单位、场所火灾事故的发生。全县各相关部门推进消防安全"户籍化"管理，督促社会单位明确消防安管理人员，落实岗位消防安全职责，加强建筑消防设施维护保养，定期开展消防安全

2013年8月27日，陆川消防大队在加油站举行灭火救援演练

县消防大队 提供

"四个能力"自查评估和加强火灾隐患自查自纠。年内,县消防大队共检查单位1368家,派出检查人员2736人次,填发《责令改正通知书》908份,从中发现火灾隐患1300处,整改火灾隐患1268处,下发《重大火灾隐患整改通知书》6份,临时查封单位25家,"三停"单位10家,行政拘留9人,依法作出行政处罚77起,罚款共计30.85万元。县政府组织召开消防联席会议5次,组织召开消防重点单位会议4次。

【消防宣传】 2013年,县消防大队共举办大型宣传活动2次,开展消防志愿者活动17次,通过电视播出消防公益广告60余条次,设立消防公益广告电子屏幕户外视频5块,组织消防培训14期,培训人数826余人,消防站累计接待参观群众5500余人。

【警营文化建设】 2013年,县消防大队深入开展文化基础设施建设达标活动,进一步加强部队网络文化建设,舒缓官兵压力,提升官兵动力,激发部队活力,构建警营和谐。年内,县消防大队开展学习雷锋月活动及"党史""军史""团史""爱国主义"教育活动,利用网站等宣传阵地开展各类纪念活动,开展党员、团员宣誓活动,进行升国旗仪式,开展气排球、篮球、乒乓球比赛等健康向上的文化体育活动,并按照警营文化建设要求对大队营区内外的政治标语进行清理和规范,按照《中队俱乐部文化设施器材建设参考标准》落实文化设施建设。

【拥政爱民活动】 2013年,县消防大队深入开展以"送温暖、保平安"为主要内容的爱民实践活动,结合执法执勤和管理服务工作,走访重点单位,宣传消防知识,开展消防安全培训,指导整改火灾隐患,在法律服务、技术咨询、救援救助等方面推出新的便民利民措施并狠抓落实。年内,县消防大队参与政府及各部门活动执勤

2013年9月26日,志愿者向群众讲解消防常识　　县消防大队 提供

14次,开展警民共建活动6次,每逢节日都为贫困家庭和孤寡老人送去慰问金、慰问品等;冲洗打扫街道25千米,帮助单位冲洗地板1200多平方米,义务送水6车。　　　　（严春燕）

人民防空

【人民防空工作概况】 2013年,陆川县人民防空办公室(简称县人防办)在县住房和城乡建设局挂牌,在职干部6人。镇人民防空办公室14个。陆川县贯彻执行人防法规政策,加强国防教育、人防训练,积极参与各级人防比武竞赛活动。

【人防专业队建设】 2013年,结合年度民兵整组要求,县人防办对抢险抢修、医疗救护、防化、通信、运输等5支人防专业队伍进行整组,完善人防合成专业队。7月,对人防专业队进行训练,提高人防专业队伍应急救援能力。

【人防信息化建设】 2013年,继续做好防空警报社会化管理维护,组织防空警报统一试鸣。"9·18"防空警报统一试鸣音响鸣响率达100%,音响覆盖率达98%,加强城市居民防空教育。结合防空警报统一试鸣活动在温泉镇初中开展防空袭紧急疏散演练,收到良好效果。加强通信电台的维护管理和定期训练。做好国动网的维护管理工作,确保终端设备齐全完好。

【人防工程建设】 2013年,继续抓好人防工程建设,加强人防行政审批。县人防办加强人防工程建设"结建"项目执法检查。年内,共办理"结建"项目审批事项153件,在建防空地下室1个。

【人民防空宣传教育】 2013年,加强《广西壮族自治区人民防空工程建设与维护管理办法》《广西壮族自治区人民防空工程建设与维护管理办法》宣传。开展宣传咨询活动,建立宣传橱窗等进行广泛宣传。县人防办组织干部到房地产企业进行人防法律法规政策宣传,在县城区4所初中开展人防知识教育,在新洲、长安等社区开展居民人防知识宣传教育。

（陈永杰）

财税·金融

CAISHUI JINRONG

2013年4月14日,县国税局领导等人员到玉林双胞胎饲料有限公司生产车间进行税收调研 县国税局 提供

财 政

【财政工作机构及概况】 2013年，陆川县财政局内设秘书股、预算股、行政政法股、综合股、国库股、教科文股、经济建设股、社会保障股、农业股、农村财政财务管理股、企业股、金融管理股、国资股、会计管理股、人事教育股、法规税政股、商粮贸股、监察室，编制36名，实有干部职工31人；下辖县财政稽查局、县民族经济发展资金管理局、县国库支付中心、广西中华会计学校陆川函授站（县财政干部教育中心）、县政府采购管理办公室、县财政预算编审中心、县农业综合开发办公室、县财政信息网络管理中心、县财政投资评审中心、陆川县非税收入征收管理局等事业单位。事业单位在职职工69人；乡镇财政所14个，职工113人。

2013年，陆川县坚持"稳中求进"的总要求，贯彻落实"稳增长、调结构、促转型、惠民生"的工作要求，千方百计抓收支，集中财力办大事，勤俭节约减支出，整合资金惠民生，较好完成全年各项财政工作任务。年内，全县财政总收入30.03亿元。其中，县本级一般预算收入10.84亿元，增长17.73%。财政总支出28.27亿元，其中地方公共财政预算支出28.11亿元。

【财政收入】

全县财政总收入　2013年，全县财政预算总收入30.03亿元，比上年增加1.75亿元，增长6.19%。其中，公共财政预算收入7.73亿元，增长17.21%。税收收入4.21亿元，增长24.02%；非税收入3.52亿元，增长9.99%。税收返还收入8434万元，比上年增加275万元，增长3.37%。一般性转移支付补助收入12.56亿元，

表7　　　　　　　　　　　2013年陆川县本级财政收入结构情况

项　目	收入 （万元）	比上年增减 （万元）	比上年增减 （%）
组织财政收入	108445	16329	17.73
1.地方公共财政预算收入	77283	11347	17.21
（1）税收收入	42092	8152	24.02
增值税（17%部分）	3933	814	26.10
营业税改征增值税	114	114	0
营业税（60%部分）	5125	355	7.44
企业所得税（30%分）	2422	−170	−6.56
其中：国税征收部分	1701	−201	−10.57
地税征收部分	721	31	4.49
个人所得税（25%部分）	930	366	64.89
资源税	942	101	12.01
城市维护建设税	1649	611	58.86
房产税	528	−931	−63.81
印花税	337	62	22.55
城镇土地使用税	248	−30	−10.79
土地增值税	10047	4182	71.30
车船使用税	666	69	11.54
耕地占用税	11331	664	6.22
契税	3819	1945	103.79
（2）非税收入	35191	3195	9.99
专项收入	1317	399	43.46
其中：排污费收入	252	74	41.57
水资源费收入	2	−50	−96.15
矿产资源专项收入	111	111	
城市教育费附加	952	264	38.37
行政性收费收入	6370	421	7.08
罚没收入	1791	−69	−3.71
国有资本经营收入	23150	2517	12.20
国有资源（资产）有偿使用收入	1419	−19	−1.32
其他收入	1144	−54	−4.51
2.上划中央"两税"收入	17377	3583	25.98
增值税（75%部分）	17353	3591	26.09
消费税	24	−8	−25.00
3.上划中央所得税收入	7076	540	8.26
企业所得税（国税征收）	3401	−402	−10.57
企业所得税（地税征收）	1442	63	4.57
个人所得税	2233	879	64.92
4.上划自治区"四税"收入	6709	859	14.68
增值税	1851	383	26.09
营业税改征增值税	76	76	0
营业税	3417	237	7.45
企业所得税（国税征收）	567	−67	−10.57
企业所得税（地税征收）	240	10	4.35
个人所得税	558	220	65.09

比上年增加 1.12 亿元,增长 9.78%。上级专项转移支付补助收入 6.31 亿元,比上年减少 5815 万元,下降 8.44%。地方政府债券收入 1500 万元。上年结余收入 2.36 亿元。调入资金 836 万元。

县本级财政收入 2013 年,全县组织财政收入 10.84 亿元,比上年增收 1.63 亿元,增长 17.73%。

按预算级次分解:公共财政预算收入 7.73 亿元,比上年增加 1.13 亿元,增长 17.21%;上划中央"两税"收入 1.74 亿元,增收 3583 万元,增长 25.98%;上划中央所得税收入 7076 万元,增收 540 万元,增长 8.26%;上划自治区"四税"收入 6709 万元,增收 859 万元,增长 14.68%。

按收入性质分解:税收收入 7.33 亿元(含地方税收收入、上划中央"两税"收入、上划中央所得税收入、上划自治区"四税"收入),增长 21.85%;地方公共财政预算非税收入 3.52 亿元,比上年增加 3195 万元,增长 9.99%,占公共财政预算收入比例为 45.53%,比上年下降 3 个百分点。

按职能部门分解:国税部门完成 2.90 亿元,增长 17.40%;地税部门完成 4.52 亿元,增长 25.21%;财政部门收入 3.42 亿元,增长 9.36%。

地方公共财政预算收入 2013 年,地方公共财政预算收入 7.73 亿元,比上年增长 17.21%。其中,地方税收收入 4.21 亿元,增长 11.52%;非税收入 3.52 亿元,增长 9.99%。

【财政支出】 2013 年公共财政预算总支出 28.27 亿元,比上年增支 2.35 亿元,增长 9.07%。其中,地方公共财政预算支出 28.11 亿元,增支 2.60 亿元,增长 10.20%。上解支出 1565 万元,减支 21 万元,下降 1.32%。

2013 年全县财政增支的主要原因:一是行政事业单位增人增资、提高津补贴和住房公积金等增支 1.29 亿元;二是加大对社会救济、社会保障和医疗卫生投入,增支 1.09 亿元,主要是新型农村养老金支出增支 1798

万元,抚恤、退伍军人安置补助、社会福利等增支 1998 万元,五保户、低保户等农村社会救济支出增支 1030 万元,自然灾害生活补助增支 95 万元,新型农村合作医疗和居民医疗保险支出增支 6014 万元;三是加大对教育的投入,主要是教育公用经费增支 1056 万元、薄弱学校改造和学前教育校舍改造及示范性建设等支出增支 1159 万元;四是加大对"三农"的投入,增支 2013 万元,主要是农村饮水安全工程、农村道路建设、水库除险加固等农林水工程资金和县配套资金支出等增支;五是加大对公检法司部门的基础设施建设和化债,增支 2062 万元;六是加大保障性住房建设投入,增支 4918 万元;七是开展美丽乡村建设大会战增支 1706 万元;八是加大节能减排,环境保护支出增支 2318 万元。

2013 年全县财政减支的主要原因:一是基层医疗卫生机构收支两条线经费不再纳入公共财政预算管理,减支 2108 万元;二是大力压缩"三公"经费,减支 150 万元。

【财政支持县域经济协调发展】 2013 年,围绕打造"千亿工业强县"的目标,支持经济实体发展,加大"抓大壮小扶微"工程建设,加大对中小微企业的扶持,全年评审合格小微企业 341 户,扶持资金 605 万元。支持统筹城乡综合配套改革,从财政政策和财政资金层面着力支持县城和中心镇的基础设施和公共服务设施建设。

【财政支持农业农村经济发展】 2013 年,加大财政支持"三农"工作,财政资金向农业和农村倾斜,农林水事务支出 34637 万元,增长 5.23%。其中,农业综合开发投入 1280 万元。支持新一轮扶贫开发攻坚工作,继续深入落

表8　　　　　2013 年陆川县地方公共财政支出情况

项　目	支出 (万元)	比上年增减 (万元)	比上年增减 (%)
公共财政预算支出合计	281137	26018	10.20
一般公共服务支出	44900	4102	10.05
国防支出	534	330	161.76
公共安全支出	11258	3358	42.36
教育支出	71791	-5370	-6.96
科学技术支出	2787	854	44.18
文化体育与传媒支出	2126	-619	-22.55
社会保障和就业支出	32130	5544	20.85
医疗卫生支出	39249	1682	4.48
节能环保支出	5574	2318	71.19
城乡社区事务支出	5608	3944	237.02
农林水事务支出	34637	-3137	-8.30
交通运输支出	7319	5365	274.56
资源勘探电力信息等事务支出	1816	320	21.39
商业服务业等事务支出	2814	1525	118.31
金融监管等事务支出	193	-52	-21.22
国土资源气象等事务	2334	931	66.36
住房保障支出	15001	4918	48.78
粮油物资储备事务支出	336	143	74.09
债务付息支出	204	-4	-1.92
其他支出	499	-134	-21.17

实农村扶贫贷款政策。年内，财政支持扶贫项目竣工41个，核拨项目资金460万元；拨付大中型水库移民新村基础设施建设项目及旧房改造资金1478万元。继续推进农村综合改革，批复"一事一议"奖补资金项目358个，建设村屯道路198千米，村内公共活动场所2008平方米。项目总投资4431万元，其中财政奖补资金3711万元。落实各项直补政策，全县共发放农资综合补贴资金5071万元，受益农户15.2万户。

【财政支持民生工程建设】 2013年，调整和优化民生项目支出结构，财政资金多投向公共教育、公共卫生、就业保障、困难群体生活保障、住房保障、公益文化等社会事业发展的关键及薄弱环节，促进各项民生事业均衡发展。年内，民生项目支出21.35亿元，占全县公共财政支出76.11%。保障为民办实事项目的落实，全县统筹安排为民办实事项目资金7.92亿元。

加大社会保障支出 其中，社保和就业支出3.21亿元，增支5544万元，增长20.85%；城市最低生活保障对象的补助由每人每月185元提高到205元，农村最低生活保障对象的补助由每人每月74元提高到84元，新型农村合作医疗保险筹资标准由2012年人均290元提高到340元。

支持教育事业发展 推进学前教育项目实施，支持实施义务教育阶段学生营养改造计划和薄弱学校改造计划，加强普通高中和职业教育基础能力建设，教育支出7.18亿元，减支5370万元，下降6.96%。

加强保障性安居工程建设 按规定将土地出让纯收益和住房公积金增值收益用于保障性安居工程建设，增加相关基础设施配套投入，全年保障性住房支出1.50亿元。

【财政支持"美丽陆川·清洁乡村"建设】 2013年，县投入财力支持"美丽陆川·清洁乡村"活动。全县通过调整支出结构、整合部门专项资金、接受社会公益捐赠等办法筹措资金2.30亿元，推进农村连片整治、九洲江流域治理、清洁美化乡村等活动开展。

【财政管理改革】 一是推进预算绩效管理，加快建立预算编制有目标、预算执行有评价、评价结果有反馈、反馈结果有运用的预算绩效管理模式。2013年，全县开展预算绩效管理试点项目8个，涉及金额4.06亿元。二是贯彻落实结构性减税政策，做好营业税改征增值税的各项筹备与宣传工作。县财政局组织开展"营业税改增值税"试点调查摸底，完成税负变化调查测算、财力测算、试点纳税人的征管资料移交，全县结构性减税效应日渐凸现。三是继续深化预算管理制度改革。深入推进行政事业单位资产管理改革，全面推行非税收入收缴管理改革、票据电子化管理改革和综合预算管理改革，继续深化国库集中收付制度改革、预算执行动态监控和公务卡结算制度改革。四是稳步推进预算信息公开。完善预算信息公开工作规程，逐步扩大预算公开范围；有序做好"三公"经费公开，推进专项民生支出公开。五是加强政府采购监管。年内，完成政府采购项目3614项，采购预算6.40亿元，实际采购金额6.22亿元，节约1835万元，节约率2.87%。六是加强财政投资评审管理。全县审结财政投资项目524个，送审金额6.01亿元，审定金额5.51亿元，审减金额5073万元，审减率8.44%。

【预算支出调整优化】 2013年，贯彻落实中央关于履行节约的八项规定，从严控制人员经费、"三公"经费等一般性支出，推进会议费、差旅费管理和公务接待制度改革，进一步降低行政成本，年内"三公"经费同比下降8%。严格控制安排财政资金用于党政机关楼堂馆所建设和维修改造项目，收回已经安排但尚未有实质性开工的项目资金。全面清理财政结余结转资金，按照自治区有关文件要求，清理县公共财政预算安排的两年以上结余结转资金，盘活财政资金8240

万元，统筹安排用于经济发展和改善民生。　　　　　　　　（陈海球）

国家税务

【国税工作机构及概况】 2013年，陆川县国家税务机构有县国家税务局（简称县国税局），基层税务机构有陆城税务分局、马坡税务分局、乌石税务分局、良田税务分局等4个。县国税局内设办公室、政策法规股、税源管理股、收入核算股、纳税服务股（办税服务厅）、征收管理股、人事教育股、监察室、机关党办，下辖信息中心、稽查局直属单位。核定编制126名，在职干部职工108人。年内，县国税局加强税收征管和纳税服务，推进营业税改征增值税试点工作，全县国税税收平稳增长，各项税收收入2.96亿元，增长16.88%。

【国税收入】

国税收入情况 2013年，陆川县内国家税收税种主要有增值税、消费税、企业所得税、个人所得税、车辆购置税等5个税种。全县税收收入保持增长，经济税收总体运行情况基本正常。年内，全县组织税收总收入2.96亿元，增收4271万元，增长16.88%；完成政府目标任务2.90亿元，增收4300万元，增长17.39%，完成全年政府目标任务3.20亿元的90.69%。5个税种中仅增值税增收，其他各税种减收。其中增值税收入2.33亿元，比上年增加4978万元，增长27.13%；消费税收入24万元，下降25%；企业所得税收入5669万元，下降10.57%；利息所得税1万元，下降50%；车辆购置税554万元，下降4.81%。

从产业税收结构情况看。全县国税征收的税源主要集中在第二产业、第三产业，税收收入分别为1.98亿元、9305.13万元，分别占全县国税税收的

66.88% 和 31.45%;第一产业税收收入 494.65 万元,仅占国税税收的 1.67%。

2013 年,增值税重点税源项目收入不平衡。全县国税增值税收入 2.33 亿元,比上年增加 4978 万元,10 个增值税重点税源项目收入增减各占一半。其中,水泥行业增幅最大增长 1188.67%,机械配件行业增长 55.29%;化工、陶瓷制品等项目减幅较大,分别下降 136.13%、59.76%。

2013 年,全县国税纳税额超过 50 万元的企业 56 户、100 万元的企业 36 户、500 万元的企业 14 户、超过 1000 万元的企业有 8 户,超过 4000 万元的企业仅有 2 户,即广西玉柴重工有限公司和华润水泥(陆川)有限公司。列入县国税监控的纳税额超过 10 万元企业 129 户,税收比上年增加的有 55 户,增加税款收入 7543 万元;比上年减收的有 73 户,税款减收

表 9 　　　　　　　　　　2013 年陆川县国税收入情况

单位:万元、%

税种	2012 年入库金额	2013 年入库金额	比上年增减额	比上年增减率
1. 增值税	18350	23328	4978	27.13
化工	346	−125	−471	−136.13
钢材	1300	1122	−178	−13.69
生铁	366	300	−66	−18.03
水泥	300	3866	3566	1188.67
红砖、石灰	710	722	12	1.69
陶瓷制品	410	165	−245	−59.76
机械配件	3914	6078	2164	55.29
铁锅铸造	177	135	−42	−23.73
塑料制品	192	182	−10	−5.21
电力	1826	1861	35	1.92
中密度板	693	−652	−1345	−194.08
商业	5450	5634	184	3.38
其他	3917	3870	−47	−1.20
2. 消费税	32	24	−8	−25
3. 企业所得税	6339	5669	−670	−10.57
4. 利息所得税	2	1	−1	−50
5. 车辆购置税	582	554	−28	−4.81
收入总计	25305	29576	4271	16.88

表 10 　　　　　　　　　　2013 年陆川县国税收收入分行业分税种情况

单位:万元

项目	国内税收收入合计	国内增值税	其中:一般纳税人增值税	国内消费税	企业所得税		个人所得税	城市维护建设税	车辆购置税
					内资企业	外资企业			
合计	29589.59	23328.51	22324.57	24.03	5305.27	363.70	1.15	13.32	553.61
一、第一产业	494.65	215.64	214.36		266.56			0.04	12.41
二、第二产业	19789.81	17255.18	17288.02	20.99	2146.01	363.70	0.37		3.56
(一)采矿业	185.27	162.92	128.91		22.10			0.21	0.04
(二)制造业	16847.47	14777.13	14854.64	20.99	1725.91	319.79	0.16		3.48
(三)电力等	1992.86	1991.15	1980.49		1.66				0.04
(四)建筑业	764.22	323.97	323.97		396.33	43.91			
三、第三产业	9305.13	5857.69	4822.19	3.04	2892.70		1.15	12.91	537.64
(一)批零业	6970.22	5575.82	4772.35	3.04	1373.01			8.77	9.58
1. 批发业	3098.23	2378.76	2360.41		719.37				0.10
2. 零售业	3871.99	3197.06	2411.94	3.04	653.64			8.77	9.48
(二)交通	153.87	150.42	35.56					3.44	
(三)食宿餐									
(四)信息技术	29.24	23.26	5.55		5.97			0.01	
(五)金融业	1507.20				1507.20				
(六)房地产业	3.92				3.92				
(七)租赁和商务服务业	14.46	13.90			0.33			0.23	
(八)科研技服	18.56	18.52						0.04	
(九)服务修理	77.21	74.28	8.72		2.21			0.42	0.30
(十)教育									
(十一)卫生	0.18	0.12			0.06				
(十二)文娱	0.39	0.01							0.38
(十三)公共管理	0.69	0.00							0.69
(十四)其他行业	529.19	1.34				1.15			526.70

表11　　　　2013年陆川国税增值税分项目入库情况

单位:万元

项目	2013年入库金额	2012年入库金额	同比 ± 额	同比 ± %
增值税	23328	18350	4978	27.13
（1）化工	−125	346	−471	−136.13
（2）钢材	1122	1300	−178	−13.69
（3）水泥	3866	300	3566	1188.67
（4）红砖、石灰	722	710	12	1.69
（5）陶瓷制品	165	410	−245	−59.76
（6）机械配件	6078	3914	2164	55.29
（7）铁锅铸件	135	177	−42	−23.73
（8）电力	1861	1826	35	1.92
（9）商业	5634	5450	184	3.38
（10）其他	3870	3917	−47	−1.20
其中:中密度板	−652	693	−1345	−194.08
生铁	300	366	−66	−18.03
塑料	182	192	−10	−5.21

3308万元,增减相抵税收4235万元。新增大企业(项目)100万元以上企业(长隆电子、远邻食品、南州工贸、勤工俭学)增收800万元,重点企业税收实际增收1972万元。

2013年,全县一般纳税人共入库增值税2.14亿元,比上年增加5432万元,增长33.96%,占增值税总额的91.84%,上升4.68个百分点。8月1日起,对增值税小规模纳税人中月销售额不超过2万元的企业暂免征收增值税,年内全县小规模纳税人入库增值税1904万元,减收453万元,降幅19.22%,占增值税总额的8.16%,比重下降4.68个百分点。其中,"双定"户(按照固定纳税期限缴纳固定税款的纳税户)入库税收826万元,比上年增收135万元,增幅19.54%,占增值税、消费税"两税"总额的3.54%。

影响税收收入增减主要因素 2013年,全县税收增收原因主要有2个方面:一是采取多项有力措施加强税收管理增收,加强重点行业管理和税务稽查,实行专业化集中管理,增加税收收入,把2012年纳税超100万元的31户重点企业和发展潜力较大的17户企业(共48户)集中县税源管理股管理,提高重大税源税收的征管质量。二是新办企业取得效益增收,加强税收政策宣传,加强33户新办企业的税收服务,促进新税源的及时入库,全年入库税款9276万元,增加3314万元。纯增入库较大税款的企业有广西祥泰矿业开发有限公司、陆川县金润机械制造有限公司、广西永耀玻璃有限公司;比增较大的企业有广西新基建材有限公司、华润水泥(陆川)有限公司、玉林市长青剑麻有限公司、广西远邻集团食品有限责任公司、陆川县海方再生资源有限公司、陆川县华杰贸易有限公司、玉林市兰科铸材料有限公司。

税收减收因素主要有3个方面。一是宏观政策及市场因素影响减收。

受宏观经济调控政策及全球经济危机的影响,部分企业在竞争激烈的市场中出现效益下降,原有的经济税源萎缩。2013年纳税超10万元企业129户企业,减收户数73户,减收税款3308万元。二是由于国家房地产调控政策的不放松,有力的节能减排措施造成部分建筑材料、生产材料减产,影响税收。三是国家结构性减税力度加大,造成税收减收。从2012年5月1日起个体工商户增值税起征点上调至2万元,2013年8月1日起对增值税小规模纳税人中月销售额不超过2万元的企业暂免征收增值税,月免收个体及小微企业税款达90万元。鼓励高新技术发展减免税收政策和为期10年的促进西部大开发税收政策的影响,所得税减收较大。

【出口退税】 2013年,全县国税系统共办理出口退税1036.68万元,比上年减少804.32万元,下降43.69%。其中,办理退税额188.86万元,减少448.14万元,下降70.35%;办理免抵调库额847.82万元,减少356.18万元,下降29.58%。

【税收征管】 2013年,加强货物劳务税管理。开展政策效应和管理风险分析,下发核查信息57条,补征税款35万元。开展对政府补贴企业清查,补

2013年4月14日,县国税局到华润水泥(陆川)有限公司进行税收调研

县国税局　提供

征增值税 386 万元。加强行业增值税税负监控,定期发布全县增值税行业税负比对分析,确定行业管理重点和目标。完善日常管理,突出第三方涉税信息的利用,通过供电、工商行政管理等部门的信息加强企业的控管增收 560 万元。加强企业所得税管理,加强企业所得税集中管理,组织开展 2012 年度企业所得税的汇算清缴,规范备案类企业所得税税收优惠管理。组织企业所得税收入 5351 万元,比上年增收 2085 万元,增长 63.84%。加强出口退(免)税管理,对出口退(免)税进行全程监控,加强各项出口退税风险管理,开展出口退税专项评估、核查,对全县出口企业按月实施预警监控,开展出口未申报、逾期申报核查等日常评估。开展征退联评,推进征退税协同管理,防范和打击出口骗税工作,提高征管质量。

加强重点税源行业管理。继续实行专业化集中管理,重点加强红砖、石灰、家电、超市、摩托车、加油站、液化气、电机、木制品、塑料、铁锅、水泥、爆竹、矿产等 14 个行业管理,建立行业管理工作组,把 2012 年纳税超 100 万元的 31 户重点企业和发展潜力较大的 17 户企业(共 48 户),集中县税源管理股管理,提高重大税源税收的征管质量,年内水泥和机械配件项目税收分别比上年增加 3566 万元和 2164 万元,有力地拉动全县的税收增长。加强个体税收征管,打击骗取提高起征点优惠政策的行为,尤其加强"双定"户的征管,全年"双定"户比增入库税款 92 万元。开展行业税收调查和分析,加强日常核查分析和控管,采集相关涉税信息(如耗电量)进行测算分析,对税负异常企业开展纳税评估,实行税收目标管理,有效地保障税收的稳定增长,提高税收征管的质量。开展税务稽查,全年查补入库税款 846 万元。加大纳税评估,共评估入库税款 741 万元。

【纳税服务】 2013 年,以县委开展"一走三问六提高"活动为契机,县国税局开展"真诚服务看国税"活动,加强纳税人权益保护,建立法制宣传平台,每月开展"国税服务纳谏日"活动,开展纳税咨询和税法宣传辅导,现场为纳税人解疑答难,征求纳税服务需求,受理纳税服务投诉,等等;加强办税服务厅标准化建设,建立专业化社会服务平台,建立信息互动平台,扩大网上办税服务厅功能,有效整合各类纳税人网上办税软件,提高网上办税服务功能的易用性。开展纳税人满意度调查,采取问卷调查、网上办税服务厅、召开座谈会等形式搜集纳税人的需求、建议和意见,并进行分析研究。在新税收政策出台、制定税收管理和服务措施时,主动介入,开展广泛的调研和详细论证,充分了解、积极响应、合理满足纳税人的正当需求,在年度民主评议政风行风活动中,县国税局以 94.08% 的满意度在县内参评的 37 个政府部门和 10 个公共服务行业中排名第一,县国税办税服务厅被评为县"创先争优"十佳窗口单位。

【依法治税】 2013 年,县国税局开展"依法行政示范单位"创建活动,树立依法行政典型,落实《税收规范性文件制定管理办法》,加强规范性文件制发、会签和备案管理,开展税收规范性文件清理工作。开展税收执法检查和效能监察,对税收政策执行情况进行跟踪问效,确保各项政策落实到位,年内县国税局被县政府授予"全县依法行政示范单位"的称号。根据自治区、玉林市级国税局关于加强西部开发企业税收管理的要求,坚持运行内控机制风险防范系统,查纠并举,抓好出口企业和西部开发企业的管理,制定出口货物税收管理实施细则,严格出口业务审核,堵塞税收征管漏洞;加强日常监管和巡查,及时掌握企业的生产能力和经营情况,防范税收执法风险。开展纳税评估,利用第三方信息挖掘税收增长点,年内对 8 个行业 109 户企业进行纳税评估,评估出存在税收问题企业 63 户,追收税款 691.1 万元,收滞纳金 18.96 万元,进项税额转出 200 多万元。开展税收专项检查,打击发票违法犯罪,加强发票检查,制定税收专项检查工作实施方案,成立税收专项检查领导小组,重点加强家电下乡补贴企业、农村信用联社、医药、机械制造、水泥、铁锅等行业的专项检查,对各类财政返还的企业列入专项检查范围,集中力量进行查处,共检查纳税户 69 户,存在有问题 62 户(其中立案 11 户)查补入库税款、滞纳金、罚款共 846.26 万元。

【营业税改征增值税试点税收政策落实】 2013 年 5 月 24 日,财政部、国家税务总局发布文件通知,从 2013 年 8 月 1 日起,在全国开展交通运输业和部分现代服务业营业税改征增值税(简称"营改增")试点税收政策工作。陆川积极推进营业税改征增值税工作,县国税局成立领导工作小组,及时制定工作方案。加强相关政策宣传,开设"营改增"咨询岗,落实专人负责回复纳税人的政策咨询,组织 5 个工作组进入企业宣传相关政策,为试点纳税人办理涉税业务提供服务,及时收集、解答营业税改征增值税政策试点中纳税人疑难问题,确保试点改革工作均衡有序、高效平稳推进。加强营改增政策业务培训,举办业务培训班 2 期,分别对税收管理员及相关人员和确认的 50 户企业相关人员进行业务培训学习。开展对交通运输业和现代服务业摸底调查工作,加强对县财政局、县国税局、县地税局确认上报的 2012 年营业税纳税人情况进行调查了解,全县办理税务登记营业税纳税人 842 户,其中交通运输企业 793 户(发生应纳税 29 户,缴纳营业税 188.49 万元;有 764 户无应纳税额发生)、现代服务业 49 户(研发和技术服务 8 户、文化创意服务 31 户、物流辅助服务 2 户、鉴证咨询服务 8 户),缴纳营业税 86.55 万元,未办理税务登记代开发票临时收取营业税 130.12 万元。开展实地调查核实工作,成立实地调查组 5 个,深入企业逐户调查核实,调查重点主要是 2012 年度后企业经营的实际收入、财务核算状况、经营模式、从业人员等情况,对小规模纳税人主要核实经营范围、经营规模、有无财务会计等情况,注重与相关部门联系,获得有用信息,调查一户,核实一户,确认一户,并登记《税源管理台账》;办税服务厅设立专门窗口负责营业税改征增值税专项工作,2013 年共办理税务登记证 45 户。

【国税队伍建设】 2013 年,加强各类人才库建设,鼓励干部职工积极参加注册税务师、注册会计师考试、高学历教育等,提高学力教育档次和工作能力,年内参加注册税务师、注册会计师考试 6 人,参加研究生考试 1 人。举办纳税评估、税务稽查、所得税知识等业务培训班 12 期,参加业务培训 849 人次。 （罗晓露）

地方税务

【地税工作机构及概况】 2013 年,陆川县地方税务局(简称县地税局)内设办公室、法规税政股、征管和科技发展股、征收服务股、收入规划核算和财务管理股、人事股、纪检组(监察室),下辖地税稽查局。重点税源管理税务分局 1 个,乡镇税务分局有温泉、米场、沙坡、马坡、珊罗、大桥、乌石、良田、清湖、古城等 10 个乡镇税务分局。地税部门干部职工 183 人。全县在册地税纳税登记户 7295 家(户),其中国有企业 93 家,集体企业 97 家,联营企业 3 家,有限责任公司 735 家,私营企业 903 家,其他纳税户 5464 户。

年内,县地税局开展"基础管理年"和"信息化建设年"活动,加强税源基础管理,优化纳税服务,强化队伍建设,率先推进税源专业化管理改革试点,县地方税务局获玉林市地税系统绩效考评先进单位一等奖等荣誉称号。

【地税收入】 2013 年,全县地税收入 4.82 亿元,增收 9694.91 万元,增长 25.21%。其中,税收收入 4.60 亿元,增收 9142.47 万元,增长 24.78%;其他各项收入 2114 万元,增收 552.46 万元,增长 35.34%。

税收收入方面,其中契税、土地增值税、城建税增幅较大,分别增长 50% 以上;租赁和商务服务业增长 42.88%;房产税、交通运输税有所减少,分别下降 63.84%、34.90%。其他各项收入方面,残疾人就业保障基金收入、罚没收入下降,其他各项税收均为增长,其中水利建设基金收入增幅最大,比上年增长 190.64%;地方教育附加收入增长 40.17%,教育费附加收入增长 37.94%,文化事业建设费收入增长 31.82%;2013 年没有罚没收入。

地方税收收入从行业分税种情况看。2013 年,全县地税征收的税源主要集中在第二产业、第三产业,地税税收收入分别为 1.04 亿元、3.56 亿元,分别占全县地税税收收入的 22.61% 和 77.39%;第一产业税收收入 67 万元,仅占地税收入的 0.15%。

表 12　　2013 年陆川县地方税务分税种入库情况

单位:万元、%

税收入库项目	2012 年	2013 年	比上年增减额	比上年增减率
总计	38461.38	48156.28	9694.91	25.21
一、税收收入	36899.97	46042.44	9142.47	24.78
1. 营业税	9457.67	10364.85	907.18	9.59
金融保险	1507.53	1822.53	315.00	20.90
交通运输	322.22	209.77	-112.45	-34.90
建筑业	3248.79	3200.74	-48.04	-1.48
电信	707.93	808.78	100.85	14.25
住宿餐饮业	470.43	494.09	23.66	5.03
租赁和商务服务业	634.06	905.96	271.90	42.88
房地产业	2425.53	2781.16	355.63	14.66
其他	141.18	141.82	0.64	0.45
2. 企业所得税	2298.17	2402.67	104.50	4.55
3. 个人所得税	2255.97	3720.90	1464.93	64.94
4. 资源税	840.72	942.24	101.52	12.08
5. 土地使用税	278.30	248.24	-30.06	-10.80
6. 投资调节税				
7. 城建税	1030.58	1635.09	604.51	58.66
8. 印花税	275.25	336.79	61.54	22.36
9. 土地增值税	5865.22	10046.89	4181.66	71.30
10. 房产税	1459.34	527.65	-931.69	-63.84
11. 车船税	598.13	666.48	68.35	11.43
12. 耕地占用税	10666.63	11331.26	664.63	6.23
13. 契税	1874.00	3819.39	1945.39	103.81
二、教育费附加	683.58	942.95	259.38	37.94
三、文化事业建设费	27.51	36.26	8.75	31.82
四、水利建设基金	56.14	163.17	107.03	190.64
五、地方教育附加	446.87	626.36	179.49	40.17
六、工会经费	257.27	271.03	13.76	5.35
七、残疾人就业保障基金	90.03	74.07	-15.95	-17.72
八、罚没收入	0.013			

表13

2013年陆川县地方税税税收收入行业分税种情况

单位:万元

项目	合计	营业税	企业所得税（内资企业）	个人所得税	城市维护建设税	房产税	印花税	城镇土地使用税	土地增值税	车船税	耕地占用税	契税	其他各税
税收收入合计	46042	10365	2403	3721	1635	528	337	248	10047	666	11331	3819	942
一、第一产业	67			31		4	29	3					
二、第二产业	10425	3339	1638	877	953	229	142	166	2101		24	177	779
（一）采矿业	65		3	15	5						10		32
（二）制造业	2532		65	517	671	166	106	153	28			79	747
（三）电力、燃气及水的生产和供应业	355		73	87	109	57	2	13			14		
（四）建筑业	7473	3339	1497	258	168	6	34		2073			98	
三、第三产业	35550	7026	765	2813	682	295	166	79	7946	666	11307	3642	163
（一）交通运输、仓储及邮政业	473	245	53	52	17	27	3	5		26		45	
（二）信息传输、计算机服务和软件业	914	837	2	2	43	25		5					
（三）批发和零售业	2448		37	1618	318	31	52	4	187			20	181
（四）住宿和餐饮业	834	510	39	130	25	8	5	2				115	
（五）金融业	3278	1872		468	94	119	25	18	42	640			
（六）房地产业	25094	2300	423	301	115	55	72	36	7296		11032	3464	
（七）租赁和商务服务业	1135	739	141	61	37	6	7	6	138				
（八）居民服务和其他服务业	632	235	26	68	14	4	2	2	283			-2	
（九）教育和科学研究	154	83	39	25	5	2							
（十）卫生和社会工作业	110	11		82	10	6		1					
（十一）文化、体育和娱乐业	46	34	1	8	2	1							
（十二）公共管理、社会保障和社会组织	293	27	4	-2	1	6					275		-18
（十三）其他行业	139	133			1	5							

【税源专业化管理改革试点】 2013年，县地税局创新税源专业化管理。10月起，在玉林市地税系统率先推进税源专业化管理改革试点。实行集中分局联合办公，对原有11个属地管理分局的分片管户改为分类、分行业管户，设11个税源管理小组，各税源管理小组集中县城办公，整合基层税务分局，共建立办税服务中心4个(其中县北1个、县中1个、县南2个)，在马坡、乌石、良田3个基层分局另集中设立办税服务厅延伸点，对其他原有属地分局实行集中办公，重新整合与盘活全县固定资产和人力资源，优化征管环境，降低征纳成本。按照国民经济行业分类标准，对全县税源的10个行业业户进行重新定位划分，对行业管户、纳税、发票领用等情况进行清查，尤其对临界起征点的纳税户加强巡查和管理，通过业户交接工作对相关征管数据进行修改完善，摸清税源家底，进一步规范行业税收管理，铁锅、红砖等行业税收收入较快提升。年内，全县在册登记7295户，比上年增加499户；定期定额税收新核定107户，核定月税款10.98万元，调整213户，增减相抵后月增税款38.39万元。共清理漏征漏管户589户，查补税款31.80万元。

【重点税源税收征管】 2013年，县地税局加强重点税源监管，重点税源收入实现较快增长。全县监控重点税源企业301户，入库税款2.35亿元，比上年增收7000多万元，增长43.45%；玉林市级层面以上建设项目75个，入库建筑税收2085万元；辅导年所得12万元以上个人申报所得税47户，入库个人所得税款154万元；清缴汇算企业142户，企业所得税收入238.31万元；加强土地增值税管理，入库土地增值税1亿元，比上年增收4182万元，增长71.30%；加强股权转让管理，引导某一矿业有限股份公司缴交股权转让个人所得税1357.10万元，为县地税局成立后首个最大股权转让项目；加强社会综合治税，从各

协作部门累计取得有效涉税信息820余条，入库税款1.27亿元，其中国土部门协助征收耕地占用税1.13亿元，县财政或其他部门代征和工程款项支付环节控管征收税款2600万元，县价格认证中心加强合作源头控管二手房税收收入2328万元。

【税收优惠政策落实】 2013年，实施国家税制改革，推进营业税改征增值税试点工作，县地税局向国税移交业户54户(其中交通运输业16户、现代服务业36户，邮政物流业2户)，营业税款596.49万元。对农村居民拥有并主要在农村地区使用的车辆减免车船税，涉及减税车辆2.30万辆，免征税款61万元；符合减免税条件企业20户，减免地方各税412万元，企业所得税减收1301万元；取消发票工本费，免收发票工本费31万元。

【地税执法】 2013年，县地税局规范税收执法，强化依法治税。加大税收违法违纪行为整治，开展税收专项检查稽查，查补入库税款、罚款、滞纳金908.89万元；开展漏征漏管户和非正常户清理、土地增值税清算、城镇土地使用税、房产税和地下水资源扩围调标管理、机关事业单位津贴补贴和绩效工资调标后个税代扣代缴检查、"营改增"后续附加税费和发票的管理等五大征管行动，查补入库各项税款约500万元；对68户重点税源企业缴纳房产税、城镇土地使用税和城建税等附征税费情况进行核查清理，查补税款42万元；对部分常年经营、常年亏损、久亏不倒，纳税低零申报和不及时进行所得税汇算清缴的纳税人进行检查，清理查补税款52.94万元。开展创建依法行政示范单位活动，规范重大税收决策，深化税务行政审批制度改革，加强税收执法权的全程制约，有效防范和化解税收执法风险，"陆川县长城广告印务有限公司偷税案卷"等2宗行政执法案卷获玉林市地税系统行政执法案卷评查"十佳行政执法案卷"。年内县地税局

被列为第二批陆川县级依法行政示范点、第一批全区地税系统依法行政示范点。

【税收征管信息化建设】 2013年，县地税局注重税收信息化建设，加强信息管税。推广应用税控收款机用户132户，税控收款机139台，税控器2台，开票26.9万份，金额1.37亿元；推广网络发票48户，开票4.14万份，金额9788.56万元；新增POS刷卡机3台；上线申报个税企业189户，月平均上线率86%，在玉林市排名第二；"广西地税网上税务局"注册用户146户，申报户数100户，缴纳税款402万元。配合税源专业化管理，对原有征管软件进行优化升级，实现全县征管信息联网共享、及时传递。

【纳税服务】 2013年，注重地税服务窗口建设，以创建"市级青年文明号""区级巾帼文明岗"活动为契机，在服务大厅增设"心理舒缓室"，配备双屏显示器10台，税收服务窗口新增计算机42台、手提电脑7台、打印机14台、传真机1台，不断完善窗口各类便民服务措施。服务工作实行首问责任制、一次办结制，严格执行限时服务、预约服务、延时服务和提醒服务，整合办税流程和资料报表报送，广泛公开各类涉税事项办理流程、办理时限，将各项服务内容和服务标准进行公开承诺，发放"青年文明号"社会服务承诺牌。继续推广完善涉税事项"免填单"服务和联网服务工作，配合税源专业化管理改革，服务窗口"一窗通办"涉税服务升级为"一窗通办，全县通办"。注重提高大厅人员素质，开展"三亮三评三创"(三亮即亮身份、亮标准、亮承诺，实行阳光服务；三评即单位自评、群众测评、领导点评，提升服务水平；三创即创岗位标兵、创纳税满意服务厅、创优质服务品牌，展地税良好形象)活动，加强服务人员的学习、培训，不断优化纳税服务工作。加强服务工作监督，邀请社会各界和纳税人进行监督。年内，

纳税人服务需求和满意度测评满意率为97%。

【税法宣传】 2013年，县地税局强化政务公开和税收宣传，办税大厅宣传栏及时公开纳税人关心税收事项。开展一年一度"税收宣传月"活动，利用电视台、电台、网络、报纸等媒体并展税收宣传。税务人员深入农村、社区、企业走访，发放各种宣传资料3万份。在市级以上权威媒体发表新闻宣传稿件73篇，获自治区地税系统政务信息工作三等奖。

【地税队伍建设】 2013年，加强税务人员学习培训，组织干部职工参加各类专题讲座和专题培训30多期，参训人员600多人次；鼓励地税干部参加在职教育和"三师"（指注册税务师、注册会计师、律师）资格考试，4名干部职工参加在职研究生、本科函授学习。4人次获记三等功，43人次获县级以上先进个人荣誉称号。

（丘立为）

银行业综述

【银行业概况】 2013年，陆川县内国家金融管理机构派出机构有中国人民银行陆川县支行（简称人行陆川县支行），银行业监督管理机构有玉林银监分局陆川办事处（简称陆川银监办）。银行金融机构8家，其中国有股份制商业银行有中国工商银行股份有限公司陆川县支行（简称工行陆川县支行）、中国农业银行股份有限公司陆川县支行（简称农行陆川县支行）、中国银行股份有限公司陆川支行（简称中行陆川支行）、中国建设银行股份有限公司陆川支行（简称建行陆川支行）、中国邮政储蓄银行陆川县支行（简称邮储银行陆川县支行）等5家；国家政策性银行有中国农业发展

2013年6月6日，陆川县地税局邀请人大代表、特邀监察员、媒体记者、纳税人等30余人走进地税机关参加"地税开放日"活动　　县地税局　提供

银行陆川县支行（简称农发行陆川县支行）1家；地方法人机构有陆川县农村信用合作联社（简称县农村信用联社）、广西陆川县柳银村镇银行股份有限公司（简称陆川柳银村镇银行）等2家。全县有银行机构网点76个，从业人员853人。

2013年，全县各银行业金融机构贯彻执行稳健的货币政策和"有扶有控"信贷政策，加强和改进金融服务，合理配置资金、优化信贷结构，用好增量，搞活存量，努力满足"三农"、小微企业和民生的信贷需求，保持货币信贷的适度增长，助推陆川经济持续平稳增长。年末，全县银行业金融机构各项存款余额112.50亿元，比上年增长11.81%；各项贷款余额62亿元，增长13.96%；存贷比例为55.11%。不良贷款余额2.29亿元，比上年减少1360万元，不良贷款率为3.69%。银行经营利润1.64亿元，增长27.45%。

【各项存款增长】 2013年，个人存款增加较多，单位存款不增反降。年末，全县金融机构人民币各项存款余额112.50亿元，比上年增加11.88亿元，增长11.81%，增速同比下滑5.31个百分点。增加存款比上年减少2.83亿元，下降19.24%。存款变化呈现如下特点：

从存款来源结构看，储蓄存款继续主导各项存款的增长。2013年年末，全县单位存款余额14亿元，比上年减少1.83亿元，下降11.54%；个人存款余额98.24亿元，增加13.63亿元，增长16.10%。其中，储蓄存款余额98.11亿元，增加13.65亿元，增长16.16%，占全部新增存款的114.92%，比上年少增2643万元。

从存款主体看，县农村信用联社、邮储银行陆川县支行、农行陆川县支行新增存款较多。年内，县农村信用联社新增存款5.54亿元，占全县新增存款的46.65%；邮储银行陆川县支行新增存款2.81亿元，占全县新增存款的23.66%；农业银行陆川县支行新增存款1.79亿元，占全县新增存款的15.06%。3个银行机构占全县新增存款的85.37%。其他机构新增存款情况为：工行陆川县支行新增7039万元，占比5.93%；中行陆川支行新增1832万元，占比1.54%；建行陆川支行新增1.44亿元，占比12.12%；陆川柳银村镇银行存款比上年下降2251万元；农发行陆川支行存款下降2424万元。

从存款期限结构看，定期存款增速快于活期存款增速。2013年，全县

表14　　　　　　2013年陆川县银行各项存款月度变化情况

月份	存款余额 （万元）	当月新增存款 （万元）	当月存款增幅 （%）
1月末	962769	−43410	−4.31
2月末	1013870	51102	5.31
3月末	1076921	63050	6.22
4月末	1051990	−24931	−2.32
5月末	1065802	13812	1.31
6月末	1096387	30585	2.87
7月末	1086449	−9938	−0.91
8月末	1086687	238	0.02
9月末	1117433	30745	2.83
10月末	1094681	−22752	−2.04
11月末	1087441	−7240	−0.66
12月末	1124969	37528	3.45

新增储蓄存款13.64亿元,其中新增定期储蓄存款8.23亿元、活期储蓄存款5.31亿元,分别占全县新增储蓄存款的60.79%、39.21%,余额同比增速分别为20.21%、12.18%。定期储蓄存款增速比活期储蓄存款增速快8.03个百分点,存款稳定性趋强。

从存款季度变化看,各项存款增幅、增速主要集中在第一季度,季末、年末冲高特征明显,月度间波动较大。1—4季度,新增存款分别为7.07亿元、1.95亿元、2.10亿元、7536万元,余额增速分别为7.03%、1.81%、1.92%、0.67%。月度间新增存款、增速波动较大,季末、年末冲高、季后回落明显。

【各项贷款稳步增长】　2013年,单位经营贷款为拉升各项贷款的主力,个人消费贷款有所收缩。年末,全县金融机构人民币各项贷款余额62亿元,比上年增加7.59亿元,增长13.96%,增幅同比回落6.48个百分点;新增加贷款比上年减少1.64亿元,下降17.77%。贷款变化呈现如下特点:

从贷款主体看,县农村信用联社和工行陆川县支行新增贷款较多。年内,县农村信用联社新增贷款5.59亿

元,占全县新增贷款的73.65%;工行陆川县支行新增贷款1.03亿元,占全县新增贷款的13.59%。2个机构合占全县新增贷款的87.24%。中行陆川支行新增贷款2281万元,占全县新增贷款的3.01%;建行陆川支行新增贷款2338万元,占全县新增贷款的3.08%;邮储银行陆川县支行新增贷款4592万元,占全县新增贷款的6.05%;柳银村镇银行新增贷款6764万元,占全县新增贷款的8.91%。农行陆川县支行贷款下降1931万元,农发行陆川县支行贷款下降4365万元。

从贷款投向结构看,单位经营贷款和固定资产贷款增加较多,个人消费贷款继续萎缩。一是单位经营贷款增加较多,带动各项贷款稳步增长,成为拉动各项贷款增长的主力。年末,单位经营贷款余额23.18亿元,比上年增加3.90亿元,增长19.17%。其中,短期单位经营贷款新增3.83亿元,较大程度上满足中小微型企业生产经营贷款的有效需求。工行陆川县支行分别投放陆川宏达铸造物料有限公司2000万元、陆川县兴华农牧业有限责任公司2000万元;农行陆川县支行分别投放陆川县宏都贸易有限公司2000万元、陆川县裕隆贸易有限公司1900万元;中行陆川支行投放金创汽车零部件制造有限公司流动资金贷款1012万元。二是

表15　　　　　　2013年陆川县各银行机构存款业务情况

银行机构	2012年各项存款 总额（万元）	2013年各项存款 总额（万元）	比2012年增加 （万元）	比2012年增长 （%）	占全县银行存款 比率（%）
工行陆川县支行	44973	52012	7039	15.65	4.62
农行陆川县支行	186026	203916	17890	9.62	18.13
中行陆川支行	47191	49023	1832	3.88	4.36
建行陆川支行	83198	97593	14395	17.30	8.68
陆川县农村信用合作联社	412884	468302	55418	13.42	41.63
邮储银行陆川县支行	211027	239131	28104	13.32	21.26
农发行陆川县支行	5772	3348	−2424	−41.97	0.30
陆川县柳银村镇银行	14042	11791	−2251	−16.03	1.05
其他	1066	−147	−1213	−113.79	−0.01
合计	1006179	1124969	118790	11.81	100

注:陆川县邮政局储蓄并入邮储银行陆川县支行统计

表16　　　　　　　　　　　2013 年陆川县各银行机构贷款业务情况

银行机构	2012 年各项贷款总额(万元)	2013 年各项贷款总额(万元)	比 2012 年增加(万元)	比 2012 年增长(%)	占全县银行贷款比率(%)
工行陆川县支行	50584	60907	10323	20.41	9.82
农行陆川县支行	85494	83563	−1931	−2.26	13.48
中行陆川支行	24896	27177	2281	9.16	4.38
建行陆川支行	37794	40132	2338	6.19	6.47
陆川县农村信用合作联社	293554	349475	55921	19.05	56.37
邮储银行陆川县支行	9851	14443	4592	46.61	2.33
农发行陆川县支行	34845	30480	−4365	−12.53	4.92
陆川县柳银村镇银行	7043	13807	6764	96.04	2.18
合计	544061	619984	75923	13.96	100

固定资产贷款增加。年末资产固定贷款余额 5.77 亿元，比上年增加 1.01 亿元，增长 22.06%。三是涉农金融机构积极支持农业生产，支持县农业结构的调整和农业产业化的发展壮大。县农村信用联社投放 1.30 亿元扶持生猪养殖企业发展生产经营，农发行陆川县支行三季度发放粮食收购贷款 4658 万元。12 月末，县农户贷款余额 18.14 亿元，比上年增加 9159 万元，增长 5.32%。四是受到房地产调控政策措施的影响，个人住房消费贷款需求继续回落，个人住房消费贷款明显收缩。年末，全县个人消费贷款余额 14.75 亿元，比上年减少 1.01 亿元，下降 6.43%。

从贷款期限结构看，中长期贷款快速增长，短期贷款下滑。年末，短期贷款余额 25.56 亿元，比上年减少 1.51 亿元，下降 5.57%。中长期贷款余额 36.44 亿元，比上年增长 33.32%。新增中长期贷款 9.11 亿元，占全县新增贷款的 119.96%。新增中长期贷款中个人贷款新增 8.03 亿元，占新增中长期贷款的 88.18%。其中，县农村信用联社新增个人贷款 6.06 亿元。

从投放节奏看，新增贷款季度间波动较大，第 1、3 季度贷款增加较多。1—4 季度新增贷款分别为 2.57 亿元、1.56 亿元、2.34 亿元、1.12 亿元，增速分别为 4.72%、2.73%、4.01%、1.85%。

再贷款投放保持平稳。2013 年，人民银行陆川支行支农再贷款余额 2 亿元，与上年持平。

【外汇存款规模仍然不大】 2013 年年末，全县银行金融机构外汇存款 26 万美元，比上年减少 5 万美元，外汇存款均为储蓄存款。其中，中行陆川支行外汇存款 23 万美元，建行陆川支行外汇存款 2 万美元，农行陆川县支行外汇存款 1 万美元。

【国有银行机构流动性资金较充裕】 2013 年年末，全县国有银行余额贷存比例为 52.61%，比上年下降 2.39 个百分点，新增贷存比例为 31.61%；农村信用联社准备金存款 6.30 亿元，余额贷存比例为 74.63%，上升 3.53 个百分点，新增贷存比例为 100.91%。陆川柳银村镇银行准备金存款余额 1894 万元，余额贷存比例为 117.11%。

【不良贷款反弹有效遏制】 2013 年年末，全县银行业金融机构不良贷款余额 2.29 亿元，比上年减少 1360 万元，下降 0.77 个百分点，不良贷款率为 3.69%。其中，国有银行机构不良贷款余额 834.8 万元，比上年减少 853 万元；不良贷款比例为 0.39%，比上年下降 0.46 个百分点。其中农行陆川县支行减少 844 万元；邮政储蓄银行不良贷款余额 25.5 万元，不良贷款比例为 0.18%，比上年下降 0.1 个百分点；农村信用联社不良贷款余额 2.21 亿元，比上年减少 504 万元，不

良贷款比例 6.32%，比上年下降 1.37 个百分点。

【银行经营效益明显好转】 2013 年，全县银行业金融机构账面结益 1.64 亿元，增加 3533 万元，增长 27.45%。其中，县国有商业银行机构账面结益 9748 万元，增加 3039 万元，增长 45.29%；农村信用联社账面结益 4204 万元，增加 590 万元，增长 16.33%；农业发展银行账面结益 592 万元，减少 387 万元，下降 39.53%；邮政储蓄银行账面结益 2147 万元，增加 309 万元，增长 16.81%；陆川柳银村镇银行账面亏损 287 万元，增亏 17 万元。

（伍达勇）

银行监管与服务

【银行监管机构及工作概况】 2013 年，陆川县银行监管机构主要有人行陆川县支行、陆川银监办。人行陆川县支行内设办公室、综合业务股、会计国库股，职工 25 人。陆川银监办职工 2 人。年内，陆川银行监管机构围绕中心、服务大局、改革创新的总要求，贯彻落实稳健的货币政策，加强内部管理，提高金融服务效能，维护辖区金融稳定，推动各项工作平稳发展。

【货币政策落实】 2013年，人行陆川县支行继续推进货币信贷政策措施落实。一是贯彻传导稳健的货币政策，引导县内银业金融机构用好增量贷款，盘活存量贷款，加大对"三农"、小微企业的信贷投入，有效促进全县信贷合理平稳增长。二是发挥"窗口"指导作用，如开季度经济金融形势分析会，鼓励和支持各银行机构加强信贷政策与产业政策的配合，引领银行金融机构积极跟进县内经济主体的金融服务需求。及时通报辖区2012年和2013年上半年各银行机构落实执行涉农信贷政策效果的评估结果及排名情况，督促各银行机构加强和改善涉农信贷服务；发挥货币政策工具的杠杆作用，增强"窗口"指导的效能，适时投放支农再贷款支持地方法人金融机构增加涉农信贷投放，提升涉农信贷政策的导向效果。三是落实地方法人金融机构新增贷款调控措施，严格合意贷款的监测考核。配合上级银行做好县农村信用联社、陆川柳银村镇银行信贷投放节奏调控措施的落实，抓好合意贷款计划的落实和监控，按月对县内地方法人金融机构人民币合意贷款计划执行情况进行考核，年内2家法人金融机构新增贷款均能控制在人民银行下达的合意贷款额度内。四是贯彻落实县域金融机构新吸收存款主要用于当地发放贷款政策措施，鼓励和引导县内法人银行金融机构增加有效信贷投放，满足实体经济合理的资金需求。五是落实民族贸易和民族特需商品贷款贴息政策。年内，广西开元机器制造有限责任公司被列入全国一级"十二五"期间民族特需商品定点生产企业名单目录，为县内首家享受民贸特需商品生产贷款贴息政策支持的企业，公司获全国一级贷款贴息141万元，贴息贷款金额1.06亿元，极大减轻企业贷款利息负担。

加强存款准备金的管理。一是做好法人金融机构执行差别化准备金调整的跟踪监测，实时监测法人金融机构准备金存款缴存情况。二是及时反馈因政策调整对银行机构运营产生的影响和可能产生的流动性风险情况，对陆川县存款准备金政策执行情况及法人机构准备金水平进行监测，随时掌握准备金动态情况。三是对农行陆川县支行三农金融事业部改革试点成效和执行差别存款准备金率政策情况进行考核，按有关规定提出考核意见及执行优惠存款准备金率的建议意见。四是加强人民币利率政策执行情况和利率监测报备数据的监测及上报，按月监测上报县内2家法人金融机构人民币利率政策执行情况和利率监测报备数据。五是加强支农再贷款的监督管理，对使用管理支农再贷款资金合规性、风险性、使用效果进行检查，年内累计对县农村信用联社发放支农再贷款1.5亿元。

加强县农村信用联社专项央行票据兑付后续监测考核。一是组织对2012年度县农村信用联社监测考核项目进行考核，对照考核标准，作出"第三类农村信用联社"的考查意见。4月，向县农村信用联社反馈2012年度专项央行票据兑付后续监测考核结果，并对考核中的存在问题提出整改意见。加强跟踪监测，按季度完成县农村信用联社经营财务数据库数据信息的采集、审核、录入和上报。

【金融服务】 2013年，推进银行金融机构"两管理、两综合、一保护"工作。一是继续完善金融机构重大事项报告业管理和开业管理。重新修订完善《金融机构重大事项报告》制度，加强金融机构重大事项报告制度的落实执行，督促金融机构重视、建立和落实重大事项报告制度并取得较好的效果，年内共收到辖区银行业金融机构重大事项报告9起。对邮储银行陆川县支行新设机构网点进行初审，并经人民银行南宁中心支行核准后加入账户管理系统和联网核查系统。二是启动金融消费权益保护工作。3月，人行陆川县支行成立金融消费权益保护工作领导小组，5月成立金融消费权益保护中心，并制定金融消费权益保护中心工作规程，公布投诉受理电话，受理处理职责范围内的投诉，年内共受理消费者投诉3起。三是组织开展执法检查和综合评估。年内，对农行陆川县支行、中行陆川支行、建行陆川支行等银行的县城营业网点进行人民币流通状况执法检查，对中行陆川县支行、工行陆川县支行支付结算执法检查，对县农村信用联社使用管理支农再贷款资金合规性、风险性、使用效果进行检查，对农行、邮储银行开展综合执法检查。6月，人行陆川县支行组成16人检查组对农行陆川县支行、邮储银行陆川县支行及所属网点开展为期2个月的执法检查，投入25个工作日，调阅资料849份，询问证人23人次，取证资料213份，查出问题27个，提出整改意见30条。开展涉农信贷政策导向效果分析评估，年内组织开展评估2次，重点对各银行机构涉农信贷政策执行情况及效果进行评估，形成陆川县涉农信贷政策导向效果评估报告向人民银行玉林市中心支行报告。

规范金融统计数据信息管理。及时收集上报陆川柳银村镇银行、小额贷款公司金融统计数据。继续加强货币监测分析，按月编制货币信贷统计报表及货币监测分析报告。加强金融统计检查，4月组织银行机构、小额贷款公司金融统计业务开展自查自纠。完成对地方法人金融机构2012年新增存款运用于当地贷款考核工作，完善考核数据及考核结果的核对、确认工作，提升金融统计服务功能和应用水平。严格执行数据信息披露、使用制度，加强涉农贷款数据的审核，对涉农金融机构申报财政涉农贷款增量奖励的涉农贷款数据进行审核，进一步规范金融统计信息管理。

加强征信管理。2013年继续推进"信用村（镇）"示范点创建，制订完善示范点创建工作方案，年内列入县"信用村（镇）"的主要有横山镇，全县累计建立"信用村（镇）"2个。开展征信业务检查，5月组织银行业机构开展征信业务自查自纠。推进互联网个人信用信息服务平台推广应用试点工作。规范个人信用报告查询业务操作，第三季度组织人员对2012年、2013年上半年个人信用报告查询业务进行清理规范，严格信用报告查询业务操作，规避用报告查询的法律风险。完善企业贷款卡核准、年审及机构信用代码证核发工作，3年内共核准发放企事业机构贷款卡53张，办理企事业机构贷款卡年审182户，受理企业信用报告查询53人次、个人信用报告查询690人次，核发、变更机构信用代码证955张。

做好支付结算、反洗钱、账户管理和国库工作。做好银行卡助农取款服务点调查和签订合同工作，至年底全县助农取款服务点覆盖率达86%。做好推广使用支付密码器工作，年内支付密码器加载使用率80%以上。加强账户管理。结合综合执法检查，继续加强账户管理检查；举办银行机构账户业务培训班1期，并进行人民币账户支付结算上岗资格考试。加强反洗钱监督检查，人行陆川县支行加强对法人金融机构反洗钱监督检查和指导工作，举办金融机构反洗钱业务知识培训班1期，提高法人金融机构反洗钱的工作水平。9月，配合上级行对柳银村镇银行反洗钱工作进行巡查，进一步规范村镇银行完善反洗钱内控制度。加强国库管理工作。做好国库会计数据集中系统(TCBS)上线运行工作。组织相关业务人员参加人民银行南宁中心支行的国库综合业务培训；召开财政、税务、商业银行等部门的沟通协调会议，强化部门的支持和配合，确保按时上线运行。

【人民币管理】 2013年，推进人民币管理工作。开展现金清分工作，县农村信用联社等金融机构配备清分设备和相关人员，实现上缴钱捆基本清分。推进冠字号码查询工作，召开银行金融机构分管人民币收付业务的领导和部门负责人会议，督促推进对冠字号码查询工作。加强残损人民币

券回笼，提高流通中货币整洁度，各银行机构基本完成残损人民币券回笼任务。推进人民币反假工作，开展人民币反假宣传活动，提高群众识别真假人民币的能力。严格假币收缴，年内收缴假币12.50万元。

【金融法规知识宣传】 2013年，人行陆川县支行组织县内各银行机构开展"3·15消费者权益保护"大型宣传活动及打击非法集资、反假人民币知识宣传活动，开展《征信业管理条例》颁布实施、机构信用代码、关爱信用记录和互联网查询个人信用信息服务等征信业务宣传活动，设立咨询点7个，各银行机构张贴海报30多幅、LED滚动宣传标语50多条、悬挂横幅8条。9月，开展"金融知识普及月"宣传活动，在县城区开展以"学习金融知识，了解风险责任，共建和谐金融"为主题金融知识上街集中宣传活动，发放宣传资料2000多份，接受咨询讲解300多人，现场参加有奖问答150多人。

【金融稳定维护】 提高金融稳定风险监测预警水平，人民银行陆川县支行密切关注县农村信用联社资产质量风险变化，加强对不良贷款大幅反弹、资本充足率明显下滑等关键风险监管指标的监测分析，及时向人民银行玉林市中心支行报告地方法人金融机构风险状况。延伸风险监测范围，提升风险防范与预警能力，对县内民间融资、小额贷款公司的风险监测纳入风险监测范围，及时调查了解民间融资、小额贷款公司的潜在风险及其对银行业的影响。加强金融稳定风险排查，年内组织开展金融稳定风险隐患排查活动2次。继续关注县农村信用联社、农行陆川县支行三农金融事业部改制改革的进展。

加强应急管理。2013年，人民银行陆川县支行修订完善应急预案7个。11月，举行火灾应急演练，提高人员防范能力。加强"两会"期间网络与信息安全保障工作，人民银行

陆川县支行分管领导、科技人员及重要信息系统相关人员坚持对各业务信息系统进行监测，落实应急保障条件，做好启动应急预案的各项准备工作。加强节假日的政务值班，确保及时报告和处置辖区突发事件，保证工作到人、责任到人。　　（伍达勇）

银行金融机构

中国工商银行股份有限公司陆川县支行

【概况】 2013年，工行陆川县支行内设综合管理部、客户经理部，下辖支行营业厅、陆兴路支行等营业网点2个以及陆川支行站北街自助银行、温汤路自助银行2个自助网点，ATM自动存取款柜员机11台、自助服务终端机4台、自助网银机2台、自助发卡机1台、排队机2台，有员工34人。年内，工行陆川县支行积极拓展盈利空间，强化内控管理，充分调动全行员工的工作积极性和创造性，推进支行各项业务开展。

【存款业务】 2013年，工行陆川县支行各项存款余额5.20亿元，比上年增加7039万元，增长15.65%。其中，对公存款余额1.65亿元，比上年增加2208万元，增长15.44%；储蓄存款余额3.55亿元，比上年增加4830万元，增长18.73%。

【贷款业务】 2013年，工商银行陆川县支行贷款资产快速增长。各项贷款余额6.09亿元，比上年增加1.03亿元，增长20.41%。个人贷款增加3262万元，其中个人住房贷款增加1194万元，个人消费贷款和个人经营贷款增加2068万元；公司贷款增加7061万元，其中小企业贷款增加5051

万元。贷款实现零不良。

【经营效益快速增长】 2013年,工行陆川县支行实现拨备前利润1880.39万元,同比增加440万元,增长30.55%;中间业务收入大幅增长,累计收入630万元,同比增加278万元,增长78.98%。

【银行卡业务】 2013年,工行陆川县支行有效整合信用卡和借记卡积分,在同业中率先推出个人综合积分服务。加强信用卡产品创新,多渠道提高发卡规模和质量。年末,信用卡发卡量1003张,不良透支清收比率为100%。借记卡发卡量7435张,比上年增加514张。

【电子银行】 2013年,工行陆川县支行新增个人网上银行客户2164户,移动银行、个人电话银行客户新增2852户。拓展互联网新领域,建设电商平台。进一步丰富网上银行产品体系,总行投产Windows8平板电脑个人网银,推出全新炫版iPad网银以及iPad、安卓平板电脑移动生活服务,实现个人网银在主流移动终端操作系统的全覆盖。成功推出B2C逸贷分期付款、闪酷线上支付、企网代签本票等新产品。优化电话银行自助与人工服务功能。推进电话银行产品化工程,实现客户对电话银行产品功能的个性化定制。成功推出微信银行服务,实现客服、公共信息查询等基本服务功能,服务便捷高效。加强手机银行产品创新和应用推广,提升移动金融服务竞争力。推出通用U盾、网点排号、二维码应用、手机银行语音识别技术应用等。年末,手机银行客户数量比上年增长49.5%。加强自助银行建设,新增自助银行网点2个,自助银行网点实现零的突破;自动柜员机可用设备11台,增长83.3%;新增企业网上银行52户。

【结算与现金管理业务】 加强对公客户渠道建设,巩固客户规模优势。2013年年末,新增对公结算账户124户。现金管理服务向金融资产管理综合领域拓展,新增现金管理客户24户。

(林 葵)

中国农业银行股份有限公司陆川县支行

【农行陆川县支行概况】 2013年,中国农业银行股份有限公司陆川县支行(简称农行陆川县支行)内设综合管理部、个人金融部、公司业务部、运营财会部,下辖城区网点有支行营业室、通政分理处、中心分理处、新洲分理处4个,乡镇网点有清湖、良田、米场、马坡分理处和乌石支行(二级支行)5个,全县农行系统员工118人。年内,农行陆川县支行贯彻"三个一"(一条主线、一道防线、一支队伍)工作思路,不断深化改革,加强银行业务管理及内部管理,推进"三农"服务工作,主要业务经营指标持续稳定发展。

【存款业务】 2013年,农行陆川县支行加强对公存款业务发展,日均存款实现零的破,托管业务收入75万元,保理业务收入1.1万元,人民币跨境结算业务338万元。人民币对公结算与现金管理业务收入45万元,法人优质贷款客户净增5户,对公人民币有效结算账户净增41户。年内,各项存款余额20.39亿元,比上年初增加1.79亿元,增长9.62%。其中,储蓄存款余额18.46亿元,比上年增加1.92亿元,增长11.58%;对公存款余额1.93亿元,比上年减少1264万元,下降6.15%。

【贷款业务】 2013年,农行陆川县支行各项贷款余额8.36亿元,比上年初减少1931万元,下降2.26%。其中,法人贷款4.54亿元,下降7.88%;个人住房贷款19317万元,增长8.98%;房抵贷款2717万元,增长906.30%;农村个人生产经营贷款6341万元,增长12.07%;农户小额贷款3057万元,下降43.08%。不良贷款826万元,减少853万元,全辖不良贷款率0.99%。其中,农户小额不良贷款为529万元,减少826万元,不良率17.30%。

【中间业务】 2013年,农行陆川县支行进一步完善支行零售业务计价管理办法,抓好银行卡、电子银行业务、保险代理、基金销售等零售产品的联动综合营销,实行新发放贷款与理财业务、保险代理捆绑营销;抓好投资银行等新兴中间业务的营销。个人金融中间业务收入434万元,贵金属销售收入21.80万元;个人电子银行活跃客户净增2.66万户;有效收单商户净增27户;企业电子银行活跃客户净增135户;银行卡商户收单业务收入57.10万元;惠农卡有效发卡量2453张。年内,实现中间业务收入1190万元,比上年增加323万元,增长37.25%。实现拨备后利润4797万元,比上年增加1955万元,增长68.79%。

【不良贷款控制】 2013年,农行陆川县支行加强不良贷款控制,加大对关注类贷款客户管理,严把客户准入关,对发现有风险苗头的贷款客户进行严格监控,及时采取有效措施化解风险,防范贷款形态向下迁徙形成新的不良贷款,强化风险预警。开展农户小额贷款和不良资产处置专项治理活动,抓好农户小额贷款的呆账核销,有效控制不良率,确保贷款的规范管理。全年共核销农户小额不良贷款1234万元;不良贷款826万元,清收自营不良贷款721万元,核销不良贷款1234万元。

【内控管理】 2013年,根据农行玉林分行部署要求,农行陆川县支行开展"案件防控制度执行年"、民主评议政风行风、员工参与经商办企业、民间借贷和非法集资等行为的"三项专项治理"、会计工作"三化三铁"的创建和验收活动等,加强案件风险排查、领导离任审计等检查;坚持边查边改,及时消除案件风险隐患,进一步提升全行基础管理工作水平,促进全行业务安全稳健运行;加强业务部门监督检查,加强银行有关规定的落实情况检查,消除操作风险;抓好安全保卫"三化三达标"(标准化、制度化、规范化、技防达标、物防达标、人防达标)工作,全年实现安全营运。（文信鸿）

中国建设银行股份有限公司陆川支行

【建行陆川支行概况】 2013年,中国建设银行股份有限公司陆川支行,在职员工30人。2013年,辖内有支行营业部和九洲市场支行2个网点,离行式自助银行2个,CRS自动存取款柜员机7台,自助服务终端4台,自助发卡机1台,电子银行E路通2台,排队机2台。年内,建行陆川支行被评为建行广西壮族自治区分行县支行先进单位、建行玉林分行先进单位和宣传报道工作先进单位、建行广西分行服务质量卓越网点等。

【存贷业务】 2013年,建行陆川支行一般性存款余额9.76亿元,比上年增加1.44亿元,增长17.30%。其中,储蓄存款7.27亿元,新增1.04亿元;企业性存款2.46亿元,新增4100万元。各项贷款余额为4.01亿元,新增2338万元,增长6.19%。无不良贷款。

【中间业务】 2013年,建行陆川支行抓贵金属、理财产品的销售,引导客户树立科学、理性的投资理财观念;抓分期付款业务、电子产品和代理保险销售,争创中间业务收入。年内,中间业务收入312.08万元,比上年增加10万元,增长3.3%。实现利润收入1963.90万元。
（黄艳娟）

中国银行股份有限公司陆川支行

【中行陆川支行概况】 2013年,中行陆川支行内设营业部、业务发展部、办公室,在职员工30人。年内,加强存款业务营销、机关行政行业单位工资代发,推进新增账户开立,拓展中间业务,降低不良资产等,各项业务取得快速发展。

【存款业务】 2013年,中行陆川支行各项存款余额4.90亿元,比上年增加1832万元,增长3.88%。其中,企业存款1.35亿元,比上年减少3431万元,下降20.21%;储蓄存款余额3.49亿元,比上年增加4685元,增长15.50%。外币存款余额23万美元,比上年减少9.8万美元,下降29.88%,外币存款以美元、港币、英镑币种为主,开展存款、取款、买卖、结售汇等业务。

【贷款业务】 2013年,各项贷款余额2.72亿元,比上年增加2281万元,增长9.16%。其中公司贷款余额2062万元,比上年减少1538万元,下降42.72%;消费贷款余额2.52亿元,比上年增加3859万元,增长18.12%。
（阮东全）

中国农业发展银行陆川县支行

【农发行陆川县支行概况】 中国农业发展银行陆川县支行(简称农发行陆川县支行)是国家农业政策性银行。2013年,内设办公室、信贷部、会计出纳部,实有员工20人。2013年,各项贷款余额3.05亿元,比上年减少4364万元,下降12.52%。各项存款余额3001万元,比上年减少2325万元,下降43.65%。中间业务收入4.78万元,比上年减少8.06万元,下降62.77%。其中,结算业务收入0.80万元、代理保险手续费收入0.78万元、咨询顾问类业务收入3.20万元。贷款利息收回率101.34%。

【粮食收购资金供应管理】 2013年,继续落实支农惠农政策,加强粮食收购资金供应和管理工作,促进农业增产、农村稳定、农民增收,维护国家粮食安全。年内,自治区下达陆川县粮食订单收购任务1700万千克,需收购资金4658万元。农发行陆川县支行积极配合县人民政府和粮食部门做好订单粮食收购工作,加强收购资金预测和调度,确保收购资金及时足额供应到位,按要求发放粮食订单收购调控贷款4658万元,完成自治区下达的粮食订单收购任务。

【支持农业科技和产业化龙头企业项目发展】 2013年,农发行陆川县支行继续支持农业科技和产业化龙头企业项目发展,广西开元机器制造有限责任公司属于广西高新技术企业,在续贷3700万元农业科技短期贷款的基础上,增加农业科技短期贷款578万元;广西银农畜牧有限责任公司是自治区级产业化龙头企业,根据企业的生产经营和资金需求情况,在续贷450万元的基础上增贷流动资金贷款150万元。

【资金管理】 2013年,农发行陆川县支行加强资金分类管理,从传统的敞开供应、简单调拨资金向资金营运管理转变。加强对资金计划管理新知识和操作技能的学习,摸索信贷运行规律和资金营运规律,密切银企关系,加强信息沟通,密切部门配合,落实银企每日资金往来通报制度,及时、准确掌握企业资金需求和运行情况,提高资金计划预测水平和资金营运水平。

【贷款企业信用等级评定和授信管理】 2013年,根据农发行玉林分行的要求,按照贷款资格认定的范围、原则和标准,做好粮食收购企业贷款资格认定上报工作。按照中国农业发展银行客户信用等级管理办法、客户授信管理办法,及时上报客户的评级、授信有关材料。年内,广西银农畜牧集团有限责任公司、陆川泰任养殖有限责任公司获农发行玉林分行评定为 AA- 级信用企业；广西元安元食品发展有限公司、良田粮食管理所获 A+ 级信用企业；广西开元机器制造有限责任公司、县土地开发收购储备中心、县城市建设投资有限公司、县粮食购储公司、县小城镇建设有限公司、县粮食局获 A 级信用等级企业。

【粮食库存监管】 2013 年，按照中国农业发展银行政策性贷款管理办法要求，加强粮食库存的监管，管户信贷员按旬检查企业粮食库存 1 次，支行每季度交叉检查 1 次并做好记录。配合开展全国粮食清仓查库工作。企业粮食出库坚持报告制度，坚持钱货两清，严禁赊销，及时做好企业贷款归行、收贷收息工作。年内，粮食企业共销售粮食 5275 万千克，销售收入 7316 万元，回笼贷款 7316 万元，收回贷款 7242 万元，分割企业财务资金 74 万元。

【粮食风险基金监管】 2013 年，加强财政补贴资金到位和拨补情况的测算，正确理顺与财政部门、粮食部门之间的关系，加强财政补贴资金管理，对粮食财政补贴资金实行专户管理，及时督促到位，监督拨付，配合县财政部门按政策做好专户管理，完善审批手续，确保专款专用，按照粮食风险基金使用范围、标准，用好、管好粮食风险基金，加快拨付进度，防止专户滞留。年内各种财政补贴应补 6569 万元，实补 6542 万元，补贴资金到位率 99.59%。

（梁建聪）

陆川县农村信用合作联社

【信用联社机构概况】 2013 年，县农村信用联社理事会成员 9 人（其中非职工理事 6 人），监事会成员 5 人（其中非职工监事 2 人）；内设办公室、人力资源部、经营核算部、信贷管理部、市场开发部、稽查部、保卫部、资产风险管理部、内控合规部、电子银行部、营业部和贷款管理中心等，总部机关人员 95 人，下辖营业部 1 处，分社 28 处，信用社 16 家。年末从业人员 428 人。

【各项存款稳步增长】 2013 年，县农村信用联社广泛推进"校园、专业（综合市场、繁华地带、机关单位、社区"）服务活动，强化对公存款，拓展企事业代发工资，加强居民储蓄存款工作，促进存贷款业务发展。年末，各项存款余额 46.83 亿元，比上年增加 5.54 亿元，增长 13.42%。其中，对公存款余额 5.90 亿元，比上年减少 2118 万元，下降 3.46%；储蓄存款余额 40.93 亿元，比上年增加 5.75 亿元，增长 16.36%。财政及机关团体、行政事业单位存款余额 3.29 亿元，占全社会财政及机关团体、行政事业单位存款余额的 52%。各项存款、储蓄存款的存量、增量继续位居县内同业第一。

【贷款业务稳健发展】 2013 年，县农村信用联社加大涉农贷款投放，有效支持地方经济发展。年末，各项贷款余额 34.95 亿元，比上年增加 5.59 亿元，增长 19.05%。其中，涉农贷款余额 33.41 亿元，比上年增加 5.43 亿元，增长 19.40%，比全部贷款增速高于 0.35 个百分点，涉农贷款占比 95.61%；中小企业贷款余额为 23.30 亿元（含个人经营性贷款），比上年初增加 6.46 亿元，增长 38.39%，高于各项贷款增速 19.34 个百分点；农户小额信用贷款（含农户联保贷款）1.61 亿元，比上年增加 1653 万元，增速为 11.46%，低于全部贷款增速的 7.59 个百分点。各项贷款的存量、增量位居同业第一。

【电子金融服务质量逐步提升】 2013 年，县信用联社加快现代科技的应用步伐，加大 POS 机、手机银行、网上银行、桂盛通、ATM 机等自助银行设备的布设，提高银行卡发卡量，提升农村信用社产品附加值。年内，新增桂盛卡 3.25 万张，累计存量 20.14 万张；新地桂盛通 140 个，存量 169 个；新增短信通 1.29 万个，存量 2.48 万个；手机银行存量 844 个；新增网银 1647 个，存量 3784 个；新增自助设备 6 台，至此全县共有自助设备 28 台（其中 ATM 机 24 台、存取款机 2 台、自助终端 2 台）；桂盛通便民服务点 140 个，实现全县自然村桂盛通全覆盖；电子银行中间业务收入 189 万元，比上年增加 25 万元，增长 15.24%。

【不良贷款风险化解取得成效】 2013 年，按照自治区联社"清存量、控比例"的要求，县信用联社重点开展清收处置"借款人长期外出"和"找不到借款人"不良贷款工作。年末，县信用联社累计清收压降不良贷款 4.60 亿元，比上年减少 504 万元。

【自治区信用联社理事长谢建辰到陆川调研】 5 月 29 日，自治区信用联社理事长谢建辰等一行 3 人到陆川信用联社调研，召开督查指导化解风险工作座谈会，玉林办事处主任黄海明、副主任覃泽海、自治区信用联社资产风险部人员及陆川信用联社领导班子参加会议。主要就农信社改革发展、银政合作及不良贷款清收压降工作开展等问题进行座谈，会议要求大力清收压降不良贷款，力争实现年末不良贷款零反弹。

（阮 斌 谢 浩）

中国邮政储蓄银行股份有限公司陆川县支行

【邮政储蓄银行概况】 2013 年下半年，邮储银行陆川县支行内设职能部门调整为综合管理部、公司业务部、三农金融部；下辖自营二级支行、代理二级支行、代理营业所等不变，自营二级支行有营业室以及祥和路、温泉南路、米场镇等 4 个；代理二级支行有马坡、珊罗、平乐、乌石、清湖等 4 镇邮政局；代理营业所有峨眉路（县城)、大桥、横山、良田、古城、沙坡等营业所6个;在职员工68人。

【存款业务】 2013年,邮储银行陆川县支行各项个人存款余额23.63亿元(包含县邮政局下属代理网点),比上年增加3.70亿元,增长18.56%,市场占有率为25%,在全县金融机构中排名第2位。其中,自营储蓄存款余额7.14亿元,比上年增加1.03亿元,增长16.70%;自营对公存款余额2817万元,减少8856.9万元,下降75.86%;代理个人存款16.49亿元,增加2.68亿元,增长19.39%。

【贷款业务】 2013年,加强信贷管理,严格控制贷款风险,对存量客户进行风险评级管理,逐步清退较高风险的客户。年内,发放贷款余额2.14亿元,比上年增加6929.62万元,结余2.74亿元。其中,发放担保类小额贷款1629万元,结余1251.21万元;房产抵押类个人商务贷款4195.7万元,结余5790.94万元;房产抵押类个人消费贷款4364.2万元,结余7400.94万元;小企业贷款1.12亿元,结余1.05亿元;供应链贷款业务2500万元,结余2500万元;票据贴现业务成功贴现3100万元。信贷业务产品丰富,为陆川社会经济发展及广大城乡农商户、

中小企业提供有效的融资服务。

【中间业务】 2013年,积极为各类企事业单位和财政类账户提供代发业务,代发业务单位21个,金额4亿多元;广泛推广电子银行和信用卡业务发展,提高替代率,全年加办网银5189户,手机银行累计注册3525户,信用卡累计进件228张,成功发卡154张;积极营销理财保险代销业务,丰富客户投资理财渠道,理财业务实际销售3940.20万元,代理保险完成保费539.49万元,开展存款担保购机,发展1488台。不断满足广大客户的金融理财服务需求。

【服务"三农"工作】 2013年,响应国家扶持农业产业化发展的要求,坚持服务"三农"、服务中小企业、服务社区的市场定位,依托城乡网点分布广优势,重点面向陆川猪养殖行业小额贷款,向陆川生猪养殖优质客户发放信贷资金,扶持当地特色产业做大做强,加强养殖企业调查研究,调整小额贷款产品,信贷产品符合陆川生猪养殖业、养殖饲料兽药销售业、猪肉产品加工销售业等上下游配套行业贷款需求。12月,第2届中国邮政储蓄银行广西壮族自治区分行创富大赛,广西聚银牧业集团有限公司

2013年5月22日,邮储银行陆川县支行员工技能练习

邮储银行陆川县支行 提供

"公司+联营商(农户)高架床节能减排合作养猪创富项目"获三等奖。

(陈 扬)

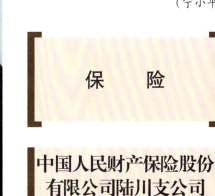

广西陆川柳银村镇银行

【柳银村镇银行概况】 2013年,广西陆川柳银村镇银行内设有营业部、业务发展部、综合部,员工36人。年内,不断开拓金融服务新领域,推出商农贷、商贸贷、微小贷、保贷通、抵贷通、"公司+农户贷款"等业务,为陆川"三农"经济及微小企业提供金融支持。增设清湖支行、通政支行等2个网点已进入招标装修、开业申报筹建阶段。

【存贷款业务】 2013年,广西陆川柳银村镇银行储蓄存款比上年增加2870万元,增长48%。各项贷款余额1.38亿元,比上年增加6764万元,增长96.04%。其中,涉农贷款余额1.36亿元,占贷款余额的98.53%;比上年增加7383万元,增54.23%。农户贷款余额9581万元,占贷款余额的69.39%;小微企业贷款余额1.35亿元,占贷款余额的98.11%;比上年增加6809万元,增长101.05%。

【中间业务】 2013年,广西陆川柳银村镇银行中间业务收入1.02万元。

(宁小平)

保 险

中国人民财产保险股份有限公司陆川支公司

【人保财险陆川支公司概况】 2013年,中国人民财产保险股份有限公司

陆川支公司(简称人保财险陆川支公司)是国有控股企业,属中国人民保险集团旗下的分支机构。2013年,内设经理室、综合管理部、车险部、非车险部、营销服务部、农险部、理赔分部、出单分部;城区保险服务网点3个、乡镇保险服务网点8个。主要经营财产保险、财产损失保险、责任保险、信用保险、农业保险等业务以及各类保险的意外伤害保险。年内,重点推进车险、非车险、农业保险等业务。各项保险业务取得新的突破,全年实收保费5742万元,比上年增加1324万元,增长30.36%;综合成本率73.3%,利润1132万元。新增保费1320万元,比上年增加240万元,增长22.22%。人保财险陆川支公司被人保财险广西分公司授予2013年度30强县支公司、农业保险超千万县支公司、年度先进集体,获玉林市分公司授予年度先进集体等荣誉称号。

【提高车险业务竞争力】 2013年,人保财险陆川支公司推进销售、服务、管理等工作,加强对标市场谋划发展。年内,车险业务保费收入2762万元,比上年增加124万元,增长4.70%。回流业务50万元以上的车队6个,营运性车队业务团体签单1530万元,比上年增加560万元,增长57.73%。

【拓展非车险业务潜在市场】 2013年,注重非车险保险业务市场发展动态,挖掘潜在市场,完善项目管理体系,确保存量业务稳中提升。年内,非车险业务保费收入2836万元,比上年增加1056万元,增长59.33%。拓展驾驶员意外伤害保险、医疗责任保险、雇主责任保险,三项新增业务保费250万元。单驾驶员意外伤害保险保费收入620万元。

【农业保险业务取得新突破】 2013年,按照人保财险广西分公司的工作部署,按照"加快农险业务发展,强化风险环节管控,实现业务规模与效益协调发展"的工作要求,转变业务发展模式,加强与政府各部门的沟通合作,充分发挥三农网点服务优势,加大农业保险的重要性宣传,探索开辟农业保险新业务,稳定发展能繁母猪保险,推动政策性种植保险的开展,实现农业保险业务的跨越式发展。年内,农业保险保费收入1200万元,突破千万大关,增长130%。为2010年后广西首家农险保费突破千万元的县支公司。

(廖 雄)

中国人寿保险股份有限公司陆川支公司

【人寿保险陆川支公司概况】 2013年,中国人寿保险股份有限公司陆川支公司(简称人寿保险陆川支公司)内设经理室、综合管理部、客户服务中心、个险销售部、银行保险部、团体业务部等。有员工26人,业务人员280人。年内,人寿保险陆川支公司向客户推出人身保险、健康保险、人身意外伤害保险和分红保险等4大类200多个业务品种,涵盖生存、养老、疾病、医疗、身故、残疾等多种保障范围,以满足客户在人身保险领域的保险保障和投资理财需求。继续拓展农村业务,加强推进五保对象、民政优抚对象人身意外伤害综合保险、计划生育家庭爱心保险及校园系列保险业务。

【保险业务】 2013年,人寿保险陆川支公司保费总收入8107万元,比上年增加1016万元,增长14.33%;其中寿险新单保费收入3145万元,比上年增加452万元,增长16.78%;短期保费收入877万元,比上年增加52万元,增长6.30%。

【理赔服务】 2013年,人寿保险陆川支公司理赔案件保持5天结案率的时效,主要赔付险种为学生险附加险及农村小额意外伤害保险。短期保险累计赔款支出610万元,短期险综合赔付率69.55%,其中建筑工程险理赔金额较大,2人出险,赔付金额达100万元。

【内部管理】 2013年,人寿保险陆川支公司加强财务管理,继续抓好"治本抓源头责任制"工作,组织员工学习总公司的《治本抓源头责任制暂行办法》,从源头上治理和预防腐败、防范经营风险、明确责任内容、强化监督检查。坚持派驻人员会计制度,加强保全、财务的事后监督复核,加强理赔、新契约、单证、回访等业务基础管理工作。做好风险监控与防范工作,严把从"进口"到"出口"等系列流程,确保业务健康发展。执行内控标准制度,公司每个月按时对员工进行内控标准学习培训,并组织员工考试,撰写执行和学习内控标准的心得体会。按照岗位执行标准,定期对各部室和各岗位进行检查,确保每个岗位的工作规范有序,及时解决工作中出现的问题。开展对外活动,增强员工活力,6月开展"牵手国寿,绿动中国"少年儿童绘画作品展活动;7月开展民主评议政风行风活动,组织党员到容县都峤山进行党的宣传教育活动,重温入党誓词仪式;12月组织员工进行国寿义工献血活动。

【"反洗钱"工作】 2013年,人寿保险陆川支公司制定年度反洗钱宣传活动方案和培训计划,分阶段开展"反洗钱"宣传活动,每个季度在公司营业大厅悬挂横幅、张贴宣传海报、发放宣传资料。组织相关人员进行培训学习,及时向县人民银行报送宣传活动各阶段相关材料、文件、总结等。

(李 沛)

经济管理与监督

JINGJI GUANLI YU JIANDU

2013年3月29日，县人社局组织开展"12333全国统一咨询日"活动。图为活动现场

县人社局　提供

县域经济管理

【县域经济管理及工作概况】 2013年,陆川县发展和改革局(简称县发改局)内设政秘股、综合和规划股(经动办)、投资股、工交股、社会股(医改办)、重大项目股(稽查办)、农经股、行政许可股等8个股室,在职人员15人。下辖陆川县政府投资项目评审中心和陆川县经济信息中心2个全额拨款事业单位。陆川县政府投资项目评审中心(参公)在职人员9人。陆川县经济信息中心在职人员9人。

【发展规划编制与实施】 2013年,县发改局规划编制与实施工作取得新进展。

年度计划目标编制 2013年,县发改局在全面分析总结2012年国民经济和社会发展计划执行情况的基础上,制订2013年国民经济和社会发展计划,提交十五届人大常委会三次会议审议通过,确定全县2013年度国民经济和社会发展计划主要预期目标:地区生产总值增长12%,财政收入增长14%,全社会固定资产投资增长20%,规模以上工业增加值增长18%,社会消费品零售总额增长18%,外贸进出口总额增长20%,城镇居民人均可支配收入增长14.5%,农民人均纯收入增长14%,城镇化率41.5%,城镇登记失业率控制在4%以下。

"十二五"规划中期评估编制 2013年,县发改局协助县政府办制订《陆川县"十二五"规划实施中期评估工作方案》,按时完成《陆川县"十二五"规划实施中期评估报告》的编制,通过县第十五届人大常委会第二十一次会议的审议。

专项规划编制 2013年,县发改局完成《龙豪创业产业园区总体规划(2013—2030)》《粤桂产业合作示范区玉林(陆川)核心区概念规划》《广西培育发展经济强县陆川县"十二五"实施规划》《陆川县排水系统规划》《陆川县绿色能源示范县建设规划》等重大专项规划的编制。

【投资管理】

固定资产投资 2013年,全县全社会固定资产投资将突破132.68亿元,增长30.7%。

中央预算内投资 2013年,县发展改革局注重中央投资项目的管理。一是及时组织项目上报,年内,共组织申报中央预算内投资项目117项,总投资46.54亿元,其中申请中央、自治区投资18.26亿元。争取到中央预算内投资项目69个,总投资1.65亿元,其中中央和自治区投资0.89亿元。

二是推进投资项目组织实施。重点抓好2012年、2013年度中央投资项目的开工建设和竣工验收工作。县发改局坚持每月进行项目稽查1次以上,抓好项目存在问题的整改落实,做好项目督查情况汇报以及项目进度上墙公布工作。年内,2012年争取到的中央投资98个项目已全部开工建设,开工率达100%,累计完成投资2.04亿元,投资完成率达93.05%,完工项目78个,完工率达79.6%,其中有10个项目完成竣工验收。2013年度中央投资项目开工建设69个,开工率达100%,在玉林市排名第一位;完成投资0.76亿万元,投资完成率46.36%。

民间投资 2013年,全县引进民间投资项目61项,总投资81.35亿元,至10月底共完成投资35.06亿元。

【重大项目建设】 2013年,全县在建3000万元以上重大项目261项,续建项目133项,累计投资111亿元。列入自治区层面统筹推进的重大项目3个(岭南客家陆川温泉文化旅游项目、玉柴重工挖掘机零配件及配套生产项目、陆川县农机配件交易中心项目)取得重大进展,其中:新开工的岭南客家(陆川)温泉文化旅游项目累计完成投资1.5亿元,完成项目一期客家小镇13.33公顷土方工程,取得项目一期32公顷用地指标,完成26.72公顷土地招拍挂工作,展示中心建成并对外开放使用;续建的玉柴重工挖掘机零配件及配套生产项目已完成投资4.60亿元;预备的陆川县农机配件交易中心项目已按自治区年度考核指标完成项目备案、规划选址、环评批复以及用地预审前期审批手续。 (李国栋 刘丽然)

2013年10月16日,陆川县重大项目推进会在县城召开 叶礼林 摄

经济贸易管理

【经济贸易管理机构及工作概况】 2013

年,陆川县经济贸易局(简称县经贸局)内设政秘股、经济运行股、商务股、项目投资股、中小企业股、资源利用股、发展改革股;下辖县商务行政执法大队、县节能监察中心等2个事业单位;下属国有企业28家。经贸系统在职干部职工4653人,其中局机关28人、执法大队6人、节能监察中心3人。年内,陆川县围绕工业经济实现"三突破""三提升""两优化"的总体目标和"一廊一城三园五业"发展战略,推进"抓大壮小扶微"工程和"商贸兴县"战略建设,加强工业、商贸企业指导和服务。全县工业总产值284.6亿元,增长19%;规模以上工业总产值265.36亿元,增长20.1%;工业增加值实现85.36亿元,增长19.05%;规模以上工业增加值77.63亿元,增长15.7%;完成工业投资85.5亿元,增长31.88%;工业技改投资78.26亿元,增长43.20%;制造业投资71.13亿元,增长32.93%。外贸进出口总额1112万美元,下降72.1%;实际利用外资1617万美元。全县社会消费品零售总额43.24亿元,增长14.12%。县经贸局获玉林市工业和信息化工作先进单位、玉林市商务工作先进单位二等奖。

【工业经济运行监测与协调】 2013年,县经贸局加强工业经济运行的协调服务,指导企业做好生产。一是做好煤电油运的监测协调,加强电力供应的调度,保障重点企业、重点行业、重点领域的电力供应和能源供应。二是指导企业按照市场需求科学组织采购、生产和销售。三是做好月度经济运行分析,分解细化各月的目标,按月把工业经济发展的主要目标分解到各镇及相关部门,确保工业经济健康有序运行。

【"实体经济年"活动】 2013年3月,陆川县召开深入开展"实体经济年"活动动员大会。5月,县经贸局印发《陆川县深入推进"实体经济年"活动实施方案》。年内,县经贸局以"亿元

工业企业工程""小型企业上规模工程""扶持微型企业发展工程"为重点,落实各项扶持企业发展的优惠政策,强化对企业的服务。新增规模以上工业企业8家,新增亿元以上产值企业7家,亿元以上产值企业累计78家,其中5亿~10亿元企业9家,10亿元以上企业3家。新发展微型企业350户,新增注册资本3500万元。

【招商引资成果显著】 2013年,围绕全县产业发展,实施"招大商、大招商"策略。全县共引进500万元以上项目95个(含续建项目),总投资138亿元,实现到位资金76亿元。利用南博会、玉博会以及陆川投资推介会招商引资总额81.08亿元,共引进民间投资项目61项,总投资81.35亿,陆川县获广西招商引资工作先进县。在开展招商活动中,县经贸局完成招商引资项目3个,分别是陆洲机械制造有限公司年产6000台柴油发电机组项目、陆川县云鹏特种水泥有限公司年产10万吨白水泥节能环保项目、陆川县爱家尔净水设备有限公司净水设备装配生产线项目。

【工业园区基础设施建设大会战】 2013年,陆川开展工业园区基础设施建设大会战。2月,县召开工业园区基础设施建设大会战动员大会,成立工业园区基础设施建设大会战指挥部,指挥部办公室设在县经贸局,并制定《陆川县开展工业园区基础设施大会战工作方案》。工业园区累计投入基础设施建设资金2.30亿元。北部工业集中区基础设施建设进入快车道,"两纵三横"路网初具雏形,玉柴重工配套产业园土地平整、路网建设、企业项目建设、供水供电及排污排水等工程有效推进。"两纵"即马盘二级路和民主南路延长线(陆川段)建设基本完成;"三横"中北流塘岸至福绵新桥二级路(陆川县北部园区段)连接玉柴重工配套产业园道路建设已完成50%;完成玉柴配套产业园的土地平整,协调入园企业建设围墙和

厂房。龙豪创业产业园跨输油管道通道二期工程、跨路涵洞和排水沟建设基本完成。年内,新入园企业项目18个,在建项目55个,竣工项目28个。完成全部工业总产值198.73亿元,实现工业增加值57.63亿元;实现规模以上工业总产值实现126.42亿元,同比增长27.19%;实现规模以上工业增加值39.20亿元,同比增长21.25%;完成工业投资18.12亿元,同比增长23.5%。

【工业废水污染治理】 2013年,全县加强工业废水污染治理。一是强化项目审批,九洲江流域上游原则上不再新建工业园区,不再审批、核准、备案排放废水的工业项目。二是加快产业转移,加快推进九洲江上游产业转移园建设,把九洲江上游流域的塑料、铁锅等传统产业,通过转型升级逐渐转移到产业园,年内完成产业园征地66.67公顷,完成土方平整20公顷。三是严格执行国家产业政策,对工艺落后、污染严重、不符合产业政策的生产企业一律淘汰。对违法建设项目、企业,一律依法停止建设、停止生产。对不能达标的化工、造纸、医药、选矿等企业予以整治和关停,启动陆川县红叶矿产有限公司、广西德联制药有限公司、陆川钛白粉厂、陆川县三林矿业有限公司、广西祥泰矿业开发有限公司、广西神龙王集团陆川猪食品加工有限公司、陆川县宏旭制丝有限公司、广西陆川县荣丰纸业有限公司等8家企业污染治理工作,陆川县陆兴工贸有限责任公司停产。四是加大工业企业污染治理,推进清洁生产和深度治理。抓好九洲江流域食品站屠宰场的污水治理,完善治污设施,启动县食品公司搬迁重建工作,确保屠宰场污水达标排放。

【电网规划建设】 2013年,推进县电网规划建设项目。7月,成立陆川县电网规划建设工作领导小组,领导小组办公室设在县经贸局经济运行股。年内,陆川县大力投入电网建设资

金,建立和完善电网建设管理规章制度,加强电网建设与改造规划、建设用地计划审批,协调解决电网规划建设中的重大问题。年内,陆川电网建设完成固定资产投资8468.29万元,其中电网基建完成投资7588.29万元,小型基建完成投资400万元,技改项目完成投资416万元,信息化资本性投资64万元。

【工业企业节能降耗】 2013年,继续推进企业节能降耗和落后产能淘汰工作。实施自治区、玉林市节能重点技术改造和清洁生产示范工程,自治区、玉林市跟踪监控的21家重点耗能企业节能10.46万吨标准煤;全县规模以上工业用能总量为50.72万吨标准煤,比上年下降2.19%,规模以上工业万元增加值能耗为0.19吨标准煤。加快推进淘汰落后产能工作,重点拆除企业落后水泥生产线。拆除广西龙珠股份有限公司Φ3.0×11米机立窑1台、陆川县第二水泥厂Φ3.0×12米机立窑1台,淘汰落后水泥产能20万吨,完成华润水泥(陆川)有限公司清洁生产审核工作。

【工业企业项目建设】 2013年,全县在建工业项目250个,其中技术改造投资项目223个,计划总投资139.11亿元,在建3000万元以上重大工业项目188个,计划总投资124.17亿元。新上工业项目(含技改项目)152项,计划投资66.87亿元。年内,自治区层面统筹推进的玉柴重工挖掘机零配件及配套生产项目年内土地平整率90%,竣工厂房6座、仓库2个;玉柴配套产业园项目平整部分地块,完成供电线路迁移。华润水泥(陆川)、泰鑫矿业等其他10大工业项目加快推进。玉林市层面统筹推进的长隆电子配件生产项目完成规划设计、用地指标批复等前期工作;宝康源健康产业园项目完成土地使用手续;桂能铁塔自动化生产线项目推进"三通一平"(通水、通电、通路、平整土地);桂林百坚挖掘机覆盖件和结构件生

产项目开工建设;沙湖蓄电池技改项目完成征地8.67公顷,开展平整土地和磨粉车间基础建设。新开工建设的工业项目如恒伟机械配件生产项目完成厂房办公楼宿舍楼的主体建设,鸿如林装饰板及套装门项目完成大部分围墙建设,川迪机械配件生产项目进行围墙建设,全福不锈钢门生产线项目平整好土地,祥泰矿业、鑫生机械等工业重点项目实现竣工

投产。

【生猪定点屠宰】 2013年,全县开展生猪定点屠宰食品企业14家,均为国有商贸企业,其中实行机械化屠宰作业的企业12家,手工屠宰企业2家,屠宰技术工人250多人。年内,全县生猪屠宰量34.55万头,比上年增加2.76万头,增长8.73%;生猪屠宰进点率98.5%以上,其中县城区进点率

(亿元)

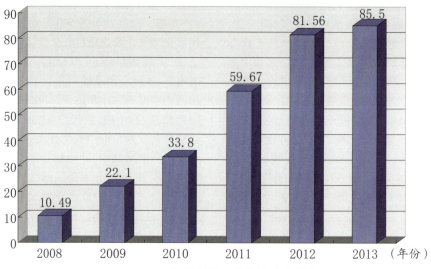

2008—2013年陆川县工业投资比较柱状图

表17　　　　　2013年陆川县食品企业生猪定点屠宰情况

定点屠宰食品 企业名称	2012年屠宰 (头)	2013年屠宰 (头)	同比增加 (头)	同比增长 (%)
陆川县食品公司	67303	72990	5687	8.45
温泉食品站	39770	41721	1951	4.91
大桥食品站	11169	11953	784	7.02
横山食品站	6749	7124	375	5.56
乌石食品站	37413	39961	2548	6.81
滩面食品站	5244	5034	−210	−4.00
良田食品站	18556	20093	1537	8.28
清湖食品站	28045	30743	2698	9.62
古城食品站	13817	15280	1463	10.59
米场食品站	5929	8786	2857	48.19
沙坡食品站	35873	37441	1568	4.37
马坡食品站	21426	24202	2776	12.96
平乐食品站	10346	11511	1165	11.26
珊罗食品站	16153	18704	2551	15.79
合计	317793	345544	27751	8.73

99% 以上,乡镇进点率 98% 以上。全县各屠宰厂(场)持有台账率 100%。

【规范病害猪无害化处理】 2013 年,各屠宰企业贯彻执行商务部、财政部《生猪定点屠宰厂(场)病害猪无害化处理管理办法》,按照职责要求、工作程序开展病害猪无害化处理。每家企业按照规定要求完善无害化处理设施设备(焚烧炉)的建设,保持无害化设施设备处于良好运转状态。食品企业对检验出的病害猪肉进行无害化焚烧,对整头病害猪经兽医检疫并出具相关死因鉴定后,在兽医监督及技术指导下作焚烧或无害化深埋处理。年内,屠宰企业病害猪(肉)无害化处理率 100%。

【商务行政执法监管】 2013 年,县商务行政执法大队加强商务行政执法监管工作,严格整治和规范流通市场秩序。

严厉打击生猪私屠滥宰、销售和使用私宰肉、问题肉等违法行为 对全县各乡镇采取排查、巡查、重点打击、强制拆除等多种方式,加大对生猪私屠滥宰窝点的打击,全年出动出执法车辆 86 辆次、出动执法人员 803 人次,查处违法案件 22 起,打击和取缔私宰窝点 2 个,行政处罚 2.27 万元。年内检查生猪屠宰场 146 家次。

强化酒类执法监管 全县实行酒类流通备案登记制度,推行"随附单"监管制度(随附单包括售货单位名称、地址、备案登记号、联系方式、购货单位名称、销售日期、销售商品品名、规格、产地、生产批号或生产日期、数量、单位等内容),建立酒类经营责任追溯制,对全县 14 个乡镇开展酒类流通秩序专项整治工作。5—10 月,对全县酒类流通经营者,包括酒类经营批发商、总经销、代理商、酒店酒楼、娱乐酒吧、大排档酒及自泡酒、酒类专卖店、零售个体等开展重点检查和整治。检查酒类经营单位 190 家,发出酒类限期整改通知书 31 份,查处违法经营户 1 家。全县进行

酒类备案登记酒类经营单位(含 3 家酒类批发单位)112 家,备案登记率 98% 以上。酒类批发经营单位批发酒类商品时均填制《酒类流通随附单》,并加盖经营者印章,详细记录酒类商品流通信息,"随附单"使用率 100%,酒类零售单位"随附单"索取率 96% 以上。

加强成品油经营监督管理 严厉打击违法违规建设、经营加油站点,强化行政审批行为,维护和规范成品油市场经营秩序。2013 年,全县在运行加油站共 36 座。年内,出动执法人员 396 人次、执法车辆 59 辆次,查处非法经营成品油窝点 1 个,实施行政处罚 3.50 万元。

畅通"12312"商务举报热线 全年共受理举报、咨询 27 起,其中举报 6 起,咨询 21 起,并及时处理举报投诉案件。

【"菜篮子"工程建设】 2013 年,继续推进"菜篮子"工程建设,加强县级生猪储备,继续以县大塘坡猪鸡场和县振兴养殖场等 2 家企业为生猪活体储备承储企业,落实储备生猪活体每轮 3200 头,县财政对两家承储企业下拨生猪储备经费 36.48 万元。制定《陆川县蔬菜市场供应应急预案》,加强蔬菜基地建设,有效地应对蔬菜市场供应的突发事件,提高市场调控能力。

【企业安全生产监管】 2013 年,县经贸局抓好经贸系统企业安全生产监管工作,对各企业进行安全生产年度量化考核,与企业签订安全生产目标管理责任状,加强企业安全生产的宣传,指导企业开展"安全生产宣传月"应急救援演练等活动。6 月 9 日,组织开展安全咨询日活动,发放宣传资料 500 多份;组织企业参加安全生产知识宣传及有奖征集活动,企业订购安全生产知识宣传连体明信片 200 份;组织玉林市桂宁民用爆炸物品有限责任公司、县饮服公司、珠砂水泥公司、温泉食品站、乌石食品站等单位先后开展安全生产应急演练活动;

开展安全生产大检查,企业自查率 100%,查出隐患 196 处,发出限期整改通知书 106 份,普通隐患年内整改率 100%;组织开展民爆行业"打非治违"和"百日安全生产专项整治"行动,6 月、8 月对玉林市桂宁民用爆炸物品有限责任公司陆川分公司开展专项检查,发现安全隐患 3 起,年内已完成整改;加强消防安全工作,6 月,印发《深入开展消防安全大排查大整治活动工作方案》,开展消防安全大排查大整治活动,重点检查县饮服公司、县百货公司等消防重点单位和县食品公司、县五金公司、县建材公司等人员密集场所,检查发现的 12 项消防隐患企业均按期完成整改。

【陆川县节能监察中心成立】 2013 年 10 月,经县机构编制委员会批准,设立陆川县节能监察中心,属县经济贸易局下属的全额拨款事业单位,核定事业编制 3 名,实有人员 2 人。主要负责全县节能减排的工作。

(覃炳达 罗成志 黎明强)

招商引资

【招商引资概况】 2013 年,陆川招商局围绕县实施"一廊一城三园五业"发展战略和工业发展"335"战略,不断创新招商方式,开展招商引资及推介活动,加强招商引资服务,招商引资工作再上新台阶。年内,全县引进 500 万元以上项目 93 个(含续建项目),总投资 143.25 亿元,实现到位资金 80.42 亿元,同比减少 1.55%;实际利用外资(全口径)3300 万美元。陆川县获广西 2012 年度广西招商引资工作先进单位、玉林市第十届中小企业商机博览先进单位、2013 年度玉林市招商系统招商引资工作进步奖。

【招商引资责任落实】 2013 年,陆川

县落实招商引资指导性计划目标任务,将85个招商引资任务落实到14个乡镇和29个县直单位部门。年初,县召开招商引资工作会议,各乡镇、各单位主要领导参加会议,会议贯彻落实玉林市招商引资工作会议精神,总结全县2012年的招商工作,分析当前招商引资工作形势,并部署2013年招商引资工作。会议要求结合"实体经济年""全民创业年""绩效提升年"活动,进一步优化招商引资环境,完善服务平台,努力完成全县招商引资计划目标任务。会议并表彰2012年度招商引资先进单位,各乡镇、各有关单位部门与县政府签订2013年招商引资责任状。

【招商引资宣传推介活动】 2013年,玉博会签订合同签约项目13个(含陆川投资推介会项目),总投资55.28亿元,中小企业商机博览会(玉林)陆川投资推介会推介项目20个,计划投资额39.38亿美元。项目涉及领域广泛,涉及工业、农产品种植及深加工、文化教育、旅游开发、食品加工、电子元器件生产、园区标准厂房建设、基础设施建设等产业。

【招商引资签约活动】 2013年,县招商局组织县代表团参加第十届中国-东盟博览会、峰会专场活动。在第十届南博会上签约合同项目任务1个,(深圳市汇商慧投资集团有限公司投资的陆川县桂东南工业品综合批发市场项目)完成合同项目1个,总投资5亿元;招商引资洽谈项目4个,完成4个,总投资20.8亿元。第十届中小企业商机博览会和陆川投资推介会上共签约项目13个,总投资55.28亿元。

【招商项目跟踪服务】 2013年,陆川县继续加强招商引资项目的跟踪服务,改进工作作风,提高办事效率。实行跟踪代办和并联审批,减少企业投资成本,组织招商引资工作成员单位对项目进行集中审批项目,减少办事

环节,简化办事程序。县招商局、县招商引资服务中心全程协助办理各种证照,对一些重大项目进驻企业直接服务;县招商引资新上项目目标建设管理领导小组定期或不定期到各乡镇督查指导乡镇招商引资工作,为乡镇提供招商引资信息,引导乡镇引进重大项目落户县内。对有招商责任乡镇、单位进行考核验收,全县14个乡镇和29个县直招商责任单位均完成2013年度招商引资新上项目建设任务。

(庞家胜)

劳动管理

【劳动合同签订】 2013年,开展以提高农民工劳动合同签订率为目标的"春暖行动",不断提高农民工劳动合同的签订率。全县各类劳动合同平均签订率92.36%,其中国有及国有控股企业劳动合同签订率99.90%,其他企业劳动合同签订率91.56%,农民工劳动合同签订率91.55%。受理劳动人事争议案件112件,其中案前调解101件,立案受理11件,结案11件,结案率100%,接受法律法规咨询服务1100多人次;受理工伤认定申请78起,审核认定73起。

【劳动保障监察】 2013年,开展清理整顿人力资源市场秩序专项行动,对全县在建的21个工程项目的农民工工资支付情况进行专项检查,全力维护劳动者合法权益。接待上访、投诉及法律法规咨询203人次,受理拖欠工资等案件18件,结案18件,涉及人数239人,追发182人工资115万元;监督检查用人单位105户,依法下达劳动保障监察限期改正指令书35份,督促用人单位依法与职工补签劳动合同8650份,追缴社保费1142万元。

【人才档案管理】 2013年,县人社

局通过构建人才服务平台,完善人才档案管理,做好档案托管和人事代理服务,开展高校毕业生就业服务月活动,提高高校毕业生就业机会。年内,接待大中专毕业生报到2000多人,为2200多人办理人事代理和档案托管手续,推荐和引导2500多名毕业生达成就业意向。

【农民工职业培训】 2013年,县人社局针对农村转移就业劳动者、下岗失业人员、"新生代农民工"的特点和实际需要,结合市场需求,对有参加职业培训愿望的人员进行免费分批培训,重点开展电脑、建筑、机电、汽驾、服装、服务类工种的职业技能培训和创业培训,年内,举办农民工职业培训班4期,农民工就业技能培训813人,创业培训468人。

(党光梅)

社会保险事业管理

【社会保险事业管理机构及概况】
2013年4月1日,经陆川县机构编制委员会批准,撤销陆川县社会保险事业管理所、陆川县社会医疗保险管理中心、陆川县职工失业保险所、陆川县机关事业单位职工养老保险基金管理所、陆川县农村社会养老保险事业管理处,合并成立陆川县社会保险事业管理局(简称县社保局),为县人力资源和社会保障局下属事业单位。内设综合部、财务部、基金征缴部、待遇发放部、基金稽核部、城乡居民社会保险部、档案管理部和信息中心等"七部一中心";定编56名,在编人员41人。县社保局办公地点设在新洲南路庆丰中巷3号。6月3日,县社保局正式挂牌运行。乡镇社会保障服务中心14个。

2013年,县社保局严格执行社会保险各项政策,扩大全县社会保险覆盖面,规范社会保险管理。年内,全县

经济管理与监督

企业职工基本养老保险、城镇职工（居民）基本医疗保险、失业保险、工伤保险、生育保险等五项职工社会保险参保人数20.67万人次，保险基金收入2.17亿元；保险基金支出3.50亿元。

【社会保险扩面征缴】 2013年，陆川县加强社会保险扩面征缴工作，7月19日，县政府召开社会保险费"五险合一"统一征缴工作会议，对全县社会保险扩面征缴工作进行部署。年内，县社保局广泛开展社会保险宣传，加强社会保险参保单位及人员的排查，找准保险扩面攻坚难点，对已登记未参保企业、参保企业漏保人员、有雇工的个体工商户、机关事业单位编外聘用人员等四类行业和人员列为扩面攻坚工作的重点，县社保局、劳动监察部门联合组成劳动执法检查小组，对县开发区、工业园区、乡镇各企业及其他用人单位开展社会保险扩面征缴工作执法大检查，推进这四类行业和人员的扩面征缴，对全县机关事业单位编外聘用人员纳入社会保险进行统筹安排。加强社会保险欠费单位的追收工作，落实追欠措施，至年底，追收各类用人单位历年社会保险欠费230万元。

【保险基金监管】 2013年，县社保局加强保险基金的日常稽核，对全县自收自支和差额拨款的企、事业单位进行实地稽核，核实缴费基数和人数的正确性，确保基金的安全。加强养老保险基金情况的调查，重点对离退休人员死亡情况的调查，每月集中时间对上报的离退休人员死亡情况进行实地走访调查，核实确切死亡时间和养老金领取情况，凡冒领、多领的，及时追回，从源头上遏止养老金冒领现象，有效地防止养老保险基金流失。4月8日起，县社保局启用玉林市"五险合一"社保信息管理系统，对陆川县社会保险进行统一经办和管理。

【定点医疗机构监管】 2013年，全县签订《定点服务协议》的定点机构46

家，其中定点医疗机构9家，定点零售药店37家。年内，县社保局加强定点医疗机构监管，通过网络上传参保职工住院信息，及时掌握全县定点医疗机构的参保职工住院情况，对可能存在的违反医疗保险规定的行为及时查处，确保医保基金不流失，保障和维护参保人员的权益；继续完善基本医疗保险配套服务体系建设，采用不定期抽查、定期考核的办法，加强对定点医疗机构、定点零售药店的基础管理、服务能力、医疗质量、收费标准、信息管理等方面的考察和审核，规范各定点医疗机构、定点零售药店医疗服务行为，确保为广大参保群众提供优质服务。

【玉林市社会保险业务经办工作推进会】 2013年7月5日—6日在陆川县召开。参加会议的有玉林市社保局中层以上领导、各县社保局负责人、负责征缴、待遇工作的业务骨干。会议总结2013年上半年全市社会保险工作开展情况，讨论解决工作中存在的突出问题，研究对策，特别是研究城镇企业职工基本养老保险、城镇职工基本医疗保险相关政策执行问题，推进经办工作开展。玉林市社保局局长陆琛出席会议并讲话。 （杨霜霜）

2013年7月6日，玉林市社会保险业务经办工作推进会在陆川县召开
县社保局 提供

物价管理

【物价管理机构及概况】 2013年，陆川县物价局内设综合股、价格收费审批股、价格监测股3个职能股，在职人员12人。下属单位有县物价检查所、县价格认证中心。物价检查所在职人员8人，价格认证中心在职人员16人。年内，县物价局落实价格监管政策，加强民生价格收费监管、价格服务管理，全县物价平稳。县物价局获自治区价格认证工作先进集体、玉林市价格工作先进单位等荣誉称号。

【价格收费管理】 2013年，县物价局核发行政事业性收费许可证72件、服务性收费许可证4件。理顺城区自来水价格、污水处理费、生猪屠宰服务收费、旅游景区门票等方面的价格矛盾。开展收费综合审验工作，对全县各行政单位、事业单位、代行政府职能的社会团体等非企业组织、中介机构等实施收费（政府定价、政府指导价）的执收单位2012年度收费情况

·141·

进行综合审验,审验收费单位180个,年审率100%。有效规范各部门的收费行为。

【市场价格监管】 2013年,县物价局继续加强涉及民生的商品价格监测、预警,重点开展农副产品等市场价格监测,完成价格监测上报数据600多条,编发分析预测报告8篇。加强商品价格巡查,元旦、春节、中秋节、国庆节等重在节假日期间,对县内大型市场进行价格巡查,规范商品规范明码标价,有效地制止价格欺诈。对旅游景点门票、停车收费、商品价格、娱乐场所收费进行检查,规范旅游市场收费行为。加强成品油价格监管。2013年,国家对成品油销售价格进行多次调整,县物价局及时派出检查人员对调价情况进行检查监督,县内各经营企业成品油价格能执行国家规定的价格,个别私营加油站成品油价格比规定的价格略低。加强对液化气价格监管。3月13日,县物价局、县工商局、县质监局等单位联合组成检查组,对城区的陆威气库、百民气库及液化气零售经营点进行检查,严格规定液化气零售不得超过规定差率销售,各气库在提价前需提供进货发票到物价部门备案,年内液化气市场价格基本稳定。

【价格收费检查】 2013年,县物价局对教育收费、医疗服务、广播电视收费、农机检测等价格收费开展检查。查出违价金额20多万元,立案处理3个单位,没收违法金额5.10万元。

5月,县物价局派出检查组对县农机监理站进行检查。对县农机监理站存在的农用机动车技术检验时采取人工检验未减半收费的行为进行纠正。对个别镇中心卫生院存在多计住院诊察费、护理费及重复收取材料费等违法行为进行检查,并纠正其收费行为。6月,开展广播电视收费检查,进一步规范广西广播电视信息网络股份公司陆川分公司亮证收费行为。7月,对县供销社系统农资商品价格进行格检查,纠正部分农资经营门店商品不标价或不完整标价的现象。11月,开展教育收费检查,共抽检学校17所,检查中发现学校存在以下各种不规范的收费行为:部分中学向学生收取饭卡工本费、饭卡押金、饭卡遗失补卡费或在食堂账务中列支IC卡费,部分初中代经销商收取学生热水费、个别村小学学前班没有进行保育工作而收取保育费,部分学校在食堂帐中列支门卫、保安、校医、协警人员的工资,食堂登记台账与实际采购食物不符,学校教师、班主任、值日领导在学校食堂就餐不交伙食费等,通过检查纠正学校存在的不规范收费行为。

【价格认证】 2013年,县物价局开展价格认证996件(宗),认证金额4.70亿元。其中,国有资产处置价格认证21宗,认证金额1.54亿元;应税物价格鉴定489宗,鉴定金额2.34亿元,增加税收910万元;刑事案件价格鉴定392宗,鉴定金额401万元。9月,自治区物价局副局长麦贵富等人员到陆川调研,对陆川县在价格认证工作尤其是应税物及国有资产价格鉴定工作模式予以肯定。

【价格服务】 2013年,县物价局加强县政务服务中心业务窗口服务工作,公开办证流程,年内窗口受理行政审批事项76件,办结76件,办结率100%。注重价格举报咨询受理工作,开展12358价格举报宣传、咨询活动,3月、5月,县物价局在县城繁华街道进行现场价格咨询、解答,发放涉及价格收费方面的宣传资料600多份。年内,受理价格举报咨询来电、信函38件,来电、信件内容主要涉及公交车票价、市场服务费、乡镇客运票价、食盐价格、液化气价格、乡镇电视维护费、良田收费站过路费、房产交易中心收费、商品房收费、水价、交通运管收费等方面,回复来电、信函38件,回复率100%。

【《陆川县价格调节基金管理实施细则》出台】 2013年,自治区物价局、玉林市物价局部署要求,进一步规范价格调节基金管理制度建设。3月,县物价局结合陆川实际情况,草拟《陆川县价格调节基金管理实施细则》(草案)。4月19日,县政府办召开《陆川县价格调节基金管理实施细则》(草案)制定协调会,广泛征求县财政局、县审计局、县地税局、县国税局、县监察局、县法制办等相关部门意见。修改完善实施细则后,并报玉林市物价局审查,经县政府常务会议研究审定通过。12月,县政府办公室

2013年9月25日,自治区物价局价格认证工作调研会在陆川召开

县物价局　提供

出台《陆川县价格调节基金管理实施细则》,实施细则共设总则、征收和缴纳、基金使用和管理、监督和责任等4章41条,对价格调节基金的征收、使用和管理等方面进行规范。(蓝丽梅)

工商行政管理

【工商行政管理机构及概况】 2013年,陆川县工商行政管理局内设办公室、法规与行政执法督察股、反不正当竞争执法与商标广告监督管理股、消费者权益保护股、市场与合同规范管理股、食品流通监督管理股、企业与个体私营经济监督管理股、人事股、财务股、监察室(与纪检组合署办公)、经济检查大队、12315消费者申诉举报中心,下辖县城区工商所4个、乡镇工商所14个。全县工商行政管理系统在编在职人员132人。年内,全县有个体户1.88万户,其中新发展1277户;有私营企业2200户,其中新发展419户;有内资企业1187户,其中新发展321户;有微型企业1194户,其中新发展320户;发展家庭农场2户。立案查处案件248件,罚没款62.73万元。县工商局获玉林市工商系统先进集体、玉林市工商行政管理系统宣传报道、政务信息工作先进集体。

【工商服务经济社会发展】 2013年,县工商局围绕陆川地方的经济发展,加强服务全县经济建设,不断优化创业环境,全力推动全民创业,促进地方经济的发展。

推进全民创业和微企发展 2013年,县工商局推行"阳光"政务和"一站式"服务,县工商局驻县政务中心窗口严格落实首问责任制、服务承诺制、限时办结制、责任追究制等制度,为微型企业登记注册开辟"绿色通道",营造优良的发展环境。加快

微型企业补助金的评审发放,全县发展微型企业320户,有1户大学毕业生、17户转退军人、10户持《就业失业登记证》的城镇失业人员、享受城市居民最低生活保障人员创业的个体户通过创业补贴申请。全县评审完结微型企业补助金381户,补助金971.65万元;已发放补助金的微型企业318户,补助金812.65万元。推进全民创业工作。全县已建立创业示范孵化园1个,创业社区(村、街)示范点10个,培育创业示范企业110个,培养创业带头人1000人。加强创业政策宣传,通过广播、电视、报刊、悬挂横幅、发放宣传资料等形式宣传全民创业和微企发展的优惠政策,在县城的主要街道和路口悬挂横幅20条,户外广告牌3个,在玉林创业网投稿发表文章62篇,多角度宣传陆川在全民创业和微型企业发展方面的工作。

服务农村经济建设 围绕县委"一走三问六提高"和"六个创建"活动,县工商局领导成员和县局机关相关股室工作人员到乌石镇坡子村和陆河村进行走访帮扶活动,与相关部门一起协助这些村发展经济、壮大村经济实力,指导村民发展生产,提高生活水平。针对村的实际困难问题,县工商局分别向坡子村捐赠帮扶发展资金3000元、向陆河村捐赠帮扶发展资金2000元,服务农村经济发展。

服务企业"联百帮千扶万"活动 2013年7月份起,县工商局开展为期5个月的服务企业"联百帮千扶万"行动,通过采取日常沟通、现场办公、召开座谈会、专题调研、上门走访等方式,实行项目跟踪服务、预约上门服务、指导延伸服务、特事特办服务,协调解决企业生产经营和发展中遇到的具体困难。活动期间,联系1家广西重点企业、帮助10家企业做大做强商标品牌,扶持150家小微企业上规模、上档次,促进企业提质扩量。

动产抵押登记和质押登记 2013年,县工商局把动产抵押登记和质押登记工作作为服务陆川经济发展的切入点,为企业融资提供服务。

年内,办理动产抵押登记13件,抵押价值金额1850万元;质押登记10件,出质股权金额6225万元,拓宽企业融资渠道。

【工商监管执法】

网络商品交易及有关服务行为监管获国家总局认可 2013年,县工商局在不断规范网络商品交易及有关服务行为中,创新工作思路,加强网络商品交易及有关服务行为监管,得到国家工商总局、自治区工商局、玉林市工商局的充分肯定。市工商局主要领导作出批示,要求各县(市)局要借鉴陆川局的做法,加强网络商品交易及有关服务行为的监管;6月25日,自治区工商局政务网、国家工商总局政务信息刊发陆川县工商局的做法,作为经验交流。

农资市场监管 2013年,县工商局继续推行"两账两票一卡一书"(进货台账、销售台账、进货发票、销货发票,联系监管卡,承诺书)制度和实行"种子留样备查"制度,全县共有180户农资经营户与工商部门签订承诺书,并建立相关制度。深入开展"2013红盾护农行动",查处无照经营农资案件30件,规范农资市场经营秩序。开展农资质量抽检,对全县农资抽样送检15批次,检测结果为14个样品合格,1个样品不合格,并对上述销售不合格农资的经营户进行立案查处,有效杜绝假冒伪劣农资坑农害农事件的发生。

市场专项整治 2013年,县工商局加强市场专项整治,重点开展节假日期间市场专项整治、流通领域经营烟花爆竹专项整治、猪肉市场专项整治、建材市场专项整治、"扫黄打非"专项整治等工作。一是加强节假日期间市场专项整治。开展元旦、春节、清明节、"五一"、中秋节、国庆节等重大节假日市场专项整治,检查市场19个,检查经营户2402户次,查处各类违法违章案件64件,案件总值104.8万元,罚没款12.39万元,规范节假日市场经济秩序。二是开展流通领域

经营烟花爆竹专项整治工作,检查经营门店和存放仓库285户(点),查处超经营范围销售烟花爆竹案件2件。三是开展猪肉市场专项整治工作,4月份,县工商局开展为期一个月的猪肉市场安全重点整治工作,检查肉食市场306个次,猪肉摊点1132个,加强肉食市场监管力度,严厉打击销售私宰肉、病害猪肉的行为。四是开展建材市场专项整治保居住安全行动,县工商局开展建材市场钢材质量抽样检测专项整治工作。年内,共抽检20户钢材经营户的20个钢材样品,检测结果为8个样品不合格。已立案处理。五是加强"扫黄打非"工作。县工商局配合有关部门开展"扫黄打非"工作,检查图书、音像及文化经营场所76家,收缴盗版书刊100多册、不良贺卡60多张、"六合彩"资料1000多份。

流通环节食品安全监管 深入开展流通环节食品安全监管工作。一是参加食品安全宣传周活动,现场设立咨询台1个,展出展板4块,悬挂横幅6条,发放资料2000多份。年内,县工商局举办食品经营户培训班14期,培训食品经营户350人次。二是认真做好《食品流通许可证》的受理、审核和颁发工作。核发《食品流通许可证》131本,累计核发《食品流通许可证》726本。三是继续在全县流通环节食品经营行业中推行食品经营"一票通"制度(把批发商的销货凭证与零售商的进货凭证规范为同一种多联票据,统一格式、统一内容,关联使用)。全县有流通领域食品经营户836户,城区332户,乡镇504户,零售675户,批零兼营161户,能使用电子台账的批零兼营的食品经营户1户、零售经营户12户,基本建立"一票通"制度,覆盖率达到100%。其中,34家超市(商场)已经推行"一票通"电子票据。四是抓好商品质量监测。制订食品快速检测计划,重点加强对牛肉、猪肉、白菜、水果、鱿鱼、粉丝、食用油、面粉、酒、酱油等多种食品中的甲醛、吊白块、二氧化硫、亚硝酸盐、农

药残留、甲醇、过氧化氢(双氧水)、硼砂、酸价、过氧化值等指标进行快速检测。开展快速检测4510批次,合格率98.2%以上。五是开展桶装饮用水和夏季饮料食品市场专项执法检查,联合有法定资质的检验部门对2个桶装水样品、3个调味品样品、6个夏季饮料样品、5个月饼样品、3个茶叶样品、3个葡萄酒样品进行抽样送检,检验结果为2个桶装水样品合格、6个夏季饮料样品合格;1个调味品样品不合格,3个月饼样品不合格,2个茶叶样品不合格,1个葡萄酒样品不合格,对销售不合格样品的经营者进行立案调查,并对不合格的样品进行下架处理。六是开展食品安全示范街创建活动。在陆川县城区新洲北路创建食品安全示范街,示范街食品经营户14户全部创建为示范店,开展"三严格""四规范""五统一"活动("三严格":严格工作程序,严格分类指导,严格监督检查。"四规范":食品主体资格合法规范,食品质量合格和入市退市规范,食品行动规范,各项制度健全规范。"五统一":统一称谓,统一标志,统一承诺,统一亮照经营,统一监督电话),提高经营户的食品安全知识水平和守法经营意识。

非法传销打击 2013年,县工商局通过公布打传举报电话、张贴宣传标语、发放宣传单、开展集中整治行动等,不断加大打击传销力度和巩固多年来的打传成果。悬挂宣传标语15条,发放宣传资料3600多份;开展学生、企业、公务人员等参加打击传销知识竞赛,发放试卷210份;联合打传成员单位开展集中整治行动5次,检查旅社32家、出租屋128户、车站及广场28个次,年内无非法传销行为发生。

安全生产专项检查 2013年,县工商局配合县安全生产委员会开展安全生产专项检查。重点对全县的非煤矿山、加油站、化学危险品、超市、网吧、游戏机室、烟花爆竹经营户、酒店等进行安全生产专项检查,均未发现存在重大安全生产隐患

【合同监管】 2013年,县工商局加强对农业(订单)合同的指导和推广,共指导涉农企业签订订单合同2120份,金额达400多万元,进一步规范合同签约行为。继续整顿规范合同格式条款工作,立案查处利用合同格式条款侵害消费者合法权益案件6件,其中快递业2件,婚纱摄影3件,饮食行业1件。

【商标广告管理】 继续深化"一所一标""一企一策"的做法,加快培育、发展全县注册商标,指导帮助企业争创著名和驰名商标,引导运用农产品商标和地理标志增产增收。2013年,发展注册商标3件,指导陆川县南发厨具有限公司申报广西著名商标1件,指导广西茶花山矿泉水饮料有限公司、广西沙湖蓄电池有限公司、广西桂惠种业有限公司重新申报广西著名商标,提高企业的知名度和市场竞争力。

年内,加强广告检查、监测,规范广告经营行为,审批出具《户外广告登记证》15份。深入开展打击侵犯知识产权和制售假冒伪劣商品专项行动,检查经营主体2469户,整治重点区域87处,立案查处商标侵权案件1件。

【消费者维权】 一是继续完善消费维权网络。全县有"一会两站"100个,在21家经营户和2个景区设立"消费维权服务站",每个"消费维权服务站"配备主任1名,工作人员若干名和工商所联系人1~2名。二是努力打造12315消费维权品牌。全县范围内开展丰富多彩的纪念3·15国际消费者权益日活动,召开"一会两站"联络员及有关单位、企业和消费者代表座谈会;在县电视台发布消费领域存在突出问题和消费者申诉热点问题的消费警示;公布全县维权典型案例,以案说法,揭露消费陷阱,曝光消费欺诈;举办纪念3·15国际消费者权益日大型宣传咨询活动,接待消费者咨询30余人次,受理消费

者申诉、举报 4 起,均已全部解决,为消费者挽回经济损失 1100 多元。三是开展消费调解多元化调解衔接工作,在县工商局设立消费调解中心,在乌石、马坡工商所各设立 1 个调解室,解决消费纠纷 5 件。四是创建消费教育基地,2013 年,县工商局在米场新民村、南中村,以及县城的 2 所中、小学、县老年大学创建消费教育基地 5 个。五是做好消费投诉受理、调解工作。年内,受理消费投诉和申诉 29 件,解决 28 件,为消费者挽回经济损失 8 万多元。4 月份,县工商局成功调解较大的水泥纠纷案件 1 起,为古城镇一消费者挽回经济损失 2.5 万元。

【基层工商所基础建设】 2013 年,县工商局投入资金改善办公生活条件。投资 4.14 万元修缮滩面工商所;投资 1.75 万元修缮良田工商所;投资 5.88 万元更换县局机关的旧空调 12 台,投资 3.20 万元购置 10 台空调为乌石、城北、马坡、平乐、珊罗、良田、滩面、大桥等乡镇工商所使用。县工商局计划投资 100 多万元为城关工商所购置房地产一处做办公用房,以解决城关工商所办公用房紧张的难题。

【工商行政管理队伍建设】 加强全县工商系统干部职工培训,提高干部素质。3—6 月,安排分管人事工作的县工商局领导和 3 名人事干部参加区工商局在广西干部学院举办的全区工商系统人事干部业务培训班。县工商局举办新闻报道与政务信息、农资市场监管暨整治规范合同格式条款工作、流通环节食品安全监管、行政执法与法律法规等,年内共举办各类培训班 8 期,参加培训人员 250 多人次。

【农村党员经纪人培训】 2013 年,县工商局举办经纪人培训班 6 期,培训人员涉及种养、运输、销售等多种行业,培训农村党员经纪人 356 人。

（黄飞声 陈 芬）

【审计工作机构及概况】 2013 年,陆川县审计局内设政工秘书股、行政事业审计股、综合经济审计股、经济责任审计分局、固定资产投资审计股 5 个股室(分局),干部职工 14 人。下属陆川县政府投资审计办公室,为财政全额拨款事业单位,事业编制 8 名。陆川县审计局内设机构经济责任审计股更名为陆川县经济责任审计分局。年内,完成审计项目 54 个,查出违规金额 1050.88 万元,管理不规范资金 3.21 亿元,应上缴财政 902.68 万元,已上缴财政 902.68 万元,政府投资审计项目核减工程款达 1320 万元。县审计局机关大院获自治区九大和谐建设中"和谐邻里"称号、玉林市第十六批玉林市文明单位。

【预算执行审计】 2013 年,县审计局在财政预算执行审计重点加强财政支出结构、预算管理和执行效果、税费征管等资金科学合理分配和安全运行的审计,对财政局具体组织的 2011 年预算执行情况和县地税局具体组织的 2011 年地方税收征管情况进行审计,查出违规金额 895.49 万元,管理不规范资金 3.06 亿元,应上缴财政金额 895.49 万元,已上缴财政金额 895.49 万元。审计揭露并督促整改预算执行、国有资产、税收管理中存在的问题,提高财政资金的使用效率。

【经济责任审计】 2013 年,根据县委组织部的委托,对县环保局、发改局、旅游局、机关事务局等 7 个县直部门和 2 个乡镇的 11 名党政领导进行经济责任审计,查出违规金额 155.39 万元,管理不规范金额 1222.14 万元,应

上缴财政 7.19 万元。

【政府投资审计】 2013 年,加强对政府投资项目的跟踪审计和竣工结算审计。完成政府投资审计项目 39 个,核减工程价、挽回损失和节省投资 1320.49 万元。

【"美丽广西·清洁乡村"专项资金审计调查】 2013 年,根据自治区审计厅《关于"美丽广西·清洁乡村"活动专项资金审计工作方案》的要求,县审计局派出审计组对陆川县"美丽广西·清洁乡村"活动专项资金的筹集、管理、拨付和使用情况进行审计调查。审计发现部分"清洁乡村"配套基础设施项目未完工,工程项目资金未按工程进度拨款。针对审计中发现的问题及时提出建设性意见和建议,促进专项资金的管理,确保资金安全。

（吕秋露）

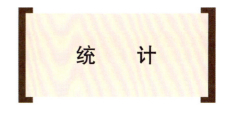

【统计工作机构及概况】 2013 年,全县有统计人员 1121 人。陆川县统计局内设政秘股、业务股,在职干部职工 9 人;下辖县普查中心、县服务业和能源调查中心,干部职工 10 人。年内,县统计局推进常规统计业务及统计专项调查工作,开展第三次经济普查,实行企业联网直报,加强统计服务,推进统计自动化建设。

【常规统计业务】 2013 年,继续加强常规统计业务工作,及时地完成综合、农业、工业、能源、投资、商贸、劳资等 14 个专业的常规统计业务工作,并加强与玉林市级统计主管部门的工作对接。

推进联网直报统计工作。重点推进规模工业企业、限额以上批发零售住宿餐饮业、房地产开发企业、建

2013年，陆川县实行规模以上工业联网直报统计工作。图为9月12日，县举行规模以上工业企业联网直报培训会　　　　　县统计局　提供

质量技术监督

筑企业等"四大业"联网直报工作，实施"企业一套表"制度，对全县96家规模工业企业、22家限额以上批零住餐、13家房地产开发企业、6家建筑企业实行联网直报，确保源头数据的真实性和准确性。并向国家统计局联网直报平台成功申报96家规模工业企业、22家限额批发零售企业、13家房地产开发企业6家建筑企业。

【统计专项调查】 2013年，按照玉林市统计部门工作部署要求，开展文化产业调查、粮食产量抽样调查、人口和劳动力抽样调查、贫困监测调查和城乡一体化调查等。

　　全面小康进程监测统计 2013年，制定年度全面小康进程监测统计目标考核评分细则，建立考核台账。县统计局加强对相关部门全面小康进程监测基础工作进行业务指导。年内，完成全面小康进程监测统计工作，并形成监测专题报告。

　　第三次经济普查 2013年，县开展第三次经济普查工作，成立经济普查工作领导小组，落实普查指导员、普查员，明确普查工作职责，落实普查经费、办公地点。9月12日，县召开第三次经济普查动员会议，对普查人员进行业务培训。年内，加强经济

普查宣传工作，重点开展普查区域划分和地图绘制工作。县统计局将统计部门基本单位名录库与县工商局、县质监局、县编委办、县民政局、县国税局、县地税局等部门行政登记资料进行比对，开展单位清查；完成普查区域划分和地图绘制工作；利用陆川电视台、宣传车广播和标语等形式广泛开展经济普查宣传工作，营造浓厚的普查工作氛围。

【统计服务】 2013年，按期发布《2013年度经济社会发展统计公报》，每月编印《统计要报》，向县委、县政府和社会各界及时提供所需的统计资料。县统计按月、季对全县经济运行情况进行预测和分析，收集汇总整理主体经济指标在广西、玉林市的排位情况向县委、县政府报告，充分发挥统计部门的参谋作用。

【统计法治】 2013年，推进县、镇两级统计机构工作规范化建设。开展统计执法检查，对17个单位和4个镇进行重点检查；加强统计人员从业资格认证培训，参加培训86人；开展《中华人民共和国统计法》《统计违法违纪行为处分规定》和其他相关法律法规学习。　　　　　（廖鸿穆）

【质量技术监督机构及概况】 2013年，陆川县质量技术监督局（简称县质监局）内设办公室、综合管理股、法规监督股（稽查大队）、食品生产监管股，下辖直属技术机构陆川县计量测试所，在职人员32人，其中县质监局机关16人，计量测试所16人。陆川县质量监督管理工作加强产品质量、食品安全监管和计量监管，全年未发生食品安全和特种设备安全事故。县质量技术监督局获玉林市质监系统工作先进单位荣誉称号。

【计量监督与管理】 2013年，质量监督管理对各类计量器具实行强检工作，尤其对汽车衡、燃油加油机、出租汽车计价器、医用三源（医用辐射源、激光源、超声源）、眼镜配置计量器具、贸易结算用衡器等6大类在用强制检定计量器具进行登记备案，更新数据。检定各类计量器具3295台（件），其中衡器1667台、压力表813块、加油机426枪、血压计152台、天平127台、砝码110个。开展计量惠民活动，免费检定衡器1341台，减免检定费用18.81万元。组织开展"5.20世界计量日"宣传活动，发放计量知识宣传资料1000份。

【组织机构代码管理】 2013年，全年完成组织机构代码证书换证459家，新办代码证615件，代码证书年审1959家，档案上传率99.27%。为群众限时办结事项100%，办结率和群众满意率均为100%。

【产品质量监督管理】 2013年，县质监局加强对工业产品生产企业的监管，抽送样品43批次，巡查企业43家次。建立更新企业质量档案25家，协

助 17 家获证企业进行生产许可证年审，完成 6 家工业产品生产许可获证企业质量信用等级评价。对 7 家有潜力的生产企业进行名牌培育帮扶。开展危化品专项整治，检查农药、硫酸、制氧等 5 家生产企业。加强工业产品定检计划编制，主要涉及水泥、肥料、红砖、人造板等 13 类产品共 85 批次。帮助 18 家获证工业企业年审。巡查农机生产企业 8 家（次），检查肥料生产企业 4 家，定检复混肥产品 4 批次，木材 3 家，农药 2 批次，水泥产品 7 批次，人造板 3 批次。

【食品质量安全监管】 2013 年，县质监局严格控制食品市场准入，加大监督抽查。检查食品生产企业 72 家次，食品生产加工小作坊 58 家次，发现问题 27 个，发现隐患 20 处，落实问题整改 26 个。对饮用水、月饼、花生油、大米、鲜湿米粉等 17 家食品生产加工企业和 13 家食品生产加工小作坊进行监督抽查，抽查样品 56 批次，合格批次 55 批次，合格率 98%，对不合格企业进行处理，未发生食品安全事故。

【执法打假行动】 2013 年，县质监局开展烟花爆竹专项整治行动。安全检查和产品抽样检查烟花爆竹生产企业 7 家，处罚不合格爆竹生产企业 2 家进行，并责令违规企业进行停业整顿。开展食品、农资、建材、汽油产品的专项打假行动，深入乡村、田间地头开展"农资打假下乡"行动。共查处各类违法案卷 86 起，结案 86 起。

【特种设备安全监察】 2013 年，县质监局建立特种设备电子动态管理平台，对重点单位特种设备进行重点监控。对辖区内的人群密集场所、超市、宾馆酒楼等公共场所的锅炉、电梯、液化气库危险化学品承压容器设备等进行检查，检查特种设备使用单位 64 家，特种设备重大隐患 20 处，已整改 20 处，整改率 100%，发出限期整改安全监察指令书 20 份。协同教育部门召开对辖区内锅炉学校的分管

安全领导和锅炉操作人员 90 多人安全警示教育培训会。县质监局联合县安全生产监督局、电梯维保和使用单位在县金川宾馆开展电梯应急救援演练 1 次。召开特种设备使用单位安全生产约谈会议，组织辖区内 13 家使用 4 千克以上压力的立式锅炉的学校和企业负责人进行集体约谈。

【"质量兴陆"战略实施】 2013 年，县质监局进一步巩固"质量兴陆"工作，做好《质量发展纲要》的贯彻宣传。县召开"质量兴陆"联席会议，落实"质量兴陆"活动经费，完善《陆川县县长质量奖管理办法》等奖励制度。年内，全县规模以上企业 30% 以上的企业启动"质量兴企"活动。县质监局对质量兴企活动实施情况进行督查，公布监督抽查情况、企业质量信用报告及企业诚信承诺。陆川县在玉林"质量兴玉"绩效考评成绩 100 分，考评达标，名列玉林市第一。

组织开展名牌评价工作。2013 年，全县企业（单位）通过 ISO 9000 质量体系认证 21 家，企业采用国际标准组织生产 6 家。谢鲁山庄风景名胜区申报自治区级服务标准化试点获得批准。陆川猪养殖标准化示范区已列入第八批国家农业综合标准化示范区项目。

（叶曼蓉）

食品药品监督管理

【食品药品监督管理机构及概况】 2013 年，陆川县食品药品监督管理局（简称县食品药品监管局）下设政秘股、综合协调股、食品生产监管股、食品流通监管股、食品餐饮监管股、药品医疗器械监管股，下辖县食品药品监督所，干部职工 33 人。陆川县食品安全委员会办公室（简称县食安办）设在县食品药品监督管理局。全县有药品生产企业 1 家，药品包装材

料生产企业 2 家，药品经营法人批发企业驻陆川分支机构 3 家，药品零售门店 243 家，国有医院 22 家，个体医院 3 家，个体诊所 32 家，村级卫生所 155 家，医疗器械经营企业 3 家。年内，陆川县食品药品监督管理局深化食品药品安全专项整治，强化日常监管，加强食品药品安全宣传教育，食品药品监管工作取得明显成效，食品药品监督管理局获玉林市食品安全工作一等奖、玉林市药品安全工作一等奖。

【食品药品安全专项整治】 2013 年，县食品药品监管局深入开展食品安全专项整治行动，对学校、幼儿园食堂及其他餐饮服务单位、风景区及附近区域的餐饮服务单位进行检查，重点检查食品非法添加和滥用食品添加剂、农药残留和兽用抗菌药、乳制品等重点食品品种、食品小作坊小摊贩小餐饮、餐厨废弃物及废弃油脂、重点场所食品安全、旅游餐饮食品安全、生猪私屠滥宰及肉品质量安全、保健食品安全九大食品安全，共查处无证提供餐饮服务的学校、幼儿园 21 家，发放添加剂使用责令整改通知书 5 份，整改完善 5 家；检查风景区及附近区域的餐饮服务单位 15 家，责令整改 15 家，发放监督意见书 30 份。开展含麻黄碱类复方制剂专项整治。共检查药品批发企业 3 家、药品经营企业 20 余家次。开展医疗机构医疗器械及定制式义齿的专项检查，检查县 3 家二级（含二级）以上公立医疗机构，检查覆盖率为 100%。开展药品"两打两建"（严厉打击药品违法生产、严厉打击药品违法经营，药品生产经营规范建设、药品监管机制建设）专项整治行动，检查药品生产企业 1 家，药品经营单位 291 家次，诊所 161 家次，查处药品经营使用违法违规行为 12 起。开展打击保健食品"四非"（非法生产、非法经营、非法添加、非法宣传）专项整治，检查保健食品经营企业 132 家次，下达监督笔录 132 份，查处以健康讲座为名推销保健食品的

违法行为 1 起,罚款 2900 元。

【食品监管】

餐饮服务行政许可管理 2013 年,县食品药品监管局按照审查规范和示范店有关要求,加强餐饮服务行政许可管理,对新申办的餐饮服务单位及时安排人员进行许可审查,不符合许可条件的即时提出整改意见,整改合格方可领取"餐饮服务许可证",年内发放"餐饮服务许可证"141 张。

食品质量日常监管 一是注重食品质量监督抽查工作。年内,县食品药品监管局开展餐饮服务食品安全监督抽检 2 期。抽查餐饮单位 41 家,抽取 42 个种类、89 个食品样品,合格率为 93.2%,发放《检验结果告知书》89 份。二是开展食品安全快速检测工作。对大中小型餐馆等餐饮单位的食品快速检测,抽查餐饮单位 63 家,检测样品 122 个。三是加强保健食品化妆品监督抽验。抽验保健食品经营单位 4 家,对 4 类功能的产品的 6 个品种保健食品检验。

食品安全管理 2013 年,县药监局加强学校(幼儿园)食品安全检查、开展鲜肉、肉制品加工私屠滥宰、"地沟油"等 6 大方面的专项整治。县食安办组织食品药品、工商行政管理、质监等相关职能部门联合开展综合治理行动,推进食品安全工作。开展全县学校(幼儿园)食品安全春季、秋季大检查行动。在春季、秋季开学期间,县食安办对学校食堂及学校周边食品安全开展为期 1 个月的专项整治,检查县中小学(幼儿园)91 家、学校(幼儿园)食堂 65 所、校园及周边食品商业门店 200 多家,发放监督意见书 9 份,对检查中发现的食品安全隐患及时纠正。开展鲜肉、肉制品及打击私屠滥宰专项整治。巡查鲜肉市场 180 户次,检查屠宰场 9 个、肉制品经营户 27 户,取缔屠宰黑窝点 2 个。开展"地沟油"专项整治,加强食用油生产加工及餐饮环节的整治,对县城周边和各乡镇集镇的食品生产企业和小作坊、餐馆、学校食堂开展检查,检查获证企业 6 家、食品小作坊 128 家、餐馆和学校食堂 1650 家,未发现"地沟油"生产加工。加强中高考期间食品安全工作,县食安办举行食品卫生安全保障工作,开展考点人员专题培训 2 期,县食安办组织县教育局、县工商局、县药监局等职能部门对 3 个高考点、14 个中考考点校园周边食品经营企业及学校食堂开展地毯式安全检查 2 轮,中高考期间并派出保障工作组驻校监管,保障考生的饮食、饮水安全,中高考期间无食品中毒事件发生。

【药品医疗器械监管】

药品、医疗器械、保健食品质量监管 2013 年,县食品药品监督管理局开展国家基本药物质量监督抽验工作。抽验国家基本药物 30 批,县人力社会资源保障局、县药监局对全县医保定点药店和医疗机构进行检查,对全县 40 家医保定点药店和医疗机构进行监督检查和考核,其中通过考核医保定点药店和医疗机构 37 家,为不合格 3 家,对考核不合格医保定点药店和医疗机构实行定期整改。对 2 家化妆品经营单位的 4 个品种的化妆品进行抽验。检查出不合格化妆品样本 1 个,已对其进行行政处罚。配合玉林市药监局开展药品快速筛查工作,对县内的 14 个乡镇的药品经营使用单位所经营使用的药品进行快速筛查,抽验药品 547 个批次。

药品医疗器械不良反应事件监测 2013 年,县食品药品监督管理局继续加强药品医疗器械不良反应事件监测工作,完成药品不良反应监测 623 例,医疗机械不良事件监测 116 列药物滥用监测 147 例。县药品医疗器械不良反应事件监测工作获玉林市药械不良反应事件监测先进单位。

【食品药品安全宣传教育】

2013 年,县食品药品监督管理局开展 12331 食品药品安全投诉举报平台的宣传活动,发放宣传资料 330 份,接受咨询 140 多人次,提升人民群众对投诉举报平台及热线的知晓度。年内,县食品药品监督管理局通过该平台收到投诉举报 7 件,来访投诉 1 件,处理 6 件,转有关部门处理 2 件,有效回应社会对食品药品安全问题的关注。开展食品安全宣传周、药品安全宣传月、国家安全生产月"3·15"消费者权益日的各项宣传活动,利用板报、标语、宣传单等形式,广泛宣传饮食用药常识和甄别过期食品、药品的方法,宣传国家食品、药品安全的法规和政策。发放宣传资料 9600 多份,接受咨询 2200 多人次。开展食品药品科普行动,在全县 14 个镇组织举行

2013 年 9 月 24 日,陆川县食品药品监督管理局开展食品安全大检查,图为在学校检测食品

县药监局 提供

食品药品安全知识大讲堂，开展科普宣传16场次。参与县"政风行风热线"节目活动，县食品药品监督管理局局长、业务骨干参与县电视台政风行风热线直播活动，就食品药品安全方面的热点、难点问题与群众互动交流，现场解答群众咨询和提问21条，及时回应社会的关切，为群众答疑解惑。

【食品药品安全投诉举报受理】 2012年12月，县食品药品监督管理局与自治区食品药品监管系统同步开通12331食品药品安全投诉举报中心平台，统一受理药品、医疗器械、保健食品和化妆品在生产、流通、使用环节违法行为的投诉举报，负责受理餐饮服务环节食品安全方面违法行为的投诉举报并综合协调办理。2013年，县食品药品监督管理局接到群众关于食品药品安全方面的举报8起，举报的问题主要集中在药品和保健食品方面。

【食品药品监管体制改革】 2013年，广西实施食品药品监管管理体制改革。陆川县成立食品药品监管机构改革工作领导小组，领导小组下设办公室，县人民政府印发关于改革完善全区食品药品监督管理体制的实施方案，明确县食品药品监督管理局主要职责、内设机构和人员编制。至年底，县食品药品监管管理体制改革工作正在推进。 （周 柳 杨小杰）

安全生产监督管理

【安全生产监督管理机构及概况】 2013年，陆川县安全生产监督管理局（简称县安监局）内设政秘股、协调救援股、企业矿山股、危化股、烟花爆竹股，编制12名，在职人员12人。下辖县安全生产监察大队，编制6名，在编人员5人。县安全生产监督管理委员会办公室（简称县安委办）设在安监局。年内，县安监局加强全县安全生产工作实施综合监督管理，加强安全监管，依法实施行政许可，严肃查处违法行为，全县安全生产形势继续保持稳定发展。全县安全生产发生各类事故20起，同比下降10.23%；死亡13人（均为交通事故），直接经济损失20.25万元。工矿商贸企业、农机、水上交通无伤亡事故。县安监局被评为自治区"安全生产月"先进单位。

【安全生产领域"打非治违"】 2013年5月，县政府办公室印发《关于深入开展安全生产领域"打非治违"工作的通知》，县安监局、县经贸局、县住建局、县交管大队、消防大队等部门联合在全县范围内开展安全生产领域"打非治违"大行动，重点对非煤矿山、危险化学品、烟花爆竹等重点行业领域开展专项整治。一是加强非煤矿山整治。协调县国土、公安、安监、工商行政管理、环保、供电等部门捣毁非法盗采钛铁矿窝点6个，摧毁小规模、偷采钛铁矿的企业5家，没收砂浆机、柴油发电机各3台和没收其他非法设备一批，拆除小工棚6个，现场教育遣散农民工140人。二是加强烟花爆竹排查。打击非法经营店9家，没收不同规格的爆竹142饼（卷），价值3000多元。三是加强危险化学品排查。取缔无证经营的农药销售店4家。

【重点行业领域安全专项整治】 2013年，开展大检查和打非治违工作。继续抓好全县的非煤矿山、烟花爆竹、道路交通、水上交通、危化品、人员密集场所、农机、建筑施工、民用爆炸物品、食品卫生、农机、水库、电力、特种设备、学校以及其他领域安全生产专项整治工作。

非煤矿山专项整治 重点抓地下矿山防治水患和露天矿、采石场、尾矿库专项整治。贯彻落实《非煤矿山矿长保护矿工生命安全十条规定》，严查执行规章制度、操作规程和落实"三同时"（同时设计、同时施工、同时投产使用）以及特种作业人员持证上岗的情况；严肃查处"三违"（违章指挥、违规作业、违反劳动纪律）、"三超"（超能力生产、超强度作业、超定员生产）行为，对3家矿山"六大系统"建设已全部验收通过，对全县非煤矿应急预案进行修订并报备案。检查企业42家，排除隐患168处，落实隐患整改资金30多万元；所有非煤矿山企业均建立汛期24小时值班制度。年内，非煤矿山方面未发生过生产安全事故。

烟花爆竹和民用爆破物品专项整治 开展严厉的"打非"专项行动，重点落实烟花爆竹生产经营负责人带班制度，开展反"三违"杜绝"三超一改"（超人员、超药量、超范围、改变用途）活动，加强烟花爆竹生产、储存、运输、销售等环节的安全管理和宣传教育学习；加强停产企业的监管，督促企业进行机械化改造；加强民用爆炸物品规章制度、操作规程的落实，防范非法生产、经营、倒卖、转借民爆器材等违法违规行为。检查生产经营单位410多家，排除隐患52处，没收无标签违规产品120多件，行政罚款7.30万元，责令整改15起，关闭生产企业4家。所有有烟花爆竹生产企业的镇均落实向每一家企业派驻1人以上安全专盯并落实责任制；11月21日—23日召开全县5家烟爆厂员工进行培训。

水上交通运输安全专项整治 县内水上交通主要以江河横渡、河道采沙、库区养殖捕鱼及旅游景区游船为主，共有船舶23艘（条），其中古城镇陆落村有定额50客座渡船1艘，珊罗镇龙珠湖景区有游船4艘，采沙、捕鱼用船18艘。为加强水上交通安全管理，县制定《陆川县水上交通安全联合执法行动工作方案》，落实水上交通安全管理制度，实行水上交通安全行政首长负责制和"一岗双责"制，落实水上交通安全生产责任制，全县签订四级安全责任书23份，各镇落实专人负责水上交通安全工作。对古城镇温水浪渡口和盘龙圩码头实施24小时监控,组织开展水上交通安全检查12次,检查人员96人次,发现隐患10次,及时整改,消除渡船的安全隐患,防止水上交通事故的发生。

人员密集场所消防安全专项整治 陆川县成立消防安全专项整治领导小组,重点加强对车站、超市、网吧、宾馆、景点、市场、娱乐场所、企业、职工宿舍等人员密集场所进行检查,检查单位380多家,排除隐患213处。高考、中考前,县公安消防大队对陆川县中学、文昌中学、实验中学、陆川县第二中学4个考点及周边环境进行消防安全大检查和大整治,确保全县高考、中考顺利进行。

道路交通运输专项整治 全面开展道路交通安全大检查。一是组织运输企业开展安全大检查。检查排查运输单位101家。二是切实加强驾驶人员培训考试和教育管理。落实长途客运和旅游包车管理、长途客运驾驶员停车换人休息和驾驶时间控制等制度。三是加强机动车安全管理,严格客运车辆出站、出城、上高速、过境"四关"和对7座以上客车、校车旅游包车管理、危险品运输车实行"六必查"(即人数必查、驾驶时间必查、驾驶资格必查、车辆审验情况必查、车辆安全设施配备情况必查和车辆轮胎磨损状态必查)。

危险化学品专项整治 全县持证生产经营使用的危化品企业218家。在检查中,取缔无证非法经营企业(农药店)6家,排查事故隐患162处,整改162处,整改率达100%;督促102家生产企业家甲类危险化学品经营企业换领生产经营许可证。注销过期未办理经营许可证42家,处罚23家,罚款1.36万元。所检查的企业都按规定建立健全并落实安全生产责任制,企业安全生产机构和人员配备符合规定。监管人员除按常规深入生产经营单位检查外,还要求平时以

电话、短信形式通知各企业或在雷暴雨天气的前、中、后要加强开展排查隐患和防范。

建筑施工专项整治 2013年,县安监局分别与各个建筑施工企业制订应急预案和签订建筑施工安全生产工作责任状,召开施工安全生产工作专题会议8次,及时传达上级精神,分析全县安全生产形势,增强安全意识。加强教育培训工作,组织各厂工人进行教育培训,不断提高工人的安全意识和安全知识。参加学习培训人员1000多人次。广泛开展安全教育宣传活动,印发宣传资料2000多份、宣传手册800多册、张贴标语300多条。重点排查建筑施工现场脚手架搭设、临边洞口防护、施工用电、塔吊和施工电梯、施工机械的安全状况;落实特种人员持证上岗的规定;对施工现场管理秩序混乱、问题突出、隐患严重的施工工地进行专项整治。检查经营单位26个,在建工程项目46个,排除隐患38处。2013年高考期间,对所有高考点700米内的在建工地停工建设,发出《关于在高考中考期间停止施工的通知》15份。

农机安全专项整治 开展"安全生产月"宣传活动,扩大农业机械安全宣传,提高驾驶员和群众遵章守法的意识。严格查处拖拉机违章搭人、人货混装,所有违章行为一律进行查处。检查拖拉机520台次,查处违法违章行为41起。

锅炉压力容器和特种设备专项整治 加强对锅炉压力容器和特种设备的安全监管、安全检查、隐患整改等工作,杜绝事故的发生。县安监局对全县易燃易爆各类气体充装站、危险化学品生产企业、人员聚集的学校、商场等生产、生活相关重点场所使用的锅炉、压力容器、压力管道、电梯、起重机械等进行全面检查,排查企业32家,排查隐患39处。

【"安全生产月"宣传活动】 2013年

6月,陆川县开展年度"安全生产月"活动,县安委会制定"安全生产月"活动方案。6月10日,由县安委会组织县安监局、县运管所、县交警大队、县环保局、县经贸局等43多家单位在新洲路举行以"强化安全基础、推动安全发展"为主题的全国第12个"安全生产月咨询日"宣传活动,摆放宣传展板40多个,悬挂宣传标语200多条幅,发放宣传资料1.20万份,接受群众咨询3000多人次,通过移动公司发送安全生产内容短信3.70万条,在宾馆、超市及有关单位LED屏幕播放安全生产内容1300多次。

【安全生产大检查】 2013年,组织各职能部门开展全县性的安全生产大检查10次。在元旦、春节、"五一"、国庆节等四大节日前夕,"两会"和中国-东盟博览会、玉博会期间及四个季度例行的防范重特大事故期间,重点对烟花爆竹、民用爆破物品、矿山、建筑施工、道路交通和水上交通、公众密集场所、食品卫生、电力设施、学校等方面进行严格检查。全年组织检查组167个,组织检查人员1199人次,检查企业1955个,排查出安全隐患和问题821项,责令整改或限期整改364起,责令停产停业或停止建设35家,暂扣许可证1家,没收非法生产设备1起,关闭违法企业28家,行政罚款1.40万元,打击取缔非法违法行为25起,已完成整改819项,全县检查率达到100%。对整改难度大、整改时间长的事故隐患,分别列为市、县、乡(镇)、村委会四级重点监督整治的对象,并制定整治计划,做到治理责任、措施、资金、期限和应急预案"五落实",确定区级隐患1个、市级重隐患1个、县级较大以上的安全隐患10个、乡镇级70个、村级42个,共计123个,并发出整改通知书,落实整改要求整改期限、整改责任单位及负责人。经过跟踪督查整改,至年底已全部完成整改。 (李国运)

农林水牧渔业

NONGLINSHUI MUYUYE

2013年9月14日，水利部水文局副局长林祚顶（前排左三）率水利部安全生产工作督查组到陆川督查安全生产工作

叶礼林 摄

农业综述

【农业概况】 2013年,陆川县继续推进马坡至盘龙二级公路百里绿色生态农业经济示范长廊建设,加强农业经营体制创新,推进社会主义新农村建设、自治区现代农业产业生猪科技示范县、农业部病死畜禽无害化处理试点县建设,大力发展现代农业,保持粮食生产,促进农业增效、农民增收。年内,全县土地流转总面积1.01万公顷,建立现代粮食高产万亩示范片25个;生猪标准化建设养殖场259家,水产畜牧专业合作组织132个。

2013年,全县农林牧渔业总产值50.78亿元,比上年增长3.72%。其中,农业产值17.20亿元,林业产值2.96亿元,畜牧业产值27.04亿元,渔业产值2.27亿元,其他农林牧渔业服务业产值1.32亿元。陆川县获评为全区粮食生产先进县,连续第七年获全国生猪调出大县,首批广西"森林县城"。

【良种补贴惠农政策实施】 2013年,陆川县继续实施良种补贴政策,良种补贴发放标准按种粮农户田亩数进行发放。县农业局严格工作制度,规范操作程序,开展广泛宣传发放良种补贴政策。年内,全县发放良种补贴资金902万元,补贴种粮农民15万多户。

【马盘百里绿色生态农业经济示范长廊建设】 2013年,陆川县继续推进马盘百里绿色生态农业经济示范长廊建设,进一步加强马盘百里养殖加工示范长廊、百里现代粮食高产示范长廊、百里绿色生态观光示范长廊、现代农业企业示范长廊建设。年内,新增土地流转面积2200公顷,新增玉林市级农业龙头企业5家,农业观光基地18个,万亩水稻高产示范片25个。

马盘百里养殖加工示范长廊建

设 2013年,陆川被列为自治区现代农业产业生猪科技示范县、农业部病死畜禽无害化处理试点县。年内,现代农业产业生猪科技示范县建设、病死畜禽无害化处理厂及畜禽污粪处理有机肥厂建设取得成效。新建畜禽粪便有机肥厂3个、病死畜禽无害化处理厂3个,投资7000多万元。广西银农牧业有限责任公司、广西穗宝有机肥料有限责任公司等养殖企业有机肥料厂已完成规划设计和征地工作,进入平整土地阶段。广西远邻集团食品有限责任公司在县南部工业园区新建设加工厂,完成投资2500万元;广西聚银岭南客家陆川猪肉制品有限公司建设陆川猪肉加工厂,完成投资1400万元。

百里绿色生态观光示范建设 2013年,陆川继续发展现代特色农业,巩固、扩大百里绿色生态观光示范基地建设。年内,新增辣椒、火龙果、葡萄、油菜等观光农业基地13个,基地扩种面积176.67公顷。珊罗韭菜基地扩种面积6.67公顷,完成韭菜基地水利设施建设资金60万元。乌石镇老圩村乌泥坡番石榴观光基地,逐步完善观光服务设施建设,番石榴产品通过有机食品认证。扩大橘红种植,县财政对橘红连片3.33公顷的农户给予资金补助,每亩补助资金600元,共补助资金95万元,扩种橘红面积471.87公顷,全县累计种植橘红1000公顷,

其中良田镇、清湖镇、古城镇橘红示范基地种植面积666.67公顷。马盘二级公路沿线发展观光油菜种植,种植秋油菜110公顷、冬种油菜2000公顷。

【农业产业基地建设】 2013年,全县有韭菜、大白菜、玉米、淮山、辣椒、油菜、甘蔗、蚕桑、番石榴、橘红、葡萄、火龙果、剑麻、花卉等主要农业产业基地32个,基地面积378公顷。

雄英村辣椒种植基地 2013年4月,陆川县绿禾农业科技有限责任公司注册成立,位于马坡镇雄英村,基地一期工程种植辣椒40公顷,投入建设资金500多万元,为县内日前最大的辣椒种植基地。辣椒种植品种为"金焰"指天椒,由湖南省隆平高科技集团引进。8月,首批辣椒进入成熟期,每天出动摘辣椒农民工100多人,日均摘辣椒4000千克,年内产辣椒120万千克,市场收购价每千克4元。辣椒主要销往湖南、福建、四川、重庆、广东、贵州等地。

2013年,马坡绿禾辣椒基地   县农业局 提供

老圩番石榴示范基地 位于乌石镇老圩村,基地建立于2009年3月。基地示范面积800亩,主要种植番石榴、大青枣、芭蕉等品种。2013年,乌石镇老圩村乌泥坡番石榴观光基地,逐步完善观光服务设施建设。8月,番石榴产品通过有机食品认证。

橘红示范基地 2013年,全县新建橘红示范基地13个,主要新建橘红种植示范基地有清湖镇平安村富国队、新屋队基地各1个、平乐镇长旺村南蛇塘基地、良田镇冯杏村狗形岭基地、良田镇车田村迈塘基地、清湖镇官冲村陆类基地、古城镇长径村西洋岭基地、乌石镇陆河村陆务村基地、沙江村天雨垌基地、滩面镇佳塘村乔紫基地、坡头村垦屋垌基地、沙坡镇大连村狗朗冲基地、高庆村大平岭基地,获补验收面积105.56公顷。示范种植面积666.67公顷。继续推进良田镇迈塘橘红种植示范基地建设,由良田镇春旺橘红种植专业合作社投资,规划建设面积133.33公顷,总投资800万元。年内,迈塘橘红种植示范基地第一期种植橘红66.67公顷,并套种中药材巴戟。示范点采用规范化种植技术,选用正毛橘红嫁接苗种植,套种中药材巴戟,安装滴灌、诱虫灯等设施,实行水肥一体化管理,病虫综合防治。

资料链接

橘红:别名芸皮、芸红,为芸香科植物。常绿小乔木或灌木,高3~4米;枝细,多有刺。果近圆形或扁圆形,横径4~7厘米,果皮薄而宽,容易剥离,囊瓣7~12瓣,汁胞柔软多汁。果期为10—12月,秋末冬初果实成熟后采摘,削取新鲜外支果皮,晒干或阴干可做中药材。

橘红功效与主治:具有化普、理气、健脾、消食、燥湿、醒酒、消油腻、宽中、解蟹毒的功效。对化痰止咳、风寒咳嗽、慢性气管炎、哮喘、喉痒痰多、胸中痰滞、呕吐呃逆、饮食积滞、食积伤酒、呕恶痞闷、长期胃痛、气痛等有疗效。

【农业经营体制创新】 2013年,陆川县创新农业经营体制,注重培育家庭农场、种植大户,扶持发展农民专业合作组织、农业龙头企业。把家庭农场、种植大户纳入微型企业给予资金扶持。年内,扶持家庭农场2家,种植大户20家(户),带动发展家庭农场4家,种植大户28户(其中种粮大户8户),新建农民专业合作社31家,新增市级农业龙头企业5家。投入扶持资金50多万元。

【农村土地经营权流转服务】 2013年4月,经陆川县机构编制委员会同意,成立陆川县农村土地经营权流转服务中心,为独立法人单位,核定编制12人,配备人员5人,办公地址设在新洲北路68号,主要负责全县农村土地经营权流转服务工作。年内,新增土地流转面积2200公顷,累计流转总面积1.01万公顷,占农村土地承包面积的41.2%。

【农产品质量安全】 2013年,陆川县进一步建立完善县镇农产品质量安全监管系统,由县农业行政执法大队、县农业局农产品质量安全监管股、县农产品质量检测站、镇农产品质量安全监管站联合执法,加强农产品质量安全的监督管理。年内,执法检查农业生产、经营单位178个次,查处违法农资案件10起,罚款1.51万元,检测样品1316个,合格样品1267个,合格率96.3%。

【农产品"三品一标"建设】 2013年,陆川县推进农产品"三品一标"建设,引导和鼓励农民、企业以及合作组织按照标准化的要求生产无公害农产品、绿色食品、有机食品,加强全县"三品"基地认定和产品认证工作。年内,全县认定无公害农产品生产基地3个,基地面积3.22万公顷;认证无公害农产品有韭菜、淮山、芥菜等3个,有机食品有珍珠番石榴1个。

【玉林市粮食高产创建暨"三品一标"工作会议在陆川召开】 4月3日在

陆川九龙山庄召开。玉林市各县(市、区)农业部门有关领导等25人参加会议。玉林市副市长邓长球出席会议并讲话。会议要求各级各有关部门要提高抓好早稻田间管理和粮食高产创建的重要性和紧迫性的认识,推进农产品"三品一标"建设,加快提升玉林农业品牌,促进粮食增产、农民增收,陆川县农业局领导在会上做粮食高产创建工作经验介绍。会议期间,全体与会人员并到大鹏现代农业有限公司(乌石老圩村)参观珍珠番石榴基地、绿野公司(马坡雄英辣椒基地)现场参观。

资料链接

"三品一标":是无公害农产品、绿色食品、有机食品和农产品地理标志的总称,是当前和未来农产品生产消费的主导产品。"十二五"期间,农业部提出大力发展农产品认证,推进无公害农产品、绿色食品、有机食品和农产品地理标志等"三品一标"发展。

【新农村示范点建设】 2013年,陆川县社会主义新农村建设重点推进村屯新农村示范点建设,马坡硃砂村车田自然村屯、新山村马坡塘自然村屯,沙湖镇新街村陆子塘自然村屯,沙坡镇高庆村高坡自然村屯,温泉镇长河村等13个自然村屯列入县新农村示范点。全县新农村建设实施财政奖补政策,即示范村农民自筹60万以上资金,县财政奖补资金30万~60万元。年内,马坡硃砂村车田队、马坡新山村马坡塘、沙湖新街村陆子塘、沙坡高庆村高坡队、温泉长河村等5个新农村示范村屯自筹资金330万元,县财政支持奖补资金330万元。5个新农村示范点推进篮球场、舞台、农家书屋、文化娱乐室、进村路硬化等基本设施建设,并于春节前竣工。平乐长旺村、乌石陆河村、滩面佳塘村、良田石垌村、良田新村、清湖三水竹禾田、清湖三水坡禾地、古城盘龙村,由于自筹资金不到位,取消新农村示范点建设。

【"美丽乡村"美化绿化工程实施】 2013年,陆川县开展"美丽乡村"建设,县农业局推进乡村美化绿化工作,在马盘二级公路、浦宝二级公路以及县城、各镇村公路、村委会所在地、单位庭院、城区学校校园内等实施美化绿化建设,种植花木18.33万株,投资130多万元。推进村屯绿化美化工作,在滩面、沙坡、马坡、沙湖镇等9个村屯种植大树3700多株,花木2000株,投入资金100多万元。

粮食作物种植

【粮食生产概况】 2013年,全县粮食播种面积4.63万公顷,比上年增加97公顷,粮食总产量28.78万吨,增加7049吨,增长2.51%;平均每公顷产量6223千克,比上年增加140千克,增长2.3%。其中,春粮6216吨,比上年增加241吨;夏粮13.88万吨,比上年增加3908吨;秋粮14.28万吨,比上年增加2900吨。

【稻谷生产】 2013年,全县稻谷播种面积3.92万公顷;总产量26.40万吨,比上年增加6422吨,增长2.49%。每公顷产量6740千克,增加164千克,增长2.49%。其中,早稻面积1.90万公顷;总产量13.16万吨,比上年增3700吨,增长2.89%;每公顷产量6922千克,比上年增加195千克,增长2.90%。晚稻面积2.01万公顷;总产量13.23万吨,比上年增加2722吨,增长2.10%;每公顷产量6568千克,比上年增加135千克,增长2.1%。稻谷增产的原因主要是:一是县内及时兑现良种补贴、农资直补、农机购置补贴项目资金,调动农民种粮的积极性;二是实施农业部整建制整县推进粮食高产创建示范,在13个镇67个村实施建设1.73万公顷高产示范片;三是推广超级稻Y两优302、Y两优5867、博优273等高产品种,落实支农资金81万元采购超级稻及其他高产品种4.7万千克,超级稻每公顷增产稻谷1380千克,其他高产品种1230千克;四是推广应用粮食增产配套技术,加强科学管理,组织100名技术干部驻点示范片,开展技术培训和跟踪指导服务,提高种粮技术水平,促进粮食大面积平衡增产;五是实施病虫害综合防治,重点抓稻飞虱、纹枯病的防治;六是天气条件好,光照充足,雨水丰富,适合早造、晚造水稻生产;七是扶持种粮大户28户。

【玉米生产】 2013年,全县玉米种植面积2032公顷,比上年增加23公顷,增长1.14%;玉米总产量10825吨,比上年增加183吨,增长1.72%;每公顷产量5327千克,比上年增加32千克,增长0.60%。推广玉米卡迪007号良种种植面积1828.8公顷。

【豆类生产】 2013年,县内种植豆类主要是大豆、绿豆、红小豆等,播种面积1248公顷,比上年增加22公顷,增长1.79%;每公顷产量2168千克,比上年增加13千克,增长0.60%。豆类总产量2706吨,比上年增加64吨,增长2.42%。豆类种植面积与上年持平,产量略有增加。其中,大豆播种面积672公顷,比上年增加62公顷,增长10.16%。

【薯类生产】 2013年,薯类种植主要是红薯、马铃薯,全县薯类作物种植增产。平乐、珊罗、乌石等3个镇建立马铃薯专业合作社,推广种植费乌瑞它等脱毒马铃薯良种,推广应用马铃薯高产高效栽培技术,采取黑膜覆盖、机种机收做法,有效地减少病虫,促进马铃薯种植保温保湿,马铃薯增产。年内,全县薯类种植面积3804公顷,比上年增加50公顷,增长1.33%;薯类总产量1.03万吨,比上年增加380吨,增长3.83%;每公顷产量2707千克,比上年增加65千克,增长2.46%。其中,红薯播种面积3148公顷,每公顷产量2359千克,比上年增加49千克;马铃薯播种面积656公顷,每公顷产量4378千克,比上年增加154千克。

表18　　　　2013年陆川县粮食作物生产情况

粮食作物种类		种植面积（公顷）	比上年增减（公顷）	比上年增减（%）	总产量（吨）	比上年增减（吨）	比上年增减（%）	每公顷产量（千克）	比上年增减（千克）	比上年增减（%）
水稻	稻谷	39165	2		263959	6422	2.49	6740	164	2.49
玉米		2032	23	1.14	10825	183	1.72	5327	32	0.6
豆类	大豆	672	62	10.16	1595	45	2.90	2544		
	绿豆	298	−1		574	1		1926	10	0.52
	红小豆	2	持平	持平	持平	持平	持平	2000	持平	持平
	其他豆类	321	6	1.90	533	18	3.49	1660	25	1.52
薯类	红薯	3148	46	1.48	7427	262	3.66	2359	49	2.12
	马铃薯	656	4	0.61	2872	118	4.28	4378	154	3.65

经济作物种植

【油料作物种植】 陆川油料作物主要有花生、油菜、芝麻,均为农户零星种植。2013年,全县油料作物种植面积1630公顷,比上年增加47公顷,增长2.97%;总产量4782吨,比上年增加155吨,增长3.35%;每公顷产量2934千克,比上年增加11千克,增长0.37%。油料作物种植面积、总产量略有增加。其中,花生播种面积1625公顷,比上年增加48公顷,总产量4774吨,比上年增157吨。芝麻种植较少,种植面积仅5公顷。油菜主要种植秋油菜、冬油菜,全县种植秋油菜110公顷、冬种油菜2000公顷。油菜种植尚在尝试阶段,因县内稻谷种植为一年两造,油菜种植利用坡地种植秋油菜,秋收后种植冬油菜,总体说气候不适宜秋、冬油菜种植,8—10月份气温高、雨水多,播种后育苗期油菜死亡较多,少数田块油菜种植正常生长、抽穗开花结实,因生育期长,油菜籽尚未成熟即遇早稻播种季节。

【甘蔗生产】 陆川县内甘蔗种植主要有糖蔗、果蔗,糖蔗种植主要集中在马坡镇新山村、雄英村以及珊罗镇,果蔗种植主要分布在大桥镇三善村、米场镇南中村等地。2013年,全县甘蔗种植面积1725公顷,比上年减少25公顷,下降1.43%;总产量12.66万吨,比上年减少2020吨,下降1.57%;每公顷产量7.34万千克,比上年减产106千克,下降0.14%。其中,糖蔗种植面积1261公顷,总产量8.76万吨,每公顷产量6.94万千克;果蔗播种面积464公顷,总产量3.90万吨,每公顷产量8.41万千克。

【木薯生产】 木薯种植是散种为主。2013年,全县木薯播种面积2553公顷,比上年减少18公顷,下降0.70%;总产量1.26万吨,比上年增加139吨,增长1.10%;每公顷产量4931千克,比上年增加88千克,增长1.82%。

【蔬菜生产】 2013年,县内蔬菜主要以蕹菜、芥菜、菜心、芫菜、豆角等为主,有蔬菜生产基地3个,基地面积80公顷,主要蔬菜生产基地有珊罗田龙韭菜基地、马坡界垌大白菜基地、温泉蔬菜基地。全县蔬菜生产面积8850公顷,比上年增加173公顷,增长1.99%;总产量27.29万吨,比上年增加6237吨,增长2.34%;每公顷产量3.08万千克,比上年增加104千克,增长0.34%。

【西瓜生产】 2013年,全县西瓜播种面积196公顷,比上年增加5公顷,增长2.62%;总产量5155吨,比上年增加313吨,增长6.46%;每公顷产量26301千克,比上年增加950千克,增长3.75%。西瓜种植主要集中在乌石镇双垌村、沙坡镇秦镜村、和平村等地。

【蚕桑生产】 陆川县桑园种植主要集中在温泉镇风淳村、清湖镇塘寨、三水村、古城镇清耳村、良田镇莲塘、车田村、马坡镇雄英村等。2013年,全县蚕桑种植有所减少,蚕桑种植面积753.3公顷,比上年减少33.4公顷,下降4.25%;产茧产量1.37万担(68.50万千克),比上年减少1970担(9.85万千克),下降12.57%。

【水果生产】 陆川县主要水果品种有蕉类、柚子、柑橘、金橘、梨、荔枝、龙眼、杧果、枣子、柿子、葡萄、李子、桃子、菠萝、百香果等,全县水果种植面积1.34万公顷,总产量5.02万吨,比上年增加3576吨,增长7.67%。其中,柑橘、金橘、橙、梨、枣子、葡萄产量增幅较大。柑橘种植主要集中在米场镇桥鲁村、沙坡镇六高村,葡萄种植主要集中在清湖镇三水村、温泉镇长河村、洞心村。

表19 2013年陆川县经济作物生产情况

经济作物种类	种植面积(公顷)	比上年增减(公顷)	比上年增减(%)	总产量(吨)	比上年增减(吨)	比上年增减(%)	每公顷产量(千克)	比上年增减(千克)	比上年增减(%)
花生	1625	48	2.95	4774	157	3.40	2938	10	0.34
芝麻	5	0	0	8	0	0	1660	0	0
糖蔗	1261	3	0.24	87551	320	0.37	69430	89	0.13
果蔗	464	−28	−5.69	39014	−2340	−5.66	84082	29	0.03
木薯	2553	−18	−0.70	12590	139	1.10	4931	88	1.82
蔬菜	8850	173	1.99	272914	6237	2.34	30838	104	0.34
西瓜	196	5	2.62	5155	313	6.46	26301	950	3.75
蚕桑	225	−1	0.44	388	49	14.5	1724.4	224.4	14.96

表20

2013年陆川县主要水果产量情况

水果品种	种植面积（公顷）	比上年增减（公顷）	比上年增减%	总产量（吨）	比上年增减（吨）	比上年增减%	每公顷产量（千克）	比上年增减（千克）	比上年增减（%）
蕉类	856	6.37	0.75	12170	377	3.20	17160	−550	−3.21
其中：香蕉	721	−25.96	−3.48	8151	−244	−2.91	14734	869.32	6.27
柚子	13	1.28	1.5	66	−22	−25.00	5076.92	−2431.61	−32.38
柑橘	290	7.6	2.69	2042	412	25.28	8280.6	453.95	5.80
金橘	9.67	2.52	26.09	120	30	33.33	12413.9	674.99	5.75
橙	9.67	−0.40	−4.16	1295	185	16.67	11701.8	783.90	7.18
梨	37	−3.06	−8.26	665	65	10.83	17973.0	597.71	3.44
龙眼	4329	−5.19	−0.12	8785	480	5.78	2253.15	6.74	0.30
荔枝	4674	−12.15	−0.26	7100	293	4.30	1893.6	−18.75	−0.99
杧果	283	0.00	0.00	2323	158	7.30	8227.8	478.88	6.18
枣子	24	−0.33	−1.37	365	73	25.0	15208.35	208.50	1.39
柿子	82	0.34	0.41	560	95	16.96	7185.6	413.76	6.11
葡萄	13	43.46	333.3	70	15	27.27	13125.0	5817.0	−44.32
桃	9	0.14	1.50	38	3	8.57	7600.05	2912.42	62.13
李子	51	38.81	−76.10	1049	64	6.50	20568.6	13987.28	212.53
其他水果	2606.3	452.16	20.99	13573	1348	11.03	5944.2	269.08	4.74
合计	13405.97	288.58	2.20	50221	3576	7.67	4370.85	95.34	2.23

农业科技

【农业科研】 2013年，在全县14个镇开展1.72万公顷水稻高产创建活动，推进水稻高产示范、测土配方施肥、水稻病虫综合防治研究等。在温泉镇官田村建立10公顷新品种示范展示基地，全年参展品种369个。其中，早造筛选区试品种97个，生产试验品种16个，展示品种26个；晚造筛选区试品种97个，展示品种20个，生产试验品种13个，筛选出适合陆川及广西种植新品种28个。

【农业技术推广】 2013年，陆川县实施科技示范项目，重点推广超级稻、水稻免耕、塑盘育秧抛栽、测土配方施肥、病虫害综合防治、无公害生产技术、水果和蔬菜"三避"技术、间套种栽培技术等。年内，全县推广超级稻面积2.28万公顷，推广水稻免耕面积2.73万公顷，推广测土配方施肥面积5.35万公顷，推广"三避"技术1.69万公顷，推广农作物间套种技术3000公顷。推广"三免技术"1.95万公顷，其引进农作物新品种28个，推广面积2.67万公顷。

【农业技术培训】 2013年，县农业局采取多种形式开展农民技术培训，重点开展现场示范培训、生产季节性短期培训、专业定向培训、农广校系统培训。年内，组织各种类型的培训班342期，培训农民6.8万人次，发放技术资料12.6万份，建立科技示范户700户。其中，在温泉、良田、乌石、大桥、马坡、沙坡、米场、珊罗等8个镇20个村开展"阳光工程"高产创建高产栽培技术培训，培训1212人。

2013年7月12日，县农业局技术人员到乌石镇王沙村举办葡萄栽培实用技术培训班，扶持当地农民发展葡萄种植　　　　县"136"办　提供

农业植保

【绿色防控技术推广】 2013年,陆川县继续推广水果绿色防控技术,主要在番石榴、柑橘、葡萄等基地、果园推广频振式杀虫灯、果蝇诱捕器、黄色诱虫板等绿色防控技术。推广应用频振杀虫灯264盏、果蝇诱捕器1万多套、黄色粘虫片1200片,减少农药使用3.1吨。

【早稻后期病虫害防治】 4月,全县雨水较多,大量外地虫源迁飞入,稻飞虱发生态势明显,县农业局积极做好防治工作,组织全县农技人员深入到农村广泛开展防治宣传,加强防治技术指导,组织农业执法人员对全县农资销售网点检查,防止假冒伪劣农药流通。全县早稻后期病虫害防治面积1.55万公顷。

【农作物病虫害综合防治】 2013年,继续加强重大农作物病虫害监测预报,开展病虫发生趋势会商和预警,及时对外发布病虫发生信息和防控技术,发布《病虫情报》17期,综合平均准确率96.8%,乡镇覆盖率100%,村级覆盖率95%以上。春季开展农区统一灭鼠,使用敌鼠钠盐207千克,配制毒饵4.14万千克,农田灭鼠面积1.01万公顷,农舍灭鼠9.4万户,全县灭鼠33.7万只,农田灭鼠效果76.7%,农舍灭鼠效果平均为84.3%。实施水稻重大病虫害防治补助项目,防治补助面积3533万公顷,使用防治补助资金51万元。在温泉镇官田村、米场镇乐宁村、珊罗镇珊罗村、乌石镇龙化村设立水稻病虫害综合防治示范点4个,推广面积1.76万公顷。年内,全县水稻病虫鼠草螺发生面积12.73万公顷,防治后挽回粮食损失6.5万吨。

【植物检疫】 2013年,全县杂交水稻产地检疫106.5公顷,生产合格水稻种子35.2万千克,调运检疫种子193批次11.8万千克。　　　　（孟智强）

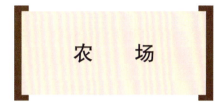

农　场

【五星总场概况】 位于陆川县南部乌石镇,距陆川县城16千米,场部距乌石镇政府800米,全场占地面积4002.6公顷,属丘陵山地。辖管3个分场,总场本部(原五星农场)、红山农场、马坡农场,43个农业生产队,分布于7个乡镇。2013年,全场总人口1.25万人。农场主要种植剑麻、橡胶、荔枝、龙眼、速生桉等经济作物;畜牧业为瘦肉型猪、三黄鸡;工业有蚕丝厂、灯饰厂、钛矿厂、红砖厂等。

年内,完成生产总值9.98亿元,经营总收入25.46亿元,固定资产项目投资2.17亿元,招商引资3500万元,从业人员人均收入2.20亿元。

【农业生产】 2013年,全场剑麻面积541.93公顷,水果266.67公顷,甘蔗141.67公顷,林木397.73公顷,畜牧业猪场39个,鸡场33个。主要产品剑麻麻片4.06万吨,纤维入库2414吨,水果产量1040吨,甘蔗1.33万吨,出栏肉猪6.22万头,出售小猪7.58万头,出栏肉鸡41.38万只,砍伐林木1.98万立米。农业总产值2.09亿元。

【招商引资】 2013年,五星总场引进项目5个,总投资3500万元。其中引进陆川县电业公司旺垌110千瓦变电站,占地面积1公顷;引进陆川县神龙王畜牧有限公司陆川猪深加工项目,年贮藏冻肉5~10吨;引进广西祥泰矿业有限公司,年产高岭土60万吨;引进陆川县古城双福环保砖厂,年产环保砖2880万块;引进陆川县良田顺发环保砖厂,年产环保砖3240万块。

年内,5个项目完成建设。

【基础设施建设】 2013年,五星总场投资1204万元进行危房改造,新建职工套间120套,建筑面积1.12万平方米。投资120万元,建设道路3千米。投资380万元用于供水工程建设增置、维修供水管300米。安装、维修照明线路1000米(路灯和庭院灯),增加生活区绿化地1200平方米,建设职工休闲健身路(石子路)300米。

【社会各项事业发展】 2013年,自治区农林水利工会在五星总场成立"困难职工帮扶站",在上级工会的指导下,开展困难职工帮扶工作。全年各项节假日走访慰问126户贫困户、52名离(退)休干部和老龄党员,送去慰问金3.18万元。全场419人/户低收入家庭按规定申请办理低保,同时开展金秋助学活动,资助26名新入学学生约3万多元。组织辖区职工、群众参加自治区农林水利工会参加各项家政培训63人次。

【"美丽广西·清洁农垦"活动】 2013年,五星总场成立"美丽广西·清洁农垦"活动工作领导小组,制订"美丽广西·清洁农垦"的活动工作的具体方案。年内,投入活动资金15万元,开展集中大清理活动11场次,参加人员1865人次;宣传资料印发1350份;建垃圾池35只;购置人力垃圾清运车6辆,垃圾桶60只;清理淤泥85吨;清理农业生产废弃物3吨。

　　　　（谢苏华）

农业机械化

【农机概况】 2013年,陆川县农业机械化管理局(简称农机局)内设政秘股、财统股、管理股、推广股、监察室,下设县农机安全监理站、农机技术推广站、农机学校、农业机械厂、农机修造厂等县直事业，企业单位5个，下辖镇农机技术推广站14个；职工总人数821人，其中行政单位14人，事业单位116人，企业职工691人（企业破产已下岗）。农村农机户3.54万户（其中农机专业户58户），农机从业人员7.50万人。

【农业机械装备】 2013年，农业机械装备总量持续增长，装备结构进一步优化。年内，全县农机总动力达51.34万千瓦，其中柴油机动力35.46万千瓦，电动机动力9.19万千瓦，汽油机发动机动力6.68万千瓦，其他机动力0.01万千瓦；农机总原值3.68亿元，农业机械净值1.80亿元。农机配备结构进一步优化：全县拥有大中型拖拉机31台，小型拖拉机1784台，农用运输车905辆，小型多功能拖拉机1913台；水稻联合收割机240台，水稻插秧机143台，各类拖拉机配套农具2.82万台。

【重要农时机械化作业】 2013年，全县投入"春耕""三夏""三秋"，农业生产的各类拖拉机2.92万台次，其中下田作业2.36万台次。全年水稻机犁、耙面积3.43万公顷（其中机犁0.75万公顷，机耙1.3万公顷，未犁旋耕1.38

万公顷），水稻机械化水平达87.3%；机插面积4033公顷，水稻机械化插秧水平达10.2%；机收面积2.32万公顷，水稻机械化收割水平达58.4%；农作物耕种收综合机械化水平达到38.9%。机械脱粒面积3.13万公顷，机电排灌面积1.3万公顷，农机运输作业量2.5亿吨千米，农副产品初加工21.96万吨，农机总作业值3.51亿元。农机成为拉动农业增加值增长的重要力量。

跨区机收作业 2013年，农机部门向农机大户、农机专业户提供农机作业市场信息。夏收、秋收期间，组织全县高性能联合收割机50台参加跨区作业，作业区域从海南到广东、四川、湖南、贵州等省，完成机收水稻面积0.52万公顷，全县跨区机收作业创收750多万元。接纳外地组织的280台联合收割机到县内开展跨区水稻机收作业，作业面积3.2万公顷。

【农机新技术推广】 2013年，农机部门继续开展水稻机械插秧技术、水稻机械收割技术、保护性耕作机械化技术和农机节能减排技术等方面的示范推广。年内，在乌石镇蒙村建立示范点20公顷、珊罗镇大山村13.33公顷，组织召开机插秧新技术示范现场会4次，举办各种水稻育秧技术讲座3场，发放各种农机耕作、水稻机育插

秧和机收等技术资料1.30万份，宣传农业机械耕、种、收机械操作技术知识，推广耕整地机械4589台，收获机械19台，收获后处理机械（打谷机）26台，种植施肥机械888台，农产品初加工机械（碾米机）277台，畜牧水产养殖机械1台，动力机械66台，农田基本建设机械36台，实施农业设备18台，田间管理机械4台。

【农机安全监理】 2013年，农机安全监理围绕深化安全隐患排查治理工作。一是加强领导，层层落实安全生产责任制。成立由局主要领导、分管领导负责的农机安全生产工作领导小组。建立健全农机安全管理责任制，与县直农机单位和各乡镇签订《农机安全生产目标管理责任书》。二是积极宣传，组织开展"平安农机""百万农民""农机安全日"、文明交通等宣传活动。三是开展农机安全月活动，贯彻落实安全生产"三项行动"。四是突出重点，努力提高拖拉机"三率"。五是规范管理，不断提高监理工作水平。年内，出动农机安全监理执法人员425人次，检查拖拉机986台次，纠正和处理违章89起。并会同公安交警、安监、交通等部门，开展联合执法行动，检查农用拖拉机90台（次），查处纠正违章违法行为16起，实现全县农机安全生产零事故、零死亡目标。完成检验拖拉机1985台，注册登记267台，申领上道路拖拉机驾驶证160人。

【农机教育培训】 2013年，县农机部门培训农机技术人员100人，拖拉机驾驶员培训238人，农村劳动力培训阳光工程项目农机职业技能培训120人，占任务100%；完成汽车驾驶员培训1300人，摩托车驾驶员培训600人。新入户拖拉机242台，新增驾驶员238人。

【农机购置补贴实施】 2013年，县农机部门实施农机购置补贴项目，开展送惠农政策下乡入户，制订实施严格的农机购置补贴管理工作制度、监督

2013年12月30日，县农机局召开2013年农机安全生产暨2014年农业机械及驾驶人检审验工作会议

管理制度,依法依规开展农机购置补贴各项工作。全年,农机购置补贴项目资金 748.67 万元,其中国家财政资金 729.99 万元,自治区财政资金 18.68 万元。购置补贴各类农业机械 4609 台,其中水稻收获机械 19 台,收获后处理机械 26 台,农产品初加工机械 277 台,农用挖掘机 36 台,耕整地机 3254 台,其他机械 911 台。依靠政府补贴拉动农民个人投入农机资金 2200 多万元,3676 户农户受益。

【农机破产企业处置】 2013 年,农机破产企业 2 家,年内,农机局继续加快对县农业机械厂、县农机修造厂破产清算资产处置的各项工作。抓好县农业机械厂的破产最终处置工作。由于多种原因,县农机局和农机破产企业管理人召开 2 次领导小组成员会议和 3 次职工代表会议,做好职工的思想工作,相关资产管理、破产财产分配等完善工作正在抓紧进行,争取明年农业机械厂企业下岗职工人员安置、身份置换全部落实到位,完成法律程序。

(丘 超)

林 业

【林业概况】 2013 年,陆川县林业局内设政秘股、营林股、林政股、绿化股、森林防火办公室,下属单位有县森林公安局(含县森林公安局城南派出所)、县农村能源办公室、县林业技术推广站、县森林病虫防治检疫站、国营陆川县林场、县林业工作总站、县专业森林消防队、县清湖木材检查站、县盘龙木材检查站、县林业调查规划设计队、县森工站(企业)等 11 个单位。全县林业系统有干部职工 221 人,其中林业局在编 21 人。全年实现林业总产值 42.97 亿元,其中第一产业 14.34 亿元,第二产业 28.29 亿元,第三产业 0.34 亿元。

【森林资源】 2013 年,全县林地面积 9.07 万公顷,非林地面积 5.98 万公顷。在林地面积中,有林地 7.65 万公顷,国家特别规定灌木林面积 8869.70 公顷,其他林地面积 1.05 万公顷。非林地面积中,农地乔木、经济林、竹林、四旁树面积 5327.10 公顷。全县合计森林面积 9.07 万公顷,森林活立木总蓄积 262.55 万立方米。森林覆盖率 58.3%。

【推进林农增收工程】 2013 年,陆川县推进“千万林农千元增收”工程。县林业局争取到自治区林下经济发展资金 80 万元,选取 30 多户农户做为林下经济发展示范户,每头猪苗补贴 300 元,猪舍每平方米补贴 100 元。通过以示范户带动的方式发动、鼓励林农参与林下养猪、林下养鸡、林下养牛、林下养羊、林下养蜂和林下产品加工以及开发林下旅游等多种经营活动,发展林下经济。年内,林下经济发展涉及林地面积 3.47 万公顷,实现林下经济产值 21.98 亿元,惠及林农 32 万人。

【“绿满八桂”造林绿化工程】 2013 年,陆川县继续推进“绿满八桂”造林绿化工程。年内,完成山上造林 5267 公顷,义务植树 125.80 万株,县

城区绿地绿化 14.50 万平方米,城区绿化覆盖率 44.7%,道路林木绿化率 93.33%,水岸绿化率 97.13%。完成村屯绿化 6 个。为农户派送降香黄檀(黄花梨)、土沉香、柚木、楠木等珍贵树种苗木 22.3 万株。

【陆川县获首批广西“森林县城”】近年来,陆川县以打造生态宜居名城为目标,推进造林绿化工程,开展创建国家森林城市。2012 年,陆川县山上造林 2900 公顷,新建花卉基地 16.67 公顷,城镇绿化 4 万平方米,完成通道绿化 8.10 千米,村屯绿化 6 个,林下经济发展涉及林地面积 1.47 万公顷,实现林下经济产值 21.13 亿元,林业总产值 26.13 亿元,全县森林覆盖率 57.8%,建成区绿化覆盖率 38.33%,绿地率 33.03%,人均公共绿地面积 9.77 平方米。2013 年 1 月,陆川县被广西绿化委员会、林业厅授予首批广西“森林县城”,为入选广西“森林县城”荣誉称号的 6 个县之一,是玉林市唯一入选广西“森林县城”的县。8 月,陆川县国家森林城市创建工作通过国家林业局“创建国家森林城市”检查组的检查验收。

【“一镇一花”活动有效推进】 2013 年,陆川县实施“一镇一花”发展思

2013 年 8 月 17 日,国家森林城市验收组到陆川对森林县城创建工作进行检查验收 叶礼林 摄

路,开展"大种鲜花"活动。年内,筹集资金1000多万元,在全县公路两旁、城区主街道、九洲江两岸、单位庭院种上鲜花80多万株,种植品种主要有三角梅、毛杜鹃、紫薇、龙船花等。

【种苗培育】 2013年,全县有个体苗圃13个,育苗面积7公顷,培育各类苗木650万株。其中,桉树苗520万株,沉香苗50万株,降香黄檀苗20万株,马尾松苗20万株,湿地松苗40万株。

【中幼林抚育】 2013年,全县完成幼林抚育1.01万公顷,主要抚育的是桉树幼林,主要集中在马坡镇、沙坡镇、乌石镇、良田镇等镇。

【园林花卉】 2013年,陆川县有园林花卉基地13个,新增3个,总面积7公顷,主要培育黄槐、紫荆等各类绿化苗木。年内,园林花卉产业产值7000万元,比上年增长52.17%。

【森林防火】 2013年,陆川县组织开展森林防火春季宣传周、秋季宣传月各1次。利用电视播放森林防火宣传标语、公益广告250次,出动宣传车300辆次,发放宣传资料17万份,张贴宣传标语1.8万条,翻新固定宣传牌300块。县林业局将县城东山、西山林区及谢鲁山庄景区划为森林防火重点林区,落实专职护林员,加强火源管理,投入资金250万元,加强森林防火基础设施设备的建设。年内,发生森林火灾4起,过火面积12.20公顷,受害森林面积6.8公顷,森林火灾受害率0.076‰,低于上级下达的0.6‰的控制指标。未发生重大森林火灾和人员伤亡事故。

9月25日,县政府召开全县季森林防火工作会议。各镇镇长、分管副镇长、林业站长、各成员单位领导、县森林防火指挥部成员等80多人参加会议,县政府副县长李红伟出席会议并讲话,会议对全县秋冬森林防火工

作进行部署,强调要落实责任,强化措施,全力抓好冬季森林防火工作。会上,县政府与镇政府签订森林防火责任状。

【林业有害生物防治】 2013年,陆川县林业有害生物防治作业面积715.53公顷,上升1.4%。其中,实际防治面积500.07公顷,重复防治53.53公顷,预防面积161.93公顷。全年林业有害生物发生的主要种类有松突园蚧、湿地松粉蚧、桉蝙蛾、桉树枝瘿姬小蜂、桉树焦枯病和薇甘菊等,无成灾。推广应用生物防治、人工防治和无公害药剂进行无公害防治,应用白僵菌粉预防松毛虫、利用无公害药剂紫薇清等除治薇甘菊,无公害防治作业面积715.53公顷,无公害防治率达100%。施放真菌粉850千克,草甘膦胺盐535.6千克,紫薇清175.33千克。

【薇甘菊监测与除治】 2013年,全县除治薇甘菊作业面积342.20公顷,拔除薇甘菊疫点21个,拔除疫点面积26.6公顷;分布面积比防治前减少111.07公顷;发生面积比防治前减少148.60公顷。达到第一时间发现疫情,压缩薇甘菊发生面积,防止扩散蔓延的要求。

【林业植物检疫】 2013年,全县调运检疫木材12.11万立方米;苗木产地检疫12.67公顷,检疫率均达100%。完成国家级中心测报点项目主测对象监测调查等各项工作,预测发生面积1.38万公顷,实际发生面积1.37万公顷,测报准确率为99.0%。

【林政执法】 2013年,县严格林木采伐审批。研究发放林木采伐许可证2142份,发放采伐面积5344.6公顷,发放林木采伐蓄积39.19万立方米,材积30.13万立方米(全部为商品材),采伐蓄积占年度森林采伐限额61.17万立方米的64.07%,批准采伐的林木控制在年度森林采伐限额内。

开展野生动物保护、林区治安、执法宣传活动4次;开展"春季、夏季、冬季破案"、夏秋林区治安整治、保护候鸟等严打整治违法犯罪、保护森林资源安全的专项行动。全年立各类森林案件262起,查处255起,查处率97.3%。其中,林政案件247起,查处247起,行政处罚247人次;刑事案件15起,侦破8起(刑事拘留8人,逮捕7人,起诉5人)。收缴非法木材1008.4立方米,罚款35.33万元,责令补种树木2.77万株,为国家和集体挽回直接经济损失10多万元;加强木材经营加工场点的监督管理力度,全县296家木材经营(加工)场点均凭证经营(加工)。

【山林纠纷调处和社会治安治理】 2013年,陆川县林业局接访信访山林纠纷案30起,其中当场为群众排疑解答22起,书面回复5起;立案3起。立案3起中,已调处结束待县政府确权2起,正在调处1起。强化社会治安综合治理,对山林纠纷等影响稳定案件落实"五包"责任制。全年林业系统无安全生产事故、无治安事故;无非正常上访事件,群体性事件、非法活动控制为零。

【农村能源建设】 2013年,陆川县新建农村户用沼气池1500座,占782座任务的191.82%。完成投资577.5万元,其中中央资金及地方配套补助382.5万元,农民自筹资金195万元。

【林业产业】 2013年,全县有林业产业企业261家,其中中纤板厂1家,胶合板厂8家,单板厂41家,木片厂6家,锯材加工49家,经营杉木34家,其他122家。主要林业企业有:九洲人造板公司、三力木业公司、兴源木业公司、金旗木业公司等。年内,木材采伐量40.02万立方米;竹材224万根;八角35吨,油茶籽16吨,胶合板材21.2万立方米;松脂28吨,竹笋干8吨。

(覃崇敏)

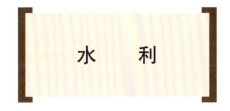

水 利

【水利工作机构及概况】 2013年,陆川县水利局内设政秘股、计财股、项目股、水资源股、农水股、建监股、防汛办、监察室;下属工管站、水政监察大队、水土保持站、九洲江灌区工程管理处、水利电力勘测设计队及13个国营水库管理所。全县水利系统在职干部职工166人。

全县有水库84座,其中中型水库4座,小(1)型水库21座,小(2)型水库59座。水库总库容1.45亿立方米,有效库容1.03亿立方米。塘坝2598座,机电泵462台/6526千瓦,饮水工程1557座,全县水利灌溉渠道1750千米,其中国营渠道512.6千米,堤防16.99千米。水利有效灌溉面积2.05万公顷,其中保灌面积1.80万公顷。有小型水电站44座,总装机容量1.14万千瓦。

【水库除险加固项目建设】 2013年,陆川县继续推进水库除险加固项目建设,水库除险加固新建、续建40座,项目总投资7434.58万元,其中新建21座,已完工4座。续建19座,已完工12座。工程实施主要项目有加固大坝、溢洪道加固,修建输水隧洞、防汛公路、交通桥,封堵旧涵管,更新安装机电设备与金属结构。年内完成项目投资3417.07万元。

【农村饮水安全工程建设】 2013年,县继续推进农村饮水安全工程建设。全县新建、续建农村人饮项目71处,包括2012年度第一批1处(即东成集中供水项目)、第二、三批农村饮水安全工程项目19处和2013年度农村饮水安全项目51处,项目总投资7664.03万元,其中中央预算内资金4620万元,自治区财政配套1141万

元,县配套及群众自筹1903.03万元。以上项目除马兰径集中供水项目正在招投标外,其余70个项目分别于2013年2月和9月底开工建设。年内,完工57处,解决5.92万农村人口饮水困难问题,正在施工13处,正在招投标1个,完成投资4240.88万元。

【小型农田水利工程建设】 2013年,陆川县获第五批中央财政小型农田水利重点县建设项目2个。分别是古城灌片和温泉灌片改造修复工程,项目总投资3721.74万元,其中:中央财政1500万元,自治区财政1500万元,县级配套400万元,群众投劳折资321.74万元。12月,古城灌片和温泉灌片改造修复工程正在实施招投工作。

继续推进2012年第二批中央财政小型农田水利专项县和追加县项目,米马河流域北部灌片改造修复工程、米场镇乐宁村灌片改造修复工程、九洲江中部灌片改造修复工程,项目总投资2778.94万元。主要建设内容:维修加固拦河坝1座,防渗衬砌渠道131千米,渠系建筑物更新改造193座。12月,工程已经基本完工。

【冬春农田水利建设】 2013年,陆川县完成冬春农田水利建设投资1.21亿元,年内完成投资1.05亿元,恢复灌溉面积633.33公顷,改善灌溉面积

2406.67公顷,渠道清淤290.62千米,新增渠道防渗77.57千米,新增节水灌溉面积513.33公顷,新增蓄水能力452.34万立方米,治理水土流失面积8.1平方千米。12月29日,玉林市2013—2014年冬春水利建设现场会在陆川举行。

【中小河流治理项目建设】 2013年,县继续推进2012年的中小河流治理项目5个,分别为:九洲江滩面圩河段防治整治工程、九洲江大桥圩河段防洪整治工程、马坡镇河道整治工程、米场镇河道整治工程、沙坡镇圩镇防洪整治工程。计划新建防洪堤及护岸总长7.073千米,河道整治长4.59千米,保护面积1.6平方千米,保护人口2.57万人。由于工程涉及到征地拆迁,工程推进缓慢,12月,5个项目完成护岸挡土墙4.2千米,完成投资1168万元,工程仍在建设中。

【水土保持综合治理】 2013年,陆川县主要实施长沙河小流域水土保持综合治理工程项目1个,项目总投资213万元,其中中央预算内投资170万元,县级配套43万元。12月,工程已基本完工,综合治理水土流失面积526.89公顷,维修、新建堤坝11座,修建灌渠沟渠3.41千米,新增水土保持林69.41公顷,维修道路1.12千

2013年12月9日,陆川县开展冬春水利建设　　　　　叶礼林 摄

米,保土耕作措施 6.74 公顷。全县项目业主投入水土保持设施项目资金 2725.3 万元,防治面积 72.75 公顷。

【水政水资源管理】 2013 年.水利局加强饮用水源地监督检查,进一步规范取水许可审批,整改水源地存在污染隐患,在水源地一、二级保护区范围设立标志,安装安全警示牌,投资 30 万元建设石铲、坡脚水源地 2 千米防护栏工程。年内,全县征收水资源费 26.6 万元,新办取水许可证 3 本,年审 28 本。编制完成 2012—2030 年《玉林市水功能区划》;排查九洲江河段饮用水源保护区的 14 个入河排污口并建立档案。

【河道采砂管理】 2013 年,县水利局继续维护河道采砂管理秩序,采取日常监管和联合打击的方式,依法依规加强河道采砂管理。年内,水政执法人员巡查 140 次,出动车辆 140 辆次,出动执法人员 900 人次,检查许可项目 114 项,整改违法问题 31 项,发出《责令停止违法行为通知书》34 起,立案查处 10 起,结案 6 起。联合县国土部门打击对九洲江流域古城镇石角段、良田镇车田段、滩面镇、乌石镇等地方毁田抽砂的非法采砂 5 次。开展水政执法 26 例,其中:实施了水行政处罚 10 例,均为非法采砂,处罚金额

8.1 万元,挽回经济损失 30 万元;实施行政强制 16 例,由县政府组织牵头水利、公安、国土等部门,强行拆除九洲江文地坝电站下游至石角桥的非法采砂场 16 个,出动人员 510 人次,拆除工棚、采砂机械一批,挽回经济损失 42 万元。

【信访工作】 2013 年,县水利局深入开展纠纷排查调处工作,全力维护社会稳定。经过排查,全年信访件 26 件,群众举报投诉 30 件,已全部处理完成。

【山洪灾害防御演练】 2013 年 6 月 20 日,陆川县山洪灾害防御演练在古城镇北豆村举行,古城镇党委、镇政府等部门 100 多人参加演练。县防指成员单位、市水利局代表、市防汛办代表、县人武部、各镇分管领导、水利站站长及古城镇村支书、村主任代表、北豆村群众等 250 多人现场观摩演练。

【防汛工作】 2013 年,全县防汛抢险队伍 690 人,其中武装民兵 150 人,机动抢险队伍 470 人,专业抢险队伍 70 人。年内,根据防洪抢险预案要求,全县落实防汛备用金 64 万元;编织袋 4.5 万只,铁铲 420 把,砂、碎石料 295 立方,铁丝 1750 千克,救生衣 100 件、冲锋舟 4 艘、抽水机 17 台套、发电机 2 台套以及木桩、锄、充电电筒等防汛

物资一批。6 月,县防汛办对本级的防汛物资进行全面的检查与维护,对冲锋舟和照明设备进行检修,并根据需要情况投入 3000 元对照明电筒、大麻绳等防汛物资进行更新与补充,确保抢险需要时"拉得出、用得上",做好了防大汛、救大灾的准备。

【水情】 2013 年 1 月—3 月,陆川县降雨普遍偏少,进入 4 月至 9 月,降雨次数较多,出现较强降雨 28 次,特强降雨 5 次。年内,全县有效蓄水 6039.35 万立方米,占总有效库容的 54.8%,比上年增加 736 万立方米,比多年同期平均值增加 2216 万立方米。

【"世界水日、中国水周"宣传活动】 3 月 22 日是"世界水日、中国水周",县水利局在县城区开展"世界水日、中国水周"宣传活动,张贴宣传标语口号 500 条,宣传横标 35 条,为群众发放水法、节约用水等宣传资料 2000 份。

【水利工程安全检查】 2013 年,开展水利工程专项安全检查。加强对在建工程安全检查和监管,加强水利工程运行安全管理,重点做好水库运行、河道、闸门、启闭机、供水设备、安全设施等隐患排查,检查各项安全生产责任制、安全规章制度和安全防范措施的落实情况。根据水利工程安全生产特点,落实各项安全防范措施,制定和完善水利工程施工灾害天气的应急预案和防护措施。年内未发生任何安全生产事故。 （李羽恒）

水库移民

【水库移民工作机构及概况】 陆川县水库移民工作管理局(简称移民局)属县人民政府直属管理的正科级事业单位。2013 年,陆川县有水库移民约 11.3 万人,遍布县内 14 个乡镇。年内,

2013 年 6 月 20 日,陆川县山洪灾害防御演练在古城镇北豆村举行
县人武部　提供

有移民新村 32 个,移民住户 1197 户。

【水库移民后期扶持资金发放】 2013年,根据国家大中型水库移民后期扶持政策工作要求,水库移民后期扶持资金采取直补方式和财政封闭运行方式,将 2012 年第四季度和 2013年第一至第三季度共四个季度的扶持资金按时足额发放到移民手中,4 个季度发放扶持资金 4069.48 万元。其中,2012 年第四季度 1017.37 万元、2013 年第一、二、三季度共发放3052.11 万元。

【移民新村建设】 2013 年,陆川县继续把水库移民新村建列入为民办实事工作。年内,大中型水库移民新村建设工程项目 22 个,总投资 974.5 万元。其中,移民新村新建项目 10 个,投资 652 万元,改造旧房 490 户,移民外墙装饰 51 户;移民新村续建项目 8个,投资 194.4 万元;村屯道路项目建设 4 个,投资 128.1 万元,硬化库区村屯道路 4.21 千米。

【鹤地库区移民遗留问题处理】 2013年,县移民局继续开展鹤地库区移民遗留问题的处理工作。投入资金2114 万元改造鹤地库区移民旧房 636户;加强与广东省局对接和沟通,争取2014—2019 年每年给予 1000 万元资金扶持鹤地库区移民新村建设;开展"避险解困"试点工作,完成古城镇陆因村大坡一、二组避险解困试点编制工作,计划投入资金 3543.88 万元,项目正在申报之中。

【库区基础设施项目建设】 2013 年,陆川县继续开展以道路建设为主的库区基础设施项目建设工作。年内,移民局协同其他部门,按照项目建设有关规定,实行项目招投标和加强项目质量检查监督。争取项目资金705.1 万元,硬化村屯道路 23.27 千米。

【移民培训】 2013 年,县移民局进一步建立健全移民培训跟踪服务责任

2013 年 9 月 29 日,县移民办在古城镇陆因村大坡一、二组召开大坡屯水库移民新村建设动员会 县移民办 提供

制,实行帮扶与培训相结合,实施移民骨干带动。年内,全县参与各级培训的移民就业率达 98.8%,其中实行自主创业的占 38.9%,发展"微型企业" 108 家;务工年收入 3 万元以上的占 70.3%。 （王瑞荟）

扶贫开发

【扶贫办工作机构及概况】 2013 年,陆川县扶贫开发办公室为正科级挂牌单位(挂牌在县农业局),并挂陆川县革命老区建设委员办公室牌子,内设综合股和业务股,在编人员 6 人。全县被自治区定为贫困村 39 个,总户数 4.15 万户,贫困人口 13.41 万人。减少贫困人口 2.01 万人,减贫率15%;新增扶持扶贫对象 9186 人,新增扶持扶贫对象 22%。

【基础设施建设】 2013 年,全县投入财政扶贫资金和革命老区基础设施建设资金 2232.86 万元,其中财政扶贫资金 1263.86 万元,革命老区基础设施建设资金 969 万元。硬化村屯道路 112 条 45.65 千米;新建沙土路

9 条 8.2 千米;独立桥梁 8 座,94 延米;人饮工程 2 处。基础设施建设覆盖贫困村 13 个乡镇 26 个贫困村,覆盖面上村 11 个乡镇 20 个村,总受益人口6780 户、2.72 万人。实施革命遗址保护建设项目 4 个,硬化村屯道路项目45 条 22.7 千米,实施基层文化建设 2个,建设饮水安全工程项目 1 个,实施美丽乡村工程项目 3 个。

【产业开发】 2013 年,县财政投入扶贫产业资金 417 万元,支持贫困人口种植、养殖产业发展,重点支持猪、鸡、鹅等养殖项目和葡萄、油茶、橘红等种植项目的发展。项目覆盖 14 个乡镇 39 个贫困村,覆盖贫困户 2650户(其中扶持先进计生户 400 户),覆盖人口 1.06 万人。其中,发展油茶种植面积 277.80 公顷,种植油茶树37.31 万株;种植橘红 3.47 万株;发展养猪 2507 头、养鸡 8.03 万羽、养鹅2000 羽。投资 15 万元,购买化肥、农药赠送贫困农户支持贫困农户农业生产发展。

【扶贫培训】 2013 年,财政投入扶贫培训专项资金 31.2 万元,培训贫困村农民 3200 人次,其中农家课堂培训206 人,专家培训 2675 人,技术骨干培训 319 人。 （林汉华 钟文新）

畜牧渔业

畜牧渔业综述

【畜牧渔业概况】 2013年,陆川县水产畜牧兽医局内设政工秘书股、防疫股、渔业股、畜牧与饲料股、法规监督股、医政药政股,下辖县动物疫病预防控制中心、县动物卫生监督所、县水产养殖技术推广站、县渔政管理站、县良种猪场、乡镇水产畜牧兽医站14个,全县水产畜牧兽医系统行政编制24名,事业编制154名,在岗人员191人,其中高级职称3人、中级职称29人、初级职称71人。

2013年,全县年出栏500头以上规模猪场719个,年出栏5000羽以上的规模禽场884个,规模养牛场3家,规模养殖比重75%以上。其中,生猪标准化建设养殖场259家,有机认证猪场1家;国家级生猪标准化示范场1家,通过国家级无公害化产地认定、产品认证规模猪场54家;获国家级认证的水产健康养殖场5家;大型饲料加工厂6个,畜牧机械制造厂3个;通过国家QS认证的陆川猪产品加工企业7家。自治区级龙头企业5家,市级龙头企业31家;水产畜牧专业合作组织132个。年内,全县渔牧业总产值29.17亿元;肉类总产量11.66万吨,增长1.32%;能繁母猪存栏19.23万头;肉猪出栏107.73万头,增长2.47%;外销中小猪118万头。生猪产值占畜牧业的比重在65%以上。家禽出栏2172.85万羽,下降1.36%;禽以三黄鸡为主,年出栏1505.04万羽。水产养殖面积2680公顷,水产品产量2.23万吨,增长9.27%。陆川县获自治区现代农业产业生猪科技示范县,连续7年获得生猪调出大县奖励。

【畜牧渔业项目建设】 2013年,全县投入水产畜牧资金3.47亿元,比上年增长20.14%;新增规模猪场34个、规模禽场6个,建设标准化生猪示范场23个,畜禽栏舍建设总投资1.81亿元;新增大型陆川猪深加工企业3个,总投资8650万元;实施低产鱼塘改造264.45公顷,总投资1438.2万元,其中中央财政投资595万元,地方整合自筹资金843.195万元。

【动物疫病防控】 2013年,全县重大动物疫病防控工作继续实行镇、村、户(规模场)分片包干工作责任制,投入防控工作经费141.62万元,做好疫苗、消毒药、防护服、消毒器械等应急物资储备,其中防护服70套、消毒药2.3吨、背式喷雾器22个、雾化消毒喷枪5支。年内,接洽养殖户技术咨询2732人次,检验、诊断畜禽疾病2153例。培训养殖技术人员23期3700人次,发放培训资料7500多份。实施猪瘟免疫216万头,猪口蹄疫免疫200万头,猪高致病性蓝耳病免疫160万头,禽流感免疫2400万羽,牛、羊口蹄免疫3.5万头。全县重大动物疫病防控畜禽免疫密度达100%,重大动物防控工作经自治区、玉林市抽查验收各项指标达优。猪瘟、猪高致病性蓝耳病、猪、牛口蹄免疫和禽流感免疫抗体检测90%以上,全年无重大动物疫情发生。

【动物卫生监管】 2013年,县水产畜牧兽医局实施动物产品质量安全追溯体系,从投入品(饲料、兽药)到餐桌(肉食品)实行全程监管,健全防疫、料药使用、检疫、畜禽无害化处理等档案,与企业、养殖场签订产品质量安全责任状700多份,与生猪养殖场签订《病死猪无害化处理工作责任状》469份。年内举办检疫、监督执法人员培训班2期,培训检疫执法人员143人次。出动执法人员1300多人次,出动车辆400多辆次,检查规模猪场683家次,规模禽场866家次,水产养殖场75家次,养牛场12家次,屠宰场35家次。对2家奶牛场生鲜乳进行"三聚氰胺"等违禁药物检测,每个奶牛场抽检生鲜乳2批次,对67家规模养殖场进行"瘦肉精"等违禁药物检测,抽检猪尿201头份,在16家屠宰场抽检猪尿300头份,生鲜肉质量安全监测12批次,检测结果全部合格。加大对规模养殖场病死猪无害化处理监管,出动监督执法人员1221人次,监督规模养殖猪场对病死猪作无害化处理912次,监督作无害化处理病死猪1532头。开展H7N9禽流感防控工作,出动执法检查人员61人次,对城区7个活禽交易区开展防控H7N9禽流感工作检查,检查活禽经营摊点

2013年3月6日,陆川县水产畜牧农技推广体系科技示范户培训班在县委党校召开
                                                        罗　钊摄

87 户次，检查上市活禽 8579 羽；检查经营生鲜禽类产品超市 3 家，经营市场 5 家，禽产品 2500 千克。开展防控 H7N9 禽流感知识宣传，制作跨街宣传横标 5 条，出版"防控禽流感知识"宣传版块 4 板，印发"防控 H7N9 禽流感常识及检疫申报程序方式"知识宣传资料 5000 份。全县通过国家兽药 GSP 认证兽药经营企业 68 家。办理动物卫生监督案件 5 起，办理经营、使用假劣兽药案件 4 起，没收违禁兽药、过期变质兽药、假劣兽药饲料 10 多个品种。

加强对农业部公布的假兽药查处。重点对农业部公布的 2012 年第九批假兽药、2013 年第 1~6 批假兽药进行查处，检查饲料生产企业 4 家次，饲料经营、使用企业 469 家次，检查兽药经营使用企业 183 家次，安装兽药 GSP 软件 68 家；抽检兽药品种 24 个，抽检饲料品种 26 个。没收假劣兽药一批，63 个品种 138 千克。2013 年获自治区水产畜牧局案件评比兽药类办案率及办案质量第一名。

【陆川县被列为自治区现代农业产业生猪科技示范县】 2013 年 4 月，自治区科技厅下发文件，陆川被列为第二批自治区现代农业产业（生猪）科技示范县。近年来，陆川县发挥资源优势，以创建全国现代畜牧养殖示范县为目标，推进百亿元陆川猪品牌产业建设，以"企业＋协会（基地）＋农户"、家庭农场、农民专业合作社等经营发展模式，加快农业科技创新，推广优良品种、科学养殖及加工新技术等。建立健全县、乡、村水产畜牧农技推广养殖科技示范网络，推进农业科技进村入户，提高科学养殖水平，促进生猪产业蓬勃发展。

【水产畜牧惠农政策实施】 2013 年，陆川县获全国生猪调出大县奖 650 万元、生猪标准化养殖小区项目中央投资资金 430 万元，国家生猪良种补贴 288 万元。生猪调出大县奖励资金主要用于龙头企业、标准化园区、

规模养猪场扩建项目贷款贴息和生猪调出贡献奖励；标准化项目建设资金主要用于标准化园区、规模猪场粪污治理、排污设施改造，良种补贴直接用于供精补贴。年内，免费向农民发放良种猪精 30.9 万瓶，配种 15 万多窝，牛精 5034 支，良种覆盖率 95% 以上。

【生猪标准化规模养殖场（小区）建设】 2013 年，陆川建设生猪标准化规模养殖场（小区）14 个，获生猪标准化规模养殖场（小区）建设项目资金 774 万元（其中中央投资 430 万元、业主自筹 344 万元）。设计建设沼气池 1660 立方米，化粪池 1320 立方米，消毒池（房）326 平方米，购置设备 24 台（套），建设标准化猪舍 4550 平方米，供水管网 1500 米，改造电路 1460 米、硬化道路 600 平方米。

【水产畜牧兽医"三个百名"大行动实施】 2013 年，县水产畜牧兽医局实施"百名兽医走村屯""百名干部下基层""百名技术人员送科技""三个百名"大行动，加强对基层水产畜牧兽医工作服务。3 月 6 日，县水产畜牧兽医局在县委党校举行"三个万名"大行动启动仪式，玉林市水产畜牧兽医局副局长梁华、县人民政府副县长李红伟及全县畜牧兽医系统等

150 多人参加启动仪式。年内，全县畜牧兽医系统兽医、干部、技术人员对 14 个乡镇开展走基层、送服务活动，共计 600 多人次，切实解决人民群众在水产畜牧养殖方面的难题，为群众带来实效。

【3 家养殖场（公司）获农业部健康养殖示范场称号】 2013 年，陆川继续推广健康养殖示范场建设，陆川县英平种养专业合作社、县胜德养猪农民专业合作社、县神展养殖有限公司等 3 家养殖场（公司）获农业部健康养殖示范场称号。3 家养殖场（公司）养殖场区内环境整洁，配备完善必要的投饵机、增氧机、水质监测、病害诊断等仪器设备及养殖用水预处理和废水净化处理设备设施等，养殖用水水源无污染源，符合无公害水产养殖用水标准，使用符合国家标准的饲料和兽药，无使用禁用药品行为，药残抽检结果全部合格。

【基层农技推广项目继续实施】 2013 年，县水产畜牧兽医局继续实施广西基层农技推广体系改革与建设补助项目，获得补助项目资金 45 万元。重点推广"陆川猪、瘦肉型猪、罗非鱼"等 3 个主导品种和"高架床养殖减排综合治理新技术、罗非鱼产品质量安全新技术" 2 个技术，开展示范户（基

2013 年 3 月 6 日，广西水产畜牧系统 2013 年"三个万名"大行动陆川启动仪式在县城召开
罗 钊 摄

地)建设。县水产畜牧兽医局制订相关实施方案,推进农技推广示范户建设,抓好154户示范户辐射带动周边1540户农户养殖致富。建立陆川猪养殖示范基地、罗非鱼养殖示范基地各1个,在全县14个乡镇154个村设示范户154户,其中陆川猪示范户76户、瘦肉型猪示范户48户、罗非鱼养殖示范户30户。选聘水产畜牧技术指导员121名,每户示范户配备联系服务指导员1名,每个科技示范户联系带动周边农户5~10户。编印陆川猪、瘦肉型猪、罗非鱼等养殖技术手册,技术资料1800份(册),指导员手册130册。全年培训1500人次以上,科技示范户主导品种和主推技术应用率100%,入户满意度100%,培训满意度100%。

【水产畜牧业农村劳动力培训阳光工程实施】 2013年,自治区水产畜牧兽医局实施水产畜牧业农村劳动力培训阳光工程。陆川县重点开展专项技术培训、职业技能培训。在良田镇、乌石镇、大桥镇、马坡镇等镇设专项技术培训培训点5个,每个培训点培训2~3个镇的学员,组织学员培训2次。每个培训点早上培训畜禽养殖技术,下午培训水产养殖技术,全县参加专项技术培训600人。职业技能培训分成2个班进行,分别在良田镇英平牧业公司、县委党校举行。12月11日,在良田镇英平牧业公司举行农民专业合作社社员职业技能培训,参加培训人员80人;12月23日,在县委党校举行社会化服务组织从业人员和"美丽广西·清洁养殖"农民职业技能培训,参加培训人员70人。

【聚银高架网床节能减排养殖技术推广】 2013年,广西聚银牧业集团有限公司高架网床节能减排养猪模式获得政府和社会的肯定,中央电视台、广西电视台、广东电视台、玉林电视台、新华社、人民网等媒体均进行专题报道;7月30日,在广西水产畜牧系统年中工作会议上,聚银集团领

导做助农增收和畜牧业节能减排典型经验介绍。

广西聚银牧业集团有限公司养殖的猪舍建设在闲置的山地上,配置全漏缝高架网床,实施雨污分流、固液分离等新技术,建立沼气池,干清粪,达到零污染、零排放,猪群远离粪污,栏舍免冲洗,节能减排、治污效果好;养殖实行全自动喂料,自动供水,养殖环境舒适,此新型养殖技术可获得较好的经济效益和社会效益。

【陆川县农业水产畜牧联合会年会】 2013年4月8日—9日,在县城九龙山庄召开。玉林市邓长球副市长、陆川县委黄少明书记,广西大学动物科技学院教授何若钢,玉林市、陆川县水产畜牧兽医局及陆川猪养殖协会领导,全国各地养猪、饲料、畜牧机械、兽药等行业70多家会员单位、各乡镇农民会员等共500多人参加年会会议。大会以"促进畜牧产业发展,推动农业产业经济"为主题,年会期间,举办由哈尔滨维科生物技术开发公司技术人员孙建富讲授生产中应重视猪免疫抵制病的危害、上海洪菲生物技术有限公司技术总监刘家鹤讲授母猪产后护理新策略、南宁鹤轩生物科技有限公司技术人员肖柳美讲授口蹄疫的防控策略、新疆天康畜

牧生物技术股份有限公司技术人员谷保扬讲授蓝耳病的防控与净化技术、江苏省农科院兽医研究所周勇歧博士讲授规模化猪场猪呼吸道疾病控制策略共5场知识讲座,通过邀请养殖行业专家进行学术报告、现场展销及座谈会等多种形式,让业主了解更多的养殖知识促进养殖业发展,增加收益。

【陆川猪美食节】 2013年9月,陆川举行中国名猪(陆川猪)美食节,主要开展陆川猪烹饪大赛、中外名家话美食访谈活动、陆川猪"猪王争霸赛"等活动。

陆川猪烹饪大赛 9月2日举行陆川猪烹饪大赛初赛——陆川厨神争霸赛,县内有代表性的美食烹饪企业或个人18支队伍参加比赛。比赛分两批进行,以陆川猪为原料,制作陆川扣肉、陆川猪脚、陆川烤乳猪、月饼、包子、果盘等客家特色佳肴,从味感、观感、质感以及营养卫生等几个方面打分,评选出10个菜名金奖得主12人,组建"陆川本地厨神",评选出"陆川厨神"并接受著名烹饪大师的培训指导,代表陆川队参与中国八大菜系名厨制作"中华全猪第一宴"正式比赛。

9月7日,陆川猪烹饪大赛在县

表21　　　2013中国名猪(陆川猪)烹饪大赛(初赛)比赛结果

陆川厨神类别	制作菜名	金奖得主
月饼	伍仁叉烧月饼 (1.50千克)	广西陆川县陈氏日新食品有限公司
		陆川县金万通食品米业有限公司
包子	水晶包	金子汤包店
		金川宾馆
果盘	聚福果盘	聚福楼酒店
	精美果盘	龙缘酒店
烤猪	烧乳猪	龙富翔酒楼
		广西元安元食品发展有限公司
猪脚	陆川猪脚	广西神龙王农牧食品集团有限公司
	手抓猪手	金川宾馆(卤味)
	白切猪手	陆川县乌石珍珍酒楼(白切)
扣肉	五层楼扣肉	广西远邻集团食品有限责任公司
	扣肉	陆川县金万通食品米业有限公司

综合健身球馆举行,邀请全国八大菜系的当家厨师和"陆川厨神"组成9个代表队。比赛以陆川猪为主要原材料,现场精心制作出陆川猪焖海螺、奇香陆川猪排等27道不同特色的地方菜肴。

评委团成员邀请中国烹饪协会副会长史正良、中国烹饪协会常委王堂豪、中国烹饪大师邓秋、中国烹饪大师成立红、广西烹饪餐饮行业协会副会长高士军、美国檀香山大学营养学博士郑华、法国蓝带烹饪大师巴斯卡勒等担任。其中,广西远邻集团食品有限公司、广西聚银牧业集团有限公司、陆川县陆宝食品有限公司、广西桂安牧业有限公司、广西神龙王农牧食品集团有限公司、广西元安元食品发展有限公司等6家企业获得由专家认证的金牌菜。比赛结束后制作《中国八大名厨汇陆川》电视节目片。

中外名家话美食访谈活动2013年9月6日在县九龙山庄三楼多媒体会议室举行。中国名猪(陆川猪)烹饪大赛评委团成员、八大名厨、国内外营养学专家、美食家、作家、陆川县内养猪企业代表、餐饮企业代表、社会各界代表等200多人出席访谈会。营养学博士郑华、徽菜大师李保平、苏菜大师胡好梦、广西大学教授何若钢等人主讲发言,主要对陆川猪的肉质、营养特点、特色烹饪创新等进行商讨,并把陆川猪美食文化融入中华美食、国际美食文化范围,访谈活动结束后编制《中外名家话美食》电视节目播出,为发挥陆川猪烹饪美食文化的影响力、提升陆川猪品牌价值、加快陆川猪产业发展具有重要的意义。

陆川猪"猪王争霸赛" 2013年9月6日在县松鹤公园内举行。活动以"展示王者雄姿 秀出后妃风韵"为主题,以节庆、趣味、互动的形式,调动群众参与做好保护与利用陆川猪优秀种质资源的热情,提升陆川猪知名度,推进陆川猪品牌产业建设。县内所有养殖纯种陆川猪的企业均可参赛,参赛以自愿为原则,参赛选手为纯种陆川猪,年龄1年以上3年以下。比赛分公猪、母猪两组进行比赛,先举行预赛筛,参加预赛公猪、母猪一百多头,选出参赛公猪和母猪各10头。根据体型、体貌、体重、体尺等进行评分,按综合分值决出名次,对获胜前三名进行颁发奖牌、证书,并评选出"猪王"和"猪后"。

表22	2013年陆川猪烹饪大赛作品
菜系	菜名
鲁菜	陆川猪焖海螺、奇香陆川猪排、九转乾坤肠
闽菜	铁板沙参肉、炸五香卷、陆川肉骨茶
湘菜	酸菜腊八豆蒸方肉、陆川排骨肉、开煲一锅香
粤菜	粤味脆皮叉烧、香春干红焖肉、松茸菌炒陆川香猪
浙菜	陆川猪肉鲍鱼捞饭、黄金小香猪、蟹粉陆川猪肉球
苏菜	石锅酒香焖肉、陆川猪白肉卷、崔笋炖白蹄
徽菜	沙律粉香肉、花椒烹汁陆川猪肉
川菜	鱼香肉丝、宫保陆川肉丁、凤眼扣陆川猪肉
陆川	五层楼扣肉、陆川焖猪蹄、金牌烧乳猪

表23	2013年陆川猪猪王争霸赛比赛结果		
业主(地址)		类别	获奖结果
肖文新(横山镇陆洪村)		公猪	冠军(猪王)
苏 帅(温泉镇东山新屋)		公猪	亚军
赖日强(温泉镇泗里村)		公猪	季军
苏 帅(温泉镇东山新屋)		母猪	冠军(猪后)
苏 桂(温泉镇东山新屋)		母猪	亚军
吕 斌(大桥镇三善马鞍塘)		母猪	季军

【陆川县首届畜牧渔产业博览会暨陆川猪养殖协会年会】 2013年8月23日—25日在县市政广场举行。广西养猪协会会长何若钢、秘书长江正英参加年会。玉林双胞胎饲料有限公司、玉林正邦饲料有限公司等38家商家参展,受邀参会专家、嘉宾、会员492人。年会,召开健康养殖的技术

2013年5月30日,陆川县水产畜牧兽医系统"清洁养殖"专项活动动员大会在县委党校举行
罗 钊 摄

讲座17场次,参会人次2000人次以上。提供较多健康养殖的新技术。

【九洲江流域养殖污染综合整治】 九洲江流域2000米内养殖存栏10头以上养殖场(户)4660个。2013年,陆川县开展九洲江流域水源生态建设,开展"清洁养殖"专项活动,县水产畜牧兽医局成立九洲江流域养殖污染综合整治工作机构,制定工作方案,配合玉林市水产畜牧兽医局编写九洲江流域生态建设规划,严格控制新增养殖项目,划定禁养区和限养区,在禁养区已建的养殖场限期进行关停或搬迁,在限养区不得新建、扩(改)建养殖场。年内,搬迁或拆除200米限养区内规模猪场43个,拆除猪舍面积6000平方米,转移生猪6000多头。投入资金860多万元,对九洲江限养区的16家规模养殖场进行标准化整治,3家养猪企业暂停建设。

【病死畜禽无害化处理厂及畜禽污粪处理有机肥厂建设】 2013年,县为推进病死畜禽无害化处理厂及畜禽污粪处理有机肥厂建设,计划总投资2.17亿元,在沙湖、良田、滩面镇建设3个畜禽粪便有机肥厂,在沙湖、大桥分建2个病死畜禽无害化处理厂。12月底已经完成项目的审批和征地工作,争取2014年开工建设并投产,解决畜禽粪便污染和病死畜禽违规处理现象,提高综合利用能力。

【广西远邻集团食品有限责任公司获陆川猪农产品地理标志使用权】 2013年7月23日,经陆川县陆川猪农产品地理标志管理领导小组研究决定,授予广西远邻集团食品有限责任公司陆川猪农产品地理标志使用权。该公司产品专卖店设在县城温泉中路,生产基地坐落在古城镇工业开发区。生产设备先进,管理规范,生产过程记录清楚可追溯,具备生产陆川猪腊制、酱卤、罐头、休闲食品、特色风味菜、肉干、肉脯等系列共10多个品种的生产能力,主要产品有

"十六姑"牌五层楼扣肉、陆川猪肉丁、肉脯、腊肠腊肉、陆川县南部传统美食——擦菜等,产品知名度高,风味独特,深受消费者欢迎。

【"陆川猪"品牌产品抢眼东莞展销会】 2013年1月25日,广东东莞市召开首届国际优质农副产品展销会。陆川猪养殖协会组织神龙王、桂安、远邻等有名企业携陆川猪生鲜肉及深加工扣肉、罐头、腊肉、腊肠、休闲食品等产品参加展销会。此次县企业赴莞展销,把"陆川猪"品牌产品送到市民家门口,备受当地市民、客商的青睐。2月,广东省东莞市的一家企业与广西陆川县养殖协会签订订购生猪的合同,标志着"陆川猪"将大量销往东莞市场。

【《放养山林、陆川猪身价倍增》等专题片在电视台播出】 2013年6月18日,《放养山林、陆川猪身价倍增》专题片在中央电视台第7频道《每日农经》栏目播出。6月28日—7月12日广西电视台资讯频道《走进农家》栏目播出《庄园里建场 别墅里养猪》《林下养猪 清洁到家》《定位养猪 自动清污》等科普短片。12月6日,中央电视台农业频道《致富经》栏目摄制组到陆川县采访,录制广西聚银牧业集团董事长黄祖东养猪致富的专题节目。

水产养殖

【水产养殖概况】 陆川县是广西四大鱼苗(青鱼、草鱼、鲢鱼、鳙鱼)繁殖基地之一。2013年,全县水产养殖面积4505.33公顷,水产品产量2.23万吨,比上年增长9.27%。名特优水产养殖面积1425.33公顷,以繁殖销售鱼苗、养殖罗非鱼比较出名,鱼苗远销国内各省以及泰国、缅甸等国家。

【低产鱼塘改造工程】 2013年,陆川县广泛发动养殖业主参与中央财政

现代农业生产发展项目申报工作,获中央财政现代农业生产发展项目,实施低产鱼塘改造264.45公顷,总投资1438.20万元(其中获得中央财政投资资金595万元,地方整合自筹资金843.20万元)。

【标准化水产健康养殖场示范场建设】 2013年,陆川县继续实施水产健康养殖示范场建设,推进水产养殖标准化、生态健康化养殖基地建设。年内,全县有"广西龙珠湖畜牧水产养殖有限公司、陆川县英平种养专业合作社、陆川县胜德养猪农民专业合作社、陆川县神展养殖有限公司"等4家水产养殖场获农业部水产健康养殖示范场。

【鱼苗培育】 2013年,全县亲鱼培育面积124公顷,孵化鱼苗53亿尾,鱼苗年产量168亿尾,其中鱼苗孵化规模场52家,鱼苗远销国内各省以及泰国、缅甸等国家。

【特种水产养殖】 2013年,继续推广罗非鱼、黄沙鳖、水蛭等特种水产养殖,特种水产养殖面积1497.33公顷,产量8760吨,产值1.10亿元。其中,罗非鱼养殖基地39个,养殖面积1497.33公顷,年产量8620吨;黄沙鳖养殖基地8个,养殖面积11.73公顷,年产量94吨;水蛭养殖基地1个,养殖面积1.33公顷,年产量5.5吨。

【休闲渔业】 2013年,陆川推进休闲渔业产业发展,加强对休闲渔业休闲规划,推进以观光、餐饮、农家乐等为主休闲旅游产业的发展,重点对有规模、有条件的养殖企业引导,加大企业扶持,推进休闲渔业产业发展。其中,陆川县陆透种养场、广西龙珠湖畜牧水产养殖有限公司建立以观光、餐饮为主休闲渔业产业发展,广西陆川县英平种养场、广西南麓生态养殖有限公司等主要以垂钓、农家乐等为主休闲渔业产业发展。

(莫常信 杨 丹)

工　　业

GONGYE

2013 年 10 月 12 日，县委书记黄少明（右二）到北部工业园区调研项目建设情况

叶礼林　摄

工业综述

【工业经济发展概况】 全县工业产业体系以机械制造、农林产品加工、新型建材、健康食品、有色金属等五大产业为主，以化工、塑料和橡胶、陶瓷、造纸、供电供水、家具制造等产业为铺。2013年，陆川县各类工业企业507家，其中制造业450家，采矿业57家；属个体户工业768户，其中制造业747户，采矿业21户。新增规模以上企业7家，全县规模以上工业企业115家，其中工业产值超1亿元企业78家，产值超10亿元企业3家；规模以下工业企业392家。

年内，陆川县继续实施"一廊一城三园五业"发展战略，推进"抓大壮小扶微"工程建设，加快转变工业经济发展方式，做好煤电油运等生产要素的供应保障，协调服务工业经济运行，开展工业园区基础设施建设大会战，继续推进机械制造、新型建材、有色金属、健康食品、农林产品加工五大支柱产业发展，实现新型工业化跨越发展。全县实现工业总产值284.6亿元，比上年增加34.66亿元，增长13.88%，总量居玉林市第3位，占全市比重为20.3%；规模以上工业总产值265.36亿元，比上年增加45.25亿元，

增长20.56%，总量居玉林市第2位，占全市比重为21.6%；全部工业增加值85.36亿元，比上年增加9.04亿元，增长11.84%，总量居玉林市第2位，占玉林市比重为19.67%；规模以上工业增加值77.63亿元，比上年增加12.55亿元，增长19.28%，总量居玉林市第2位，占玉林市比重为21.32%；规模以下工业企业工业产值19.24亿元。工业企业实现利润10.9亿元；工业投资85.5亿元，比上年增加3.94亿元，增长4.83%，投资总量居玉林市第4位，占玉林市比重为14.47%；工业技术改造投资78.26亿元，比上年增加9.53亿元，增长13.87%，投资总量居玉林市第3位，占玉林市比重为17.87%。工业用电量5亿千瓦时，比上年增加2414.06万千瓦时，增长5.08%。工业经济总量占全县经济总量的比重为52.8%。工业化率为2.82。

【五大支柱产业】 2013年，陆川继续加强机械制造、农林产品加工、新型建材、健康食品、有色金属等五大支柱产业发展。年内，五大支柱产业新增规模以上企业7家（广西新基建材有限公司、广西祥泰矿业开发有限公司、广西远邻集团食品有限责任公司、陆川县金润机械制造有限公司、玉林市兰科铸造有限公司等）。五大支柱产业规模以上企业86家，规模以上工业总产值228.98亿元，增长18.27%，占全县规模以上工业总产值86.29%。占全部工业总产值的

80.46%。

【工业项目建设】 2013年，全县在建工业项目281个（其中技改项目250个），计划总投资155.54亿元。其中3000万元以上重大工业项目206个。新上工业项目（含技改）152项，计划投资66.87亿元。重点推进玉柴重工配套产业园、华润水泥（陆川）、凯源机械、永发农机、泰鑫矿业、沙湖蓄电池技改、永成农业装备、玉柴包装箱厂等10大工业项目。新上重大工业项目有宝康源中药材中间体生产线项目、金帆蓄电池铅板生产线转型升级项目、正邦饲料年产12万吨饲料生产线改扩建项目、开元机器微耕机产能提升技术改造项目、科创机械项目等。年内，祥泰矿业、鑫生机械等工业项目竣工投产。

【工业园区基础设施建设大会战】 2013年，陆川县加快工业园区建设，开展工业园区基础设施建设大会战，进一步完善工业基础设施，增强园区综合承载能力。建设完善北部工业园区、龙豪创业产业园的配套基础设施，启动南部临海工业园的规划和建设。重点推进园区土地平整、路网、水电、环保等基本配套设施建设。年内，北部工业园区征用土地333.33公顷，"两纵三横"路网初具雏形，推进玉柴重工配套产业园土地平整、路网建设、企业项目建设、供水供电及排污排水等工程建设。年内，北部工业园区在建企业10家，正在实施项目土地平整及续后开工建设6家，新安排入园企业10家。龙豪创业产业园跨输油管道通道二期工程、跨路涵洞和排水沟建设基本完成，九洲江上游流域中小企业产业转移园建设正在推进。全县完成园区基础设施建设投资2.3亿元。新增入园企业项目18个，在建项目55个，竣工28个，工业园区完成全部工业总产值198.73亿元，实现工业增加值57.63亿元，完成项目投资30.06亿元，完成固定资产投资25.79亿元。

表24　　　　2013年陆川县工业发展情况

项　目	单位	2012 年			2013 年		
		实绩	比上年增加	增长(%)	实绩	比上年增加	增长(%)
工业总产值	亿元	249.94	30.75	15.9	284.60	34.66	13.88
工业增加值	亿元	76.32	6.11	15.3	85.36	9.04	11.84
规模以上工业总产值	亿元	220.11	35.67	17.52	265.36	45.25	20.56
规模以上工业增加值	亿元	65.08	7.56	18.9	77.63	12.55	19.28
工业投资	亿元	81.56	—	36.68	85.50	3.94	4.83
工业技术改造投资	亿元	68.73	—	43.53	78.26	9.53	13.87
工业化率	%	2.65	0.12	4.74	2.82	0.17	6.42

【工业节能减排】 全县规模以上工业用能总量50.72万吨标准煤,同比下降2.19%。规模以上工业增加值能耗0.19吨标准煤。自治区、玉林市考核21家重点用能企业全年节约能源10.46万吨标准煤。完成淘汰落后水泥产能20万吨。

【工业新产品参加玉博会产品展】 2013年9月,第十届中小企业商机博览会(中国·玉林)在玉林举办,陆川展馆重点展出绿色环保品牌,共展出陆川机械、陆川机电、陆川铁锅、陆川猪等系列品牌产品等。其中,开元机器制造有限公司展出全新一代收割机,陆洲机械制造有限公司展出发电机和微耕机,陆川新一代节能设备厂的节能设备,广西玉林市彤合机械有限公司展出环保设备等,突出展现陆川机械制造业的新发展。

【华润水泥集团公司广西地区总经理纪友红到陆川调研】 2013年1月17日,华润水泥广西地区总经理纪友红到陆川调研水泥项目建设情况。县委书记黄少明、县长陈杰会见华润水泥广西区总经理纪友红,双方就华润水泥陆川有限公司项目建设有关问题以及华润水泥陆川有限公司二期项目规划建设情况进行商讨。

机械工业

【机械工业概况】 陆川县机械工业包括工程机械、农业机械、机电制造、机械配件、汽车配件等5大行业。2013年,机械制造工业继续居于陆川工业的主导地位,是陆川工业第一大产业和支撑产业。年内,全县有规模以上机械工业制造企业30家,其中年产值超亿元企业26家,超10亿元企业1家。新增规模以上企业有玉林市兰科铸造材料有限公司、陆川县

2013年9月5日,陆川县委书记黄少明(前中)参加玉博会,推介陆川工业新产品

金润机械制造有限公司、广西开元农用机械制造有限公司3家,新增亿元以上企业有陆川县雄远机电制造有限公司、陆川县鑫生机械配件厂、陆川县威达机械制造有限公司、陆川县建富机械厂4家,广西开元机器制造有限责任公司发展为10亿元企业。全县机械工业规模以上工业总产值82.99亿元,比上年增加12.17亿元,增长17.2%,占全县规模以上工业总产值的31.27%,占全部工业总产值的29.16%;上缴税金7832.73万元,比上年增长37.08%。

【工程机械行业产值继续下滑】 陆川是工程机械行业以土方机械、桩工机械、小型挖掘机、小型煤巷掘进机为主,龙头企业以广西玉柴重工有限公司、广西开元机器制造有限公司等2家企业为主。2013年,工程机械实现工业产值19.22亿元,比上年减少5.54亿元,下降22.37%。玉柴重工生产较上年继续下滑,工业产值下降68.55%。

【农业机械行业发展持续增长】 陆川农业机械行业主要产品有多功能拖拉机、碾米机、耕作机、耕整机、微耕机、联合收割机等。2013年,规模

以上企业6家,主要有陆川县荣森机械厂、陆川县骏马拖拉机有限责任公司、陆川县永发机械有限公司、广西三零一机械有限公司、广西陆洲机械制造有限公司、广西开元农用机械制造有限公司等。全县农业机械行业规模以上工业产值9.06亿元,比上年增加3亿元,增长49.5%。全县农业机械总动力达51.34万千瓦。

【机电制造行业均衡发展】 陆川机电行业主要产品为电动机、发电机、蓄电池。全县有机电行业企业30家,其中规模以上企业8家。2013年,新增机电行业企业4家。全县机电行业实现规模以上工业产值13.52亿元,比上年增加4.34亿元,增长47.28%。

【机械配件行业成效显著】 陆川县机械配件行业主要为玉柴配套企业,主要生产农机配件、工程机械配件、柴油机配件、电力铁塔、垃圾箱等各种配件。2013年,全县机械配件行业规模以上企业8家,主要有陆川鑫生机械配件厂、玉林市彤合机械有限公司、玉林市广南机械配件制造有限公司、陆川县威达机械制造有限公司、陆川县万九机械有限公司、陆川县泰升机械制造有限公司、陆川县建富机

械厂、广西桂能铁塔有限公司等。全县机械配件行业实现规模以上工业产值 27.74 亿元，比上年增加 11.69 亿元，增长 72.83%。

【汽车配件产业平稳发展】 陆川县汽车配件行业主要产品有油底壳、气缸盖、低速汽车车架等，以生产汽车零部件为主。2013 年，规模以上企业 6 家，广西玉柴汽车配件制造有限公司停产。年内，汽配行业实现工业总产值 13.47 亿元，比上年增长 0.96 亿元，增长 7.67%。

【机械工业重点项目建设】 2013 年，陆川机械工业重点项目有玉柴重工挖掘机零配件及配套生产项目、玉柴重工 YC135-230 型挖掘机技改工程、玉柴装机配件生产项目、善源机械配件生产项目、文达机械年产 1.2 万台(套)汽车轻重车架生产线技改项目、陆川九洲农用车前后轿与农机配件生产技改项目、永大汽车配件有限公司钣金冲压件和弯管件生产线技改项目、年产 1 万台电动叉车生产线技术改造项目、彤合重工工程机械配件二期项目、中科柴油机通件生产项目、陆川县全球发电机和柴油发电机专业生产线项目、川迪机械配件生产项目、中柴柴油机齿轮室生产线

项目、森盛机械配件项目、桂林百坚(玉林)挖掘机覆盖件和结构件生产项目、威达机械配件扩建项目、县铭振机械配件生产项目、开元小型收割机架生产项目、日信小型收割机架生产项目、宏海农用脱粒机生产线项目、恒伟农业机械生产项目、森达机械配件生产项目、全盛农机配件生产项目、三源工业智能化仪表生产项目、三玲农机配件生产项目、吉昌打田机配件制造项目、彤合环保机械配件生产项目、桂能铁塔自动化生产线项目等。

【2 家企业研发中心获评为自治区级研发中心】 2013 年，陆川县继续推进机械工业技术创新，广西玉柴重工有限公司、广西开元机器制造有限责任公司等 2 家企业研发中心获认定为自治区级研发中心，为陆川县获得自治区级研发中心的唯一产业。

【玉柴重工 YCK50R 重型矿用车项目研发】 2013 年，广西玉柴重工有限公司推进 YCK50R 重型矿用车研发项目，总投资 800 万元，主要是 YCK50R 重型矿用车开发设计和研制，包括产品市场调研、技术调研及样车的技术设计、工艺设计、工装设计以及样机试制、验证、可靠性验证、

产品鉴定；玉柴重工陆川生产基地增加焊接变位机 1 台、车架焊接模具 1 套、多通道温度采集仪 1 台、动力匹配试验台架 1 套、直读光谱仪 1 台、磁粉探伤仪 1 台及激光测距仪 1 台等，形成年产 100 台生产能力，新增产值 2 亿元，新增销售收入 2.4 亿元，新增利税 2300 万元。

【开元机器 KY105 液压挖掘机技术创新】 2013 年，广西开元机器制造有限责任公司推进 KY105 液压挖掘机技术创新，投入研发资金 1350 万元，完成 6 台样机的试制、性能测试和可靠性试验，获得产品技术参数、工艺参数、样机改进方向；根据样机试制验证结果，进行技术、工艺研究改进，开展 20 台 KY105 液压挖掘机技术中试，通过投放市场验证，获得产品技术参数、工艺参数、产品改进方向，提升产品品质，定型批产，并通过自治区级新产品鉴定验收。

【清华大学科技园领导专家到陆川调研机械制造业】 2013 年 4 月，清华大学科技园领导专家一行对陆川机械制造业开展专题调研，陆川县组织广西金创汽车零部件制造有限公司、陆川县陆洲电机厂、陆川县文达机械有限公司、陆川县永大汽车配件有限公司、陆川县泰升机械制造有限公司、陆川县同力压铸有限公司、陆川县机电设备厂、广西三零一机械有限公司等 8 家企业参加调研。

农林产品加工业

【农林产品加工业概况】 陆川县农林产品加工产业主要有饲料生产、纺织、木材加工三大行业。2013 年，新增规模以上企业 1 家，即玉林市长青剑麻有限公司；全县规模以上企业 13 家，亿元企业 11 家，重点企业有陆

2013 年 6 月 19 日，中科高品铸造生产线项目竣工。图为公司外景一角
罗　钊　摄

川县广东温氏畜禽有限公司、玉林正邦饲料有限公司、陆川九鼎牧业有限公司、玉林双胞胎饲料有限公司、宏旭制丝、高峰九洲人造板等。规模以上工业总产值57.54亿元，比上年增加6.42亿元，增长12.56%；上缴税金1592.38万元，下降32.7%。

【饲料工业快速发展】 2013年，陆川县饲料行业规模以上饲料企业有玉林双胞胎饲料有限公司、玉林正邦饲料有限公司、陆川九鼎牧业有限公司、陆川县广东温氏畜禽有限公司、广西神龙王农牧食品集团有限公司等5家，小型饲料加工企业10家，主要生产畜禽饲料。其中，玉林双胞胎饲料有限公司为广西30强饲料企业。年内，饲料行业产销饲料108万吨，实现工业总产值35.67亿元，比上年增加3.17亿元，增长9.8%；上缴税金878.02万元，下降5.58%。

【木材加工业】 2013年，陆川木材加工产业规模以上企业有广西高峰九洲人造板有限公司、陆川县三力木业有限公司、陆川县良田木片加工厂、陆川县杨湖木材有限公司、陆川县良田镇春发木材加工厂5家，规模以下主要企业约40家，木材加工企业主要分布于县南的大桥、乌石、良田、清湖等镇，主要产品有密度板、胶合板、木片等。年内，良田镇春发木材加工厂停产，4家规模以上企业完成工业总产值13.95亿元，比上年增加3.54亿元，增长34%；上缴税金475.76万元，比上年下降51.8%。规模以下主要企业工业产值6.82亿元。

【纺织加工业】 陆川纺织工业包括茧丝加工、针织服装加工、制绳等产业。茧丝加工产业主要分布古城镇和清湖镇，针织服装加工以温泉、马坡、古城等3个乡镇为主。2013年，纺织行业规模以上企业正常生产的有陆川县宏旭制丝有限公司、陆川县联昌茧丝有限公司、陆川县鑫鑫制绳厂3家，其中亿元企业2家。年内，

3家规模以上企业实现工业总产值7.92亿元，比上年增加0.48亿元，增长6.45%；上缴税金238.6万元，比上年下降47.1%。

【玉林正邦饲料有限公司年产16万吨饲料生产线投产】 2013年，玉林正邦饲料有限公司投资建设年产16万吨饲料生产线，项目新建车间厂房面积3700平方米，购置安装进料、初筛、粉碎、混合、料仓、冷却、打包、4吨锅炉等成套配套生产设备1套，进口CPM制粒机2套、膨化设备2套、智能机器人自动化料线系统8套，采用节能新技术和新工艺，实现产品创新。项目年新增饲料产量16万吨，新增产值6亿元，新增税金768.59万元，新增利润2011.41万元。

新型建材工业

【新型建材工业概况】 陆川新型建材工业主要包括水泥、混凝土、空心砖、加气混凝土砌块、钢材等行业。2013年，新增规模以上企业有广西新基建材有限公司，全县建材工业规模以上企业有12家，其中亿元企业9家，10亿元企业2家。年内，建材工业规模以上企业实现工业产值46.78亿元，比上年增加8.54亿元，增长22.32%；上缴税金7687.17万元，比上年增加1168.8万元，增长17.93%。钢材生产实现工业产值22.76亿元，比上年增加2.84亿元，增长14.26%；上缴税金1500.09万元，比上年增加50.25万元，增长3.47%。

【水泥生产行业产值持续增长】 2013年，全县规模以上水泥工业企业7家，其中陆川县坚建材有限公司停产，陆川县运信水泥有限公司产值下降9.78%，陆川县珠砂水泥有限公司产值下降5.45%，其他企业生产实现较

快增长。年内，规模以上水泥工业总产值17.63亿元，比上年增加4.45亿元，增长33.76%；上缴税金5760.59万元，比上年增加1899.75万元，增长49.21%。华润水泥（陆川）有限公司保持产销两旺的势头，年产商品熟料63万吨，水泥330万吨，实现产值10.54亿元，上缴税金5243.29万元。特种水泥市场需求旺，实现工业产值1.54亿元，增长51.77%。

【华润水泥（陆川）有限公司立磨循环风机变频技术改造】 2013年，华润水泥（陆川）有限公司投资462万元推进立磨循环风机变频技改项目，主要建设高压变频调速系统及附属设施等2套，通过调节风机转速来控制原料制备系统所需风量实现节能。项目建成投产后，年节电量591万千瓦时，折合节能1979.80吨标准煤。

金属制品工业

【金属制品工业概况】 陆川金属制品产业包括铁锅铸造、金属包装品、铝制品、小五金生产等行业。2013年，全县金属制品产业有规模以上企业12家，实现工业总产值1914.58亿元，比上年增加4.42亿元，增长30.32%；上缴税金492.17万元，比上年增加136.90万元，增长38.53%。

【铁锅生产】 2013年，陆川县和平搪瓷厂停产。年内，铁锅行业规模以上企业实现工业总产值17.59亿元，比上年增加4.21亿元，增长31.46%；上缴税金262.74万元，比上年增加54.84万元，增长26.38%。其中，陆川县南发厨具有限公司实现工业总产值2.74亿元，税金19.60万元；陆川县兴兴铁锅有限公司工业总产值1.34亿元，上缴税金8.05万元；陆川县中兴炊具有限公司实现工业总产值1.69

亿元,上缴税金12.15万元;陆川县明志铁锅有限公司实现工业总产值2.35亿元,上缴税金32.75万元。9月,县南发厨具有限公司生产的"铁人"牌不锈钢铁锅获"玉林市十大特色旅游工艺品奖"。

【南发厨具金属模压锅生产线技术改造】 2013年,陆川县南发厨具有限公司投资1180万元,购置机器设备22台套,实施金属模压锅生产线技术更新改造,实现节能环保生产,扩大铁锅生产能力,实现节能减排,年节约标准煤5579吨,减少二氧化硫排放47.47吨,减少二氧化碳排放1.46万吨,减少氮氧化物排放41.3吨。年新增铸铁锅200万口,新增销售收入3200万元,销售税金127.5万元。

食品医药工业

【食品工业概况】 陆川县食品医药工业包括鲜肉加工、矿泉水、酱油、酒类、饼类、药品制造等行业。2013年,新增广西远邻集团食品有限责任公司规模以上企业1家。全县规模以上食品医药工业企业有6家,工业总产值7.22亿元,比上年增加2.96亿元,增长70.14%。上缴税金118.77万元,比上年下降51.38%。健康食品产业产值26.22亿元,增长39.15%,规模以上企业20家,重点企业有元安元、神龙王、雄都蛇酒等。

【陆川猪肉产品深加工】 陆川猪肉深加工主要加工扣肉、腊肉、腊肠、烤乳猪、猪肉丁、罐头扣肉等。全县有陆川猪肉深加工企业12家。其中,规模以上加工企业2家,规模以上工业总产值3.22亿元,比上年增加1.61亿元,增长100%。上缴税金33.42万元,比上年减少8.19万元,减少19.68%。其中,广西元安元食品发展有限公司

实现工业总产值2.01亿元,广西神龙王陆川猪肉加工有限公司实现工业总产值1.21亿元。

【矿泉水生产】 陆川矿泉水生产主要有茶花山矿泉水、珍珑泉矿泉水及好龙泉矿泉水三大品牌。2013年,规模以上工业总产值1.45亿元,比上年增加0.34亿元,增长30.64%;税金84.56万元,比上年增加6.82万元,增长8.77%。其中,广西茶花山矿泉水饮料有限公司实现工业产值0.65亿元,增长8.57%;陆川县皇花山矿泉水厂实现工业产值0.8亿元,增长54.85%。

【医药工业】 陆川医药工业规模以上企业有广西德联制药有限公司,主要产品是复方黄藤洗液、玉面星除湿酊、百柏擦剂等。2013年,企业生产快速增长,实现工业产值0.86亿元,比上年增加0.29亿元,增长52.09%;上缴税金125.67万元,比上年增加4.62万元,增长3.82%。

【陆川猪肉精制品加工生产线技术改造】 2013年,广西远邻集团食品有限责任公司投资1700万元建设1000吨/年陆川猪肉精制品加工生产线技改项目,新建厂房3500平方米,购置电子提升机、悬挂输送轨道、液压升降台、分割机、绞肉机、灌肠机、配料

罐、精制腊肉腊肠机、恒温炸扣肉炉及锅、同步卫检线以及各种脚踏工作台、整套冷冻机组等,组建深加工陆川猪肉精制品1000吨/年的加工生产线,年增加销售收入9000万元,增加税收600多万元。

玻璃陶瓷工业

【玻璃陶瓷工业概况】 2013年,陆川玻璃陶瓷工业规模以上企业有广西永耀玻璃有限公司、陆川县大兴瓷业有限公司、陆川县嘉顺工艺品有限公司、陆川县华林陶瓷有限公司和陆川县国泰矿业有限责任公司5家,其中亿元企业4家。玻璃陶瓷产业产品主要为啤酒瓶、日用陶瓷。2013年,规模以上工业总产值11.97亿元,同比增加5.51亿元,增长77.35%;上缴税金496.95万元,增加8.84万元,增长1.81%。

【广西永耀玻璃有限公司年产12万吨玻璃制品生产线建设】 2013年,广西永耀玻璃有限公司设计规模为年产12万吨玻璃制品生产线,新增碎玻璃处理系统、窑炉系统、供电供水

广西永耀玻璃有限公司生产车间一角　　　县工业园区　提供

系统、环保治理系统等设备,主机设备选型包括窑炉 2 座,购置制瓶机 5 台,退火窑 5 台,发生炉 3 台,碎玻璃清洗线 2 套等国产设备,设计年产玻璃瓶 3 亿支(其中啤酒瓶 2.4 亿支,白酒瓶 0.6 亿支)。玻璃瓶生产工艺、主要设备及其辅助设施的技术方案为当前玻璃行业的新工艺技术,总体符合行业的节能设计规范和标准要求。

其他工业

【有色金属工业】 陆川有色金属(含金属采选)工业包括有色金属冶炼、选矿 2 个行业,有色金属冶炼以生产微铬、硅铬合金、镍铁等为主,选矿行业主要是原料的采掘、加工和精选,产品以铁、铅、锌、铜精矿和高岭土、球土等为主。2013 年,新增广西祥泰矿业开发有限公司规模以上企业 1 家,全县有色金属工业规模以上企业 9 家,其中亿元企业 5 家,重点企业有广西万象镍铬有限公司、陆川县青秀山选矿厂、陆川县清湖宏泰选矿厂、陆川县清湖华钛选矿厂、陆川县众志矿业有限公司等。规模以上工业总产值 15.45 亿元,比上年增长 0.71 亿元,增长 4.82%;上缴税金 28.96 万元。

【化工工业】 2013 年,陆川县化工工业规模以上企业有陆川钛白粉厂、陆川县陆兴工贸有限责任公司、陆川县古城镇爆竹厂、玉林市纷兰化肥有限责任公司 4 家,其中陆川县陆兴工贸有限责任公司停产。年内,化工工业规模以上工业总产值 3.31 亿元,比上年减少 0.6 亿元,减少 15.31%;上缴税金 66.57 万元。

2013 年,古城镇爆竹厂推进机械化生产技术改造项目建设,引进配药、装药、固引机械化自动化生产线一条,采用安全性能可靠的技术装备和生产工艺,实行“工厂化、标准化、

机械化、科技化、集约化”建设,实现人机分离,提高企业安全生产技术装备整体水平。项目建成达到年产 7.2 万箱 C 级爆竹的生产能力,年新增销售收入 1100 万元。

【塑料工业】 2013 年,全县塑料工业生产厂家 100 多家,均以传统小作坊为主,主要生产农用品、家庭生活用品、鞋类等,规模以上企业 7 家。年内,全县塑料工业实现工业总产值 6.86 亿元,比上年增加 0.92 亿元,增长 15.49%;上缴税金 157.54 万元,比上年减少 13.59 万元,下降 7.94%。

【橡胶工业】 2013 年,陆川橡胶工业规模以上企业有陆川普利橡胶制品有限公司 1 家,主要生产摩托车、电动车、自行车的轮胎等橡胶制品,年内,实现工业产值 1.58 亿元,比上年增加 0.57 亿元,增长 56.44%;上缴税金 1.76 万元,比上年减少 4.36 万元,下降 78.96%。

【电子工业】 陆川电子工业产业规模不大,主要从事电子生产和半成品加工,电子产品主要有工字形电感、环型电感、色码电感、磁芯、漆包铜线、磁珠、磁环等。2013 年,规模以上企业有陆川县志诚电子元件厂和陆川县三隆电子有限公司 2 家,规模以下电子工业企约 20 家。年内,全县电子工业规模以上企业工业总产值 3.65 亿元,比上年增加 1.05 亿元,增长 40.43%;上缴税金 6.21 万元。

【造纸工业】 2013 年,陆川县造纸工业规模以上企业有 2 家,陆川县荣丰纸业有限公司产值 1.45 亿元,增长 3.55%;陆川县远强花纸厂主要生产工业用纸,包括陶瓷花纸、陶瓷颜料等瓷用花纸、颜料,年产值 0.78 亿元,增长 41.5%。造纸工业实现规模以上工业产值 2.23 亿元,比上年增加 0.58 亿元,增长 14.29%;上缴税金 30.54 万元。

(覃炳达 罗成志 黎明强)

电力工业

【电力工业概况】 2013 年,陆川县辖区内有在建 500 千伏变电站 1 座,总容量为 1000 万千伏安,投运的 220 千伏变电站 3 座,总容量为 530 兆伏安;110 千伏变电站 7 座,总容量 387.81 兆伏安。全县供电用户 21.25 万户,供电量 8.48 亿千瓦时,售电量 7.76 亿千瓦时。陆川县内供电网区管辖单位主要有陆川供电公司、陆川县水利电业有限公司 2 家,其中古城镇属陆川县水利电业有限公司营业区,其他 13 个乡镇属陆川供电公司辖区。

2013 年,陆川县供电公司内设 9 个职能管理部门、4 个二层管理单位和 7 个属二层机构的供电所,下辖 11 座变电站,公司主要负责全县 13 个乡镇 19.5 万户用电客户的供电任务。公司供电网区内有在建 500 千伏变电站 1 座,总容量为 1000 万千伏安;投运的 220 千伏变电站 3 座,总容量为 530 兆伏安;110 千伏变电站 6 座,总容量 387.5 兆伏安;35 千伏变电站 8 座,主变压器 15 台,总容量为 106.35 兆伏安;公用配电变压器 1543 台,配电变压器总容量 182.4 兆伏安;输电线路总长度 154.06 千米,配电线路长度 1378.47 千米。年内,公司完成供电量 7.99 亿千瓦时,比上年增长 6.74%;完成售电量 7.34 亿千瓦时,增长 7.25%;综合线损率为 8.05%,比上年降低 0.44 个百分点。

2013 年,陆川县水利电业有限公司公司建成 110 千伏变电站 1 座,变电容量 3.15 万千伏安,配套 110 千伏及 35 千伏线路正在施工建设;35 千伏变电站 1 座,变电容量 1.88 万千伏安;35 千伏线路 1 条 19.2 千米,10 千伏线路 295 千米;配电台区 274 个,配变总容量 2.11 万千伏安。其中,公用变 178 台,容量为 9640 千伏

安,专用变 87 台,容量为 1.38 万千伏安。供电用户 1.75 万户。全年供电量 4880.71 万千瓦时,比上年增长 11.84%。售电量 4193.30 万千瓦时,增长 12.39%。电费回收率 99.52%,比上年提高 0.24 个百分点。全年总销售收入 2006.19 万元,增长 9.43%。上缴各种税费 100.85 万元。

【电网建设】 2013 年,陆川县供电公司继续推进 2011、2012 年农网改造升级工程建设,并通过玉林市发改委组织的整体验收。完成 35 千伏变马坡变电站改造,新建 35 千伏米场—沙坡线路,线路长度 16.065 千米;新增 35 千伏沙湖变电站 #2 主变,容量 6.3 兆伏安;新建(改造)10 千伏线路 90.57 千米,0.4 千伏及以下线路 122.04 千米。绿燕变新建 3 回 10 千伏线路及雄英变新建 10 千伏农场线路等项目完工。

2013 年,陆川县水利电业有限公司继续推进农网改造升级工程建设。220 千伏同心变电站至 110 千伏旺垌变电站 110 千伏送电线路工程,线路全长 21.92 千米,设杆塔 68 基,总投资 1859.75 万元。已完成基础分坑 66 基,基础开挖 56 基,完成基础浇注 54 基。旺垌变至羊里山 35 千伏送电线路工程和良古线 π 接旺垌变电站 35

千伏送电线路工程,总投资 161.91 万元,13 基铁塔已经全部完成基塔基础浇注,安装完成 7 基铁塔。农网改造升级工程 10 千伏及以下项目 49 个,其中:新建(改造)10 千伏线路 9 条,总长度 41.729 千米;新建及更换配电变压器 40 台,总容量 9800 千伏安,10 千伏分支线 5.99 千米,低压线路总长度 71.63 千米,改造一户一表:4516 户,概算总投资 1149.77 万元。完成配电台区建设 40 个,正在进行自检验收和竣工资料整理 10 千伏线路 9 条。12 月,陆川县水利电业有限公司 2011、2012 年农网改造升级工程通过玉林市发改委验收。

【供电安全生产管理】 2013 年,陆川县供电公司推进安风体系和达标规范化以及日常管理的融合。开展电网、职业健康、设备、作业等风险评估。内审发现问题 69 项,完成整改率 92.8%;标准化达标发现问题 91 项,完成整改率 84.6%。公司安风体系建设过程顺利通过网局内审。组织各种安全业务集中学习培训 1200 多人次,开展"安全生产月"和"实现平安 100 天"系列活动。安全隐患排查 1130 人次,查处违章行为 5 起。完成 10 千伏、0.4 千伏线路设备图实核查;建立健全生产 MIS 设备台账;审核发布 35

千伏线路单线图 13 条、10 千伏配电线路系统接线图 84 条、10 千伏配电线路地理接线图 84 条、公变台区 0.4 千伏低压地理沿布图 1535 份。完成全县 1534 个公变台区高、低压熔丝(片)更换。年内,电网设备运行正常,安全生产形势平稳,没有发生大电网停电事故和列入考核的安全生产事故、人员责任事故,实现年内 3 个百日安全长周期。

2013 年,陆川县水利电业有限公司围绕公司制定的安全生产管理目标,制定措施并严格执行,开展创建"安全生产优秀班组"活动,在集团公司组织的达标验收中,推荐两个班组参评,其中变电站取得区级达标成绩。年内,公司实现"零事故"记录,安全生产实现"五无"(无施工行车险性以上事故;无因公死亡事故;无交通责任事故;无火灾事故;无压力容器锅炉爆炸事故)目标。

【供电服务】 2013 年,陆川县供电公司优化服务手段,提升客户满意体验。抓好关键短板的服务改进工作和南网公司"服务群众四项举措"的落实,开展关爱困难群众、保障安居工程、助力农村小康、服务企业发展等工作。全面兑现服务承诺,持续优化业务流程,提升业务办理效率。加强人员素质和服务技能培训,整顿供电所营业室的环境、人员作风、面貌,提升服务质量。加强强台风"尤特""海燕"等自然灾害中受破坏电网设施的抢修,抢修复电时间缩短到最低限度。圆满完成中高考、会考以及县内各项重大活动的保供电任务。年内,增加自动缴费机 22 台,银行代扣业务达到 63.92%,第三方客户满意度测评得分为 63 分。

2013 年,陆川县水利电业有限公司按照"诚信、质优、高效、规范"的服务理念,锐意进取,启用"966022"呼叫中心服务热线,受理客户的咨询、投诉,及时有效处理并解决广大客户用电过程中出现的难题和各类应急突发事件;投资近 25 万元,按照

2013 年 7 月 9 日,工作人员在 110 千伏川山线载波器 C 相引线烧坏现场进行零点抢修
县供电公司 提供

集团公司的统一标准建设电能计量测试中心已获得自治区计量测试中心授权。

【停电管理】 2013年陆川县供电公司严控停电时间,加强有序供电精细化管理,对各供电所上报的月度停电计划执行"先算后停",对超过月度停电指标的计划停电不予批准。每月定期组织召开停电协调会,对输、变、配电设备的停电统筹安排,最大限度减少线路设备的停电户数、停电次数和时间。非计划的临时停电必须经主管副总经理审批才能列入月度停电计划。每月对重复跳闸的线路进行全面梳理及原因分析,并组织各供电所定期清理线路通道的树障,减少线路故障发生。注重设备整改,提升电压质量。每月对各类电压合格率进行统计分析,对不达标的供电所及变电站进行通报,督促及时整改。年内,客户年平均停电时间59.29小时/户,比上年下降5.78%;城镇供电可靠性指标为99.96%;农村供电可靠性指标为99.73%;综合电压合格率98.58%。

（庞红梅　苏贞帅）

水力发电

【陆川发电分公司概况】 2013年,陆川发电分公司下属有东山水电站、西山水电站、文龙水电站等3座,其中东山、西山2座水电站是以发电为主,兼顾向县城区供水和农田灌溉,文龙电站主要以发电为主,兼顾农田灌溉。3座水电站管辖有东山水库、麻兰水库、暗地水库、黑水水库、文龙水库、王沙水水库、凤凰田水库、三合水水库等8座,总库容2630.10万立方米,发电分公司总装机容量5350千瓦,输水渠道总长30多千米,压力管总长1.5千米。发电分公司有正式员工176人,日工27人。年内,主

汛期和台汛期降雨量明显增多,年发电量1485.15万千瓦时,比上年增长28%;供水量为775.53万立方米,增长14.3%。

【安全生产管理】 2013年,陆川发电分公司贯彻《中华人民共和国安全生产法》《广西安全生产条例》以及广西水利电业集团公司有关安全生产规章制度,加强安全生产管理。一是落实安全生产责任。陆川发电分公司总经理为公司安全生产第一责任人,陆川发电分公司与各水电站层层签订责任书,层层抓落实,安全生产责任细化到个人,全生产考核实行一票否决制,安全生产工作逐步制度化和规范化。二是加强防汛。继续加强防汛安全宣传教育,修订完善水库的防洪应急预案;加强防汛值班和水库、渠道的巡视检查,4—8月重大防汛期期间坚持电站、水库、渠道各水点24小时有人值班和接听电话,管水员每天对水库、渠道进行巡查2次以上,台风暴雨期间不间断的拉网式的巡查,发现问题及时处理;加强东山水电、西山水电站等2个水电站各个水库的供水水源安全管理,做到24小时有人值守有人巡查,确保向县城区安全供水。三是加强供水渠道和机电设备的日常维护。坚持供水渠道和机电设备的日常维护,12月各水电站对供水渠道和机电设备进行全面检修,对平时运行中发现渗漏水比较严重和内外坡有塌方的供水渠道进行加固修复。年内无出现安全事故。

（罗子全）

二轻工业

【二轻集体工业概况】 2013年,陆川县二轻工业联社内设秘书股、行业指导管理股、资产财务管理股,编制9名,在职人员9人。全系统直属企业10家,联社成员单位30家,职工1603

人。年内,新吸纳民营企业3家,累计企业40家。实现轻工业总产值1.21亿元,比上年增长10.5%。实现轻工业增加值4135万元,增长10.8%。上缴税收241万元,增长11.05%。

【企业经营与管理】 2013年,陆川县二轻工业联社抓好企业的生产发展工作,提高企业的竞争力和经济效益。引导企业做好企业内部管理、新产品开发、技术改造和节能降耗等工作,降低企业生产成本,提高企业的经济效益。年内,开发新产品3个,增加产值5000多万元,新增就业人员50多人;技术改造总投资15万元。

【陆川铁锅】 2013年,陆川县二轻工业联社依靠科技进步,做好陆川铁锅特色产业的培育和发展工作。年内,以县南发厨具有限公司研发新一代环保节能的铸铁电饭锅内胆新产品,并申请国家专利,填补国内的空白。抓好铁锅的销售,实行传统销售和网络销售同抓共管,进一步完善网络的销售点,利用广西发明创造成果交易会,推介宣传和销售"铁锅之都"的产品,有效地扩大铁锅的销售市场,增加铁锅的销售额,产品销售额比上年增长35%。

【工艺美术】 2013年,县二轻工业联社按照自治区二轻联社、市二轻联社、市工艺美术大师评审领导小组办公室的要求和部署,组织县金属、根雕、花灯等工艺美术参加广西第二届工艺美术展,并取得较好的成绩。组织县工艺美术人员10人、作品20件参加第二届玉林市工艺美术工艺大师评比,花灯工艺师郭家新、根雕工艺师雍新云2人被评为玉林市工艺美术大师。

【广西发明创造成果展览交易会】 2013年,陆川县二轻工业联社组织有关企业参加第二、三届在柳州和桂林举办的广西发明创造成果展览交易会县二轻工业联社组织陆川特色产

业——铁锅和广西灏运燃料环保科技有限公司具有国家发明专利、节能环保的"神通节油王"产品参展。展会中企业产品交易额20多万元。县南发厨具有限公司生产的"铁人"牌铸铁电饭锅内胆、县和平搪瓷厂生产的"抛锅"获第三届广西发明创造成果展览交易会传统手工业创新成果奖。

【安全生产】 2013年,陆川县二轻工业联社严格抓安全生产和社会稳定工作。年内,召开安全会议6次,开展安全生产大检查6次,重点抽查1次,发现隐患20处,发出整改通知书20份,企业投入资金2万多元用于整改安全隐患,整改率达100%。年内未发生有安全责任事故。　　（刘育辉）

工业园区

【工业园区概况】 陆川县工业园区主要有北部工业集中区、龙豪创业园区、南部临海工业园等三大园区,园区总体规划面积为48.75平方千米。工业园区主要管理工作机构主要有县工业园区工作委员会、工业园区管理委员会。中共陆川县工业园区工作委员会、陆川县工业园区管理委员会实行一套人马两块牌子,办公地点设在陆川县北部工业集中区。2013年1月陆川县龙豪创业园区工作委员会、管理委员会挂牌成立。

陆川县北部工业集中区位于陆川县北部,规划面积26.04平方千米,集中区发展以机械制造业、健康食品业、新型建材业、林产品加工业、有色金属业为重点。2013年,入园企业累计96家。

陆川县龙豪创业园区位于县城区西面,规划面积30平方千米,涵盖米场、温泉、大桥等3个乡镇,园区发展以机电制造、食品加工、铁锅产业、电子信息为核心;服装加工、饲料加工等产业为铺,兼物流业、商贸业。园区按一轴三片区划分(米场片区、龙豪核心区、大桥片区)。其中,米场片区主要以机械制造、物流业为主;温泉片区主要以机电制造业、电子信息、服装加工、铁锅产业、商贸物流业等为主;大桥片区主要以健康食品、物流运输等为主。主要工业企业2013年,龙豪创业园区签约企业10家,签约项目主要为机械、电子、服装等方面,签约投资4.10亿元。园区工业总产值70多亿元。

2013年,陆川县工业园区以企业发展为平台,开展园区基础设施大会战,培育产业特色,重点培育创税龙头企业,强化项目带动,推进产业集聚发展,经济总体发展平稳。年内,全县工业园区总产值196.26亿元,增长11.6%;实现工业增加值56.91亿元,增长7.84%;规模以上工业总产值177.44亿元,增长11.2%;规模以上工业增加值51.46亿元,增长8.42%;实现税利10.09亿元,增长32.4%;完成工业项目投资30.06亿元。

【园区基础设施建设】 2013年,陆川县开展园区基础设施建设大会战,全县投入园区基础设施建设资金2.30亿元。其中,县北部工业集中区完成投资2.01亿元:推进玉柴重工配套产业园土地平整、路网建设、企业项目建设、供水供电及排污排水等工程建设;在玉林市民主南路延长线(彤合机械有限公司)至六燕变电站横跨民主南路建设钢桁架结构的北部工业园区入口龙门架;铺设平岭工业大道北面供水管;架设平岭工业大道10千

伏线路迁移工程的线杆、六燕110千伏变电站供电工程的电线;硬化北流塘岸至福绵新桥二级路陆川北部园区段(即平岭工业大道)的路面;经一路开工建设;北部工业集中区"两纵三横"路网初具雏形。龙豪创业产业园跨 输油管道通道二期工程、跨路涵洞和排水沟建设基本完成。

【园区重点项目建设】 2013年,陆川县新增入园企业项目18个,在建项目55个、竣工28个。

县北部工业集中区新入园企业2家,新签订投资项目29个,合同投资31.62亿元;新开工工业项目29个,完成投资20.72亿元;竣工工业项目17个,完成投资10.38亿元。推进玉林市恒伟机械配件生产项目、宝康源中药材生产项目、桂林百坚挖掘机覆盖件和结构件生产项目、鸿如林装饰板及套装门项目、中科中柴机械项目、川迪机械配件生产项目等重点项目建设,逐步完善厂房、办公楼、宿舍楼、围墙等建设。

龙豪创业园区完成固定资产投资16亿元。2013年,重点推进广西永成农机装备有限公司农机产品、陆川县永发机械有限公司农机机械、东莞市微索科技电子有限公司电子(终端)产品、玉林市玉仁后勤用品公司服装加工、广西陆川县麟达服装有限服装加工、广西陆川全球电子有限公司发电机生产等项目建设。推进九洲江上游流域中小企业产业转移园基础设施建设,项目位于沙湖镇官山村花果山,规划面积约73.33公顷,总投资约5亿元。年内,完成征地26.67公顷,青苗补偿16.67公顷,迁坟60座,平整土地13.33公顷。已完成九洲江上游流域中小企业产业转移园规划编制和评审。

　　　　　　　（徐建春　覃常绿）

商贸·旅游

SHANGMAO LVYOU

2013年7月10日，陆川县举行"农家乐"旅游经营者培训班　　　　县旅游局　提供

商业·住宿餐饮业·服务业

【商业服务业发展概况】 2013年,陆川县社会服务业主要以公共设施服务业、居民服务业、旅馆业、娱乐服务业、美容美发保健业、日用品修理业为主,信息咨询业、广告业、计算机应用服务业等新兴和逐渐发展的社会服务业为辅。全县有社会服务业945户,注册资金1.21亿元。其中,个体工商户755户,注册资金8923.30万元;服务业企业190家,注册资金3220万元。年内,推进批发和零售业、住宿和餐饮业等商业服务业的发展,全县市场交易活跃,消费品市场整体运行良好,社会消费品零售总额稳步增长,全年实现社会消费品零售总额43.24亿元,比上年增加5.35亿元,增长14.12%,社会消费品零售总额指数为114.12。其中,餐饮业营业收入5.28亿元、增长19.23%,零售总额收入4.68亿元、增长18.32%;住宿业营业收入6070.9万元、增长11.97%,零售总额收入2917.5万元、增长11.31%;批发业零售总额收入38.27亿元,增长13.65%,其中零售业零售总额31.93亿元,增长17%。

【餐饮业】 2013年,陆川县新登记注册餐饮业经营户66户,注册资金385.1万元。其中私营餐馆、酒楼2家,注册资金13万元;个体饮食点64户。陆川县共有登记注册餐饮业经营户276户,其中私营餐馆、酒楼11家,个体饮食点265户。

【旅馆业】 2013年,旅馆业新开业3户,注册资金80万元。全县有旅馆业经营户35户,注册资金1289.30万元。旅馆业以个体工商户为主。集餐饮住宿为一体的宾馆、酒店有6家。

【娱乐业】 2013年,全县有娱乐业经营户63户,注册资金235.50万元。娱乐业主要经营KTV、电子游戏、台球等为主。

【建筑装饰业】 2013年,陆川县有建筑装饰公司12家,从业人员1288人,注册资本11138万元。

【摄影照相业】 2013年,新开张照相馆9家,全县经工商注册登记的摄影照相行业29家。各类影楼、照相馆还兼婚纱出租、为新娘化妆等服务。

【美容美发保健业】 2013年,美容、美发、按摩、足浴、保健业新开业47家,注册资金105.30万元。全县有美容美发业经营户303户。

【广告业】 2013年,全县有广告业经营户35户,从业人员68人,广告费收入最多的是房地产信息广告。

【物流业】 2013年,陆川县注册登记物流企业有8家。主要从事快递服务。

【洗涤业】 2013年,全县经工商注册登记的干洗店3家,从业人员10人。

【洗车业】 2013年,新注册登记洗车场2家,全县经注册登记洗车场10家,从事人员24人,多分布在温泉路。洗车器具多是高压喷淋洗车。

【中介服务业】 2013年,新注册登记中介服务公司5家,全县有中介服务公司17家。中介服务主要开展房屋买卖租赁、婚姻介绍、职业介绍、房屋贷款介绍、典当、车辆租赁买卖、信息咨询等中介服务项目。

【汽车租赁】 2013年,新增汽车租赁服务部3家,全县有汽车租赁服务部14家,主要为个人提供商业用车、家庭用车、礼车等,开展临时、短期、长期的汽车租赁业务。

【修理业】 2013年,新注册登记修理企业3家,全县有注册登记修理企业9家,个体修理经营户430户,从业人员567人。主要从事家用电器、摩托车、电动车、汽车修理。

【废旧回收】 2013年,新注册登记的废旧品收购点3个,全县有废旧品收购点49个,从业人员64人,主要收购废旧家用电器、废纸、塑料等。

表25　　　　　　　　　　　　　　2013年陆川县物流企业情况

公司名称	成立时间	公司地址
玉林市恒速快递有限公司陆川营业部	2011年1月19日	温泉镇河坝村市场东滨路五巷一号
玉林市韵达快运有限公司陆川营业部	2012年12月7日	温泉镇东滨路北三巷11号
陆川县邮政局乌石邮电支局	1999年11月8日	乌石镇乌石街
陆川县邮政局大桥邮电支局	1999年11月8日	大桥镇大桥街
广西邮政速递物流有限公司陆川县营业部	2010年6月23日	温泉镇汇丰街
广西玉林中通速递有限公司陆川县服务部	2013年4月18日	陆川县温泉镇三峰中路30号
玉林市申通快递有限责任公司陆川分公司	2013年4月3日	陆川县文昌街6号
陆川县圆腾通速递有限公司	2013年6月7日	陆川县园西一路1号旁

表 26　　　　　　　　　　　　　　2013 年陆川县中介服务公司情况

公司名称	成立时间	公司地址
陆川县宇通机动车驾驶员培训有限责任公司	2008 年 9 月 25 日	温泉南路 201 号
陆川县君丰房地产中介有限公司	2010 年 3 月 23 日	温泉镇官田垌君丰商贸开发区
陆川县神舟物业服务有限公司	2004 年 12 月 24 日	陆川县银兴商场 4 楼
陆川县婚姻家庭服务中心	2001 年 9 月 7 日	陆城镇文达街 28 号
陆川县林霖劳务有限公司	2008 年 7 月 14 日	温泉镇长安街 132 号
陆川县天籁信息咨询有限公司	2009 年 9 月 10 日	珊罗镇和兴街 75 号
陆川县顺达汽车租赁有限公司	2010 年 12 月 1 日	温泉中路(汽车皇都旁边)
陆川县鸿吉汽车租赁有限公司	2012 年 11 月 23 日	温泉镇万丈村白坟脚队(官田路口北边)
陆川县顺安汽车租赁有限责任公司	2012 年 4 月 13 日	温泉镇温泉中路
广西陆川县福泰投资有限公司	2012 年 2 月 8 日	温泉镇江滨路河坝开发区
陆川县桂兴劳务有限公司	2012 年 2 月 22 日	温泉镇温汤路 85 号
陆川县亿顺建筑工程劳务有限公司	2011 年 3 月 3 日	温汤路 113 号中山苑 1-16 号楼 9-10 号
陆川县润达汽车租赁有限公司	2013 年 11 月 15 日	温泉南路西侧 26 号
陆川县顺祥汽车租赁有限公司	2013 年 3 月 18 日	温泉中路 512 号
广西陆川县兄弟投资咨询有限公司	2013 年 11 月 1 日	温泉镇温泉中路 286 号
陆川县延龙汽车租赁有限公司	2013 年 12 月 20 日	温泉镇通政路 43 号
陆川县金地置业服务部	2013 年 8 月 7 日	温泉镇碰塘开发区绕城路东边(电机厂对面)

表 27　　　　　　　　　　　　　　2013 年陆川县汽车租赁服务部情况

名称	成立时间	地址
陆川县顺达汽车租赁有限公司	2010 年 12 月 1 日	温泉中路(汽车皇都旁边)
陆川县进财汽车租赁服务部	2011 年 10 月 9 日	温泉镇泰安街林业区 5 栋 1 号
陆川县顺发汽车租赁服务部	2011 年 9 月 21 日	温泉镇温泉中路(电信大楼对面)
陆川县良田镇鸿运汽车租赁服务部	2012 年 2 月 23 日	良田镇良田二级公路路旁
陆川县顺安汽车租赁有限责任公司	2012 年 4 月 13 日	温泉镇温泉中路
陆川县鸿骏汽车租赁服务部	2012 年 6 月 18 日	温泉镇温泉中路(交警队宿舍区南 100 米)
陆川县宏图汽车租赁服务部	2012 年 5 月 25 日	温泉镇温泉南路(镇政府西边上侧 30 米)
陆川县圆梦汽车租赁服务部	2012 年 9 月 20 日	温泉中路 232 号
陆川县顺意汽车租赁服务部	2012 年 10 月 19 日	温泉镇温泉南路(农机校上侧)
陆川县鸿吉汽车租赁有限公司	2012 年 11 月 23 日	温泉镇万丈村白坟脚队(官田路口北边)
陆川县润达汽车租赁有限公司	2013 年 11 月 15 日	温泉南路西侧 26 号
陆川县顺祥汽车租赁有限公司	2013 年 3 月 18 日	温泉中路 512 号
陆川县延龙汽车租赁有限公司	2013 年 12 月 20 日	温泉镇通政路 43 号

表 28　　　　　　　　　　　　　　2013 年陆川县汽车修理企业情况

企业名称	成立时间	企业地址
广西运美运输集团有限公司陆川汽车维修厂	2002 年 10 月 21 日	温泉镇城北 60 米大街
陆川县交通开发公司陆兴汽车维修厂	2000 年 3 月 24 日	陆川县货运站内
陆川县交通开发公司	1997 年 6 月 3 日	陆城镇温汤路 81 号
陆川县亚端电器维修部	2011 年 11 月 4 日	陆川县城区通政街 14 号
陆川县锋行电脑办公设备经营部	2012 年 3 月 12 日	陆川县政兴路 12 号
陆川县珊罗镇明友电器维修中心	2012 年 9 月 25 日	珊罗镇四乐村瓦窑岭
陆川县景润汽车维修美容中心	2013 年 1 月 16 日	陆川县向阳路东四良桥头
陆川县桂兴汽车维修服务有限公司第一经营部	2013 年 4 月 7 日	温泉镇城北建材市场(原温泉北路
陆川县三军汽车美容店	2013 年 8 月 1 日	温泉镇三峰东路

对外经济贸易

【对外经济贸易概况】 2013年，受全球经济不景气，人民币不断升值等多重因素影响，陆川县外贸出口企业处在"寒冬"中，8家外贸企业只有玉柴重工、裕镁金属、嘉顺工艺、立鼎工艺等4家企业有进出口业绩。年内，全县完成外贸进出口总额1112万美元，比上年下降72.1%。其中，出口1085万美元，下降44%；进口27万美元，下降98.7%。唯一有进口业绩的玉柴重工进口额下降98.7%。

【利用外资】 2013年，广西玉柴重工有限公司在全球经济低迷、工程机械产能相对过剩、挖掘机产量严重下降等不利条件下，采取资源重新整合，人员岗位的合理调整，努力争取多方面融资等措施，按合同规定如期注入外资1617万美元。年内，陆川县实际利用外资1617万美元。

（覃炳达　罗成志　黎明强）

市场服务管理

【市场服务管理概况】 2013年，陆川县市场服务中心(简称县市场中心)内设办公室、人教股、市场股、财会股、物业股、稽查股等职能股室6个，下辖山罗、平乐、马坡、米场、沙湖、沙坡、城北、城关、九洲、温泉、大桥、横山、乌石、良田、清湖、古城等市场管理所16个。农贸市场25个，其中国有农贸市场19个，6个私营农贸市场。全县25个农贸市场中有2个专业市场、23个农贸综合市场，其中县城区有城北、友爱、九洲、温泉、河坝村、石

桥街等农贸市场6个，其余19个农贸市场分布在全县各镇。

【良田新农贸市场投入使用】 2013年，良田综合市场改建完成投入使用。良田农贸市场改建总投资280万元，为二层钢筋混凝土结构，占地面积1000平方米，总建筑面积2300平方米。市场通过公开招标，由私人整体承包经营，年承包金3.60万元。

【县城区临时市场设立】 2013年，为切实改善县城区市容环境，合理分流马路市场摊点。7月，经县政府同意，县市场中心在城区设立河坝村、祥和南路、长安街、中山苑、万丈铺、双龙街、永新街、创新街、金天地等临时市场9个。这是县城区首次设立临时市场。

【市场卫生监管】 2013年，县市场中心加强市场卫生管理。对全县农贸市场聘请专职清洁员对市场垃圾全天候保洁。在县城区九洲、友爱、温泉、城北等市场摆放1000只垃圾容器，用于收集垃圾，促进市场环境卫生改观。

【市场经营】 2013年，县市场中心加大对市场设施改造的投入，提升农贸市场品位，注重服务，规范管理。年内，全系统市场服务费、市场设施租赁费两费收入1174.80万元，比上年增长177.80万元。

【市场管理】 2013年，县市场中心加强农贸市场、临时市场经营秩序管理。7～8月，联合执法小组50人分2个小组每天对城区农贸市场及其周边街道、临时市场进行整治，取缔公园路、沙坡路口、疗养路口、官田路口、地税局路口、万丈铺乱摆乱卖的摊点200个；规范清理九洲市场旁永新街、创新街占道经营乱摆乱卖猪肉摊点16个；规范9个临时市场的摆卖秩序；拆除城北水果市场部分乱搭乱盖的违章建筑。

【市场选介】

　　九洲市场　是县内最大的综合农贸市场，位于县城区汽车站附近，占地面积8337平方米，其中建筑面积1.15万平方米。市场配套设施齐全，各类摊台货架统一，有供水供电、消防、防盗、降温、公厕等设施。场内设有市场管理所、工商所、治安保卫办公室。有固定摊位1080个，门店、商铺49间，从业人员1720多人。主要经营：肉类、水产、蔬菜、豆制品、烧腊、水果、糖果、杂货、成衣、布匹、鞋业、百货、裁剪、五金、饮食等行业，商品丰富，交易活跃，有来自广东、海南、湖南、云南、贵州、四川等省客商长期在市场内经营。

　　马坡农贸市场　建于1998年，位处马坡镇开发区，占地面积5000平方米，建筑面积3500平方米，有固定摊位323个，内设饮食行、猪肉行、鱼行、熟食行、豆制品行、针织行、成衣行、五金行、蔬菜行、水果行、电器行、日杂行等12大行业，是北部乡镇最大市场。

　　清湖农贸市场　建于2001年，位处清湖镇两广交界中心位置，市场占地面积2900平方米，建筑面积为4100平方米，有固定摊位180个，主要经营肉类、副食、成衣、小百货、五金等商品，市场周边设临时摊位40个，主要经营蔬菜、果品、家禽、鱼类等产品。市场商品充足，交易活跃。

（陈宗活）

供销合作

【供销合作机构概况】 2013年，陆川县有县级供销合作社联合社1家，乡镇基层供销社15家，公司企业3家，股份制龙头企业2家。陆川县供销合作社联合社(简称县供销社)内设政秘股、综合业务股、财会基建股3个职能股室，有参照公务员法管理人员9人，自收自支职工11人，财政供养离退休

人员 22 人,自收自支退休人员 5 人;下辖 15 个基层供销社及陆川县土产公司、陆川县农业生产资料公司、陆川县日杂废旧物资公司和陆川县第一农业生产资料有限公司、广西龙珠再生资源有限公司。陆川县第一农业生产资料有限公司有农资配送中心 1 个、农资加盟店 71 家、连锁配送网点 288 个。

【经营销售】 2013 年,全县供销系统实现综合经营总额 12.43 亿元,比上年增加 2.43 亿元,增长 24.3%。实现商品购进总额 5.50 亿元,比上年增加 1.11 亿元,增长 25.33%。其中,农副产品购进 9486 万元,比上年增加 1440 万元,增长 17.9%。实现商品销售总额 6.78 亿元,比上年增加 1.29 亿元,增长 23.58%。其中,农业生产资料销售额 1.67 亿元,比上年增加 2400 万元,增长 16.74%;消费品零售额 2.15 亿元,比上年增加 4500 万元,增长 26.39%。实现利润 340 万元,比上年增加 36 万元,增长 11.84%。

农资销售 2013 年,全县供销系统销售各种化肥 7.90 万吨(其中碳铵 2.16 万吨、尿素 1.59 万吨、磷肥 1.57 万吨、钾肥 0.63 吨、复合肥 1.95 万吨),农药 1379 吨,农膜 167 吨。农资销售金额 1.67 亿元,比上年增长 16.74%。

农副产品购销 2013 年,全县供销系统农副产品购进 9486 万元,销售额 1.14 亿元。其中,生猪购进 3.22 万头,销售额 5116 万元;蔬菜购进 1821 万元,销售额 2016 万元;各类家禽购进 1380 万元,销售额 1760 万元。全系统有社办、租赁、联办猪场 8 个。年底生猪存栏 1.67 万头,白鸽存栏 7100 对。

日用消费品销售 2013 年,全县供销系统日用消费品配送、销售金额 2.15 亿元,其中,家电销售 4310 万元,日用百货销售 7025 万元(其中消费品 3790 万元)。

【服务网络建设】 2013 年,全县供销系统有"万村千乡市场工程"农家店 154 家,其中日用品农家店 85 家(镇级 10 家、村级 75 家)、农资农家店 69 家(镇级 9 家、村级 60 家)。分布在全县 14 个镇、102 个行政村,覆盖率 66.2%。

【供销合作社招商引资】 2013 年,全县系统社办企业和招商引资项目 41 个,总投资额 4404 万元,年产值 1.12 亿元,利润 892 万元,安排农民工就业 1523 人,助农增收 1174 万元。开工项目 7 个(陆川县龙珠再生资源有限公司生产车间扩建工程、乌石供销社农副产品市场改建工程、乌石供销社商贸市场建设工程、土产公司农产品交流中心建设工程、温泉供销社万丈商住综合大楼建设工程、沙坡供销社商住综合大楼建设工程、良田供销社旧危房改造建设工程)总投资 2510 万元。年内,陆川县被评为广西壮族自治区供销合作社第二批"项目建设富民强社"示范县。

【为农服务】 2013 年,全县系统各农资经营单位筹集资金 2300 多万元,从区内外生产厂家及公司组织购进各种优质化肥 7.90 万吨、农药 1380 吨、农膜 170 吨、秧托 200 多万片以及种子、农具等农资商品。陆川县第一农业生产资料有限公司开展农资连锁配送业务,各基层供销社通过农民技术学校、专业技术讲座、现场讲解免费培训农民工 3360 人次,全县系统各农资终端网点、庄稼医院为农户印发各种农技资料 5800 份,为农民提供技术咨询服务 13.63 万人次。

【安全生产】 2013 年,供销系统开展安全生产大检查 3 次,参检人数 285 人次,投入整治安全隐患资金 58 万元,全系统安全生产无事故。

(吕伯仁 黎敏鲜 陈 照)

粮食购销

【粮食商业概况】 2013 年,陆川县有县级粮食局 1 个,粮食购销企业 17 个。陆川县粮食局内设有政秘股、监督检查股、调控计财股等 3 个职能股室,局行政编制人员 12 人,实有在编人员 10 人,全县粮食系统聘用干部职工 106 人。下辖粮食购销企业有:县粮食购储公司、城区粮所、县直属粮库及 14 个镇粮所。全县有效仓容 3.30 万吨。

【粮食直补订单收购】 2013 年,全县完成储备粮收购 1.70 万吨,占自治区下达收购任务的 100%。发放直补资金 408 万元,收粮后由财政所通过农补网一折通直接兑付给售粮农民。

【储备粮安全管理】 2013 年,县粮食局开展全县粮食库存检查和秋季粮油普查,全县粮食库存检查存粮点 9 个,仓房 67 间,商品粮 1 万吨(待划转储备粮),县级储备粮 3181 吨。秋季粮油普查检查存粮点 11 个,仓房 153 间,商品粮 1.68 万吨,县级储备粮 5251 吨,全部符合基本无虫粮要求,粮食各项质量指标,符合国家质量标准三等以上和宜存要求。

【粮食直补订单政策宣传】 7 月 26 日,县粮食局县纪委监察局、县政府纪风办等部门联合在米场镇举办"陆川县'政风行风热线'察民情、'粮安工程'阳光惠民心"户外活动。活动采取有奖问答、接受群众咨询、展出宣传板块、发放宣传资料等形式,宣传储备粮直补订单收购、放心粮油店建设、科学储粮装具的推广使用等政策,接受现场群众对粮食管理机关政风行风的评议。活动展出宣传板块 15 块,发放相关宣传资料 500 余份,答疑 150 余人次。

【农户科学储粮装具推广】 2013 年,自治区粮食局下达陆川县科学储粮装具发放任务 2000 套。陆川县粮食局加大宣传发动,引导乡镇农户广泛参与,按要求发放科学储粮工程彩钢装具 2000 套,并通过自治区的验收。

2013 年 5 月 13 日,陆川县举行科学储粮仓发放仪式。图为农户领取储粮装具后回家　　　　　县粮食局　提供

每个储粮装具购置经费由中央补助135 元、区级补助 225 元,农户自筹资金 90 元,农民获得实惠 72 万元。

（吕海平）

烟草专卖

【烟草专卖概况】　2013 年,陆川县烟草专卖局(营销部)下设综合管理股、专卖管理股、内管派驻组、客户部、中转站、稽查大队、城区专卖管理所、马坡专卖管理所、乌石专卖管理所、良田专卖管理所 10 个部门,有职工 63人。年内,县烟草专卖局(营销部)强化内部经营管理,开拓卷烟市场,搞好卷烟经营工作。

【专卖管理】　2013 年,全县有经营户2949 户,持证率 3.0‰。其中,县城经营户 537 户,占辖区经营户的 18.2%；乡镇所在地经营户 587 户,占辖区经营户 19.9%；农村经营户 1813 户,占辖区经营户 61.5%。自管小组 186 组,

小组成员 2400 户。烟草专卖局查处违法案件 84 起,烟草证件受理申请268 起,行政许可审批 192 起,行政不许可审批 76 起。开展坐摊调查 63 户次,对辖区重点户监管 248 户次,向营销部发送调查函及各类建议 6 次,查处国产真烟案件 7 起。

【卷烟销售】　2013 年,陆川辖区销售卷烟 1.45 万箱,增长 14.4%。发展网上订货 1317 户,网订率 43.87%；完成年销售任务 1220 箱的 100.79%。

【卷烟品牌培育】　2013 年,开展"真龙"牌系列卷烟销售活动,加大"真龙"卷烟宣传和推介,在城区和圩镇设点宣传,召开"真龙"动员推介会,派发宣传资料,与厂商联系,贴"真龙"背贴画,在零售户烟柜上贴"真龙"宣传画。利用自管小组会议动员经营户购进、上柜、推介"真龙"牌系列卷烟。年内,设置"真龙"宣传点56 个,贴烟柜背贴画 2950 张,召开"真龙"推介会 142 场,城区、圩镇经营户"真龙"上柜率由 80% 增加到 90%,农村经营户"真龙"上柜率由 50% 增加到 80%。

（吕海荣）

石油经营

【石油经营机构及概况】　2013 年,陆川县石油供应主要有中国石油化工股份有限公司广西玉林石化分公司和中国石油广西玉林销售分公司 2 家企业,销售网络分布陆川各乡镇,经营加油站 35家,其中中石化公司加油站 12 家,中石油公司加油站 4 家,民营加油站 19 家。

中国石化玉林分公司陆川片区2013 年,中国石油化工股份有限公司广西玉林石油分公司陆川片区设管理中心 1 个,在职职工 91 人(其中正式职工 11 人,劳务工 80 人)。片区管理人员 5 人。陆川片区加油站网点主要分布在城区、马盘二级公路上,经营加油站 12 座,其中城区网点有大社加油站、城北加油站、城中加油站、城南加油站、官田加油站 5 座；乡镇网点有珊罗加油站、朱砂加油站、马坡加油站、米场加油站、乌石加油站、清湖加油站、盘龙加油站。非油品销售业务主要经营烟、酒、食品等。年内,非油品销售总额 405 万元。

【石油销售】　中国石化玉林分公司陆川片区销售油品继续由玉林分公司统一调拨,主要经营汽油、柴油、润滑油等品种。2013 年,陆川片区汽油主要销售 93 号、97 号汽油。各种成品油销售量 4.86 万吨(其中 93 号汽油 1.39 万吨,97 号汽油 1102 吨,0 号柴油零售量为 2.41 万吨),销售金额 21.27 亿元。

【经营管理】　2013 年,陆川片区继续坚持"预防为主,安全第一"的方针。进一步加强对加油站的消防管理及安全监督管理,实行安全工作承诺制度,加强对员工职业道德教育及业务培训,提高员工的服务素质。继续推行 IC 卡及各项优质服务,IC 卡充值2.26 亿元。

（谢志斌）

物资经营

【物资经营机构及概况】 2013 年，陆川县物资总公司下设民爆公司、废旧金属回收公司、燃料公司，总公司有职工 15 人（其中民爆公司 7 人，废旧金属回收公司 2 人）。燃料公司 1997 年停业公司人员全员下岗。有工业炸药库 1 座，容量为 29 吨；工业雷管库 1 座，容量为 20 万发。年内，销售工业炸药 196 吨，比去年同期增长 10%，销售工业雷管 6 万发，比去年减少 30%，销售利润 15 万元。

【爆炸物品出库存安全管理】 2013 年，物资公司按照《民用爆炸物品生产、销售企业安全管理规程》进行管理和操作，确保库区各安全设备正常运行；执行民用爆炸物品储存规范要求，产品按要求摆放整齐，库房内干湿度适宜，无超量储存及混存等违规行为；加强产品进出库制度管理，对外来车辆进行严格检查及登记备案，不给予不符合规定车辆及人员进入库区，确保安全。

【"安全生产月"活动】 2013 年 6 月，县物资局以"强化安全基础，推动安全发展"为主题，成立安全生产活动领导小组，开展安全生产月宣传活动。活动张挂安全生产宣传横幅和标语 2 条，发放安全生产知识手册和资料 100 份，播放安全生产宣传教育片 2 次，回答群众有关安全生产的疑难问题 20 个。

（李良生 余强冠）

旅　游

【旅游概况】 2013 年，陆川县有国家 AAAA 级旅游景区和 AAA 级旅游景区各 1 个，星级旅游饭店 4 家（九龙山庄、金川宾馆、百翔宾馆、锦华温泉大酒店），星级农家乐景点 2 家（龙颈瀑布、龚家山庄），谢鲁山庄被国务院核定为第七批全国重点文物保护单位。旅游管理机构有陆川县旅游局，下属有谢鲁山庄景区管理所、龙珠湖风景区管理所、陆川县旅游公司、九洲旅行社。县旅游局内设政工秘书股、规划资源股、旅游业务股，在编人员 13 人。

2013 年，陆川县提出"游陆川美景、享客家风情、创旅游品牌"的发展思路，加强旅游项目建设和旅游招商引资，拓展旅游市场，抓好旅游行业管理和队伍建设，推进客家温泉文化名城、龙珠湖旅游项目招商引资及马坡丽江旅游光度假山庄、谢仙嶂旅游开发等项目建设，完成东山文化旅游产业园概念规划编制等，全县旅游经济保持平衡发展。年内，全县旅游总人数 170.97 万人次，旅游总收入 14.2 亿元；入境游客 9484 人次，旅游外汇收入 320.89 万美元。

【旅游项目建设】 2013 年，陆川县发挥旅游资源优势、生态优势和产业优势，创新旅游发展模式，把工业强县与旅游活县相结合，把陆川打造成为具有岭南特色的民俗文化旅游目的地及岭南特色的客家温泉文化名城，推进重点乡村旅游项目建设。成立农民旅游协会、乡村旅游合作社等农村新经济合作组织，鼓励和引导乡镇、村屯参与旅游经营开发，形成农民自主经营、农民与投资商合作经营、农民股份集资、"公司＋农户"等多种模式推进乡村旅游发展。推动农家乐、农业新村、民俗村寨、生态村屯、农业园区以及高科技生态农业观光园、乡村红色旅游地、休闲度假旅游村屯等特色旅游建设项目。年内，重点推进平乐镇石灰窑村生态文化旅游区、马坡硃砂村丽江旅游观光项目、乌石千亩特色水果番石榴观光项目、桂东南红色生态旅游景区、沙湖嶂神农生态旅游项目、陆川南麓森态公园等重点乡村旅游项目建设有序开展，完善九洲江两岸生态景观建设，完成马盘百里长廊花草种植、油菜花种植，突出陆川客家文化，推进温泉休闲养生、客家休闲养生旅游发展，完成投资约 2000 万元。

岭南世界（陆川）客家温泉文化城建设 位于城东新区，占地面积 200 公顷，总投资 63 亿元，集五星级大酒店、五星级国际温泉养生会所、中药温泉汤浴、四季大型室内滑雪场、岭南客家风情旅游小镇、岭南客家公园、岭南客家历史文化博物馆、温泉休闲养生度假区、高品位温泉住宅区、别墅区等于一体的旅游综合开发项目。2013 年，项目展示馆、游客接待中心已建成投入使用，客家公园一期、南北主干道正在建设。

谢仙嶂民俗文化旅游景区规划建设 谢仙嶂位于沙坡镇集仙山村，距离县城 18 千米，是陆川县境内的第一高峰。2013 年，规划建设谢仙嶂民俗文化旅游风景区，计划投资 16.3 亿元。主要建设民俗文化、武术学校、登山运动、新农村旅游小镇、休闲养生等综合旅游项目。

马坡镇雄英村龚家山庄建设 百米书法长廊，山庄悬挂作品 30 多幅，书法作品集中广西乃至全国名家的手笔，字体各异，用木板雕刻而成，风格多样，古色古香，富有中华民族文化特色，具有较高的欣赏价值和收藏价值。

南麓山庄 位于横山镇四和村南田水库底石岗肚，距县城 20 千米，北靠籈篱嶂，东与陆透水库相邻，西在猫拱峰与博白分界，南为横山肚山丘田园，与谢鲁山庄相望，此外还有南田水库、深木水库，连接两水库从半山经过的水渠约 3 千米，南田林场八角 467 公顷、肉桂等药用森林及未开发的原生态林；三梯级瀑布落差 100 米，集养殖、休闲、旅游为一体旅游资源地。

【谢鲁山庄入选第七批全国重点文物保护单位】 2013 年 3 月 5 日，经国务院核定,陆川县谢鲁山庄入选第七批全国重点文物保护单位。5月16日,陆川县举行谢鲁山庄全国重点文物保护单位揭幕仪式。

谢鲁山庄位于乌石镇谢鲁村寨子屯。原名树人书屋,又名谢鲁花园。1920年1月,由原清光绪附贡生、国民党陆军少将、国民革命军第八军副总指挥吕芋农(字春瑄)所建。山庄占地面积6.67公顷,依山而建,所有的房屋均为砖墙瓦顶,依照苏杭园林特色,融入客家乡风民俗,集园林、人文景观于一体,取"天长地久"之意置以"一至九"的数字设景,即一个小门,二重围墙,三层主体,四方大门,五处假山,六幢房屋,七口池塘,八座亭子,九曲巷道,设12个游门,长廊曲径5000米,每个数字各建其景,每个景各含其义。庄内种植奇花异草、名贵树木200多种。中西合璧、朴素典雅的建筑风格巧妙融入客家元素,素有"岭南第一庄"之称,是迄今全国保留最为完整的四大私人庄园之一。谢鲁山庄1980年对外开放,1988年列为省级旅游风景名胜区,1994年列为省级重点保护单位,2009年1月获国家AAAA级旅游景区。

资料链接

全国重点文物保护单位是中华人民共和国对不可移动文物所核定的最高保护级别,自1961年第一批公布于众后,至2013年开展第七批评选,累计全国重点文物保护单位有4295处。

【锦华温泉大酒店通过三星级评定】
陆川锦华温泉大酒店位于县城区温泉大道,2012年9月28日建成投入使用,总投资3000万元。占地面积2500平方米,建筑面积6500平方米,主楼高六层,酒店分为餐饮、客房2个功能服务区,大型停车场1个,均按照三星级标准装修,以温泉文化、客家文化为主题,酒店有客房93间[其中双床房74间,大床房13间,普通套房

(两开间)3间],总床位数166个;餐厅1个,面积500平米,座位600个;宴会单间或包房19间,座位272个,面积985平方米;厨房面积400平方米。酒店工作人员120人;酒店主打温泉品牌和以陆川猪系列为主的客家特色名菜品牌。锦华温泉大酒店在创星工作中,对照三星级旅游饭店标准进行建设和经营,加强经营管理、设备设施建设。2013年12月29日,陆川锦华温泉大酒店三星级饭店评审会在该酒店的会议室召开,玉林市星评委专家组对酒店进行检查,对照三星级旅游饭店标准进行评定,经检查已达到国家三星级旅游饭店的标准,给予三星级旅游饭店的评定。

【龚家山庄获评为三星级广西星级农家乐】 2013年,陆川推进马坡镇雄英村龚家山庄农家乐旅游休闲度假项目建设,山庄规划占地面积53.33公顷,以自然生态环境为基础,配设饮食、旅游、观光、娱乐休闲等乡村旅游度假项目,重点推进大岩岭神庙、100米文化长廊、100米中国书法家碑林长廊、龚家宗祠(县级保护文物)、游泳池等设施建设,建设农场果园、罗汉松园、竹园、桂花园、桃花园等,建设辣椒示范基地、薰衣草种植基地、陆川猪林下放养基地、水产养殖等,开展蔬菜食品加工、陆川猪全猪宴、烧烤等农家乐活动。年内,重点推进基础设施建设,100米文化长廊、50米长形凉亭、罗汉松园、桃花园、大岩岭神庙、辣椒示范基地建设等项目逐步完成。龚家山庄农家乐旅游休闲度假项目被玉林市乡村旅游区(点)质量等级评定委员会命名为广西三星级农家乐。

【陆川猪产品及铁锅获玉林特色旅游商品评选大赛奖】 9月4日,玉林市举行特色旅游商品评选大赛。陆川县组织陆川猪产品及陆川铁锅参加食品类和工艺品类比赛并获大奖,其中"聚银·岭南客家"牌陆川猪扣肉获"十大玉林特色旅游食品奖",陆川猪

肉丁、陆川猪扣肉获"玉林市特色旅游商品十大网络人气奖","铁人"牌不锈钢铁锅获"十大玉林特色旅游工艺品奖"。

【旅游经营业务培训】
陆川猪烹饪培训 12月13日在金川宾馆举行,由县旅游局主办,县食品药品监督管理局协办。县城区、各乡镇、各农家乐景点的100多名学员参加培训,培训为期一天,邀请国家高级烹饪技师陈镇授课。培训采取理论学习加实际操作的方式,重点培训陆川猪的烹饪技巧、加工技术等。

"农家乐"旅游经营者培训 7月11日,陆川县旅游系统举办"农家乐"旅游经营者培训班,培训班邀请旅游专家马基宁进行专题演讲。各乡镇从事"农家乐"旅游的经营者、各旅游景点管理人员86人参加培训。培训班上,旅游专家根据多年从事旅游工作的经验,通过幻灯片展示全国各地名胜旅游胜地的系列风光、景点等,反映全国旅游业发展重大变化等。并结合陆川旅游的实际,引导旅游管理人员、经营者主动作为,全面拓展农业和村镇的旅游功能,大力发展乡村旅游,努力提升农家乐的服务水平。培训班还总结2012年陆川县乡村旅游工作,分析当前旅游发展形势和任务,并部署安排2013年乡村旅游工作。

【"中浩·宝炬杯"第六届龙舟大赛】
2013年端午节,"中浩·宝炬杯"第六届龙舟大赛在龙珠湖景区举行,龙舟赛由陆川龙珠湖风景区、玉林电视台主办,广西中浩投资开发有限公司、玉林市宝炬电线电缆有限公司协办。龙舟赛以"游陆川美景 享客家风情 创旅游品牌"为主题。参加比赛队伍有44支,运动员500多人。安叔大排档以3分18秒的成绩勇夺"龙魁"。陆川教育局、安叔大排档、马坡组、恒大酒店分别夺得县直组、男子公开组、乡镇组、女子公开组的第一名。

(陈伟泽)

国土资源·城建·环保

GUOTU ZIYUAN CHENGJIAN HUANBAO

2013年6月9日,陆川县国土资源局开展安全生产活动月宣传活动。图为向群众发放宣传资料

县国土局　提供

国土资源管理

【国土资源管理机构及概况】 2013年，陆川县国土资源局内设政秘股、土地利用股、国土资源执法监察股、地籍测绘股、耕地保护股、财务股、规划科技股、矿产开发管理股、地质环境地勘与储量管理股、信访调处股。下辖有土地开发收购储备中心、国土资源技术服务站、土地整理中心、地质灾害防治中心、国土资源信息中心、国土资源执法监察大队、地价评估事务所、土地交易中心、矿产资源管理服务中心，下辖14个镇国土资源管理所，全县国土资源系统在职职工370余人。

2013年，全县报批用地208.92公顷，比上年增长16.52%，获批112.13公顷；各类新增建设用地指标81.30公顷，其中市级新增建设用地指标1.25公顷，小微企业试点新增建设用地指标3.98公顷，土地综合整治增减挂钩周转指标18.90公顷，增减挂钩周转指标35.88公顷，调剂追加指标21.29公顷。实现国土资源经济总收入6.05亿元。县国土资源局获自治区地质海洋灾害应急指挥部授予2011—2013年度广西地质灾害防治工作先进单位。

【耕地保护】 2013年，县国土资源局严格落实耕地占补平衡制度，建立耕地保护共同责任机制，强化耕地和基本农田保护，牢牢守住耕地红线。对2012年度全县耕地保护目标责任落实情况进行考核。县政府办公室印发《关于建立陆川县耕地保护共同责任机制严格土地管理的通知》《关于陆川县耕地和基本农田保护领导干部离任审计办法的通知》《关于建立耕地保护领导干部问责制的通知》，县人民政府与各镇人民政府、县国土资源局

与各镇国土资源管理所签订2013年耕地保护目标责任状。科学划定基本农田保护区，全县划定有耕地保护区14个，保护片162个，建立基本农田保护块154块（每个村为一块），并通过自治区复验。完成玉林市政府下达的耕地保有量和基本农田保护面积任务，全县耕地保护面积3.36万公顷。

年内，争取到的各类新增建设用地指标81.30公顷；完成或重报建设项目用地材料21宗，面积208.92公顷。已获批建设用地11宗，面积112.13公顷。上报自治区国土资源厅审查的5宗，面积46.96公顷。上报国土部审查的1宗，面积8.89公顷；待报的4宗，面积40.94公顷。完成7宗面积80.49公顷征收土地方案公告和征地补偿安置方案公告。协助玉林市国土资源局对全县各类土地复垦方案报告表的评审19宗，面积130多公顷。

【耕地开垦】 2013年，对2006年立项的25个耕地开垦项目进行测量、规划设计。耕地开垦项目（立项）总实施面积361公顷，项新增耕地面积275公顷，项目工程投资424万元，项目已通过玉林市国土资源局的验收；对2012年8月开展的清湖镇历史遗留损毁土地进行复垦，项目区涉及清湖村、塘榄村、那若村、平安村、水亭村、陆坡村等6个村43个地块，耕地复垦实施面积27.43公顷，计划投资748.35万元。年内，县发改局已立项，规划设计通过玉林市国土资源局评审，项目预算通过县财政局评审，正组织开展工程施工招投标。

【土地整治】 2013年，继续加强土地整治项目的实施管理。推进大桥、乌石、马坡3个镇10个村整村推进土地整治重大工程项目及温泉镇4个村土地整治项目建设，总投资6297.84万元。

分别是大桥镇平山村、大塘村及乌石镇镇域村、老圩村、那囊村等2个镇5个村整村推进土地整治重大工程项目；马坡镇新山村、砾砂村、靖

东村等3个村整村推进土地整治重大工程项目；温泉镇四良村、东山村、官田村、洞心村等4个村土地整治项目。其中，大桥镇平山村、大塘村及乌石镇域村、老圩村、那囊村等2个镇5个村整村推进土地整治重大工程项目已竣工，实施面积657.41公顷，总投资2465.29万元，并通过县人民政府的初步验收，正在办理项目结算审计，申请玉林市国土资源局组织验收。温泉镇东山村、四良村、官田村、洞心村等4个村土地整治项目总投资1781.55万元，实施面积475.08公顷，已完成工程量的34%；马坡镇新山村、砾砂村、靖东村等3个村整村推进土地整治重大工程项目总投资2051万元，实施面积547.15公顷，已完成工程量的44%。

加快土地整理项目申报。2013年8月，全县开展申报2013年第二期整县推进土地整治项目立项工作，分13个子项目进行申报，共涉及珊罗等12个乡镇，实施面积6744.66公顷，总投资1.03亿元。9月，自治区国土厅组织相关专家进行现场踏勘，并在当地政府召开相关村民代表会议，并开展可行性研究报告编制。乌石镇、良田镇6个土地整治项目的可行性研究报告已通过玉林市评审。其中，乌石镇陆河、陆龙、黎洪等3个村整村推进土地整治项目已经批准入库，实施规模277.74公顷，计划投资1063万元；良田镇龙口、甘片、莲塘等3个村土地整治项目正在办理项目测量、规划设计手续，实施规模639.58公顷，计划投资2000万元。

【土地增减挂钩】 2012年12月，陆川县获自治区国土资源厅批复立项增减挂钩试点项目（县南片项目和县北片项目）2个，项目增减挂钩周转指标73.09公顷，先行使用挂钩周转指标36公顷。项目区测量基本完成，正在进行规划设计与预算编制。在全县14个镇开展城乡建设用地增减挂钩4个项目的申报。至2013年6月已完成项目实施规划编制，并通过玉林市

国土局论证。实施面积185.29公顷，挂钩周转指标169.86公顷。项目相关材料已送自治区国土资源厅完成初审，拟在明年可开展项目实施工作。

【土地征收】 2013年，全县共征收土地面积73.98公顷。其中，客家文化城项目征地25.65公顷；建材商贸物流城项目征地1.54公顷；天桥、城北四星级宾馆项目征地0.17公顷；教育集中区高中部11.63公顷；城东新区市政道路项目征地0.81公顷；宣传文化体育中心项目征地0.43公顷；龙豪创业产业园南部项目征地8.35公顷；龙豪安居保障房项目征地0.04公顷；城区输变电工区项目征地1.54公顷；华南物流项目征地0.98公顷；温泉大道BT项目征地3.99公顷；温泉中心敬老院项目征地0.48公顷；陆川县桂东南工业品批发市场项目征地1.15公顷；华润门口大道项目征地0.05公顷；珊罗华润项目征地0.43公顷；玉柴重工配套园项目征地1.51公顷；清湖1000伏变电站项目征地0.28公顷；滩面泰鑫矿业项目征地0.97公顷；沙湖金帆蓄电池项目征地0.75公顷；变扩建出线间隔工程项目征地0.02公顷；温泉镇东山村土地综合整治项目征地0.29公顷；沙湖微型企业创业园（九洲江上游流域产业转移园）项目征地3.70公顷；良田龙口服装加工厂项目征地3.38公顷；乌石沙井农民新村项目征地4.16公顷；城东新区净化水厂南面项目征地1.28公顷；民主南路（一级路）项目征地0.40公顷。

【土地供应】 2013年，土地一级市场开展土地挂牌出让挂牌出让土地11宗，挂牌出让土地总面积60.60公顷，划拨土地2宗，总面积3.12公顷。其中：工业用地8.31公顷，商住用地52.29公顷，合同价款4.91亿元。土地二级市场办理划拨土地补办出让手续补办出让手续34宗，补办出让面积28.44公顷，应补缴土地出让金9993.64万元；办理土地使用权转让196宗，转让面积16.54公顷，收取土地收益金96.76万元；办理抵押登记172宗，抵押土地面积138.74公顷；存量土地盘活54.30公顷，保障性住房土地供应0.95公顷。

【土地登记】 2013年，完成土地登记发证371本，其中国有土地使用权证书351本（变更登记285本，初始登记划拨26本、出让25本），集体土地使用权证书20本。补发土地证书15本。年内，全县完成集体土地登记发证11.20万本，发证率93.48%，已发证面积11.36平方千米。其中，完成I类区（规划区内）已确权登记上图8106宗，发证率85.52%，已发证面积0.18平方千米。

【土地执法监察】

非法占用地执法 2013年，开展违法违规用地清理整治工作，加大对非法占用耕地特别是基本农田的执法，严格执行保护耕地的法律法规。全县组织土地执法巡查260多次，出动执法人员1万多人次，发出《责令停止土地违法行为通知书》170份，开展联合执法48次，依法制止非法占地241宗（次），将60起非法占地行为制止在萌芽状态，多部门联合执法强制拆除违法占地建筑151处、面积1.80万平方米，立案查处非法占地18宗，移送法院申请强制执行27宗（含往年），毁坏耕地采砂案件移送公安机关处理7宗。

矿产资源违法行为打击取缔 2013年，继续保持对矿产违法行为的严打高压态势，按照"三不留一毁闭"的要求，严肃查处无证采矿、持过期证采矿以及其他矿产资源违法违规行为。组织矿产执法巡查120多次，出动执法人员2000多人次，县国土资源局、县公安局、县环保局、县水利局等有关部门联合开展非法开采矿产资源整治，重点整治整顿非法采矿行为，规范矿产资源开发秩序。年内，对非法采矿行为发出《责令停止矿产资源违法行为通知书》175份，打击整治非法采矿21起，取缔非法采砂场12个，立案查处非法采矿18宗，移送法院申请强制执行5宗，向公安机关移送公安机关处理5宗。

2013年，国土资源部部署开展土地矿产卫片执法监督检查，陆川县加强2012年度土地和矿产卫片执法监督检查，执法检查图斑38个，涉及实际占用的新增建设用地48宗，面积22.94公顷，其中耕地15.28公顷；疑似违法用地图斑24个，面积17.28公顷，其中耕地8.25公顷；涉及违法用地26宗，面积5.08公顷，其中耕地1.31公顷，均属未报即用。立案查处19宗，立案查处面积3.35公顷，其中耕地1.23公顷，落实罚款8.44万

2013年5月27日，陆川县开展九洲江生态环境整治，图为拆除非法采砂设备
县环保局 提供

元,非立案查处整改7宗。全县2012年度土地卫片执法检查违法用地面积占新增建设用地总面积的比例为22.13%,违法占用耕地面积占新增建设用地占用耕地总面积的比例为8.54%。矿产卫片执法检查工作图斑7个,涉及无证开采7宗,越界开采1宗,实地伪变化1宗。对无证开采行为,非立案查处整改2宗,立案查处5宗,落实罚款2.72万元,没收违法所得2.60万元,移送公安机关立案侦查5宗。

【矿产资源管理】 2013年,全县有矿山60个,属采矿许可证有效矿山53个,已取得采矿权但尚未办理采矿许可证的矿山7个。年内,完成陆川县采矿权出让计划编制,进一步优化矿山开发布局。为采矿许可证到期矿山办理采矿权延续手续21宗,为符合变更登记申请的矿山办理采矿权变更登记手续1宗。持证年检的有效矿山53个,年检率为100%,年检合格率100%,抽检率100%,并及时做好年检总结统计上报工作。

【矿山安全生产管理】 2013年,县国土资源系统加强持证矿山的日常监督管理和专项排查,实行定期不定期监管,出动检查人员1415人次,发出矿山检查情况记录281份,提出整改通知273份,对存在矿产资源违法行为矿山发出责令停止矿产资源违法行为通知书30份。

2013年,国土资源系统开展重大安全事故隐患大排查行动2次,其中横山良塘石径石场、横山高冲石场、古城北豆仙峰嶂脚石场、古城陆落廖保石场、清湖南冲尾石场、沙坡杉木坑伟其石场、温泉长坑石场等7个矿山存在较大安全隐患,对存在安全隐患问题的矿山发出矿山检查情况记录29份,就发现的问题提出整改要求,发出登记检查记录卡26份;对存在矿产资源违法行为的矿山发出责令停止矿产资源违法行为通知书5份,并就发现的问题进行全面的整改。

2013年4月29日,县国土资源局人员排查地质灾害隐患 县国土局 提供

【地质灾害防治】 2013年,在全县范围内开展地质灾害隐患大排查,排查出存在直接影响的地质灾害隐患点112处(其中滑坡60处、崩塌36处、不稳定斜坡24处、地面塌陷2处),受威胁农户410户3125人,受威胁房屋3041间、公路507米、耕地1.80公顷,财产3363万元。全县地质灾害隐患点多,各个乡镇均有分布。其中,威胁人数80人以上的地质灾害隐患点7处:平乐镇新兴村辛口滑坡,马坡镇良厚村周屋第4队屋背岭滑坡,马坡镇清秀村碰冲水库坝侧滑坡,沙坡镇白马村连角塘滑坡、崩塌,沙坡镇横山村丘屋吕屋不稳定斜坡,乌石镇坡脚村屋场滑坡、乌石旺岭村三滩坑滑坡群等。年内,县国土资源管理局制定年度防治方案和完善《突发性地质灾害应急预案》,对重要隐患点还分别制订防灾应急预案;完善巡查制度、值班制度、预报制度、速报制度等制度;完善县、镇、村、组的四级群防群治网络,实现地质灾害防治工作的群防群治;利用电视、广播、报刊等新闻媒体加大宣传地质灾害防治法律法规和防范常识,"4·22"地球环境日、"6·25"土地日发放宣传资料5700份,张贴宣传标语260条,群防短信2.50万条;继续加强地质灾害防治责任人、监测人有关防治基本知识、法规知识的培训4期,培训430人次。并针对

各个地质灾害隐患点,分别采取搬迁避让、修筑护坡堤等措施,全年未发生因地质灾害造成伤亡的事故。

【土地信访】 2013年,县国土资源局接待土地信访47件,同比下降4%。办理群众来信32件次,接待群众来访15批次,接访260人次,处理各类权属争议3件,解决玉林市国土资源管理局转办案件3件,结案率100%。

(陈 丹)

城乡建设

城乡建设综述

【城乡建设工作机构及概况】 2013年,陆川县住房和城乡建设局(简称县住建局)内设政秘科、政策法规股、房地产业管理和住房制度改革股、财统股、规划股、村镇股、城建股、建工股、城镇房屋征收管理办公室,下辖县建设工程质量安全监督站、县房产管理所、县建设工程招标投标管理站、县墙体材料改革办公室、县建设

工程劳动保险费管理站、县建筑设计院、广西陆川桂南城乡规划勘测设计有限公司、县城市规划技术服务中心、县建筑工程交易中心、县房产公司、县第二房产公司、广西桂川建设集团有限公司、广西建大建设工程有限公司等13个二层企事业单位，全系统干部职工900多人。年内，全县城镇固定资产投资19.2亿元，城镇化率41.5%。县住建局获全区住房城乡建设系统记集体二等功、全区住房城乡建设系统创建文明行业示范点、全区第八届城市市容环境综合整治"南珠杯"竞赛先进集体、玉林市住建系统先进单位等荣誉称号。

陆川县征地办公室，成立于2013年10月23日，临时办公地点设在老君丰楼二楼，后搬迁到县城区温汤路82号（即县财政局函授站二楼），为县人民政府管理的财政全额拨款正科级事业单位，内设综合管理股、业务管理股、法规宣教股，核定事业编制30名，在编人员16人，借调人员7人。

陆川县城市建设投资有限公司（简称县城投公司），成立于2007年7月，原名陆川县九洲城市建设投资发展有限责任公司。隶属县住建局管理的国有企业。2013年，内设工程部、投资部、融资部、资产管理部、办公室、财务部等13个部门，有员工31人。下属温泉热水厂，职工45人。公司拥有土地面积（商住用地）21.90万平方米，房屋面积1.14万平方米，固定资产总值3.33亿元。年内，推进县文体中心、教育集区、城东新区市政道路等项目建设，完成固定资产投资5.86亿元。

陆川县小城镇建设有限公司（简称县小城投公司），位于县城区友爱路，成立于2009年12月。2013年有员工20多人。年内加强乡镇城镇化的建设，推进锦源家居建材市场项目、东山村土地综合整治项目、良田镇车田新农村、清湖香港城等项目建设。完成固定资产投资3.90亿元。

陆川县工业投资有限公司（简称县工投公司），2013年内设企业发展部、项目建设部、资产经营管理部、财务部、办公室，实有职工25人。年内，完成固定投资2.80亿元，土地征收8.19公顷，支付补偿款1103.41万元。推进公共租赁住房项目、城市棚户区改造项目工程建设。

【城乡规划】

城区规划编制 2013年9月，《陆川县城总体规划(2010—2030)》获自治区人民政府正式批复。批复的对陆川县规划区范围、规划建设区范围、城市性质、城市用地发展方向、城市功能分区以及城市规模和规划年限等进行调整。明确陆川县城的性质为全县政治、经济、文化中心，以温泉旅游业为先导，发展健康食品、现代物流、先进制造业和旅游文化产业，打造具有岭南特色及客家文化的山水温泉旅游文化名城；确定县城规划区范围为温泉镇行政区及陆透水库等需要重点控制的区域，面积约124平方千米。县城在规划期内发展方向以旧城为中心向东、向西及向北拓展用地，主要控制在东、西山风景区以内；到2030年，陆川县城建设用地控制目标约37.3平方千米，县城人口约35万人。年内，完成县城城北新区控规、城南新区控规、城中新区控规设计方案。完成陆川县城市市政公用设施（城市市政设施、城市供水、城市节水、城市排水、城市燃气、城市照明、城市环卫、城市绿地系统等专项规划）专项规划编制。

村镇规划编制 2013年，珊罗、平乐、古城和横山等4个乡镇总体规划批复实施，全县乡镇的总体规划全部完成编制。年内，村镇规划集中行动按计划推进，完成村庄规划编制和陆川县域垃圾处理专项规划编制200个，促进"美丽陆川·清洁乡村"活动建设。

规划实施 2013年，县住建局出具建设项目规划设计条件99份；核发《建设用地规划许可证》38份，许可用地面积69.68万平方米；核发《建设工程规划许可证》339份，许可建筑面积43.69万平方米。

【城镇化建设规划】 2013年，实施"一廊一城三园五业"发展战略，开展城镇基础设施建设大会战与美丽乡村建设大会战，推进"一核两轴六打造"的新型城镇化发展。城镇化建设注重挖掘陆川温泉和岭南客家文化的地方特色，抓好重点地段、重点区域和标志性建筑的建设，打造具有岭南风格、民俗特色的名镇、名村、名街。珊罗镇列为统筹城乡发展的"美丽"小镇，加快推进北部工业集中区二期基础设施、龙珠湖旅游景区4A升级和特色小镇的规划建设，形成工业园区、文化旅游和特色风情小镇"三位一体"发展新格局。在清湖镇、古城镇规划建设20平方千米的粤桂合作产业园、粤桂移民创业园、粤桂特色产业园，打造粤桂特色小镇，形成工业、现代农业和特色小镇"三位一体"发展新格局。

资料链接

陆川县"一核两轴六打造"新型城镇化发展目标：

"一核"：打造以城东新区、龙豪创业园区为重点的核心区。

"两轴"：加快推进以马坡、温泉、良田为主轴，以沙湖、沙坡、横山、清湖为副轴的城乡一体化城镇群。

"六打造"：打造全区卫生城、全国生态长寿县、全国绿化模范县、全国文明县城、岭南客家温泉文化名城、岭南民俗文化旅游目的地。

【城市燃气管理】 2013年，县住建局加大燃气监督管理燃气供应安全检查。开展燃气安全大检查4次，对全县5家液化石油气储气库及城乡燃气销售网点进行全面的检查，保证燃气安全和稳定供气。

【建筑节能减排】 2013年，按照市、县节能减排工作责任状的要求,抓好建筑节能减排工作,扶持新型墙材企业生产,推广使用新型墙体材料和可再生能源技术。年内,全县新上线新型墙体材料生产企业 13 家,隧道窑炉 5 家、砼空心砌块 1 家、蒸压灰砂砖砖厂 4 家。年产能 5.2 亿块标砖,完成建筑节能任务 2357 吨标准煤,超额完成玉林市下达的年度建筑节能任务 18%。

城乡设施建设

【城镇建设】 2013 年,全县城镇固定资产投资 127.3 亿元,城镇化率达41.5%,县城镇化建设持续保持快速发展。世客城、温泉大道改造、教育集中区、文体中心、锦源物流城等一大批城建项目加快推进,珊罗、马坡、良田、清湖等镇市场项目进展顺利。

市政基础设施建设 2013 年,陆川县开展城镇基础设施建设大会战,以县城区(含温泉、米场、大桥)为核心、其他乡镇为节点,工程项目为载体,开展城镇化项目建设。年内,松鹤公园二期工程完成部分上山道路硬化和石碑、登山台阶铺装以及半山亭建设,基本形成环山、上山道路的贯通。完成九洲江带状公园二期工程、西滨

九洲江带状公园二期工程   县住建局 提供

路振兴桥头段硬化改造、东滨路(带状公园一期工程段)硬化修补工程、公安小花园等项目建设。泗良桥、妙峒桥拓宽改造项目进展顺利。西滨路河堤栏杆及人行道改造等 8 个市政项目启动建设。完成温泉大道北、向阳路、陆兴北路的美化、绿化景观改造,种植各类苗木 7 万余株,马盘二级路沿线良田路段、乌石路段安装路灯 70 杆,乌石镇王沙村安装太阳能路灯 14 杆。

世客城项目加快推进 2013 年,岭南世界(陆川)客家温泉文化名城(简称世客城)项目修建性详规通过专家评审,完成各类范围图编制;完

成土地征用面积 86.67 公顷,展示中心已建成,项目一期土方工程正在加快施工。

温泉大道改造 2013 年,温泉大道改造项目修补破损路面 2.60 万平方米,完成橡胶沥青铺设 5.90 万平方米,道路交通标线施划 3100 平方米,安装路面中心线防护栏 2300 米,推进人行道改造铺装和外立面改造。

锦源家居建材市场项目建设 位于温泉镇城北新区东二环路西侧,由陆川县锦源置业有限公司投资,总投资 5 亿元,建设用地 25.97 万平方米,建设面积 9.85 万平方米。2013 年,完成征地 25.71 平方米,完成华兰单血站旧址地上附着物、华兰单血站新址及教师楼的评估,并签订华兰单血站搬迁框架协议书。完成项目建设图纸设计,迁移通信线杆和 10 千伏中兴Ⅱ电线杆。推进市政道路建设及安置用地平整工作,拉运土方 43.74 万立方米。

保障性安居工程 2013 年 9 月底新开工建设廉租房 300 套;2012 年的廉租房建设项目(400 套)和公租房项目(250 套)主体竣工;年内新增城镇廉租住房补贴 303 户,纳入保障 2329 户;12 月分配入住廉租住房 550 套。

县文体中心建设 位于县城东新区,项目总投资约 2 亿元。2012年 5 月 3 日开工建设。至 2013 年年底,已建成 1.86 万平方米的田径场的

2013 年 6 月 16 日,县委书记黄少明(左五)等领导到温泉大道改造项目现场检查指导工作   县住建局 提供

2013 年 10 月 15 日,县委书记黄少明(前右二)、县人大常委会主任陈前驱(前左二)等领导到县文体中心视察工作　　县城投公司　提供

地面压土平整,完成游泳馆及跳水池底的基础桩、供水房基础,综合楼一、二、四、五区主体工程即将完成封顶,完成工程投资 1693 万元。

城东新区市政道路建设　2013 年,推进城东新区经六、经七、纬七、三峰东路、九洲东路、东二环扩建等六条市政道路建设,工程造价 8421.31 万元。至年底,东二环路、三峰东路开挖土方 37.90 万立方米,填土方 30.60 万立方米,余方遗置 10.50 万立方米;纬七路已全段打通,正在填压路基、两边排水沟建设,经七路在建。已完成工程投资 1731 万元。

【廉租房建设】　2013 年,县工投公司继续加快推进公共租赁住房和棚户区改造住房项目建设,项目总投资 3782.91 万元,由广西土木工程有限公司承建,共建设公共租赁住房 300 套和棚户区改造住房 50 套,已完成室内装修、室内给排水、消防、电力电信工程等,5 月项目主体工程竣工验收。推进位于龙豪创业产业园内的廉租住房建设,总投资 350 万元,由北海市第二建筑公司承建,10 月 22 日开工建设挖运土方。年内完成土方平整工程建设。

【村镇建设】

乡镇开发　2013 年,陆川县加大乡镇市场体系建设,县小城镇建设有限公司着重加强乡镇城镇化的建设,完成温泉、珊罗、马坡、沙坡、大桥、乌石、良田、横山、沙湖等镇的测量和项目土地指标报批材料上报工作。完成良田、乌石、大桥、温泉、沙坡、马坡、横山、沙湖等 8 个镇市场体系建设项目的集约土地报告书、可研报告、项目建设用地的预审报告。县小城镇建设有限公司与沙坡、沙湖、良田、横山、大桥、马坡、温泉、乌石、米场、珊罗等 10 个镇的投资开发商签订框架协议书。市场体系项目征地 20.23 万平方米,其中沙坡镇征地 2.13 万平方

米,良田镇征地 8.77 万平方米,沙湖镇征地 3.65 万平方米,横山镇征地 2.97 万平方米,滩面镇征地 2.70 万平方米,大桥镇征地工作正在进行。

农村危房改造　2013 年,组织实施农村危房改造 2108 户,拨付危房改造专项补助资金 3866.07 万元。

农村风貌改造　2013 年,沙坡镇沙坡村茶子山庄的风貌改造列入自治区城乡风貌改造第五期整治村屯改造点。项目投入资金 61 万元,其中自治区配套 50 万元。该村 40 户列入风貌改造范围,主要以房屋外立面等方面进行改造。

东山村土地综合整治项目　2013 年,农民安置区总平面图纸设计已完成,完成项目安置区征地补差 10.39 万平方米、青苗补偿 9.57 万平方米、坟山迁移 75 座,清理表土 4.57 万平方米,项目安置区土地平整工程正在施工;项目建新区已征地 6.87 万平方米。

良田镇车田新农村建设　位于良田镇车田街。年内,建成一层楼房 8 幢的主体建设,建筑面积 10530 平方米;农贸市场二层楼房,建筑面积 1800 平方米;完成 M 幢楼和 A7 幢楼的浇注混凝土,面积约 1200 平方米,完成 T 幢楼和 G 幢楼基础,面积约 1250 平方米;完成 B、C、D、E、F 幢楼的水电安装。妥善处理好项目建设的

2013 年,马坡镇是全国重点建设镇。图为马坡街道全景

马坡镇政府　提供

遗留问题。

清湖香港城项目建设 项目位于清湖镇道班斜对面，由广西陆川县蓝宇房地开发有限公司投资人，由广西建工集团第一建筑工程有限责任公司承建。年内，完成坟山迁移25座，拉运土方54.95万立方米。迁移高压线杆和通讯线杆，建设排水沟及4米高围墙300多米，项目建设正在推进。

建筑业管理

【建筑许可】 2013年，全县建筑企业完成建筑业总产值22.23亿元，完成建筑业增加值5.08亿元。核发《建筑施工许可证》79份，许可建筑面积29.36万平方米，工程合同总价3.24亿元。

【建筑招投标管理】 2013年，全县办理招投标的工程项目75个，工程总造价4.26亿元。其中，公开招标工程项目65个，工程造价1.35亿元；邀请招标的工程项目10个，工程造价2.91亿元。直接发包的工程项目2个，工程造价237.39万元；财政资金投资工程项目65个，实行公开招标的工程项目65个，工程造价1.35亿元，节约财政资金175.26万元。年内，签订工程项目建设承包廉洁协议76份。

【建筑施工安全管理】 2013年，县住建局加强全县范围内的建筑安全专项检查。开展建筑安全专项检查10次，在建项目92个(次)，发出建筑工程安全隐患停工整改通知书24份，建筑工程安全隐患整改通知书38份，建筑工程安全防护改进通知书9份。全县办理报监建设工程项目46个，建筑面积48.20万平方米，总投资达3.20亿元，竣工验收35个，面积35.18万平方米，竣工验收合格率为100%。

【违法建设管理】 2013年，继续加强对城区违法建设行为的监管，立案查处违建行为11起(其中查处无证建设6起、超层建设3起、运载散体污染道路1起、施工损坏路面1起)，罚款处理9户，依法拆除2户。

【建安劳保费管理】 2013年，加强对建安劳保费的管理，累计收取建安劳保费697.39万元，拨付建筑企业建安劳保费137个项目，拨付总金额674.56万元，受益施工企业13个，帮助建筑施工企业购买职工养老保险、医疗保险3284人次。

房地产开发管理

【房地产开发】 2013年，全县房地产新增投资6.02亿元，新开工施工面积32.10万平方米，竣工面积23.11万平方米，商品房销售面积20.10万平方米。

【房屋产权户籍管理】 2013年，受理商品房预售项目企业5个，预售商品房建筑面积8.07万平方米，审核备案1080套、建筑面积12.73万平方米；办理各类房屋登记2535件，登记建筑面积69.20万平方米，其中，初始登记143件、转移登记892件、他项权利登记1124件；提供房屋权属登记信息查询2447次，出具首套房查询证明3012份，整理产权产籍档案5047次。

（吕文成 吕玉霞 黄颖 钟强 卢天富）

住房公积金管理

【住房公积金归集】 2013年，全县参与缴交住房公积金单位318个，缴交人数为2.04万人，归集住房公积金1.32亿元，比上年增长51.50%。累计归集4.57亿元；归集余额3.18亿元，增长31.43%。覆盖率为83.24%，增长4.71%。

【住房公积金提取】 2013年，全县有2154人次提取住房公积金，提取金额4045.8万元，比上年增长51.5%，占年归集额的30.64%。全县累计提取额1.40亿元，占全县累计住房公积金归集额的30.55%。

【住房公积金贷款】 2013年，住房公积金管理中心向224户职工发放住房贷款5115.5万元，比上年增加1610.2万元，增长45.94%。全县累计向958户职工发放住房贷款1.79亿元。回收本金2406.85万元，利息1554.13万元，贷款本金余额为1.55亿元，存贷比例为52.30%，没有逾期贷款现象。

【住房公积金增值收益】 2013年，玉林住房公积金管理中心陆川管理部业务收入1045.75万元，业务支出524.33万元，增值收益为521.42万元，比上年增加205.65万元，增长65.13%，增值收益率1.99%。

（简恒美）

市政市容管理

【市政市容工作机构成立】 2013年10月，成立陆川县市政市容管理局(简称县市政市容局)、陆川县城市管理行政执法局，实行一套人马两块牌子。内设综合股、市政市容管理股(行政审批办公室)、法制股。下辖县城建管理监察队、园林管理所、路灯管理所、环卫站、垃圾填埋场等5个二层单位。全系统干部职工260多人。县城区街道建成总长121.50千米，建成公园绿化总面积170.50万平方米，城区绿化总面积423.65万平方米。

【市容秩序管理】 2016年，以开展"美丽陆川·清洁乡村"活动为契机，开展城区市容综合整治，加大对城区的主要街道、重要路段的治理，重点对新洲路、陆兴路、温泉大道、三峰路、新兴路、东滨路、西滨路、通政路等重要路段的整治,发放宣传单 5000余份,电台跟踪报道 5 次,规范出店经营 1650 人次。加强校园周边环境整治,规范县幼儿园、县第一小学、县第二小学、县第四中学等学校周边街道的经营秩序,取缔占道饮食点 58 个,收缴流动叫卖、占道经营器具 135 件。加强重点路段流动小四轮车违章占道经营的巡查治理,对利用小四轮车进行流动兜售的车主进行批评教育并协助改正。

户外广告管理 2013 年,按照城区有关户外广告的有关规定,抓好户外广告管理,加强户外广告的规划控制。开展城区主要街道广告牌的整治,强制拆除影响市容市貌的广告牌 127 块,清理跨街横幅 264 条,清理"牛皮癣"3650 平方米。

违章建筑监管 2013 年,加大县城区违章建筑的查处,完善监管工作机制,县城建管理监察队管控工作实行分片责任到人。加强规划巡查,及时将违章建筑遏制在萌芽状态,对影响规划实施的按规定予以立案调查并坚决拆除;对确系生产、生活所需、不影响规划实施的,加强与县规划部门、社区、业主的联系沟通,实行恢复性重建。年内,共发放停工通知书 126 份,立案查处违章建房 11 件(其中结案 6 件),罚款 5.13 万元。

工地运输车辆污染城市道路行为查处 2013 年,加大县城市建设工程运输车辆在运输过程治理,县市政市容局专门召开相关工地负责人会议,明确建筑工地车辆出入运输过程的清洁要求,严禁土石方工程运输车辆违章超载等,建筑工程运输车辆并缴交清洁保证金。有效整治县城区渣土、淤泥沿途遗撒污染城市道路的现象。

【城区绿化管护】 2016 年,加强松鹤公园、带状公园、中山公园、温泉之乡广场的维护管理。加大县城区绿地的除草及管护,利用雨季对三小绿地、带状公园、中山公园、松鹤公园的植物施肥 4 次。带状公园、松鹤公园的

袋苗补种 3 万株,城区绿化带种植美国红火箭 3500 株。结合"美丽陆川"的建设,在长河苗圃基地时花种植上袋 7000 多盆;完成温泉大道北、向阳路、陆兴北路的美化、绿化景观改造工程;配合县林业部门在松鹤公园种植桃花树 800 株,种植三角梅、木绣球袋苗 1.25 万株、大叶紫薇 1000 株。

【路灯养护】 2013 年,总投资 60 万元新安装路灯 84 杆,其中马盘二级路(良田、乌石段)新装路灯 70 杆、乌石镇王沙村新装太阳能路灯 14 杆;迁移温泉北路路灯 12 杆,迁移县第三小学门前路灯 5 杆。完善 5 条小街小巷的路灯建设,对马盘二级路段(马坡、盘龙、北豆新村)、清湖镇、珊罗龙珠湖等路进行规划设计。加强对县城区、乡镇路灯维修,年内共计维修路灯 1800多盏次,下各乡镇管理检修路灯 60 多次,修复路灯电缆故障 20 处 800 多米,全县主干道路灯亮灯率 98% 以上,次干道路灯亮灯率 95% 以上

【城区市容环境综合整治】 2013 年,陆川县城区市容环境综合整治重点抓好城区的硬化、净化、绿化、亮化等工作,强化"门前三包"责任制,组织开展综合整治行动。年内,清理违章占道经营 1260 摊,店外堆物 820 余处,拆除违章搭建 360 余处,遮阳棚 62 个;拆除存在安全隐患的户外广告 869 块,拆除面积 7.33 万平方米,清理各种户外小广告、灯箱 526 个,清理沿街横幅广告 745 条,清理墙体广告 157 块,清理大型户外广告(有铁架)23 个。出动车辆 230 多辆次,大、中型挖土机 8 辆次,铲车 23 辆次,大型农用车 67 辆次,清运垃圾 1000 多车、杂草 52 车、基建淤泥 350 多车。

(丘茂东 丘莉婷)

城市供水

【城市供水概况】 2013 年,陆川县水

利供水有限公司(简称县供水公司),全年完成售水量 560 万立方米,利润 320 万元。水费回收率 98%,管网漏失率控制在 25% 以下,水质综合合格率 98%。

【供水工程建设】 2013 年,县供水公司加强供水工程、网管改造工程、供水设施建设。完成第三小学附近廉租房供水工程,完成麻纺厂宿舍楼、童装厂宿舍楼改造安装,龙豪开发区给水管道安装,改造西山水厂的加压系统,完成西山车间斜管沉淀的斜管更换改造,网管水水质综合合格率 98%。

【供水管理】 2013 年,县供水公司进一步完善收费、水表管理和用水报装制度。杜绝错抄、漏抄现象,抄表率、准确率 99%。加强网管巡查,发现乱接、偷水、水管损坏等现象及时汇报,减少水损;对长期拖欠水费的上门催收。加强生产管理,确保正常供水。

(王秀娴)

城市污水处理

【城市污水处理概况】 2013 年,陆川县污水处理有限公司(简称县污水处理公司),隶属广西水利电业集团有限公司管理,在职职工 28 人。年内,完成污水处理量 806 万吨,处理产出污泥 2900 吨,COD(化学需氧量)消减 1220 吨,NH_3-N 消减 105 吨,污水处理厂出水水质达标排放。

【九洲江流域城镇污水垃圾治理项目建设】 2013 年 10 月,组织开展九洲江沿线乡镇污垃项目前期工作,完成沙坡、大桥、横山、乌石、滩面、良田、古城、温泉等 8 个镇污水处理厂、县南部生活垃圾填埋场和沙坡、大桥、横山等 3 个镇生活垃圾中转站的项目规划选址、地形测量等工作。

(王秀娴)

环境保护

【环境保护工作机构及概况】 2013年，陆川县环境保护局(简称县环保局)内设政秘股、自然生态项目股、监督管理股、法规和宣传教育股，下辖县环境监察大队、县环境监测站，在编干部职工41人，聘用、借调人员10人。县环保局获评为玉林市环境保护系统先进集体。

【污染物减排】 2013年，全县完成主要污染物减排项目144项，其中完成化学需氧量减排项目66项，核定减排量128.40吨；完成氨氮减排项目66项，核定减排量66.50吨；完成二氧化硫减排项目3项，核定减排量58.70吨；完成氮氧化物减排项目3项，核定减排量5.70吨。

【建设项目环境管理】 2013年，县环保局审批建设项目201个，相应投资75.60亿元；因不符合国家和地方产业政策、不符合城市总体规划、没有环境容量等原因否决或劝退项目17个，相应投资7300万元。受理建设项目竣工环保验收申请51个，已通过验收项目38个，因未达到验收条件不通过项目13个。

【环境监测】 2013年，县环保局完成对九洲江主干道及支流汇入口10个断面、米马河(丽江)主干道3个断面13个水质断面的108次监测任务。完成污染源监测任务87次(其中验收监测56次，监督性监测21次)，接受委托监测391家。配合玉林市环境监测站完成九洲江省界文地断面和古城河采样工作12次；配合玉林环境监测站完成陆川县城区环保目标责任制和城区饮用水水源地原水监测全年监测任务。12月21日，自治区质量技术评价认证中心组织计量认证评审组对陆川县环境监测站申请的计量认证进行评审。

【环境监察执法】 2013年，陆川县环境执法工作重点加强行业、养殖企业和国控企业的监察。检查各类企业503家次，取缔非法作坊6家，对城区22家涉水塑料厂实施停电，处罚违法行为1起，罚款9.60万元，环境违法行为查处138起，责令109家企业(个人)限期改正违法行为。

加强养殖业监管。县成立养殖业监察中队，监察养殖企业60家，责令4家企业改正违法排污行为，劝阻2家养殖企业暂停建设并申办环评手续。

开展环境风险问题大排查大整治专项行动。检查各类企业62家次，排查出环境风险问题企业17家，年内17家企业全部整改完成并通过验收。开展"环境安全年"活动，县成立"环境安全年"活动领导小组，落实班子成员环境安全区域负责制和监管人员责任制，定期召开环境安全研判会，分析形势，提出对策，落实整改，最大限度消除各种环境安全隐患，开展"环境安全年"环境安全隐患排查行动，检查企业21家，对8家存在安全隐患问题的企业落实整改。

【农村环境连片整治】 2013年，陆川县列为广西农村环境连片整治示范县，在古城、良田、乌石、滩面、沙湖等5个镇实施农村环境连片整治项目33个，对农村生活垃圾收集和污水处理，项目总投资3629万元。年内，完成项目勘察、选址、设计、工艺评审及项目用地征地，项目招投标等工作。12月，33个农村环境连片整治项目全部开工建设。

【九洲江环境综合治理】 2013年，陆川县加大九洲江流域生态环境治理，成立治理工作领导小组，制定治理工作方案，整治目标任务落实县内10个职能部门、九洲江沿线8个镇，县财政拨付九洲江流域生态环境治理经费75万元。年内，开展九洲江漂浮物打捞及九洲江流域养殖企业排查摸底，完成九洲江流域8个镇污垃项目建设前期工作、九洲江流域产业转移建设前期工作，对城区及周边22家无证塑料企业实施断电，加强九洲江流域环境监察执法和环境监测等。

【环境污染信访处理】 2013年，县环保局收到各类环境投诉案件192件，其中涉水污染89件，涉气污染79件，涉声污染24件。已处理结案192件，结案率100%。办理人大提案、政协议案5件，办理结案率100%。

(禤卫清　陶建秀)

2013年3月6日，陆川县开展打击取缔非法炼油厂环保专项行动。图为正在捣毁非法炼油厂的生产设施　　　　　　　　　县环保局　提供

交通运输

JIAOTONG YUNSHU

2013年1月21日,陆川县道路运输春运工作会议暨道路运输行(区)业第一季度安全工作会议在县城召开

罗钊 摄

铁路运输

【铁路运输概况】 黎(塘)湛(江)复线铁路过境,纵贯陆川南北,境内里程85千米,途经珊罗、马坡、米场、温泉、大桥、乌石、滩面、良田8个乡镇。火车站点主要有设陆川、米场、吹塘3个,全线无线电通信设施操作。仅陆川站办理客运、货运业务。2013年,玉林至铁山港铁路陆川段在建。黎湛铁路陆川段列车最高时速达110千米/小时,每天的通过能力为170对列车。

陆川火车站隶属南宁铁路局玉林车务段,属三等中间站,位于县城陆兴中路七区1号。火车站设有车站广场、雨棚、地道等专项设施。候车室面积600平方米,旅客站台2座,雨棚2座,两站台间建有地道。货物仓库4座。2013年,火车站有到发线5股,其中正线2股,货物装卸线4股,牵出线1股。火车站设运转部、客运部、货运部,干部职工61人。年内,围绕国家铁路局"严格管理、科学管理、问题管理"和玉林车务段"促标准、强营销、优管理、美环境"工作思路,加强安全风险管理和环境建设,促进车站各项工作安全平稳。至2013年12月31日,车站实现安全生产8775天。

【玉铁铁路建设】 玉林至铁山港铁路建设陆川段长6.40千米。2013年,完成玉铁铁路陆川段铺轨工作及陆川货场扩能改造工程建设。

【铁路运输业务】 2013年,陆川火车站每天接发列车172列,其中旅客列车60列,货物列车112列。年内,受公路运输的影响,火车站在发送旅客、发送货物、到达货物等方面有所下降。其中,车站发送旅客45.48万人次,比上年减少15.32万人次,下降25.20%;发送货物8.5万吨,比上年减少0.4万吨,下降4.49%;到达货物32.5万吨,比上年减少2.4万吨,下降6.88%;装车1797车,卸车3315车,调车作业1228批。运输收入2354.3万元,比上年减少790.08万元,下降25.13%。

【铁路运输安全管理】

运输组织 克服调车人员不足、调车作业穿越正线困难,加强出车组织,积极联系机力线条,争取提高出车率和降低停时;加强货运结合部衔接,提高装卸车作业效率;按上级调度指挥按要求完成中转车甩挂、小组车流换挂、增补轴等工作,提高运输效率。

调图工作 2013年,共调整运行图3次,其中车站客车停站调整幅度较大,火车站认真研究调图文件、详细核对时刻表,掌握列车开行日期,根据车站实际制订车站的调图过渡方案,并传达落实到每个相关岗位、人员。在接发停站变化或新增开的客车时,车站值班领导到岗监控,运转与客运部门间加强联系,抓好落实,严防错办漏办。加强公告宣传,对旅客列车的停运、增开、停站变化、部分列车到开点有变动,及时做好对外公告宣传工作,确保交替期安全稳定。

现场作业监督检查 加强关键时段、关键作业、关键人的监控,采用日常监控、突击检查、现场设活、录音文件和TDCS(铁路列车调度指挥系统)回放、调监数据分析等方式,发现问题及时教育纠正,促进作业标准的落实和执行。强化现场作业过程控制,提高标准化水平。加强跟班写实工作,进行跟班写实作业92次,调听视频录音310次,检查发现问题102件(其中一般违章及以上37件,差错65件),有效控制现场作业,确保运输生产安全。开展专项整治活动,开展各项专项整治活动12次,安全大检查活动2次,开展集中整治隐患。加强应急处置,及时处置行车设备故障问题,共处置行车设备故障8次、区间救援2次、病重旅客4件。9月,因电务设备故障造成全站信号设备失效,车站干部职工立即启动应急处置程序,应急处置人员及时到位,及时进行非正常行车,未造成大面积列车耽误。加强汛期值班,启动防台风预案7次、防洪预案4次,强化应急期间人员储备和应急处置、设备检查保障等工作,确保汛期运输生产安全。

春运暑运及小长假运输组织工作 针对车站节后客流高峰、客流量与流向高度集中的特点,细化完善节假日期间的运输组织方案,充分考虑客流突增、天气突变、行车事故、设备故障、客票系统故障等因素可能带动客流积化、秩序混乱等非正常情况,完善非正常情况下的旅客运输应急预案。加强组织工作领导,抽调配足人力,明晰应急指挥责任,明确处理秩序,加强人员培训和演练,熟知各项旅客列车运行和加开临客的起止站名、运行经路、沿途办理站名、票价计算、临客开行的日期、到站的到开时刻,便于更好的服务旅客。开展客运服务质量整治工作,严格落实"两满意"(即旅客满意、货主满意)要求,组织旅客有序候车,维护旅客乘降秩序,为旅客创造良好的乘车环境。

【车站环境建设】 2013年,陆川火车站继续美化车站环境,推进安全文化建设。制定完善客运环境卫生保洁制度及各岗点卫生保洁制度,落实保洁人员1名,加强公共场所、各岗点卫生保洁工作。重大节假日期间组织职工开展大清扫活动,为旅客良好的候车环境。建成调车组衣帽间和浴室,为调车人员提供卫生清洁的工作间。

【铁路运输队伍建设】 2013年,陆川火车站加强铁路工作人员教育培训。一是加强安全形势教育,利用党支部会、党小组会、团支部会集中学习,提高党员、团员对促标准工作的认识,发挥党员、团员的带头和示范作用。

二是加强业务培训工作。按照车务段促标准推进计划安排和出优化细化的一次(一班)作业标准,采取书面学习、视频学习、现场演练等方式进行学习培训;重点围绕春运、暑运、防洪、调图等季节性重点工作,开展教育培训,强化岗位作业技能,努力适应运输安全的需要;选拔、培训业务尖兵参加玉林车务段、南宁铁路局职工岗位练兵、技术比武活动,参加比赛人员9人,其中运转班组获一等奖,提高实作技能。三是加强应急处置能力培训。年内,开展事故救援演练、红光带等设备故障应急处置演练、消防演练、应急售票演练等活动2次,参与演练活动44人次,提高铁路工作人员应急处置能力。　　　　(余勇君)

公路运输

【公路运输业概况】 2013年,陆川县公路及交通运输管理部门2个,汽车站2个,出租车公司1个,汽车物流公司42个。玉林市级收费站(良田收费站)1个。全县公路里程836千米,管养公路里程834.07千米。全部通硬化公路乡镇14个;全部通公路村154个,其中通硬化公路占90%。开行汽车客运班线70条,其中跨省班线20条,跨市班线12条,跨县班线8条,县内班线30条,乡镇通客车率100%,通班车率100%。具有资质的货运公司34家,其中化学危险品运输公司1家;维修厂家554家,维修从业人员882人。营运客车240辆,总座位6824座;出租车100辆,总座位500座;公共汽车27辆,总座位533座;营运货车8233辆,总吨位6.81万吨;营运拖拉机4649辆,总吨位4162吨;营运摩托车4232辆。驾驶培训学校5所。完成客运量788万人次,客运周转量10.71亿人千米,货运量3225万吨,货运周转量102.30亿吨千米。

【公路运输机构】

陆川县交通运输局 2013年,陆川县交通运输局下设公路管理所、运输管理所、交通行政执法大队、货运服务站、交通开发公司、港航所等事业单位6个,在职干部职工165人。完成交通固定资产投资6.32亿元。

陆川公路管理局 2013年,陆川公路管理局对内设机构进行调整及岗位设置,由原来的内设机构的8个股室调整为5个职能部门,调整后设置办公室、养护与工程管理科、安全与国有资产管理科、财务科、政工科,下辖路政执法大队及城南、城北、中心、良田、古城等5个养护站,干部职工130人。年内,陆川公路管理局获玉林公路管理局年度评比二等奖等荣誉称号。

【公路设施建设】

玉铁高速公路陆川段建成通车 2013年3月18日,玉铁高速公路建成通车,其中陆川段长15.6千米。8月底,玉铁高速公路玉林南连线一级公路陆川段(珠砂至玉林界)建成通车,长4.5千米。结束陆川县无高速公路和一级公路历史。

二级公路工程建设 推进北流至新桥公路陆川段建设,陆川段长11千米。年内完成征地7.73公顷,土方工程基本完成,房屋拆迁工作正在推进;岑溪南渡至陆川二级公路陆川段长7.20千米,已启动征地拆迁工作;马路圩至陆川二级公路建设,完成危桥加固2座,沿线种植三角梅8100株,投资170万元。

农村公路建设 2013年,全县完成农村公路建设115.01千米,总投资3403万元。投资657万元,硬化王沙至三水硬化公路10.11千米,年内已竣工通车。投资203万元,硬化高枧至大坟公路3.10千米,完成投资95万元。投资457万元,新建古城镇福禄至古城路1.80千米、良田至平定界公路13.50千米,硬化竹头背至方垌角通村公路5千米。新建县乡道联网水泥路2条12.50千米,总投资1500万元。其中,良田至宁潭7千米,总投资840万元;珊罗至平乐5.50千米,总投资660万元。年内完成投资300万元。

危桥改造项目建设 继续推进2012年度5座危桥改造项目续建,桥梁总长600.64米,完成投资1711.20万元。其中,古城镇东村桥62.64米,竣工通车,总投资178万元;古城镇那沙桥32米,总投资95万元,完成投资82万元;大桥镇陆塘口桥203米,总投资620万元,完成投资496万元;滩面大桥167米,总投资520万元,完成投资468万元;乌石镇吹塘大桥136米,总投资298.20万元,完成投资238万元。

2013年4月3日,玉铁高速公路玉林南出入口建成通车

马坡镇政府 提供

2013年,新建危桥改造项目4个,桥梁总长409.12米,总投资1512万元。其中,良田大桥135米,总投资544万元;新山桥65.54米,总投资257万元;飞鹅岭桥161.04米,总投资517万元;良厚桥43.54米,总投资194万元;年内完成投资400万元。

【公路养护】 2013年,县交通运输局管养县、乡、村道公路里程625.779千米,年内投入养护资金382万元,实现县道优良率46.12%,中等路率74.6%,差路率7.43%以下。乡道优良路率37.34%,中等路率71.6%,差路率11.3%。投资42万元,对公路两边进行绿化。

2013年8月2日,养护职工在修剪省道桂盘线路树　　县公路局　提供

【管养里程】 2013年,陆川公路管理局管养里程208.293千米,其中省道114.59千米,县道93.703千米,分别为省道南宁—宝圩(陆川段)、桂平—盘龙(陆川段),县道米场—官山、岭咀—盘龙、车田—竹山、马路圩—碰塘、陆川—良田、丁牛塘—上墩、北安—云潭背、碰塘—四良、四良—万丈、朱文夹—文地,共12条公路。

2013年,陆川公路管理局公路养护坚持以日常养护工作为主,推进精细化养护、预防性养护管理,提高干线公路养护水平。开展S212桂盘线的国家森林城市的绿色通道创建

2013年8月9日,沙湖路完工,图为养护职工进行路面画线

县公路局　提供

工作,对重要过境通道进行全面普查和整修;结合"美丽广西·清洁乡村"公路行动,开展沿线公路绿化美化洁化工作,及时修剪路树、种花补绿;做好路面坑槽、沉陷等病害及时处治和日常养护,疏通排水沟,整修路肩杂草,提高道路的通行能力。完成全部线路优良里程129千米,好路率为61.9%,差路率为12.5%。其中,管养国省干线86.664千米,完成优良里程72.01千米,好路率为85.4%;按路面种类可分为水泥路面126.097千米、沥青路面82.196千米,按技术等级可分为二级路125.954千米、四级路82.339千米。在县城区东环路、省道南宝线、桂盘线种植乔木盘架子、秋枫、紫荆共2.30万株;种植灌木大红花、夹竹桃共1200株;种植三角梅2.27万株,补种三角梅1.17万株,成活率90%以上。在桂盘线培育公路绿化景观12处。

【养护工程建设】 2013年,陆川公路管理局重点加强省道南宝线改建工程建设、县道387马碰线沥青路面中修工程建设。完成省道南宝线K220+800—K221+730段水泥砼路面改建,改建工程量0.93千米。完成县道387马碰线K0+000—K4+045段沥青路面中修工作,中修工程量4.045千米。完成投资264.27万元,工程合格率100%,自检工程优良品率99%以上。

【公路运输】

客运 2013年,全县拥有营运客车240辆,总座位6824座,开行班线72条;出租车100辆,总座位500座;公共汽车27辆,总座位533座。客运量788万人次,比上年增加23万人次,增长3.01%;客运周转量10.71亿人千米,比上年增加7930万人千米,增长8%。

陆川汽车总站是广西运美运输集团有限公司的一个分支机构,属于国家道路二级客运站。2013年,更新

2013 年 9 月 10 日,路政执法人员到沙石矿场要求司机加盖篷布预防污染路面

县公路局 提供

豪华大巴车车 4 辆。共有车辆 92 辆,班线 36 条。其中省际班线 20 条,车辆 34 辆;市际班线 8 条,车辆 18 辆;县际班线 2 条,车辆 19 辆;县内班线 6 条,车辆 21 辆。年运送旅客 359 万人,周转量 379 百万人 / 千米。

货运 全县拥有大小营运货车 8233 辆,总吨位 6.81 万吨;营运拖拉机 4649 辆,总吨位 4162 吨;具有资质的货运公司 34 家,其中化学危险品运输公司 1 家;维修厂家 554 家,维修从业人员 882 人;驾驶员培训学校 5 家。完成货运量 3225 万吨,比上年增加 320 万吨,增长 11.02%;货运周转量 102.30 亿吨千米,比上年增加 14.86 亿吨千米,增长 17%。

【城市客运】 2013 年,县城区新增公交线路 5 条;新增小型公交车 8 辆。推进农村客运班线公交化,新开行陆川二运站至乌石镇双垌村公交线路 1 条,方便沿线群众出行。出租车公司 1 家,出租车 100 辆,运营收入 773 万元,增长 14.86%。

【运输行业管理】 2013 年,继续加强客、货运企业的质量信誉考核工作,对 4 家客运企业、5 家客运站、1 家出租车企业、5 家驾培机构和 34 家货运企业的年度质量信誉进行考核。全县有 2 家货运企业被玉林市交通运输局评为 AAA 级企业,27 家评为 AA 级企业;2 家客运企业被评为优秀、6 家为合格。

【交通行政执法】 2013 年,县交通运输局继续开展"打非治违"工作,组织上路执法 212 天,派出执法人员 3027 人次,检查车辆 1.27 万辆次,纠正违章车辆 1405 辆次,处理运政案件 407 个;查处在公路控制区范围内建筑房屋 13 起,建筑面积 1116 平方米;清理路障 47 起 1362 平方米,处理路政案件 11 个;检查车辆 3299 辆次,查处超限超载车辆 335 辆次,卸载货物 3554 吨。

2013 年,陆川公路管理局重点抓好公路建筑红线控制,严格路政许可、非公路标志清理;坚持日常巡查,及时治理公路两侧环境,制止各类违章案件,加强各类路政案件查处。加强对石场、沙场、厂矿公司等的源头管理,以减少超限车辆上路行驶。开展流动治超,严格控制和查处短途运输的超限超载车辆,对车货总重 55 吨以上的非法营运车辆重点查处。年内,办理路政许可项目 25 起;检查车辆 1.05 万辆次,其中查获非法超限车辆 214 辆,处罚违法人员 214 人次,卸载货物 5955 吨,罚款 50.30 万元。查处路政案件 371 起,发生车辆损毁路产案件和人为损毁路产案件 131 起,查处 131 起;其他处罚案件 1 起。清理路上堆积物 34 处 795.4 平方米;清理临时搭棚 3 处 63.2 平方米;清理非交通标志牌 85 块;疏通人为堵塞水沟 207 米;协助通行费征收工作出动 46 次。

【交通安全管理】 2013 年,县交通运输局组织召开安全生产会议 12 次,组织安全生产大检查 36 次,组织运管部门与相关道路运输企业签订安全生产责任状 46 份,督促客运企业与客运经营责任人签订安全生产目标责任书 238 份,年内交通运输系统安全生产"四项指标"均为零。

（周里涛 黄红梅 何 伦）

2013 年 6 月 28 日,陆川汽车总站开展"安全生产月"应急演练活动

县汽车总站 提供

水路运输

【水路运输业概况】 陆川县水域属于封闭式航行水域,位于广东鹤地水库陆川县古城镇辖区内,渡口2座,便民码头1座,有50座客圩钢质渡船1艘,属于义渡渡口和渡船,渡工1人。主要方便库区群众出行。全县水上交通安全稳定,未发生水上交通安全责任事故。

【港航设施建设】 2013年,投资17.9万元,完成良田镇黄村坡便民渡口建设,经上级有关部门验收并投入使用,为库区群众的出行提供安全便捷的水上交通环境。

【渡口渡船安全管理】 2013年,加强渡口渡船安全管理。每个渡口码头安装渡口公示牌,在码头、渡船悬挂安全生产宣传标语。加强渡口管理员和渡工安全培训,9月12日举办渡工、船员和渡口管理员的安全生产培训班,对有关行业安全生产工作的方针政策、文件规定、安全操作、安全技术规范等进行培训考试,进一步提高渡工操作技能及安全意识。开展渡口

2013年7月25日,县港航所所长黄增动检查陆渡031客船救生设施
县港航所 提供

渡船安全管理专项整治安全隐患大排查活动,县交通运输局组织人员深入辖区渡口、码头、渡船开展安全管理专项整治,共组织开展安全检查28次,检查人员165人次,出动车辆56辆次,检查客圩渡船22艘次、横水渡船24艘次、渡口24座次、码头22座次、捕鱼船6艘次、农业用船1艘次、游玩船9艘次,配合玉林市港航处、海事处等安全生产检查工作小组对辖区水路交通领域的安全措施、隐患排查治理、应急预案等检查。

【水上应急反应(救援)演练活动】 10月29日在温水浪渡口举行。玉林市港航管理处、玉林海事处、陆川县交通运输局、县古城镇政府、陆川县港航管理所、当地村委会等相关应急人员参与演练。演练项目包括人员落水救助演练、灭火救助演练、转移受洪水围困群众。演练活动主要过程为:船上的甲板起火,船员发现灾情后立即向船长报告,船长迅速组织船员根据火情选用适当的消防器材全力灭火,并操纵船舶让着火部位处于下风,同时安排船员疏散乘客远离火源。在乘客远离火源的时候,两位乘客突然失足落入水中,船上安全人员立即向水下抛出救生圈,游客挣扎着向救生圈处游去,并抓住救生圈。安全人员向玉林市海事处营救人员报告险情,3分钟内营救人员驾驶快艇迅速向落水游客处营救,落水者被救起,救援演练整个过程不到30分钟。现场发放水上安全知识宣传资料150余份,接受现场咨询10余人次,并在渡口码头宣传横幅3条、宣传专栏3版。演练活动旨在进一步加强全县辖区乡镇渡口安全管理,提高水上应急人员的应急反应技能,提升陆川县辖区应对水上突发事件的处置能力,确保辖区发生水上险情时能及时、有效地开展水上搜寻救助,保障遇险人员的生命安全。 (周里涛)

2013年10月29日,玉林市港航管理处、玉林海事处、陆川县政府、县交通运输局等部门联合举行陆川县水上应急反应(救援)演练 县港航所 提供

邮政·通信

YOUZHENG TONGXIN

2013 年 6 月 28 日，中国移动陆川分公司举行消防安全知识讲座

中国移动陆川分公司　提供

邮　政

【邮政概况】 2013年,陆川县有县邮政局1个,乡镇邮政支局、所营业网点12个,全县有邮路156条,里程2650千米。县邮政局内设办公室、市场与网运部,生产工作部门9个,县邮政局全系统干部职工201人。下辖城区邮政储蓄营业厅、城区储蓄所及12个乡镇支局(所),其中10个乡镇设有储蓄营业厅。年内,全县邮政经营业务主要有邮务类业务、代理金融业务、代理速递物流业务、农资配送分销业务等四大项。县邮政局内抓管理,外拓市场,提升服务,推进各项工作稳步开展,保障全县党、政、军警等机关机要通信,企事业单位、社会公众的邮政通信服务。全县邮政业务总收入3566.49万元,比上年增加182.79万元。

【邮务类业务】 2013年,县邮政局邮务类业务包括函件、报刊、集邮、短信等业务。函件业务减幅较大,报刊征订、集邮等业务均下降。代理信息业务、包件业务有所增长。

函件业务 2013年,函件业务发展以重点行业、政讯通业务为主。加强日常贺卡业务开发,主要开发酒店类、超市类、通信类、保险类客户等,日常贺卡收入43万元;推进2014年新年贺卡业务发展,以旅游年册和"幸运三保",销售旅游年册700多册、"幸运三保"1000份,新年贺卡收入17万元。继续抓好校园安全行项目、少年儿童书信比赛项目、消防知识有奖竞赛项目业务发展,校园安全行项目参赛学生9.92万人,函件收入39.68万元;参加安全生产月"安全知识竞赛"8000余人,函件业务收入4万元。参加第九届少年儿童书信比赛9.50万人,函件业务收入38万元。参与"119"消防知识有奖竞赛1

万人,函件收入5.50万元。开发政讯通(协助各部门进行政务公开)项目3个,函件收入0.68万元。年内,县邮政局总函件收入108.22万元,下降42.48%。

包件业务 2013年,包件业务稳步增长。主要以爱心包裹、母亲包裹、军营包裹为主。年内,包件业务收入2.43万元,比上年增长11.34%。

报刊征订 2013年,县邮政局配合县委抓好2013年党报党刊工作。加强日常报刊收订,其中校园教辅类报刊营销流转额30万元。加强其他报刊项目发展,有效拉动报刊零售收入,开展《幼儿画报》绘画比赛活动,《幼儿画报》订阅800份,流转额4万多元;销售"安全生产月"宣传产品53套;销售《投资与理财》40套、《经典作文》14套;开发毕业生形象期刊1955份。年内,报刊收订流转额427.15万元,比上年增加66.34万元,增长18.39%;报刊发行业务收入131.49万元,比上年减少3.17万元,下降2.35%。

集邮业务 2013年,集邮业务持续减少,集邮业务收入20.27万元,比上年下降5.94%。

代理信息业务 2013年,代理信息业务成效明显,成为第二大收入规模业务,全年有效加办短信3.01万户,比上年增长9.11%。新增邮政储蓄短信4.31万条,增长72.46%。短信收入210.36万元,增长19.65%。代理信息业务收入388.88万元,增长27.25%。

【邮政储蓄业务】 2013年,县邮政局代理金融业务主要开展个人储蓄业务、中间业务(含保险、国债、基金、理财、代发类、代扣类、商易通、电子银行等业务)。加大代发类业务开发,新增签约单位9个,新增代发用户150户,新增代发款40多万元,发放储蓄卡32131张。年内,邮政储蓄存款余额13.81亿元,新增余额2.30亿元;代理保险费1746万元,保持较快增长。代理金融业务收入2713.89万

元,增长19.66%。

【速递物流业务】 2013年,县邮政速递物流业务收入110.70万元,比上年减少5.88万元,下降5.04%。其中,"第二代身份证"项目收寄4458件;"思乡月"月饼专项营销项目收入23万元。

【农资配送业务】 2013年,县邮政局继续开展农资配送业务,年销售种子8.48吨,销售化肥171吨,销售农药4.03万瓶,销售快消品634瓶(盒),农资配送分销业务收入61.07万元,比上年减少2.3万元,下降3.63%。

(张小霞)

通　信

中国电信股份有限公司陆川分公司

【中国电信陆川分公司概况】 中国电信股份有限公司陆川分公司(简称中国电信陆川分公司)是中国电信股份有限公司属下的县级分公司,主要负责陆川县辖区内固定电话、移动通信、互联网接入及应用等综合信息业务经营和服务工作。分公司下辖4个部门、10个乡镇支局,城区及各乡镇营业厅16个,社会代理点135个(含村级),服务网点覆盖县城区及乡镇,电信1X、2G、3G网络覆盖率100%。全县电信固定电话用户约7万户,手机用户8万多户。

【业务品牌】 中国电信陆川分公司主要经营CDMA的3G网络,推出主要服务品牌有"天翼e家""天翼领航""天翼云卡""天翼飞Young""天翼8分卡""积木套餐""无线上网卡"等套餐服务品牌。增值业务品牌有语音、短信、彩铃、气象短信、来电提醒、

189 电子邮箱、呼叫转移、流量自动升档包、单卡双待、手机报、长话包、漫游包等。天翼手机经营的主要业务号码段有"189、133、153、180、181"等。

【电信网络信号覆盖】 2013 年，中国电信陆川分公司新增 CDMA 网络基站 30 个，全县累计 142 个，均为 3G 网络基站。城区 C 网网络覆盖率为 99.30%，乡镇 C 网网络覆盖率为 80.10%，无线资源利用率为 45%。新增 WiFi 基站 17 个，全县累计 25 个，电信主营业厅均实现手机 Wi-Fi 全覆盖。

【电信光网城市建设】 2013 年，中国电信陆川分公司实施惠民工程"光网城市"建设，完成 FTTH 线路建设项目 82 个，为碧桂华庭小区、陆福小区、君丰小区三号楼、温泉镇政府、县计委宿舍楼附近、马坡镇、米场镇、古城镇、大桥镇、沙坡镇、滩面镇、沙湖镇、珊罗镇、平乐镇等多个区域约 7000 多户用户提供光纤到户服务。

进一步优化宽带网络，对温泉镇中兴村委会、良田镇高山村屯、良田镇彩文岭村屯、乌石镇沙井村小学等 40 多个网点的带宽改造提速至 100 兆，对城区 733 局、722 局、马坡镇、米场镇 4 台 OLT 设备上联链路改造为有保护双链路 1000 兆，对于业务量较大的马坡镇、米场镇、乌石镇、良田镇、清湖镇等 5 个镇各增加汇聚交换机 1 台，达到 2048 兆带宽的上行。

【企业文化建设】 2013 年，中国电信陆川分公司以劳动竞赛为载体，开展关爱员工活动，加强企业文化建设，促进企业发展。按季度组织员工开展打乒乓球、气排球、羽毛球、爬山、郊游等形式多样的文体活动，举行"春节元宵节游园活动""三八"国际劳动妇女节户外郊游活动等，丰富员工业余生活。参加玉林市、自治区各种劳动技能大赛，以赛代训提高员工服务工作能力，12 月组队参加中国电信玉林分公司举办的员工技能大赛获

2013 年 6 月 25 日，中国电信陆川分公司开展营业班组训练
中国电信陆川分公司　提供

团队二等奖。9 人获玉林市分公司先进工作者荣誉称号。　　（李俊蔓）

中国移动通信集团广西有限公司陆川分公司

【中国移动陆川分公司概况】 中国移动通信集团广西有限公司陆川分公司（简称中国移动陆川分公司）隶属于中国移动通信集团广西有限公司玉林分公司，内设综合部、市场部、工程部、政企部等部门。2013 年，中国移动陆川分公司县城区及各乡镇的"沟通 100"自营服务厅 18 个，代办网点为 414 个：其中特许经营店 70 个，普通代办点 48 个，村级、社区代办点 296 个，移动服务客户约 23.50 万户。

【业务拓展】 2013 年，中国移动陆川分公司扩大客户规模，深化流量经营，推动终端销售，提升移动客户市场，推进业务经营发展。

广泛开展营销活动。1 月 1 日，中国移动陆川分公司开展"畅享移动、幸福生活"庆元旦主题营销活动。"新一代明星智能手机城"在江滨营业厅开业。1 月 17 日，召开代理商 TD 智能手机现场订货会，终端公司、平台供应商代表及 50 多家社会合作伙伴代

表参加会议。开展年初返乡营销、农村市场促销、年末劳动竞赛等活动，巩固市场主导地位。3 月 28 日，陆川分公司通政路新一代营业厅 G3 手机卖场开业，开业营销活动取得佳绩。5 月 1 日，开展庆"五一"及"5·17"世界电信日促销活动，中国移动陆川分公司与代办点联合，开展入网、购机、专项办理等优惠措施现场促销活动。7 月 24 日，陆川分公司组织客户经理信息化营销小组深入集团市场开展宣传营销，推动专线、IMS 重点业务发展。10 月 1 日，陆川分公司开展中国移动倾情大回馈促销活动。年内，做好存量客户保有及价值提升，加强终端合约计划、话务产品、亲情产品、惠农产品、流量产品、预存回馈的推广，提升客户的消费价值；抓好 TD 智能终端销售，提升无线上网流量，持续开展实用型业务普及率提升营销，抓重点型业务推广，充分利用代理商数据业务酬金体系，调动广大代办网点积极性，增强客户感知，推进市场客户增长，促进新业务稳步发展。

【网络质量改善】 2013 年，中国移动陆川分公司加强对基站维护及工程管理，开展精确谈点及精确建设，重点对城区较大型小区引入移动宽带，在高人流量地区及高数据流量区加快 WLAN 建设，提高网络覆盖率及效能。

【服务质量提升】 2013年,中国移动陆川分公司加强员工道德素质教育、服务礼仪和移动业务知识培训。8月28日,举行"道德讲堂"暨"最美移动人"事迹巡讲活动,公司经营班子、各部门、营业厅人员等60多人参加学习会,加强身边的模范、好人典型道德故事的学习,提升公司人员道德素质。加强公司现场工作检查、外呼抽查、电子监控系统的考核和使用,提升服务质量。强化集团、高价值客户服务考核,加大服务优势服务感知宣传和监督,提高服务质量和客户满意度,加快提升综合管理软实力,推进发展方式的转变和效益的提高,全力推进公司业务发展。 （何海芬）

2013年8月28日,中国移动陆川分公司召开道德讲堂会议

中国移动陆川分公司 提供

中国联合网络通信有限公司陆川县分公司

【中国联通陆川分公司概况】 2013年,中国联合网络通信有限公司陆川县分公司(简称中国联通陆川分公司)下设综合支撑中心、移网渠道中心、集团拓展中心、固网销售中心、清湖镇拓展中心、乌石镇拓展中心、米场镇拓展中心、珊罗镇拓展中心8个部门;营业服务网点449个,其中自有营业厅15个,专营店72个,代理点106个,空中充值便利点256个;在职职工40人。

【业务拓展】 2013年,中国联通陆川县分公司累计发展用户7.32万户,同比增长62.21%;宽带小区83个,端口数1.67万个,发展宽带用户2456户;各业务主营收入3826.04万元,比上年增长32%。

2013年,陆川分公司开展岁末年初返乡促销活动,加强村级服务网点的建设,组织员工开展返乡促销工作,各乡镇拓展中心开展镇圩促销、村屯促销、车站营销以及宽带促销工作,张贴海报,发放宣传单,营造浓厚的节日销售氛围。返乡促销活动发展2G客户1.25万户、3G客户2685户,宽带客户586户。

【工程建设】 2013年,累计建成基站262个,其中GSM(2G)基站140个,WCDMA(3G)基站122个,手机信号实现村村通。

【代理网点建设】 2013年,新增各类社会代理网点196个,其中专营店25个、普通代理点46个、空中充值网点125个,进一步拓展"县城—圩镇—村屯"的渠道网布局。

【营业服务质量管理】 2013年,成立综合支撑中心、移网渠道中心,对部分岗位进行竞聘、选聘,乡镇拓展中心主任列入公众计量岗位人员考核,乡镇拓展中心由以实体渠道经营为主的单一营销管理模式转变为"实体渠道经营＋直销走动营销渠道"两条线的营销管理模式,进一步完善乡镇拓展中心的销售职能。注重营业厅前台便民服务,对所有营业厅进行重新装修,全面提升营业厅服务形象。加强员工业务培训,公司坚持每周三晚上开展业务培训、每天一早会、每周一周例会、每周一培训会,每周开展营业员周例会,增强员工服务意识,进一步提高员工的综合素质和能力。

重视客户短信评价,陆川分公司短信服务评价保持中国联通玉林分公司前三名。 （李 佳）

中国铁通陆川分公司

【中国铁通陆川分公司概况】 2013年,中国铁通陆川分公司内设市场部、网运部、综合部、集团客户部、客户服务部,服务网点28个,兼职业务员人员15人,社会渠道业务16人。

【铁通业务经营】 2013年,宽带新装1580户,主要是县城区新建小区及他网用户,新装宽带1580户。开通大客户放号宾馆10个,有线固话放号1723户,发展无线电话用户2354户。

【网路设施建设】 2013年,加强光纤改造,至年底陆川县城区光纤覆盖63%,网速有效改良。加强机房安全管理,执行入室登记制度。配合铁路部门做好电缆维护与管理,聘请重点缆线检查,对主干线电缆、机房安排网运主管定期检查,对主干电缆、机房安排网运主管定期检查,全线电缆运行安全。 （陈小静）

科学技术

KEXUE JISHU

2013年10月,陆川县举行"十月科普大行动"。图为10月29日在县市政广场举行启动仪式

科技工作

【科技工作机构及概况】 2013年,陆川县科学技术局(简称县科技局),下设政工秘书股、业务股、科技市场与财务股、知识产权股,在职人员8人。县科技局下属事业单位有县科技情报研究所,干部职工6人。

年内,开展知识产权试点工作,加强科技宣传教育,积极参与区内外重大科技活动,推进国家富民强县项目建设,加强科技项目管理,全县发明专利申请量80项,获发明专利授权1项,实现发明专利授权量的零突破,发挥科技对经济和社会发展的支撑引领作用。陆川县分别获国家知识产权工作试点县和自治区知识产权工作示范县;通过全国县(市)科技进步工作考核,获玉林市科技先进县荣誉称号。

【知识产权保护】 2013年,陆川县加强以发明创造为重点的自主创新,出台《陆川县专利申请资助及奖励资金管理暂行办法》,专利申请资助和奖励资金由县财政预算安排,列入科技经费支出,鼓励发明创造,促进科技创新成果专利化。年内,全县申请专利174项,比上年增长43.8%。其中,申请发明专利80项,增长105.13%。县财政支持发明专利申请资助金额6.40万元,发明专利授权奖励2.50万元。其中,玉柴重工有限公司《一种挖掘机工作装置前端偏转机构》项目获得发明专利授权,填补县内在发明专利授权量上的空白,获奖励资金2.50万元。

【科技项目申报与立项】 2013年,陆川积极组织申报自治区、玉林市两级科技特派员和科技项目,获自治区科技特派员4人,科技特派员项目2项,获自治区级科技专项资金20万元;获玉林市科技特派员18人,科技特派员项目10项,获科技创业资金8.20万元。

【国家富民强县项目实施】 2013年,陆川继续推进国家富民强县项目建设,县科技局、广西神龙王农牧食品集团有限公司、陆川县英平种养专业合作社等项目承担单位全面完成项目阶段性技术经济指标。

推进"陆川猪"种猪、猪苗优质健康养殖技术示范。采取"公司+园区+小区+农户"的形式,分别在良田镇良田村、文官村和滩面乡滩面村、大桥镇大塘坡村、古城镇良村建立种猪养殖小区5个。

推进猪粪无害化处理与沼气发电技术示范。推广采用"厌氧发酵"

表29

2013年陆川县获自治区科技项目立项情况

项目名称	承担单位	合同编号	总投资（万元）	科技经费（万元）
广西水稻联合收割机科技成果转化示范企业建设	广西开元机器制造有限责任公司	桂科能 1347007-3	670	50
陆川县科技信息及基层科技服务能力建设项目建设	陆川县科技局	桂科能 1347014-3	50	25
陆川县富民强县试点示范	陆川县科技局	桂科转 1346002-3	20	20
农村科技特派员创新创业试点示范	广西桂穗种业有限公司	桂科能 1346007-13	10	10
NZJ15/8.5型砻碾组合机中试与示范	广西三零一机械有限公司	桂科转 1346004-37	642	20
丘陵耕作机中试与示范	广西陆洲机械制造有限公司	桂科转 1346004-39	350	20

表30

2013年陆川县获玉林市科技项目情况

项目名称	承担人员			受派单位	总投资（万元）	科技经费（万元）
"陆川猪"林下放养生态示范基地建设	罗忠发			陆川县神龙王良田养殖基地	110	1.2
"陆川猪"呼吸系统疾病防控技术示范	动物疫病防控技术小分队			陆川县华泰养猪场	50	0.2
陆川猪深加工技术应用与创新	李志聪			广西元安元食品发展有限公司	110	0.6
水库精养罗非鱼高效养殖技术示范	俞振盛			沙坡镇高庆村委会	60	0.8
鳄鱼龟庭院高效养殖技术推广应用	吕宗清			陆川县杨泷养龟场	30	0.8
水肥一体化技术在番石榴种植上的试验示范	黄宗威	丘宗明		乌石镇旺岭村种植协会	65	0.5
橘红规范化种植技术示范	陈春梅	刘远坚		良田橘红种植基地	55	0.4
速生桉主要病虫害综合防治技术示范	吕 战	陈国燕	陈卫香	广西国有高峰林场陆川造林部	55	0.2
优质高产感光晚籼杂交稻新组合选育和示范	吕桂权			广西桂穗种业有限公司	35	1.0
沙湖土鸡放养技术应用示范	罗春华			陆川县春华养殖场	65	0.2

技术,陆川英平种养专业合作社建设集水池、调节酸化池240立方米、废水厌氧生物处理反应池600立方米,年处理粪污8.76万吨,年产沼气33.73万立方米,2013年利用沼气发电53万千瓦时。

推进陆川猪传统肉制品加工技术集成示范。一是推进腊(烤)猪肉加工技术示范。完善年加工能力达20万头腊(烤)乳猪的加工生产线和年加工能力达600吨猪肉的低温肉制品生产线建设,示范应用太阳能烘烤技术、低温调理技术、低温加工保鲜技术、低温滚揉腌制技术、周期性交变干燥工艺技术、二段式低温油炸工艺技术、烤腊乳猪生产技术、高品质传统猪肉制品关键工序参数和品质调控技术等猪肉加工技术8项。年内,示范生产腊(烤)乳猪20万头、腊肉(腊肠)200吨、扣肉150吨,产品质量符合相关标准要求。二是推进陆川猪绿色冷鲜肉生产示范。引进应用三点式低压麻电和真空收缩技术,年加工冷鲜肉150吨。冷鲜肉肉质呈鲜红色稍暗,无腥味和草酸味,肉质滑嫩可口,在0℃~4℃下贮藏,保质期1个月以上。三是推进陆川猪特色旅游休闲食品开发。广西神龙王农牧食品集团有限公司、陆川县远邻食品有限公司以陆川猪后腿精肉为原料,佐与当地特有香料,经特殊工艺加工成猪肉丁、肉干,产品质量符合相关标准要求。2013年,共生产的各种产品产量25吨,产值327万元,税金75万元。

【科技项目管理】 2013年,县科技局加强对各类科技项目管理,及时组织有关专家对已完成的科技项目进行验收和鉴定。11月2日,受自治区科技厅农村处委托,县科技局组织有关专家对广西桂穗种业有限公司承担的"感光型晚籼超级杂交稻组合选育及配套栽培技术示范"(桂科攻1123001-5D)、"高产感光型晚籼杂交稻新组合里优806的中试与示范"(桂科转1222017-5)项目等2个项目进行现场测产,各项指标均超额完成,全部达标。12月,县农业科技创新示范基地建设与提升、县农业科技创新示范基地建设——陆川猪品种繁育示范建设、农业科技创新示范基地灾后恢复建设技术示范——陆川猪品种繁育示范基地灾后恢复等3个项目(为2006年以前县科技局承担的科技项目)通过自治科技厅验收。

【陆川猪产业科技服务体系建设】 建立龙头企业技术创新服务中心。年内,建立以陆川县英平种养专业合作社为主的生猪饲养技术创新服务中心、广西神龙王农牧食品集团有限公司猪肉加工技术创新服务中心,服务中心已配备电脑、网络、打印机、投影仪等多媒体设备和显微镜、恒温水浴箱、恒温培养箱、17℃恒温冰箱、移液枪、兽用B超、超纯水机等实验设备,拥有技术人员30人,开展陆川猪生猪饲养管理、种猪饲养管理、疫病防控、猪肉深加工技术创新、服务及产品研发。

建立畜牧科技信息服务站点。在马坡、沙坡、温泉、大桥、良田等乡镇建立畜牧站科技信息服务站6个,每个服务站配备音视频多媒体远程传送配套设备及专业技术服务人员。2013年,培训培养专业技术服务人员25人,发布信息580条,开展猪场建设、饲料搭配、生猪养殖、疫病防治和杂交利用等科技服务150人次。

加强生猪养殖合作社和水产畜牧联合会建设。年内,陆川县英平生猪养殖合作社新发展社员58人,陆川县水产畜牧联合会新发展会员1000人。生猪养殖合作社和县水产畜牧联合会加强疫病防治、现场指导、新品种引进、先进技术培训和示范等科技服务。

加强科技特派员科技服务工作。2013年,选派65名科技特派员到猪场、企业开展科技服务,采取专题讲

表31   **2013年陆川县新产品、新技术类科学技术进步奖获奖项目**

项目名称	完成单位	项目负责人	奖励等级
陆川县"136"科技服务助农增收平台建设与应用	陆川县"136"办公室	莫小明等11人	特等奖
YC230LC系列液压挖掘机	广西玉柴重工有限公司	梁晓东等16人	一等奖
1WGQ6型微耕机	广西开元机器制造有限责任公司	邱森等9人	一等奖
"中国优质产品"桂宝牌陆川猪深加工系列产品	广西神龙王农牧食品集团有限公司	黄俊荣等6人	一等奖
新型相复励发电机定子冲片	广西陆洲机械制造有限公司	朱祖锋等7人	二等奖
"陆川猪"有机产品的认证	广西陆川富成原生态养殖有限公司	陈华勇等6人	二等奖
多功能前旋后驱齿轮传统耕田机	广西陆川县永发机械有限公司	张艺胧等5人	二等奖
台湾珍珠番石榴有机产品的认证	陆川县大鹏现代农业发展有限公司	潘品娟等6人	二等奖
三相同步发电机	陆川县志强电机厂	林志强等5人	三等奖
主副米刀恒压式碾米机	陆川县宏新机械有限公司	刘力成	三等奖
新型前打后滚微耕机装置	广西陆洲机械制造有限公司	梁海著等6人	三等奖
6NF-6.0/9F-20型碾米粉碎组合机	广西三零一机械有限公司	杨宏新等8人	三等奖
"十六姑"猪肉丁技术开发与应用	广西远邻集团食品有限责任公司	咸茂伟等3人	三等奖

座集中授课、示范点现场指导培训和观摩学习等形式、开展健康养殖、饲料搭配、保种选育、开发利用以及疫病防控等科技服务,年内科技特派员培训猪场技术人员及养猪户300人次。推进科技特派员在农村创业工作,县土肥工作站高级农艺师丘宗明选派为广西壮族自治区级和玉林市级农村科技特派员,自筹资金与他人合伙创办优质葡萄种植基地,为基地引进葡萄新品种8个,种植面积6.67公顷,年产值约500万元,投入资金100万元,发挥科技特派员的带头致富作用。

【科技进步奖评选活动】 2013年,陆川县继续开展科学技术项目进步奖评选活动,申报项目经县科技进步奖评审委员会评审,共评出新技术、新产品和科技论文获奖项目41项,其中新技术、新产品类科学技术项目特等奖1项、一等奖3项、二等奖4项、三等奖5项及科技论文类获一等奖6项、二等奖11项、三等奖11项。

【科技宣传与培训】 2013年,县科技局以增强全民科技意识为目标,进一步加强科技宣传,推进科普工作。开展"科普知识送进千家万户"活动,以科技活动周、"4·26"世界知识产权日等重大活动为契机,组织技术人员深入到乡镇、村、农户开展科技培训,举办培训班12期,现场示范指导,解答技术难题等,发放科技资料1.2万份。

加强养猪技术培训,借助实施国家富民强县"绿色优质'陆川猪'产业技术开发与示范"项目的资金、场

表32 2013年陆川县科技论文类科学技术进步奖获奖项目

项目名称	完成单位	项目负责人	奖励等级
1Z-41型祥乐牌经济型多功能微耕机的设计	陆川县永发机械有限公司	张建新等4人	一等奖
两系超级稻杂交稻准两优608在广西陆川县种植表现及高产栽培技术	陆川县农业技术推广站	陈伟忠等2人	一等奖
标准外伤大骨瓣开颅减压术治疗对冲性颅脑损伤临床分析	陆川县人民医院	陈子才	一等奖
疏血通联合黄芪注射液治疗急性进展型脑梗死56例疗效观察	陆川县中医院	何志明等5人	一等奖
浅谈信息技术与初中语文课程的整合	陆川县教研究室	周 冲 杨 萍	一等奖
浅谈数学教学中学生能力的培养	马坡镇第二初级中学	王海燕	一等奖
淮山药水旱轮作连年种植技术	陆川县农业环保站	黄东贤	二等奖
陆川猪常见传染病调查和控制思路	陆川县水产畜牧兽医局	丘毅等4人	二等奖
兔螨病的防治	陆川县水产畜牧兽医局	刘香林	二等奖
陆川猪种质资源保护技术方案	陆川县水产畜牧兽医局	莫常胜等5人	二等奖
重型颅脑损伤术中急性脑膨出36例原因及防治分析	陆川县人民医院	陈子才	二等奖
陆川县疾病防控制中心169例老年肺结核X线分析	陆川县疾病防控制中心	李 化	二等奖
硝苯地平缓释片Ⅱ联合替米沙坦治疗原发性高血压的临床观察	陆川县人民医院	李泽荣	二等奖
如何培养小学生的口语交际能力	大桥镇三善小学	江茂琼	二等奖
初中英语学习策略与方法	陆川县初级中学	蓝丽燕	二等奖
初中英语学习策略与方法	陆川县初级中学	李斯兰	二等奖
教师要善待自己的每一位学生	陆川县初级中学	李典清	二等奖
陆川猪产业化经营之我见	陆川县水产畜牧兽医局	谢瑞明	三等奖
鸡丝甜脉菜高产栽培技术	珊罗镇农技服务中心	郑庆文 黄东贤	三等奖
婴幼儿西方奶粉中蜡样芽孢杆菌污染的分离鉴定分析	陆川县疾病防控制中心	黄军林等2人	三等奖
吸毒者HIV、HCV、IP感染状况及高危行为调查	陆川县疾病防控制中心	黄夏声等4人	三等奖
陆川县熟肉制品中亚硝酸盐含量的测定	陆川县疾病防控制中心	罗 炬等4人	三等奖
化学发光法和酶联免疫吸附试验检测免疫儿童乙型肝炎表面抗体的结果分析	陆川县疾病防控制中心	黄军林等3人	三等奖
初中英语教学之我见	陆川县初级中学	李春霞	三等奖
语文教学应注重培养学生创造性思维	马坡镇初级中学	周 雁	三等奖
浅谈初中语文生活化拓展教学	米场镇福达中学	张 鸿	三等奖
如何培养小学生的应用意识	大桥镇平安小学	李翠萌	三等奖
拙谈语文教学中如何进行有效的复习	大桥镇美坡小学	谢雪梅	三等奖

2013年9月17日,陆川县"绿色优质陆川猪养殖技术"培训班在县城召开
县科技局　提供

地、技术等资源,组织有关科技人员到乡镇、村举办养猪培训班,分别到马坡、沙坡、温泉、乌石、良田、古城等乡镇,重点加强"陆川猪"饲养、加工技术培训,采取集中授课、示范点现场指导培训、观摩学习等方式,开展陆川猪健康养殖、林下放养、专用发酵料池建设、专用发酵料制作、绿色食品猪肉生产加工等技术培训,共培训农民养殖户2684户3580人次,开展传统肉制品、特色旅游休闲食品加工及其质量卫生控制管理技术培训158人次,发放有关技术资料5782份。

【区内外重要科技活动参与】
1月7日—10日,广西第二十二届科技活动周在南宁举办,活动以"创新驱动发展,科技促进跨越"为主题是。县科技局牵头组团参加科技活动周的参展活动,参展企业有广西神龙王农牧食品集团公司、广西桂穗种业有限公司、广西灏运环保燃料科技有限公司、广西南发厨具有限公司、广西陆川县永发机械有限公司、陆川县英平养殖有限公司等6家企业。
4月20日—23日,第二届广西发明创造成果展交易会在柳州市国际会展中心举办。县科技局牵头组团参加交易会,参会企业有广西开元机

器有限责任公司、广西灏运环保燃料科技有限公司、陆川志强电机厂、广西三零一机械有限公司、广西玉柴重工有限公司等5家企业,组织微耕机正反转挂挡的封挡装置、微型半喂入联合收割机驱动轮装置、一种回转窑焙烧贫铁矿的方法、机械密封砂泵、耐磨砂泵、一种小型收割机履带装置、一种角焊缝尺寸检测工具等7项专利项目参展。
5月21日—26日,第十六届中国北京国际科技产业博览会在北京举办。由县科技局牵头组团参加博览会活动,县组织一批具有本地特色的陆川猪肉深加工技术项目与中国农业大学开展对接洽谈。
11月16日—21日,第十五届中国国际高新技术成果交易会在深圳举办。由县科技局牵头组团参加国际高新技术成果交易会,参会人员有县直有关部门、企业代表,参会的主题是"加强合作交流,促进区域发展",主要任务是结合陆川县资源优势和产业特点,配合玉林市组织筛选一些有技术、资金需求的项目,通过交易会与国内外投资机构、中介机构、企业等寻求对接。
11月27日—12月2日,第三届广西发明创造成果展览交易会在桂

林市举办,活动以"创新驱动发展,发明创造未来"为主题。由县科技局牵头组团参加交易会,参会人员有县直有关部门、企业代表,组织一种铣刨装置、一种新型的角度测量系统、一种正控压力补偿系统、一种可调式导风罩、一种相复励发电机、一种带彩灯的陶瓷工艺品、微型机转向叉密封机构、一种四级电机等8项专利项目参展。　　　　（李　瑜）

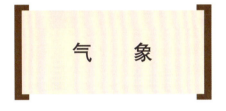

气　象

【气象工作机构概况】 2013年,陆川县气象局下设办公室、监测预警中心、防雷减灾中心和人工影响天气办公室等4个科室,年末在职职工14人,其中在编8人,编外6人;工程师5人,助理工程师3人,技术工人6人。年内,县气象局被评为玉林市气象工作综合目标管理考核优秀单位。

【气候事件】 2013年,县内主要气候事件有冰雹、台风、暴雨、雷击等。
冰雹　受南支槽影响,3月21日20时31分平乐镇出现冰雹天气,降雹时间约10分钟,少量瓦房屋顶受损,但未造成灾害。
暴雨洪涝及热带风暴　4月29日,受冷空气和高空槽共同影响,县内出现大雨到暴雨,局部特大暴雨。5月10日,受切变线和冷空气南压影响,大部乡镇出现暴雨、局部大暴雨,最大降水量出现在县城,为88.6毫米。7月2日,受第6号强热带风暴"温比亚"影响,县气象监测站出现大风天气,大部分乡镇出现大雨到暴雨、局部暴雨到大暴雨。最大降水量出现在沙湖乡永安村,为119.9毫米。8月13日—15日,受第11号强台风"尤特"影响,全县普降暴雨到特大暴雨。最大降水量出现在滩面乡,为139.9毫米。8月24日,受第12号台风"潭

美"减弱后的低压环流影响,县中北部出现暴雨至大暴雨。最大降水量出现在沙湖乡,为191.4毫米。

雷电灾害 5月24日,陆川县中队驻地发生雷灾,造成部分网络、电脑等设备损坏,未造成人员伤亡。

【气象防灾减灾体系建设】 2013年,县气象局争取到中央财政资金支持,加强镇、村气象预警设备建设,分别在乡镇一级安装气象预警电子显示屏,在村安装预警大喇叭,共设气象预警电子显示屏14块,安装预警大喇叭80套,进一步扩大气象信息覆盖面。

加强监测网络建设。按要求完成新型自动站改造,采取措施做好探测环境保护。按照运行监控系统(ASOM)要求,完成台站基本信息、维护维修信息、备品备件储备等信息录入,开展综合气象观测系统运行监控,常规观测资料达标传输及时率99.95%,无缺报,自动气象站传输及时率99.90%。自动站数据达标正确率99.80%。按照气象记录档案管理规定要求,做好气象记录档案保管,按要求完成台站气象记录档案。

【气象服务】 2013年,县气象局做好气象灾害预警信息传播工作,加强各项气象服务,尤其做好重大灾害性天气预报服务工作,注重节假日专项天气预报及关键性、灾害性天气预报。年内,发布气象服务信息91期,重大气象服务专报7期,气象灾害预警信号45份。建立有与县人民政府及各灾害防御相关部门气象灾害预警信息通报制度,在灾害性天气过程中,定时或不定时用电话和手机短信向县委、县政府领导汇报天气实况和预报,利用广播、电视、电视新闻采访等方式发布预警信号、气象信息服务。

加强气象为农服务。11月17日,县气象局组织召开气象服务座谈会,县农业局、县林业局、县水利局、县水产畜牧兽医局、县旅游局、县卫生局、县安监局、县国土资源局等部门领导参加座谈会,联合会商农业气象服务工作,提高专业气象服务效益。年内,加强关键农事季节的专题气象服务,围绕社会主义新农村建设、农业产业结构调整开展气象服务,提供服务材料。开展春耕春播、夏收夏种、秋收秋种等关键农事季节的气象专题服务,发布农事气象预报信息9条。

加强与中小流域山洪地质灾害精细化预报业务对接,推进气象灾害风险预警服务试验业务,建立山洪地质防治实时暴雨洪涝风险预警服务业务,9月,县气象局完成中小流域山洪地质灾害精细化预报业务调查。年内,在汛期防汛服务中发布山洪地质灾害防治气象预警信息60条。

【人工增雨】 1—3月,陆川县降水量明显偏少,各地出现春旱缺水现象,春耕生产用水和工业及生活用水形势严峻。3月30日,县气象局抓住有利时机实行人工增雨作业,凌晨1时在县气象局炮点进行火箭人工增雨作业,作业后全县各乡镇普降中到大雨,有效缓解陆川县内的旱情。

【气象科普宣传】 2013年,县气象局开展气象科普进学校、进农村、进社区、进企业等活动,深入学校、农村、社区、企业开展气象科普宣10场次,发放地方特色气象科普宣传作品和气象科普图书杂志1500多份。

3月23日,陆川县举行"3.23世界气象日"宣传活动,县气象局围绕2013年世界气象日"监测天气,保护生命和财产"的主题,制订气象图片、板报,在县市政广场设立宣传点,向广大群众宣传气候变化趋势、雷电防护、天气雷达等气象科普知识,发放气象科普知识资料;继续组织县第二中学的师生代表参观县气象局的预警中心、观测场、人工增雨设备等。5月12日,县气象局参与县"5·12"防灾减灾日宣传活动,开展宣传气象灾害的防御和避险自救知识。

【乡村气象信息员培训】 10月17日在县政府第二会议室举行,全县乡村气象信息员等83人参加培训,邀请玉林市气象局副局长黄永森进行授课,陆川县人民政府副县长李红伟出席培训会。培训内容主要有气象信息员职责要求、县内主要灾害的影响情况。

(杨志华)

防震减灾

【防震减灾工作机构及概况】 2013年,新增良田莲塘村马兰径水库、滩面新旺养殖场等地震宏观观测点2个,全县累计有宏观观测点17个(平乐镇木户水井、马坡镇界桐水井、马坡镇雄英养鸡场、良田镇养蛇场、古城镇养猪场、古城镇养龟场、滩面乡养鱼场、乌石镇养鸡场、乌石镇双桐水库、大桥镇养鱼场、横山镇养猪场、平乐镇东成水库、横山镇南田水库、清湖镇西岭养殖场、县城养蛇场、良田莲塘村马兰径水库、滩面新旺养殖场);微观观测台5个(米场镇断层气CO_2观测井、陆川县数字遥测地震台、陆川县地震监测数据分析平台、陆川县强震台、陆川县地震局电磁波观测台)。市级防震减灾科普教育基地1个,县级防震减灾科普教育基地2个,县级防震减灾科普宣传示范学校72所。

2013年4月,经县编委会同意,县地震局综合股调整为政秘股、监测股、震防股等3个股,新成立陆川县抗震救灾应急服务中心,县地震局及应急服务中心编制9名,在职在编人员8人,抽调工作人员8人。年内,县地震局加强地震监测预报、地震灾害预防、地震应急救援等三大工作体系建设,广泛开展防震减灾科普宣传,加强建设工程抗震设防要求管理,推进防震减灾科普教育基地建设等工作,不断提高防震减灾科学化水平和综合防御能力。陆川县获全国县级防震减灾工作先进单位荣誉称号,县地震局连续四年获广西县级防震减灾工作特等奖。

【陆川县抗震救灾应急服务中心成立】 2013年4月,陆川县抗震救灾应急服务中心,为县地震局的下属事业单位,定编制3名,配备人员2人。主要负责全县各单位、各镇抗震救灾应急物资器材,车辆、人员、应急预案等的统计,负责地震应急宣传、演练服务工作,负责地震应急避难场所服务工作,负责地震应急预警系统服务工作,负责县地震监测数据分析平台以及各测震台、地震宏观观测点的监测,分析工作,负责全县建设工程抗震设防技术服务以及抗震鉴定服务工作,负责地震现场勘测工作、震害调查工作等等,为陆川县抗震救灾指挥部提供决策指挥咨询服务。

【地震应急避难场所规划建设】 2013年,陆川县对县城区应急避难场所(二期)建设工程进行规划建设,二期建设工程以"宣传文化体育中心""世客城"为依托推进县城区应急避难场所建设,二期建设工程规划经县政府第31次常务会议研究决定。9月18日,县城市规划委员会第三次全体会议讨论通过。项目建议书并获县发改局审核批复。年内,县城区应急避难场所二期建设工程项目的可行性研究报告、初步设计、立项及项目资金申报等工作正在进行。

【地震灾害防御】 2013年,陆川县加强抗震设防工作,成立广西首个县级抗震设防工作督查小组。2月5日,县召开加强建设工程抗震设防管理工作会议,明确抗震设防工作督查小组责任,进一步落实全县建设工程抗震设防监督管理工作,强化全县建设工程抗震设防全过程监管的工作要求。加强建设工程抗震设防行政许可办理,严格基建管理程序各个环节管理,加强建设工程抗震设防监管工作,县地震局与相关职能部门严格把

关,确保县内所有新、改、扩建的建设工程均依法办理抗震设防行政许可,年内县地震局办理一般建设工程抗震设防要求的确定行政许可175项,办结率为100%。加强中小学校舍安全工程抗震设防管理,全县教育系统的校安工程项目125项,县地震局组织人员对教育系统的工程项目现场进行抗震设防技术勘测,做好中小学校舍安全工程的工作。加强重要建设工程地震安全性评价监管,按照《地震安全性评价管理条例》要求,县地震局对重要建设工程开展地震安全性评价工作的监督检查,协助广西工程防震研究院对县内陆川县·龙福花园、陆川县鸣大·南城广场、陆川县新城·时代广场等3个重大项目完成地震安全性评价。

【防震减灾科普知识宣传】 2013年,陆川县继续加强防震减灾科普知识宣传,结合县委开展"一走三问六提高""万名干部"下基层、"联帮共扶,万人攻坚""基层组织建设年"活动,利用干部回乡开展活动为契机,熟悉本地情况、在当地具有一定声望、群众基础好的独特优势,广泛开展防震减灾宣传教育活动,向农民宣传防震减灾科普知识,举办农村民居防震保安知识讲座,开展农村民居抗震设防技术咨询和抗震设防技术指导工作,引导广大农民建设抗震民居,提高农村民居的抗震设防能力。县地震局印发《陆川县农村民居防震知识手册》5万册。"5·12"国家防灾减灾日、"科普宣传活动周""十月科普大行动""7·28"地震纪念日、"国际减灾日"期间,陆川县均组织开展防震减灾宣传活动,利用电视、网站、报纸、手机短信、宣传板块、宣传标语,全县出版防震减灾科普知识宣传板报280版,大小标语、横幅1.78万条,发放防震减灾科普知识宣传手册14.50万册,开辟防震减灾科普知识电视访谈专题3场次,发送手机"防震减灾科普知识"公益短信11万条,开设防震减灾科普知识咨询点73个,接受咨询群众3.90

万人次,县防震减灾网站年浏览量13万人次。继续开展科普巡回宣讲活动,加强县、乡镇、村干部防震减灾科普知识培训,县防震减灾科普知识巡回宣讲团深入全县各中小学校、厂矿企业进行防震减灾科普知识巡回宣讲32场次,开展县、镇、村三级干部防震减灾科普知识培训19场次,受教育师生、干部职工、群众15.20万人次。

【地震应急演练】 2013年,陆川县继续加强学校地震应急疏散演练活动,全县各中小学校在开学时段及"5·12"国家防灾减灾日期间,广泛开展地震应急疏散演练活动,县地震局演练业务指导,年内全县共举行地震应急疏散演练680多场次。3月,玉林市学校安全工作会议在乌石镇中心学校举行,会议期间并举行地震应急疏散汇演,获得与会人员肯定。6月,县政府在古城镇北豆新村举行地震与山洪等灾害应急演练活动,县地震局、县国土资源局、县水利局、消防大队、县卫生局、县交通运输局、县民政、县交通管理大队等部门参加演练活动,并按县地震应急预案分工协作程序进行演练,提高县地震应急救援工作的操作性,提高地震应急救援的能力和水平。

【防震减灾示范基地建设】 2013年继续开展防震减灾示范县、防震减灾科普宣传示范学校、防震减灾科普宣传示范企业、地震安全示范社区、防震减灾科普宣传教育基地等"五个示范一个基地"建设活动。

继续推进防震减灾科普宣传示范学校建设。2013年,新增防震减灾科普宣传示范学校8所。县地震局、县教育局联合印发《关于做好2013年中小学校防震减灾工作的通知》,各中小学校制订学校地震应急预案,开展防震减灾主题教育活动,组织开展地震应急避险演练活动。加强师生防震减灾科普知识宣传教育,提高师生防震减灾防范能力。年内,县地震局、教育局联合对在2012年度创建"陆

川县防震减灾科普宣传示范学校活动"中成绩突出的先进集体和先进个人进行表彰,表彰县防震减灾科普示范学校活动先进学校29所,先进班主任181人,先进工作者332人。

加强防震减灾科普宣传教育基地建设。2013年5月,县第一小学、第二幼儿园、乌石镇初级中学被列为县级震减灾科普教育基地。12月,玉林市防震减灾科普教育基地(陆川县职业学校)通过由玉林市地震局、科技局、科协、共青团玉林市团委等部门组成的玉林市防震减灾科普教育基地专家评审小组的验收鉴定。全县累计有防震减灾科普教育基地4个。

【自治区地震局领导到陆川调研】
2013年6月7日,自治区地震局副局长劳王枢等领导一行到陆川调研防震减灾工作。实地察看县地震局办公环境、县地震监测数据分析平台,了解陆川地震监测仪器设备运行情况。并召开防震减灾工作座谈会,县长陈杰汇报全县防震减灾工作情况,劳王枢副局长对陆川县防震减灾工作予以肯定,对进一步做好县区防震减灾工作,着力抓好地震监测能力、防震抗震能力、地震应急能力、防震减灾知识普及率等"四大提升"工作提出要求。

7月25日—26日,自治区地震局副局长苗崇刚(主持全面工作)等一行5人到陆川开展党的群众路线

2013年7月26日,自治区地震局局长苗崇刚(后右二)到陆川开展"党的群众路线教育实践活动"暨防震减灾工作调研座谈会　　县地震局　提供

教育实践活动,调研基层防震减灾工作。先后深入陆川县地震监测数据分析平台、电磁波监测台、强震台和城区地震避难场所、世客城建设工地等地进行实地察看。召开防震减灾工作座谈会,县四家班子领导代表、县地震局领导干部、县防震减灾工作"三网一员"代表参加座谈会,就县级地震部门机构建设和队伍建设、县级建设工程抗震设防管理、地震科普宣传教育、地震应急准备、宏观观测点建设及助理员、观测员待遇保障等内容进行交流,调研组对推进县级地震工作协调联动机制建设、基层防震减灾工作队伍建设、地震部门专业技术能力建设以及防震减灾示范县、示范社区建设等方面工作予以肯定。双方就推动防震减灾工作更好地服务经济社会发展、服务百姓民生,实现与经济社会融合发展方面达成共识,对陆川打造成广西防震减灾示范县建设做出指示。苗崇刚一行并走访慰问陆川县"创先争优"先进典型人物陈志强的遗属。

【地震事件】　2013年,县内发生地震5次,主要发生在大桥镇,均为浅源性地震,震源深度在12千米以内,最高震级为1.9级,震感不明显。

表33　　　　　　　　　　2013年陆川县地震情况

日期	时间	纬度	经度	震源深度（千米）	震级类型	震级值
5月6日	21:34:22.5	22°10′	110°20′	12	ML	1.4
5月7日	07:41:09.0	22°11′	110°20′	12	ML	1.9
5月9日	03:59:48.3	22°11′	110°19′	12	ML	1.7
7月28日	11:56:09.4	22°44′	110°22′	6	ML	1.6
9月9日	22:55:58.5	22°11′	110°24′	12	ML	1.4

注:ML为里氏震级,当震中距小于1000千米时,用震级ML可以较好地测定近震的震级。

(龚二勇)

教育

JIAOYU

2013年4月3日,陆川县召开全县教育工作会议　　　　　　　叶礼林　摄

教育综述

【教育概况】 2013年秋季期，全县有中小学校202所，中小学生14.25万人。职业学校1所，学生543人。各类幼儿园112所（其中公办幼儿园18所），在园幼儿3.10万人。教师进修学校1所。全县公办教职工9177人，县代课教师99人。小学入学率100%，初中入学率100%，义务教育巩固率98.2%，高中（含职中）阶段毛入学率75.6%，学前三年毛入园率72.3%。

陆川县教育局内设秘书股（行政审批股）、人事股（教育职改办、师训股）、财务基建股（项目办）、基础教育股、职业教育与成人教育股、语言文字工作股（县语委办）、督导室、学校安全工作股、纪检监察股；编制15名，实有人员13人。下辖县教研室、招生办、成教办、勤俭办、电教仪器站、学生资助管理中心、青少年活动中心等二层机构7个，二层机构单位编制107名，实有人员103人。

【教育经费收入与支出】 2013年，全县教育经费总投入8.05亿元，其中财政拨款收入7.66亿元，非义务教育收费收入4403万元，其他收入483万元。教育经费总支出8.04亿元，其中人员经费支出4.75亿元，公用经费支出1.63亿元，学生资助支出3319万元，项目建设支出1.09亿元，薄弱学校改造设备设施支出1837万元，其他支出494万元（教育教学奖励150万元，兑付教育基金会股民款60万元，特殊债务偿债50万元等）。

【学校基础建设】 2013年，重点实施中小学校舍维修改造、薄弱学校食堂改造、学前教育改建等三类项目建设，投入资金9978万元，实施维修改造改建类项目91个，建设面积5.4万平方米。加强农村义务教育薄弱学校改造计划教学仪器设备安装项目建设（简称薄改仪器项目），在196所中小学校实施薄改仪器项目，总投资1837万元；在19所学校建设标准化图书室，投资380万元；在22所初中建设标准化实验室47个，投资850万元。加强学校电教设备建设、电教管理、教育技术培训等，推进教育信息化及现代化教育技术的掌握使用。

农村薄弱学校改造计划实施 继续落实广西农村薄弱学校改造计划，重点推进农村薄弱学校改造计划图书项目和仪器项目。2013年，共实施图书项目学校23个（其中2012年项目19个），自治区安排陆川图书采购资金424万元（其中2012年图书采购资金380万元）。年内，建成学校标准化图书室23个，受益学生2.50万人。实施农村薄改仪器计划。其中，完成2012年农村义务教育薄改仪器计划薄改仪器项目总价值850万元，受益学校42所，接收11家公司全部产品；2013年度薄改仪器计划落实仪器项目资金1837万元，受益学校196所，全县义务教育中小学生均受益，已组织玉林市级招标，部分厂家的仪器陆续到位。

推进实验室标准化建设 开展实验室标准化建设学校申报、验收工作。其中，2012年度实验室标准化建设项目学校27所，安装标准化实验室48个，基本安装完毕。列入2013年实验室标准化实验室建设学校22所，安装47个标准化实验室，项目正在实施中。

信息技术科考试实施 县电教仪器站、县招生办联合做好初中理化实验能力考查、信息技术科考试组织实施工作。组织人员对学校实验室设置、考查用仪器设备进行全面检查，发现问题及时提出整改建议；针对学校提出部分考查科目器材不足的情况，及时联系上级装备部门、相关教学仪器公司，购置配备，保障理化实验能力考查的顺利进行。年内，全县参加理化实验操作考查学生1.07万人，合格人数1.03万人，及格率96.35%。

教学点数字教育资源全覆盖项目建设 2013年，自治区实施教学点数字教育资源全覆盖项目，陆川获全覆盖项目学校274所，每学校配备设备资金9800元，共计268.52万元，主要配备计算机、电子白板、多媒体一体机、教学智能交互平板、实验室成套设备等设备。年内，设备均已运送

2013年，陆川加强教育基础设施建设。5月22日，陆川召开教育专项工程建设情况专题汇报反馈会　　　　叶礼林　摄

到各教学点,基本完成安装工作。

【教师队伍建设】

教师招聘 2013年,招聘教师474人,其中招聘特岗教师300人,幼儿教师51人,从代课人员考录公办教师100人,招聘高中教师、校医、会计23人,进一步充实教师队伍。

教师培训 2013年,继续举行中小学校长、幼儿园园暑期培训班,组织中小学校骨干教师参加各级各层次培训学习,参加培训2500多人次。加强电教管理人员、计算机教师、图书管理员、仪器实验员教育培训,提高技术水平。年内,县电教仪器站组织全县的电教管理员和图书仪器管理员参加区级、市级专题骨干人员培训6次,培训906人次,其中电教骨干教师369人次,图书管理员210人次,仪器实验员227人次。现场讲解如何运用多媒体教学、建立仪器账目、图书建立电子档管理及注意事项等内容,提高学校对电教图书仪器管理工作的认识和水平。开展优秀电教论文、电教课件、信息技术与课程整合课例的评选活动,邀请自治区、玉林市级教研员对参评教师进行培训,提高教师的信息技术应用能力。

教师评先活动 2013年,开展教育系统各类先进(优秀)教师推荐评选工作,共评选出县级各类先进教师800多人,推荐评选市级各类先进(优秀)教师100多人,推荐评选自治区(省)级以上各类先进(优秀)教师10人,其中文昌中学教师陈利获第二届全国中小学外语教师名师称号。教师获市级以上说课、优质课等各类学术比赛奖项50多项,在市级及以上刊物发表学术论文1200多篇,获市级及以上课题立项168项。

【3个试点县建设】 2013年,陆川继续推进自治区农村学前教育发展机制改革、学校布局调整综合改革、农村边远艰苦地区学校教师周转宿舍建设等3个试点县建设。年内,共投入项目建设资金3217万元。

农村学前教育发展机制改革试点县建设 继续做好县城区幼儿园和乡镇中心幼儿园的新建和改扩建工作,实施农村学前教育改建类项目21个,项目总投资2281万元,建设面积2.31万平方米。11月,对全县民办幼儿园办园资格进行评估,对符合办园条件的,颁发试办许可证,不符合办园条件的,提出整改意见。全县共有民办幼儿园152所,持证办园94所,持证办园率62%,其他民办幼儿园在整改之中。12月,县幼儿园通过自治区示范幼儿园评估验收。

学校布局调整综合改革试点县建设 开展第二轮学校规划编制工作,邀请陆川建筑设计院、广西桂川建筑设计院资质专家对全县学校进行规划布局,并形成规划报告书上报自治区教育厅。秋季期,完成县第三中学、第四中学高初中剥离工作,县第三中学为独立高中,县第四中学为独立初中。温泉镇碰塘小学、东山小学等城郊学校改扩建工程开工建设,整体纳入城区中小学校布局。

农村边远艰苦地区学校教师周转宿舍建设试点县工作 2013年,制订和完善陆川县教师周转宿舍管理使用办法,进一步规范全县教师周转宿舍的管理和使用。

【教育惠民工程实施】 2013年,筹措资金2739.73万元,对4.05万名义务教育阶段贫困寄宿生进行生活费补助。对全县15万多名义务教育阶段学生免费发放教科书。发放普通高中国家助学金661.25万元,资助高中生8817多人次;免除2134名普通高中库区移民子女学费88.90万元(全年数)。发放1142名贫困大学新生上学路费70.15万元,发放大学生生源地信用贷款4412万元,贷款人数为7414人次。免除中职学生学费17.48万元(实际数),补助中职学生国家助学金9.03万元(实际数)。

【学校安全管理】 2013年,陆川继续加强学校安全工作,加强学生的安全教育及学校安全管理,定期开展学校安全隐患排查工作,建立以社会、部门齐抓共管为主的长效机制,推进学校周边治安综合治理工作。

加强学生安全教育 结合"安全教育月活动"组织师生开展安全教育、法制教育、应急知识教育和安全技能演练;各学校开展"每天放学前1分钟、每周放学前5分钟、节假日放假前30分钟"的安全警示教育。提高广大师生安全意识和自救能力。

加强学校安全隐患整治 县教育局、县卫生局、县安监局等有关职能部门联合组成校园安全联合工作组,深入到各学校开展校园安全隐患

2013年4月3日,陆川县召开加强校园安全工作专题会议   叶礼林 摄

排查,整治校园及周边安全环境。加强对民办学校安全隐患整治,对全县民办学校进行全面安全隐患排查及整治。加强学校教师及工勤人员的排查,对患有精神病或其他原因不适宜再从事原岗位的人员,进行妥善安置,防止安全事故的发生。

【乌石镇"校校路队工程"推广】 2013年,乌石镇中心学校推广校校路队安全工程,加强学校安全教育工作,建立"小红帽安全路队",由学校根据学生居住方向,统一编排路队。路队按村、片、屯分组,设立队长、副队长,每队有队旗,其中队长持队旗走在前面掌握情况和行进速度,副队长尾随防止掉队,小红帽由学校统一制作。每天学校放中、晚学后,学生们戴着醒目的小红帽集中到操场,由路队队长手持队旗站到预定位置,各路队的学生聚集到队长身后,各路队负责的教师带领学生整理队伍,各路队队长检查完人数无误后带领路队人员井然有序走出校门,穿越马路,过往的车辆遇到小红帽队伍即会提前减速让道,让小学生先行,一路畅通无阻。教师每天带队走过危险路段,刮风下雨并负责送学生安全到家。乌石镇中心学校实施"校校路队工程"后,没有发生过安全事故,家长也放心、满意,学生现在根本不用接送。

3月1日,玉林市学校安全工作会议暨安全教育活动月启动仪式在乌石镇中心学校举行。安全教育活动月以"普及安全知识,确保生命安全"为主题,玉林市各县(市、区)教育部门的领导,玉林市教育局、地震局、交警支队的领导,陆川县教育局、地震局、交警大队的领导,全县各中小学校校长和乌石镇中心学校的全体师生参加启动仪式。乌石镇中心学校校长李伟民就学校安全工作经验介绍,重点推广"小红帽安全路队"工程的成功经验;县教育局局长黎颜、玉林交警支队指导员陈宇、玉林市教育副局长黄创军、玉林市地震局副局长卜朝荣分别就如何做好学校安全工作、

普及安全知识、提高师生应对地震等突发灾害事件的防御能力等问题进行发言;玉林市教育局局长梁伟雄对全市学校安全工作做重要点评和部署。玉林市各县(市、区)教育部门并交流2012年学校安全工作总结和2013年学校安全工作计划。启动仪式结束后,乌石镇中心学校开展防震应急疏散演练活动,全校师生参加演练活动,与会人员观摩演练过程,演练结束后并展开讨论,对存在的问题交换意见,提出整改措施。5月全区学校安全工作会议在河池市召开,"校校路队工程"成功经验在会议推广。年内,乌石镇中心学校推出的"校校路队工程"被立项为自治区A类课题,被广西电视台、中央电视台先后专题报道。

中小学教育

【中小学教育概况】 2013年,全县有小学168所,村下属教学点305个,小学生8.69万人;初中29所(含文昌中学),初中生4.14万人;高中4所(自治区示范1所、立项建设1所),高中生1.42万人。小学入学率100%,初中入学率100%,义务教育巩固率98.2%,高中(含职中)阶段毛入学率75.6%。

【中高考备考】 2013年,陆川县加强中考、高考备考指导工作。充实完善县中、高考备考工作领导小组,制订中、高考目标奖励方案。县教育局、教研室等有关单位深入初中、高中具体指导备考工作。召开高考备考研讨会4次,协助学校制定备考复习方案。组织初三、高三年级教师分学科集体备课活动,教师相互学习、交流、研讨,通研中、高考考试说明等。组织初三、高三模拟考试命题、考试、阅卷及成绩分析等工作2次。分学科召

开高三两轮复习研讨会和初三中考备考研讨会。配合玉林市教科所开展市模拟考试2次,每次考后都收集各科考试数据,进行分析研究,总结成功经验,找出存在的问题,提出具体的改进意见。加强高考、中考复习资料、相关信息的收集、组织和推介,为学校提供复习信息资源。

【中高考成绩】 中考 2013年,全县参加中考考试1.09万人,全县学生个人总分B等以上人数5446人,其中A+等508人,A等1091人,B+等1548人,B等2299人。总分B等以上人数比上年增加1.57个百分点。考上自治区示范性高中690人(不含定向指标),其中考上玉林高中75人,考上陆川中学615人。全县有5人进入玉林市前50名。文昌中学平均分、总分A+等级比例、总分优秀率(≥90%)、总分合格率(≥60%)等4项玉林市排名第一位。县初级中学总分、平均分占玉林市各校第十八名,总分合格率(≥60%)占玉林市各校第二十名。

高考 2013年,全县参加高考考试4924人。其中,上一本线671人,比上年增加87人,一本上线率13.8%;上二本线2091人,比上年增加177人,二本上线率43.1%;上三本线3188人,比上年增加225人,三本上线率65.7%;文科、理科600分以上49人。陆川县中学高考成绩继续名前玉林市、自治区同类示范性高中前茅,参加高考1796人,本科上线率97.34%。其中,上一本线653人,一本上线率36.4%;上二本线1533人,二本上线率85.4%。总分600分以上49人,其中文科最高分619分;理科最高分姚佰欣658分、李波657分,在广西排名分别为第45名、第53名,两人均考上清华大学。

【中小学生技能比赛】 2013年6月15日—16日在县城举行。比赛以"我的中国梦"为主题,主要举行中小学生声乐(独唱、重唱)、器乐(电子琴、钢

琴）、舞蹈（独舞、群舞）比赛。比赛分小学组、初中组、高中组进行。比赛共奖励学生一等奖49人、二等奖182人。其中，声乐类一等奖小学组9人、初中组3人；舞蹈一等奖小学组14人、初中组1人、高中组6人；器乐类小学组（钢琴）一等奖7人、（电子琴）一等奖7人；初中组（钢琴）一等奖1人、（古筝）一等奖1人。声乐类二等奖小学组29人、初中组12人；舞蹈二等奖小学组58人、初中组18人、高中组11人；器乐类小学组（钢琴）一等奖25人、（电子琴）二等奖26人；初中组（钢琴）二等奖2人、（古筝）二等奖1人。比赛设指导教师奖，其中一等奖指导教师25人、二等奖指导教师95人。

2013年5月16日，陆川县第二小学开展《中国梦·我的梦》——《辉煌五年》讲故事比赛

县教育局　提供

教育科研

【中小学教学视导】　2013年，分学段对全县中小学开展教学视导。县教研室考研员坚持深入学校指导教学，不定期对全县中小学进行指导，重点加强课堂教学指导，涉及备课、作业批改以及各校的教学教研活动、课程开设状况等。深入马坡初级中学进行以学校管理、教学工作、校本教研等为重点内容的调研，总结成功经验。11月28日在马坡初中组织举行全县初中教育教学现场会，推动全县初中教育均衡发展。在米场福达中学举办中考现场备考研讨会，总结该校"12345"教学模式的成绩经验，找出存在问题，提出合理性建议。深入部分小学进行调研，采取听、查、评、析等方式加强对各校及教师的课堂教学环节的教学管理，及时点评及时交流及时反馈，促进各学校教学水平的提升。

【教学质量管理】　2013年，加强教学质量的监控和管理。组织九年级素质调研检测2次，分5个学区统一评卷，及时做好质量分析、总结、交流中考备考经验，有力地促进各校中考备考工作顺利开展。

【教研学习交流】　2013年，组织教师积极参训，采取集中培训、外出考察学习、暑期培训等形式有针对性地开展各种培训、课堂教学现场观摩、研讨学习交流等活动。年内，组织教师参加国家级培训9人次、自治区级培训39人次、玉林市级培训510人次。组织开展全县课堂教学技能大赛、现场教学观摩研讨会，各种评优等培训活动3次，参加教师900多人次。

【考试素质调研检测】　2013年，加强期中、期末考试素质调研检测。县教研室注重检测命题，力求做到命题科学、合理、适度，充分发挥其导向功能，每学科教研员严格把关，做到反复校对，力求万无一失。考试后立即组织各学科对试卷进行评估，做好质量分析，并及时反馈各相关学校，提出可行性教学建议。

【教学科研活动】　2013年，县考研室深入乡镇学校听课、调研、指导、评课，组织开展形式多样的比赛活动，通过各种比赛活动，促进县小学教师课堂教学水平的提高，发现并培养教学新秀。建立和完善原有校本研训基地，抓好示范学校、实验学校教育科研管理，发挥以点带面的辐射作用。加强对各中小学校的课改教学工作的跟踪、指导和服务，督促、检查、指导学校开展研训工作。

"两先两后"（先学后教，先练后导）开放性教学研究　全县承担"两先两后"重点课题研究实验学校4间，开展"两先两后"开放性教学模式师资培训、集体备课等县级教研活动2次，参加研训的教师180余人次。在古城初级中学、乌石初级中学、珊罗初级中学召开"两先两后"实验课题教学研讨会，邀请总课题专家组莅陆指导。采取总结、交流、研讨等方式，提高教师对课题实验及具体实施的认识和理解，促进教师课堂教学改革和课堂教学效率的提高，课题实验工作效果显著。

现场研讨观摩学习　组织中小学英语、语文、数学教师到玉林、南宁、桂林等地现场研讨观摩学习，有效地提升教师水平和自身综合素质。举办全县小学语文习作、品德与社会、品德与生活、小学数学教学比赛以及中学生物、化学、思品、语文、历史等各学科、高中信息技术教师模拟上课、中学物理教师录像课市级选拔赛，选拔出优秀教师参加玉林市、自治区级比赛。

教学课题研究 2013年,组织教师参加广西教研部举办的广西"校本教研"项目研究论文评比活动,其中获一等奖4篇、二等奖6篇、三等奖5篇。组织教师参加市教育科研优秀成果评比活动。其中教师参评的论文中获一等奖156篇、二等奖233篇、三等奖398篇,教师参评的教学课件中获一等奖214篇、获二等奖305篇、获三等奖526篇。组织教师申报市级课题立项、结题。教师申报获立项的课题中有A类37项、B类54项、C类91项;教师申报获结题的课题中获一等奖34项、二等奖57项。县实验中学、县第二中学、县初级中学、良田第二初级中学申报全国教育科学"十二五"规划教育部规划课题子课题——"少教多学"理念框架下课堂教学的策略与方法研究的立项。11月,县第二中学、县初级中学已举行开题仪式,县实验中学、良田第二初级中学的开题工作正在筹备。

2013年12月,县教育局组织各学校举行课堂教学讲课比赛

县教育局 提供

【课堂教学讲课比赛】 2013年,经常性开展课堂教学讲课比赛。举办小学数学学科教师教学技能比赛、高中信息技术教师、中学生物教师、中学化学教师模拟上课初赛,选拔出优秀教师参加玉林市级、自治区级比赛。上送优秀中学物理录像课到玉林市参赛,选拔出优秀教师参加自治区级比赛。其中,获全国奖励教师1人、市级特等奖2人、市级一等奖13人、市级二等奖23人。 (陈 浪)

表34 2013年陆川县参加玉林市级以上讲课比赛获一等奖情况

教师姓名	所在学校	获奖情况
陈 利	陆川文昌中学	第二届全国中小学外语教师名师
谢妙燕	陆川县中学	广西中学物理(高中组)优质录像课玉林市评比一等奖
林 南	米场镇福达中学	广西中学物理(初中组)优质录像课玉林市评比一等奖
林 琼	米场镇福达中学	广西中学物理(初中组)优质录像课玉林市评比一等奖
李 威	乌石镇中心学校	玉林市优秀体育录像课评比特等奖
李宗明	陆川县第一小学	玉林市优秀体育录像课评比特等奖
李振威	陆川县实验中学	玉林市高中数学教师新课程教学录像比赛一等奖
吕广福	陆川县中学	玉林市高中数学教师新课程教学录像比赛一等奖
张 灿	乌石镇初级中学	玉林市初中数学教师新课程教学录像比赛一等奖
刘茂琪	乌石镇初级中学	玉林市初中数学教师新课程教学录像比赛一等奖
刘 萍	陆川县第一小学	玉林市小学数学学科有效课堂教学比赛一等奖
林秋婷	温泉镇中心学校	玉林市小学数学学科有效课堂教学比赛一等奖
梁 胜	珊罗镇中心学校	玉林市优秀体育录像课评比一等奖
范 宜	陆川县初级中学	玉林市优秀体育录像课评比一等奖
谢春梅	沙坡镇北安小学	玉林市小学科学学科说课比赛一等奖
王冬泳	温泉镇中心学校	玉林市小学数学教师说课比赛一等奖

文化·体育

WENHUA TIYU

2013年9月8日，陆川县客家民俗文体获奖项目表演赛在县城举行　　县文体局　提供

文　化

文化综述

【文化概况】 2013年，陆川县有县级文化管理机构有县级文化和体育局（简称县文体局）1个，乡镇文化站14个。全县有村级公共文化服务中心49个，舞台61个，农家书屋169家，注册业余文艺团体27个，全县图书持证读者2393人。全县有城区健身场馆3家、游泳池1家、健身路径22个；乡镇健身场馆4个、健身路径10个，村级农民篮球场125个；全县有网吧53家，电子游戏机室12家，娱乐场所23家，音像店8家，印刷厂6家，复印打印部32家，书报刊亭5家。

2013年，县文体局内设政秘股、体育股、文化股、县"扫黄打非"办公室，编制9名，实有人员9人；下设二层机构有县文化馆、县图书馆、县文物所、县体校、县文化市场综合执法大队。14个乡镇文化站归属各乡镇政府管辖，业务上受县文体局指导。"扫黄打非"办公室编制3名，实有人员2人。年内，加强村级公共文化中心、村级篮球场等文化基础设施建设，抓好文化市场监管，广泛开展"文化惠民先锋行"为主题的文艺活动，举办各种文艺活动108场次，大型群众体育活动25场次。县文体局获玉林市组织参加全区艺术作品评奖活动工作先进集体一等奖、玉林市基层文化设施建设工作先进集体一等奖；县文化馆获自治区文化系统给予工作成绩优异集体记二等功。

【文化惠民工程实施】 2013年，县文体局推进文化惠民工作，为全县154个村办理了宽带接入及网络使用费，价值15.4万元；为154个村添置价值1000元的书籍，价值15.4万元；为30个村发放农家书架、阅览台等，价值12万元；为30个村、14个镇文化站征订报纸杂志，价值4万元。12月27日，陆川县在县人民会堂举行发放文化活动设备仪式，为温泉镇洞心村、县老年大学等30个村和有关民间文艺团队分别发放调音台、功放、音箱2台、无线话筒1套、DVD影碟机1台、音箱线、配件等设备一批，总价值30万元。

【文化基础设施建设】 2013年，陆川县继续推进文化基础设施建设。年内，按"五个一"标准(160平方米以上综合楼1幢、篮球场1个、舞台1个、业余篮球队1支、业余文艺队1支）推进村级公共服务中心建设，建成米场镇旺同村等村级公共服务中心17个，投资595万元。建设村级篮球场15个，投资60万元；投资30万元建设乡镇健身工程2个，投资20万元建设健身路径4条。

2013年12月27日，陆川县村级文化活动设备发放仪式在县人民会堂前举行
县文体局　提供

【文艺骨干业务培训】 2013年8月，陆川县文化馆举行文艺骨干业务培训。各乡镇文化站站长、县民间业余文艺骨干等200多人参加培训活动，培训主要内容有：山歌的基本知识和演唱技巧、器乐合奏的注意事项、戏剧的基本知识和舞台表演等。

【文艺作品创作取得成效】 2013年，围绕陆川县打造客家温泉文化名城建设的目标要求，县文体局推进文化创建和品牌培育，深入挖掘客家文化资源，创作客家风情表演唱《卖豆腐花》、客家山歌剧《相亲》、客家哐戏《垃圾风波》、情景歌舞《陆川名猪美名扬》等具有浓郁客家文化元素的精品节目。戏曲《恩怨·猪缘》获广西第二届基层文化汇演戏曲类二等奖。

【陆川县获全国群众体育先进单位】 2013年8月，陆川县获2009—2012年度全国群众体育先进单位称号，是玉林市唯一获此称号的县。2009年以来，陆川县高度重视群众体育工作，制订《陆川县全民健身实施计划(2011—2015年)》，每年把全民健身活动经费纳入财政预算，为开展全民健身活动夯实基础。筹措资金数亿元建设广场、花园、小区健身场馆一批，截至2013年，全县有城区健身场馆3家、游泳池1家、健身路径22个；乡镇健身场馆4个、健身路径10个，村级农民篮球场125个。广泛开展群众性体育活动，做到"广场活动天天有，群众活动月月开，大型活动不间断"，至2013年，全县组织开展篮球、气排球、

健身舞（操）、登山、龙舟大赛、羽毛球、乒乓球、中国象棋等丰富多彩的体育健身活动，累计2000场次；节假日期间举行全县性节庆体育赛事活动，累计400场次。2013年，组织31人妇女代表队参加玉林市庆"三八""舞动玉林"广场民族舞展示大赛获特等奖；组队参加玉林市青少年锦标赛获金牌8枚、银牌10枚、铜牌12枚；组织青少年运动员92人参加玉林市青少年"体彩杯"锦标赛获金牌7枚、银牌7枚、铜牌12枚；组织青少年运动员参加自治区青少年举重锦标赛获金牌3枚；9月，举办陆川县首届客家民俗文体项目比赛。陆川县被评为2009—2012年度全国群众体育先进单位，是玉林市唯一获此奖励的县。

群众文化

【文艺活动】 2013年，陆川县推进"文化惠民"活动，注重节假日期间的群众文化活动，围绕中共十八大会议精神以及县"一走三问六提高·六个创建"活动、"美丽陆川·清洁乡村"等中心工作，广泛开展丰富多彩的群众文化活动，开展各种大型专题演出及文艺下乡活动；围绕陆川客家文化名城建设，打造客家文化品牌，开展特色文体活动。年内，开展群众性文化活动晚会108场次，文体项目表演赛等活动60多场次，观众16万人次。

"让温暖一起回家"迎春文艺晚会 1月30日晚在县市政广场举行。由共青团县委、广西聚银集团有限公司和小天鹅舞蹈培训基地联合举办。晚会以"让温暖一起回家"为主题，在欢快、活泼的开场舞《拉丁舞的风采》中拉开帷幕，动感、有力的爵士舞《不要不要》、拉丁舞《快乐你懂的》《舞出我人生》等节目表达年轻一代在祖国灿烂阳光下正快乐、健康成长；舞蹈《江南Style》、童声合唱《粉刷匠》以及古筝、双排键演奏等节目

展现出青少年们健康向上和朝气蓬勃的精神风貌；动感、优美的拉丁舞《星月神话》《小小新娘花》等节目表达人们喜迎新年的喜悦心情。晚会在欢快的舞蹈《大家一起来跳舞》中圆满落下帷幕。晚会当中，团县委及聚银集团有关领导还一同为15名留守儿童进行"献爱心，送温暖"慰问活动。县人民政府副县长曾锋等领导以及县城区1000多名群众一同观看晚会。

2013年春节联欢晚会 2月4日晚在县人民会堂上演。县委书记黄少明、县长陈杰、县人大常委会主任陈前驱、县政协主席吕焕坤等县四家班子以及干部群众1000余人观看演出。晚会以"奋进的陆川"为主题，分为"丰收的陆川""创业的陆川""快乐的陆川""希望的陆川"4个篇章，主要有独唱、诗乐舞、情景剧、大合唱、客家哐戏、现代歌舞等15个节目。开场舞蹈《踏歌起舞迎新春》拉开序幕，共演出诗乐舞《高歌陆川谱新章》、歌曲联唱《无限春光又一年》、情景音乐剧《情系百姓》、歌舞《我们的使命》《建设和谐大家园》等节目，晚会在县四家班子领导演唱的大合唱《祖国，你好》中圆满落下帷幕。晚会以群众通俗易懂、喜闻乐见的歌舞表演形式，生动

地展现陆川县开展"一走三问六提高"党建专题活动以来，全县各乡镇回乡工作组积极回乡为老百姓做好事、办实事、化矛盾、解难题等情况，全方位、多角度的展现陆川社会经济发展和人民安居乐业、欢天喜地过新年的美好景象。

"土地日"宣传文艺晚会 6月25日，陆川县庆第23个全国土地日宣传活动主题晚会在县市政广场举行，由国土资源局、县文化馆联合举办，晚会以"保障科学发展，保护耕地红线"为主题，上演舞蹈《红红的日子》等精彩节目13个，晚会并将国土资源政策法规宣传融入其中，进一步增强广大群众依法用地意识。

庆祝建党92周年暨"136"干部回乡清洁家乡文艺晚会 6月27日晚在县松鹤公园举行。由中共陆川县委、县人民政府主办，晚会以清洁乡村、环境整治为主线，演出节目主要有音乐、舞蹈、小品等，共演出舞蹈《激情陆川 舞动美丽》，随后《中国美》《游陆川》《卖豆腐花》、小品《油菜花》等节目，让广大群众在精彩的文艺节目中了解"美丽陆川·清洁乡村"活动的重要意义和内容，引导广大干部群众积极参与"美丽陆川·清洁乡村"活动，从自己的家园做起，从日常生活工作做起。

2013年2月4日，陆川县春节联欢晚会在县人民会堂上演。图为县文化馆演出节目
县文化馆 提供

【"美丽陆川·清洁乡村"专题文艺下乡巡回演出】 2013年6月21日—8月31日,陆川县开展"美丽陆川·清洁乡村"专题文艺下乡巡回演出活动,到全县各乡镇村屯进行巡回演出,以文化下乡的形式深入开展"美丽陆川·清洁乡村"的宣传活动,文艺晚会以整治涉及民生的环境卫生、容貌秩序为主要内容,通过歌舞、独唱、快板、小品、情景剧等群众喜闻乐见的文艺宣传形式,让村民在自由轻松的氛围下深入了解开展"清洁家园、清洁水源、清洁田园"活动内涵,提高爱护环境、保护环境的意识,倡导干部群众参与"美丽陆川、清洁乡村"活动,努力打造"水清、地洁、环境美"的舒适生活环境。共举行巡回演出24场次,观众3.2万人次。

【首届客家民俗文体项目比赛】 2013年9月6日—8日,陆川县举办首届客家民俗文化艺术节,由陆川县委、县人民政府主办,县文体局承办。文化节以"弘扬客家文化 建设美丽陆川"为主题,举行"幸福花园杯"客家民俗文体项目比赛活动。9月6日,陆川县首届"幸福花园杯"客家民俗文化艺术节开幕式在县松鹤公园举行,县四家班子领导、县直机关各部委办局干部职工、各乡镇分管领导及全体参赛选手参加开幕式。比赛活动分舞台艺术类、体育竞技类两大项,参赛选手主要来自全县14个乡镇的民间艺人与社会爱好者,参赛人员600多人。9月8日,举行艺术展演活动,观众10万多人。

舞台艺术类比赛 舞台艺术类比赛分山歌擂台赛、戏剧赛、吹奏赛,以及其他乐器比赛其中戏剧赛戏种有采茶戏、木偶戏、唱木鱼、哐戏比赛,吹奏赛有树叶吹奏、吹篥古笛、八音比赛。舞台艺术类参赛160人。

山歌比赛。9月6日在县人民会堂举行。参赛队12队,比赛分二轮进行,第一轮为自报家门山歌赛,选手抽签决定参赛顺序,比赛内容由选手自报家门山歌1首(4句)、赞美家乡山歌2首(8句),通过评分选出6名选手进入第二轮比赛。第二轮比赛为命题山歌赛,选手抽签决定参赛顺序,由组委会命题进行抽题比赛,选手抽题进行第一轮命题山歌现场编唱,结对对抗,两人轮流发歌,轮流答题,内容自由发挥,均健康向上内容。评选出陆川山歌类特等奖2名、一等奖4名、二等奖7名,其中,吕品端(县老年大学)、黄传浩(良田镇)获特等奖,谢迪(良田镇)、林耀玲(县老年大学)、彭家坤(县老年大学)、卢海光(清湖镇)获一等奖,蓝诗达(滩面乡)、陈远青(滩面乡)、谢亚康(良田镇)、陈伟光(大桥镇)、陈志才(乌石镇)、刘瑞新(乌石镇)、黄燕(良田镇)获二等奖。

戏剧。9月6日在县人民会堂举行,主要比赛戏种有采茶戏、木偶戏、唱木鱼、哐戏等。其中,采茶戏参赛59人,木偶戏参赛13人,唱木鱼35人,哐戏2人,其中哐戏(良田镇高山古装哐戏剧队)获特等奖,唱木鱼(县老年大学代表队)、采茶戏(沙坡镇代表队)获一等奖,木偶戏(沙坡镇代表队)、木偶戏(乌石镇代表队)、采茶戏(良田镇车田文艺队)获二等奖。

吹奏比赛。9月6日在县市政广场举行。主要举行八音、树叶吹奏、吹篥古笛以及其他吹奏等。八音比赛以唢呐为主,具有八种音色,道白、念、唱、表演动作与音乐有机结合,参赛队5队43人;树叶吹奏用树叶吹奏,吹篥古笛用原生态竹制篥古笛吹奏,参赛6队9人。吹奏类设特等奖、一等奖。其中,八音比赛设特等奖、一等奖各1名,横山乡客家八音队获特等奖,马坡镇代表队获一等奖;其他吹奏比赛设特等奖1名、一等奖2名,

资料链接

客家山歌 陆川客家山歌源远流长,丰富多彩,是大众化的客家文艺,山歌内容有时事、政策、农事、故事、情歌、谜语等。可以供人们在山间田野劳作之时自娱自乐,也是百姓诉幽怨、泄愤懑的最好途径,更是青年男女表爱慕之情的最好形式。县北县中群众唱白话,县南唱客家话,且风俗有别,有相似的地方,也各有特色。县北流行羽调式的大山歌,要求双句押韵,句数不论,多用"番话"、比兴、歇后语,兴较长的排歌。有时一首一韵到底的大山歌可以唱上半个钟头,歌头一人领唱,歌尾众人唱和;县南的山歌是七字句,且四句头的多,较短小精干。

采茶戏 为陆川县内一种独特的地方戏种。在唱腔上采茶戏以"咿嘟呀"为结尾衬词,俗称"咿嘟呀"。乐队使用乐器主要有二胡、秦琴、笛子、唢呐和大锣大鼓打击乐,角色多以旦、生、丑为主,一般乐队演员共十余人。花旦一般穿花布衣裳,头上包花巾,腰系彩带,一手拿花扇,一手拿花手帕,边唱边舞。男角手拿钱尺,腰系腰带,头戴荷兰帽。在表演中,钱尺、花扇、手帕都有独特表现招式。

唱木鱼 用坚硬的木头把外形做成似鱼模样,内部挖空。陆川木鱼一般是单曲体,上下句连唱,以快板为主,插入唱腔,不分男女腔,上下句,以说唱为主,伴奏以木鱼、二胡、笛子,并配以有采茶特色的服装来表演。木鱼有客家话、白话两种,两者不同,腔调各异。县北有一种叫"间极木鱼",四句一段,二、四句结束时加上过门。县南流行一种群众叫"猫儿饭"的客家木鱼,每首中间都加上衬词"哪呢""金菊花""一对鸳鸯对凤凰、牡丹花"。如:"一字写来一画长(哪呢呀)金牡丹哪,二字写来两头穿(向阳花)一对鸳鸯对凤凰呀、牡丹花。"后来被广泛使用于表演形式。陆川唱木鱼列入玉林市非物质文化遗产保护名录。

唱八音 是农村专业乐队,专为迎亲、娶妇的大喜日子闹场的,以击乐锣、鼓、钹、木鱼、唢呐为主,再加二胡、笛子、秦琴等。八音有专门的乐曲,一般有8人参加,气氛非常热闹。

吹树叶（大桥镇代表队）获特等奖，吹葫芦丝（米场镇代表队）、吹葫芦丝（沙坡镇代表队）获一等奖。

体育竞技类比赛　9月6日—7日在县松鹤公园举行。比赛项目主要有舞狮比赛、踢毽子、放陀螺、打尺、走石棋等六项，参赛人员356人。

舞狮。9月7日在县松鹤公园举行，参赛队14队，比赛采取竞赛形式进行。共举行比赛14场次。舞狮比赛奖一等奖2名，二等奖4名，其中沙坡镇、横山镇获特等奖，马坡镇、沙湖镇、平乐镇、古城镇获一等奖。

弹弓射靶。9月6日在县松鹤公园举行，参赛队14队，参赛人员43人，弹弓比赛奖前6名，其中第一名为滩面镇，第二名为横山乡，第三名为良田镇，第四名为大桥镇，第五名为古城镇，第六名为沙湖乡。

踢毽子。9月6日在县松鹤公园举行，参赛队11队，每队3人，参赛人员33人。奖前6名，珊罗镇获得踢毽子比赛第一名，第二名为米场镇，第三名为马坡镇，第四名为温泉镇，第五名为大桥镇，第六名为横山乡。

放陀螺。9月6日在县松鹤公园举行，参赛队14队，每队3人，参赛人员42人。放陀螺比赛奖前6名，其中大桥镇获第一名，第二名为良田镇，第三名为滩面镇，第四名为横山镇，第五名为温泉镇，第六名为沙湖乡。

打尺。9月6日在县松鹤公园举行，参赛队13队，每队3人，参赛人员39人。打尺比赛奖前4名，其中乌石镇获第一名，第二名为古城镇，第三名为大桥镇，第四名为横山乡。

走石棋。9月6日在县松鹤公园举行，参赛队13队，每队3人，参赛人员39人。走石棋比赛奖前4名，其中第一名为珊罗镇，第二名为良田镇，第三名为沙坡镇，第四名为沙湖乡。

艺术展演活动　9月8日晚在县市政广场举行，主要举行文体获奖项目表演赛。陆川教育艺术团、陆川民间艺术团、陆川文化馆、横山代表队、良田代表队以及玉林代表队、博白县民间艺术保护中心、广东高州木偶戏

资料链接

舞狮　舞狮在县内十分普遍，是民间重大节日（特别是春节）的一项必不可少的重大欢庆的娱乐活动。狮子的制作为专业厂家生产，色彩鲜艳，形象生动引人。表演时一人舞狮头，一人舞狮尾，相互配合，饶有风趣，配有锣、鼓、钹伴奏。舞狮中并伴有武术表演，主要由刀、棍、剑、耙等兵器表演。舞狮有时还举行搭人楼抢红包、接绣球等表演节目，主要有一个头戴大头面具的童子和一个手拿大绣球的童子配合表演，以增添滑稽、风趣、逗人发笑的气氛。春节期间舞狮队到各家各户舞狮贺新年，各户主封红包打赏钱，舞狮队便举行搭人楼抢红包表演节目。

放陀螺　陀螺用一段拳头大的硬木修成鹅蛋形状，再修整磨光，在底部打上一颗供运转作轴心的方钉，配上一条长约1米、铅笔杆粗细、头大尾小的绳子即可。玩时三两为伍，互相抽放撞击，争把对方击毙，或不撞击只比运转时间长久分胜负。用麻绳做（长）绳索以铁钉为中心缠绕在陀螺上，后迅速甩出，陀螺即可在地板上快速旋转，如果陀螺快将停转时，可拿手中的绳索抽打陀螺，陀螺便会转个不停。一般多在春节和农闲时抽放陀螺。2008年后，陆川县内市场上出售有比拳头更大的铁陀螺，配备牛皮绳索，旋转的陀螺发出很紧凑的"呼呼"声，逐渐成为是中老年人休闲时的一项建身娱乐活动。另有一种无线陀螺，取一枚铜钱，找一根略比铜眼粗的竹枝，裁成寸长镍入钱眼，上长下短，下部最前处削成圆锥形便成，此种陀螺可在掌上、书本上、石板上转动。

打尺　截取一段同脚拇指粗的圆木，裁成一支一尺长的短尺和一支两尺长的长尺。在草地上开一个T字坑，横竖坑连接处不挖空留作坑胜。玩者二至五人。先指定一人打尺，除余者接尺。开始，各就各位，打尺者右手持长尺，将短尺放置在T字直坑上，伸头三分一，接尺者即散开在预计尺落的地方。说声"打"！即时用长尺向短尺头上一击，短尺升空，随之瞄准拦腰再一击使之飞向前方。接者金睛火眼追接，在空中接得者为胜，即转为打尺者。落地接到，则打尺者将长尺架在T字坑上，接者就地用短尺掷长尺，掷中则换人，不中则继续打下去。

走石棋　在地面上画一个棋盘，以小石子当棋子来对阵下棋。石子棋的棋盘不同，下法也不同，通常走的有"三"棋，因走动一子使三子成一线即食对方一子，成两线食两子，故以名之。"双耳棋"因其圆形，书有四耳故名，又因此棋如一家只守不攻无法分胜负，则又名为"气棋"。

团等参加演出。晚会共设客家印象、客家韵味、客家情怀等3个篇章，客家印象共演出歌舞《山歌唱出客家情》、客家八音吹奏《吉祥》、舞蹈《月色惹人醉》、器乐表演《木叶·唢嘟·葫芦丝联奏》等4个节目；客家韵味共演出客家山歌《客家山歌唱和谐.》古装哎戏《报喜》、采茶山歌剧《茶山恋》、舞蹈《春华秋实》等4个节目；客家情怀共演出客家情景歌曲《陆川名猪美名扬》、杖头木偶戏《梦会太湖》（粤曲片段）、杂技《柔术造型》、歌舞《客家婚庆》等4个节目。艺术展演活动后并举行陆川县客家民俗体育竞技、舞

台艺术类比赛颁奖仪式。

【"美丽广西·文明出行"大型文艺演出在陆川上演】 10月31日在陆川松鹤公园广场精彩上演。由广西交警总队和广西电视台联合主办。演出以"关爱生命，文明出行"的主题，演出的节目主要有配乐诗朗诵《向"关爱生命"行礼》、少儿快板舞蹈《交通安全记心上》、小品《巧合》等，演出现场还穿插交通法律法规和交通标志等交通安全知识等互动问答活动，通过多种形式赞扬遵章守法美德，揭露交通违法的陋习，等等，增强广大道路交通参

与者的交通安全意识和法制意识,具有很好的观赏性和教育意义。

2013年,广西实施"文明交通行动计划",广西交警总队在全区开展为期一年(2013年8月—2014年7月)的"美丽广西·文明出行"大型公益活动,活动覆盖全区14个地级市及所辖县镇,在广西各市及所辖县镇中心广场开展主题现场活动。主要通过文艺演出、竞技游戏、新闻大直播等活动方式,以电视媒体为载体,多方面、多视角地开展交通安全法制宣传教育,寓教于乐,传播文明交通知识,倡导文明交通新风,提升交通参与者的文明交通素质,营造平安畅通和谐的道路交通环境。

【组队参加玉林市首届山歌王比赛并获奖】 5月2日—4日,玉林市首届山歌王比赛在玉林狮子山公园举行。陆川县组织客家山歌选手参加比赛,比赛用客家方言进行山歌对唱,其中2人获"玉林市十大优秀山歌手"荣誉称号。

【组队参加玉林市庆"三八"广场民族舞展示大赛并获特等奖】 3月6日,玉林市第二届庆"三八""交通安全杯""舞动玉林"广场民族舞展示大赛在玉林市龟山公园举行,玉林各县(市)区代表队、玉林市直单位代表队、广场代表队等39支代表队1000多名演员参加比赛。陆川县妇联组织妇女代表队(31人)参加比赛并获特等奖。

【"美丽广西·文明出行·走进陆川"夺宝奇兵大型户外活动】 2013年月,广西夺宝奇兵大型户外活动节目组到陆川录制节目,活动以"美丽广西·文明出行·走进陆川"为主题,共录制节目6个,其中情景歌曲《印象·客家情》《陆川名猪美名扬》参与录制并播出。

【对外开放文化活动】 2013年,陆川县文化馆、县图书馆及14个乡镇文化站均按照场地免费开放、公益活动免费开放和基本服务免费开放要求对基本服务项目面向公众免费开放。县文化馆每周对公众提供服务的开馆时间56小时,馆内开放项目有声乐、器乐、美术、书法、摄影、舞蹈等项目。县图书馆内的报刊阅览室、电子阅览室正常免费开放。

【"文化志愿者基层服务年"活动】 2013年,根据文化部、中央精神文明办公室关于《广泛开展基层文化志愿服务活动的意见》的要求,陆川县组织开展基层文化志愿服务活动,县制定"文化志愿者基层服务年"活动实施方案,县文化馆具体组织实施的"文化志愿者基层服务年"活动。年内,重点推进"精彩生活·幸福使者""感受艺术·美丽心灵""文化暖心点亮生活""欢乐节日·爱我中华""文化公益·社会责任"等主题文化服务活动,开展文艺演出、展览、送戏下乡、文化宣传、文化讲座等服务活动,获得广大群众的认可和支持。

非物质文化遗产保护

【民间非物质文化遗产资源普查搜集】 陆川县历史悠久,民间非物质文化遗产资源丰富,以客家文化为主流的文化遗产独树一帜,形成独具特色、内容与形式完美统一的丰富文化资源。2009年起,县文化馆组织人员开展民间非物质文化遗产资源普查,发动各乡镇文化站协助搞好普查工作,至2013年止,全县共普查搜集非物质文化遗产资源线索90多条,挖掘整理非遗项目2000多项,图片5000多张,积累大批相关资料。温泉传说、伏波将军的传说、龙岩由来传说、木偶戏、陆川铸铁锅流程、陆川猪饲养技术、花灯、客家山歌、唱木鱼、钱鞭舞、陆川客家采茶戏等11项成功申报

市级非物质文化遗产项目,县级非物质文化遗产申报项目191项。花灯、唱木鱼两个项目的传承人获"玉林市非物质文化遗产代表性传承人"称号。

傩戏是在傩祭、傩舞、傩歌的基础上发展而成,是一种宗教与艺术、娱人与娱神相结合,融合说、唱、舞等形式,集祭祀、戏曲、绝技、巫术、击乐、雕刻于一体独特戏曲样式。傩舞乡间俗称"舞鬼戏",演时舞者头戴假面、身穿蟒袍、手执干戚等兵器,随着强节奏的鼓点和伴奏,热烈火爆地表现驱鬼捉妖等内容,祈求家家平安,户户得福,五谷丰登,六畜兴旺。表演动作朴素稚拙、粗犷雄劲、夸张简练。傩戏活动主要分布在陆川县县南讲哑话的乡镇,其中横山乡的傩戏最具有代表性。

【非物质文化遗产项目申报】 2013年,加强非物质文化遗产挖掘、搜集、整理及保护工作,《客家傩戏》《客家天后诞》《陆川哑戏》等项目列入玉林市非物质文化遗产保护名录。4月,创编傩舞《祈福》参加桂林市秀峰区举办的第三届三月三民族歌圩节邀请赛。

【非物质文化遗产宣传活动】 2013年,开展非物质文化遗产宣传活动。6月8日中国第8个"文化遗产日"期间,陆川县举行非物质文化遗产宣传活动,宣传活动以"保护非遗·人人有责"为主题,重点开展非物质文化遗产的基本知识及保护宣传,设立非物质文化遗产图片宣传展,展出宣传板块12块,发放宣传资料1000份。

【非物质文化遗产晚会】 3月23日,陆川县保护非物质文化遗产文艺晚会在横山乡上演。由陆川县文化馆、横山乡天后宫、傩戏研究学会共同主办,晚会以县内客家非物质文化遗产

项目为主题,演出的节目以传统的傩戏、啀戏等艺术形式为基础,演出节目 20 个,演员用歌舞等形式,生动地展现陆川县客家文化遗产与动态的非物质文化遗产的完美融合。

文物保护和管理

【文物保护与管理概况】 2013 年,陆川县人民政府核定公布林虎将军旧居等 28 处文物保护单位的保护范围和专门(专人)管理机构,文物所组织维修各级文物保护单位 2 处,开展文物宣传 3 次,每周开展文物藏品安全检查 1 次以上。3 月,国务院核准公布谢鲁山庄为第七批全国重点文物保护单位,《谢鲁山庄地质病害治理工程方案设计》获国家文物局审核通过,并获文物保护经费 148 万元,治理工作正在筹划中。

【文物维修】 2013 年,陆川县加强茂园、菁莪馆、慷正温公祠等文物单位的维修。茂园为县级文物保护单位,获国家文化传媒专项补助 20 万元,年内完成整体落架维修;慷正温公祠为革命活动旧址,县财政投入维修经费 15 万元,完成慷正温公祠的整体落架维修;菁莪馆为自治区级文物保护单位,县财政投入维修资金 1.30 万元,完成"菁莪馆"白蚁防治和监控系统的安装,进一步加强对区保"菁莪馆"和文物库房的安全保护。

【文物安全】 2013 年,县文物管理所加强旱、汛期及重大节日文物安全巡查,重点做好 38 处文物保护单位的险情排查、隐患整改,开展文物安全检查 7 次。对历史名人黎聪、黎可耕墓所在的山岭征地开发情况进行调查,县文体局、县文物管理所组织人员深入实地开展调查,并形成调查报告上报县人民政府,对名人墓实施原地保护提出建议。对廖磊将军旧居遭洪涝灾害破坏的情况,县文体局、县旅游局、清湖镇政府、永平村委会等单位联合进行现场调查,研究制定保护措施。

【文物宣传】 2013 年,"5·18"国际博物馆日、中国"文化遗产日"期间,加强文物保护宣传,在县城步行街南面开展文物宣传展,共制作文物藏品、文保单位、文物普查成果宣传彩喷塑胶展板 30 版,发放《中华人民共和国文物保护法》县文物普查彩印资料 3000 多份,参观群众 3000 多人,群众咨询 500 多人次。

【古籍登记调查】 2013 年,陆川开展古籍调查登记工作,邀请区图书馆专家到县图书馆进行指导,协助开展古籍调查登记整理。年内,已查明县图书馆藏古籍(1911 年以前)76 种共 424 册。

【可移动文物普查准备工作】 2013 年,广西开展第一次全国可移动文物普查工作。5 月,自治区召开广西第一次全国可移动文物普查工作动员会暨可移动文物普查骨干培训班,陆川县派出普查工作人员、文博人员参加广西普查工作动员会及普查骨干培训班。陆川重视第一次全国可移动文物普查工作,县财政支持可移动文物普查经费 5 万元。12 月 4 日,陆川县举行全国第一次可移动文物普查培训班,全面启动陆川第一次可移动文物普查工作。

【谢鲁山庄入选第七批全国重点文物保护单位】 2013 年 3 月 5 日,经国务院核定,谢鲁山庄入选第七批全国重点文物保护单位。5 月 16 日,陆川县举行谢鲁山庄全国重点文物保护单位揭幕仪式。

谢鲁山庄位于乌石镇谢鲁村寨子屯的山坡上。原名树人书屋,又名谢鲁花园。1920 年 1 月,由原清光绪附贡生、国民党陆军少将、国民革命军第八军副总指挥吕芋农(字春瑄)所建。山庄占地面积 26.67 公顷,依山而建,所有的房屋均为砖墙瓦顶,依照苏杭园林特色,融入客家乡风民俗,集园林、人文景观于一体,取"天长地久"之意置以"一至九"的数字设景,即一个小门,二重围墙,三层主体,四方大门,五处假山,六幢房屋,七口池塘,八座亭子,九曲巷道,设 12 个游门,5000 米长廊曲径,每个数字各建其景,每个景各含其义。庄内种植奇花异草 200 多种。中西合璧、朴素典雅的建筑风格巧妙融入客家元素,素有"岭南第一庄"之称,是迄今

3 月,谢鲁山庄获评为第七批全国重点文物保护单位,图为 8 月 15 日举行揭牌仪式现场

县文体局 提供

全国保留最为完整的四大私人庄园之一。谢鲁山庄1980年对外开放，1988年列为省级旅游风景名胜区，1994年列为省级重点保护单位，2009年1月获国家AAAA级旅游景区。

公共图书服务

【公共图书工作机构及概况】 2013年，陆川县有县级公共图书馆1家，乡镇图书室80家，农家书屋169家。县图书馆拥有电子图书24万册，持证读者2393人。县图书馆内的报刊阅览室、电子阅览室实行免费、正常开放，数字化图书馆全天候向读者提供上网阅读。

【图书宣传活动】 2013年，县图书馆人员在县城区及良田、沙坡等镇开展图书馆免费服务宣传活动，现场解答读者的问题，办理图书借阅证284份。

（陈 洪）

图书发行

【图书发行概况】 2013年，陆川县新华书店有限公司（简称县新华书店）总销售520.93万册，码洋4027.99万元，同比增长35.21%。其中，免费教材347.59万册，码洋2180.81万元；免费《新华字典》13.8万册，码洋274.68万元；非政府采购教材和教辅147.54万册，码洋1430.00万元；一般图书12.00万册，码洋142.50万元。

【教材教辅发行】 2013年，县新华书店继续抓好春、秋两季期中小学免费教材征订发行工作，落实工作人员按要求及时发放教材，并做好教材发行工作的后续延伸服务，对所供教材如有数量短缺或印刷质量问题及时补充或更换，确保全县各中小学"课前到书，人手一册"。结合教改课程标准

的要求，推广适合县内中小学生实际需求的地方教材、教学辅导书，全县征订发行非政府采购教材码洋46万册，教学辅导书101.54万册。

2013年，国家把免费提供《新华字典》列入免费提供教科书范畴，对全国农村地区中小学1~9年级在校生实行免费提供《新华字典》，寒假开学起开始发放，人手一册。县新华书店及时做好全县中小学生《新华字典》免费配送工作，在收货到仓3天内及时配送至各中小学校，共配送《新华字典》138063册，码洋为274.68万元。

【图书销售】 2013年，县新华书店注重重点图书、大宗图书的征订发行，门市部图书销售134万元，比上年增长10.74%。

【读书教育活动】 2013年，全国开展第二十届"辉煌的五年""做一个有道德的人"的爱国主义读书教育活动和以"心怀感恩，放飞中国梦"为主题阅读活动，陆川县新华书店及时做好读书教育活动用书的征订、发行工作，引导学生和广大青少年积极参与读书教育活动。共发行读书活动用书《辉煌的五年》8万册，《做一个有道德的人》4.51万册；《成长导航书系—心怀感恩，放飞中国梦》小学版8.22万册，中学版4.93万册。读书活动期间全县中小学生参学率为92%。

【农村义务教育薄弱学校改造计划图书仪器配送】 2013年，自治区教育厅继续实施农村义务教育薄弱学校改造计划，重点对农村义务教育薄弱学校配送图书、教学仪器等，县新华书店及时做好薄弱学校图书配送工作，共配送图书2670件。

【图书发行工作人员业务培训】 2013年，县新华书店组织员工参加门市部、图书发行业务、物流等相关培训，提高职工的业务技能。发动全体职工积极参与《工作要敢于负责》

读书征文活动，广泛阅读《工作要敢于负责》，围绕"敢于负责 勇于担当"的主题，结合员工自身的思想、工作、学习等实际情况，撰写学习心得体会和感悟。组织员工队伍参与玉林市新华书店有限公司举办的首届综合业务知识竞赛，获组织奖和团体三等奖。 （姚 曼）

文化市场管理

【文化市场管理机构概况】 2013年，陆川县文化市场综合执法大队编制10名，在职人员9人。年内，加强文化市场监管，重点加强文化经营单位的检查，强化市场整治，切实维护文化市场正常秩序。

【文化市场专项整治】 2013年，县文体局、县公安局、县工商局等部门联合对文化经营场所进行集中整治，开展整治行动16次，联合执法行动6次，共检查文化经营单位160家（次），查处违规经营10家（次）。6—7月，组织人员对县城公园路音乐茶座噪音扰民进行专项整治，取得实效。

【健康暑假专项行动】 开展健康暑假专项行动。组织人员对中小学进校书刊进行专项检查，共检查各类学校30所，收缴盗版书籍400多册（份），对涉嫌经营盗版书籍的城北书店和永新书店进行立案查处。

【"扫黄打非"专项整治】 2013年，根据上级文化主管部门的部署要求，开展"净网""清源""秋风"专项行动，开展"扫黄打非"工作，重点开展查禁政治性非法出版物，整治互联网和手机媒体传播淫秽色情和有害信息，打击盗版侵权行为，出动执法人员1200人次，车辆120辆次，收缴盗版光碟2800多张、盗版书籍200多本、非法"六合彩"码报1.60万张（册）。

（陈 洪）

广播电视电影

【广播电视电影概况】 2013年,陆川县有广播电台1座,每天播出约18个小时,广播综合覆盖率97.10%;电视台1座,公共电视节目2套,每天播出时间16个小时,电视综合覆盖率97.60%。

陆川县广播电视局内设政工秘书股、事业股、宣传股,编制15名,实有人员15人;下属陆川县人民广播电台、陆川县电视台、陆川县电影发行放映公司,实行局、台合一统一管理。全县广播电视电影系统在职人员95人。年内,县广播电视局获自治区广电局播出秩序先进集体、玉林市广播电视局先进集体、玉林市公益性放映工作先进单位称号。

【广播电视宣传】 2013年,陆川县广播电视宣传工作坚持宣传各级党委、各级政府舆论导向,陆川电台、电视台每天完整转播中央、广西、玉林新闻,进一步扩大对中共十八大及十八届三中全会精神、"中国梦"、社会主义核心价值体系建设等宣传;《陆川新闻》围绕县委、县政府的中心工作,以正面宣传为主,重点开展"一走三问六提高"党建专题活动,统筹全县城乡发展、"一廊一城三园五业""美丽乡村"建设等宣传报道,为推进富民强县建设提供宣传舆论支持。

【广播电视宣传栏目创新】 2012年,陆川电视台开办栏目有《陆川新闻》《"一走三问六提高"党建工作》《客家商会看点》《创佳绩 喜迎十八大》《学习贯彻十八大精神》《平安陆川》《教育之窗》《美丽陆川 清洁乡村》《电视剧场》等。年内,陆川电视台播放《陆川新闻》2960篇,选送玉林市电视台播出320篇,选送广西电视台播出50篇。

陆川电台自办节目有《陆川晨韵》《阳光地带》《青春动感新节拍》《晚风轻送》《缤纷夜空》《政风行风热线》等。年内,陆川电台播放《陆川新闻》1786篇,选送玉林电台播出135篇。

2013年,县广播电视局选送广播电视作品8件参加玉林市、广西广播电视优秀作品评奖活动,其中电视节目《学校多了 校园亮了》获广西广播电视节目三等奖,广播节目《无人直升机助阵水稻病虫害防治》获广西广播电视优秀作品评比三等奖,广播社教作品《沈科琦:坚强执着的特殊舞者》、新闻专题《美丽九州江 生态新陆川》获广西广播电视优秀作品评比三等奖。

【政风行风热线宣传】 每周一期,由县纪委与广电部门联合举办,政府机关职能部门通过电台广播开通部门与群众热线,单位领导和工作人员走进电台直播室,现场解答群众听众的问题。全年播出27期。政风行风热线的播出架设机关与群众沟通桥梁,改进机关工作作风,提高办事效率。

【公益广告宣传】 2013年,县电视台制作公益广告15组,县电台制作公益宣传广告15组,公益广告宣传的主要内容有艾滋病、节能、环保、征兵、文明礼仪、中国梦等方面,播出公益宣传片2560次。电视台、电台每周播放防治艾滋病公益宣传片2次。

【农村公益性电影放映】 2013年,陆川继续实施"2131"(每村每月放电影1场)农村公益性电影放映工程。年初,县广播电视局制订农村公益性放映活动实施方案,明确各乡镇电影放映队放映工作目标、任务和要求,并组织电影放映队8个,实行分区域管理放映,每场电影由国家补助经费200元,全县154个建制村每村每月放1场电影,年内全县公益性电影放映1848场。

【广播电视网络传输安全管理】 2013年,加强广播电视网络安全管理,县广播电视局与局(台)各科室、各乡镇层层签订《广播电视网络安全责任书》,制订完善广播电视安全播出预案、广播电视应急处理预案等。加强广播电视网络、播出机房和东山发射机站等重点部位的防雷等安全设施维护,加强安全隐患排查。加强元旦、春节等重大节假日及全国人大、

表35　　　　　2013年陆川县广播电视节目获玉林市级以奖励情况

节目名称	节目体裁	作者	获奖称号	授奖单位	授奖时间
《学校多了　校园亮了》	电视长消息	黎荣锋 蒙勤英 周永华	广西广播电视(县级台电视长消息)三等奖	广西广播电影电视协会 自治区新闻出版广电局	2014年5月
《无人直升机助阵水稻病虫害防治》	电视短消息	赖 敏 黄丽燕	广西广播电视(县级台电视长消息)三等奖	广西广播电影电视协会 自治区新闻出版广电局	2014年5月
《美丽九州江　生态新陆川》	广播新闻专题	赖 敏 叶 璇	广西广播电视(县级台电视长消息)三等奖	广西广播电影电视协会 自治区新闻出版广电局	2014年5月
《沈科琦:坚强执着的特殊舞者》	广播社教作品	赖 敏	广西广播电视(县级台电视长消息)三等奖	广西广播电影电视协会 自治区新闻出版广电局	2014年5月

政协"两会"、中共十八届三中全会等重要保障期的广播电视安全播出工作,开展应急演练7次,年内全县广播电视安全播出和安全传输。

【广播电视行业管理】 2013年,陆川县加强广播电视节目管理,开展整治虚假违法广告专项行动,对广告经营内容进行自查自纠,加强广播电视医疗药品广告监管。加强卫星电视设施保护及卫星电视广播地面接收设施管理,对非法安装、销售卫星电视广播地面接收设施情况进行定期、不定期检查,每月对县内34个小网点进行巡查检查3次以上,打击非法生产、销售、安装、使用卫星电视广播地面接收设施行为。县社会治安综合治理委员会、县广播电视局、县文体局、县公安局、县工商局等部门联合对县内使用销售卫星地面接收设施情况进行检查和清理,共查处非法销售电视地面接收天线189面,高频头196只,接收机78台,电视棒12个,电缆线200米。 （赖子仁　蒙勤英）

档案管理

【档案概况】 2013年,陆川县档案馆馆藏档案全宗141个、4.92万卷(册)、7403件,馆藏资料3832卷。其中,馆藏档案资料以20世纪70年代—80年代各机关企事业单位形成的文书档案为多,另有破产企业档案约1万卷(册)及已定为国家级重点档案的少量清末县志资料和631卷革命历史档案。馆藏档案以纸质档案为主,另有少量光盘、磁盘载体的录音(像)档案。年内,县档案局(馆)继续加强馆藏硬件设施建设,加强档案安全管理,对部分馆藏重点档案进行抢救裱糊和修复。县档案馆获玉林市2013年度县级国家综合档案馆业务建设先进单位二等奖。

【档案硬件设施建设】 2013年,县财政投入档案事业经费6万元,先后购置办公电脑2台、打印机2台,更换铁质档案柜80组、购置库房空调3台、除湿机3台、干粉灭火器30只等设备,进一步改善馆藏硬件设施建设。

【档案规范化建设】 2013年,继续开展对馆藏档案和现行文件目录的电脑录入工作,录入案卷级目录2万多条、文件级目录11万条。对全县进馆档案进行案卷目录电脑录入。新增县发改局、县计生局、县农机局采用"GD2000"档案管理系统软件,全县累计推广使用"GD2000"档案管理系统软件单位40多个。

【档案业务指导】 2013年,县档案局开展文件材料立卷归档和档案年度检查工作,促进各单位到期档案及时进馆,提高档案管理水平。年内,接收进馆专业档案594卷、文书档案2980件;协助县教育局规范整理2008—2012年文书档案2000多件,整理县发展和改革局2011年档案802件,整理县质量技术监督局2012年档案300多件。

【档案安全管理及保护】 2013年,加强馆藏档案安全管理,坚持每天上下班前严格检查馆库水、电、光情况,排除安全隐患,确保馆藏档案安全。加强馆藏重点档案修裱抢救工作,聘请2名专门业务工作人员对馆藏重点档案20世纪50年代的各乡镇《土地证存根》进行抢救,共消毒、修裱抢救档案231卷。

【档案执法检查】 2013年,县档案局继续加强机关单位档案工作年度执法检查,县内96个机关事业单位档案工作纳入县档案工作年度检查考评范围。年内,采用自查与实地检查相结合的方式开展档案工作执法检查,共抽查了38个机关事业单位,重点抽查了县烟草局、温泉镇政府、陆川供电公司、县农村信用联社、县农业发展银行、县水利普查办公室、县计生服务站、县农机监理站、县交通管理大队、县市场服务中心等22个单位。在已检查的96个单位中,档案管理规范、总分95分以上获优秀等次的单位25个,档案已收集完整、初步整理归档、总分80分至94分之间获合格等次的单位63个。总分80分以下、档案管理不合格单位8个。

【档案宣传】 2013年,县档案局采取多种形式,广泛宣传新修订的《广西档案管理条例》,印发《广西档案管理条例》宣传资料100多份,分发到全县有关部门和乡镇,加强档案法制宣传。

开展首个全国性的"国际档案日"宣传活动。6月9日是"国际档案日",国家档案局将2013年6月9日列为中国第一个全国性"国际档案日"宣传活动日,宣传活动以"档案在你身边"为主题。陆川县广泛开展"国际档案日"宣传活动,制作宣传展板5块、悬挂宣传横标4幅,在人民会堂门口空地设立现场咨询点等,向市民发放宣传资料、发放调查问卷,现场进行档案法规、档案知识、档案利用、档案征集等多方面知识的宣传,解答群众咨询,提高档案工作者的社会服务意识和公众的档案意识。县委、县政府分管领导黎福章常委、曾锋副县长亲临现场指导工作、向市民分发宣传资料。

【档案利用服务】 2013年,加强档案利用服务工作,接待查档人员390人次,提供利用档案资料430卷(册),查档内容以山林土地权属和干部职工工龄、学历和各企事业单位职工工作情况登记表等为主。 （黄美媛）

地方志工作

【地方志工作机构及概况】 2013年,陆川县地方志编纂委员会办公室(简称县志办)内设政工秘书股、资料征集编纂股、方志研究股,编制 5 名,在编人员 6 人,聘请及借调专职兼修志人员 3 人。年内,继续推进第二轮《陆川县志》《陆川年鉴》的编纂工作,出版 2012 年卷《陆川年鉴》。8 月《陆川年鉴(2011)》获第七届全国年鉴质量检查评比三等奖。

【《陆川县志》第二轮编纂】 2013 年,继续加强第二轮《陆川县志》编纂。11 月,按照自治区人民政府关于全区第二轮志书下限时间统一到 2005 年的文件规定要求,第二轮《陆川县志》下限时间由 2010 年调整为 2005 年,并按 2005 年下限时间开展材料收集、补充完善,并编辑整理。

【《陆川年鉴》编纂】 2013 年,开展 2012 年卷《陆川年鉴》编纂,12 月印刷出版,由陆川县委、县人民政府主办、县地方志编纂委员会编纂,由中国时代经济出版社出版。基本内容分为综合情况、动态信息、辅助资料三大部分,设 25 个类目。综合情况设特载、大事记、概况 3 个专栏,动态信息设政治、人民团体、政法、军事、财政·税务、银行·保险、经济管理与监督、农业、工业、商务业、城建·环保·旅游、交通运输、邮政·通信、教育、科学技术、文化·体育、医疗卫生、社会生活、乡镇、人物,辅助资料设统计资料、附录。全鉴文字 110.4 万字,设分目 132 个,次分目 68 个,条目 1415 个,收录统计表格、示意图 33 个,串文照片 176 帧,彩页照片 248 帧,辑封 25 帧。8 月,县政府办印发《〈陆川年鉴(2013)〉编纂方案》的文件通知,并召开《陆川年鉴》2013 卷编纂工作动员会,全县参与年鉴组稿单位 140 多个,各单位提供年鉴材料 120 多万字。年鉴配备双重检索系统,卷首设详细中文目录,并设英文目录,卷末备有索引,索引款目范围详及条目、图片、表格等,并配备有电子版光盘。

【区市级志鉴供稿】 2013 年,开展《广西年鉴》《玉林年鉴》《玉林市志》《玉林市县镇概况》《广西传统名吃志》《广西通志·大事记》等组稿工作,完成供稿 20.50 万字。

【年鉴撰稿培训】 8 月 28 日,举办《陆川年鉴》编纂工作业务培训班,全县各乡镇、各部门单位分管方志工作的领导、年鉴撰稿人员、县方志办全体干部职工等 230 多人参加培训。邀请玉林市地方志办公室年鉴科科长刘慧进行授课,重点对年鉴结构层次、条目编制原则、条目选题选材、条目撰写要求及审改等进行培训。

【陆川地情网站建设】 2013 年,陆川县地方志办公室获广西地方志文化惠民工程建设项目,推进广西地方志系统网站群县级子站建设,建立陆川县地情网,获自治区地方志办公室配套电脑、打印机、照相机等电子办公设备,价值 2 万多元。县政府支持配套资金 1 万元,更换陈旧的电脑、办公台凳、档案等,改善办公室环境。年内已完成网站群页面设置及网站数据库建设,电子办公配套设备全部到位。

【读志用志宣传活动】 2013 年,开展"志在陆川"服务品牌活动,利用回乡工作机会,开展读志用志宣传活动,广泛宣传地方志工作条例法规、地方志工作情况,加强地方志工作的指导,为各乡镇、各单位部门发放《陆川年鉴》《陆川客家》等,为陆川建设、经济发展等提供历史资料参考及咨询服务,接待地方志资料查阅 120 多人次。

(姚紫燕)

体 育

体育综述

【体育概况】 2013 年,陆川县有业余体校 1 所,县城区有商业经营的健身馆 3 家,游泳馆 1 家,健身路径 22 个;乡镇健身场馆 4 个,健身路径 10 个,村级农民篮球场 125 个。县有业余体校编制 11 名,在编人员 10 人,其中专业技术人员 9 人、高级工 1 人;中级教练员 7 人,初级教练员 2 人。年内,陆川县注重开展群众体育活动和体育业余训练;举办首届客家民俗文体项目比赛,加强客家民俗文体项目资源的挖掘;组织体育人员积极参加各级体育比赛活动,取得实效。陆川

2013 年 8 月 28 日,《陆川年鉴》2013 年卷编纂工作动员会议在县第一会议室召开　　　　　　　　　　　　　县地方志办公室　提供

县被评为2009—2012年度全国体育先进单位。

【体育设施建设】 2013年，新建村级篮球场15个，投资60万元。新建农民健身场2个，投资18.3万元。

【业余体育训练】 2013年，陆川县继续抓好体育业余训练，县业余体校教练员深入到县城区各中、小学校及乡镇中心校等，联合开展青少年体育业余训练，加强体育苗子培训。年内，共向上级输送体育苗子11人。县业余体校开设乒乓球、篮球、游泳、田径等4个业余体育训练项目，乒乓球在训人员60人，篮球在训人员48人，游泳在训人员20人，田径在训人员55人。

陆川九洲青少年俱乐部注重青少年体育培训，重点开展培训项目有田径、乒乓球、游泳、篮球、羽毛球、气排球等，年内加入青少年俱乐部人员500多人。

【群众体育活动】 2013年是陆川县实施全民健身实施计划(2011—2015年)的第二年，陆川县在乡镇、街道、单位、社区、农村广泛开展群众性体育活动，县文体局与有关部门密切配合，有计划地组织开展职工体育、社区体育、农民体育、老年体育活动。年内，县文体局承办、各企事业单位联办各类群众活动25场次。

群众体育健身活动蓬勃发展。乡镇、农村、学校、单位等陆续开展群众体育健身活动；县城温泉广场、革命纪念广场、中山公园广场、市政广场、温汤广场、九洲江带状公园等群众健身点密集，参与健身人员众多，健身活动主要开展健身舞、健身操、太极拳、有氧操等，县文体局及时派出教练员、指导员指导群众健身活动，扩大体育健身员的范围，规范健身活动的开展，促进全民健身运动蓬勃发展。

"雪碳工程"陆川综合健身馆主要开展篮球、羽毛球、乒乓球等健身活动。年内，加入健身馆会员150人，

其中篮球会员50人、羽毛球会员46人、乒乓球会员60人。年参加健身45000人次。蓝天羽毛球俱乐部会员30人，年参加羽毛球健身1万人次。

【全民健身日活动】 2013年，陆川县继续开展广西体育节全民健身活动。8月8日，陆川县第五届广西体育节暨陆川县全民健身系列活动启动仪式在松鹤公园举行，县四家领导班子、县城区各单位干部职工代表400多人参加启动仪式。启动仪式结束后，全体参加人员进行登山健身运动。8—12月，广泛开展全民健身活动，组织开展篮球、气排球、健身舞、健身操、登山、拔河、羽毛球、乒乓球、中国象棋、扑克等各种体育健身活动。

【主要体育赛事】 2013年，陆川县广泛开展体育比赛活动，主要有篮球、气排球比赛、羽毛球、乒乓球、拔河、跳绳等比赛活动，县直机关单位、乡镇也相应举行比赛活动。春节期间，各乡镇、各村并举行庆春节文体活动，县政府支持开展活动资金。

跳绳比赛　1月9日在温泉初级中学举行。由陆川九洲青少年俱乐部主办。参赛人员100人。比赛项目主要有5分钟男女双人跳绳、3人跳绳和混合5人跳绳比赛。

篮球运球上篮接力赛　5月8日在温泉初级中学举行。由陆川九洲青少年俱乐部主办。参赛人员70人。比赛项目主要为篮球10人运球上篮接力赛比赛，第一名刘子洋，第二名黎思成，第三名钟松均，第四名吕建成，第五名陈春权，第六名吕学周，第七名谢金原，第八名谢双米，第九名罗子翔，第十名陈询。

乒乓球比赛　6月10日在温泉初级中学举行。由陆川九洲青少年俱乐部主办。参赛人员50人。比赛项目主要为乒乓球团体比赛，其中第一名初一(2班)，第二名初一(3班)，第三名初一(5班)。

"节能杯"篮球比赛　6月13日—18日在县政府球场举行，由县文体局主办，罗马公馆房地产开发公司协办。第一名罗马公馆、第二名龙腾嘉园、第三名古道茶庄、第四名良田双胞胎公司。

直属机关共产党员"公仆杯"气排球比赛　6月24日—7月2日，县直机关工委组织举行庆"七一"县直属机关共产党员"公仆杯"气排球比赛，县直机关36个党(总)支部、运动员400多人参加比赛。县土产公司党支部代表队获第一名，县教育局党支部代表队、法院党总支部代表队分别获第二、第三名，温泉疗养院、县国土资源局、县环保局、陆川中学、县第二

2013年2月，平乐镇举行2013年春节篮球比赛运动会　平乐镇政府　提供

中学、县计划生育局、县民政局、县财政局、县政府办、检察院等10个代表队获"公仆杯"运动会组织奖。

庆"七一""锦源杯"羽毛球比赛6月24日—27日在县城举行。150人参加比赛，设男子、女子、单打、双打、混合5个项目，共举行82场，3天赛程。

"罗马公馆杯"篮球精英赛 12月15日—30日在罗马公馆篮球馆举行，由罗马公馆房地产开发公司主办。比赛组队方式为自由组合，全县各行各业的运动员均可自由组队参赛，共组织参赛8队，参加人员96人，观众3万多人。

【竞技体育】 2013年，组队参加玉林市青少年"体彩杯"锦标赛、广西青少年举重锦标赛、广西青少年乒乓球等级比赛均获奖。4月下旬至5月初，玉林市青少年"体彩杯"锦标赛在玉林市体育中心举行。陆川县文体局组织青少年运动员92人参加篮球、乒乓球、田径等比赛项目，共获金牌8枚，银牌10枚，铜牌12枚。其中，组织男、女队参加篮球锦标赛，获女子青少年锦标赛第一名（金牌）；参加田径比赛运动员12人，主要参赛项目有100米、200米、800米、1500米、跳远、接力等，获金牌6枚，银牌9枚、铜牌12枚，获青少年田径锦标赛团体总分第二名；参加乒乓球比赛运动员10人，获金牌1枚、银牌1枚。7月，广西举行青少年举重锦标赛，陆川籍运动员林仲杰获抓举、挺举、总成绩三枚金牌。8月22日—24日，广西举行青少年乒乓球等级比赛，陆川县运动员吕泽源获男子甲组D组单打第一名。

【体育彩票销售】 2013年陆川县有体育彩票销售点11个，年销售总额316万元。11月23日—25日，县文体局举行体育彩票销售活动，在县城区繁华路段（具体地点）设点摆摊销售即开型"顶刮呱"体育彩票，招募彩票销售人员80人，销售活动期间共销售体育彩票31万元。

【陆川县获全国群众体育先进单位】 2013年8月，陆川县获2009—2012年度全国群众体育先进单位称号，是玉林市唯一获此称号的县。2009年以来，陆川县高度重视群众体育工作，制订《陆川县全民健身实施计划（2011—2015年）》，每年把全民健身活动经费纳入财政预算，为开展全民健身活动夯实基础。筹措资金建设广场、花园、小区健身场馆一批。广泛开展群众性体育活动，做到"广场活动天天有，群众活动月月开，大型活动不间断"，全县广泛开展篮球、气排球、健身舞、健身操、登山、龙舟大赛、羽毛球、乒乓球、中国象棋等丰富多彩的体育健身活动，累计2000场次；节假日期间举行全县性节庆体育赛事活动，累计400场次。

【陆川县聚银气排球俱乐部成立】 1月21日挂牌成立，广西聚银集团有限公司领导员工代表参加成立挂牌仪式，县委常委、副县长莫家耀、副县长曾锋出席挂牌仪式。陆川县聚银气排球俱乐部成立旨在通过以球会友，宣传和发动更多的会员参加体育锻炼活动，增进健康，促进交流，不断提高自身素质和球艺，推动全民健身运动的深入开展。成立仪式结束后并进行俱乐部首轮气排球比赛。

（陈 洪）

2013年6月28日，陆川县举行锦源杯羽毛球比赛。图为比赛启动仪式

县文体局 提供

学校体育

【学校体育概况】 2013年，陆川县体育场地有篮球场198个、排球场152个、羽毛球场145个、乒乓球台500张、足球场5个；运动场36个，其中陆川县中学、文昌中学运动场为塑胶运动场地。部分学校的田径场场地比较荒凉，跑道凸凹不平，跳远、跳高的沙池没有沙子；一些学校器材还相对贫乏，部分学校的篮球场、排球场、羽毛球场、乒乓球场等场地未能达标。年内，贯彻实施中共中央国务院《进一步加强青少年体育 增强青少年体质的意见》，落实国家教育部《义务教育阶段学校体育艺术"2+1"工程》，推行大课间体育活动的开展，学生在校每天保持1小时体育活动时间，全县各中小学校加大对学校体育设施的投入，逐步完善各学校的体育设施。承办玉林市第十七届中学生田径运动会。

【学校体育训练】

小学体育训练 县第一小学、第二小学设有课外体育训练。县第一小学在校内设篮球业余训练班，县业余体校在县第一小学设外派乒乓球训练班；县第二小学有本校教师的篮球业余训练班。马坡镇中心校设学校教师和县业余体校的篮球业余训练班。

初中体育训练 县内各初中对体育重视还不够，体育考试由各自学校组织，成绩由各学校上报，缺乏监督机制，存在着一定虚报的成分。大部分学校尚未完善课余训练队的组织训练，陆川县每年举办一届中学生田径运动会，大多数学校在县级比赛前一、两个月组织集中训练活动，以应付县级比赛。年内，体育中考体育加试30分，项目设置：50米、立定跳远、正面投实心球。

高中体育训练 高中每个年级均成立高考体育训练队，高中的课余训练主要为体育高考训练，没有成立其他业余体育训练队。县实验中学、县第二中学每年均招收体育考生约50人，落实体育训练教师1名。

【中小学优秀体育录像课评选活动】
2013年5月—7月，陆川开展中小学优秀体育录像课评选活动，全县各中学、县直小学、中心校参加，每所学校报送优秀体育录像课1节以上，体育录像为运动技能实践课，符合教育部颁发的《义务教育体育与健康课程标准（2011年版）》的基本精神，符合教育性、健身性、技术性、娱乐性和可行性等原则。各学校结合本校的实际，突出特色，整合民族体育与现代体育资源，开发有民族特色、趣味性强、充分利用场地器材的体育项目，体现民族体育进校园、进课堂的内容，具有鲜明的民族体育特色、有较高的推广价值。8月，县教研室组织专家对上报的录像课进行评审，评选出的优秀体育课代表陆川参加玉林市比赛。

【第五届"园丁杯"篮球运动会】 2013年9月15日—10月1日在县城举行。各乡镇、县直各学校（单位）分别组队参赛，其中乡镇组（甲组）每个乡镇均组织男队、女队参赛。比赛以乡镇、县直两个组开展预、决赛，预赛采用单循环办法。其中，乡镇组（甲组）分成县南、县北两组比赛，预赛县南、县北两组分别赛出积分前三名，县直组（乙组）预赛积分前三名参加决赛。决赛男、女队分别奖前六名。

【第十五届中学生田径运动会】 11月22日—24日在陆川县中学举行，为期2天半。县城区中学及各乡镇中学等33支代表队694名运动员参加，田径运动会设初中甲A组、甲B组、高中组三大组，各分男子组、女子组参赛，各有13个比赛项目，分别是100米、200米、400米、800米、1500米、110米栏、400米栏、4×100米接力、4×400米接力、跳高、跳远、三级跳远、铅球等项目。其中，马坡镇初级中学、沙坡镇初级中学、平乐镇初级中学分别获初中甲A组前三名，县初级中学、横山镇初级中学、古城镇初级中学分别获初中甲B组前三名；陆川县中学、县实验中学、县第二中学等分别获高中组前三名，陆川县中学、乌石镇初级中学、县初级中学、平乐镇第二初级中学、县实验中学、沙坡镇初级中学、文昌初中、横山镇初级中学等8个代表队获运动会体育道德风尚奖，县第二中学、陆川县中学、珊罗镇初级中学、米场镇福达中学、米场镇初级中学、乌石镇初级中学等6个代表队获运动会组织奖，初中男子跳高等7大项目共15人次打破11小项赛会纪录。运动会并选拔出42名优秀运动员参加玉林市第十七届中学生田径运动会比赛。

【玉林市第十七届中学生田径运动会在陆川举行】 12月11日—13日在陆川县高中举行。玉林市各县（市、区）及市直各中学等24个代表队400多名运动员参加。运动会设高中甲组、高中乙组、初中组三大组，产生金牌78枚、银牌78枚、铜牌79枚。评选出优秀教练员33名，优秀裁判员30名，获运动会体育道德风尚奖代表队15个。

陆川县组织42名运动员参加比赛，其中高中甲组获金牌4枚、银牌2枚、铜牌3枚，高中乙组获银牌4枚、铜牌3枚；初中组获银牌3枚、铜牌1枚；高中甲组运动员丘文婷分别获得女子800米（2：31′4）、1500米（5：28′8）的金牌，宁赵军获男子铅球（11.34米）金牌，周婷获女子跳远（4.78米）金牌。陆川代表队高中甲组、高中乙组均团体总分第五名，初中组获团体总分第六名，陆川县获运动会体育道德风尚奖，陆川县中学获体育"突出贡献"奖。

【中小学生广播体操比赛】 2013年5月至7月举行，举行全县中小学广播体操比赛，比赛项目为第三套全国中小学生系列广播体操，分中学组和小学组。全县各中学和县直小学、各乡镇中心学校中心学校代表本乡镇小学参加比赛，每个参赛队伍60人。比赛实行层层选拔赛，先由各乡镇各学校以班为单位开展校内比赛，比赛后选拔参加乡镇各村级小学比赛，比赛全程录制广播DVD光盘。比赛中小学各组分别设特等奖5名、一等奖10名，获奖的单位及个人并颁发证书和锦旗。比赛获奖的代表队代表陆川县参加玉林市举行小学广播体操比赛，其中陆川县第二小学、陆川县文昌中学获玉林市中小学生广播体操比赛特等奖，陆川县第一小学、第五小学、第三中学、马坡镇第二初级中学、陆川县初级中学、陆川县中学等6所学校获一等，珊罗中心学校、沙坡中心学校获二等奖。

（陈 浪）

医疗卫生

YILIAO WEISHENG

2013年4月8日，米场镇卫生院宣教人员下村免费开展健康教育知识讲座

县卫生局　提供

卫生综述

【卫生机构及工作概况】 2013年,陆川县卫生局内设办公室、政秘股、医政股、防保股、财务室、爱卫办、项目办等,在职人员11人。医疗卫生机构28家,其中县直医疗卫生机构9家(县人民医院、县中医院、县妇幼保健院、县中西医结合骨科医院、县新型农村合作医疗管理中心、县疾病预防控制中心、县卫生监督所、县皮肤病防治站、县卫生学校),乡镇卫生院(含中心卫生院6个)16家,广西总工会驻陆医疗卫生单位1家(陆川温泉疗养院),民营医疗单位2家(陆川沙坡精神病医院、茶花山医院);政府办基层村卫生室154个;个体诊所97个。县直医院卫技人员951人,乡镇卫生院卫技人员1075人,沙坡精神病医院卫技人员21人,茶花山医院卫技人员24人,村医生616人,个体医生99人。年内,进一步完善新农合医疗保障体系,加强基本公共卫生服务项目实施,继续开展"一免二补"幸福工程,实施国家基本药物制度,做好重点传染病防控工作,推进防治艾滋病攻坚工程实施,加强医政管理和药政管理,全县无重大疫情发生和流行。12月12日县卫生局、马坡镇中心卫生院在玉林市卫生系统阳光用药工作推进会上做经验交流;米场镇卫生院被自治区人社厅、卫生厅授予集体二等功。

【新型农村合作医疗管理】 2013年,逐步完善新型农村合作医疗保障体系。按要求调整新型农村合作医疗实施方案,简化报销程序。建立网络信息平台,全县实现县内定点医疗机构的网上结账、动态监管,提高工作效率和效益。年内,全县参加新型农村合作医疗92.62万人,比上年增加5.68万人,增长6.53%,参合率99.64%;共

筹集新农合基金3.15亿元,比上年增加1.06亿元,增长50.72%;新农合基金支出3.07亿元,比上年增加8255.65万元,增长率为3680%。全县住院11.93万人次,次均补偿费用4353元,比上年增加794元,增长22.31%。单病种补偿1.69万人次,次均补偿费用1200元,比上年增加200元,增长20%。重大疾病、保障病种在原已补偿70%的基础上均得到二次补偿,比例达到可报费用(结余的可报医药费用最高比例)60%以上。全县救治先天性心脏病患儿51人,总医药费用161.83万元,其中新农合资金支付79.88万元,占总医药费用的49%。参合农民受益率96.97%。

【行政许可审批】
　　医疗机构年度执业校验评审　2013年,办理医疗机构执业登记、校验536件,其中合并的村卫生室153件、未合并的村卫生室237件、个体诊室102件、卫生院16件、民营医院1件、疾控门诊部2件、医疗机构执业注册变更登记4件、医疗机构执业登记注册1件。
　　母婴保健技术资格认定　2013年,母婴保健技术服务执业许可校验20件,母婴保健技术人员资格认定新发证14人,换证50人。
　　医师、护士执业注册变更　2013年,县卫生局按照《医师执业注册暂行办法》和《护士执业注册管理办法》的相关规定,做好医生、护士注册、变更材料的审核登记和注册工作。年内,执业助理医师注册18件、执业助理医师变更48件;执业医师注册47件、执业医师变更39件;通过自治区护士注册扁平化平台共办理护士注册56件。
　　卫生行政许可　2013年,受理卫生行政许可166家,审批发放公共场所卫生许可证166家。

【农村改厕项目实施】 2013年,加强农村环境卫生整治,推动美丽乡村建设,以改厕工作为重点,年内完成中央投资农村改厕项目6000座,全县卫

生厕所普及率66.04%。促进农村环境卫生全面改善。

【乡村卫生服务一体化管理】 2013年,进一步规范村级卫生室建设。由县政府投资建设,依法取得《医疗机构执业许可证》的154个村卫生室产权和使用权归乡镇卫生院所有,为公益性、非营利性、承担公共卫生服务,具有独立法人资格,独立核算、自负盈亏,并独立承担法人责任的医疗卫生机构,已全部实施基本药物制度,实施零差率销售。每所村卫生室建筑面积为100平方米,设置、设备基本符合国家村卫生室规范要求。规范村级卫生室管理,明确村卫生室功能定位和服务范围,加强村卫生室规范化管理,为农村群众提供方便快捷高效的基本医疗保障服务。村卫生室列为新农合定点医疗机构,县卫生局、合管中心定期不定期开展监督检查,根据各村卫生室实施基本药物制度情况进行检查核实,核实检查结果与经费补助挂钩,强化对村卫生室的管理。加强乡村医生队伍建设,由县政府举办的标准化村卫生室已全部配备乡村医生投入使用,154个村卫生室共有村医616人,采取卫生局、乡镇卫生院二级管理,县卫生局主要负责行业准入,乡镇卫生院主要采取利用华医网开展视频培训和乡镇卫生院专题集中的形式进行培训,举办相关业务讲座,不断提高业务水平,并定期对其进行医德教育和医疗质量检查。村卫生室纳入新型农村合作医疗定点机构管理,村卫生所实行国家基本药物制度,实行基本药物零差率销售,村卫生室正常运行,实施新型农村合作医疗门诊统筹基金和一般诊疗费制度,进一步缓解群众就医经济负担。

基本公共卫生服务

【居民健康档案】 2013年,全县累

计为城乡居民建立规范化电子健康管理61.82万份,健康档案规范化电子管理率为80.01%;更新健康档案26.32万份,档案更新率42.04%。

【健康教育服务】 2013年,各项目实施单位严格按照健康教育服务规范要求,部分乡镇卫生院均添置多媒体播放设备,在明显位置设置液晶显示屏,开展基本公共卫生服务项目宣传,提高健康教育能力,各项目实施单位采取发放宣传材料、设置宣传栏的各种方式开展健康宣教工作,针对重点人群、重点疾病和危险因素开展健康教育和健康促进活动。年内,全县共投入健康教育经费93万元,举办各类知识讲座1130期,开展健康咨询活动173次,参加健康教育讲座及接受健康教育咨询6.97万人次,发放各类宣传材料16种、73.43万份,出版宣传专栏内容1241版,结合开展产后访视、慢性病、重性精神病患者随访及老年人健康体检,进行个体化健康教育78.38万人次。

【传染病报告与处理】 2013年,定期对各乡镇相关人员进行传染病防治知识、技能的培训,进一步建立健全传染病报告管理制度,采取多种形式对群众进行传染病防控知识的宣传

教育,提高人民群众传染病防控知识的知晓率。年内,全县辖区无发生突发公共卫生事件发生。

【预防接种】 2013年,全县各乡镇卫生院规范预防接种门诊建设,每月均开展常规免疫接种工作。年内,出生儿童建卡人数1.88万人,建卡率100%。一类疫苗累计应种人剂次43.38万人剂次,实际累计接种剂次42.55万人剂次,接种率98.07%。

【儿童健康管理】 2013年,按照《国家基本公共卫生服务规范》要求,对每位儿童进行免费体检和免费访视新生儿2次。年内,全县活产婴儿1.82万人,建立儿童保健手册1.82万本,建册率100%;新生儿访视率98.36%。应管理的0~6岁童12.37万人,累计健康管理儿童10.92万人,儿童保健覆盖率为88.26%。累计完成系统管理儿童10.28万人,系统管理率为93.66%。

【孕产妇健康管理】 2013年,全县对怀孕12周之前的孕妇建册1.92万人,早孕建册率98.55%;完成产前健康管理1.83万人,产前健康管理率98.98%;住院分娩产妇18527人,活产婴儿18511人,住院分娩

率99.99%,产后28天内接受过产后访视的产妇18207人;产后访视率98.36%;累计系统健康管理孕产妇18173人,系统管理率98.08%。

【老年人健康管理】 2013年,全县累计开展健康管理的65岁以上老年人47072人,并进行健康随访评估与指导,健康管理率为67.9%。

【慢性病健康管理服务】

高血压患者管理 2013年,开展对35岁以上居民首诊测血压和健康体检测血压等方式发现首发高血压疑似患者,并建立相应的筛查登记表。对确诊的高血压患者进行健康管理,并按要求进行面对面的随访,建立随访登记表,对用药、饮食、运动、心理等提供健康指导和健康干预。对已经登记管理的高血压患者进行一次免费健康体检。年内,全县筛查35岁以上居民血压16.68万人,筛查率为4796人/万人,其中确诊为高血压3.69万人;累计管理高血压患者为3.53万人,累计完成规范管理2.45万人,规范管理率为69.49%。

Ⅱ型糖尿病患者管理 2013年,通过对35岁及以上居民进行健康体检和门诊服务等途径筛查确诊患者,并建立相应的筛查登记表。对确诊的Ⅱ型糖尿病患者进行健康管理,按要求进行面对面随访,建立随访登记表,对用药、饮食、运动、心理等提供健康指导。对已经登记管理的Ⅱ型糖尿病患者进行免费健康体检1次。年内,全县对35岁以上居民开展血糖筛查8.79万人,筛查率为2529人/万人,其中确诊Ⅱ型糖尿病9675人。累计健康管理Ⅱ型糖尿病患者8938人,健康管理覆盖率92.75%,规范管理患者6131人,规范管理率为68.59%。

【重性精神疾病患者健康管理服务】
2013年,通过对高危人群进行筛查和病历登记,由精神病专科确诊等方式确诊患者,并建立相应的精神疾病筛查登记表,对已确诊的辖区内精神

2013年7月,陆川县人民医院到良田镇旺垌村开展健康知识讲座

县卫生局 提供

疾病患者纳入健康管理,按要求进行随访和提供健康指导,建立随访登记表。年内,全县累计完成规范管理1694人,规范管理率为94.69%。

【卫生监督协管】 2013年年初,县卫生监督所对全县各乡镇卫生院所有卫生监督协管员进行培训,提高全县基本公共卫生服务卫生监督协管协管服务水平。开展卫生监督检查,全县有学校本底数53所,已开展巡回督查53所,巡查465次,巡查覆盖率达100%;饮用水本底数59家,生活水巡查611次,无非法行医、非法采供血线索报告,无食品安全事件发生。

【中医药服务】 2013年,开展中医药服务工作。9月,县中医院对全县各乡镇卫生院员进行中医药服务培训。加强老年人中医体质辨识管理,全县60岁以上老年人6.93万人,实行老年人中医药健康管理2.19万人,老年人中医药健康管理率31.54%。开展儿童中医调养,0~36月龄儿童4.72万人,0~36月龄儿童中医药健康管理覆盖1.42万人,儿童中医药健康管理率30.10%。

疾病防控

【艾滋病防控】 2013年,县卫生局继续开展防治艾滋病宣传教育,要求各成员单位按照部门职责开展宣传教育,主要针对高危场所、流动人口和农民工开展全方位、多层次的宣传,营造示范区人人参与艾滋病防治氛围。2013年,全县共发放宣传材料27万份,制作或更新宣专栏、广告牌156板,墙体固定标语694条,通过电视台、电台、县城户外大型液晶显示器播放防艾宣传公益广告1440次,直接或间接覆盖各类人群约85万人,提高各类人群艾滋病防治知识知晓率,各

项指标达到目标任务要求。

【手足口病防控】 2013年,对全县23家医疗卫生机构及城区57家托幼机构及小学进行手足口病防控工作督导,对全县各公私立托幼机构和小学及各医疗卫生机构负责人进行手足口病防控培训,共培训76人。

【重大传染病防控】 2013年,县卫生局加强肝炎、痢疾、伤寒、乙脑、流脑、狂犬病、钩体病等传染病防治知识宣传,提高群众对传染病的自我防控意识。加强对霍乱、鼠疫监测工作,开展疫情监测,及时掌握各种传染病疫情动态。年内报告狂犬病病例3例,无乙脑、流脑病例报告,未发现有霍乱病人。以清湖镇为固定监测点,以沙湖、温泉、滩面、米场镇作为流动监测点,进行室内室外鼠密度、鼠种类监测,共捕鼠443头,采集鼠血清409份,进行间接血凝试验结果全部为阴性;鼠内脏细菌培养227份,均未检出鼠疫杆菌。

【结核病防治】 2013年,全县有结核病人247人,完成治疗新涂阳病人227人,治愈率91.9%（227/247）;报告患者和疑似患者的总体到位率93.8%（735/783）。

妇幼保健

【"一免两补"幸福工程实施】 2013年,陆川县落实配套婚检资金112万元,全县免费婚检1.64万人,婚检率95.50%。进一步做好产前筛查和新生儿筛查补助项目。产前筛查和新生儿筛查补助项目到位资金193.3万元,资金落实率100%。年内,产前筛查9656人,产前筛查率52.16%;筛查发现阳性693人,阳性率7.18%;产前筛查补助人数7937人。开展新生儿疾病筛查1.70万人,新生儿疾病筛查率91.48%;新生儿疾病初筛查阳性210人,阳性率1.24%;新生儿筛查补助人数1.59万人。

【地中海贫血补助】 2013年,对符合地中海贫血双阳夫妇进行基因诊断补助人数302对,实际补助302对,补助率100%;符合地贫产前诊断补助58例,补助58例,补助率100%。

【"降消"项目实施】 2013年,全县补助产妇1.61万人(其中正常产补助

2013年4月25日,陆川县疾病预防控制中心在九洲市场开展人感染H7N9禽流感防控知识宣传

县卫生局　提供

2013年9月24日，陆川县举行"降消"项目三基知识培训班。图为自治区专家培训全县妇产科三基知识　　　县卫生局　提供

1.58万人，高危产救助259人），补助总金额658.34万元。年内，住院分娩率99.99%；新生儿破伤风发生率为0；孕产妇产前检查率99.91%，孕产妇系统管理率98.08%，产后访视率98.27%。

【"育龄妇女叶酸补服"项目】 2013年，全县领取叶酸育龄妇女1.98万人，目标人群增补叶酸知识知晓率95.06%，叶酸服用依从率91.58%。

【母婴传染病阻断】 2013年，按照《全国艾滋病检测技术规范》的要求，陆川县开展艾滋病病毒抗体检测。县妇幼保健院重点对孕产妇自愿咨询检测服务和阳性孕产妇的治疗及服务进行跟踪随访。年内，医疗机构接受初次产前保健的孕妇1.92万人，接受咨询率100%，孕妇HIV检测率100%；在医疗机构住院分娩产妇接受HIV咨询率100%，接受HIV检测率100%。全县医疗机构孕产妇接受乙肝表面抗原检测3.84万人次，检测率100%；孕产妇接受梅毒检测率100%。

【《出生医学证明》管理】 2013年，进一步规范《出生医学证明》的出入库登记、签发、换发、补发、废证管理、印章分开管理工作，当年活产儿发证1.68万人，当年发证率87.20%。补发出生证11张。

医政管理

【基层中医科建设】 2013年，加强中医药（民族医药）工作，提高基层中医药服务能力，完成基层医疗卫生机构中医壮瑶医科能力建设项目。珊罗、马坡、米场、大桥、乌石、良田、古城等7个镇卫生院新建中医科，开设中医科项目7个，均按要求设置独立诊室、康复治疗室、中医病床。

【全科医师培养】 2013年，继续推进全科医师培养，全科医师培养逐渐形成常态化、规范化培养机制，县卫生局制定基层医疗机构全科医师培养培训工作方案，按要求选拔技术人员开展全科医师培养，年内安排全科医师培养6人。

【"三好一满意"活动】 2013年，县卫生局强化医疗行业监管，在全系统围绕"质量、安全、服务、费用"核心工作要求，开展"三好一满意"（服务好、质量好、医德好，患者满意）活动，强化医德医风建设，全面提升医疗服务水平，并开展卫生系统创先争优先进集体和先进个人的评选活动。

药政管理

【国家基本药物制度执行】 2013年，进一步巩固完善基本药物制度。全县各基层医疗机构的使用品种均使用国家基本药物目录内药品和地方增补品种（其中国家基本药物目录内药品品种数为307种，地方增补药品品种数为267种基本药物及新增42种基本药物剂型），未超出规定范围。加强基本药物质量监管，抓好基层医疗机构基本药物的管理使用，按药品管理的规定进行管理，合理使用基本药物。加强药库管理，保证药品质量，及时清除过期药品，保证医疗安全。抓好基本药物集中招标采购，各基层医疗机构建立基本药物采购制度并严格执行，所有药物采购均经各单位的药事管理委员会商讨编制药品采购目录，实行网上采购，采购价格执行中标价，无违规情况；采购药品均通过规定的管理信息系统进行，规范采购流程，没有擅自采购非中标药品替代中标药品的现象，没有采购非中标品种情况，对药品储存能严格按照养护要求进行管理。药物配送由配送企业直接将药品送到乡镇卫生院，基本药物品种、金额两天配送额在90%以上。县卫生局加强基本药物使用培训，强化合理用药、合理诊疗，并将其列入医德医风考核内容，作为基层医务人员竞聘上岗、执业考核重要内容。

【药品采购】 2013年，各乡镇卫生院严格执行基本药物采购制度，所有药物采购均经单位药事管理委员会商讨编制药品采购目录，实行网上采购，采购价格执行中标价，无违规情况；各乡镇卫生院对药品的采购均通过规定的管理信息系统进行，采购流程为各乡镇卫生院编制药品采购目录，制作发送采购订单、对到货药品进行检查验收并进行网上确认。没有擅自采购非中标药品替代中标药品的现象，没有采购非中标品种情况；县直各医院通过自治区药品招标信息平台统一采购，严格按照采购流程进行采购，实现药品统一招标及采购配送互联网交易；民营医院为自主采购。

【药品经营】 2013年，县人民医院、中医院、骨科医院、妇幼院4家县直医疗单位药品收入1.17亿元，16家基层医疗卫生单位药品收入4638.9万元。陆川县茶花山医院、沙坡精神病院2家民营医院药品收入234.7万元。

卫生监督

【卫生监督信息报告】 2013年，按照新的《全国卫生监督调查制度》要求，按时完成被监督单位资料、经常性监督、案件处罚等的录入，做到不漏报、迟报和重报。年内，公共场所被监督单位录入421家，监督覆盖率81.50%；生活饮用水被监督单位录入4家，监督覆盖率100%；放射卫生被监督单位录入12家，监督覆盖率100%；学校卫生被监督单位录入200家，监督覆盖率99.50%；医疗卫生被监督单位录入463家，监督覆盖率93.30%；传染病防治消毒产品经营单位录入61家，传染病监督230家。

【公共场所卫生监督】 2013年，完善公共场所卫生监督管理相对人的建档工作，全县有公共场所经营单位344家，其中宾馆旅社46家、美容美发店177家、公共浴室（足浴室）13家、饭馆39家、游艺室19家、商场商店22家、游泳场所1家、酒吧、咖啡馆、茶座23家、其他4家。对344家公共场所经营

单位建立监督档案，建档率100%。加强县内公共场所经营单位的监管，加强日常卫生监督。对所有公共场所进行巡回监督检查2次以上，监督户次数690户次，监督覆盖率100%。重点对其经营环境卫生状况、公共用品的消毒管理、从业人员的持证情况、卫生制度落实情况进行监督检查，对检查中发现的问题提出限期整改措施，并督促其加强自身管理，增强责任意识。继续抓好公共场所卫生监督量化分级管理，县卫生局成立量化分级管理工作小组，并制定《2013年陆川县公共场所卫生监督量化分级管理制度工作方案》，通过培训业主、大力宣传、加强监督、严把许可关等有效措施推进量化分级管理。年内，全县有住宿业46家，量化46家，量化率100%。其中，A级4家，B级6家，C级36家；游泳场所1家，量化1家，量化率100%，为C级单位；沐浴场所13家，量化13家，量化率100%，全为C级单位；美容美发场所177家，量化177家，量化率100%，其中B级8家，C级169家。

【传染病防治监督】 2013年，加强手足口病、H7N9流感、麻疹防治监督。县卫生监督所成立疫情防控工作检查领导小组，组织人员对全县卫生医疗机构和疾控机构的手足口病、H7N9流感、麻疹疫情防控工作进行监督检查。对22家单位进行传染病防治监督检查，其中县直医院5家，疗养院1家，乡镇卫生院16家，主要对各医疗机构的消毒隔离制度执行情况、疫情控制措施执行情况和疫情报告工作进行监督检查。年内未发现医院感染性疾病暴发流行事件发生。加强疫苗使用管理监督检查。4月8日—6月14日，对15个乡镇卫生院进行疫苗流通和预防接种工作监督检查，未发现有违法购进的疫苗，未发现有过期失效疫苗。

【医疗废物处置监督】 2013年，县卫生局对全县医疗卫生机构、采供血机构、县CDC的感染性、损伤性、病理性、化学性医疗废物进行检查2次，监

督检查医疗卫生单位25家，其中乡镇卫生院16家，县直医院4家，疗养院1家，单采血浆站1家，疾控机构1家，个体单位2家。出动汽车24辆次，人员76人次。建立有医疗废物管理制度的医疗卫生机构落实工作责任制，制订应急预案，并设有监控部门，落实有管理人员。4—5月，根据《陆川县医疗废物处置监督检查工作方案》工作要求，各乡镇卫生院、卫生监督所对辖区内各村卫生所和个体诊所医疗废物处置进行检查指导，检查发现问题及时指出整改，并制作卫生监督意见书。5月起，全县各医疗卫生单位产生的医疗废物逐渐由玉林市爱民医疗废物处理有限公司集中运输处理。

【医疗服务市场监督】 2013年，县卫生局加大对医疗市场安全监管，成立领导小组，制定医疗市场专项监督检查工作方案。5月中下旬，县卫生监督所对全县有B超机、妇产科、检验室的医疗卫生单位开展打击"两非"（利用超声技术和其他技术手段进行非医学需要的胎儿性别鉴定以及非医学需要的选择性别的人工终止妊娠），共检查医疗机构4家，检查未发现有利用B超非法鉴定胎儿性别和利用产科进行选择性别终止妊娠的违法行为。6月25日—7月15日，在全县组织开展医疗市场专项监督检查，共监督检查医疗机构100多家，立案处罚无《医疗机构执业许可证》行医19起，其中移送公安机关3起。处罚结案4起，罚款3万元。打击非法行医，出动卫生监督员100多人次，汽车30辆次。

【采供血安全监管】 2013年，对单采血浆站进行监督检查5次，出动卫生监督员16人次，汽车5辆次，制作现场检查笔录3份，下达卫生监督意见书2份，均未发现有冒名顶替、超采频采的违法行为及非划定区域供血浆者供浆。

【饮用水卫生监督】 2013年，全县集中式供水6家，其中县级集中式供水

2家,乡镇集中式供水2家,二次供水2家。持有效卫生许可证4家,其中县级集中式供水2家,乡镇集中式供水2家。从业人员32人,持有健康证32人。年内,县卫生局加强对各供水单位日常卫生监督,年监督2次以上,市政集中式年监督4次,监督户次数为16户次,监督覆盖率为100%。年内无生活饮用水卫生突发事件发生。开展饮用水卫生宣传周活动。5月27日—31日,开展以"科学认识饮用水,健康惠及千万家"为主题的"饮用水卫生宣传周"活动,组织人员上街开展现场咨询活动,为群众讲解饮用水卫生相关法律、法规标准及卫生知识,接受咨询受益群众达500多人,发放宣传资料200多份,出版宣传展板1块,跨街横标1条。

2013年5月28日,县卫生监督所开展生活饮用水卫生知识宣传活动,图为活动现场

县卫生局 提供

【学校卫生监督】 2013年,对辖区内的中小学校进行监督检查,主要对学校生活饮用水和传染病防控工作进行检查,共检查学校52间,制订有针对传染病防控预案和措施,有专(兼)职人员负责传染病疫情报告。各学校校园生活饮用水卫生状况良好。卫生监督员针对各学校监督检查发现的问题提出监督意见。

【放射性卫生监督】 2013年1月—4月,组织开展放射防护专项治理活动,共检查放射诊疗单位20家,下达卫生监督意见书,相关放射诊疗单位按要求进行整改。"3.15"消费者权益日期间,开展放射卫生专项执法行动,检查放射诊疗单位6家,其中5家放射诊疗单位持有《放射诊疗许可证》并建立放射诊疗管理规章制度和放射事故应急预案,6家放射诊疗单位配备个人防护用品并在放射诊疗场所的入口处悬挂有警告标识和危害告知。开展放射卫生重点监督检查。检查放射诊疗工作单位20家,其中综合医院1家(二级),中医医院1家(二级),专科医院1家,疗养院1家,卫生院(乡镇卫生院)13家,妇幼保健院1家,专科疾病防治院(结防所)1家,民营医院1

家。对检查中发现的问题下达卫生监督意见书,要求相关放射诊疗单位进行整改。开展放射诊疗专项监督检查,共检查放射诊疗工作单位20家,存在问题的放射诊疗单位按要求进行整改。年内,全县未发生职业卫生与放射卫生等重大公共卫生突发事件。

【艾滋病防治卫生监督】 2013年,加强医疗卫生单位艾滋病防治卫生监督。对25家医疗卫生单位进行艾滋病防治监督检查2次,其中县直医院5家,疗养院1家,单采血浆站1家,疾控1家,乡镇卫生院16家,其他医院一家。各医疗机构、采供血机构开展艾滋病防治知识和专业技能培训及个人防护措施培训;4家县直医院对孕妇开展艾滋病免费检测;设有艾滋病初筛实验室的医疗机构、采供血机构实验室人员持证上岗;医疗机构的临床用血均进行艾滋病检测结果核查;采供血机构按有关规定对采集的人体血液、血浆进行艾滋病检测,没有向医疗机构和血制品生产单位提供未经艾滋病检测的人体血液和血浆,严格按有关规定处置阳性血浆;县妇幼保健院开展对婚前的艾滋病自愿咨询检测,对婚前检查人员提供艾滋病咨询和自愿艾滋病血清检测。县疾控

中心制订有监测制度、监测计划和工作方案,并对监测信息进行收集分析、报告,网络直报系统正常运转,发现艾滋病疫情时及时采取相应措施。开展有艾滋病防治知识培训和专业技能培训。按照有关规定对吸毒人群开展美沙酮维持治疗。对阳性标本及时上送玉林市疾控中心复查,为艾滋病毒感染者和艾滋病人提供防治咨询。

加强公共场所艾滋病防治卫生监督。采取发证审查、日常监督检查与专项检查相结合的办法,督促业主开展艾滋病防治宣传,艾滋病防治知识框架上墙,出版宣传专栏,张贴艾滋病防治宣传画,摆放宣传资料,在客房放置安全套,督促公共场所进行从业人员健康检查和艾滋病血清学检测。对229家重点场所建立完善艾滋病防治卫生监督档案,257家公共场所经营单位张贴有艾滋病防治宣传画,160公共场所经营单位家设置艾滋病防治知识宣传框架,46家宾馆旅社摆放有安全套和宣传资料。

加强学校艾滋病防治卫生监督。2013年,共监督检查初中以上学校33家,33所学校均能将艾滋病防治知识纳入教学计划,并落实课时。利用广播、板报形式开展艾滋病防治知识宣传教育活动,提高学生们的艾滋病防

治知识的知晓率。

开展陆川艾滋病防治示范区卫生监督区域联合行动，推进学校、公共场所医疗机构依法防治艾滋病卫生监督，2013年10月29日—11月1日，自治区卫生监督所在陆川开展陆川艾滋病防治示范区卫生监督区域联合行动。10月30日在陆川县温泉九龙山庄多媒体会议室，召开联合行动培训会议，共培训卫生监督员、卫生监督协管员84人。组织参会的区域联合行动的卫生监督员、卫生监督协管员对米场镇卫生院、县第一中学、发丝缘美容美发店、朝晖KTV、锦华大酒店等单位的艾滋病防治情况开展联合执法检查。10月31日，自治区卫生监督所领导对良田、乌石2个镇的公共场所艾滋病防治情况和卫生院卫生监督协管工作进行检查指导。　　　　（唐　笑　陈明晖）

陆川温泉疗养院

【陆川温泉疗养院概况】　广西壮族自治区总工会陆川温泉疗养院（简称陆川温泉疗养院）是自治区总工会直属管理的正处级财政拨款事业单位，增挂广西壮族自治区总工会职工医院牌子。占地面积约12公顷，按二级医院管理，是陆川县城镇职工、城镇居民医疗保险定点医院、陆川县新型农村合作医疗定点医院、精神残疾鉴定医院、贫困精神病患者医疗救助项目实施医院，玉林市红十字会（183）医院技术协作医院。拥有进口螺旋CT机、DR机、大型全自动生化分析仪等医用检验设备。2013年，陆川温泉疗养院开设有神经内科、心血管内科、呼吸内科、消化内科、内分泌科、中医科（颈肩腰腿痛专科）、皮肤科、风湿科、精神科、外科、眼科、医学检验科、医学影像科、门诊部等医疗科室。利用陆川天然温泉，建有温泉客房和温泉水池、沙池、小型温泉游泳池等。门诊量1.84万人次，

住院6228人次，观光人员4260人次。

【技术队伍建设】　2013年，陆川温泉疗养院选派60批143人到医科大学和市一级以上医院进修学习；特聘广西医科大学原校长马朝桂、玉林市红十字会医院眼科专家梁策等专家教授坐诊，依托特聘教授对医疗技术人员进行有针对性的带教和培养；组织全院性业务培训45次；鼓励干部职工通过学习提高学历、提升技能；出台优惠政策引进急需的学科带头人，招聘医院发展需要的医疗技术人员。

【医疗设备配备】　2013年，陆川温泉疗养院添置前列腺汽化电切仪、输尿管肾镜、弹道碎石机、超声刀等外科设备和骨密度测量仪、800测速的全自动生化仪、化学发光分析仪等医疗设备一批，购置新的救护车，安装医用电梯。

【基础设施建设】　2013年，陆川温泉疗养院对部分温泉客房进行适当装修，增加室内温泉水池4个，提高职工疗休养接待能力；建设多功能会议室和乒乓球室、棋牌室、阅览室等文体活动室，丰富职工业余生活。

【医疗质量管理】　2013年，陆川温泉疗养院成立大内科和急危重症及疑难患者救治小组，每周定期开展全院业务巡查，规范和加强急危重症及疑难患者诊疗、救治工作。并与技术协作医院玉林市红十字会医院建立远程疑难杂症会诊和远程动态心电检测点的协作关系。

【自治区一线骨干职工疗休养活动】　2013年，根据自治区总工会的部署和安排，陆川温泉疗养院共接待600名全区一线骨干职工疗休养。该项活动作为自治区总工会为职工办十件实事之一，从2010年开始实施，至2013年，累计接待广西全区一线骨干职工2331名。

【健康帮扶活动】　2013年，根据自治区总工会的有关政策，陆川温泉疗养院利用区总工会专项帮扶资金，开展工会会员和困难职工健康帮扶活动。年内，共帮扶616人，帮扶金额35万元。该项活动从2012年8月开始，至2013年，已帮扶困难职工或工会会员837人，帮扶金额50多万元。

【医疗帮扶】　2013年，陆川温泉疗养院与陆川县公安局建立医疗协作关系，为陆川县"监管三所"（看守所、戒毒所、拘留所）人员提供医疗帮扶服务。　　　　　　（刘玉枢）

2013年7月，广西医科大学原校长、教授、神经内科主任医师马朝桂（前左一）到陆川温泉疗养院会诊。图为马朝桂教授分析病情　　陆川温泉疗养院　提供

社会生活

SHEHUI SHENGHUO

2013 年 7 月 20 日,陆川县召开社会保险费"五险合一"统一征缴工作会议

县社保局 提供

婚姻·家庭

【婚姻登记管理】 2013年,婚姻登记管理工作实现与全广西联网,全年办理结婚登记8560对,离婚登记1162对,补发结婚登记证1068对,补领离婚登记证33对。 （范永锋）

【免费婚检】 2013年,陆川县落实配套婚检资金112万元,资金落实率100%。年内,全县免费婚检1.64万人,婚检率95.50%（16349/17120）。
（陈明晖）

妇女·儿童

【妇女儿童概况】 2013年,陆川县有妇女51.18万人,占全县人口的47.3%；0~17岁少年儿童32.65万人,占全县人口的30.1%。

【"三八"妇女节活动】

纪念"三八"国际劳动妇女节103周年暨表彰大会 3月8日在县政府市政广场召开,县委、县政府的有关领导、全县副科级以上女领导干部、各乡镇妇联主席、各巾帼文明岗、女企业家代表代表等100多人参加会议。会议表彰先进妇女工作者110名、优秀岗员19名、三八红旗手14名；巾帼示范村14个；妇女创业十佳示范基地10个；妇女创先争优十佳先锋人物10个；十佳示范妇女之家10个；小额贷款十佳创业女性10人；县实施2001—2010年妇女儿童发展规划先进个人10名；实施2001—2010年妇女儿童发展规划先进集体10个。

第二届"游陆川美景、享客家风情、创旅游品牌"一日游联欢活动 3月8日在县政府市政广场举行活动启动仪式,全县副科级以上女领导、各乡镇妇联主席、巾帼文明岗代表、女企业家代表、优秀女性专业技术人才代表等150多人参加活动。启动仪式后,组织妇女代表到龙颈瀑布景区开植树、浅滩抢鱼大赛、登山等活动,种植桃树600多株；妇女代表分成6组进行浅滩抢鱼比赛。

【"六一"儿童节活动】 5月31日,县妇联组织巾帼文明岗主要负责人和女企业家代表深入到各镇慰问单亲贫困儿童、留守儿童、孤残儿童10个,为儿童赠送被子、牛奶、营养麦片、小蛋糕等生活用品。县妇联、县公安局联合在县市政广场联合开展"关爱儿童,反对拐卖"宣传活动,悬挂横标、展示板块、设立咨询平台、发放宣传资料等多种形式,广泛开展相关法律法规知识及一些防拐卖的应急知识。"六一"儿童节期间,县妇联、县教育局联合开展"十佳家长""十佳儿童"的评选活动,共表彰"十佳家长""十佳儿童"20人。

6月1日,县少工委开展庆"六一"队日活动,全县各级少先队均组织开展活动,活动以"红领巾心向党"为主题,开展演讲、朗诵、文艺演出等主题活动,参与活动的少年儿童2万人次。

【妇女劳动就业】 2013年,全县城镇新增就业5033人,其中女职工2260人,占新增就业人数44.9%。落实下岗失业女职工就业扶持政策,帮助失业女职工实现再就业,年内全县开发的101名公益性岗位中,共安置女职工64人,占63.4%。加强妇女就业技能培训、职业指导、职业介绍等就业服务,新增农村妇女劳动力转移3750人。

【妇女社会保障】 2013年,全县女职工参加城镇企业养老保险1.68万人,占参保职工的47.2%；参加失业保险的女职工9231人,占参保职工的44.9%；参加基本医疗保险的女职工1.59万人,占参保职工的46.7%；参加工伤保险的女职工7890人,占参保职工的42.5%；参加生育保险参保455家,涉及职工2.21万人,覆盖率98.5%。

【关爱帮扶弱势群体活动】 2013年,继续开展"春蕾计划"扶助活动,扶持对象以贫困孤残女童为主,共扶持贫困孤残女童50人,发放资助金1.5万元。11月2日,县妇联与丽利美容院联合在县人民会堂开展送温暖大型文

3月8日,陆川县在龙颈瀑布景区开展"巾帼植树造林示范基地"植树造林、浅滩抢鱼大赛及登山等活动。图为妇女代表抢鱼大赛场景　　叶礼林　摄

艺晚会,为 6 名特困、单亲、留守儿童代表发放书包和棉衣。12 月,开展"送温暖"下乡活动,组织妇联系统干部到 14 个镇慰问单亲特困妇女、留守儿童、孤寡老人和特困女大学生等 190 多人,发放慰问金 7 万多元。　　(李　琛)

青　年

【青年概况】 2013 年,全县 14~28 岁青年 16.05 万人,其中党政机关青年 125 人,事业单位(不含学校)青年 450 人,学校青年 8.41 万人,城镇社区青年 1.54 万人,农村青年 6.03 万人,其他青年 132 人。青年中有共青团员 9.15 万人。

【感恩教育活动】 2013 年 5 月 11 日,陆川开展"我的梦·中国梦"青少年书信文化活动,由团县委、县教育局、县少工委、县邮政局联合举办,活动以"中国梦·我的梦"为主题,进行写作或绘画评选活动。参与书信比赛活动的青少年学生 3000 人,获奖青少年 600 人。

【"学习雷锋争先锋"志愿服务主题活动】 3 月,陆川县开展"青春践行十八大,学习雷锋争先锋"志愿服务主题活动。3 月 3 日,"青春践行十八大,学习雷锋争先锋"志愿服务主题活动启动仪式在县市政广场举行,县城区各中小学团支部、各单位团支部团干部及共青团员代表、少先队员代表参加开幕式活动。3 月 5 日,团县委在县城区开展"学雷锋一条街"志愿行动,县城区各中小学团支部、各单位团支部的青年团员 200 人参加服务活动,开展医疗、维权、家电维修、农业技术等便民服务,服务群众 3000 人次。

【暑假大学生志愿服务百村远程教育行动】 2013 年 8 月 12 日,团县委、县远教办到温泉镇陆河村联合开展"服务美丽陆川,激扬青春动力"暑假大学生志愿服务百村远程教育行动。组织青年志愿者 50 多人为留守儿童开设远教爱心课堂,以游戏、问答等形式讲解乡村环保的知识,并组织留守儿童参加清洁乡村活动。

【社会实践活动】
"三下乡"社会实践活动　7 月 8 日—17 日,华南农业大学农学院大学生志愿者到陆川县沙湖乡开展"三下乡"(文化、科技、卫生下乡)社会实践活动。团县委、华南农业大学农学院联合组成爱心团队 20 人,到沙湖乡开展"三下乡"暑假社会实践活动,主要开展宣传文化知识、推广科技知识、科普卫生知识服务活动,服务群众 6000 人次。

"美丽陆川·和谐家园"服务活动　7 月 20 日,团县委、广西机电职业技术学院联合开展以"美丽陆川·和谐家园"为主题的暑假社会实践活动。活动在米场镇举行,参与实践活动的大学生志愿者 40 人,主要开展家电义务维修、环境保护讲解、卫生文明宣传、清洁乡村等活动,服务群众 1000 人次。

青年志愿者义务植树活动　3 月 12 日,团县委响应"建设美丽、绿色陆川"的号召,组织 100 多名志愿者到县松鹤公园开展义务植树活动,活动以倡议广大群众"提高文明素养、提升护绿意识"为主题,种植桃花树 275 棵。

【希望工程关爱行动】 2013 年 8 月,团区委希望工程办在陆川开展国酒茅台·国之栋梁——2013 年希望工程圆梦行动大型公益活动,为 6 名大学生每人支持助学资金 5000 元。

【关爱留守儿童活动】 2013 年暑假,共青团县委开展暑期关爱留守儿童活动。组织返乡大学生 15 人到平乐镇长旺村开展关爱活动,主要对留守儿童开展课业辅导、爱心陪伴等志愿服务活动,服务留守儿童 50 人。

【"敬老助老、爱心传递"结对帮扶活动】 1 月 31 日,陆川县"敬老助老、爱心传递"结对帮扶活动启动仪式在沙湖乡敬老院举行。团县委组织 10 名青年志愿者参与活动。青年志愿者为老人们打扫卫生和修剪头发,并赠送慰问品。

【"美丽陆川·清洁乡村"卫生监督活动】 10 月 10 日,团县委、县老干局、县住建局联合在县城区开展"美丽陆川·清洁乡村"青年志愿者卫生监督员活动。由退休老干部、住建局干部、企业职工、县职业学校的青年志愿者组成卫生监督员队伍 50 人,分成 5 个

2013 年 8 月 8 日,陆川县大学生志愿者给儿童上环境卫生课

团县委　提供

2013年1月31日，团县委到沙湖养老院开展结对帮扶活动。图为启动仪式

团县委　提供

流动小组，分别对县城区的各个街道进行监督管理，消除公共场所中出现垃圾乱丢、污水横流、车辆乱摆放、广告乱张贴等不文明现象。

【爱心文艺晚会】

"让温暖一起回家"迎春文艺晚会1月30日晚在县市政广场举行，晚会由团县委主办，聚银集团公司协办。晚会以"关爱留守儿童，让温暖一起回家"为主题，演出节目15个。晚会期间并举行"献爱心，送温暖"慰问活动，为15名留守儿童每人赠送棉被1套。

"聚合青春正能量，共圆美丽中国梦"文艺晚会　7月7日晚在县市政广场举行，由团县委主办，小天鹅舞蹈训练基地承办的"聚合青春正能量，共圆美丽中国梦"主题晚会，主要演出《中国梦我的梦》《我的美好生活》《梦语》等节目18个，观看晚会群众1000多人。　　　（李成海）

老年人

【老年人概况】　2013年，全县60岁

以上的老年人12.58万人，占全县总人口的11.62%；比上年增加5482人，增长4.56%。60岁以上老年人口所占比重比上年增加0.36个百分点，其中百岁老人68人。

【老年人文体活动】　2013年，老年大学开设时事政治、保健、书画、诗词、音乐、舞蹈等10专业，在校学员400人。坚持组织开展门球、乒乓球、气排球、地掷球、太极拳剑、麻将、象棋等活动。

残疾人

【残疾人概况】　2013年，全县有残疾人6.60万人，城镇人口残疾人1.28万人，占全县总人口的7.23%。其中，肢体残疾人1.61万人，智力残疾人3652人，视力残疾人1.03万人；听力残疾人1.66万人，语言残疾人774人，精神残疾人4586人，多重残疾人1.40万人。有康复需求的残疾人4万人。

【残疾人康复】

白内障复明　2013年，完成白内

障手术552例，其中南宁同济医院免费实施复明手术175例，其他白内障手术377多例，白内障复明手术工程取得成效。

低视力康复及盲人定向行走训练　2013年，完成低视力康复训练15人、低视力家长培训15人、盲人定向行走训练60人，发放数码播放器、盲杖、盲表、盲人收音机等128件（台）。

残疾儿童抢救性康复训练　2013年，完成聋儿听力语言康复训练6人，聋儿家长训练13人。肢体社区康复训练154名，智力残疾儿童社区康复训练50人，孤独症儿童救助6人，智障儿童救助6人，康复专业技术人员在职培训5人，社区康复协调员培训178人。

精神病防治　为18名特困精神病患者实施免费住院治疗，对80名贫困精神病患者提供免费服药。

【残疾人辅助器具供应】　2013年，县残联对需求轮椅的残疾人和其他需求进行调查，供应残疾人用品用具330件，免费赠送轮椅120辆，配发辅具300件。

【残疾人机动轮椅燃油补贴】　2013年，筛查出符合发放残疾人机动轮椅燃油补贴条件的残疾人43人，每人发放燃油补贴260元。

【贫困残疾学生资助】　2013年，县残联对贫困残疾学生进行资助，发放资助金2.17万元，其中高考残疾考生4人，残疾人子女考生18人。

社会就业

【劳动就业】　2013年，全县城镇新增就业人数5030人，城镇失业人员再就业495人，就业困难人员再就业人数78人，农村劳动力转移就业新增就业

人员 8350 人，核发职业资格证书人数 921 人，发放《就业失业登记证》794 本。有效使用就业专项资金 810.21 万元，其中职业培训补贴 119.38 万元，公益性岗位补贴 422.18 万元，社会保险补贴 268.65 万元。

【"春风行动"招聘会】 2 月 22 日，在县城温汤广场举行"春风行动"企业用工招聘会，进场招聘企业 110 家，提供就业岗位 1.10 万个，进场应聘人员 3.52 万人次，达成用工意向 5600 多人。8 月 17 日，在县人力资源市场举行综合人才招聘会，进场招聘单位 80 家，提供就业岗位 5600 多个，进场应聘人员 2430 多人，签订就业意向书 1500 多份。

【劳务工输出】 2013 年，县人社局主动加强与"珠江三角洲"和"长江三角洲"的劳务协作。全县全年劳务输出约 17.8 万人，劳务纯收入约 21.4 亿元。

【返乡农民工"暖冬行动"】 2013 年春节期间，县人社局充分利用返乡农民工相对集中的有利时机，在全县范围内组织开展服务返乡农民工暖冬行动，出动宣传车 2 辆，巡回乡村宣传 30 多次，发放宣传资料 1.3 万多份，提供就业信息 3800 多条。现场接受就业指导服务 720 多人次，通过社会

2013 年春节期间，陆川县开展服务返乡农民工暖冬大行动

县人社局　提供

保险政策咨询 810 多人次，受理劳动维权 4 人。

（党光梅）

居民生活

【城乡居民收入】 2013 年，全县城镇居民人均可支配收入 21891 元，比上年增长 9.80%；城镇居民人均消费性支出 13632 元，比上年增长 8%。农村居民人均纯收入 8180 元，比上年增长 13.5%；农村居民人均生活费支出 5027 元，比上年增长 7%。

【商品价格变动】 2013 年，陆川县城主要商品价格运行比较平稳，商品价格保持在正常的范围内波动，供求大体平衡。

粮油零售价格　2013 年，博优（903）平均零售价格每 500 克（斤）为 2.60 元，比上年的 2.50 元增长 4.0%；食用花生油（散装）平均零售价格每 500 克为 13.78 元，比上年的 15 元下降 8.1%；全县粮食零售价格微升，粮食供求量相对稳定，对居民生活影响不大。

蔬菜类价格　2013 年，当令鲜菜价格总体稳中略升，季节蔬菜有升有降，其中：大白菜、空心菜、丝瓜价格上升 20% 以上，韭菜、白菜花价格下降 20% 多。主要蔬菜平均售价和升降幅度如下：

大白菜 1.44 元 /500 克，比上年 1.00 元 /500 克上升 44.0%；

生菜 2.39 元 /500 克，比上年 2.50 元 /500 克下降 4.4%；

韭菜 2.49 元 /500 克，比上年 4.00 元 /500 克下降 37.8%；

空心菜 2.50 元 /500 克，比上年 2.00 元 /500 克上升 25.0%；

青瓜 2.44 元 /500 克，比上年 2.50 元 /500 克下降 2.4%；

脉菜 1.92 元 /500 克，比上年 2.30 元 /500 克下降 16.5%；

丝瓜 2.50 元 /500 克，比上年 1.80 元 /500 克上升 38.9%；

萝卜 1.92 元 /500 克，比上年 1.60 元 /500 克上升 20.0%；

豆角 2.76 元 /500 克，比上年 3.00 元 /500 克下降 8.0%；

大葱 4.80 元 /500 克，比上年 5.00 元 /500 克下降 4.0%；

莲藕 3.77 元 /500 克，比上年 3.20 元 /500 克上升 17.8%；

绿豆芽 1.80 元 /500 克，比上年 1.50 元 /500 克上升 20.0%；

白菜花 2.55 元 /500 克，比上年 3.50 元 /500 克下降 27.1%；

上海青 2.34 元 /500 克，比上年 2.80 元 /500 克下降 16.4%；

猪肉价格　2013 年，五花肉年均售价 10.22 元 /500 克，比上年 10.00 元 /500 克上升 2.2%，一刀切猪肉年均售价 11.51 元 /500 克，比上年 13.00 元 /500 克下降 11.5%。

鱼类价格　其中：草鱼 7.00 元 /500 克，罗非鱼 6.00 元 /500 克。

蛋类价格　其中：鸡蛋年均价格为 5.81 元 /500 克，鸭蛋年均价格为 6.50 元 /500 克。

燃气价格　2013 年，14.5 千克瓶装液化气年均价格为 130 元 / 瓶（到户价），比上年年均价格 100 元 / 瓶上涨 30%。

（蓝丽梅）

社会保障

【企业职工基本养老保险】 2013年，全县企业职工基本养老保险参保人3.58万人，其中在职职工2.09万人，退休人员1.49万人。企业职工基本养老保险费征缴收入1.57亿元。养老金社会化发放人数1.48万人，支付基本养老金2.89亿元。社会化发放率100%。人均基本养老金每月为1709.62元。

【城镇职工基本医疗保险】 2013年，全县城镇职工基本医疗保险参保人数为3.42万人，其中参加统账结合在职职工2.18万人，单建住院统筹在职职工962人，统账结合退休1.14万人。全县城镇职工基本医疗保险费征缴收入4607万元。全县城镇职工基本医疗保险累计支出5303万元，其中统账统筹支出3857万元，个人账户支出1441万元，单建统筹支出5万元。城镇职工基本医疗保险滚存结余376.30万元。

【城镇居民基本医疗保险】 2013年，全县城镇居民基本医疗保险参保人数7.55万人，保险费征缴收入2475万元（其中个人缴费293万元，各级财政补助2182万元）。全县城镇居民基本医疗保险累计支出656万元。城镇居民基本医疗保险财政补助由上年的240元／人提高到280元／人。城镇居民基本医疗保险滚存结余120.30万元。

【失业保险】 2013年，全县失业保险参保人数2.06万人，失业保险费征缴收入878万元。全县享受失业金待遇人数906人，支付失业金434万元。失业保险基金滚存结余56万元。

【工伤保险】 2013年，全县参加工伤保险人数为1.86万人，工伤保险费征缴收入308万元。支付工伤保险待遇103人次，支付保险金185万元。工伤保险滚存结余210万元。

【生育保险】 2013年，全县生育保险参保人数2.21万人，生育保险费征缴收入202万元。享受生育保险待遇156人次，支付保险金69万元。生育保险滚存结余75.84万元。（杨霜霜）

【救灾救济】 2013年，做好春荒灾民生活救助，全县需春荒救助的困难群众7.21万人，发放灾民紧急转移安置及临时生活救助资金10万元，下拨大米270吨、棉被1600床、棉衣6000件、保暖内衣6000套、毛巾被5600床、蚊帐5000床。做好汛期抗灾救灾救助，下拨大米150吨、蚊帐2800床、毛巾被2800床、拉舍尔毛毯1500床、春秋服5000套，救济灾民3.21万人。

【五保供养】 2013年1月起，农村五保户分散供养标准由原来的每人每月150元提高到230元，集中供养标准保持原标准每人每月250元不变。年内，新增五保供养对象430人。全县五保供养7511人，发放五保生活补助2338万元。

【城乡居民最低生活保障】 2013年1月1日起，全县城市最低生活保障标准由200元提高到300元，月人均补助水平由165元提高到185元；农村最低生活保障标准由700元提高到1200元，月人均补助水平由50元提高到74元。年内，全县城市最低生活保障4443户7916人，发放低保金1946.30万元；农村最低生活保障3.73万户8.30万人，发放低保金9115.55万元。

【城乡医疗救助】 2013年，全县城市医疗救助143人，发放救助金61.50万元；农村医疗救助1170人，发放救助金350.70万元。 （范永锋）

【残疾人社会保障】 2013年，县残联配合县民政部门做好残疾人符合低保、五保对象的调查，对重度残疾人《残疾人证》进行逐证核对，全县享受城镇最低生活保障的残疾人192人，农村最低生活保障的残疾人1.52万人，占全县残疾人总数的23.29%。残疾人参加医疗保险4.95万人，占残疾人总数的75.10%。残疾人参加社会保险1318人，占残疾人总数的2%。 （陈桂彩）

2013年，陆川县社会保险政策普及宣传。图为8月18日在县城举行的社保宣传活动 县社保局 提供

镇

ZHEN

2013年,陆川县大力实施房前屋后种橘红行动。图为8月30日,县领导代表到橘红基地参观　　　　　　　　　　　　　　　　　　　　　　　　　　　　　　　　　　　罗钊摄

温泉镇

【温泉镇概况】 位于陆川县中部、黎湛铁路、马盘二级公路、浦宝二级公路、九州江过境。行政区域面积123.27平方千米。是县人民政府驻地，辖14个建制村、245个自然村、404个村民小组和6个居委会、53个居民小组。2013年年末，户籍总户数5.65万户，人口15.44万人，人口自然增长率6.79‰，人口出生率12.71‰。耕地面积1971公顷，林地面积5817公顷。小(2)型水库7座。矿产资源有铁、锡、银、磁铁、硫铁、花岗岩石、石英石、大理石、河沙、高岭土、稀土、瓷土等。旅游资源有"温泉浴日"、龙颈瀑布、温泉工人疗养院、九龙温泉度假山庄、东震山、东山库区、西山库区等。

2013年，全镇工业总产值95.55亿元，比上年增长22.37%；农林牧渔总产值3.48亿元，增长3.26%；财政收入1.15亿元，增长13.86%；完成固定资产投资7.80亿元，下降78.68%。

【招商引资项目建设】 2013年，继续发展壮大园区经济，加强工业招商引资及上新项目建设，完成投资超300万元以上的新上和技术改造工业项目11个，吸收投资3.50亿元；完成工业投资7.50亿元，技改投资7.20亿元；规模以上工业产值27.60亿元，工业总收入53.63亿元。

【农业生产】 2013年，全镇粮食播种面积2969公顷；粮食总产量1.80万吨；经济作物播种面积312公顷。继续特色农产品基地建设，重点推进超级稻、苗圃、花卉、葡萄、火笼果、时令蔬菜、鱼种、林下养殖等农产品基地建设，主要农业基地有中兴村、官田村超级稻示范基地，长河村苗圃基

2013年7月5日，温泉镇举行"清洁乡村"活动垃圾清运车发放仪式。图为清洁员已领取垃圾清运车
叶礼林 摄

地、官田村花卉基地、长河村花卉基地、长河村葡萄和火笼果基地、泗里村蔬菜基地、万丈村鱼种场、东山村林下养殖场。改造中低产果园120公顷，绿化植树和新种植果树220公顷。全镇大型养猪场67个，养鸡场4个；生猪出栏8.02万头、存栏6.89万头；家禽出栏131.93万羽、存栏60.14万羽；牛出栏600头、存栏1500头；淡水产品养殖面积251公顷，产量2049吨。

【基础设施建设】 2013年，温泉镇配合县政府抓好城区项目的征地拆迁工作，主要抓好世界客家文化名城、城东教育集中区、锦源物流城、温泉大道改造、松鹤公园、城区九洲江综合治理等20个重点项目建设，完成征用土地面积52公顷。协助县政府抓好城区街道硬化、绿化等基础设施建设，水泥硬化村屯道路23条10.68千米。建成安宁村罗兴田组人畜饮水工程。投资660万元建设垭塘小学、温泉中心校教学楼，投资524万元建设温泉中学、中兴小学、泗里小学的食堂。

【"清洁乡村"活动】 2013年，推进"美丽陆川·清洁乡村"建设，筹资30多万元购置保洁车36辆，新建垃圾池46个，配备垃圾桶1000多个；配备村级保洁员73人；种植花苗5000多株；推进九洲江环境综合治理，加大九洲江生态环境整治宣传，开展污染源排查；聘请专业河道垃圾打捞队清理疏通九洲江河道。集中清运垃圾100多吨，清理沟渠、河道和水塘面积60公顷等。

【社会保障】 2013年，全镇参加城乡养老保险1.29万人；参加新型农村合作医疗保险8.19万人，参合率96.3%；列入农村最低生活保障2951户7084人，发放最低生活保障金940万元；城镇最低生活保障886户1645人，发放最低生活保障金460万元；发放救灾救济大米3.94吨，被、蚊帐1143床，衣物2378件(套)；完成危房改造99户；发放义务教育困难寄宿生补助补贴126.25万元；玉柴"春蕾计划"资助5人、1600元；发放种粮综合补贴336.78万元，良种补贴59.9万元，粮食直补资金21.84万元，家电下乡补贴47.8万元，农机购置补贴77.56万元。

(周全辉)

米 场 镇

【米场镇概况】 位于陆川县北部，黎湛铁路、马盘二级公路、米马河过境。行政区域面积90.11平方千米。镇人民政府驻米场村，距陆川城区10千米，离玉林市城区30千米。辖9个建制村、168个自然村、298个村民小组。2013年年末，户籍总户数1.90万户，人口6.25万人，人口自然增长率6.83‰，人口出生率12.84‰。耕地面积1738公顷，林地面积5310公顷。矿产资源主要有瓷土、锰铁、花岗岩、金矿、河沙等。

2013年，全镇工业总产值14.79亿元，比上年增长8.59%；农林牧渔业总产值2.35亿元，增长3.07%；财政收入3457万元，增长16.40%；完成社会固定资产投资6亿元，下降8.68%。

【农业生产】 2013年，粮食播种面积2581公顷，粮食总产量1.57万吨；经济作物面积656公顷。全镇优质高产水稻播种面积1213.33公顷，产量7800吨。继续推进乐宁村国家级粮食高产示范基地，重点推进乐宁村石板峒自然村水稻高产示范试验区建设，推广高产高效农业，基地面积75.17公顷，年平均亩产1115.7千克，每亩增产139千克。打造均隆花卉品牌，发展壮大均隆养殖、运丰养殖场等养殖。全镇有规模以上养猪场10家、养鸡场11家，生猪出栏2.75万头，存栏4.80万头；家禽出栏5.10万羽，存栏28.50万羽。推进菲牛蛭（金边蚂蟥）养殖示范基地建设。

【基础设施建设】 2013年，投资268.14万元硬化村屯道路26条11.96千米。大坪水库、鸡母冲水库除险加固工程开工建设；完成乐宁村三面光水渠、旺同村三面光水渠建设；对旺同村二十三队河床进行修复；米马河河道整治已完成东岸征地。平塘村上王岭饮水工程建成投入使用。建成平塘村五保新村，新建平塘村幼儿园、平塘小学食堂。

【社会保障】 2013年，全镇参加新型农村合作医疗5.73万人，参合率99.71%，累计报销住院补偿1410.50万元；发放救灾救济大米25130千克，棉被、蚊帐608床（套），棉衣963件，发放因灾困难临时补助3630元；城乡大病救助41万元。对8户因灾房屋全倒户给予倒房重建补助8.80万元。

（杨添静）

2013年7月17日，米场镇举行南中村坡脚路口至岭脚底道路硬化开工仪式
米场镇政府　提供

沙 湖 镇

【沙湖镇概况】 位于陆川县西北部，浦宝二级路过境，行政区域面积71.35平方千米。镇政府驻沙湖街，距陆川县城12千米。2013年10月撤乡改镇。辖5个建制村、131个自然村、140个村民小组。2013年年末，户籍总户数8767户，人口3.04万，人口自然增长率7.56‰，人口出生率13.56‰。耕地面积1129公顷，林地面积4883公顷。

2013年，全镇工业总产值3.19亿元，比上年增长23.17%；农林牧渔总产值1.62亿元，增长9.46%；财政收入480万元，增长11.11%；社会固定资产投资1.70亿元，增长91.01%。第四季度沙湖镇平安满意度在玉林市排第2名，获陆川县平安乡镇一等奖。

【农业生产】 2013年，粮食种植面积1344公顷，粮食总产量7972吨；经济作物种植面积174公顷。抓好特色农产品基地建设，其中官山村种植香蕉、柑橘、砂糖橘、西瓜和山茶油共42公顷，新街村种植西瓜12公顷，永安村种植八角、甘蔗25公顷；长沙村砂糖橘种植初成规模，其中青湾尾砂糖橘连片种植13公顷。永旺村新增广西顺康农业有限公司规模养殖场1个。全镇有规模养猪场10个，养鸡场8个，年末出栏生猪8.70万头，存栏6.60万头；家禽出栏13万羽，存栏11万羽。

【项目建设】 2013年，引进投资1600万元的广西穗宝有机肥有限公司。广西金帆蓄电池有限公司技改二期项目完成征地9.29公顷，建成磨粉车间；九洲江上游产业转移园征地2.67公顷，首期已完成征地30公顷。长田峒农贸市场开发征地2.14公顷，土地平整工作正在推进。11月，广西顺康农

2013 年 10 月 26 日,沙湖镇产业转移园施工现场　　　沙湖镇政府　提供

业发展有限公司完成用地规划、用地审批和环境测评工作,已动工建设猪舍;继续推进沙湖嶂旅游项目建设。

【基础设施建设】 2013 年,投资 191 万元硬化村屯道路 11 条 8.48 千米。农村危房改造 75 户,发放补助资金 136 万元,年底已全部竣工通过验收。完成新街村陆子塘新农村建设。新建沼气池 60 座;建成永旺小学、新街村岭头塘、新街村茂岭等饮水工程 3 处;投资 377 万元对铁屎坑水库和必塘水库大坝进行除险加固;推进长沙河小流域水土保持综合整治,修建堤坝 11 座,灌渠沟渠 3.41 千米,维修道路 1.12 千米,综合治理水土流失面积 526.89 公顷。投资 420 万元,建成永旺幼儿园、中心幼儿园,长沙幼儿园正在建设。

【村级农民活动中心建设】 2013 年,在长沙、永旺、永安等 3 个村建设村级农民活动中心,建成村级灯光球场和长沙村舞台。

【"美丽沙湖·清洁乡村"活动】 203 年,开展"美丽沙湖·清洁乡村"活动,建立村规民约 7 个,成立卫生协会 14 个,协会会员 205 人。投资 25.4 万元,配置垃圾清运车 23 辆、垃圾桶 353 个,建设垃圾池 25 个,配备村保洁员 22 名;建立"门前三包"责任制 175 户,

落实"单位包片" 17 处,拆除乱搭乱建 52 处;清洁水源、清理污染源 7 处,清理河道水域 12 处 1.1 千米。

【社会保障】 2013 年,全镇参加城乡居民养老保险 4425 人;参加新型农村合作医疗 2.75 万人,参合率 95%;列入农村最低生活保障 1263 户 3330 人,发放最低生活保障金 413.27 万元;城镇最低生活保障 52 户 82 人,发放最低生活保障金 16.47 万元;五保户 298 人,发放五保生活补助 17.06 万元。发放救灾救济大米 15.66 吨,救灾款 900 元,救灾物资 994 件套。支付新型农村合作医疗补偿金 842.30 万元。发放农业综合补贴资金 136.62 万元,良种补贴资金 24.62 万元,粮食直补资金 4.80 万元;库区补贴 7.04 万元。

（黄宗文）

马坡镇

【马坡镇概况】 位于陆川县北部,黎湛铁路、铁山港铁路、马盘二级公路、玉铁高速公路过境。行政区域面积 145.20 平方千米。镇人民政府驻马坡街镇南路 1 号,距陆川县城 20 千

米,距玉林市城区 17 千米,辖 13 个建制村、1 个街道社区,474 个村民小组。2013 年年末,户籍总户数 2.88 万户,人口 10.56 万人,人口自然增长率 6.87‰,人口出生率 12.82‰。耕地面积 4796 公顷,林地面积 4809 公顷。经济林种植面积 1050 公顷。矿产资源有霏细斑岩矿、锑矿、铁、硫、瓷土、花岗岩、河沙、矿泉水等。

2013 年,全镇工业总产值 18.89 亿元,比上年增长 32.65%;农林牧渔总产值 5.21 亿元,增长 0.04%;财政收入 4278 万元,增长 23.82%;全社会固定资产投资 4.80 亿元,下降 53.17%;规模以上企业总产值 9.30 亿元;增长 23.64%。

【农业生产】 2013 年,粮食播种面积 5030 公顷,粮食总产量 3.23 万吨;经济作物种植面积 1286 公顷。推广优质谷超级水稻种植面积 3573.33 公顷,农作物良种覆盖率 98% 以上。特色农产品基地有糯玉米、大白菜、糖蔗、马铃薯、时令蔬菜等基地,新开发雄英村辣椒种植基地。糖蔗种植面积 853.33 公顷,总产值 3800 万元。全镇畜禽养殖场 132 个,养殖专业户 531 户,其中养猪专业户 360 户,养鸡专业户 165 户,养鸭专业户 6 户,养牛专业户 1 户。全镇年出栏生猪 11.37 万头,生猪存栏 8.75 万头;家禽出栏 210 万羽,存栏 186 万羽。水产养殖面积 38.78 公顷,畜禽水产品总生值 5.22 亿元。东西村村内有养牛场 1 个,由玉林牛大叔食品有限公司投资,年出栏菜牛 200 头。

【雄英村辣椒种植基地】 2013 年 4 月,陆川县绿禾农业科技有限责任公司注册成立,位于马坡镇雄英村,基地一期工程种植辣椒 40 公顷,投入建设资金 500 多万元,为县内目前最大的辣椒种植基地。辣椒种植品种为"金焰"指天椒,由湖南省隆平高科技集团引进。8 月,首批辣椒进入成熟期,每天出动摘辣椒农民工 100 多人,日均摘辣椒 4000 千克,年内产辣椒 120 万千克,市场收购价每千克 4

元。辣椒主要销往湖南、福建、四川、重庆、广东、贵州等地。

【招商引资项目建设】 2013年，全镇招商引资引进项目5个：陆川县青山医院，位于大金业旧址，年内已建成投入使用，完成投资1000万元；马坡健正幸福超市，位于马坡街，完成投资1000万元，年产值4000万元；陆川县金兴红砖厂，位于东西村，完成投资2000万元，年产值5000万元；陆川县榕锦建材有限公司，位于东西村，完成投资2200万元，年产值5000万元；广西闽桂建材有限公司，位于马坡村杉山，完成投资2000万元，年产值5000万元。

【道路基础设施建设】 玉铁高速公路、玉铁铁路途经马坡镇。4月，玉铁高速公路建成通车，马坡镇至玉林市高速公路引线建成投入使用，至此从马坡镇到玉林市城区约15分钟车程，5分钟可上高速；完成玉铁铁路马坡路段的征地拆迁及主线铺轨工作。推进村屯道路建设。利用县财政"一事一议"奖补资金，硬化村屯道路37条19.31千米，总投资424.74万元。

【旧村改造项目建设】 2013年，马坡镇城镇建设主要推进旧村改造，在马盘二级公路马坡村饭匙塘建设永顺商贸城，由广西永顺房地产开发有限公司承建，总投资1.60亿元，占地面积2.73万平方米，建筑面积6.80万平方米，其中商铺162间，商品住宅13幢324套房。年内第一期商品住宅房基本完工，完成投资1.07亿元。

【马坡自来水厂建设】 2013年，马坡镇推进第一个自来水厂建设，由广西华行建工责任有限公司承建，总投资650万元。自来水厂位于马坡供销社大院内，占地面积680平方米。年内，已完成基础实施、主管网管道建设，进入铺设水管网阶段。

【新农村示范点建设】 2013年，马坡镇继续推进马坡村大桥头新农村示范点建设(2015年动工建设)，已建成戏台、休闲广场、篮球场、农家书屋、文化娱乐活动室，完成投资120万元。11月，新山村马坡塘、硃砂村车田2个新农村示范点开工建设，主要进行戏台、休闲广场、篮球场、农家书屋、文化娱乐活动室等方面建设。

【村级公共服务中心建设】 2013年，推进硃砂、界垌、新山3个村村级公共服务中心建设，分别建设200平方米以上综合楼1幢，并建设舞台、篮球场各1个，组建文艺队、篮球队各1支。

【农民体育健身活动中心建设】 2013年8月，马坡镇农民体育健身活动中心建成投入使用，为县内首个农民体育健身活动中心。中心位于马坡镇镇中路马坡广场内，有舞台、篮球场、看台、健身器材一批，极大方便群众开展健身娱乐运动。

【雄英村龚家山庄百米书法长廊建设】 2013年，雄英村推进农村文化设施建设，在龚家山庄建设书法长廊，主要由龚家山庄的个体老板投资建设。书法长廊长100米，宽3米，计划悬挂书法作品100幅，总投资30万元。书法作品主要是广西、全国书法名家的手笔，字体各异，风格多样，均用木板雕刻而成的，古色古香，具有较高的欣赏价值和收藏价值。年内，完成百米书法长廊框架建设，悬挂书法作品30多幅，是县内唯一的乡村木板雕刻书法长廊。

【硃砂村丽江景区建设】 2013年，马坡镇依托便利交通及丽江流域地理条件，推进硃砂村丽江景区建设，发展轴形成一个集水利灌溉、高新农业示范区、休闲娱乐为一体的农家乐景区，景区规划占地67公顷。其中，水利灌溉项目新建自动门5扇、水车2座，每座提水能力为0.01立方米/秒，新建水轮泵2台，新建电站1座，装机容量1200千瓦，新建交通桥1座，铺设安装农业灌溉输水管道1000米，建设硃砂村灌片三面光渠道3.5千米。结合水利建设，开发水上旅游和农家乐项目。依托丰富的水利资源，在高新农业示范区内规划建设高新现代特色农业、水产养殖、蔬菜加工厂等3个功能区。其中，现代高新特色农业区设台湾火龙果、大青枣区域、珍珠番石榴区域、草莓区域等四季特色水果种植区域及野菜为主蔬菜种植区域等；现代水产养殖在示范区内建设特色水产养殖场，主要养殖特色经济鱼类，供观赏和垂钓；建立现代蔬菜加工厂，对示范区内种植的蔬菜及周边农户种植的蔬菜进行收购、加工、销

2013年11月，马坡镇硃砂车田新农村建设示范点一角 马坡镇政府 提供

售。1月,开始建设景区水利灌溉工程,分两期建设,工程总投资600万元;至年底,已完成水车、水坝、闸门及交通桥等项目建设,完成投资360多万元。

【民生项目建设】 2013年,投资100万元进行水利水毁工程建设,完成马坡村大垌、硃砂村车田、新山村上新山等3个小型农田水利设施项目建设,靖西村新建抽水泵站1个,解决靖西村67公顷旱季农田灌溉的问题。

在新建靖西村三叉塘自然村屯抽水泵站1个;12月28日,大良村良甫塘水库、靖西村荔枝塘水库除险加固工程开工建设。投资140万元,在马坡村等7个村(马坡村大桥头、边村,东西村樟木塘,清秀村荔枝塘、六学,硃砂村车田,大良村良甫大塘,雄英村新屋,新山村油麻坡)新建自来水人饮工程10个。解决5000余人的饮水安全和困难问题。马坡村新建沼气池10座。建设农村无害化卫生厕所100座。农村危房改造112户。

【扶贫开发整村推进贫困村建设】 2013年,马坡镇推进清秀、六平、雄英、靖西等4个贫困村扶贫开发整村推进建设,4个村有贫困户1150户、人口4758人;低保户1332户、2190人;五保227、239人。年内,投资63.76万元,整村推进4个村危房改造及公路、水利等基础设施改造建设。

【"美丽马坡·清洁乡村"活动】 2013年,开展"美丽马坡·清洁乡村"活动,马坡镇垃圾中转站建成投入使用。投资15万元,配备环卫清洁工50人,垃圾清运三轮车45辆,垃圾运输车3辆,在圩镇及马盘二级公路沿线设置垃圾池、垃圾箱15个,13个村建垃圾池41个。界垌村列为玉林市"清洁乡村"活动重点村,建成马坡村大桥头、大良木格塘、界垌川江坡等镇级村屯示范点。示范村屯成立清洁乡村理事会,召开户主座谈会,建立健全环卫规章制度,落实长效机制、保洁人员和环卫设施,加强农村环境建设。

【社会保障】 2013年,全镇参加城乡养老保险1.42万人,城镇医疗保险2500人;参加新型农村合作医疗8.79万人,参合率99.08%;列入农村最低生活保障5243户9806人,发放最低生活保障金1.01亿元;城镇最低生活保障116户167人,发放最低生活保障金37.33万元。救灾救济发放大米55.28吨,被、毛毯1158床,蚊帐250床,衣服2669件(套),防水篷布500米,救济金1000元,城乡大病救助117户。支付新型农村合作医疗补偿金2000多万元。

2013年5月31日,玉林市政协为马坡镇捐赠垃圾清运车 马坡镇政府 提供

发放粮食直补资金48万元,良种补贴100.51万元,农资综合补贴564.7万元,农机购置补贴58.23万元。

(吕广成)

平乐镇

【平乐镇概况】 位于陆川县东北部,行政区域面积70.99平方千米。镇政府距县城32千米。辖7个建制村、102个自然村、226个村民小组。2013年年末,户籍总人口1.63万户,人口5.71万人,人口自然增长率7.23‰,人口出生率13.25‰。耕地面积1546公顷。有小型水库6座。景点有东成湖。主要矿产资源有高岭土、硫铁矿、石灰石等,其中石灰石储量居县前列。特色饮食有平乐狗肉、平乐肉丸。

2013年,全镇工业总产值1.51亿元,比上年下降9.04%;农林牧渔业总产值2.43亿元,增长17.39%;财政收入458万元,增长29.01%;固定资产投资1.80亿元,下降13.04%。

【农业生产】 2013年,平乐镇以马盘百里绿色生态农业经济示范长廊建设为契机,抓好粮食生产,全镇种植面积2415公顷,粮食总产量1.51万吨。其中,种植"超级稻"506.67公顷,种植优质谷546.67公顷。经济作物种植面积200公顷。推进养殖业发展,生猪出栏3.20万头,家禽出栏53万羽。抓好特色农业发展,长旺村连片种植油菜花67公顷,种植橘红1700多株。

【项目建设】 2016年,平乐镇新上观音塘开发区、平乐贵喜红砖厂建设项目2家,项目计划总投资7500万元,年内已到位资金5000万元。推进农业综合开发项目建设,在平乐、六凤、新兴、长旺等4村万亩农业综合开发项目,投资1200多万元,修建水稻水渠灌溉工程。

【基础设施建设】 2013 年，投资 275.2 万元建设桥头村路牛和六崩 175 户库区移民新村。筹资 144.49 万元硬化村屯道路 12 条 6.83 千米。经济能人谭陆投资 10 万元建设阶砖村庄道路 800 米。投资 2843 万元推进东成农村饮水安全集中供水工程建设，年内已完成征地补偿工作，管道安装补偿工作正在建设中。长旺村八岭水库除险加固工程开工建设。建设平乐村村级公共服务中心。

【农村生态旅游区建设】 2013 年，长旺村推进农村生态旅游区建设。筹资 60 万元建设马山生态公园，占地 6.67 公顷。长旺村马山、八岭两屯等 8 个村民小组安装路灯 70 多盏，新建农村舞台 2 个。

【社会保障】 2013 年，全镇参加新型农村合作医疗保险 5.40 万人，参合率 95%，报销新农合医药费 886.48 万元；纳入城镇最低生活保障 34 人，发放保障金 35.77 万元；农村最低生活保障 1847 户 4334 人，发放保障金 39.01 万元；为 12 户倒损房屋五保户重建房屋 24 间，发放五保户生活补助 102.95 万元；发放救济大米 21.75 吨，棉被、蚊帐 683 床，衣服 988 套；农村大病医疗救助 80 多人次；发放

2013 年 10 月 15 日，平乐镇长旺村石灰窑工人在铺设阶砖村道
平乐镇政府　提供

东成水库库区移民和水淹田不搬迁农户后期扶持资金 62.58 万元；发放农业综合直补资金 154.84 万元；水稻良种补贴、粮食直直补资金 52.18 万元。

【"美丽平乐·清洁乡村"活动】 开展"美丽平乐·清洁乡村"活动，推进平乐镇清洁乡村"12345"（一金二建三清四员五制）工程。筹集资金 20 多万元，新建垃圾池 20 多座，购置垃圾桶 740 个，添置保洁车 12 辆。组建宣传员、收费员、保洁员、监督员"四员"队伍 85 人，建立长旺村上八岭清洁乡村示范点，村民年缴交清洁乡村

基金 1.10 万元。实行每 3 天收集搬运一次垃圾，率先推行清洁乡村长效机制。长旺村上八岭片为县清洁乡村示范点，上八岭清洁乡村事迹先后被广西电视台、玉林电视台、广西日报、玉林日报跟踪报道。　（刘夏青）

珊 罗 镇

【珊罗镇概况】 位于陆川县最北部，行政区域面积 53.49 平方千米。镇政府驻珊罗街，距陆川县城 31 千米，距玉林市城区中心 15 千米。辖 7 个建制村、118 个自然村、228 个村民小组。2013 年年末，户籍总户数 1.72 万户，人口 6.07 万人，人口自然增长率 6.31‰，人口出生率 12.46‰。耕地面积 2049 公顷。陆川县北部工业集中区驻境内。特色产品有珊罗米酒、韭菜。

2013 年，全镇工业总产值 75.46 亿元，比上年增长 11.76%，其中规模以上工业总产值 3.60 亿元；农林牧渔总产值 3.52 亿元，增长 13.55%；财税收入 1.38 亿元，增长 33.98%；社会固定资产投资 4.30 亿元，下降 86.15%。

2013 年 3 月，平乐镇长旺村马山屯和上八岭新貌　平乐镇政府　提供

珊罗特产——珊罗米酒

珊罗米酒选用当地的上等稻米,汲取龙珠湖北岸酒壶山下洞中泉水,采取煮饭、摊凉、发酵、蒸馏等工序酿制,酿制成的米酒装置大陶坛(瓮)中,埋半截在石山岩洞内的土层里进行发酵。经在洞中陈化后酿成的珊罗米酒,口感香醇、柔和。

【工业园区建设】 2013年,珊罗镇推进县北工业园区建设,主要抓好园区征地及项目进驻工作。年内,玉柴重工配套产业园项目征地100公顷;恒伟机械项目已进行厂房建设,百坚、川迪、科创、鸿如林、诚友、善源项目已建设围墙,新晖、泰华、永大、三源、恒越平整土地过半,祥来福不锈钢制品项目已办理土地平整手续。华润水泥皮带廊项目实现全线贯通,出厂物流工程道路完成硬化。签约企业落户建设有新进展,宝康源健康产业园项目已进行厂房建设。朱砂第二加油站项目、玉铁铁路陆川段扩能项目等在建。

【农业生产】 2013年,珊罗镇粮食种植面积3334公顷,粮食总产量2.44万吨。加快农业产业结构调整,着力培养新型农业,全镇农业经济发展势头良好。农村经济总收入2.92亿元。以自治区农科院在珊罗村实施超级水稻种植示范片为点,推广高产优良品种和测土配方施肥技术,超级水稻播种面积1633公顷,占水田总面积的49.2%。经济作物种植面积251公顷。糖蔗种植面积80公顷,入榨5000多吨。珊罗韭菜协会开展生产、销售一条龙服务,特色韭菜种植面积70公顷。田龙村新建辣椒种植基地。全镇秋冬季种植油菜212.33公顷。在六燕、四乐村发放名贵树种5000株。全镇有规模肉猪养殖场25家,存栏母猪9500头、存栏肉猪5万头;规模肉鸡场15个,存栏肉鸡4万羽、鸭1.50万羽。

【基础设施建设】 2013年,实施大山、长纳2个村级公共服务设施项目建设。投资70万元对大山村委会会议室、公共服务中心进行改造维修,改造面积410平方米,新建群众娱乐舞台和篮球场。对长纳村委会进行全面改造,新建文体中心、舞台、休闲书屋、莲花池等,新建幼儿园1所。规划新建集镇综合农贸市场,占地面积4公顷,计划投资7000多万元,年内已完成项目选址、土地测量等前期工作。投资128.63万元硬化村屯道路15条、长7.21千米,受益人口1.71万人。玉林市城区民主南路延长线珊罗段一级路实现全线通车。推进北流塘岸至新桥二级路珊罗段约7.6千米项目建设,已完成征地8.45公顷,一期工程基本完成填土。投资45万元对东城水库南渠大山村段渠道三面光修复1千米;投资18万元新建鹤山村10队人畜饮水工程。全镇新建农村沼气池85座,农村改厕100座。

【"美丽乡村"建设】 2013年,开展"美丽陆川·清洁乡村"活动,投资16.90万元,新建垃圾池16个,配备垃圾车2辆、大型垃圾箱14个、助力垃圾车46辆、垃圾桶500个,建立村级示范点5个,聘请村级保洁员36人。开展绿化家园活动,在龙珠路、通村主干道、新农村示范点种植三角梅6000株、杜鹃1500株。

【社会保障】 2013年,全镇有五保户483户,纳入农村最低生活保障户1720户、5030人,城镇最低生活保障户16户、43人。参加新型农村合作医疗5.50万人,参合率95.2%;发放大病医疗救助补偿69.11万元,住院补偿金1394.85万元。发放大米37.95吨、棉被154床、衣服982件。参加农村社会养老保险7720人。危房改造65户。实施水库贫困移民新村项目建设5个,大山村送鸡苗入农户1.40万羽。

(李依莉　黎振武)

沙坡镇

【沙坡镇概况】 位于陆川县城东部,浦宝二级公路过境。行政区域面积154.80平方千米。镇政府驻地沙坡街,距县城16千米。辖13个建制村、307个自然村、397个村民小组。2013年年末,户籍总户数2.21万户,人口8.11万,人口自然增长率为6.68‰,人口出生率12.67‰。耕地面积2092公顷,林地面积1.04万公顷。小型水库7座,旅游景点有谢仙嶂。

2013年,全镇工业总产值4.09亿元,比上年下降21.34%;农林牧渔总产值2.88亿元,增长3.23%;财政收入604万元,增长21.29%;固定资产投资2.30亿元,下降27.22%。

【农业生产】 2013年,全镇粮食种植面积3242公顷,粮食总产量1.99万吨。经济作物种植面积611公顷。杂交稻种植约占水稻种植面积的90%;玉米种植面积56公顷,产量273吨;豆类种植面积33.33公顷,产量75吨;薯类种植面积202公顷,产量534吨。水果新种植面积36.67公顷,橘红种植23.33公顷,油茶6.67公顷,造林面积233.33公顷。

全镇有大型养猪场18个,中型猪场44个,小型养猪场160个。年出栏生猪8.5万头,生猪存栏5.2万头,生猪出栏5.28万头;养鸡场14个,养鸭场3个,家禽存栏31万羽,家禽出栏105万羽;水产养殖面积70公顷,水产品产量70吨。

【招商引资项目建设】 2013年,新引进项目5个,其中投资500万元以上的企业3个。年内,广西广海矿业有限公司、陆川景林木材加工厂等项目开工建设,沙坡万惠日用超市建成开业。全镇企业127家。

【基础设施建设】 2013年,投资477.03万元建设饮水工程6处。投资35万元沙坡村、大连村改厕291个。修建榕江河整治防洪河堤600多米。沙坡镇初级中学洪海大桥建成并投入使用。投资484.75元硬化道路33条21.72千米。1月下灯照水库、杉木坑水库除险加固工程开工建设。修建仙山村径口至高垌三面光水渠800米;龙湾村修建架简垌桥、横山镇横山桥、水莲塘队桥梁3座;修建北安村大冲片、仙山村力垌及也鸭圲、铜鼓坑、六潘村六旺、龙湾村李垌片、白马村红山片等地人饮工程。北安小学那四分校新校园建成投入使用,北安村、六高村幼儿园在建。仙山村村幼儿园、高庆村幼儿园建成投入使用。北安村尹屋队、横山村建设村级篮球场2个,横山村舞台正在建设中。龙湾村校教师周转房交付使用。完成六潘村五保新村主体工程建设。完成仙山村委会办公楼翻修工程的立面装修、瓷砖铺设、门窗安装等。龙湾村村级文化服务中心动工建设,已完成办公大楼装修、村级文体服务室主体工程建设,篮球场、围墙在建。7月15日,县清洁乡村、村屯公路硬化工作现场会在沙坡召开,推广沙坡经验。

【新农村示范点建设】 2013年,重点推进沙坡村茶子山庄、高庆村高坡村点、仙山村力垌一队力山新村、元村等新农村示范点建设。其中茶子山庄第三期工程已完成戏台、球场、农家书屋、垃圾池等配套设施建设,种植风景树300株;10月茶子山庄风貌改造工程动工建设。仙山村元村新农村建设,已完成主体工程建设2层,建设套房68套;完成体育场地、戏台、农家书屋、垃圾池等配套设施建设。高庆村高坡片新农村项目动工建设,已完成门前鱼塘及篮球场的建设。

【旅游项目建设】 2013年,谢仙嶂民俗文化旅游景区建设项目列入自治区层面推进重大旅游项目,规划建设为集教育、美食、娱乐、宗教于一体的休闲避暑胜地。年内正在开展第一期项目建设测量、征地工作。革命八烈士墓修缮重点加强纪念碑、路径等设施修建及周边绿化环境建设等,年内完成道路清苗补偿及临时借用道路协议签订工作,10月八烈士墓修缮工作动工建设,已平整地基。

【"清洁乡村"活动】 2013年,开展"清洁乡村,美丽沙坡"活动,建立村级环卫保洁队伍,配备村级环卫工人32人;加强环卫设施建设,新建垃圾池31个,添置垃圾清运车11辆、固定垃圾箱8个、垃圾桶80个。加强环境卫生宣传,张贴活动宣传画230张,悬挂横幅标语52条,发放宣传资料2.50万份。加强圩镇整治,实行"门前三包"制度,清理摊位的占道经营和乱摆摊点60多个,拆除遮阳棚65处,对集镇车辆进行专项管理。开展清洁乡村整治活动,开展集中环境整治130次,清理垃圾1460余吨。推进九洲江流域沙坡段环境综合整治,清理河道垃圾100多吨,拆除九洲江流域不合排污标准的养猪场5家、小炼油厂6家、小塑料厂8家。

【社会保障】 2013年,参加新农村合作医疗保险7.58万人,参与率98.5%;农村最低生活保障2131户6908人,发放最低生活保障金696万元;城镇最低生活保障71户93人,发放最低生活保障金24.55万元。五保户716人,发放五保生活补助197.62万元。加强防灾抗灾工作,全镇倒塌房屋93户156间,获保险赔偿71户,赔偿金额22.64万元;为灾民和特困户发放大米90.85吨,救济2136户3669人次;发放棉衣、保暖内衣、夹克、T恤等2044件(套),发放棉被、毛巾被、毛毯968床(套),蚊帐30床。发放农业综合补贴资金342.76万元,良种补贴资金60.9万元,粮食直补资金2.44万元。农机购机补贴47.29万元,家电下乡补贴6.68万元,汽车、摩托车下乡补贴2.37万元。

(龙适才)

大桥镇

【大桥镇概况】 位于陆川县南部,黎湛铁路,马盘二级公路,九州江过境。行政区域面积89.01平方千米。镇政府距县城10千米。辖11个建制村、235个自然村、306个村民小组。2013年年末,户籍总户数1.79万户,总人口5.90万人。人口自然增长率7.35‰,人口出生率13.31‰。耕地面积2119公顷,林地面积4002公顷。中小型水库3座。矿产资源主要有石英石、花岗岩、铁矿等,主要分布在瓜头村、陆透村、大塘村等3个村。为陆川猪主产地,陆川县生猪调出大镇,陆透村为广西陆川猪村。特色饮食有平山鸭肉。

2013年,全镇工业总产值14.36亿元,比上年增长9%;农林牧渔总产值4.01亿元,增长3.89%;财政收入790万元,下降16.93%;完成固定资产投资2.10亿元,增长5.00%。大桥镇获玉林市平安建设工作先进乡镇。

【农业生产】 2013年,全镇粮食播种面积3557公顷;粮食总产量2.07万吨;经济作物种植面积524公顷。年内,继续推进农业产业化发展,加快发展畜牧业、花卉苗木、特色水果、水产养殖业,扩大三善村果蔗、雅松村辣椒、唐侯村凤梨种植面积,推进三善村火龙果基地建设,全镇种植果蔗206.67公顷、辣椒15.33公顷,唐侯村种植凤梨18.33公顷;4月,投资20万元在三善村建设火龙果基地面积3.33公顷,种植火龙果6000多株。全镇规模养猪场80多个,其中大型养猪场35个,年出栏生猪23万头。

【基础设施建设】 2013年,投资300多万元硬化村屯道路23条21千米;投资100多万元扩建大桥村中间村屯、美坡村米冲肚村屯及大垌村大垌

2013 年 12 月,大桥镇三善村火龙果基地　　　　大桥镇政府　提供

村屯、瓦岭村屯等饮水工程 4 处,解决 5000 多名群众饮水难问题。投资 227.5 万元危房改造 96 户。投资 400 多万元实施九洲江大桥段防洪堤坝建设。5—6 月,大山塘水库除险加固工程、周塘水库除险加固工程开工建设。

【"美丽大桥·清洁乡村"活动】 2013 年,投资 20 多万元购置保洁车 19 辆、新建垃圾池 25 个;配备村级保洁员 44 人。推进九洲江环境综合治理,聘请专业河道垃圾打捞队清理疏通九洲江河道 8.5 千米,清理九洲江河道陈年垃圾 9.5 吨,处理转运村民生活和建筑垃圾 20 多吨;对 40 多家企业、养猪场进行整改,其中关闭污染严重企业 3 家、关闭直排九洲江污染养殖场 5 家。平山村鹅公塘屯被列为玉林市生态乡村示范建设村屯。

【社会保障】 2013 年,全镇参加城乡养老保险 8002 人;农村最低生活保障 1690 户 5597 人,发放最低生活保障金 561.46 万元;城镇最低生活保障 61 户 104 人,发放最低生活保障金 37.22 万元。参加新型农村合作医疗保险 5.45 万人,参合率 96%。危房改造 50 户,投入资金 227.5 万元。发放粮食直补资金 21.6 万元、良种补贴 53.4775 万元、农资综合补贴 361.09

万元、农机购置补贴 46.06 万元。

【社会治安综合治理】 2013 年,开展"平安大桥"建设,加强矛盾纠纷排查,组织镇村干部开展"四头"(即走进田头、走进村头、走进屋头、走进山头)服务转作风活动,排查化解群众矛盾纠纷 198 件,化解 1194 件,化解率 98%。加大"天网"工程建设,把零散的视频监控整合联网到派出所,加大网上巡逻。8 月 2 日,玉林市深化平安建设会议在陆川召开,大桥镇列为平安建设参观示范乡镇。(庞云丽)

横 山 镇

【横山镇概况】 位于陆川县西南部,行政区域面积 91.47 平方千米。镇政府距离县城区 20 千米。2013 年 10 月撤乡改镇。辖 11 个建制村、155 个自然村、286 个村民小组。2013 年年末,户籍总户数 1.48 万户,人口 5.06 万人,人口自然增长率 7.68‰,人口出生率 12.56‰。耕地面积 1879 公顷,林地面积 4984 公顷。矿产资源有铅锌矿、铁矿、花岗岩等。小型水库 4 座。

特色产品有旱塘村黄榄。

2013 年,全镇工业总产值 3924.10 万元,比上年下降 79.28%;农林牧渔业总产值 2.84 亿元,增长 1.79%;财政收入 304 万元,增长 37.56%;全社会固定资产投资 1.30 亿元,增长 51.16%。年内,横山镇获玉林市 2012 年科技进步奖。

【农业生产】 2013 年,全镇粮食种植面积 2909 公顷,粮食总产量 1.78 万吨;经济作物种植面积 279 公顷。良塘村、陆洪村淮山种植基地种植面积 42 公顷,年产量 1200 吨。石塘村、旺坡村八角生产基地面积 28 公顷,年产量 80 吨。旺坡村山川农民专业合作社以土地流转入股方式,种无公害蔬菜 32 公顷,杂交水稻制种 40 公顷;良塘村新种植油茶树 10 公顷。

年内,新增规模养猪场 2 个、规模肉牛养殖场 1 个。稔坡村国发猪场建成环保型机械化大型养猪场,年出栏猪 1.50 万头。全镇年生猪出栏 3.50 万头,存栏 2.50 万头;牛出栏 200 头,存栏 658 头。家禽出栏 6.5 万羽,存栏 3.80 万羽。继续扶持蛇、鳖鱼等特色养殖,蛇养殖户 2 户,鳖鱼养殖户 1 户。

【项目建设】 2013 年,横山镇推进经济建设项目 5 个:推进四和村南麓山庄新农村建设,列为县"百里生态长廊"建设项目,计划投资 2000 多万元,主要建设立体生态农业园,养殖蛇和鳖鱼,发展休闲观光农业,年内已投资 42 万元硬化从村委会到山庄公路 4 千米,公路沿线种植花木;投资 120 多万元,利用稔坡村独特的地理优势建设农家庄园。投资 1000 多万元,推进农贸市场建设,已完成征地工作;11 月,投资 8000 多万元的铅锌矿正式投产;投资 800 多万元,推进污水处理厂建设,已硬化道路 500 米。

【基础设施建设】 2013 年,硬化横山街道路面,加强镇农贸市场建设,征地面积 5.67 公顷。投资 273.68 万元硬化村屯道路 17 条 13.90 千米。推进村级公路亮化工程建设,在横山街至稳坡肚村级公路沿线装太阳能路灯50多盏。修建清平村社面桥自然村屯桥1座。推进水利工程建设,完成同心村、稳坡村水利灌溉工程、龙潭水库等水库除险加固工程建设,新增有效灌溉面积333公顷;新建农村安全饮水工程2处。四和村建成村级篮球场及舞台,同心村建成集图书阅览室等一体多功能农民活动中心。

【"美丽横山·清洁乡村"活动】 2013年,投资13.6万元,新建垃圾池25个,配置环卫清洁三轮车12辆,垃圾清运车3辆。开展集中整治大行动6次,清除各种垃圾30多吨,疏通排污沟、渠道2.80千米;加强九洲江横山段水源区整治,拆除九洲江水源区500米内养猪场、养鸡场15家,500米至2000米内的养殖场全部整改搬迁。

【社会保障】 2013年,全镇参加城乡养老保险387人;参加新型农村合作医疗4.60万人,参合率97.6%;列入农村最低生活保障2786户4762人,发放最低生活保障金568万元;城镇最低生活保障21户84人,发放最低生活保障金39.5万元。发放五保生活补助68.96万元。发放临时救济粮25.26吨、救灾款9839元、棉被158床、衣服651套。发放粮食直补资金24万元、良种补贴资金4.20万元、农资综合补贴8万元、农机购置补贴资金10万元。 （吴胤达）

乌石镇

【乌石镇概况】 位于陆川县南部,黎湛铁路、马盘二级公路、九洲江过境。行政区域面积228.19平方千米。镇人民政府驻乌石街,距陆川县城19千米。辖23个建制村、1个社区、419个自然村、625个村(居)民小组。2013年末,

2013年1月17日,县委书记黄少明(右三)到横山镇稳坡村指导农家文化园工作
横山乡政府 提供

户籍总户数3.89万户、人口13.52万人,人口自然增长率6.17‰,人口出生率12.51‰。耕地面积4194公顷,林地面积1.21万公顷。矿产资源有铁、钛、黄金、石英石、滑石、花岗石、瓷坭、河沙等。旅游景点有谢鲁山庄。传统手工业有乌石酱油、刀具制造。

2013年,全镇工业总产值3.83亿元,比上年增长0.02%;农林牧渔总产值5.87亿元,增长53.20%。财政收入1624万元,增长36.2%;全社会固定资产投资4.00亿元,下降28.06%。

【农业生产】 2013年,粮食播种面积5868公顷;粮食总产量3.65万吨;经济作物种植面积491公顷。以陆川县马盘百里绿色生态农业经济示范长廊建设为契机,种植超级水稻666.67公顷,创建高产示范田133.33公顷;推进番石榴、淮山等农业产业发展,逐渐形成以沙井村、沙江村、塘域村、老圩村、月垌村、龙化村等村为重点的番石榴基地。种植淮山200公顷,中药材20公顷。扩种番石榴33.33公顷、油茶33.33公顷、橘红136.67公顷。谢鲁村淮山远销广东、湖南、湖北等地。

年内,全镇有养猪场81个,养鸡场72个;年生猪出栏11.02万头,存栏15.74万头;家禽出栏222.93万羽,

存栏102.75万羽;牛出栏1500头,存栏3700头。水产养殖面积299公顷,总产量2281吨。沙井村挂靠温氏养殖公司养鸡基地48个,年出栏鸡19万羽。养猪8780万头。

【"绿色村庄"建设】 2013年,乌石镇以"绿色家园"为载体,推进"绿色村庄"工程建设。在龙化村、旺岭村和乌石街种植风景树1300株;6个村种植珍贵树种,每户20株;种植三角梅、杜鹃花等花种9100株;加大植树造林,种植湿地松16公顷;美化、绿化村庄,在龙化、沙江、谢鲁、吹塘4个村秋、冬种油菜230.73公顷。

【基础设施建设】 2013年,推进商品房开发建设,具有客家风情特色的"幸福花园"小区建设初具规模。投资612.6万元硬化村屯道路35条27.8千米,维修农村危桥5座。完成旺岭村三滩坑地质灾害安置新村建设,29户群众迁入新居,发放地质灾害搬迁补偿款172.8万元。新建沼气池180座,王沙、旺岭、月垌、安东、龙化、塘域、坡脚、坡子等8个村农村改厕700座;投资330万元的乌石垃圾终转站已完成主体工程。沙井村修建村级篮球场3个。陆河村投资130

万元新建村委会办公楼、村级公共活动中心、五保新村等。新建旺岭村委会办公楼、文化广场。推进王沙产业扶贫示范村建设,建成王沙村五保新村,二级公路安装路灯,建设饮水工程3个,建设王沙学校教学楼、围墙,完成王沙村委会至清湖镇公路建设。吹塘村修建老人活动场所1所。

【"美丽乡村"建设】 2013年,推进"美丽建设在乡村"活动,沙井、沙江、紫恩、吹塘、谢鲁、塘域、旺岭、月垌、王沙、陆河等10个村列为重点示范村,重点推进"四有"(有专职保洁员、有车清运垃圾、有池堆放垃圾、有钱办事)目标建设。新建垃圾池67座,在乌石街、月垌街放发垃圾桶1000多个。发放人力和电动垃圾清动车45辆、后机动车1辆,配置垃圾车、扫把、铁铲等工具。开展集中清理整治活动,拆除乌石街乱搭乱盖建筑棚216个,清理占道经营摊点512个。完成沙江村连塘底村屯农村风貌改造工程建设。

(陈麒谨)

滩面镇

【滩面镇概况】 位于陆川县中南部,马盘二级公路过境。行政区域面积63.23平方千米。2013年10月撤乡改镇。镇政府距县城26千米。辖6个建制村、126个自然村、162个村民小组。2013年年末,户籍总户数1.09万户,人口3.62万人,人口自然增长率7.92‰,人口出生率13.54‰。水库6座。耕地面积1455公顷,林地面积3268.67公顷。

2013年,全镇工业总产值3.37亿元,比上年下降12.24%;农业总产值2.25亿元,下降0.43%;财税收入371万元,增长17%;完成社会固定资产投资2.48亿元,下降20%。

【农业生产】 2013年,粮食播种面积2075公顷,粮食总产量1.31万吨。经济作物种植面积206公顷;推广优质谷超级水稻种植面积486.67公顷。全镇畜禽养殖场837个,养殖专业户91户,其中养猪专业户45户,养鸡专业户56户。年出栏生猪4.23万头,生猪存栏2.12万头;家禽出栏121.2万羽,存栏15.7万羽。水产养殖面积87公顷,水产品总产量242吨。

以县实施马盘百里绿色生态农业示范长廊建设为契机,推进肥田片、经济片、增值片等3大片农业示范区建设。其中,肥田片农业示范区主要集中在滩面、新旺等村,重点推进农田综合开发项目建设,加快土地流转,大力发展优质稻种植,提高粮食单产和品质,完成土地流转面积11.73公顷,水稻种植面积1733.33公顷;经济片农业示范区以滩面村、新旺村为主,加强作物结构调整,重点发展中草药、糖蔗、橘红、油菜花等农作物,种植面积160公顷;增值片农业示范区以发展养殖业为主,主要集中在坡头、新旺、滩面等村,实行圈地养猪、林地养鸡,有大、中型猪场45个,规模以上温氏鸡养殖场56个。

【基础设施建设】 2013年,以撤乡改镇为契机,优化拓展城镇布局,规划中心街道和重要节点的建设,布局生态新镇区3平方千米。推进圩镇基础设施工程建设,硬化滩面街、府门路等重点道路16条16千米,滩面大桥建成通车;投资455万元,推进滩面大坑水库、坡头村三叉塘水库、覃村榕木塘水库等3座除险加固工程建设,完成大坝、溢洪道加固,修建输水隧洞等。推进学校设施建设,投资1000万元,建成佳塘、覃村等2个村级幼儿园,修建滩面、新旺、覃村、佳塘、上旺、坡头等6个村级教学点。完成镇政府大楼升级改造;6个村村级服务中心相继建成投入使用;镇农业技术推广站、上旺五保新村、滩面敬老院等工程竣工。

【"美丽滩面·清洁乡村"活动】 2013年,开展"美丽滩面·清洁乡村"活动,继续推进新旺村金茂新村建设,配套建设多功能楼房,推进滩面、新旺、上旺、坡头、佳塘等5个村农村环境连片整治。投资42万元,新建垃圾池35个,配置垃圾运输车10辆、垃圾桶65个;各村成立清洁卫生理事协会,聘用清扫保洁人员18人,对全镇卫生进行常态化管理。建立新旺金茂新村、滩面马鞍岭等清洁乡村示范点2个。加强九洲江滩面圩河段整治,拆除九洲江流域养猪场5户。

【社会保障】 2013年,全镇参加城乡养老保险5555人;参加新型农村合作医疗3.27万人,参合率94.52%;列入农村最低生活保障1644户2955人,发放最低生活保障金263万元;发放救灾救济大米17.87吨,棉被200被,衣服936套,救助资金2250元。支付新型农村合作医疗补偿金222.55万元。发放粮食直补资金24万元,良种补贴39.6万元、农资综合补贴22.3万元、农机购置补贴12.61万元。

(尤勇文)

良田镇

【良田镇概况】 位于陆川县南部,黎湛铁路、马盘公路、九洲江过境。行政区域面积132.72平方千米。镇政府距县城33千米。辖13个建制村、1个社区,329个自然村,372个村(居)民小组。2013年年末,户籍总户数2.67万户,人口9.66万人,人口自然增长率5.65‰,人口出生率11.94‰。高山嶂海拔320.8米,中小型水库4座。矿产资源有高岭土、钾长石、硅石英石、锡、银、稀有金属铌、钽、锆等20多种。耕地面积3514公顷,林地面积6630.67公顷。

2013年,全镇工业总产值16.58亿元,比上年增长8.51%;农业总产值5.53亿元,增长14.73%;财政收入

1972 万元,增长 35.55% ;固定资产投资 4.40 亿元,下降 14.06%。

【农业生产】 2013 年,粮食种植面积 4342 公顷,水稻种植面积 3654 公顷亩,粮食总产量 2.72 万吨。经济作物种植面积 371 公顷。石垌村橘红基地扩种到 133.33 公顷。引进经济能人投资在车田村迈塘岭种植橘红 100 公顷、冯杏村种植橘红 33.33 公顷,成为县内最大橘红中药材基地。甘片村番石榴基地 6.67 公顷。

全镇加盟"温氏集团"温氏鸡养殖大户 830 户,鸡出栏 926 万羽;生猪规模养殖户 72 户,生猪存栏 6.4 万头,肉猪出栏 3.4 万头;车田村养鳖专业户 16 户,养殖面积 6.67 公顷,年产值 300 万元。

【招商引资】 2013 年,招商引资新上项目有坤元服饰有限公司、南洲物流仓储有限公司、良田街圩镇扩建二期工程等 3 个,引进资金 2.5 亿元。

【基础设施建设】 2013 年,投资 359.45 万元硬化村屯公路 23 条 18 千米;规划实施良田镇至博白县宁潭公路、良田镇九洲江大桥、飞鹅岭大桥等三大项目建设,项目建设资金已到位,筹建工作正在进行。良田街至乌龟径接二级路口地段开发建设,已完成征地面积 12.40 公顷。

【新农村示范点建设】 2013 年,推进文官村官海片新农村示范点建设。

投资 120 万元,建设村文化广场 1 个,占地面积 2000 平方米。内设舞台,建设文化书屋 300 平方米。

【粤桂农牧业用品批发市场建设】 2013 年,推进粤桂农牧业用品批发市场建设,为车田新农村配套开发项目,计划投资 2 亿元,重点推进批发市场、商铺、商品房建设。年内已完成项目建设,项目占地面积 4.91 万平方米,建筑面积 9.10 万平方米,市场面积 3348 平方米,完成投资 1.96 亿元。

【农村环境集中连片整治】 2013 年,推进农村环境集中整治,投资 840 万元,重点推进三联、新村、冯杏、甘片、莲塘、龙口、良田、文官、鹿垌石垌、车田等 11 个村连片整治。筹资 20 万元,兴建垃圾池 60 多个,购置垃圾清运车 15 辆,铲车 1 台,推动全镇城乡环境整治活动开展。

【社会保障】 2013 年,全镇参加城乡养老保险 5432 人;参加新型农村合作医疗保险 8.72 万人,参合率 95.01% ;列入农村最低生活保障 5640 户 9140 人,发放最低生活保障金 811.6 万元;城镇最低生活保障 145 户 166 人,发放最低生活保障金 36.8 万元。救灾救济发放大米 20.28 吨、被 160 床、衣服 1480 套,救助资金 6000 元。发放粮食直补资金 51.6 万元、良种补贴 81.17 万元、农资综合补贴 456.72 万元、农机购置补贴资金 44.83 万元,发放大中型水库移民后期扶持资金 1208 万元。

(谢文才)

清湖镇

【清湖镇概况】 位于陆川县东南部,行政区域面积 127.19 平方千米。镇政府驻清湖街,距县城 47 千米。辖 12 个建制村、1 个社区、348 个村(居)民小组。2013 年年末,户籍总户数 2.05 万户,人口 7.59 万人,人口自然增长率 6.74‰,人口出生率 12.75‰。耕地面积 2467 公顷,林地面积 5085.17 公顷。

2013 年,全镇工业总产值 14.06 亿元,比上年增长 34.93% ;农林牧渔业总产值 3.13 亿元,增长 2.62% ;财政收入 1577 万元,增长 20% ;固定资产投资 4.30 亿元,下降 45.15%。清湖镇获玉林市"科学发展"进步奖、"十佳乡镇"进步奖。

【农业生产】 2013 年,全镇粮食种植面积 3396 公顷,粮食总产量 2.01 万吨;经济作物种植面积 265 公顷。继续推进橘红软枝油茶种植,采取连片种植、庭院种植等模式扩大橘红种植,主要在永平、平安、水亭等村连片种植橘红 710 公顷,全镇庭院种植橘红 333.33 公顷;在塘寨、三水、陆坡村等 3 个村连片种植软枝油茶 240 公顷,在永平、平安、塘榄、官冲、清湖等村种植油菜花 100 公顷;在三水、塘寨 2 个村种植葡萄 8 公顷。

2013 年,全镇生猪出栏 4.93 万头;年末存栏 7.06 万头,其中母猪 6500 头。牛出栏 1200 头,存栏 3100 头。家禽出栏 154.43 万羽,年底存栏 75.2 万羽。水产养殖面积 122 公顷,水产品产量 907 吨。

【城镇化建设】 2013 年,继续推进清湖城镇开发区建设,重点推进滨江翠庭小区、"香港城"开发区、新兴小区建设及清湖商贸大厦、永盛超市等项目建设。筹资 370 多万元,硬化主街道 8 条,老街道 6 条。圩镇安装太阳能路灯 11 盏,在圩镇交通主干道的东西两头安置刻有"清湖镇"字样的地标性大磐石 2 块。

滨江翠庭小区建设 位于清湖街西南面水车垌,由县第二建筑公司承建,2013 年 3 月开工建设,年内已完成建设。小区占地面积 1.13 公顷,总建筑面积 2.70 万平方米,在小区依河道江滨路主楼一楼建成商业辅面 700 多平方米,商业用房 2 层,内部设休闲娱乐、医疗卫生、幼儿园等公益设施。完成项目总投资 1 亿元。

"香港城"开发区建设 位于清湖街中心南侧,由广西陆川县蓝宇房地产开发有限公司兴建,计划投资 3 亿元。小区占地 6 公顷,计划建设星级酒店、购物中心及商业街、住宅等,年内已完成部分主体工程建设。

【农村基础设施建设】 2013 年,投资 600 多万元硬化村屯道路 42 条 25.6 千米;定冲水库、山腰坪水库除险加固工程开工建设。投资 200 多万元重建陆坡村办公楼;投资 100 多万元建设三水村文化广场、加层建设村委会办公楼 2 层;投资 100 多万元新建新官村办公大楼、五保新村。

【"美丽乡村"建设】 2013 年,全镇聘用保洁员 72 人,新建垃圾池 60 多个。开展集中清理整治活动 6 次,清理河道垃圾、村庄垃圾 185 吨,整治圩镇、村庄农贸市场 9 个,清洁房屋、庭院卫生 1.21 万户,清除乡村卫生死角 3338 处,清理污染物 184 吨;清理污染源 59 处,清理河道 9 千米。整治城乡接合部 48 处。

【陆川县橘红种植暨晚稻改种油菜现场推进会】 8 月 30 日召开在清湖召开,县四家班子领导及各乡镇、各单位主要领导等 200 多人参加会议。县委书记黄少明出席会议并讲话,县政协主席吕焕坤就橘红种植和晚稻改种油菜工作做总结、部署,清湖镇党委书记丘兆欢汇报橘红种植工作情况。与会人员会后参观清湖镇平安村橘红种植基地。

【社会保障】 2013 年,全镇参加新型农村合作医疗 6.94 万人。列入农村最低生活保障 2638 户 8069 人,发放最低生活保障金 813.55 万元;城镇最低生活保障 97 户 115 人,发放最低生活保障金 37.16 万元。发放五保生活费 598 人。发放临时救济大米 13.44 吨,棉被、毛巾被、拉舍尔毛毯 607 床,蚊帐 130 床,衣服 813 套,帐篷 15 捆,发放低保救灾款 813.5 万元。发放粮食直补资金 24 万元、良种补贴 72.76 万元、农资综合补贴 408 万元,农机购置补贴 25.6 万元、危房改造补助资金 270 万元。 (梁 家)

古 城 镇

【古城镇概况】 位于陆川县最南部,马盘二级公路、九洲江过境。马盘二级公路终点盘龙圩,与广东石角镇公路相连。行政区域 113.30 平方千米。镇政府驻古城街,距陆川县城 58 千米。辖 10 个建制村、303 个村民小组。2013 年年末,户籍总户数 2.12 万户,人口 7.76 万人,人口自然增长率 6.83‰,人口出生率 13.17‰。耕地面积 2494 公顷。主要矿产资源有钛铁矿、花岗岩。陆因村是广西陆川鹅村、陆川鹅苗繁殖基地。

2013 年,全镇工业总产值 8.52 亿元,比上年增长 25.66%;农林牧渔业总产值 3.10 亿元,增长 5.81%;财税收入 1016 万元,增长 20.23%;社会固定资产投资 4.00 亿元,下降 9.50%。

【农业生产】 2013 年,全镇粮食播种面积 3178 公顷,粮食总产量 1.89 万吨。其中,水稻种植面积 2557 公顷,玉米 114 公顷,豆类 73 公顷,薯类 434 公顷。经济作物种植面积 360 公顷。

全镇有规模养猪场 20 多家,年出栏 4.83 万头;养鸡场 26 家,年产量 97.25 万羽;养鹅场 3 家,年出栏 17.48 万羽;养羊场 3 家,年出栏 100 头;养牛 2 家,年产量 90 多头;养水鱼 92 家,年产量 1437 吨。

【基础设施建设】 2013 年,古城镇被列为全国第五批小型农田水利建设重点镇,投资 1554.58 万元,对全镇 10 个村 7 大灌片进行改造建设。完成麻蛇垳水库、大木冲水库、嶂背垳水库、债子下水库、企排水库除险加固工程开工建设;利用县财政"一事一议"奖补资金 318.73 万元硬化村屯道路 25 条 14.27 千米;建设村级公共活动场所 1 个。加强库区设施建设,推进移民新村建设、旧房改造等,总投资 903.6 万元新建移民新村 11 个;完成旧房改造农户 146 户,村庄规划 15 个。

【"平安古城"建设】 2013 年,继续推进"平安古城"建设,开展天网工程进农村活动,长径、八角、陆因、盘龙等 4 个村完成村级天网工程建设。5 月 20 日,古城镇"天网工程"治安视频监控系统投入使用。投资 60 多万元,主要在陆落、楼脚等地方建立监控卡口 4 个,在学校、人员密集闹市区等地方安装电子摄像头,网络终端设在派出所。治安视频监控系统监控点设高清视频监控点 21 个,高清治安抓拍卡口 2 个。年内,古城镇在广西社会公众安全感满意度调查工作中获玉林市乡镇类第一名。 (黄秋萍)

2013 年 8 月 30 日,陆川县晚稻改种油菜现场推进会在清湖召开。图为冬种现场
罗 钊摄

人　　物

RENWU

2013 年 4 月 23 日，陆川县举行"世界读书日"报告会，特邀玉林师院党委副书记王志明教授作报告

叶礼林　摄

人物简介

2013 年任职的县级领导

陈基林　男,汉族,1978 年 2 月生,玉林市玉州区人,中共党员,大学学历,文学学士。

1997 年 9 月在广西师范大学中文系汉语言文学专业学习。2001 年 7 月毕业后在玉林市政府办公室工作;2005 年 10 月调玉林市委组织部办公室工作(副科级);2007 年 4 月后曾任玉林市委正科级组织员、市委组织部办公室副主任;2009 年 7 月任玉林市委组织部办公室主任;2011 年 8 月任玉林市委组织部部务委员(副处长级)。2013 年 4 月,任陆川县委常委、组织部部长。

刘博　男,汉族,1967 年 10 月出生,北流市人,1986 年 11 月入伍,1992 年 2 月入党,大学文化。1986 年 10 月任战士、班长;1991 年 7 月后历任排长、副连长、连长;1998 年 5 月调广西兴业县人武部工作,先后任军事科参谋、后勤科助理员、后勤科科长;

2006 年 4 月任陆川县人武部副部长;2009 年 2 月任容县人武部部长;2013 年 4 月任陆川县人武部部长,上校军衔。4 月兼任陆川县委常委。

典型人物

第十二届全国人大代表——梁丽娜

梁丽娜　女,1985 年 10 月生,陆川县乌石镇陆河村人,中共党员,研究生学历,硕士学位。2011 年 6 月于广西师范大学理论物理专业毕业后到陆河村工作,当选为陆河村党总支书

记,为广西第一个女硕士村党组织书记。2013 年 1 月,梁丽娜当选为第十二届全国人大代表;10 月被评为首届玉林市道德模范称号;12 月被评为首届广西青少年榜样等荣誉称号。

玉林市创先争优十大先锋人物——胡耀波

胡耀波　男,1969 年 9 月生,陆

川县米场镇南中村人,中专学历,中共党员。高级畜牧兽医师。1990 年,玉林畜牧兽医学校毕业。毕业后在米场镇南中村任兽医防治员。曾研究出新阉鸡撑的阉鸡工具、新一代阉鸡工具和配套的小公鸡阉割技术、阉割小鸡的工具刀,阉割时间由 3 分钟减少到约 10 秒钟。2008 年 5 月,在玉林注册成立玉林市展民阉鸡合作社,为国内首家阉鸡专业合作社,开展公鸡阉割服务,推广阉割技术,普及阉割工具,提供阉鸡信息等,业务遍布全国 14 个省、自治区。2008 年 6 月、2012 年 9 月,中央电视台 7 频道先后两次介绍胡耀波"阉鸡佬"的创业故事。研究出"新一代快速小鸡阉割器"获国家发明专利。2012 年,胡耀波获玉林市创先争优十大先锋人物、广西创先争优优秀共产党员。至 2013 年,玉林市展民合作社利用"农家课堂"培训农民技术人才 2000 多人次,阉鸡产业辐射国内外数十家养殖企业。

人物名录

表 36　　　　　陆川县获地厅级以上表彰先进人物名录

姓　名	单　位	奖项名称
陈高峰	陆川县人民防空办公室	全国人防训练比武竞赛先进个人
苏旭鸣	陆川县住房和城乡建设局	自治区 2012 年度住房保障工作先进工作者
陈锦泉	陆川县住房和城乡建设局	自治区第八届市容"南珠杯"竞赛先进个人
陈庆祥	陆川县住房和城乡建设局	自治区第八届市容"南珠杯"竞赛先进个人
覃建锋	陆川县住房和城乡建设局	自治区第八届市容"南珠杯"竞赛先进个人
林　航	陆川县住房和城乡建设局	自治区第八届市容"南珠杯"竞赛先进个人
刘志茂	陆川县住房和城乡建设局	自治区第八届市容"南珠杯"竞赛先进个人

续表

姓　名	单　位	奖项名称
吕文成	陆川县住房和城乡建设局	自治区第八届市容"南珠杯"竞赛先进个人
戚茂欢	陆川县地方税务局	自治区地税系统公文处理知识竞赛个人二等奖
林孝坚	马坡镇商会会长	自治区工商联"优秀乡镇商会会长"
吴天成	陆川县人民检察院	自治区检察机关新录用人员岗前培训班"优秀班干部"
谭海欢	陆川县人民检察院	自治区检察机关"优秀接待员"
李桂田	陆川县人民检察院	"首届广西人力资源和社会保障法学研讨会"优秀论文二等奖
梁洪源	陆川县人民检察院	"自治区两房建设先进个人"
吕　谋	陆川县公安局	2012年度自治区优秀人民警察
李轶聪	陆川县公安局	2012年度自治区优秀人民警察
陈　明	陆川县公安局	自治区公安机关反邪教工作成绩突出个人
李轶聪	陆川县公安局	自治区公安机关开展"三访三评"深化"大走访"先进个人
余　鑫	陆川县公安局	自治区公安机关开展"三访三评"深化"大走访"先进个人
刘增光	陆川县公安局	自治区公安厅立清湖案件个人一等功
覃　坚	陆川县公安局	自治区公安厅立清湖案件个人一等功
张永庆	陆川县公安局	自治区公安厅立清湖案件个人一等功
江华猛	陆川县公安局	自治区公安厅授予"重点信访案件专项整治工作先进个人
吕　谋	陆川县公安局	自治区公安厅个人一等功
江仲仁	古城镇初级中学	自治区中小学优秀班主任
丘小梅	滩面镇初级中学	"广州助学基金"八桂优秀乡村教师
伍　鹰	大桥镇第二初级中学	"广州助学基金"八桂优秀乡村教师
田日福	平乐镇第二初级中学	"广州助学基金"八桂优秀乡村教师
罗德周	珊罗镇中心学校	"广州助学基金"八桂优秀乡村教师
黎瑞明	大桥镇大塘小学	"广州助学基金"八桂优秀乡村教师
赖世平	马坡镇马坡小学	"广州助学基金"八桂优秀乡村教师
杨　猛	马坡镇初级中学	自治区优秀教师
傅运娟	米场镇中心学校	自治区优秀教师
余金梅	陆川县归国华侨联合会	自治区侨联工作先进个人
陈高峰	陆川县人民防空办公室	广州军区人民防空训练先进个人
刘　通	陆川县统计局	广西分市县一体化住户调查先进个人
黎曼琼	陆川县统计局	广西分市县一体化住户调查先进个人
高云蔡	陆川县统计局	广西分市县一体化住户调查先进个人
梁丽娜	乌石镇陆河村	首届广西青少年榜样
刘　卓	共青团陆川县委员会	广西优秀团干
钟耀武	陆川县食品药品监督管理局	自治区食品药品监管系统"食品药品监管标兵"
黄　浩	武警陆川县消防大队	广西壮族自治区消防总队个人三等功
黄　喆	武警陆川县消防大队	中共广西公安消防总队委员会2012—2013年度优秀共产党员
杨　辉	陆川县计划生育局	2013年度自治区人口计生委网站宣传通联工作优秀通讯员
万学成	陆川县卫生局	自治区人社厅、卫生厅授予个人二等功荣誉
王兆强	陆川县林业局	2012年度自治区绿满八桂造林绿化工程先进个人;
谭　宇	陆川县林业局	自治区农村能源建设"先进工作者"
钟耀武	陆川县食品药品监督管理局	2012年度玉林市政协委员"联千企助发展"活动"百佳委员"

表 37   陆川县百岁老人情况

姓　名	性　别	出生年月	地　址
宁惠清	女	1909 年 7 月	米场镇旺同村
黄秀清	女	1908 年 5 月	沙湖乡永旺村
谭桂清	女	1910 年 7 月	沙湖乡官山村
李六婆	女	1899 年 8 月	马坡镇界峒村
王泽英	女	1909 年 11 月	马坡镇大兴村
钟佐桂	女	1909 年 3 月	马坡镇界峒村
张　氏	女	1909 年 6 月	沙坡镇六高村
罗德芬	女	1910 年 7 月	大桥镇雅松村
曾永芳	女	1902 年 5 月	横山乡石塘村
林仕英	女	1907 年 4 月	横山乡旺坡村
周茂琼	女	1910 年 7 月	横山乡旺坡村
廖仕芳	女	1908 年 3 月	乌石镇旺岭村
罗裕英	女	1907 年 12 月	乌石镇安东村
谭美英	女	1911 年 1 月	乌石镇塘域村
李翠英	女	1910 年 3 月	滩面乡上旺村
谢文名	男	1909 年 3 月	良田镇莲塘村
丘仕英	女	1910 年 7 月	清湖镇旺山村
谢叔琴	女	1907 年 10 月	清湖镇陆坡村
江秀英	女	1907 年 8 月	古城镇北豆村
林素芳	女	1908 年 8 月	温泉镇万丈村
张秀荣	女	1910 年 10 月	大桥镇瓜头村
丘淑琼	女	1910 年 11 月	滩面乡上旺村
罗玉琼	女	1909 年 1 月	横山乡清平村
杜琼英	女	1910 年 12 月	横山乡陆洪村
严惠珍	女	1911 年 1 月	马坡镇界峒村
陈瑞芳	女	1910 年 9 月	温泉镇洞心村
陈秀英	女	1910 年 4 月	乌石镇陆河村
黎美英	女	1909 年 3 月	温泉镇长安社区
林永珍	女	1911 年 5 月	沙湖乡永安村
陈永方	女	1908 年 10 月	乌石镇坡子村
庞　基	男	1911 年 10 月	温泉镇泗里村
曾云英	女	1911 年 8 月	温泉镇峨眉街
陈惠英	女	1911 年 11 月	乌石镇沙井村
梁运兴	男	1911 年 8 月	乌石镇陆河村
李广成	男	1911 年 3 月	珊罗镇田龙村
丘玉光	女	1911 年 8 月	良田镇三联村
吕广成	男	1911 年 10 月	马坡镇六平村
王祖传	男	1911 年 8 月	马坡镇马坡村
黄秀英	女	1912 年 4 月	滩面乡新旺村
吴瑞芳	女	1912 年 4 月	乌石镇龙化村

续表

姓 名	性 别	出生年月	地 址
钟达荣	男	1912 年 3 月	清湖镇水亭村
伍子英	女	1912 年 7 月	古城镇楼脚村
黎美珍	女	1912 年 6 月	温泉镇温泉村
黄秀琼	女	1912 年 7 月	滩面乡佳塘村
陈桂珍	女	1912 年 9 月	乌石镇吹塘村
沈德彰	男	1912 年 8 月	滩面乡新旺村
陈运芬	女	1912 年 8 月	大桥镇雅松村
莫常珍	女	1912 年 1 月	滩面乡佳塘村
廖奎英	女	1912 年 8 月	古城镇良村
陈瑞芳	女	1912 年 12 月	大桥镇北桑村
龚美英	女	1912 年 12 月	马坡镇雄英村
曾培茂	男	1911 年 8 月	良田镇旺垌村
黎兰方	女	1913 年 3 月	乌石镇安东村
丘桂先	女	1913 年 1 月	乌石镇水花村
李秀芳	女	1913 年 2 月	清湖镇新官村
李仕清	女	1913 年 4 月	良田镇旺垌村
周春荣	女	1913 年 5 月	大桥镇平山村
罗寿珍	女	1913 年 4 月	古城镇清耳村
丘玉光	女	1913 年 5 月	大桥镇平山村
王仕英	女	1913 年 7 月	古城镇陆落村
杜正英	女	1910 年 10 月	横山乡同心村
林秀芳	女	1913 年 3 月	马坡镇车田村
龚金才	男	1913 年 3 月	马坡镇雄英村
赖明英	女	1913 年 8 月	古城镇北豆村
谢秀英	女	1913 年 3 月	珊罗镇四乐村
黄美侦	女	1913 年 9 月	珊罗镇田龙村
吕淑英	女	1912 年 10 月	乌石镇安东村
谢惠仙	女	1913 年 10 月	乌石镇王沙村

表 38   **陆川县获副高级以上专业技术职称人员名录**

姓 名	性别	民族	出生年月	籍 贯	文化程度	职 称	取得职称时间	获得职称时工作单位
马德惠	男	汉	1961 年 12 月	珊罗镇珊罗村	大专	中学高级教师	2013 年 12 月	珊罗镇初级中学
钟 军	男	汉	1962 年 11 月	清湖镇永平村	大专	中学高级教师	2013 年 12 月	温泉镇初级中学
张英蛟	男	汉	1963 年 2 月	滩面镇滩面村	大专	中学高级教师	2013 年 12 月	滩面镇初级中学
李 瑜	男	汉	1963 年 4 月	米场镇平塘村	本科	小学中的中学高级教师	2013 年 12 月	马坡镇中心学校
梁冰锋	男	汉	1963 年 5 月	北流市六麻镇	本科	中学高级教师	2013 年 12 月	陆川县中学
陈德朋	男	汉	1963 年 9 月	横山镇陆洪村	大专	中学高级教师	2013 年 12 月	横山镇初级中学

续表

姓　名	性别	民族	出生年月	籍　贯	文化程度	职　称	取得职称时间	获得职称时工作单位
吕荣芳	女	汉	1963 年 11 月	米场镇新民村	本科	高级讲师	2013 年 12 月	陆川教师进修学校
陶明勇	男	汉	1964 年 7 月	平乐镇平乐村	本科	内科副主任医师	2013 年 12 月	陆川县人民医院
周少川	女	汉	1964 年 8 月	横山镇同心村	本科	中学高级教师	2013 年 12 月	大桥镇初级中学
朱金珍	女	汉	1965 年 2 月	大桥镇大垌村	大专	中学高级教师	2013 年 12 月	大桥镇初级中学
陈润珍	女	汉	1965 年 11 月	大桥镇美坡村	大专	中学高级教师	2013 年 12 月	大桥镇第二初级中学
李伟洁	女	汉	1966 年 1 月	珊罗镇珊罗村	大专	中学高级教师	2013 年 12 月	温泉镇初级中学
汤川武	男	汉	1966 年 7 月	博白县浪平乡	本科	中学高级教师	2013 年 12 月	陆川县实验中学
程腾泉	男	汉	1966 年 9 月	清湖镇塘榄村	本科	中学高级教师	2013 年 12 月	清湖镇初级中学
吕焕明	男	汉	1970 年 5 月	乌石镇沙井村	本科	中学高级教师	2013 年 12 月	陆川县中学
陈　利	女	汉	1970 年 8 月	横山镇潭村	本科	中学高级教师	2013 年 12 月	陆川县中学
何世聪	男	汉	1971 年 1 月	清湖镇清湖村	本科	内科副主任医师	2013 年 12 月	陆川县中医院
吴小丽	女	汉	1971 年 3 月	乌石镇塘域村	本科	高级讲师	2013 年 12 月	陆川教师进修学校
黄伟丽	女	汉	1971 年 3 月	马坡镇大兴村	本科	中学高级教师	2013 年 12 月	温泉镇初级中学
李桂裕	男	汉	1971 年 12 月	良田镇良田村	本科	中学高级教师	2013 年 12 月	陆川县中学
吕翠芬	女	汉	1972 年 1 月	温泉镇	本科	中学高级教师	2013 年 12 月	陆川县初级中学
黄　洁	女	汉	1972 年 7 月	乌石镇陆河村	本科	中学高级教师	2013 年 12 月	陆川县实验中学
刘文敏	女	汉	1972 年 8 月	乌石镇陆选村	本科	中学高级教师	2013 年 12 月	陆川县中学
赖昭连	女	汉	1972 年 10 月	米场镇五柳村	本科	中学高级教师	2013 年 12 月	米场镇初级中学
李恩丞	男	汉	1972 年 12 月	乌石镇龙化村	本科	中学高级教师	2013 年 12 月	乌石镇初级中学
吕永梅	女	汉	1972 年 12 月	温泉镇安宁村	本科	中学高级教师	2013 年 12 月	陆川县第二中学
梁丽丹	女	汉	1973 年 6 月	横山镇稳坡村	本科	中学高级教师	2013 年 12 月	温泉镇初级中学
陈增福	男	汉	1973 年 7 月	大桥镇唐侯村	本科	中学高级教师	2013 年 12 月	大桥镇第二初级中学
邱玉超	男	汉	1973 年 9 月	良田镇新村	本科	中学高级教师	2013 年 12 月	乌石镇初级中学
丘　泽	男	汉	1974 年 3 月	沙坡镇白马村	本科	中学高级教师	2013 年 12 月	陆川县第二中学
李汉芸	女	汉	1974 年 4 月	滩面镇新旺村	大专	中学高级教师	2013 年 12 月	温泉镇初级中学
李振威	男	汉	1974 年 9 月	马坡镇大良村	本科	中学高级教师	2013 年 12 月	陆川县实验中学
张　灿	男	汉	1974 年 7 月	乌石镇月垌村	本科	中学高级教师	2013 年 12 月	乌石镇第二初级中学
黄智军	男	汉	1974 年 10 月	良田镇良田村	本科	儿科副主任医师	2013 年 12 月	良田镇中心卫生院
钟英态	男	汉	1976 年 6 月	良田镇甘片村	本科	中学高级教师	2013 年 12 月	陆川县实验中学
黄健华	女	汉	1975 年 7 月	马坡镇大兴村	本科	妇产科副主任医师	2013 年 12 月	陆川县人民医院
李伟玲	女	汉	1976 年 10 月	北流市清湾镇龙南村	大专	儿科副主任医师	2013 年 12 月	陆川县人民医院
庞明霞	女	汉	1976 年 10 月	温泉镇泗里村	本科	中学高级教师	2013 年 12 月	陆川县初级中学

统计资料

TONGJI ZILIAO

2013 年 10 月 30 日，陆川县第三次全国经济普查培训会在县城召开 　　　叶礼林　摄

表39　　　　　　　　　　　2010—2013 年陆川县土地资源情况

类别	指标		单位	2010 年	2011 年	2012 年	2013 年
一、土地	土地总面积		平方千米	1554.32	1554.32	1554.32	1554.32
	各类土地占土地总面积比重	耕地	%	29.24	29.24	21.52	21.64
		园地	%	0.76	0.76	6.20	6.20
		林地	%	48.88	48.88	48.85	48.84
		草地	%	6.91	6.91	6.90	6.89
		城镇村及工矿用地	%	9.68	9.68	9.79	9.79
		交通运输用地	%	1.32	1.32	1.32	1.32
		水域及水利设施用地	%	2.84	2.84	3.78	3.78
		其他用地	%	0.37	0.37	1.64	1.63
二、耕地	耕地总面积		公顷	45454.21	45454.21	33442.72	33640.57
	水田		公顷			27176.87	27154.61
	旱地		公顷			6265.85	6485.96
三、林地	林地总面积		公顷	75977.51	75977.51	75927.35	75927.35
	有林地		公顷			59005.04	59005.04
	灌木林地		公顷			1400.06	1400.06
	其他林地		公顷			15521.71	15521.71
四、园地	园地总面积		公顷	1188.71	1188.71	9638.16	9638.16
	果园		公顷			7448.06	7448.06
	茶园					9.51	9.51
	其他园地		公顷			2180.59	2180.59
五、草地	草地总面积		公顷	10736.09	10736.09	10717.90	10717.90
	其他草地		公顷			10717.90	10717.90
六、城镇村及工矿用地	城镇村及工矿用地面积		公顷	15041.97	15041.97	15220.82	15220.82
	建制镇		公顷			2075.39	2075.39
	村庄		公顷			10942.21	10942.21
	采矿用地		公顷			740.36	740.36
	风景及特殊用地		公顷			1462.86	1462.86
七、交通运输用地	交通运输用地面积		公顷	2046	2046	2058.17	2058.17
	铁路用地		公顷			214.23	214.23
	公路用地		公顷			968.01	968.01
	农村道路		公顷			875.88	875.88
	管道运输用地		公顷			0.05	0.05
八、水域及水利设施用地	水域及水利设施用地面积		公顷	4414.50	4414.50	5878.33	5878.33
	河流水面		公顷			1529.34	1529.34
	水库水面		公顷			1281.99	1281.99
	坑塘水面		公顷			1975.92	1975.92
	内陆滩涂		公顷			141.26	141.26
	沟渠		公顷			852.4	852.4
	水工建筑用地		公顷			97.42	97.42

续表

类别	指标	单位	2010 年	2011 年	2012 年	2013 年
九、其他用地	其他用地面积	公顷	572.73	572.73	2548.38	2548.38
	设施农用地	公顷			273.08	273.08
	田坎	公顷			1983.21	1983.21
	沙地	公顷			2.54	2.54
	裸地	公顷			289.55	289.55

表 40

2005—2013 年陆川县地区生产总值

（按当年价计算）　　　　　　　　　　　　　　　　　　　　　　　　　　　　　　　　单位：万元

年份	地区生产总值	其中		其中		第三产业	交通运输仓储邮政业	批发零售住宿餐饮业
		第一产业	第二产业	工业	建筑业			
2005	432253	121778	138249	121269	16980	172226	59756	35463
2006	516695	134367	174295	154947	19349	208033	68552	40044
2007	626841	159878	236379	211207	25172	230584	81782	46480
2008	782446	190772	307355	274154	33201	284319	98491	56039
2009	900646	191386	396487	348957	47530	312773	109250	65468
2010	1154257	211087	562540	495138	67402	380630	131974	72831
2011	1525692	277746	790122	702145	87977	457824	165100	85197
2012	1671905	288203	866334	763182	103152	517368	195148	95462
2013	1887233	301063	924853	808371	114423	661317	214077	104654
2013 年比2012 年增加（%）	12.88	4.46	6.75	5.92	10.93	27.82	9.70	9.63

表 41

2005—2013 年陆川县地区生产总值指数

（按可比价计算，以上年为 100）

年份	地区生产总值	其中		其中		第三产业	交通运输仓储邮政业	批发零售住宿餐饮业
		第一产业	第二产业	工业	建筑业			
2005	113.5	106.7	120.6	121.7	113.0	114.0	120.5	109.6
2006	114.8	106.8	124.0	125.5	112.7	113.1	108.8	112.1
2007	113.2	104.5	124.6	124.4	126.3	109.0	115.6	110.6
2008	114.5	106.1	115.3	114.8	119.2	119.2	117.8	110.0
2009	117.8	106.4	130.5	128.2	147.9	111.9	112.7	117.6
2010	123.4	105.2	135.6	135.4	136.6	119.3	116.6	107.8
2011	117.2	106.5	124.2	124.8	120.1	112.6	115.0	109.6
2012	112.0	106.1	115.4	115.3	116.3	109.4	113.4	108.2
2013	109.5	103.7	113.3	113.3	111.0	106.3	106.6	107.7

表 42 2011—2013 年陆川县主要农作物播种面积及产量

指标	2011 年		2012 年		2013 年	
	播种面积（公顷）	产量（吨）	播种面积（公顷）	产量（吨）	播种面积（公顷）	产量（吨）
粮食作物	45981	260968	46152	280740	46249	287789
稻谷	39314	240329	39163	257537	39165	6740
早稻	19095	124881	19017	127935	19017	131635
晚稻	20219	115448	20146	129602	20148	132324
玉米	1957	9543	2009	10642	2032	10825
薯类	3539	8839	3754	9919	3804	10299
大豆	605	1333	765	1947	627	1595
油料作物	1487	4312	1583	4627	1630	4782
花生	1481	4302	1577	4617	1625	4774
油菜籽						
芝麻	6	1667			5	1600
中草药材类	153				193	2282
甘蔗	1671	122431	1750	128585	1725	126565
蔬菜（含菜瓜）	8354	252224	8677	266677	8715	272010
木薯	2681	12909	2571	12451	2553	12590

表 43 2011—2013 年陆川县林业生产情况

指标	单位	2011 年	2012 年	2013 年	2013 年比 2012 年增长(%)
造林面积	公顷	815.00	935.00	435.00	−53.48
其中:用材林	公顷	799.00	829.00	342.00	−58.75
经济林	公顷	16.00	106.00	93.00	−12.26
主要林产品产量					
油茶籽	吨	15.00	16.00	16.00	
松脂	吨	38.00	38.00	28.00	−26.32
八角	吨	32.00	36.00	20.00	−44.44
木材采伐量	万立方米	35.38	35.82	40.02	11.73
篙竹采伐量	万根	83.50	85.60	96.00	12.15

表 44 2011—2013 年陆川县畜牧业生产情况

指标	单位	2011 年	2012 年	2013 年	2013 年比 2012 年增长(%)
一、畜禽出栏					
其中:猪	万头	99.29	105.13	107.73	2.47
牛	万头	0.95	0.85	0.97	14.12
山羊	万只	0.11	0.11	0.11	
家禽	万羽	2157.52	2202.85	2172.85	−1.36
肉狗	万只	1.64	1.85		

续表

指标	单位	2011 年	2012 年	2013 年	2013 年比 2012 年增长(%)
肉鸽	万羽				
鹌鹑	万羽				
二、畜禽存栏					
大牲畜	万头	2.42	2.43	2.55	4.94
1.牛	万头	2.42	2.43	2.55	4.94
其中:肉牛	万头				
奶牛	万头				
2.猪	万头	96.74	123.25	125.65	1.95
3.山羊	万只	0.13	0.14	0.18	28.57
4.家禽	万羽	955.36	971.85	919.49	−5.39
三、肉类总产量	吨	109737	114799	116608	1.58
其中:猪肉	吨	73958	78381	80638	2.88
牛肉	吨	890	891	911	2.24
羊肉	吨	17	17	17	
禽肉	吨	34667	35305	34837	−1.33
狗肉	吨	205	205	205	
四、其他畜产品产量					
禽蛋	吨	8826	9246	9562	3.42
生牛奶	吨	150	150	150	
天然蜂蜜	吨	5	5	5	
蚕茧	吨	227	339	388	14.45

表 45　　　　　　　　　　　　　　**2011—2013 年陆川县渔业生产情况**

指标	单位	2011 年	2012 年	2013 年	2013 年比 2012 年增长(%)
一、水产品养殖面积	公顷	2720	2908	2966	1.99
淡水养殖面积	公顷	2720	2908	2966	1.99
其中:池塘养殖	公顷	1110	1241	1299	4.67
山塘水库养殖	公顷	1590	1647	1647	0.00
二、淡水产品总产量	吨	18801	20464	22361	9.27
淡水捕捞	吨	7	2012	2109	4.82
其中:鱼类	吨	1389	1519	1591	4.74
甲壳(虾蟹)类	吨	350	364	393	7.97
贝类	吨	124	129	125	−3.10
淡水养殖	吨	16921	18452	20252	9.76
其中:鱼类	吨	16404	17915	19672	9.81
虾蟹类	吨	258	268	296	10.45
贝类	吨	41	43	46	6.98

表 46
2009—2013 年农林牧渔业总产值及指数

指标	单位	2009 年	2010 年	2011 年	2012 年	2013 年	2013 年比 2012 年增长(%)
一、农林牧渔业总产值	万元	323819	354298	471430	486000	505611	4.04
农业产值	万元	107046	120157	143827	161288	171454	6.30
林业产值	万元	8407	15583	24092	25360	29256	15.36
牧业产值	万元	189481	196709	275708	268371	269017	0.24
渔业产值	万元	13000	15321	18910	19968	22681	13.59
二、农林牧渔业总产值指数	%	106.52	103.85	106.60	106.26	103.17	−2.91
农业产值指数	%	104.17	102.98	104.60	107.64	2.55	−97.63
林业产值指数	%	114.20	104.23	128.80	101.52	111.24	9.57
牧业产值指数	%	107.40	104.11	105.00	105.10	101.66	−3.27
渔业产值指数	%	106.72	104.23	107.70	110.69	109.11	−1.43

表 47
2005—2013 年陆川县客运、货运情况

年份	客运			货运		
	车辆数 (辆)	客运量 (万人次)	客运周转量 (万人千米)	车辆数 (辆)	货运量 (万吨)	货运周转量 (万吨千米)
2005	201	371	16021	2245	981	227451
2006	202	401	17463	2644	1060	240352
2007	214	501	32352	3001	1314	305383
2008	225	553	59376	3696	1445	338341
2009	228	560	70406	5123	2173	508888
2010	231	634	85022	5290	2479	608464
2011	231	699	97775	7795	2801	786360
2012	231	772	110972	8201	3219	990837
2013	240	788	107058	8233	3225	1022963

表 48
2010—2013 年陆川火车站主要运输情况

年份	发送旅客		发送货物		到站货物	
	旅客人数 (万人次)	比上年增长 (%)	货物重量 (万吨)	比上年增长 (%)	货物重量 (万吨)	比上年增长 (%)
2010	53.1	2.12	11	1.85	37.8	1.61
2011	60.3	13.6	9	−18.18	23.9	−36.77
2012	60.8	0.83	8.9	−1.11	34.9	46.03
2013	45.48	−25.2	8.5	−4.49	32.5	−6.88

表 49
2011—2013 年陆川县建筑业企业主要指标

指标	单位	2011 年	2012 年	2013 年
企业数	家	6	6	6
总产值	万元	155664.3	179614.0	219706.6
年末从业人员	人		9315	11922
房屋建筑施工面积	平方米	6193872	3143766	3656923
房屋建筑竣工面积	平方米	1674668	699351	1074556

表 50   2009—2013 年陆川县全部单位在岗职工人数和工资情况

单位:人

指标	单位	2009 年	2010 年	2011 年	2012 年	2013 年	2013 年比 2012 年增长(%)
全部单位在岗职工人数	人	24691	30119	30978	34229	39006	13.96
国有单位	人	22232	25057	25299	20690	20384	−1.48
城镇集体单位	人	1718	1485	1483	2335	2242	−3.98
其他单位	人	741	3577	4196	11204	16380	46.20
全部单位在岗职工工资总额	万元	54047	84409	92535.6	106330.4	138068.2	29.85
国有单位	万元	50236	69895	76076.9	66893.8	77003	15.11
城镇集体单位	万元	2945	3114	3613	6930.5	8080.4	16.59
其他单位	万元	867	11401	12845.7	32506.1	52984.8	63.00
全部单位在岗职工平均工资	元	20474	27416	28569	30303	34995	15.48
国有单位	元	20939	27312	28260	32213	38043	18.10
城镇集体单位	元	17643	19069	25003	32461	37340	15.03
其他单位	元	11747	31989	31915	26671	31078	16.52

表 51   2005—2013 年陆川县居民人均可支配收入情况与指数

单位:元

年份	城镇居民人均可支配收入	城镇居民人均可支配收入指数	农民人均纯收入	农民人均纯收入指数
2005	6776		2526	113
2006	8426	124.35	2989	118.4
2007	10182	120.83	3484	116.5
2008	12355	121.4	4086	117.3
2009	13964	113.02	4525	110.7
2010	15766	112.91	5274	116.6
2011	17571	111.45	6228	118.1
2012	19937	113.46	7207	115.7
2013	21891	109.8	8180	113.5

表 52   2005—2013 年陆川县社会消费品零售总额与指数

年份	社会消费品零售总额(万元)	社会消费品零售总额指数
2005	114426	115.35
2006	132904	116.15
2007	160193	120.53
2008	200331	125.06
2009	235710	117.66
2010	274950	118.99
2011	324854	118.15
2012	378910	116.64
2013	432410	114.12

表53

2013年陆川县各乡镇基本情况

名称	区域面积（平方公里）	建制村（个）	社区（个）	年末总户数（户）	年末总人口（人）	工业总产值（万元）	农林牧渔业总产值（万元）	耕地面积（公顷）	粮食种植面积（公顷）	经济作物种植面积（公顷）	粮食总产量（吨）	财政收入（万元）	完成固定资产投资（万元）
温泉镇	123.27	14	6	56486	154350	955453.6	34830	1971	2969	312	18035	11519	78000
米场镇	90.11	9	0	19019	62458	147901.7	23463	1738	2581	656	15748	3457	60000
沙湖乡	71.35	5	0	8767	30422	31872.1	16162	1129	1344	174	7972	480	17000
马坡镇	145.20	13	1	28789	105633	188914.9	52145	4796	5030	1286	32339	4278	48000
平乐镇	70.99	7	0	16310	57120	15087.3	24320	1546	2415	200	15056	458	18000
珊罗镇	53.49	7	0	17235	60683	754641.1	35169	2049	3334	251	24416	13830	43000
沙坡镇	154.80	13	0	22072	81094	40852.2	28847	2092	3242	611	19871	604	23000
大桥镇	89.01	11	0	17883	59016	143556.2	40112	2119	3557	524	20701	790	21000
横山乡	91.47	11	0	14758	50559	3924.1	28428	1879	2909	279	17777	304	13000
乌石镇	228.19	23	1	38861	135170	38332.1	58712	4194	5868	491	36476	1624	40000
滩面乡	63.23	6	0	10893	36155	33661.3	22482	1455	2075	206	13106	371	24767
良田镇	132.72	13	1	26674	96583	165770.9	55275	3514	4342	371	27222	1972	44000
清湖镇	127.19	12	1	20466	75940	140623.4	31254	2467	3396	265	20120	1577	43000
古城镇	113.30	10	0	21189	77622	85158.7	30963	2494	3178	360	18914	1016	40000
乡镇合计	1554.32	154	10	319402	1082805	2745750	482162	33443	46240	5986	287753	42280	512767

附　　　录

FULU

2013 年 11 月 13 日，玉林市"美丽玉林·清洁乡村"活动推进情况督查(陆川)汇报会在县城举行

叶礼林　摄

2013年陆川县重要文件目录选录

表54 中共陆川县委员会文件

发文号	文 件 标 题	发文日期
陆发〔2013〕1号	中共陆川县委员会 关于表彰陆川县深入开展"一走三问六提高"党建专题活动先锋单位、先锋人物、优秀回乡工作组(队)长和优秀回乡干部的决定	2013年2月2日
陆发〔2013〕2号	中共陆川县委员会 关于印发陆川县深入开展"一走三问六提高""六个创建"党的群众路线教育实践活动方案的通知	2013年2月6日
陆发〔2013〕3号	中共陆川县委员会 印发贯彻落实中央和自治区党委及玉林市委关于改进工作作风、密切联系群众有关规定的实施办法的通知	2013年2月6日
陆发〔2013〕6号	中共陆川县委员会 关于授予吕谋同志"陆川县优秀共产党员"称号的决定	2013年2月27日
陆发〔2013〕8号	中共陆川县委员会 关于印发中共陆川县委员会常委会2013年工作要点的通知	2013年3月4日
陆发〔2013〕9号	中共陆川县委员会 关于2013年全县理论学习的通知	2013年4月19日
陆发〔2013〕10号	中共陆川县委员会 关于加强陆川县网络信息监督管理的意见	2013年6月13日
陆发〔2013〕11号	中共陆川县委员会 关于横山乡、滩面乡、沙湖乡由乡建制改为镇建制有关问题的通知	2013年10月14日
陆发〔2013〕13号	中共陆川县委员会 关于调整干部管理权限的补充通知	2013年12月3日
陆发〔2013〕14号	中共陆川县委员会 关于学习宣传贯彻党的十八届三中全会精神的通知	2013年12月6日
陆发〔2013〕15号	中共陆川县委员会　陆川县人民政府 印发关于加快新型工业化跨越发展的实施办法的通知	2013年12月16日

表55 陆川县人民政府文件

文件号	文 件 标 题	发文日期
陆政发〔2013〕1号	陆川县人民政府 关于公布实施陆川县城镇国有土地定级与基准地价更新成果的通知	2013年1月16日
陆政发〔2013〕4号	陆川县人民政府 关于落实2013年政府工作主要目标任务的通知	2013年3月19日
陆政发〔2013〕5号	陆川县人民政府 关于对珊罗镇六燕村等村委会(社区居委会)进行绩效表彰奖励的决定	2013年3月25日
陆政发〔2013〕6号	陆川县人民政府 关于印发陆川县2013年村级公益事业建设一事一议财政奖补工作实施方案的通知	2013年4月25日

续表

文件号	文 件 标 题	发文日期
陆政发〔2013〕8号	陆川县人民政府 关于印发陆川县妇女发展规划(2011—2020年)和陆川县儿童发展规划(2011—2020年)的通知	2013年5月7日
陆政发〔2013〕9号	陆川县人民政府 关于印发陆川县贯彻国务院自治区人民政府　玉林市人民政府加强食品安全工作决定的行动计划(2012—2015年)的通知	2013年5月7日
陆政发〔2013〕10号	陆川县人民政府 关于表彰陆川县"十一五"节能减排先进单位的决定	2013年5月28日
陆政发〔2013〕11号	陆川县人民政府 关于公布林虎将军旧居等28处文物保护单位的保护范围和专门(专人)管理机构的通知	2013年6月24日
陆政发〔2013〕12号	陆川县人民政府 关于调整陆川县城镇居民最低生活保障标准的通知	2013年6月28日
陆政发〔2013〕14号	陆川县人民政府 关于表彰2012年度先进规模以上工业企业及发展新上规模以上工业企业先进单位的决定	2013年7月24日
陆政发〔2013〕15号	陆川县人民政府 关于印发陆川县农民人均纯收入倍增计划的通知	2013年7月26日
陆政发〔2013〕18号	陆川县人民政府 关于命名第二批陆川县级依法行政示范点的决定	2013年9月5日
陆政发〔2013〕19号	陆川县人民政府 关于印发陆川县人民政府工作规则的通知	2013年9月18日
陆政发〔2013〕23号	陆川县人民政府 关于印发陆川县改革完善食品药品监督管理体制实施方案的通知	2013年12月23日
陆政发〔2013〕25号	陆川县人民政府 关于开展加快新型工业化实现跨越发展评选奖励工作的通知	2013年12月16日

表56　　　　　　　　　　　　　　中共陆川县委员会办公室文件

文件号	文 件 标 题	发文日期
陆办发〔2013〕2号	中共陆川县委员会办公室　陆川县人民政府办公室 关于印发陆川县2012年度推进惩防体系建设、落实党风廉政建设责任制、乡镇及县直部门领导班子和领导干部年度考评、绩效考评年终察访核验方案的通知	2013年1月18日
陆办发〔2013〕5号	中共陆川县委员会办公室　陆川县人民政府办公室 关于印发2013年春节期间陆川县各项文体活动总体方案的通知	2013年1月15日
陆办发〔2013〕7号	中共陆川县委员会办公室　陆川县人民政府办公室 关于开展2013年春节期间环境卫生综合整治活动的通知	2013年1月23日
陆办发〔2013〕8号	中共陆川县委员会办公室 关于印发陆川县党委新闻发布工作实施办法(试行)的通知	2013年1月29日
陆办发〔2013〕9号	中共陆川县委员会办公室　陆川县人民政府办公室 关于做好2013年免费孕前优生健康检查和落实长效避孕节育措施工作的通知	2013年1月30日
陆办发〔2013〕11号	中共陆川县委员会办公室 关于印发陆川县关于组织行政村(社区)党组织书记到县直部门挂职培训方案的通知	2013年2月18日

续表

文件号	文 件 标 题	发文日期
陆办发〔2013〕12号	中共陆川县委员会办公室　陆川县人民政府办公室 关于印发陆川县美丽乡村建设实施方案的通知	2013年2月5日
陆办发〔2013〕14号	中共陆川县委员会办公室 关于印发中共陆川县委员会健全内部制度创建"六好先锋班子"工作实施方案的通知	2013年3月5日
陆办发〔2013〕15号	中共陆川县委员会办公室　陆川县人民政府办公室 关于印发2013年陆川县新农村示范点建设实施方案的通知	2013年3月21日
陆办发〔2013〕17号	中共陆川县委员会办公室　陆川县人民政府办公室 关于落实中共陆川县委员会常委会2013年工作要点确定的工作任务的通知	2013年4月7日
陆办发〔2013〕21号	中共陆川县委员会办公室　陆川县人民政府办公室 关于下达陆川县2013年财政收入任务并实行目标责任考核的通知	2013年4月27日
陆办发〔2013〕23号	中共陆川县委员会办公室　陆川县人民政府办公室 关于推广马坡镇界垌村环境卫生综合整治工作先进经验的通知	2013年5月9日
陆办发〔2013〕25号	中共陆川县委员会办公室 关于明确回乡干部职责推进"美丽陆川·清洁乡村"建设活动的通知	2013年5月12日
陆办发〔2013〕30号	中共陆川县委员会办公室 关于印发陆川县关于实行党风廉政建设责任制规定的实施细则等10个制度文件的通知	2013年6月3日
陆办发〔2013〕32号	中共陆川县委员会办公室　陆川县人民政府办公室 关于印发加快培育发展中心镇的实施意见的通知	2013年8月5日
陆办发〔2013〕33号	中共陆川县委员会办公室　陆川县人民政府办公室 印发贯彻落实中央和自治区、玉林市关于进一步精简文件和简报有关规定的实施办法的通知	2013年8月28日
陆办发〔2013〕34号	中共陆川县委员会办公室 关于印发陆川县"五支队伍"管理暂行办法的通知	2013年8月30日
陆办发〔2013〕42号	中共陆川县委员会办公室 关于印发陆川县党政领导与党外代表人士联谊交友的实施办法的通知	2013年6月28日
陆办发〔2013〕43号	中共陆川县委员会办公室　陆川县人民政府办公室 关于做好当前我县九洲江流域禁养区养猪场拆除工作的通知	2013年12月27日
陆办发〔2013〕44号	中共陆川县委员会办公室　陆川县人民政府办公室 关于做好我县市层面统筹推进重点旅游项目及相关项目建设工作的通知	2013年12月31日
办发〔2013〕1号	中共陆川县委员会办公室　陆川县人民政府办公室 关于做好2013年春节前走访慰问敬老院五保村两户两属等困难群众活动的通知	2013年1月8日
办发〔2013〕3号	中共陆川县委员会办公室　陆川县人民政府办公室 关于2013年春节期间开展拥军优属慰问活动的通知	2013年1月10日
办发〔2013〕5号	中共陆川县委员会办公室 关于学习贯彻习近平总书记关于厉行勤俭节约反对铺张浪费重要批示精神的通知	2013年1月25日
办发〔2013〕11号	中共陆川县委员会办公室　陆川县人民政府办公室 关于印发陆川县开展2013年县城区广场文化活动方案的通知	2013年3月5日

续表

文件号	文　件　标　题	发文日期
办发〔2013〕17号	中共陆川县委员会办公室　陆川县人民政府办公室 关于进一步加快推进陆川县北部工业园区建设工作的通知	2013年3月20日
办发〔2013〕23号	中共陆川县委员会办公室　陆川县人民政府办公室 关于印发陆川县开展"作风建设年"活动实施方案的通知	2013年4月7日
办发〔2013〕25号	中共陆川县委员会办公室　陆川县人民政府办公室 关于印发陆川县"游陆川美景,享客家风情,创旅游品牌"暨"践行十八大·青春炫风采"庆"五四"主题活动实施方案的通知	2013年4月22日
办发〔2013〕30号	中共陆川县委员会办公室　陆川县人民政府办公室 关于印发陆川县深入开展"全民创业年"活动实施方案的通知	2013年4月28日
办发〔2013〕31号	中共陆川县委员会办公室　陆川县人民政府办公室 关于印发陆川县深入推进"实体经济年"活动实施方案的通知	2013年5月6日
办发〔2013〕32号	中共陆川县委办公室　陆川县人民政府办公室 关于印发陆川县深入开展"美丽陆川·清洁乡村"活动"十大宣传行动"工作方案的通知	2013年5月15日
办发〔2013〕33号	中共陆川县委员会办公室　陆川县人民政府办公室 关于将重大项目推进工作纳入单位绩效考评的通知	2013年5月15日
办发〔2013〕35号	中共陆川县委办公室 关于印发陆川县人民检察院职务犯罪预防约谈暂行规定的通知	2013年5月24日
办发〔2013〕38号	中共陆川县委办公室　陆川县人民政府办公室 关于印发陆川县"美丽陆川·清洁乡村"活动实施方案的通知	2013年6月13日
办发〔2013〕39号	中共陆川县委员会办公室 关于印发创建农民收入倍增示范户工作方案等六个工作方案和开展双评双测双公示满意度测评工作实施意见的通知	2013年6月14日
办发〔2013〕40号	中共陆川县委员会办公室　陆川县人民政府办公室 关于建立回乡干部"三个集中"返乡服务长效机制的通知	2013年6月19日
办发〔2013〕41号	中共陆川县委员会办公室 关于在"六个创建"活动中开展"双评双测双公示"满意度测评工作的通知	2013年6月14日
办发〔2013〕42号	中共陆川县委员会办公室　陆川县人民政府办公室 关于印发陆川县"美丽陆川·清洁乡村"活动村庄整治及生活垃圾清运处理工作实施意见的通知	2013年6月25日
办发〔2013〕46号	中共陆川县委员会办公室　陆川县人民政府办公室 关于印发陆川县继续开展党政机关执行人民法院生效判决和裁定专项积案清理工作方案的通知	2013年6月26日
办发〔2013〕51号	中共陆川县委员会办公室　陆川县人民政府办公室 关于印发陆川县城区市容环境卫生综合整治行动实施方案的通知	2013年6月26日
办发〔2013〕52号	中共陆川县委员会办公室　陆川县人民政府办公室 关于印发陆川县"美丽陆川·清洁乡村"城区卫生责任区分解表的通知	2013年7月8日
办发〔2013〕53号	中共陆川县委员会办公室　陆川县人民政府办公室 关于印发陆川县综合整治县城区脏乱差工作实施方案的通知	2013年7月14日
办发〔2013〕55号	中共陆川县委员会办公室　陆川县人民政府办公室 关于做好陆川县清洁乡村重点乡镇、重点村建设的通知	2013年7月15日
办发〔2013〕61号	中共陆川县委员会办公室　陆川县人民政府办公室 关于陆川县2012年度机关绩效考评结果的通报	2013年7月24日

续表·

文件号	文 件 标 题	发文日期
办发〔2013〕65号	中共陆川县委员会办公室　陆川县人民政府办公室 关于印发陆川县全面推进农村产权制度改革工作方案的通知	2013年7月28日
办发〔2013〕66号	中共陆川县委员会办公室　陆川县人民政府办公室 关于开展"网上信访"工作的通知	2013年8月1日
办发〔2013〕69号	中共陆川县委员会办公室 关于2012年度陆川县落实党风廉政建设责任制和构建惩防体系工作考评等次的通报	2013年8月1日
办发〔2013〕73号	中共陆川县委员会办公室　陆川县人民政府办公室 关于成立陆川教育艺术培训中心的通知	2013年8月21日
办发〔2013〕74号	中共陆川县委员会办公室　陆川县人民政府办公室 关于印发陆川县农村土地承包经营权流转服务体系建设方案的通知	2013年8月27日
办发〔2013〕87号	中共陆川县委员会办公室　陆川县人民政府办公室 关于进一步规范领导到访报告制度的通知	2013年10月31日
办发〔2013〕93号	中共陆川县委员会办公室　陆川县人民政府办公室 关于印发陆川县重大项目绩效考核奖惩办法的通知	2013年11月15日
办发〔2013〕94号	中共陆川县委员会办公室 关于印发陆川县开展窗口单位"三简三亮三比三评"活动工作方案的通知	2013年11月19日
办发〔2013〕106号	中共陆川县委员会办公室　陆川县人民政府办公室 关于印发陆川县民生保障及生态文明建设电视宣传工作方案的通知	2013年12月31日
办发〔2013〕107号	中共陆川县委员会办公室 关于组织三支宣讲队开展学习贯彻党的十八届三中全会精神宣讲活动的通知	2013年12月31日

表57　　　　　　　　　　陆川县人民政府办公室文件

文件号	文 件 标 题	发文日期
陆政办发〔2013〕7号	陆川县人民政府办公室 关于陆川县2012年耕地保护责任目标和耕地占补平衡考核情况的通报	2013年1月10日
陆政办发〔2013〕10号	陆川县人民政府办公室 关于印发陆川县2012年学前教育校舍改建类建设项目实施方案的通知	2013年1月15日
陆政办发〔2013〕17号	陆川县人民政府办公室 批转县民政局县教育局县卫生局团县委县妇联县文联关于在全县敬老院五保村开展敬老助老爱心传递结对帮扶活动实施方案的通知	2013年1月30日
陆政办发〔2013〕18号	陆川县人民政府办公室 关于实施陆川健康惠民工程的通知	2013年1月31日
陆政办发〔2013〕19号	陆川县人民政府办公室 关于切实加强烟花爆竹和危险化学品安全监管工作的紧急通知	2013年2月5日
陆政办发〔2013〕20号	陆川县人民政府办公室 关于印发陆川县2013年农村村屯道路硬化建设方案的通知	2013年2月5日
陆政办发〔2013〕25号	陆川县人民政府办公室 关于印发陆川县消除麻风病危害规划(2012—2020年)的通知	2013年3月5日
陆政办发〔2013〕26号	陆川县人民政府办公室 关于建立陆川县知识产权办公会议制度的通知	2013年3月4日

续表

文件号	文 件 标 题	发文日期
陆政办发〔2013〕27 号	陆川县人民政府办公室 关于印发陆川县开展全民发明创造活动实施方案的通知	2013 年 3 月 4 日
陆政办发〔2013〕28 号	陆川县人民政府办公室 关于印发陆川县发明专利倍增计划的通知	2013 年 3 月 4 日
陆政办发〔2013〕29 号	陆川县人民政府办公室 关于印发陆川县专利申请资助及奖励暂行办法的通知	2013 年 3 月 4 日
陆政办发〔2013〕32 号	陆川县人民政府办公室 关于抓好 2013 年粮食生产工作的通知	2013 年 3 月 7 日
陆政办发〔2013〕36 号	陆川县人民政府办公室 关于印发陆川县食品安全综合协调机制建设工程实施方案的通知	2013 年 3 月 29 日
陆政办发〔2013〕37 号	陆川县人民政府办公室 关于印发陆川县食品安全信息化建设工程实施方案的通知	2013 年 3 月 29 日
陆政办发〔2013〕38 号	陆川县人民政府办公室 关于印发陆川县食品安全基层管理工作网络建设工程实施方案的通知	2013 年 3 月 29 日
陆政办发〔2013〕41 号	陆川县人民政府办公室 关于加强征地补偿安置资金管理的通知	2013 年 4 月 3 日
陆政办发〔2013〕42 号	陆川县人民政府办公室 关于进一步加强乡镇基础设施建设项目管理的通知	2013 年 4 月 3 日
陆政办发〔2013〕44 号	陆川县人民政府办公室 关于印发陆川县创新计划(2011—2015 年)的通知	2013 年 4 月 2 日
陆政办发〔2013〕45 号	陆川县人民政府办公室 关于下达陆川县 2013 年招商引资指导性目标任务的通知	2013 年 4 月 11 日
陆政办发〔2013〕46 号	陆川县人民政府办公室 关于印发陆川县食品安全检验检测能力提升工程实施方案的通知	2013 年 4 月 10 日
陆政办发〔2013〕48 号	陆川县人民政府办公室关于 印发陆川县 2012 年能繁母猪补贴资金管理发放工作方案的通知	2013 年 4 月 12 日
陆政办发〔2013〕49 号	陆川县人民政府办公室 关于印发陆川县药品和医疗器械安全突发事件应急预案的通知	2013 年 4 月 12 日
陆政办发〔2013〕50 号	陆川县人民政府办公室 关于印发陆川县安全生产"十二五"规划的通知	2013 年 4 月 15 日
陆政办发〔2013〕51 号	陆川县人民政府办公室 关于印发 2013 年陆川县人民政府为民办实事工程实施方案的通知	2013 年 4 月 17 日
陆政办发〔2013〕52 号	陆川县人民政府办公室 关于印发陆川县开展职业培训扶贫攻坚工程实施方案的通知	2013 年 4 月 17 日
陆政办发〔2013〕54 号	陆川县人民政府办公室 印发关于加强基层农业技术推广体系建设的实施方案的通知	2013 年 4 月 23 日
陆政办发〔2013〕55 号	陆川县人民政府办公室 关于印发陆川县 2013—2015 年中央财政小型农田水利重点县建设资金 整合方案的通知	2013 年 4 月 25 日
陆政办发〔2013〕56 号	陆川县人民政府办公室 关于印发陆川县闲置土地清理处置工作方案的通知	2013 年 4 月 27 日
陆政办发〔2013〕58 号	陆川县人民政府办公室 关于印发陆川县 2013 年度地质灾害防治方案的通知	2013 年 4 月 28 日

续表

文件号	文 件 标 题	发文日期
陆政办发〔2013〕59号	陆川县人民政府办公室 关于印发陆川县行政企事业单位资产清查工作实施方案的通知	2013年5月3日
陆政办发〔2013〕60号	陆川县人民政府办公室 关于2012年度松材线虫病等重大林业有害生物防控目标责任完成情况的通报	2013年4月28日
陆政办发〔2013〕62号	陆川县人民政府办公室 关于印发陆川县病死动物无害化处理工作方案的通知	2013年5月3日
陆政办发〔2013〕67号	陆川县人民政府办公室 关于印发陆川县2013年村级公共服务中心建设工作实施方案的通知	2013年5月17日
陆政办发〔2013〕68号	陆川县人民政府办公室 关于印发陆川县执行2013年国家重大公共卫生服务项目农村改厕项目实施方案的通知	2013年5月20日
陆政办发〔2013〕71号	陆川县人民政府办公室 关于表彰2012年全社会固定资产投资工作先进单位的通知	2013年5月28日
陆政办发〔2013〕72号	陆川县人民政府办公室 关于印发陆川县新型农村合作医疗基金补偿技术方案(2013年修订)的通知	2013年5月29日
陆政办发〔2013〕73号	陆川县人民政府办公室 关于印发陆川县蔬菜供应应急预案的通知	2013年3月8日
陆政办发〔2013〕75号	陆川县人民政府办公室 关于印发陆川县2013年水库移民新村建设工程实施方案的通知	2013年6月4日
陆政办发〔2013〕76号	陆川县人民政府办公室 关于印发陆川县发展油菜产业实施方案的通知	2013年6月7日
陆政办发〔2013〕77号	陆川县人民政府办公室 关于印发陆川县乡镇市场体系建设项目工作实施方案的通知	2013年6月8日
陆政办发〔2013〕78号	陆川县人民政府办公室 关于印发2013年陆川县食品安全重点工作安排的通知	2013年6月9日
陆政办发〔2013〕80号	陆川县人民政府办公室 关于印发2013年全县政务服务政务公开政府信息公开工作要点的通知	2013年6月17日
陆政办发〔2013〕82号	陆川县人民政府办公室 关于印发陆川县联合治理非法超限运输车辆工作方案的通知	2013年6月20日
陆政办发〔2013〕93号	陆川县人民政府办公室 关于印发陆川县2013年度主要污染物总量减排实施方案的通知	2013年7月5日
陆政办发〔2013〕94号	陆川县人民政府办公室 关于印发陆川县开展环境风险和隐患问题大排查大整治工作方案的通知	2013年7月9日
陆政办发〔2013〕98号	陆川县人民政府办公室 关于设立县城区临时市场的通知	2013年7月19日
陆政办发〔2013〕99号	陆川县人民政府办公室 关于印发2013年陆川县重金属污染综合防治实施方案的通知	2013年7月18日
陆政办发〔2013〕100号	陆川县人民政府办公室 转发陆川县纠风办关于全县2013年纠风工作实施意见的通知	2013年7月18日
陆政办发〔2013〕101号	陆川县人民政府办公室 关于印发陆川县2013年学前教育校舍改建类建设项目实施方案的通知	2013年7月22日
陆政办发〔2013〕102号	陆川县人民政府办公室 关于印发陆川县2013年粮食稳定增产行动实施方案的通知	2013年8月8日

续表

文件号	文件标题	发文日期
陆政办发〔2013〕104 号	陆川县人民政府办公室 关于印发陆川县世行贷款新农村建设生态家园项目实施办法的通知	2013 年 8 月 12 日
陆政办发〔2013〕114 号	陆川县人民政府办公室 关于下达 2013 年度耕地保护和基本农田保护任务的通知	2013 年 9 月 4 日
陆政办发〔2013〕121 号	陆川县人民政府办公室 关于印发陆川县 2013 年全国基层农技推广补助项目实施方案的通知	2013 年 9 月 30 日
陆政办发〔2013〕123 号	陆川县人民政府办公室 关于印发陆川县深化医药卫生体制改革 2013 年主要工作安排的通知	2013 年 10 月 10 日
陆政办发〔2013〕126 号	陆川县人民政府办公室 关于印发陆川县生猪标准化规模养殖场（小区）建设 2013 年中央预算内投资项目建设实施方案的通知	2013 年 10 月 10 日
陆政办发〔2013〕129 号	陆川县人民政府办公室 关于印发陆川县城乡居民最低生活保障审核审批办法（试行）的通知	2013 年 10 月 28 日
陆政办发〔2013〕139 号	陆川县人民政府办公室 关于印发陆川县 2013 年农村改造工程实施方案的通知	2013 年 11 月 18 日
陆政办发〔2013〕140 号	陆川县人民政府办公室 关于印发陆川县城乡医疗救助实施办法（修订）的通知	2013 年 11 月 26 日
陆政办发〔2013〕145 号	陆川县人民政府办公室 关于印发陆川县食品药品监督管理体制改革工作方案的通知	2013 年 11 月 27 日
陆政办发〔2013〕149 号	陆川县人民政府办公室 关于印发陆川县突发地质灾害应急预案的通知	2013 年 12 月 17 日
陆政办发〔2013〕151 号	陆川县人民政府办公室 关于印发陆川县推进供销合作社项目建设富民强社示范县实施方案的通知	2013 年 12 月 24 日
陆政办发〔2013〕154 号	陆川县人民政府办公室 关于印发陆川县开展河道采砂专项整治工作方案的通知	2013 年 11 月 20 日

重要文件选录

陆川县人民政府关于印发陆川县妇女发展规划（2011—2020 年）和陆川县儿童发展规划（2011—2020 年）的通知

（陆政发〔2013〕8 号　2013 年 5 月 7 日）

各乡镇人民政府，县政府各工作部门：

《陆川县妇女发展规划（2011—2020 年）》和《陆川县儿童发展规划（2011—2020 年）》已经县十五届人民政府第 21 次常务会议讨论通过，现印发给你们，请认真组织实施。

陆川县妇女发展规划（2011—2020 年）

实行男女平等是国家的基本国策，男女平等的实现程度是衡量社会文明进步的重要标志。妇女占人口的半数，是经济社会发展的重要力量。在发展中维护妇女权益，在维权中促进妇女发展，是实现妇女解放的内在动力和重要途径。保障妇女权益、促进妇女发展、推动男女平等，对经济社会发展和中华民族文明进步具有重要意义。

2002 年，陆川县人民政府颁布了《陆川县妇女发展规划（2001—2010 年）》（以下简称"规划"）。截至 2010 年，"规划"确定的主要目标基本实现，在促进妇女发展和男女平等方面取得了重大进展。妇女享有社会保障的程度普遍提高，贫困妇女状况进一步改善。妇女参政水平不断提高，县、乡政府领导班子 100% 配备女干部，县政府工作部门领导班子中女干部配备率达到 50%，公务员女性比例不断提高。妇女受教育水平稳步提升,男女受教育差距进一步缩小,小学适龄女童净入学率达到99.83%,初中阶段女童毛入学率达到98.5%。妇女健康水平明显提高,孕产妇住院分娩率从2000年的64.66%提高到99.96%,孕产妇死亡率从2000年的16.42/10万下降到10.52/10万,妇女平均预期寿命进一步延长。保障妇女权益的立法、执法力度持续加大,妇女权益进一步得到保障;男女平等基本国策进一步深入人心,妇女发展的社会环境进一步改善。

受社会主义初级阶段生产力发展水平和社会文明程度的制约与影响,妇女发展仍面临诸多问题与挑战。随着经济全球化的深入发展,国际竞争会日趋激烈。国际社会在推动人类发展进程中,更加关注妇女发展。从现在起到2020年,是我国全面建设小康社会的关键时期,也是我县经济社会快速发展的重要时期,既为妇女发展提供了难得的机遇,也提出了新的挑战。促进妇女全面发展,实现男女平等任重道远。

依照《中华人民共和国妇女权益保障法》和《广西壮族自治区实施〈中华人民共和国妇女权益保障法〉办法》等相关法律法规,遵循联合国《消除对妇女一切形式歧视公约》的宗旨,根据《玉林市妇女发展规划(2011—2020年)》,按照我县经济社会发展的总体目标和要求,结合我县妇女发展和男女平等的实际情况,制定本规划。

一、指导思想和基本原则

(一)指导思想

高举中国特色社会主义伟大旗帜,以邓小平理论和"三个代表"重要思想为指导,深入贯彻落实科学发展观,实行男女平等基本国策,保障妇女合法权益,优化妇女发展环境,提高妇女社会地位,推动妇女平等依法行使民主权利,平等参与经济社会发展,平等享有改革发展成果。

(二)基本原则

1. 全面发展原则。从妇女生存发展的基本需求出发,着力解决关系妇女切身利益的现实问题,努力实现妇女在政治、经济、文化和社会等各方面的全面发展。

2. 平等发展原则。完善和落实促进男女平等的政策文件,更加注重社会公平,构建文明先进的性别文化,营造良好的社会环境,缩小男女社会地位差距,促进两性和谐发展。

3. 协调发展原则。加大对农村及贫困地区妇女发展的支持力度,缩小城乡区域妇女在人均收入水平、生活质量、文化教育、医疗卫生服务、社会保障等方面的差距。

4. 妇女参与原则。依法保障妇女参与经济社会发展的权利,尊重妇女的主体地位,引导和支持妇女在推动社会主义经济建设、政治建设、文化建设、社会建设以及生态文明建设的实践中,实现自身的进步与发展。

二、总目标

将社会性别意识纳入制度体系和公共政策,促进妇女全面发展,促进两性和谐发展,促进妇女与经济社会同步发展。保障妇女平等享有基本医疗卫生服务,生命质量和健康水平明显提高;平等享有受教育的权利和机会,受教育程度持续提高;平等获得经济资源和参与经济发展,经济地位明显提升;平等参与国家和社会事务管理,参政水平不断提高;平等享有社会保障,社会福利水平显著提高;平等参与环境决策和管理,发展环境更为优化;保障妇女权益的制度体系更加完善,妇女的合法权益得到切实保护。

三、发展领域、主要目标和策略措施

(一)妇女与健康

主要目标:

1. 妇女享有良好的基本医疗卫生服务,妇女的人均预期寿命延长。

2. 确保孕产妇住院分娩,孕产妇死亡率控制在20/10万以下,逐步缩小城乡区域差距,降低流动人口孕产妇死亡率。

3. 逐步提高妇女常见病筛查率。提高宫颈癌和乳腺癌的早诊早治率,降低妇女两癌死亡率。

4. 妇女艾滋病发病率及病毒新发感染率与性病感染率得到控制。

5. 降低孕产妇中重度贫血患病率。

6. 提高妇女心理健康知识和精神疾病预防知识知晓率。

7. 保障妇女享有避孕节育知情选择权,减少非意愿妊娠,降低人工流产率。

8. 提高妇女经常参加体育锻炼的人数比例。

策略措施:

1. 加大妇幼卫生工作力度。优化卫生资源配置,增加农村妇幼卫生经费投入。加强县、乡镇妇幼保健机构建设,坚持妇幼保健机构的公益性质,健全妇幼卫生服务网络,完善基层妇幼卫生服务体系,为妇女提供均等的保健服务。加快妇幼卫生人才培养,加强妇幼保健机构人员配备。加大执法监督力度,严肃查处危害妇女健康的非法行为。

2. 加强妇女健康相关科学研究与技术开发。充分依靠科技进步,促进妇女身心健康,统筹和优化科技资源配置,组织跨部门、跨地区、跨学科协同攻关,加强对妇女健康主要影响因素及干预措施等的研究;鼓励自主创新,促进成果转化,加大对促进妇女健康的新技术和适宜技术的应用示范和推广力度。

3. 提高妇女生殖健康服务水平。针对妇女生理特点,大力普及生殖健康知识,提高妇女自我保健意识和能力。提供规范的青春期、育龄期、孕产期、更年期和老年期妇女生殖保健服务,有针对性地解决妇女特殊生理时期的健康问题。

4. 保障孕产妇安全分娩。加强基层医疗保健机构产科建设和人员培训,提高产科服务质量和孕产妇卫生保健水平。孕产妇系统管理率达到85%以上,全县孕产妇住院分娩率达到 98% 以上,农村孕产妇住院分娩率达到 96% 以上。健全孕产妇医疗急救网络,推广适宜助产技术,加强孕产妇危重症救治。落实农村孕产妇住院分娩补助政策。为孕产妇提供必要的心理指导和健康教育,普及自然分娩知识,帮助其科学选择分娩方式,控制剖宫产率。

5. 加大妇女常见病防治力度。普及妇女常见病防治知识,建立妇女常见病定期筛查制度。加大专项资金投入,扩大宫颈癌、乳腺癌检查覆盖范围。加强基层妇幼卫生人员和计划生育服务提供者的卫生保健专业知识及服务能力培训。提高医疗保健机构宫颈癌、乳腺癌诊治能力,对贫困、重症患者治疗按规定给予补助。开展妇女盆底功能障碍早期筛查、早期随访和早期诊治,提高妇女生活质量和健康水平。

6. 预防和控制艾滋病、性病传播。完善艾滋病和性病防治工作机制。针对妇女重点人群加强宣传教育,推广有效干预措施。强化对娱乐场所的监管,严厉打击吸毒、嫖娼等违法行为。将艾滋病、梅毒、乙肝等母婴传播阻断纳入妇幼保健日常工作,强化预防艾滋病母婴传播综合服务,孕产妇艾滋病和梅毒检测率分别达到 80% 和 70%,感染艾滋病和梅毒的孕产妇及所生儿采取预防母婴传播干预措施比例均达到 90% 以上。

7. 提高妇女营养水平。大力开展健康和营养知识的宣传普及和教育,提倡科学、合理的膳食结构和习惯。为孕前、孕产期和哺乳期妇女等重点人群提供有针对性的营养指导和干预。预防和治疗孕产妇贫血。加强对营养强化食品生产和流通的监管。

8. 保障妇女享有计划生育优质服务。研究推广安全、有效、适宜的避孕节育新技术和新方法,推行避孕节育知情选择,提供避孕节育优质服务。加大避孕知识宣传力度,提高妇女自我保护意识和选择科学合理的避孕方式的能力,预防和控制非意愿妊娠和人工流产。强化男女共同承担避孕节育的责任意识,配合上级开发、研制男性避孕节育产品,动员男性采取节育措施,提高男性避孕方法使用比重。

9. 提高妇女精神卫生服务水平。建立覆盖城乡、功能完善的精神卫生防治和康复服务网络。针对妇女生理和心理特点,开展咨询和服务。加强精神卫生专业机构和医疗保健机构人员精神卫生知识培训。开展妇女产后抑郁症预防、早期发现及干预。

10 加强流动妇女卫生保健服务。完善流动妇女管理机制和保障制度,逐步实现流动妇女享有与流入地妇女同等的卫生保健服务。加大对流动妇女卫生保健知识的宣传力度。

11. 引导和鼓励妇女参加经常性体育锻炼。加强对妇女体育健身活动的科学指导,提高妇女健身意识。积极发展城乡社区体育,鼓励妇女参与全民健身运动。加强对老年妇女、残疾妇女体育活动的指导和服务。

(二)妇女与教育

主要目标:

1. 教育工作全面贯彻性别平等原则,保障女性享有同等的接受教育机会和资源。

2. 学前三年毛入园率达到 70%,女童平等接受学前教育。

3. 九年义务教育巩固率达到 95%,女童平等接受九年义务教育,努力消除辍学现象。

4. 高中阶段教育毛入学率达到 90%,女性平等接受高中阶段教育。

5. 高等教育毛入学率达到 40%,女性平等接受高等教育,高等学校在校生中男女比例保持均衡。

6. 女性平等接受职业学校教育和职业培训。

7. 主要劳动年龄人口中女性平均受教育年限达到 10.7 年。

8. 女性青壮年文盲率控制在 2% 以下。

9. 性别平等原则和理念在各级各类教育课程标准及教学过程中得到充分体现。

策略措施:

1. 切实保障女童平等接受学前教育。资助贫困家庭女童和残疾女童接受普惠性学前教育。提高农村学前教育普及程度,多形式增加农村学前教育资源,着力保证留守女童入园。保障进城务工人员子女接受学前教育。

2. 确保适龄女童平等接受义务教育。加大对教育法、义务教育法等法律法规的宣传力度,提高家长保障女童接受义务教育的守法意识和自觉性。

3. 保障女性平等接受高中阶段教育。加大对贫困地区高中阶段教育的扶持力度,满足农村和贫困地区女生接受高中阶段教育的需求。对普通高中家庭经济困难女生和残疾女生给予资助,保障女生不因家庭经济困难和个人生活困难辍学。逐步实行中等职业教育免费,保障未升入高中的女童在就业前接受必要的职业教育。

4. 提高女性接受高等教育的水平。采取积极措施,保障女性平等接受高等教育,提高女性主要劳动年龄人口中受过高等教育的比例。多渠道、多形式为贫困和残疾女大学生提供资助。

5. 满足妇女接受职业教育的需求。坚持职业学校教育与职业培训并举,为妇女接受职业教育提供更多的机会和资源。扶持边远贫困地区妇女和残疾妇女接受职业教育。为失学大龄女童,特别是残疾女童提供补偿教育,增加职业培训机会。组织失业妇女接受多种形式的职业培训,提高失业妇女创业和再就业能力。根据残疾妇女身心特点,合理设置残疾人职业教育专业。

6. 提高妇女终身教育水平。构建灵活开放的终身教育体系,为妇女提供多样化的终身教育机会和资源。鼓励妇女接受多形式的继续教育,支持用人单位为从业妇女提供继续教育的机会。提高妇女利用新型媒体接受现代远程教育的能力。

7. 促进妇女参与社区教育。整合、优化社区教育资源，发展多样化社区教育模式，丰富社区教育内容，满足妇女个性化的学习和发展需求。大力发展社区老年教育，为老年妇女提供方便、灵活的学习条件。

8. 继续扫除妇女文盲。创新和完善扫盲工作机制，制定相关优惠政策，加大扫除女性青壮年文盲工作力度。通过组织补偿学习，深化扫盲和扫盲后的继续教育，巩固发展扫盲成果。

9. 加大女性技术技能人才培养力度。完善科技人才政策，探索建立多层次、多渠道的女性科技人才培养体系。依托自治区重大科研项目和重大工程建设项目，聚集、培养女性专业技术人才和技能人才。

10. 实施教育内容和教育过程性别评估。在教育内容和教育方式中充分体现社会性别理念，引导学生树立男女平等的性别观念。

11. 提高教育工作者的社会性别意识。加大对教育管理者社会性别理论的培训力度，强化教育管理者的社会性别意识。提高各类学校和教育行政部门决策和管理层的女性比例。

12. 均衡中等教育学科领域学生的性别结构。鼓励学生全面发展，弱化性别因素对学生专业选择的影响。采取多种方式，鼓励更多女性参与高科技领域的学习和研究。

（三）妇女与经济

主要目标：

1. 保障妇女平等享有劳动权利，消除就业性别歧视。

2. 妇女占从业人员比例保持在40%以上，城镇单位女性从业人数逐步增长。

3. 男女非农就业率和男女收入差距缩小。

4. 技能劳动者中的女性比例提高。

5. 高级专业技术人员中的女性比例达到35%。

6. 保障女职工劳动安全，降低女职工职业病发病率。

7. 确保农村妇女平等获得和拥有土地承包经营权和经济分配权。

8. 妇女贫困程度明显降低。

策略措施：

1. 加大妇女经济权利的法律保障力度。确保妇女平等获得经济资源和有效服务。严格执行就业促进法、劳动合同法等法律法规。

2. 消除就业中的性别歧视。除法律规定不适合女性的工种和岗位外，任何单位在录用人员时不得以性别或变相以性别为由拒绝录用女性或提高女性录用标准，不得在劳动合同中规定或以其他方式变相限制女性结婚、生育。加大劳动保障监察执法力度，依法查处用人单位和职业中介机构的性别歧视行为。

3. 扩大妇女就业渠道。大力推进第三产业发展，为妇女创造新的就业机会和就业岗位。不断提高中小企业和非公有制企业吸纳妇女就业的能力。采取有效措施，推动妇女在新兴产业和新兴行业就业。制定实施更加积极的就业政策，强化对就业困难妇女的就业援助。完善创业扶持政策，采取技能培训、税费减免、贷款贴息、跟踪指导等措施，支持和帮助妇女成功创业。

4. 促进女大学生充分就业。加强面向高校女大学生的就业指导、培训和服务，引导女大学生树立正确的择业就业观。完善女大学生自主创业扶持政策，开展女大学生自主创业培训，促进帮扶女大学生创业。

5. 为就业困难妇女创造有利的就业条件。落实公益性岗位政策，扶持大龄、残疾等就业困难妇女就业。认真落实有关法律规定，支持生育妇女重返工作岗位。按规定落实社会保险补贴、培训补贴、小额担保贷款贴息等就业扶持政策，帮助失业妇女创业和再就业。

6. 改善妇女就业结构。加快城乡一体化进程，多渠道引导和扶持农村妇女向非农产业有序转移。落实技能人才培养、评价、激励等政策，加强对妇女的职业技能培训，提高初、中、高级技能劳动者中的女性比例。引导妇女积极参与科学研究和技术领域的发展，为她们成长创造条件。

7. 全面落实男女同工同酬。建立健全科学合理的工资收入分配制度，对从事相同工作、付出等量劳动、取得相同业绩的劳动者，用人单位要支付同等劳动报酬。

8. 保障女职工职业卫生安全。广泛开展职业病防治宣传教育，提高女职工特别是灵活就业女职工的自我保护意识。加强职业病危害的管理与监督。将女职工特殊劳动保护作为劳动保障监察和劳动安全监督的重要内容。加强女职工劳动保护，禁止安排女职工从事禁忌劳动范围的劳动，减少女职工职业病的发生。加强女职工安全生产教育，减少工伤事故。

9. 保障女职工劳动权益。贯彻执行女职工劳动保护法律法规，加强法律法规和安全卫生知识的宣传教育及培训，提高女职工自我保护意识。规范企业用工行为，提高企业劳动合同签订率，推进已建工会的企业签订并履行女职工权益保护专项集体合同。依法处理侵犯女职工权益案件。

10. 保障农村妇女土地权益。落实保障农村妇女土地权益的相关政策，纠正与法律法规相冲突的村规民约。推动地方政府出台农村集体经济组织内部征地补偿费分配使用办法，确保妇女享有与男子平等的土地承包经营权、宅基地使用权和集体收益分配权。

11. 提高农村妇女经济收入。大力推动农业生产互助合作组织发展，提升农业生产规模和经营收益。保障农村妇女享有国家规定的各项农业补贴。围绕农产品产地初加工、休闲农业和乡村旅游等农村第二、第三产业发展，积极创造适宜农村妇女就业的岗位。开展便于农村妇女参与的实用技术培训和职业技能培训，帮助农村留守妇女和返乡妇女多种形式创业就业。支持金融机构、企业等组织与妇女组织合作,面向农村妇女开展金融服务和相关培训。

12. 加大对贫困妇女的扶持力度。制订有利于贫困妇女的扶贫措施,保障贫困妇女的资源供给。帮助、支持农村贫困妇女实施扶贫项目,小额担保贷款等项目资金向城乡贫困妇女倾斜。

(四)妇女参与决策和管理

主要目标:

1. 积极推动有关方面逐步提高女性在陆川县各级人大代表、政协委员以及人大、政协常委中的比例。

2. 按照国家有关规定,县政府领导班子中配备女干部,并逐步增加。

3. 按照国家有关规定,县政府工作部门及县直机关各部委办局领导班子中女干部数量在现有基础上逐步增加。

4. 按照国家有关规定,县政府工作部门领导班子中担任正职的女干部占同级正职干部的比例逐步提高。

5. 企业董事会、监事会成员及管理层中的女性比例逐步提高。

6. 职工代表大会、教职工代表大会中女代表比例逐步提高。

7. 村委会成员中女性比例达到 25% 以上,村委会主任中女性比例逐步达到 10% 以上。

8. 居委会成员中女性比例保持在 50% 左右。

策略措施:

1. 积极推动有关方面采取措施提高人大代表、政协委员、村民委员会、居民委员会中的女性比例及候选人中的女性比例。

2. 为妇女参与决策和管理创造良好社会环境。开展多种形式的宣传,提高全社会的性别平等意识,以及对妇女在推动国家民主法治进程和促进两性和谐发展中重要作用的认识。

3. 提高妇女参与决策和管理的意识和能力。面向妇女开展宣传培训,不断提高妇女民主参与意识和能力,鼓励和引导妇女积极参与决策和管理。保障女干部接受各类培训的机会,加大对基层女干部的培训力度,不断提高女干部政治文化素质和决策管理能力。

4. 完善干部人事制度和公务员管理制度。在干部选拔、聘(任)用、晋升中切实贯彻"民主、公开、竞争、择优"原则,保障妇女不受歧视。加强对公务员录用、培训、考核、奖励、交流、晋升等各环节的严格监管,保证妇女平等权利。

5. 加大培养、选拔女干部力度。贯彻落实相关法规政策中关于女干部培养选拔和配备的要求。通过提拔、交流等形式,推动一定比例的女干部到重要部门、关键岗位担任主要领导职务。注重从基层、生产一线培养选拔女干部。逐步提高后备干部队伍中女干部的比例。加强少数民族女干部的培养,逐步提高少数民族女干部的比例。

6. 推动妇女参与企业经营管理。深化企业人事制度改革,坚持公开、透明、择优的选拔任用原则,通过组织推

荐、公开招聘、民主选举、竞争上岗等方式,使更多妇女进入企业的董事会、监事会和管理层。

7. 推动妇女广泛参与基层民主管理。完善村委会、居委会等基层民主选举制度,村民委员会选举中单独设立妇女委员岗位,专职专选,落实妇女委员岗位的定工或半定工补助,为妇女参与基层民主管理创造条件。建立健全村(社区)妇代会,发挥基层妇女组织的作用。完善以职工代表大会为基本形式的民主管理制度,保障企事业职工代表大会女代表比例与女职工比例相适应。

8. 拓宽妇女参与决策和管理的渠道。在制定涉及公众利益和妇女权益的重大决策时,充分听取女人大代表、女政协委员和妇女群众的意见和建议。大力开展多种形式的参政议政活动,为妇女参与决策和管理提供机会。

9. 提高妇联组织参与决策和管理的影响力。充分发挥妇联组织代表妇女参与社会事务的民主决策、民主管理和民主监督的作用。充分吸收妇联组织参与有关妇女重大公共政策的制定,反映妇女群众的意见和诉求。重视妇联组织在培养、推荐女干部和优秀女性人才,以及推动妇女参政议政等方面的意见和建议。

(五)妇女与社会保障

主要目标:

1. 城乡生育保障制度进一步完善,生育保险覆盖所有用人单位,妇女生育保障水平稳步提高。

2. 基本医疗保险制度覆盖城乡妇女,医疗保障水平稳步提高。

3. 妇女养老保障覆盖面逐步扩大。继续扩大城镇个体工商户和灵活就业妇女的养老保险覆盖面,大幅提高新型农村社会养老保险妇女参保率。

4. 妇女参加失业保险的人数增加,失业保险待遇水平逐步提高。

5. 有劳动能力的女性劳动者依法参加工伤保险。

6. 妇女养老服务水平提高,以城乡社区为单位的养老服务覆盖率达到 90% 以上。

策略措施:

1. 贯彻落实社会保险法,为妇女普遍享有生育保险、医疗保险、养老保险、失业保险和工伤保险提供法制保障。

2. 完善生育保障制度。完善城镇职工生育保险制度,进一步扩大生育保险覆盖范围,提高参保率。以城镇居民基本医疗保险、新型农村合作医疗制度为依托,完善城乡生育保障制度,覆盖所有城乡妇女。

3. 确保城乡妇女享有基本医疗保障。继续扩大城镇职工基本医疗保险、城镇居民基本医疗保险和新型农村合作医疗覆盖面,逐步提高保障水平。

4. 完善覆盖城乡的养老保险制度。完善城镇职工养老保险制度,加快建立城镇居民养老保险制度,大力推进新型农村社会养老保险。

5. 进一步完善失业保险制度。继续扩大失业保险覆

盖范围,切实保障女性失业者的失业保险合法权益。

6.保障女性劳动者的工伤保险合法权益。扩大工伤保险覆盖范围,加大执法力度,确保各项工伤保险待遇的落实。

7.完善城乡社会救助制度,对符合救助条件的妇女进行救助。

8.倡导社会力量参与救助。大力支持和规范社会组织和公民的救助活动,鼓励社会组织开展公益活动,多方动员社会资源,为困难妇女提供救助。

9.保障老年妇女享有基本养老服务。建立健全社会养老服务体系,加大老龄事业投入,发展公益性社区养老机构,建立健全社区卫生服务网络,加强养老服务队伍的专业化建设,提高社区的养老照护、医疗服务能力和水平,不断提高老龄妇女生活质量。

10.为残疾妇女提供社会保障。为重度和贫困残疾妇女参加新型农村合作医疗、城镇居民基本医疗保险、新型农村社会养老保险等社会保险提供保费补贴。多渠道保障残疾贫困妇女的基本生活,加强残疾人福利机构和康复服务机构建设,县建立残疾人综合服务设施,推进残疾妇女社区康复。

(六)妇女与环境

主要目标:

1.男女平等基本国策进一步落实,形成两性平等、和谐的家庭和社会环境。

2.性别平等原则在环境与发展、文化与传媒、社会管理与家庭等相关政策中得到充分体现。

3.完善传媒领域的性别平等监管机制。

4.开展基于社区的婚姻家庭教育和咨询,建立平等、文明、和谐、稳定的家庭关系。

5.鼓励和引导妇女做和谐家庭建设的推动者。

6.开展托幼、养老家庭服务,为妇女更好地平衡工作和家庭责任创造条件。

7.全面解决农村饮水安全问题,降低水污染对妇女健康的危害。农村集中式供水受益人口比例提高到85%左右,农村自来水普及率提高到75%。

8.农村卫生厕所普及率提高到85%。城镇公共厕所男女厕位比例与实际需求相适应。

9.倡导妇女参与节能减排,践行低碳生活。

10.提高妇女预防和应对灾害风险的能力,满足妇女在减灾中的特殊需求。

11.县建有妇女活动场所,不断改善妇女发展环境。

策略措施:

1.加大男女平等基本国策的宣传力度。推动将男女平等基本国策宣传培训纳入各级党校教学计划和各级干部培训规划,多渠道、多形式宣传男女平等基本国策,使性别平等理念深入社区、家庭,提高基本国策的社会影响力。

2.大力宣传妇女在推动经济社会发展中的积极作用。在新闻出版、广播影视以及文学艺术等领域,充分展示妇女参与和推动经济发展及社会进步的成就、价值和贡献。大力宣传妇女中的先进模范人物,引导广大妇女发扬自尊、自信、自立、自强的精神。

3.加强对传媒的正面引导和管理。将社会性别意识纳入传媒培训规划,提高媒体决策和管理者及从业人员的社会性别意识。完善传媒监管机制,增加性别监测内容,吸纳社会性别专家参与传媒监测活动。监督新闻媒体和广告经营者严格自律。禁止在媒体中出现贬抑、否定妇女独立人格等性别歧视现象。

4.提高妇女运用媒体获取知识和信息的能力。为妇女接触、学习和运用大众媒体提供条件和机会。支持和促进边远贫困、流动、残疾等妇女使用媒体和通信传播技术。鼓励民间机构和企业等运用各类信息通信技术帮助边远贫困妇女获得信息和服务。

5.营造平等、和谐的家庭环境。通过开展多种形式的宣传教育活动,弘扬尊老爱幼、男女平等、夫妻和睦、勤俭持家、邻里团结的家庭美德,树立先进的性别文化,倡导文明、健康、科学的生活方式和男女共同承担家庭责任。

6.引导妇女参与家庭教育指导和宣传实践活动。多形式、多渠道宣传和普及家庭教育知识,积极引导儿童家长接受家庭教育指导服务和家庭教育实践活动。通过有效措施,吸纳妇女参与家庭教育研究,推广家庭教育成果。

7.深入开展家庭教育指导服务和宣传活动。充分发挥传统与现代传媒作用,普及家庭教育知识,帮助家长树立科学的教育理念,掌握正确方法。

8.大力推进社区公共服务体系建设。发展面向家庭的公共服务,为夫妻双方兼顾工作和家庭提供支持。发展公共托幼服务,为婴幼儿家庭提供支持。强化城乡社区妇女服务功能,提高家务劳动社会化程度。加大妇女活动场所建设,提高妇女精神文化生活质量。

9.减少环境污染对妇女的危害。完善环境监测和健康监测数据库,从性别视角分析评估饮用水、室内空气污染和生活、工业、农业等环境污染对妇女健康的危害,加强对环境污染的控制和治理,有效减少各种污染对环境的影响。提高生活垃圾减量化、资源化、无害化水平。加强清洁能源的开发利用,改善家庭能源结构。加大对从事有毒有害作业妇女健康的保护力度。

10.组织动员妇女积极参与生态建设和环境保护。开展多层次、多形式的生态和环境保护宣传教育活动,增强妇女生态文明意识,提高妇女参与生态建设和环境保护的能力。促进妇女主动参与节能减排,崇尚绿色消费,践行低碳生活。

11.建立健全农村饮水安全保障体系。继续推进农村饮水安全工程建设,大力发展农村集中式供水工程,加强农村饮水安全工程运行管理,落实管护主体,加强水源保护和水质监测,确保工程长期发挥效益。

12. 提高农村卫生厕所的普及程度。大力宣传改厕的重要意义,鼓励农民自觉改厕。加强对改厕工作的技术指导和服务。将改厕纳入新农村建设规划,改厕成效纳入政府年度工作考核范围。

13. 推动城镇公共厕所男女厕位比例与实际需求相适应。在场馆、商场等公共场所的建设规划中,从性别视角进行公共厕所的男女使用需求和效率的分析研究,充分考虑妇女生理特点,确定合理的男女厕位比例。

14. 在减灾工作中体现性别意识。根据妇女特殊需求,在减灾工作中对妇女提供必要的救助和服务。通过宣传培训,提高妇女预防和应对灾害的能力,吸收妇女参与相关工作。加强对灾区妇女的生产自救和就业指导。

（七）妇女与法律

主要目标:

1. 妇女依法维护自身权益的意识和能力不断增强。

2. 严厉打击强奸、拐卖妇女和组织、强迫、引诱、容留、介绍妇女卖淫等严重侵害妇女人身权利的犯罪行为。

3. 预防和制止针对妇女的家庭暴力。

4. 保障妇女在婚姻家庭关系中的财产权益。

5. 保障妇女的土地承包经营权和经济分配权。

6. 保障妇女依法获得法律援助和司法救助。

策略措施:

1. 推动落实保障妇女权益的相关法律法规。针对妇女权益保障中的突出问题,保障妇女在政治、经济、文化教育、人身、财产、劳动、社会保障、婚姻家庭等方面的权利。

2. 支持和配合各级人大开展对维护妇女权益相关法规和规章的执法检查,深入了解法规和规章执行中的问题,提出解决问题的意见和建议。

3. 广泛深入宣传保障妇女权益的法律知识。加大普法力度,将保障妇女权益法律知识的宣传教育纳入普法规划,推动城乡社区普法工作深入开展。面向广大妇女多渠道、多形式开展普法活动。

4. 加强社会性别理论培训。将社会性别理论纳入司法和执法部门常规培训课程,提高司法和执法人员的社会性别意识。

5. 提高妇女在司法和执法中的影响力。鼓励和推荐符合人民陪审员条件的妇女担任人民陪审员。鼓励和推荐有专业背景的妇女担任人民检察院特约检察员或人民监督员。

6. 严厉打击组织、强迫、引诱、容留、介绍妇女卖淫犯罪活动,对逼诱、强制、容留残疾妇女卖淫或用工的行为,要依照有关法律法规进行处理。强化整治措施,加大监管力度,严厉查处涉黄娱乐服务场所,依法从严惩处犯罪分子。加大社会治安综合治理力度,鼓励群众对涉黄违法犯罪活动进行举报和监督。

7. 加大反对拐卖妇女的工作力度。坚持预防为主、防治结合,提高全社会的反拐意识和妇女的防范意识。加强

综合治理,加大对拐卖妇女犯罪行为的打击力度;加强被解救妇女身心康复和回归社会的工作。

8. 预防和制止针对妇女的家庭暴力。推动预防和制止家庭暴力的立法进程;加强宣传教育,增强全社会自觉抵制家庭暴力的意识和能力,提高受家庭暴力侵害妇女的自我保护能力。完善预防和制止家庭暴力多部门合作机制以及预防、制止、救助一体化工作机制。

9. 有效预防和制止针对妇女的性骚扰。建立健全预防和制止性骚扰的措施和工作机制,加大对性骚扰行为的打击力度。用人单位采取有效政策措施,防止工作场所的性骚扰。

10. 维护婚姻家庭关系中的妇女财产权益。依照有关法律规定,在审理婚姻家庭和继承案件中,体现性别平等;在离婚案件审理中,考虑婚姻关系存续期间妇女在照顾家庭上投入的劳动、妇女离婚后的生存发展以及抚养未成年子女的需要,实现公平补偿。

11. 维护农村妇女在村民自治中的合法权益。贯彻落实村民委员会组织法,保障妇女依法行使民主选举、民主决策、民主管理、民主监督的权利。乡镇人民政府对报送其备案的村民自治章程和村规民约,发现有与宪法、法律、法规和国家的政策相抵触,含有歧视妇女或损害妇女合法权益内容的,应及时予以纠正。依法保障农村妇女的土地承包经营权和经济分配权。

12. 及时受理侵害妇女权益案件。依照有关法律规定,对涉及妇女个人隐私的案件,在诉讼过程中采取措施使受害妇女免受二次伤害。

13. 依法为妇女提供法律援助。提高法律援助的社会知晓率,鼓励符合条件的妇女申请法律援助并为其提供便利。进一步扩大法律援助覆盖面,健全完善法律援助工作网络。鼓励和支持法律服务机构、社会组织、事业单位等为妇女提供公益性法律服务和援助。

14. 依法为妇女提供司法救助。为经济困难或因其他特殊情况需要救助的妇女提供司法救助,实行诉讼费的缓交、减交或免交。建立完善刑事被害人救助制度,对因受犯罪侵害而陷入生活困境的妇女实行救助,保障受害妇女的基本生活。

（一）加强对规划实施工作的组织领导。

县妇女儿童工作委员会(以下简称妇儿工委)负责规划实施的组织、协调、指导和督促。各乡镇和有关部门、相关机构及社会团体结合各自职责,承担落实规划中相应目标任务。

（二）制定地方妇女发展规划和部门实施方案。

各乡镇依据本规划,结合实际制定本乡镇妇女发展规划。县各有关部门、相关机构和社会团体结合各自职责,按照任务分工,制定实施方案,形成全县妇女发展规划体系。

（三）加强规划与国民经济和社会发展规划的衔接。

在经济和社会发展总体规划中体现男女平等基本国

策,将妇女发展的主要指标纳入经济和社会发展总体规划及专项规划,统一部署,统筹安排,同步实施,同步发展。

(四)保障妇女发展的经费投入。

要将实施规划所需经费纳入财政预算,加大经费投入,并随着经济增长逐步增加。重点扶持贫困地区妇女发展。动员社会力量,多渠道筹集资金,支持妇女发展。

(五)建立健全实施规划的工作机制。

建立政府主导、多部门合作、全社会参与的工作机制,共同做好规划实施工作。建立目标管理责任制,将规划主要目标纳入相关部门、机构和社会团体的目标管理和考核体系,考核结果作为对领导班子和有关负责人综合考核评价的重要内容。健全报告制度,各有关部门每年向县妇儿工委和上级主管部门报告规划实施的情况,县妇儿工委每年向上级妇儿工委报告本县规划实施的总体情况。健全会议制度,定期召开本级妇儿工委全体委员会议,汇报、交流实施规划的进展情况。健全监测评估制度,明确监测评估责任,加强监测评估工作。加强妇儿工委及其办公室建设,确保办公室机构、编制单设,将实施规划工作中的宣传、培训、监测评估、督查及办公经费纳入财政预算,专款专用。

(六)坚持和创新实施规划的有效做法。

及时开展对妇女发展和权益保护状况的调查研究,掌握新情况,分析新问题。加强妇女发展领域理论研究,总结探索妇女发展规律和妇女工作规律。不断创新工作方法,通过实施项目、为妇女办实事等方式解决重点难点问题;通过分类指导、示范先行,总结推广经验,推进规划实施。

(七)加大实施规划宣传力度。

多渠道、多形式面向全县各级领导干部、妇女工作者、广大妇女和全社会宣传规划内容及规划实施中的典型经验和成效,宣传促进妇女发展的法规政策,营造有利于妇女发展的社会氛围。

(八)加强实施规划能力建设。

将实施规划所需知识纳入培训计划,举办多层次、多形式培训,增强政府及各有关部门、机构相关人员、相关专业工作者实施规划的责任意识和能力。

(九)鼓励妇女参与规划实施。

妇女既是规划实施的受益者,也是规划实施的参与者。实施规划应听取妇女的意见和建议。鼓励妇女参与规划实施,提高参与意识和能力,实现自身发展。

五、监测评估

(一)对规划实施情况进行年度监测、中期评估和终期评估。及时收集、整理、分析反映妇女发展状况的相关数据和信息,动态反映规划目标进展情况。在此基础上,系统分析和评价规划目标达标状况,评判规划策略措施和规划实施工作的效率、效果、效益,预测妇女发展趋势。通过监测评估,准确掌握妇女发展状况,制定和调整促进妇女发展的政策措施,推动规划目标的实现,为规划未来妇女发展奠定基础。

(二)县妇儿工委设立监测评估领导小组,负责组织领导监测评估工作,审批监测评估方案,审核监测评估报告等。监测评估领导小组下设监测组和评估组。监测组由县统计部门牵头,负责规划监测工作的指导和人员培训,研究制定监测方案,收集、整理、分析数据和信息,撰写并提交年度监测报告等。评估组由县妇儿工委办事机构牵头,负责评估工作的指导和人员培训,制定评估方案,组织开展评估工作,撰写并提交评估报告等。

(三)要将监测评估工作所需经费纳入财政预算。县政府及有关部门结合监测评估结果开展宣传,研究利用监测评估结果加强规划实施。

(四)建立妇女发展综合统计制度,规范和完善与妇女生存、发展有关的统计指标和分性别统计指标,将其纳入县和部门常规统计或统计调查。建立和完善县级妇女发展监测数据库。

(五)县妇儿工委成员单位、相关机构及有关部门要向县统计部门报送年度监测数据,向县妇儿工委提交中期和终期评估报告。

陆川县儿童发展规划(2011—2020年)

儿童时期是人生发展的关键时期。为儿童提供必要的生存、发展、受保护和参与的机会和条件,最大限度地满足儿童的发展需要,发挥儿童潜能,将为儿童一生的发展奠定重要基础。

儿童是人类的未来,是社会可持续发展的重要资源。儿童发展是经济社会发展与文明进步的重要组成部分,促进儿童发展,对于全面提高民族素质,建设人力资源强国具有重要战略意义。

2002年,陆川县人民政府颁布了《陆川县儿童发展规划(2001—2010年)》(以下简称"规划")。截至2010年,"规划"确定的主要目标基本实现。儿童健康、营养状况持续改善,婴儿、5岁以下儿童死亡率分别从2000年的20.23‰、26.56‰下降到4.12‰、5.69‰,纳入国家免疫规划的疫苗接种率达到90%以上。儿童教育普及程度持续提高,学前一年毛入园(班)率达到90%,小学学龄儿童净入学率从2000年的99.15%上升到99.8%,初中阶段和高中阶段毛入学率分别达到98.17%和83%。孤儿、贫困家庭儿童、残疾儿童、流浪儿童、受艾滋病影响儿童等弱势儿童群体得到更多的关怀和救助。

受社会经济、文化等因素的影响,儿童发展及权利保护仍然面临着诸多问题与挑战。进一步解决儿童发展面临的突出问题,促进儿童的全面发展和权利保护,仍然是今后一个时期儿童工作的重大任务。

未来十年,是我国全面建设小康社会的关键时期,也是我县社会经济快速发展的重要时期,儿童发展面临前所未有的机遇。贯彻落实科学发展观,将为儿童健康成长创造更加有利的社会环境。制定和实施新一轮儿童发展规划,将为促进人的全面发展,提高民族整体素质奠定更加坚实的基础。依照《中华人民共和国未成年人保护法》等相关法律法规,遵循联合国《儿童权利公约》的宗旨,根据《广西壮族自治区儿童发展规划(2011—2020年)和《玉林市儿童发展规划(2011—2020)》,按照我县经济社会发展的总体目标和要求,结合我县儿童发展的实际情况,制定本规划。

一、指导思想和基本原则

(一)指导思想

高举中国特色社会主义伟大旗帜,以邓小平理论和"三个代表"重要思想为指导,深入贯彻落实科学发展观,坚持儿童优先原则,保障儿童生存、发展、受保护和参与的权利,缩小儿童发展的城乡区域差距,提升儿童福利水平,提高儿童整体素质,促进儿童健康、全面发展。

(二)基本原则

1.依法保护原则。在儿童身心发展的全过程,依法保障儿童合法权利,促进儿童全面健康成长。

2.儿童优先原则。在制定政策规划和配置公共资源等方面优先考虑儿童的利益和需求。

3.儿童最大利益原则。从儿童身心发展特点和利益出发,处理与儿童相关的具体事务,保障儿童利益最大化。

4.地域、性别、民族、信仰、受教育状况、身体状况和家庭财产状况受到任何歧视,所有儿童享有平等的权利与机会。

5.儿童参与原则。鼓励并支持儿童参与家庭、文化和社会生活,创造有利于儿童参与的社会环境,畅通儿童意见表达渠道,重视、吸收儿童意见。

二、总目标

完善覆盖城乡儿童的基本医疗卫生制度,提高儿童身心健康水平;促进基本公共教育服务均等化,保障儿童享有更高质量的教育;扩大儿童福利范围,建立和完善适度普惠的儿童福利体系;提高儿童工作社会化服务水平,创建儿童友好型社会环境;完善保护儿童的政策体系和保护机制,依法保护儿童合法权益。

三、发展领域、主要目标和策略措施

(一)儿童与健康

主要目标:

1.大力推进婚育综合服务工作,婚前医学检查率以县为单位达到80%以上。加强产前筛查和新生儿疾病筛查,降低严重多发致残的出生缺陷发生率和降低重症地中海贫血出生率,减少出生缺陷所致残疾。

2.婴儿和5岁以下儿童死亡率分别控制在10‰和13‰以下。降低流动人口中婴儿和5岁以下儿童死亡率。

3.减少儿童伤害所致死亡和残疾。18岁以下儿童伤害死亡率以2010年为基数下降1/6。

4.控制儿童常见疾病和艾滋病、梅毒、乙肝、结核病等重大传染性疾病。

5.纳入国家免疫规划的疫苗接种率以乡镇为单位达到95%以上。

6.新生儿破伤风发病率以县为单位降低到1‰以下。

7.低出生体重发生率控制在4%以下。

8.0~6个月婴儿纯母乳喂养率达到50%以上。

9.5岁以下儿童贫血患病率控制在12%以下,中小学生贫血患病率以2010年为基数下降1/3。

10.5岁以下儿童生长迟缓率控制在7%以下,低体重率降低到5%以下。

11.提高中小学生《国家学生体质健康标准》达标率。控制中小学生视力不良、龋齿、超重/肥胖、营养不良发生率。

12.降低儿童心理行为问题发生率和儿童精神疾病患病率。

13.提高适龄儿童性与生殖健康知识普及率。

14.减少环境污染对儿童的伤害。

策略措施:

1.加大妇幼卫生经费投入。优化卫生资源配置,增加农村和边远山区妇幼卫生经费投入,促进儿童基本医疗卫生服务的公平性和可及性。

2.加强妇幼卫生服务体系建设。县设置1所政府举办、标准化的妇幼保健机构。加强县、乡、村三级妇幼卫生服务网络建设,完善基层妇幼卫生服务体系。加强儿童医疗保健服务网络建设,二级以上综合医院和县妇幼保健院设置儿科,规范新生儿病室建设。加强儿童卫生人才队伍建设,提高儿童卫生服务能力。

3.加强儿童保健服务和管理。推进儿童医疗保健科室标准化建设,开展新生儿保健、生长发育监测、营养与喂养指导、早期综合发展、心理行为发育评估与指导等服务。逐步扩展国家基本公共卫生服务项目中的儿童保健服务内容。3岁以下儿童系统管理率和7岁以下儿童保健管理率均达到80%以上。将流动儿童纳入流入地社区儿童保健管理体系,提高流动人口中的儿童保健管理率。

4.完善出生缺陷防治体系。落实出生缺陷三级防治措施,加强婚前医学检查知识宣传,规范检查项目,改进服务模式,提高婚前医学检查率。加强孕产期合理营养与膳食指导,建立健全产前诊断网络,提高孕期出生缺陷发现率。开展新生儿疾病筛查、诊断和治疗,先天性甲状腺功能减低症、新生儿苯丙酮尿症等遗传代谢性疾病筛查率达到80%以上,新生儿听力筛查率达到60%以上,提高确诊病例治疗率和康复率。加大出生缺陷防治知识宣传力度,提高目标人群出生缺陷防治知识知晓率。加强地中海贫血的防治工作,开展地中海贫血孕妇胎儿基因诊断,防止重症地中海贫血儿出生。

5.加强儿童疾病防治。扩大国家免疫规划范围,加强疫苗冷链系统建设和维护,规范预防接种行为。以城乡社区为重点,普及儿童健康基本知识。加强儿童健康相关科学研究与技术开发,促进成果转化,推广适宜技术,降低新生儿窒息、肺炎和先天性心脏病等的死亡率。规范儿科诊疗行为,将预防艾滋病母婴传播及先天梅毒综合服务纳入妇幼保健常规工作,孕产妇艾滋病和梅毒检测率分别达到80%和70%,感染艾滋病、梅毒的孕产妇及所生儿童采取预防母婴传播干预措施比例均达到90%以上。

6.预防和控制儿童伤害。制定实施多部门合作的儿童伤害综合干预行动计划,加大执法和监管力度,为儿童创造安全的学习、生活环境,预防和控制溺水、跌伤、交通伤害等主要伤害事故发生。将安全教育纳入学校教育教学计划,中小学校、幼儿园和社区普遍开展灾害避险以及游泳、娱乐、交通、消防安全和产品安全知识教育,提高儿童家长和儿童的自护自救、防灾避险的意识和能力。建立健全学校和幼儿园的安全、卫生管理制度和校园伤害事件应急管理机制。建立完善儿童伤害监测系统和报告制度。提高灾害和紧急事件中保护儿童的意识和能力,为受灾儿童提供及时有效的医疗、生活、教育、心理康复等方面的救助服务。

7.改善儿童营养状况。加强儿童医疗保健科室建设管理,完善和落实支持母乳喂养的相关政策,积极推行母乳喂养。开展科学喂养、合理膳食与营养素补充指导,提高婴幼儿家长科学喂养知识水平。加强卫生人员技能培训,预防和治疗营养不良、贫血、肥胖等儿童营养性疾病。实施贫困地区学龄前儿童营养与健康干预项目,继续推行中小学生营养改善计划。加大碘缺乏病防治知识宣传普及力度,提高缺碘地区合格碘盐食用率。

8.提高儿童身体素质。全面实施国家学生体质健康标准。合理安排学生学习、休息和娱乐时间,保证学生睡眠时间和每天一小时校园体育活动。鼓励和支持学校体育场馆设施在课余和节假日向学生开放。完善和落实学生健康体检制度和体质监测制度,并建立学生体质健康档案。

9.加强对儿童的健康指导和干预。加强托幼机构和中小学校卫生保健管理,对儿童开展疾病预防、心理健康、生长发育与青春期保健等方面的教育和指导,提高儿童身心健康素养水平。帮助儿童养成健康行为和生活方式。加强儿童视力、听力和口腔保健工作。预防和制止儿童吸烟、酗酒和吸毒。严禁向儿童出售烟酒和违禁药品。

10.构建儿童心理健康公共服务网络。精神专科医院和有条件的妇幼保健机构设儿童心理科(门诊),配备专科医师。学校设心理咨询室,配备专职心理健康教育教师,开展精神卫生专业人员培训。对学生人数达600名以上的寄宿学校配备1名校医。

11.加强儿童生殖健康服务。将性与生殖健康教育纳入义务教育课程体系,在中小学校分阶段开展早期性教育。增加性与生殖健康服务机构数量,加强能力建设,提供适合适龄儿童的服务,满足其咨询与治疗需求。

12.严格执行婴幼儿食品、用品的国家标准和质量认证体系规范要求,强化生产经营企业的质量意识,建立婴幼儿食品安全监测、检测和预警机制,加强农村地区食品市场监管,严厉打击制售假冒伪劣食品的违法犯罪行为。加强婴幼儿用品、玩具生产销售和游乐设施运营的监管。健全儿童玩具、儿童用品等的缺陷产品召回制度。

13.加大环境保护和治理力度。控制和治理大气、水、土地等环境污染以及工业、生活和农村面源污染,加强饮用水源保护。加强监管,确保主要持久性有机污染物和主要重金属(铅、镉等)暴露水平符合国家标准。

(二)儿童与教育

主要目标:

1.促进0~3岁儿童早期综合发展。

2.基本普及学前教育。学前三年毛入园率达到70%,学前一年毛入园率达到95%;扩大城市公办幼儿教育资源,力争每个乡镇建设1所公办中心幼儿园。

3.九年义务教育巩固率达到95%。确保流动儿童平等接受义务教育,保障残疾儿童接受义务教育。

4.普及高中阶段教育,毛入学率达到90%。

5.中等职业教育规模扩大,办学质量提高。

6.保障所有儿童享有公平教育,均衡配置教育资源,缩小城乡差距、区域差距、校际差距。

7.学校标准化建设水平提高,薄弱学校数量减少。

8.教育质量和效益不断提高,学生综合素质和能力全面提升。

策略措施:

1.落实教育优先发展战略。切实保证经济社会发展规划优先安排教育发展,财政资金优先保障教育的投入,公共资源优先满足教育和人力资源开发需要。完善体制和政策,鼓励社会力量兴办教育,不断扩大社会资源对教育的投入。

2.依法保障儿童受教育的权利。各乡镇、各有关部门要组织和督促适龄儿童入学接受义务教育,帮助解决适龄儿童接受义务教育的困难,采取措施防止其辍学。父母或其他监护人要保障适龄儿童依法接受并完成义务教育。学校要耐心教育、帮助品行有缺点、学习有困难的学生,不得违反法律和国家规定开除或变相开除学生。

3.促进基本公共教育服务均等化。坚持基本公共教育的公益性和普惠性,加快建立城乡一体化的教育发展保障机制和基本公共教育服务体系,均衡配置教师、设备、图书、校舍等资源,加快推进义务教育学校标准化建设,完善教师交流制度,缩小办学条件、师资水平、教育质量上的差距。

4.积极开展0~3岁儿童科学育儿指导。积极发展公益性普惠性的儿童综合发展指导机构,以幼儿园和社区为依托,为0~3岁儿童及其家庭提供早期保育和教育指导。加快培养0~3岁儿童早期教育专业化人才。

5.加快发展3~6岁儿童学前教育。落实各级政府发展学前教育的责任,将学前教育发展纳入城镇建设规划和社会主义新农村建设规划;建立政府主导、社会参与、公办民办并举的办园体制,大力发展公办幼儿园,提供"广覆盖、保基本"的学前教育公共服务;鼓励社会力量以多种形式举办幼儿园,引导和支持民办幼儿园提供普惠性服务。重点发展农村学前教育,每个乡镇建设一所公办中心幼儿园,人口分散地区提供灵活多样的学前教育服务,配备专职巡回指导教师,逐步完善县、乡、村三级学前教育网络。采取有效措施,努力解决流动儿童入园问题。建立学前教育资助制度,资助家庭经济困难儿童、孤儿和残疾儿童接受普惠性学前教育。因地制宜发展残疾儿童学前教育,鼓励特殊教育学校、残疾人康复机构举办接收残疾儿童的幼儿园。加强学前教育监督和管理。

6. 确保受人口流动影响儿童平等接受义务教育。坚持以流入地政府管理为主、以全日制公办中小学为主解决流动儿童就学问题。制定实施流动儿童接受义务教育后在流入地参加升学考试的办法。加快农村寄宿制学校建设,优先满足留守儿童住宿需求。

7. 保障特殊困难儿童接受义务教育权利。落实孤儿、残疾儿童、贫困儿童就学资助政策。加快发展特殊教育,县建立1所特殊教育学校;扩大残疾儿童随班就读、普通学校特教班和寄宿制残疾学生的规模,提高残疾儿童受教育水平。为流浪儿童、有严重不良行为和违法犯罪行为的儿童平等接受义务教育创造条件。

8. 加快发展高中阶段教育。逐步提高高中阶段教育财政投入水平,加大对贫困地区高中阶段教育的扶持力度。推动普通高中多样化发展,满足不同儿童发展需求。

9. 大力发展职业教育。以服务为宗旨,以就业为导向,以提高质量为重点,深化职业教育改革,促进职业教育规模、专业设置与经济社会发展需求相适应。增强职业教育吸引力,逐步推行中等职业教育免费政策。

10. 全面推进素质教育。树立科学的教育观,全面贯彻教育方针,坚持面向全体学生、促进学生德智体美全面发展,提高学生的学习能力、实践能力、创新能力、社会适应能力和思想道德素质、科学文化素质、健康素质。

11. 加强和改进学校思想道德、文明行为教育。坚持育人为本、德育为先,把社会主义核心价值体系融入国民教育全过程。把德育渗透于教育教学各个环节,贯穿于学校教育、家庭教育和社会教育各个方面。创新德育形式,丰富德育内容,不断提高德育工作吸引力和感染力,增强德育工作的针对性和实效性。充分发挥共青团和少先队在学校德育工作中的作用。

12. 提高儿童科学素养水平。开展多种形式的科普和社会实践活动,增强儿童对科学技术的兴趣和爱好,培养儿童科学探究能力和综合运用知识解决问题的能力。利用科普教育基地和青年科技教育基地等资源,为儿童提供科学实践的场所和机会。建立校外科学实践活动与学校课程

相衔接的机制。加强校内外结合的儿童科普网络建设,建立和巩固一支专兼职相结合的儿童科普队伍。

13. 加快推进教育教学改革。积极推进课程体系、教学内容、教学方法、考试招生制度改革,建立教育质量标准和监测评价制度体系,完善学生综合素质和学业评价体系。完善和全面实施义务教育就近免试入学制度,解决学生择校问题。建立学生课业负担监测和公告制度,减少作业量和考试次数,减轻学生课业负担。

14. 提高教师队伍素质和能力。加强教师职业理想和职业道德教育,提高教师师德修养水平。将师德作为教师考核、聘任(聘用)和评价的首要内容。继续提高教师学历合格率和学历层次,完善教师培训制度,提高教师业务水平和教学能力。

15. 全面推进教育现代化和信息化。把教育信息化纳入全县信息化发展整体规划,提高农村中小学校接入互联网的比例,扩大农村现代远程教育网络覆盖面,基本建成覆盖城乡各级各类学校的教育信息化体系。

16. 建设民主、文明、和谐、平等、安全的友好型学校。建立尊师爱生的师生关系。保障学生参与学校事务的权利。创造有利于学生身体健康的学习、生活条件,提供安全饮用水和卫生厕所,改善寄宿制学校学生食堂和住宿条件,并配备生活老师。

17. 完善学校收费管理与监督机制。完善学校收费管理办法,规范学校收费行为和收费资金使用管理。

(三)儿童与福利

主要目标:

1. 扩大儿童福利范围,推动儿童福利由补缺型向适度普惠型的转变。

2. 保障儿童享有基本医疗卫生服务,提高儿童基本医疗保障覆盖率和保障水平,为贫困和大病儿童提供医疗救助。

3. 基本满足流动和留守儿童基本公共服务需求。

4. 满足孤儿生活、教育、医疗和公平就业等基本需求,提高孤儿家庭寄养率和收养率。

5. 提高0~6岁残疾儿童抢救性康复率。

6. 减少流浪儿童数量和反复性流浪。

7. 增加孤儿养护、流浪儿童保护和残疾儿童康复的专业服务机构数量。县力争建立1所具有养护、医疗康复、教育、技能培训等综合功能的儿童福利机构和1所流浪儿童救助保护机构。

8. 保障受艾滋病影响儿童和服刑人员未满18周岁子女的生活、教育、医疗、公平就业等权利。

策略措施:

1. 提高面向儿童的公共服务供给能力和水平。完善基本公共服务体系,增加财政对儿童福利的投入,逐步实现儿童基本公共服务均等化。

2. 保障儿童基本医疗。保障儿童享有基本医疗卫生

服务,提高儿童基本医疗保障覆盖率和保障水平,为符合条件的贫困儿童提供医疗救助。

3.提高儿童医疗救助水平。提高儿童医疗救助水平。加大对贫困家庭儿童的医疗救助。对符合条件的贫困家庭儿童参加城镇居民基本医疗保险及新型农村合作医疗个人缴纳部分按规定予以补助。

4.扩大儿童福利范围。探索对儿童实施营养干预和补助的方法,改善儿童营养状况。逐步提高农村义务教育寄宿制学校家庭经济困难学生生活补助标准,扩大补助范围。

5.建立健全孤儿保障制度。落实孤儿社会保障政策,确保孤儿基本生活保障费最低养育标准的要求满足孤儿生活、教育、医疗康复、住房等方面的需求。帮助有劳动能力的适龄孤儿就业。建立受艾滋病影响儿童和服刑人员未成年子女的替代养护制度,为受艾滋病影响儿童和服刑人员未成年子女的生活、教育、医疗、公平就业提供制度保障。

6.完善孤儿养育和服务模式。加强儿童福利机构建设,全面提高儿童福利机构的管理服务水平。探索适合孤儿身心发育的养育模式。完善孤儿收养制度,规范家庭寄养,鼓励社会助养。建立和完善家庭寄养和亲属监护养育的监督、支持和评估体系,提高家庭寄养孤儿和亲属监护养育孤儿的养育质量。

7.建立完善残疾儿童康复救助制度和服务体系。增加孤儿养护、流浪儿童保护和残疾儿童康复的专业服务机构数量。县力争建立1所具有养护、医疗康复、教育、技能培训等综合功能的儿童福利机构和1所流浪未成年人救助保护中心。

8.加强流浪儿童救助保护工作。完善流浪儿童救助保护网络体系,健全流浪儿童生活、教育、管理、返乡保障制度,对流浪儿童开展教育、医疗服务、心理辅导、行为矫治和技能培训。提高流浪儿童救助保护工作,鼓励并支持社会力量保护和救助流浪儿童。探索建立流浪儿童早期预防干预机制。

9.建立和完善流动儿童和留守儿童服务机制。积极稳妥推进户籍制度和社会保障制度改革,逐步将流动人口纳入当地经济社会发展规划。建立16周岁以下流动儿童登记制度,为流动儿童享有教育、医疗保健等公共服务提供基础。整合社区资源,完善以社区为依托,面向流动人口家庭的管理和服务网络,增强服务意识,提高服务能力。健全农村留守儿童服务机制,加强对留守儿童心理、情感和行为的指导,提高留守儿童家长的监护意识和责任。

(四)儿童与社会环境

主要目标:

1.营造尊重、爱护儿童的社会氛围,消除对儿童的歧视和伤害。

2.适应城乡发展的家庭教育指导服务体系基本建成。

3.儿童家长素质提升,家庭教育水平提高。

4.为儿童提供丰富、健康向上的文化产品。

5.保护儿童免受网络、手机、游戏、广告、图书和影视中不良信息的影响。

6.培养儿童阅读习惯,增加阅读时间和阅读量。90%以上的儿童每年至少阅读一本图书。

7.增加县、乡两级儿童教育、科技、文化、体育、娱乐等课外活动设施和场所,坚持公益性,提高利用率和服务质量。

8.90%以上的城乡社区建设1所为儿童及其家庭提供游戏、娱乐、教育、卫生、社会心理支持和转介等服务的儿童之家。县建设儿童活动中心。

9.保障儿童参与家庭生活、学校和社会事务的权利。

10.保障儿童享有闲暇和娱乐的权利。

策略措施:

1.广泛开展以儿童优先和儿童权利为主题的宣传教育活动,提高公众对儿童权利尤其是儿童参与权的认识。

2.将家庭教育指导服务纳入城乡公共服务体系。普遍建立各级家庭教育指导机构,90%的城乡社区和80%的行政村建立家长学校或家庭教育指导服务点。建立家庭教育从业人员培训和指导服务机构准入等制度,培养合格的专兼职家庭教育工作队伍。加大公共财政对家庭教育指导服务体系建设的投入,鼓励和支持社会力量参与家庭教育工作。

3.开展家庭教育指导和宣传实践活动。多渠道、多形式持续普及家庭教育知识,确保儿童家长每年至少接受2次家庭教育指导服务,参加2次家庭教育实践活动。加强家庭教育研究,促进研究成果的推广和应用。

4.为儿童成长提供良好的家庭环境。倡导平等、文明、和睦、稳定的家庭关系,提倡父母与子女加强交流与沟通。预防和制止家庭虐待、忽视和暴力等事件的发生。

5.创造有益于儿童身心健康的文化环境。引导各类媒体制作和传播有益于儿童健康成长的信息,增强文化产品的知识性、趣味性。制定优惠政策,鼓励和支持优秀儿童图书、影视、歌曲、童谣、舞蹈、戏剧、动漫、游戏等创作、生产和发行。办好儿童广播电视专题节目,严格控制不适合儿童观看的广播影视节目在大众传媒播出。积极组织适合儿童的文化活动,大力培育儿童文化品牌。加强文化市场监管,加大查处传播淫秽、色情、凶杀、暴力、封建迷信和伪科学的出版物及儿童玩具、饰品的力度。

6.规范与儿童相关的广告和商业性活动。严格执行相关法规政策,禁止母乳代用品广告宣传,规范与儿童有关的产品广告及烟酒广告播出。规范和限制儿童参加商业性演出和活动。

7.为儿童健康上网创造条件。在公益性文化场所和儿童活动场所建设公共电子阅览室,为儿童提供公益性上网服务。社区公益性互联网上网服务设施,对儿童免费或优惠开放。推行绿色上网软件,加强对网络不良信息的打击和治理,净化互联网环境。加强对互联网上网服务营业场所的管理。互联网上网服务营业场所严格实行消费者实名登记制,并在显著位置设置未成年人禁入标志,不得允许未成年人进入。加大对"黑网吧"的打击力度,家庭和学校加强对儿童上网的引导,防止儿童沉迷网络。

8. 净化校园周边环境。落实维护校园周边治安秩序、确保校园安全的相关措施,在学校周边治安复杂地区设立治安岗进行巡逻,向学校、幼儿园派驻保安员。校园附近严格按规定设交通警示标志和安全设施,派民警或协管员维护地处交通复杂路段的小学、幼儿园周边道路的交通秩序。加强对校园周边商业网点和经营场所的监管,校园周边200米以内禁设网吧、游戏厅(室)、娱乐场所。

9. 加大儿童活动设施建设。将儿童活动设施和场所建设纳入县经济社会发展规划,加大儿童活动场所建设,增加彩票公益金对儿童活动设施和场所的投入,加大对农村儿童活动设施和场所建设和运行的扶持力度。规范儿童课外活动设施和场所的管理,各类文化、科技、体育等公益性设施和场所对儿童免费或优惠开放,并根据自身条件开辟专门供儿童活动的区域。加强爱国主义教育基地建设。

10. 强化城乡社区儿童服务功能。建立以社区为基础的儿童保护工作运行机制,充分挖掘和合理利用社区资源,动员学校、幼儿园、医院等机构和社会团体、志愿者参与儿童保护。整合社区资源建设儿童活动场所,配备专兼职工作人员,提高运行能力,为儿童及其家庭提供服务。

11. 为儿童阅读图书创造条件。推广面向儿童的图书分级制,为不同年龄儿童提供适合其年龄特点的图书,为儿童家长选择图书提供建议和指导。增加社区图书馆和农村流动图书馆数量,公共图书馆设儿童阅览室或图书角,县在条件成熟时要建设儿童图书馆。"农家书屋"配备一定数量的儿童图书。广泛开展图书阅读活动,鼓励和引导儿童主动读书。

12. 保障儿童的参与和表达权利。将儿童参与纳入儿童事务和儿童服务决策过程,决定有关儿童的重大事项,吸收儿童代表参加,听取儿童意见。畅通儿童参与和表达渠道,增加儿童社会实践机会,鼓励儿童参与力所能及的社会事务和社会公益活动,提高儿童的社会参与能力。

13. 增强儿童环保意识。开展环境和生态文明宣传教育,鼓励儿童积极参与环保活动,引导儿童践行低碳生活和绿色消费。

14. 加强儿童社会工作队伍建设。强化对儿童工作人员的社会工作能力培训,积极发挥社会工作专业人员在为儿童提供服务、维护儿童权益方面的作用。

(五)儿童与法律保护

主要目标:

1. 贯彻落实保护儿童的法律法规,儿童优先和儿童最大利益原则进一步落实。

2. 依法保障儿童获得出生登记和身份登记。

3. 出生人口性别比升高趋势得到遏制,出生人口性别比趋向合理。

4. 完善儿童监护制度,保障儿童获得有效监护。

5. 中小学生普遍接受法制教育,法律意识、自我保护意识和能力明显增强。

6. 预防和打击侵害儿童人身权利的违法犯罪行为,禁止对儿童实施一切形式的暴力。

7. 依法保护儿童合法财产权益。

8. 禁止使用童工(未满16周岁儿童)和对儿童的经济剥削。

9. 保障儿童依法获得及时有效的法律援助和司法救助。

10. 预防未成年人违法犯罪,降低未成年罪犯占刑事罪犯的比重。

11. 司法体系进一步满足儿童身心发展的特殊需要。

策略措施:

1. 加强法制宣传教育。提高家庭、学校、社会各界和儿童本人保护儿童权利的法制观念、责任意识和能力。

2. 加强执法监督。明确执法主体,强化法律责任,定期开展专项执法检查。加强对执法人员儿童权益保护知识和技能培训,增强儿童权益保护观念,提高执法水平。

3. 落实儿童出生登记制度。提高社会各界对出生登记的认识,完善出生登记相关制度和政策。加强部门协调和信息共享,简化、规范登记程序。

4. 消除对女童的歧视。宣传性别平等观念,增强全社会性别平等意识。建立有利于女孩及其家庭的利益导向机制,开展关爱女孩活动,提高农村生育女孩家庭的经济社会地位,对诚信计生贫困户、独生子女户、双女计划生育户优先、优惠的政策倾斜措施。综合治理出生人口性别比偏高问题,加大对利用B超等进行非医学需要的胎儿性别鉴定和选择性别人工终止妊娠行为的打击力度。

5. 建立完善儿童监护监督制度。提高儿童父母和其他监护人的责任意识,落实不履行监护职责或严重侵害被监护儿童权益的父母或其他监护人资格撤销的法律制度。逐步建立以家庭监护为主体,以社区、学校等有关单位和人员监督为保障,以国家监护为补充的监护制度。

6. 保护儿童人身权利。加强社会治安综合治理,严厉打击强奸、拐卖、绑架、虐待、遗弃等侵害儿童人身权利的违法犯罪行为和组织、胁迫、诱骗儿童犯罪的刑事犯罪。严厉打击利用儿童进行扒窃、乞讨、卖艺、卖淫等违法犯罪行为。保护儿童免遭一切形式的性侵犯。建立受暴力伤害儿童问题的预防、强制报告、反应、紧急救助和治疗辅导工作机制。整合资源,探索建立儿童庇护中心。加强预防和打击拐卖儿童犯罪的法制宣传教育,提高儿童及其家长防拐意识和能力,为被解救儿童提供身心康复服务,妥善安置被解救儿童。禁止用人单位招用未满16周岁儿童,禁止介绍未满16周岁的儿童就业。建立健全监督惩罚机制，严厉打击使用童工的违法行为。严格执行国家对已满16周岁未满18周岁未成年工的保护规定，禁止安排未成年工从事过重、有毒、有害等劳动或危险作业。依法保护儿童的隐私权。

7.加强儿童财产权益保护。依法保障儿童的财产收益权和获赠权、知识产权、继承权、一定权限内独立的财产支配权。

8.完善儿童法律援助和司法救助机制。进一步扩大儿童接受法律援助的覆盖面，健全完善儿童法律援助工作网络，充实基层法律援助工作队伍，支持和鼓励基层法律服务机构、社会团体、事业单位等社会组织利用自身资源为儿童提供法律援助，确保儿童在司法程序中获得高效、快捷的法律服务和司法救助。

9.推动建立和完善适合未成年人的专门司法机构。贯彻未成年人保护法，探索未成年人案件办理专业化。加快建设公安机关办理未成年人案件专门机构或落实专门人员。

10.完善涉嫌违法犯罪的儿童处理制度。对涉嫌违法犯罪的儿童，贯彻教育、感化、挽救的方针，坚持教育为主、惩罚为辅的原则，依法从轻、减轻或者免除对违法犯罪儿童的处罚。依照有关法律规定，坚持未满14岁以上不满16岁未成年人犯罪案件一律不公开审理、16岁以上不满18岁未成年人犯罪案件一般不公开审理的原则，尊重和保护儿童合法权益。对羁押、服刑的未成年人，与成年人分别关押。对政府收容教养和劳动教养的未成年人及被决定强制隔离戒毒的未成年吸毒人员，与成年人分别收容、收戒。保障解除羁押、服刑或收容教养期满的未成年人复学、升学、就业不受歧视。

11.完善具有严重不良行为儿童的矫治制度。建立家庭、学校、社会共同参与的运作机制，对有不良行为的儿童实施早期介入、有效干预和行为矫治。加强对具有严重不良行为儿童的教育和管理，探索专门学校教育和行为矫治的有效途径和方法，保障专门学校学生在升学、就业等方面的同等权利。对适用缓刑的未成年人和因犯罪接受社区矫正的未成年人，做好帮教工作。

（一）加强对规划实施工作的组织领导。

县妇儿工委负责规划实施的组织、协调、指导和督促。县有关部门、相关机构和社会团体结合各自职责，承担落实规划中相应目标任务。

（二）制定县儿童发展规划和部门实施方案。

各乡镇依据本规划，结合实际制定本乡镇儿童发展规划。县各有关部门、相关机构和社会团体结合各自职责，按照任务分工，制定实施方案，形成全县儿童发展规划体系。

（三）加强规划与国民经济和社会发展规划的衔接。

在经济和社会发展总体规划中体现儿童优先原则，将儿童发展的主要指标纳入经济和社会发展总体规划及专项规划，统一部署，统筹安排，同步实施，同步发展。

（四）保障儿童发展的经费投入。

将实施规划所需经费纳入财政预算，加大经费投入，并随着经济增长逐步增加。重点扶持贫困地区儿童发展。动员社会力量，多渠道筹集资金，支持儿童发展。

（五）建立健全实施规划的工作机制。

建立政府主导、多部门合作、全社会参与的工作机制，共同做好规划实施工作。建立目标管理责任制，将规划主要目标纳入相关部门、机构和社会团体的目标管理和考核体系，考核结果作为对领导班子和有关责任人综合考核评价的重要内容。健全报告制度，各有关部门每年向县妇儿工委和上级主管部门报告规划实施的情况，县妇儿工委每年向上级妇儿工委报告本县规划实施的总体情况。健全会议制度，定期召开各级妇儿工委全体委员会议，汇报、交流实施规划的进展情况。健全监测评估制度，明确监测评估责任，加强监测评估工作。加强妇儿工委及其办公室建设，确保办公室机构、编制单设，将实施规划工作中的宣传、培训、监测评估、督查及办公经费纳入财政预算，专款专用。

（六）坚持和创新实施规划的有效做法。

及时开展对儿童发展和权益保护状况的调查研究，掌握新情况，分析新问题。加强儿童发展领域理论研究，总结探索儿童发展规律和儿童工作规律。不断创新工作方法，通过实施项目、为儿童办实事等方式解决重点难点问题；通过分类指导、示范先行，总结推广经验，推进规划实施。

（七）加大实施规划宣传力度。

多渠道、多形式面向全县各级领导干部、儿童工作者、广大儿童和全社会宣传规划内容及规划实施中的典型经验和成效，宣传促进儿童保护和发展的法规政策和国际公约，营造有利于儿童生存、保护、发展和参与的社会氛围。

（八）加强实施规划能力建设。

将儿童优先原则的相关内容及相关法律法规和方针政策纳入各级培训课程。将实施规划所需知识纳入培训计划，举办多层次、多形式培训，增强政府及各有关部门、机构相关人员、相关专业工作者实施规划的责任意识和能力。

（九）鼓励儿童参与规划实施。

儿童既是规划实施的受益者，也是规划实施的参与者。实施规划应听取儿童的意见和建议。提高儿童参与规划实施的意识和能力，实现自身发展。

（一）对规划实施情况进行年度监测、中期评估和终期评估。及时收集、整理、分析反映儿童发展状况的相关数据和信息，动态反映规划目标进展情况。在此基础上，系统分析和评价规划目标达标状况，评判规划策略措施和规划实施工作的效率、效果、效益，预测儿童发展趋势。通过监测评估，准确掌握儿童发展状况，制定和调整促进儿童发展的政策措施，推动规划目标的实现，为规划未来儿童发展奠定基础。

（二）县妇儿工委设立监测评估领导小组，负责组织领导监测评估工作，审批监测评估方案，审核监测评估报告等。监测评估领导小组下设监测组和评估组。监测组由县统计部门牵头，负责规划监测工作的指导和人员培训，研究制定监测方案，收集、整理、分析数据和信息，撰写并提交年度监测报告等。评估组由县妇儿工委办事机构牵头，负责评估工作的指导和人员培训，制定评估方案，组织开展评估工作，撰写并提交评估报告等。

（三）要将监测评估工作所需经费纳入财政预算。县有关部门结合监测评估结果开展宣传，研究利用监测评估结果加强规划实施。

（四）建立儿童发展综合统计制度，规范和完善与儿童生存、发展有关的统计指标和分性别统计指标，将其纳入乡镇和县有关部门常规统计和统计调查。建立和完善县儿童发展监测数据库。

（五）县妇儿工委成员单位、相关机构及有关部门要向县统计部门报送年度监测数据，向县妇儿工委提交中期和终期评估报告。

陆川县人民政府办公室关于印发陆川县创新计划（2011—2015 年）的通知

（陆政办发〔2013〕44 号　2013 年 4 月 2 日）

各乡镇人民政府，县政府各工作部门：

《陆川县创新计划(2011—2015 年)》已经县十五届人民政府第 23 次常务会议审议通过，现印发给你们，请结合实际认真组织实施。

陆川县创新计划(2011—2015 年)

为全面贯彻落实党的十八大精神，促进科技与经济紧密结合，进一步提升我县自主创新能力，加快转变经济发展方式，推动我县经济社会又好又快发展，特制定本计划。

一、指导思想

以科学发展观为指导，全面落实国家和广西、玉林市"十二五"科技发展规划，按照"建平台，强能力，兴产业，促转变"的总体要求，以提升自主创新能力为核心，以加快转变经济发展方式为主线，重点解决制约我县经济社会发展重大科技问题，通过实施七大科技工程，加强创新能力建设，完善区域创新体系，促进科技成果转化，加快区域特色优势产业发展，推动全民全方位创新，为我县经济社会又快又好发展提供强有力的科技支撑。

二、基本原则

（一）坚持政府推动与市场导向相结合。既要加强政府在创新计划实施中的统筹协调和宏观管理作用，注重规划引导和政策扶持，营造良好的创新环境，又要发挥市场机制对资源配置的基础性作用，合理配置创新资源，形成创新合力。

（二）坚持突出重点和统筹兼顾相结合。既要突出科技创新重点，切实增强县科技创新能力，又要统筹兼顾，为全县经济社会发展的各个方面提供科技支撑。

（三）坚持支撑发展与提升能力相结合。既要充分发挥科技对经济社会发展的重要支撑作用，着力解决制约我县经济社会发展的重大科技问题，又要大力加强创新平台、园区、基地等创新载体建设和创新型人才队伍建设，加快科技自身能力建设。

（四）坚持部门协作与上下联动相结合。既要加强部门协作，又要加强乡镇联动，实现创新资源优化集成，形成全社会参与、共同推进创新的大格局。

三、总体目标

根据全县经济社会发展目标，至 2015 年前，围绕我县五大支柱产业发展和重大科技需求，加快布局和建设一批重大科技创新平台和基地，夯实基层科技创新基础，完善区域创新体系。加大科技攻关和成果转化力度，攻克一批产业发展关键核心技术，获取一批发明专利和技术标准，研发一批新产品、新品种，集成推广一批先进适用技术，进一步增强科技自身能力和科技对经济社会发展的支撑和引领作用。全社会 R&D（研发与开发）经费支出与全县生产总值的比例达到 2.3%，拥有发明专利达到 80 件。具体目标如下：

——企业自主创新能力大幅提升。逐步完善以企业为主体、市场为导向、产学研相结合的技术创新体系。完善和建设一批工程技术研究中心、企业技术中心等研发机构；重点建设 2 家产业研发中心，建设 2 家自治区级创新型企业，高新技术企业达到 2 家。

——科技支撑特色优势产业发展的能力明显增强。加快实施十亿元产业科技攻关工程，攻克一批产业共性关键技术和新产品。加快完善产业园区和基地，打造我县高新技术产业带，形成一批特色鲜明、竞争力较强的高新技术产业集群。培育发展战略性新兴产业。增强产业科技创新能力，开发 25 个工业新产品，形成一批在全国有影响的产品品牌。

——科技促进农业发展能力明显增强。积极推进农业产业科技重点示范县建设，建设一批农业良种培育中心和农业标准化生产技术示范基地，引进培育和推广应用 5 个农业优良品种和一批先进适用技术，农业农村信息化水平得到大幅度提升。

——科技成果转化能力明显增强。完善技术转移服务体系，提升技术市场、生产力促进中心等科技中介结构服务能力和水平。围绕我县粮食、畜牧养殖、机械等重点产业和重点行业,集成推广应用一批节能减排、先进制造、农业种养等关键共性技术和成熟配套技术;进一步增强运用高新技术改造提升传统产业的能力。

——产业创新人才队伍不断壮大。完善产业研发平台和各类人才培养培训示范基地,培养一大批产业发展和新农村建设急需的创新人才、高技能人才和农村实用人才。

——科技惠民能力明显增强。公众科技素养进一步提高,科技对公共安全、人口健康等领域的支撑能力进一步增强,县科技服务能力进一步提升,科技促进经济社会可持续发展,科技成果更多惠及广大人民群众。

四、重点任务

(一)企业自主创新能力提升工程。

1. 推动企业加快建设研发机构。通过政策引导和项目扶持,推动企业以自建、产学研合作共建等方式加快建立研发机构,支持符合条件的企业建设自治区级工程技术研究中心、企业技术中心等研发平台,鼓励行业骨干企业建设国家级工程技术研究中心、企业技术中心、工程实验室等国家级创新平台,支持企业加大研发投入,开展行业共性关键技术攻关,提升企业自主创新能力。

2. 加快建设中小企业公共技术服务平台。围绕我县重点产业布局和地方特色优势产业发展,加强生产力促进中心的技术服务平台,为中小企业提供技术咨询和培训等服务,提高中小企业科技创新能力。

3. 加快培育创新型企业。开展创新型企业培育试点,引导和支持创新要素向企业集聚,加大创新投入,完善创新激励机制,大力推进技术创新方法应用,培养和吸引创新人才,培育一批具有较强自主创新能力和竞争力的创新型企业,发挥示范和辐射带动作用。

到2015年,重点完善建设1家自治区级工程技术研究中心和一批企业研发机构,引进、开发工业先进技术6项,培育1家自治区级创新型试点企业,建设一批中小企业公共技术服务平台,大幅提高企业自主创新能力,基本完善以企业为主体、市场为导向、产学研相结合的技术创新体系。

(二)高新技术产业促进工程。

1. 加强科技企业孵化器建设。加强创业服务中心、创业园区及其他各类综合性科技企业孵化器建设,推进有条件的工业园区建立科技企业孵化平台。重点围绕优势技术领域建设专业科技企业孵化器,完善孵化器体系,提高孵化能力,加速科技企业成长。

2. 建设高新技术产业园。依托园区聚集各类创新要素,支持企业不断提高研发水平和成果转化能力,提升自主创新能力和市场竞争力,为我县培育一批高新技术企业。

3. 加快利用高新技术改造提升传统产业。开展制造业信息化示范体系建设,重点选择一批在全国或全区具有

较强影响力的大型企业开展信息化深化应用试点示范。围绕机械、畜牧养殖、橘红种植等特色和支柱产业,搭建产业信息化共性综合应用平台,开展信息化产业示范,提升产业发展水平,加快开展制造业信息化技术示范城市建设,带动地方特色优势产业发展。

到2015年,建设制造业信息化示范企业2家,培育高新企业1家。战略性新兴产业在国民经济中的比重逐步增大,产业结构明显优化。

(三)科技兴农能力提升工程。

1. 加强农业科技示范基地建设。围绕粮食、橘红、畜牧养殖等优势特色农业产业,着力打造一批农业良种培育和繁育示范基地、技术集成示范基地以及农业标准化示范基地,研究开发、转化、推广一批农业优良品种和配套栽培技术。开展我县绿色优质陆川猪产业科技重点示范县建设,加强陆川猪养殖专业乡(镇)、村建设,通过现代农业要素集成、示范和推广应用,壮大陆川猪养殖特色优势产业,促进县域经济发展。

2. 加快培育科技型农业龙头企业。围绕我县特色优势农业领域,鼓励农业龙头企业建立技术创新中心,支持其开展深加工技术研究与开发等技术创新活动,提高产品附加值,提高农业产业化水平。

3. 完善农村科技服务体系建设。完善和提升农业科技专家大院、农村专业技术协会等农村科技服务组织的服务能力,不断提高农村科技服务人员的服务能力和整体素质,逐步建立新型的农村科技服务体系。

4. 加强农业技术合作交流。积极推动我县与广西壮族自治区内外农业科研机构开展农业技术合作,加快建设和完善各类农业技术创新平台,促进农业科技成果的转化和推广,努力建设广西现代农业示范县。

5. 大力推进农村信息技术的应用。加强以"三农网""农信通"和"966118"科技服务热线及农业技术电视培训为重点的农村科技信息服务综合平台的建设,提高县级农村科技信息服务中心和乡(镇)、村(屯)信息服务站点综合服务能力,加强农村信息人才队伍建设,完善基础设施,形成协调联动的县、乡、村农村综合信息服务体系。完善远程教育等形式多样的专家智能咨询服务平台,支持对重点农业产品产业链全程管理和科技服务的信息化,带动农业产业实现良种化、机械化、精准化和专业化。

到2015年,推进我县农业产业科技重点示范县建设;引进、培育和推广应用农业优良品种3个,引进开发推广种养新技术2项,农业信息化水平得到大幅度提升。

(四)产业创新人才队伍建设工程。

1. 加强重点产业人才队伍建设。围绕我县重点产业,抓好科技型企业家、产业创新人才和团队以及高技能人才培养。引进专家顾问,开展科学研究、技术指导、学术交流、产品研发、决策咨询等活动,为我县产业发展服务。

2. 加强农村实用人才队伍建设。通过建立基层农技

人员知识更新制度,开展农技人员和农民科技培训,提高科技入户率。加强星火培训学校等培训基地建设,发展农村远程教育,积极开展农村先进适用技术、农民转移就业技术和职业技能等培训,培养一批种养技术带头人等农村实用人才。

3. 壮大科技特派员队伍。建立完善科技特派员制度,启动"千人百企"企业科技特派员行动,引导科技人员深入企业、农村开展科技创新创业活动,探索建立科技人员服务企业和农村的长效机制。

到2015年,重点选派7名企业科技特派员和30名农村科技特派员开展创新创业试点示范,培训和培养产业高技能人才1000名和农村实用人才2000名,打造一支产业创新人才及团队,为县、乡(镇)特色优势产业发展提供科技人才支撑。

(五)科技成果转化能力提升工程。

围绕特色优势产业,建设一批科技成果转化示范企业,推动一批科技成果向企业、农村转移转化,重点实施养殖业节能减排降耗增效重大共性技术集成示范、水泥绿色制成技术集成示范、水稻和马铃薯等新品种新技术集成示范等重大项目,开展产业技术集成应用示范,促进先进适用技术在产业的推广应用,提升产业技术水平。

到2015年,建设1家科技成果转化示范企业,组织实施1个重大科技成果转化示范项目,集成应用示范一批产业共性关键技术,辐射带动企业创新发展。

(六)知识产权战略推进工程。

1. 支持知识产权创造运用。实施发明专利倍增计划,安排发明专利倍增专项资金,加大对发明专利申请、维持、引进的资助和奖励力度,大幅增加我县发明专利拥有量。强化财政资助科技项目的知识产权导向,提高科技项目发明专利产出率。积极培育区域支柱产业专利群,构建产业专利联盟,支持重点优势产业发展。组织专利转化推广活动,选择、引进一批技术水平高、产业化前景广阔的专利技术实施转化与产业化。

2. 开展知识产权试点示范。开展县和企业单位知识产权试点示范工作,增强专利创造运用主体的创造能力,培育和形成一批发明专利集聚区域。

3. 大力实施名牌战略。鼓励优势企业积极争创名牌产品,通过对系列小型挖掘机品牌经营、陆川猪地理标志保护、商标注册等手段,培育一批拥有自主知识产权的知名品牌,发展壮大一批在全区乃至全国具有较强市场竞争力的企业集团和产业集群。

到2015年,全县专利申请量年均增长力争达到25%以上,培育知识产权试点企业1家以上,力争成功创建自治区知识产权示范县,大幅提升我县知识产权创造、运用、保护和管理能力。

(七)科技惠民能力提升工程。

1. 加强科学技术普及。深入开展"科技入户",加大技术与良种的推广应用,普及和应用最新优秀科技成果。鼓励多种形式的科普作品创新创作,形成一批优秀科普作品、栏目。加快建立一批能产生创新示范作用的科普基地,积极开展科普示范村的建设。深入开展"科技下乡"等各类群众性科普活动,向公众普及人口健康、食品安全、生产安全、交通安全、防灾减灾等科学知识,不断提高人民群众的科学素养。

2. 开展科技富民强县试点示范。组织实施科技富民强县专项行动,实施绿色优质陆川猪等科技富民强县项目,加强基层科技能力建设,进一步完善乡镇科技基础条件,提升乡镇科技服务能力。以科技为支撑,培育壮大一批农业特色产业,带动当地农民致富和财政增收。

3. 开展科技服务新农村建设示范。重点推动全县在农村康居、清洁社区环境、饮水安全、防灾减灾等领域的成果转化和科技创新,开展社会主义新农村建设科技示范,推进资源节约型、环境友好型社会建设。

4. 加强可持续发展能力建设。开展节能减排、循环经济、低碳经济相关技术研究与示范。加强生态环境和物种保护,重点开展脆弱生态环境恢复与重建技术、农村环境综合整治技术、主要污染物污染防治技术等研究,促进我县生态环境良性发展。

5. 加强社会管理科技创新。发挥科技支撑作用,加快公共安全技术保障体系建设。加强科技强警示范,加强安全生产技术、突发事件应急处置技术及装备研发和应用,运用科技提高应对突发公共事件的能力。开展食品药品安全科技综合应用示范和疾病防治技术集成示范,建立食品药品安全综合技术保障体系,提升我县人民群众健康水平。

6. 推动文化发展科技创新。加快推广数字技术、网络技术等覆盖广泛、传播快捷的技术手段,提高全县公共文化服务水平;开展文化新产品、新技术的研发、引进和推广,建设文化创新平台,增强文化自主创新能力,开拓文化的新形式和新内容,丰富群众文化生活。

到2015年,建设科普示范村1个、青少年科技教育基地1个、科技服务新农村建设示范点1个。

五、工作部署

(一)部门职责分工。

县科技局(知识产权局)、财政局、发改局、经贸局、农业局、人社局、教育局、住建局、卫生局、环保局、林业局、质监局、统计局、文体局、广电局、科协等有关部门单位要根据本部门单位职能,充分利用所掌握的资源,加强集成联动和资源整合,形成推进科技创新的合力。

县科技局(知识产权局)负责创新计划的宏观管理与统筹协调,牵头制定创新计划并组织实施,会同有关部门合理配置创新资源,加强科技创新环境建设,指导制定和有关单位实施创新计划;负责推进知识产权战略实施,促进知识产权的创造和运用,加强知识产权保护和管理。

县财政局负责财政资金安排的创新计划项目预算审核、资金的使用和监督;负责监管国有和国有控股企业技术创新,建立完善国有及国有控股企业科技创新的考核制度。

县发改局负责统筹安排重大科研基础设施建设、园区的规划建设审批,组织实施重大产业化项目,负责战略性新兴产业、节能减排的综合协调工作。

县经贸局负责指导企业技术进步工作,组织实施工业企业产品创新、技术创新、技术改造、研发机构和中小企业公共技术服务平台建设等,组织实施工业重大节能降耗和循环经济示范工程。

县人社局负责创新创业人才的引进、培育,创新团队的建设等。

县农业局负责指导农业科技进步工作,组织农业新产品开发,培育农业龙头企业和农业名牌产品,推进农业技术推广服务体系建设,组织农业新技术集成、新品种应用推广;会同有关部门推进现代农业示范园区、示范基地和科技示范村、示范户建设;组织农民职业培训,培养农村实用人才。

县教育局负责邀请高校科技力量参与创新计划的实施,引导高校与地方、企业建立紧密的科技合作关系;指导职业教育发展,培养产业技能人才。

县环保局负责组织协调环境保护科学研究和技术引进,组织实施环境保护、污染物减排重大科技攻关和技术示范。

县统计局负责建立创新计划统计监测体系,制定和完善科技创新工作统计监测指标、监测方法和评价制度,做好创新计划实施统计监测工作。

县文体局负责组织协调文化发展领域的技术研发、引进和推广,支持并推动新技术在文化创作中的应用。

县科协负责调动所属部门、学会组织和广大会员主动参与创新计划实施,组织开展创新方法的培训、推广、应用和经常化、群众化和社会化的科普活动。

县住建局、卫生局、林业局、质监局、广电局等相关部门,负责职能范围内有关专项工作和科技项目的组织实施或协同配合。

(二)各乡镇职责与分工。

各乡镇要根据县创新计划,结合乡镇实际制定创新计划实施方案,确定科技进步与创新的重点和工作切入点。围绕做大做强做优本乡镇特色优势产业以及根据经济社会发展的需要,构造和组织实施一批科技攻关和能力提升项目。

六、主要措施

(一)加强组织领导,推进创新实施。

加强对创新计划工作的领导,调整充实我县创新计划实施协调小组,充分调动和利用各方面科技资源,推进科技更好地融入经济社会发展主战场。各部门要把组织实施创新计划作为重要任务,纳入部门的重要议事日程,定期研究解决创新计划实施中的重大问题,制定实施方案,层层量化分解工作任务,建立实施创新计划的责任制度。

(二)加大经费投入,提供创新保障。

县设立创新计划专项资金,不断加大对创新计划的支持力度,确保创新计划工作和项目顺利推进。充分发挥财税、金融、政府采购等各种政策的调控作用,加快落实企业研发经费税前加计扣除优惠政策,推动企业成为技术创新投入主体,加大对创新计划重大科技项目的经费投入。

(三)强化集成联动,形成创新合力。

加强创新计划的综合协调,健全和完善创新计划实施协调机制,建立我县创新计划成员单位联席会议制度,每年至少召开1次会议,加强信息沟通和经验交流,协调推进创新计划的重点任务。积极推进市、县局会商,加强部门之间的集成联动,整合资源,形成合力,共同推进创新计划的实施。

(四)扩大合作交流,促进创新发展。

充分利用国际国内"两种资源"和"两个市场","引进来"和"走出去"相结合,加强与区内外的科技合作,创新合作模式,大力开拓和构建对外开放合作的渠道和平台,加强先进技术、人才、项目、资金和管理的引进,充分利用区内外创新资源为我县经济社会发展服务。

(五)加强产学研合作,提高创新水平。

大力开展校(院)地、校(企业)合作,支持高校、院所智力资源向县和企业转移,共建创新平台,开展多种形式的产学研合作,加快引进消化吸收和再创新,推进科技成果转化。鼓励和支持重点企业与高校、科研机构联合建设产学研合作基地等平台。

(六)创新体制机制,确保创新绩效。

加强体制机制创新,优化创新环境,充分调动各类创新主体的积极性。建立健全科技宏观协调机制,推进科技计划管理改革,优化资源配置,完善重大科技项目的实施管理。制定和完善创新计划统计监测指标、监测方法。完善政府实施创新计划考核和评价机制。建立和完善创新计划奖励办法,对实施创新计划工作的先进单位和个人给予表彰奖励。充分利用各种媒体,加强对创新计划的宣传。

表 58　　　　　　　　　　陆川县创新计划(2011—2015 年)任务情况表

	序号	指　　标	任务指标
综合指标	1	2015 年 R&D 经费支出占 GDP 比重(%)	2.3
	2	2015 年拥有发明专利(件)	80
一、企业自主创新能力提升工程	3	开发工业新产品(个)	25
	4	引进、开发工业先进技术(项)	6
	5	自治区级工程技术研究中心(家)	1
	6	自治区级创新型企业试点(家)	1
二、高新技术产业促进工程	7	建设科技企业孵化器(个)	0
	8	制造业信息化示范企业(家)	2
	9	培育高新技术企业(家)	1
三、科技兴农能力提升工程	10	推进农业产业科技重点示范县建设(个)	1
	11	引进、培育和推广应用农业优良品种(个)	3
	12	引进、开发、推广种养新技术(项)	2
四、产业创新人才队伍建设工程	13	培养技能型人才(千人)	1.2
	14	培训农村实用人才(千人)	2
	15	选派企业科技特派员(名)	7
	16	选派农村科技特派员(名)	30
五、科技成果转化能力提升工程	17	建立技术转移示范机构(个)	0
	18	培育科技成果示范企业(家)	1
六、知识产权战略推进工程	19	培育知识产权示范企业(家)	1
	20	建立知识产权试点县	1
七、科技惠民能力提升工程	21	青少年科技教育基地(个)	1
	22	科普示范村(个)	1
	23	科技服务新农村建设示范(个)	1

表 59　　　　　　　　　陆川县创新计划(2011—2015 年)重点工作任务安排表

重点任务	主要内容	牵头部门	参与部门	参与乡镇
一、企业自主创新能力提升工程	(一)推动企业加快建设研发机构	县经贸局、科技局	县发改局、财政局等	各乡镇共同参与
	(二)加快建设中小企业公共技术服务平台	县经贸局	县科技局、发改局等	各乡镇共同参与
	(三)加快培育创新型企业	县科技局	县发改局、经贸局、财政局、总工会等	各乡镇共同参与
	(四)加快建设产业技术创新战略联盟	县科技局	县发改局、经贸局、农业局、林业局、财政局、水产畜牧兽医局等	各乡镇共同参与
	(五)实施创新方法进百企行动计划	县科协	县发改局、经贸局、科技局、财政局等	各乡镇共同参与
二、高新技术产业促进工程	(一)加强科技企业孵化器建设	县科技局	县发改局、经贸局、住建局、环保局等	各乡镇共同参与
	(二)培育高新技术企业	县科技局	县财政局、国税局、地税局等	各乡镇共同参与
	(三)加快利用高新技术改造和提升传统产业	县经贸局、科技局	县发改局等	各乡镇共同参与
三、科技兴农能力提升工程	(一)加强农业科技示范基地建设	县科技局、农业局	县发改局、教育局、林业局、质监局、水产畜牧兽医局等	各乡镇共同参与
	(二)加快培育科技型农业龙头企业	县农业局	县经贸局、科技局、林业局、质监局、水产畜牧兽医局等	各乡镇共同参与

续表

重点任务	主要内容	牵头部门	参与部门	参与乡镇
三、科技兴农能力提升工程	(三)完善农村科技服务体系建设	县农业局、科技局	县林业局、水产畜牧兽医局等	各乡镇共同参与
	(四)大力推进农村信息技术的应用	县科技局、农业局	县经贸局、林业局、水产畜牧兽医局等	各乡镇共同参与
	(五)建设良种培育中心	县科技局、农业局	县林业局、水产畜牧兽医局等	各乡镇共同参与
	(六)建设标准化生产示范基地	县科技局、农业局	县林业局、水产畜牧兽医局等	各乡镇共同参与
四、产业创新人才队伍建设工程	(一)加强工业产业人才队伍建设	县人社局	县发改局、经贸局、科技局、教育局、农业局等	各乡镇共同参与
	(二)加强农村实用人才培养	县农业局	县科技局、教育局、水产畜牧兽医局等	各乡镇共同参与
	(三)科技特派员队伍建设	县科技局	县发改局、经贸局、教育局、人社局、农业局、财政局、科协等	各乡镇共同参与
五、科技成果转化能力提升工程	(一)加强科技成果转化体系建设	县科技局	县发改局、经贸局、农业局、林业局、人社局、教育局、卫生局、环保局、质监局、水产畜牧兽医局、科协等	各乡镇共同参与
	(二)加强科技成果集成应用及推广示范	县科技局、经贸局	县发改局、环保局、农业局、教育局、林业局、水产畜牧兽医局等	各乡镇共同参与
六、知识产权战略推进工程	(一)支持知识产权创造运用	县科技局(知识产权局)	县发改局、经贸局、财政局等	各乡镇共同参与
	(二)开展知识产权试点示范	县科技局(知识产权局)、经贸局	财政局等	各乡镇共同参与
	(三)强化知识产权信息服务	县科技局(知识产权局)	经贸局、财政局等	各乡镇共同参与
	(四)大力实施名牌战略	县质监局	县科技局(知识产权局)、经贸局、财政局等	各乡镇共同参与
七、科技惠民能力提升工程	(一)加强科学技术普及	县科技局、科协	县经贸局、农业局、卫生局、水产畜牧兽医局等	各乡镇共同参与
	(二)开展科技富民强县试点示范	县科技局	县农业局、林业局、水产畜牧兽医局等	各乡镇共同参与
	(三)组织开展科技服务新农村建设示范	县农业局、科技局	县经贸局、教育局、住建委等	各乡镇共同参与
	(四)加强可持续发展能力建设	县环保局、科技局	县发改局、经贸局、农业局、住建局、水产畜牧兽医局等	各乡镇共同参与
	(五)加强社会管理科技创新	县科技局	县卫生局、农业局、质监局、公安局、安监局、食品药品监管局等	各乡镇共同参与
	(六)推动文化发展科技创新	县文体局	县发改局、经贸局、科技局、教育局、广电局、科协等	各乡镇共同参与

注:1. "农业优良品种"指畜牧业养殖规模在1000头以上;种植业良种覆盖面在80%~90%、良法推广面75%~80%、产量在原有基础上增长5%~8%;水产业池塘规模养殖30~50亩、良种覆盖率85%~90%的品种。

2. "技能型人才"指在生产和服务等领域岗位一线,掌握专门知识和技术,具备一定的操作技能,并在工作实践中能够运用自己的技术和能力进行实际操作的人员,主要包括优秀的中专中技毕业生以及取得技工、技师及相应水平的人员。

3. "农村实用科技人才"指农民和专业大户、农村企业科技人员、农村基层科技服务人员、农民经纪人和专业技术协会人员、从事农村社会事业的专业技术人员、农村基层科技管理人员和技术人员、从事农村农业工作、具有一定学识水平和突出成绩的土专家、种植能手、经营能人等各种实用人才。

4. "技术转移机构"是指促进技术转移、转化的机构。如:生产力促进中心、技术市场、高新区内创新服务中心(孵化器)及技术贸易机构等。

索 引

SUOYIN

2013 年 7 月 1 日，陆川县"美丽陆川·清洁乡村"演出创作工作会议在县城召开

罗 钊 摄

索引说明

一、本索引采用主题分析索引方法。正文(包括条码、文献、资料、图片和表格)中凡具有独立检索意义的完整资料,均可通过本索引进行检索。少数条目名因语言环境需要,在名称前或者名称后酌加修饰词;有的条目名称动词置后;有的条目名称重复的动词作省略;有的条目名称作简化。为突出图片主题,有的图片文字说明作简略处理。

二、索引按汉语拼音字母(同声字按声调)升序排列。类目、分目、次分目作索引款目用黑体字排印,其余均用宋体字排印。表格、图片在其款目后分别注明"表""图"。

三、索引款目后的阿拉伯数字和拉丁字母(a,b,c)分别表示内容所在的页码和栏别(即左、中、右栏)。

四、索引空两字位起排的款目为上一主题的"附见"。同一主题的"参见"只标页码。为便于读者检索,内容有交叉的款目,在本索引中重复出现。

五、"图片专辑""编辑说明""大事记"等栏目不作索引,阿拉伯数字和拉丁字母开头的款目排在索引的前面。

S